KB273199

대등생극론

조동일

지식산업사

조동일 趙東一

서울대학교 불문학·국문학 학사, 서울대학교 대학원 국문학 석·박사.

계명대학교·영남대학교·한국학대학원·서울대학교 교수를 역임하고, 현재 서울대학교 명예교수, 대한민국학술원 회원이다.

《한국문학통사 제4판 1-6》(2005), 《동아시아문명론》(2010), 《서정시 동서고금 모두 하나 1-6》(2016), 《통일의 시대가 오는가》(2019), 《창조하는 학문의 길》(2019), 《대등한 화합》(2020), 《우리 옛글의 놀라움》(2021), 《국문학의 자각 확대》(2022), 《한일학문의 역전》(2023) 《대등의 길》(2024), 《창조주권론》(2025), 《학문의 위와 아래 공사》(2025) 등 저서 다수.

화집으로 《山山水水》(2014), 《老巨樹展》(2018)이 있다.

대등생극론

초판 1쇄 발행　　2026.　2.　17.
초판 2쇄 발행　　2026.　3.　1.

지은이　　조동일
펴낸이　　김경희
펴낸곳　　(주)지식산업사
본사 ● 10881, 경기도 파주시 광인사길 53(문발동)
전화 031 - 955 - 4226~7 팩스 031 - 955 - 4228
서울사무소 ● 03044, 서울시 종로구 자하문로6길 18 - 7
전화 02 - 734 - 1978, 1958 팩스 02 - 720 - 7900
영문문패　www.jisik.co.kr
전자우편　jsp@jisik.co.kr
등록번호　1 - 363
등록날짜　1969.　5.　8.

책값은 뒤표지에 있습니다.

ⓒ 조동일, 2026
　ISBN 978 - 89 - 423 - 9992 - 5(93150)

이 책에 대한 문의는
지식산업사로 연락해 주시길 바랍니다.

아— 하고 외친다. 아득하다고 여기던 정상에 마침내 올라, 시야가 온통 열리는 느낌이다. 의혹의 안개가 걷혀 사방 멀리까지 볼 수 있게 되었다고 여긴다.

문학에서 시작해 여러 인접 분야로 관심을 넓히다가, 마침내 커다란 성과를 얻게 되었다. 모든 것의 근본 원리를 밝히고자 한 뜻이 이루어졌다. 책을 너무 많이 써낸다고 할 수 있으나, 이것은 각별한 의의가 있다. 하나만 읽어도 전체를 알아볼 수 있게 한다.

성취가 대단하다고 자만하지는 말아야 한다. 정신을 차리고 다시 보면, 아주 높이 오른 것이 아래로 깊숙이 내려간 것과 다르지 않다. 전인미답의 경지에 이르러 의혹의 장막을 모두 헤쳤다는 것이, 누구나 지니고 실행하는 본연의 각성에 아주 힘들게 이르렀다는 말이다. 마음의 상처를 치유하면 범인이 모두 성현임을 가까스로 알아냈다.

본연의 각성이 억압 탓에 훼손되었으므로, 힘써 살려내야 한다. 억압을 일삼는 주역인 그릇된 철학을 물리쳐야 한다. 공격만 하지 말고, 대안을 제시해야 한다. 선후 역전으로 철학사의 대전환을 이룩해, 새로운 시대 창조를 선도해야 한다. 세계 도처에서 기대하는 업적을 모범이 되게 이룩해야 한다. 때가 되어, 크게 분발해야 한다.

차등론의 잘못이나 평등론의 착오를 대등론으로 시정하고, 상생과 상극이 둘이 아닌 상생의 길을 제시한다. 대등생극론이라고 이름 지은 근본 원리를 깊이 탐구하고 널리 활용한다. 만인·만생·만물대등생극의 이치를 함께 밝히고, 오래 누적된 많은 문제를 해결한다. 이런 목표를 차질없이 실현하려고 가능한 모든 노력을 한다.

어려운 공사를 슬기롭게 진행하려고, 적절한 방법을 마련한다. 얻은 결과가 시야를 가리지 않고 크게 열도록 재출발을 거듭해서 한다. 일관된 논리를 갖추려고 노력하다가, 미련 없이 버린다. 없애려던 허점을 마구 만들어낸다. 지향 없이 나아가다가, 핵심을 파악하고 마무리를 분명하게 하려고 한다.

논문작법을 따르는 통상적인 작업을 하면, 위의를 자랑하기나 하고 얻는 성과는 초라하다. 힘들어 읽어도 얻은 것이 별반 없다고 할 책이나 내놓는다. 그런 어리석은 짓을 하지 않으려고, 관례를 깨고 통념에서 벗어나 과감한 시도를 한다. 총론·각론·토론이 각기 따로 놀도록 하는 작전으로 다면적인 탐색을 한다. 글쓰는 방법을, 극과 극의 진폭에서 새롭게 강구한다. 내부 구성에서 상극이 커서 상생을 키우도록 한다.

복잡하고 산만하게 흩어질 수 있는 생각을 모아들여 총론을 이룩한다. 큰 토막 아홉을 순서대로 배열하고, 각기 작은 토막을 넷씩 갖추도록 한다. 작은 토막이 끝날 때마다, 시를 지어 요약과 비약을 한다. 각론에서는 이런 질서를 파괴하고, 발상의 자유를 제한 없이 누린다. 별도로 한 각기 다른 말을 가져다 놓는다. 토론은 사전 준비 없이 제기되는 의문과 반론에 따라 이루어진다. 나의 한계를 넘어서서, 우리의 학문을 마련하게 한다.

지금 전에 없던 변화가 일어나고 있다. 근대가 종말에 이르러, 역사의 선후 역전이 거대하게 진행된다. 어려운 처지에서 여러 선진국을 따르던 우리 한국이, 선진으로 나서는 모범을 보여야 한다고 하는 시대가 되었다. 지금까지의 잘못을 바로잡고 세계사의 다음 시대를 바람직하게 창조해야 한다고, 국내외 여기저기서 요청하고 있다.

이 요청에 어떻게 응답할 것인가? 공연예술로 즐거움을 주고, 발전된 기술로 생활을 편안하게 하면 되는 것은 아니다. 무기를 잘 만들어 침략을 저지할 수 있게 하는 것은 정답과 거리가 더 멀다. 그릇된 세계사를 바로잡는 철학을 내놓는 것이 가장 긴요한 과업이다. 차등론의 횡포를 대등론으로 시정하고, 상극을 극대화하는 싸움을 생극의 원리로 해결해야 한다. 대등생극론이 이런 막중한 임무를 맡고 분투한다.

K-팝이나 K-드라마보다 훨씬 더 나아간 K-학문이 있어야 한다. 이런 요청을 절실하게 받아들여, 기대 이상으로 실현하려고 한다. 학문 창조의 모범을 보여 나라를 빛내는 데 그치지 않고, 인류 문명의 위기 해결에 적극적으로 기여하고자 한다. 다음 시대를 바람직하게 창조할 수 있는 기본 설계를 제시하려고 한다.

이 어려운 작업을 여럿이 힘을 보태준 덕분에 해낸다. 대등학문은 공동으로 이룩해야 하는 원리를 실행하고 있다. 지식산업사 사장 부녀가 줄곧 원고를 소중하게 다루고, 책을 잘 만들어준다. 아내는 결핍이나 착오가 없게 돌보아준다. 모든 동참에 깊이 감사한다.

제1부

총론

시작하며

　무엇을 하려고 하는가? 이에 대답하기 위해, 멀리서 말머리를 찾는다. 〈환생과 빅뱅〉이라는 다큐멘터리가 유튜브에 올라 있다. 많은 티베트 승려가 추위를 무릅쓰고 험하고 높은 산을 오르내리며 불교 수행에 정진한다. 스위스 제네바에 설치된 엄청난 길이의 입자가속기를 이용해 물리학의 난제를 해결하려고, 세계 각국 학자들이 모여들어 열심히 연구하고 있다. 이 두 장면을 번갈아 보여준다.

　불교 수행에서는 윤회를 말한다. 부모를 바꾸어가면서 무수한 윤회를 겪은 결과 지금의 내가 이루어졌다. 그런 부모 또한 윤회하는 존재이다. 윤회는 사람을 넘어서서 모든 생명체에서 이루어진다. 어느 생명체라도 부모라고 여기고 낳아준 은혜에 감사하며, 보시를 베풀어 보답해야 한다. 지금의 원수가 전생의 혈육이고, 지금의 혈육이 내세의 원수일 수 있으니, 어느 누구도 미워하지 말아야 한다.

　물리학 연구는 빅뱅이라고 하는 거대한 충돌로 우주가 생겨난 내력을 해명하려고 한다. 존재하는 모든 것은, 아무리 커도 나누고 나누면 미세하기 이를 데 없는 입자들로 이루어져 있다. 최소의 입자들은 각기 독립되어 있으면서 서로 관련을 가진다. 이런 입자들이 엄청난 속도로 부딪쳐, 힘·속도·온도가 거의 무한한 대폭발이 일어났다. 이것이 확대되어 우주가 이루어지고 있다.

　서로 많이 달라 전연 별개인 듯한 것들이 사실은 깊은 관련을 가진다. 아득하게 먼 것들과 아주 가까운 것들이 서로 다르지 않고, 예상하지 못할 대변혁을 함께 일으킨다. 자식을 출산하기도 하고, 우주가 생기게 하기도 한다. 같은 성격의 충격을 양쪽에서 다 준다.

이 정도는 말할 수 있으나, 더 나아가지 못한다. 모르는 것이 아주 많다. 무엇이 어떻게 만나 윤회나 대폭발을 만들어내고, 이것이 어느 시공에서 어떤 양상으로 펼쳐졌는가? 이것을 모르고, 장래는 더 모른다. 그런데도 수도승이나 물리학자 같은 특별한 사람들은 아는 체한다.

한쪽의 수도승은, 말이 되지 않는 듯한 말을 경전에다 적어놓고 스승이 제자에게 은밀하게 전수하는 설법으로 삼는다. 다른 쪽의 물리학자는, 오래 훈련된 전문가라야 이해할 수 있는 수리언어로 암호 같은 논문을 쓴다. 일상어를 버리고, 특이하고 난해한 별개의 언어를 사용하는 것이 다르지 않다.

이렇게 하는 것이 위대하다고 여기고 멀리서 쳐다보고 말 것은 아니다. 가까이 다가가 미지의 정체를 해명하고 시비를 가리고자 한다. 진정한 앎을 위한 기여와 그 한계를 확인하고, 더 나아가는 길을 찾아야 한다. 문외한을 더욱 어리석게 하는 모욕을 감수하지 않고, 유무식을 역전시키는 반격을 시도하고자 한다.

대전환을 위해 미지의 정체를 해명하려면, 언어가 문제이다. 양쪽에서 하는 작업을 설법언어와 수리언어로 각기 해명하면, 비교고찰이 가능하지 않아 함께 논의할 수 없다. 이런 이유가 있어 버려둔 총괄 작업을 과감하게 시도하고자 한다.

그러면 어떻게 해야 하는가? 적절하지 않은 대책부터 말한다. 설법언어도 수리언어도 버리고 일상언어로 돌아가자고 하면, 상식의 수준으로 후퇴해 학문이 망가진다. 대중이 원해도 따르지 말아야 한다. 이런 잘못을 흔히 저지르므로 경고하고 경계해야 한다.

그러면 어떻게 해야 하는가? 설법언어와 수리언어를 합쳐, 相克이 相生이게 해야 한다. 두 언어의 전폭을 합치려고 하면 힘은 너무 많이 들고 성과는 기대 이하일 수 있다. 불가능한 작업에 잘못 말려들어 일생을 낭비할 수 있다.

상극을 초래하는 양쪽의 기본 특징이 문학의 통찰력을 매개로 서로 근접하고 포용해, 상극을 상생이게 하는 것이 마땅하다. 이렇게 말하면 이치가 분명하지만, 많은 의문이 생긴다. 의문을 해명하면 이치가 더욱 분명해진다.

그 결과 얻은 언어를 무어라고 하는가 하는 의문부터 풀자. 말을 생판 지어내면, 소통에 차질이 생긴다. 이미 있는 말 가운데 적합한 것들을 찾아내, 아주 간략하고 뜻이 무척 넓은 언어를 마련해, 이것을 達觀언어라고 일컫는다. 달관이란 두루 살피고 어디에도 집착하지 않는 말이라고 우선 밝힌다. 더 필요한 논의를 장차 몇 번 한다.

달관언어로 해명하면, 물리학은 萬物對等生克論을, 수도승은 萬生對等生克論을 정립하려고 한다. 이 둘은 별개의 것이 아니다. 이 둘의 관련에 관해, 물리학자와 수도승 양쪽 다 몰라서 하지 못할 말을 한다. 만물대등생극론은 만생대등생극론의 근거가 되고, 만생대등생극론은 萬人對等生克論의 근거가 된다. 이 셋이 대등생극론이라는 총체적이고 포괄적인 철학을 이룬다.

만인대등생극론이 사람들이 나날이 부딪치는 문제의 직접적인 해결을 위해 절대적으로 필요하다. 이 때문에 다른 둘은 밀어두어도 되거나, 없어도 그만이라고 여기지 말아야 한다. 차등론의 오류를 대등론으로 시정하며, 天人合一의 각성을 이어받는다. 만인대등은 만생대등에서, 만생대등은 만물대등에서 이루어지는 것을 명백하게 한다.

이렇게 해서 이치의 근본을 밝히는 총론을 이룩한다. 이치의 근본은 추구하고자 하는 대상이고, 총론은 그것에 관한 논의이다. 모든 것에 관한 궁극적인 논의를 하려고 감히 시도한다. 학문의 천하동일을 이룩하려 한다고도 할 수 있다. 총론을 방해하는 기존 학문 경계를 넘어선다.

철학과 과학이 하나이게 한다. 인문학문·사회학문·자연학문을 합친다. 철학과 과학이, 인문학문·사회학문·자연학문이, 그 안의 여러 개별학문이 따로 놀아서는 진정으로 크고 중요한 문제를 감당하지 못한다. 이치의 근본은 외면하고 방치하기 때문이다.

학문 분야를 거듭 세분하는 것은 심각한 잘못이다. 어느 한쪽의 관점에서 살피기만 하니 문제의 전모를 파악할 수 없다. 어느 쪽의 소관도 아닌 중요한 문제는 방치된다. 개별적인 학문이 자기 특성만 내세우다가 보편적 사고를 상실한다. 이기주의가 학문을 망친다.

개별학문에서 추구하는 이치를 한데 모으면 이치의 근본이 되는가? 이 말은 맞으면서 틀렸다. 총체는 개체의 집합이므로 이 말은 맞다. 총체는 개체의 집합 이상의 것이므로 이 말은 틀렸다. 학문에 대한 모든 요구를 받아들이면서 더 나아가야 총론이 이루어진다. 기존 학문을 연결시키고 통합하는 데 그치지 않고, 지금까지 하지 못한 작업을 찾아서 해야 한다. 총론은 학문 내부의 분열을 해결하기 위해 필요한 것만이 아니다. 세상에서 학문을 우습게 보는 잘못을 바로잡으려고 각기 노력하지 말고 힘을 합치도록 하는 것이 총론의 더 큰 임무이다. 학문의 의의와 유용성을 입증하고 실행하기 위해 일제히 분투해야 한다.

학문 안팎의 차질을 바로잡는 대혁명을 해야 할 때가 되었다. 이것을 알아차리고, 해야 할 일을 과감하게 해야 한다. 그 선두에 이 책이 나서겠다고 자원한다.

돌부리나 차면서 골짜기를 헤맬 건가? 산 위에 올라서야 시야가 열린다. 강산이 뻗어난 것은 하늘에서 보인다.

1 무엇부터 하는가?

1-1 용어 바로잡기

'철학'이라는 용어가 문제이다. 이것은 서양의 '필로소피'(philosophy)를 가져와 일본에서 번역한 말이라고 한다. 내력을 알아보면, 처음에는 '理學'이라고 하다가 '哲學'이라고 바꾸었다. '理學'이라고 하면 지금까지 하던 학문이로구나 하고 여겨 거부감은 없지만, 아주 다른 학문인 줄 모르게 된다. 참신하고 신통한 학문을 가져왔다고 알리려고 '哲學'이라는 말을 사용했다.

슬기로운 사람을 뜻하는 '哲人'은 일찍부터 있었고, '學'도 연원이 오래된다. 있던 말 둘을 합쳐 '哲人之學' 또는 '哲人學'이라고 했다고 하면, 무슨 뜻인지 알 수 있다. '哲人學'에서 '人'을 제거하고 '哲學'이라고 하니 말이 산뜻하고 새롭다는 느낌을 준다. 대단한 재간을 가진 조어 능력을 일단 높이 평가할 수 있다. 그런 유래를 무시하다가 잊어버리고, '철학'이 '필로소피'의 번역어일 따름이라는 생각이 일본에 확고하게 정착되었다.

여기서 착오가 시작되었다. '철학'은 '서양철학'을 줄여 일컫는 약칭이라고 여긴다. 서양이 아닌 다른 곳들은 철학을 이룩할 능력이 없었다고 격하한다. 일본에서는 철학과가 서양철학과이다. 일본철학이라는 것은 없고, 일본사상만 있다고 한다. 중국철학이나 인도철학은 철학과에서 다룰 것이 아니고, 중국학이나 인도학의 소관으로 해야 하는 특수성이 있다고 한다. 이런 편향성을 시정해야, 철학이 보편적인 학문이 된다.

한국은 일본만큼 극단적이지 않으나, 문제가 있다. 한국철학이나 중국철학도 철학과의 소관이라고 인정하지만, 자리를 제대로 잡고 있는 것은 아니다. 서양철학이 패권을 장악하고 갑질을 일삼는 학과에서 곁방살이를 하는 신세이다. 불리한 처지인 것이 어쩔 수 없다고 인정한다. 서양철학은 보편적이고, 한국철학이나 중국철학은 특수하다는 열등의식을 버리지 않는다. 이 모두 일본의 영향인 것을 알고, 청산하기 위해 적극 노력해야 한다.

한국철학이나 중국철학 전공자들은 서양철학의 위세에 밀려 주눅이 잔뜩 들어 있다. 철학의 광장에 나가 토론하지 않고 골방에 들어앉아 자료나 만지고 있다. 근시가 너무 심해져서, ‘哲學’의 ‘哲’이 오랜 내력을 가진 ‘哲人’에서 유래했다는 사실도 모른다. 시비를 가리기에 앞서 지식의 균형을 최소한이라도 갖추도록 하는 임무마저 저버리고 있다. ‘필로소피’의 유래를 알아야 철학 이해가 가능하다고 해도, 반론을 제기하지 못한다.

허위를 떨치고 무지에서 벗어나, 용어의 족보를 분명하게 알자. ‘哲人’은 〈詩經〉에서 유래한 말이다. (〈大雅 抑 十二章〉) ‘哲人’은 ‘愚人’과 다르다고 했다. “其維哲人 告之話言 順德之行 其維愚人 覆謂我僭”(哲人은 이야기나 말을 들려주면 순순히 훌륭한 행실로 실행하지만, 愚人은 도리어 내가 주제넘다고 한다.) 이렇게 말한 것을 알아야 한다.

‘哲人’은 슬기로운 사람이고, ‘愚人’은 어리석은 사람이다. 슬기롭다는 것은 말을 잘 알아듣고, 유익한 말을 들으면 실행한다는 뜻이다. 어리석다는 것은 유익한 말을 일러주어도 알아듣지 못하고, 도리어 주제넘다고 나무란다는 뜻이다. 열린 자세로 소통을 하고, 유익한 것을 판단하고, 판단하면 실행하는 능력이 슬기로움이다.

유익한 것을 말해주는 사람과 듣는 사람이 지체를 가리지 않고 대등한 관계를 가진다고 했다. 유익한 것을 얻으면 더 크게 갚는 것이 슬기로운 처신이라고 했다. 자기를 높이는 탓에 유익한 말을 알아듣지 못하고, 말해주는 사람이 주제넘다고 하는 차등론의 사고를 단호하게 배격했다. 그런 어리석음을 아주 없애야 한다고 했다.

대등한 관계에서 남들과 소통을 하면서. 유익한 말을 들으면 실행으로 보답하는 사람이 '哲人'이다. '哲人'이 하는 학문이 '哲人學'이고, 줄여 말하면 '哲學'이다. '철학'이 이런 학문이라는 생각을 이어받아야 한다. 이런 소중한 생각을 아주 망각하고, '철학'은 '필로소피'의 현지 대리점일 따름이라고 여기는 것은 아주 잘못되었다.

이제 잘못을 바로잡는 결단을 내려야 한다. 이 결단이 철학을 수입학이 아닌 창조학이게 하는 대전환의 시초가 된다. 서양을 따르는 일본을 따르지 않고 선후 역전으로 앞에 나서서, 서양철학의 잘못을 시정하고 이치의 근본을 다시 밝히는 길을 연다. 근대를 극복하고 다음 시대를 이룩하는 첫 작업을 한다.

잘못을 바로잡으려고 지금 통용되고 있는 말 철학과는 다른 말을 지어내는 것은 적절하지 않다. 침입자가 내 집을 온통 차지하고 있는 것이 마땅하지 않다고 여기고 밖으로 나가 오막살이를 따로 짓는 것과 다르지 않다. 새로 지어낸 말은 통용되지 않고, 오막살이는 거처하기 불편하다. 큰집의 소유권을 분명하게 해야 한다.

침입자가 주인 행세를 하지 못하게 해야 한다. 집주인의 권리를 당당하게 주장하면서 침입자를 몰아내야 하는 것은 아니다. 침입자가 오래 머물러 살면서 자손까지 많이 낳았다. 계속 머물러 사는 것을 허락하고, 귀화하고 동화되어야 한다는 것이 마땅하다. 따로 지목해 차별하지 않으면서 서로 대등한 관계를 가지고, 유익한 말을 하면 알아듣고 실행해 고마움을 더 크게 갚는 것이 철학을 하는 올바른 도리이다.

지난날에 불교를 수용해 동아시아 사람들이 슬기로움을 크게 더한 것을 되돌아보고, 다시 한번 그렇게 해야 한다. 상황의 차이는 있다. 불교는 침입자 행세를 하지 않고 귀화하고 동화될 각오를 하고 왔다. 경전의 원문을 고집하지 않고 알아들을 수 있는 말로 번역한 것을 공부하도록 했다. 그래서 수입학이 창조학이게 하는 변화가 저절로 나타났다. 이미

있던 철학이 새로운 철학을 수용해 참신하게 되었다. '諸行無常'이니 '色
卽是空'이니 하는 것들이 원래 어떤 말인지 알 필요가 없이 아주 절실하
게 이해된다.

서양철학도 이렇게 되도록 해야 한다. 상황의 차이를 탓하지 말고, 노
력 부족을 반성해야 한다. 잘못된 용어를 알고 바로잡는 것이 먼저 힘써
야 할 일이다. 서양철학을 우리말로 번역한 용어가 대리점 직원 노릇을
하고 있어, 그 자체로는 뜻을 알 수 없고, 원어가 무엇인지 알아야 소통
된다. 이런 비정상을 시정해야 한다. 겉보기로는 우리말인데, 대리점 노릇
을 무리하게 하느라고 사지가 뒤틀려 있고 뜻이 통하지 않는 글이 흔히
보이는데 백해무익하다. 대리점 영업을 망치고, 우리의 말과 생각을 병들
게 한다.

서양철학과 관계를 단절해야 한다는 것은 아니다. 친하게 지내며 오고
가는 것이 당연하다. 서양철학이 와서, 유익한 말로 들리도록 해야 한다.
생소한 말을 쉽게 알아들을 수 있는 말로 바꾸어놓아야 유익할 수 있다.
모든 것을 다 우리말로 옮기려는 것은 과욕이고 과오이다. 옮겨와 귀화하
고 동화될 것만 오도록 하고, 나머지는 포기할 수밖에 없다. 얻는 것이
있으면 잃는 것도 있어야 한다. 잃는 것이 없게 하려면 얻는 것도 없게
된다.

남의 말 철학은 이해할 수는 있어도, 창조할 수는 없다. 철학 창조는
자기 말로만 할 수 있다. 원어를 알아야 이해 가능한 번역어는, 남의 말
이고 자기 말이 아니다. '諸行無常'이나 '色卽是空'은 유래를 찾을 필요
없이 친숙하게 생각되어 자기 말로 삼을 수 있다. 철학 창조에 쓸 수 있
다. '無名有名'이나 '相生相克'도 이런 말이다.

아득한 옛적부터 쓰던 토박이말만 자기 말인 것은 결코 아니다. 잘 알
고 휘어잡아 활용하는 말은 어느 경우에든 자기 말이다. 자기 말을 늘이
고 새롭게 하면서 더 잘하도록 계속 노력해야 한다. 자기 말로 창조하는

철학에서 학문이 가장 빛난다.

남의 말 추종을 공부라고 여기고, 부지런히 노력하면 유식하다 할 것
인가? 자기 말 명의가 되어 이런 질환 치료해야.

1-2 철인의 달관

哲人은 무엇을 하는 사람인가? 옛사람은 말했다. "哲人達觀"(철인은 達
觀한다.), "達觀 則旁燭無疆"(달관이란 널리 비침이 끝이 없음이다.)(申欽,
〈觀銘〉)

널리 비친다는 말은 생각이 도달해 대상을 파악하는 범위가 한정되어
있지 않다는 뜻이라고 했다. 파악한 내용에 관해서는 무어라고 하지 않았
다. 달관이란 모든 것을 두루 파악하고 어느 것에 머무르지 않는 정신
자세라고 할 수 있다.

달관이 무엇인가에 관한 논의가 계속되었다. "人之知覺思慮 每局於所遇之
時 所處之地 所聞之事 所見之物 故莫之能達觀焉 惟能脫四局 然後 可以
達觀理氣之無窮也哉"(사람의 지각이나 사려가, 만나는 때에, 머무는 장소에,
듣는 일에, 보는 물건에 매번 국한되면 능히 달관한다고 할 수 없다. 오직
이 네 가지 국한됨에서 벗어난 다음에야 理氣가 무궁함을 달관할 수 있다.)
(張顯光, 〈究說〉)

달관이 이루어지는 조건을 말했다. 시간과 장소, 듣고 보는 것에 얽매
이지 않아야 달관이 이루어진다고 했다. 달관의 내용도 말했다. 理氣의
무궁함을 널리 살피는 것이 달관이라고 했다. 두 말을 합치면, 시간과 장
소, 듣고 보는 것에 얽매이지 않고, 理氣의 무궁함을 널리 살피는 것이
달관이다.

달관을 두고 한 말을 더 들어보자. "氣之推測 無處不在 隨時有用 人物之推測 皆因氣 而有究索之條理矣 至若從事而推測 如工匠之具利器 隨宜隨用 故人物與氣 無不參商 是謂達觀矣"(氣의 추측은 있지 않은 곳이 없고, 때에 따르는 쓰임이 있다. 人과 物에 대한 추측이 모두 氣에 의거하면, 조리를 탐구하고 수색하는 바가 있다. 일을 추측함이, 마치 기술자가 편리한 기구를 마땅하게 쓰는 것처럼 人·物·氣가 참여하지 않음이 없으면, 이것을 달관이라고 한다.)(崔漢綺, 〈人物氣多少之分〉)

人이나 物을 하나씩 살피면 한정된 소견을 얻는 데 그친다. 氣를 통괄해서 살피면 人이나 物이 그 속에 있어, 전체를 두루 이해하는 달관을 얻는다. 이렇게 말한 것은 달관의 방법이고 대상이다. 달관의 내용은 氣의 총체적 양상이다. 총체적 양상은 구체적으로 말할 수 없다. 구체적으로 말하면 총체성이 훼손된다. 예증을 들어 이해를 구체화하는 것은 방편에 지나지 않는다.

세 견해는 하나로 모을 수 있다. "널리 비침"은 "시간과 장소, 듣고 보는 것에 얽매이지 않아"야 달관이 가능하다. "人이나 物을 하나씩 살피지" 않고, "氣를 통괄해서 살피"는 것도 같은 말이다. 살피는 대상은 무엇인가? "理氣의 무궁함"이라고 하고, "氣의 총체적 양상"이라고도 했다. 총체적 양상은 무궁하다.

"理氣의 무궁함"에서 '理'만 선택해, "理의 무궁함 또는 총체적 양상을 말하면 어떤가? 그것은 부당하다고 최한기는 말했다. "氣로 미루어 理를 아는 것"(推氣測理)이 정당하고 그 반대는 부당하다고 했다. 날씨를 가지고 일기예보를 시비해야 하고, 일기예보를 가지고 날씨를 시비하지 말아야 하는 것과 같다.

氣의 총체적 양상이 무궁함을 두루 아는 것이 달관이다. 이런 달관을 어떻게 얻는가? "人이나 物을 하나씩" 구체적으로 살피면서 "시간과 장소, 듣고 보는 것에 얽매이지 않"으면, 개별적인 것에서 총체적인 것으로,

한정된 것에서 무한한 것으로 나아가는 길이 열린다. 이런 작업을 여러 측면에서 거듭하면 氣의 총체적 양상이 무궁함을 아는 달관에 이른다.

달관은 구체적 내용이 갖추어지지 않아 포괄적이다. 어느 누구의 것이 아니고, 모두 함께 인정하는 공유의 견해이다. 선학이 말한 것을 후학이 이어받아, 고금학문 합동작전을 할 수 있는 자산이고 가능성이다. 이을 것을 잇고, 보탤 것을 보태고, 잘못되었다고 여기면 고칠 수도 있다. 그래도 세부를 다 갖추는 것은 가능하지 않고, 유익하지도 않다. 온통 자기 것으로 만들어 완성된 모습을 보여주겠다는 것은 망상이다. 총체성이나 포괄성과 함께, 미완의 가능성도 달관의 필수 요건이다.

달관이라는 총론을 공유하면서 氣의 어느 측면에 관한 자기 나름대로의 탐구를 하는 각론을 개척하는 것이 마땅히 할 일이다. 총론에 머무르기만 하고 각론으로 나아가지 않으면 총론의 의의가 흐려진다. 생각이 막혀 하나 마나 하는 말이나 한다. 氣의 어느 측면에 관한 자기 나름대로의 탐구를 치열하게 하면 총론 달관의 소중함이 새삼스럽게 절감된다. 이것이 학문을 하는 바른 길이다. 우리 선인들은 이렇게 해서 동아시아학문의 전진을 이룩했다.

서양이라고 지칭되는 유럽문명권은 어떤가? 달관이라고 할 것이 보이지 않는다. 기독교가 횡포를 부려 학문의 달관이 있을 수 없게 했다. 공유재산인 총론은 신앙이 독점하고, 학문에는 없다. 학문의 달관을 공유하고 이루어지는 고금학문 합동작전이 가능하지 않다. 각자 자기 작업만 외골수로 하면서 서로 다툰다.

감시하는 종교에 빌붙으며 가까스로 마련한 철학 총론과 과학이 앞서서 마련한 개별학문이 있다. 양쪽은 소종래가 다르고, 공용어가 없어 따로 논다. 철학의 총론은 氣와 합치되는가 묻지 않고 理를 막연하게 관념적으로 그린다. 낭비한 말이 허공에 떠돌게 한다, 철학이 총론 노릇을 제대로 하지 못하고 아주 특이한 개별학문이 된다.

개별적인 氣에 관한 자기 나름대로의 탐구를 하는 개별학문은 땅에 붙어 있어야 타당성을 확보한다고 여긴다. 자기 총론을 스스로 마련해 일어서지 못하고, 낯설고 수상쩍은 총론이 높은 데서 내려오는 것을 경계한다. 점령군의 통치 같은 연역을 배격하고, 토착민의 자치라고 할 수 있는 귀납에만 힘쓰고자 한다.

달관은 누구의 주관이 아니므로, 어디나 통달할 수 있다. 특별하게 말하는 것이 없으므로, 모든 것을 아우를 수 있다. 지기 힘을 쓰지 않아, 학문의 천하통일이 저절로 이루어질 수 있게 한다.

수식에 발이 묶여 과학은 반신불수. 달관하는 철학은 시와 함께 올라서서, 아직은 모르는 곳들까지 차별 않고 품는다.

1-3 쓰임새가 없어야

옛사람은 굽은 나무가 산소를 지킨다고 했다. 못난 자식이 부모 곁에 남아 효도를 한다고도 했다. 잘생긴 나무는 다 베어져 나가 그리 대단하지 않은 데 쓰이고, 정작 중요한 산소를 지키는 임무는 굽은 나무가 맡아 한다. 잘난 자식은 멀리 가고 없고, 못난 자식은 갈 데가 없으니 부모 곁에 남아 효도를 한다. 이런 이치를 말했다.

〈莊子〉에서 한 말은 자못 거창하다. "山木自寇也 膏火自煎也 桂可食故伐之 漆可用 故割之 人皆知有用之用 而莫知無用之用也"(산에 있는 나무는 제 스스로를 해치고, 등잔에 들어 있는 기름은 자기를 태운다. 계피 나무는 먹을 수 있으므로 사람들이 다투어 베어 간다. 옻나무는 칠로 쓸모가 있으므로 사람들이 칼로 자른다. 사람은 모두 쓸모 있는 것의 쓸모만 알고, 쓸모없는 것의 쓸모를 알지 못한다.)(〈鹿鳴〉)

無用之用, 쓸모없는 것의 쓸모는 무엇인가? 굽은 나무는 천수를 누려, 자기 자신을 온전하게 하는 것만으로는 부족하다. 쓸모는 利己만 아니고 利他이다. 굽은 나무는 잘려나가지 않아, 利他의 공덕이 크다. 아래로는 토사 유출을 막고, 땅속의 벌레들이 편안하게 살 수 있게 한다. 위로는 새들이 모여들며 둥지를 틀 수 있게 한다. 산을 푸르게 하고, 물을 잡아 두었다가 흘려보내고, 공기를 좋게 한다. 사람이 그 혜택을 엄청 많이 누린다. 못난 자식이 떠나가지 않고 부모형제나 이웃사촌과 함께 살면서 베푸는 利他의 공덕도 이것 못지않게 크다.

有用之用만 알고 無用之用은 모른다고 개탄한 것은 無用之用도 用임을 알지 못한다고 하는 것만이 아니다. 有用之用보다 無用之用이 더 큰 用임을 모른다고 하는 말이다. 사리를 분명하게 하기 위해, 말을 가다듬는다. 有用은 小用이고, 無用이 大用이다.

有用은 小用이고 無用이 大用인 것이 공연히 하는 말이 아님을 분명하게 하는 예증을 든다. 徐敬德이 大科에 급제해 관직을 맡았으면 세상에 기여하는 바가 있었을 것이다. 그것은 有用의 小用이다. 가난을 참으며 이룩한 철학이 아주 소용이 없는 것 같지만, 오늘날까지 모든 사람에게 크나큰 가르침이 된다. 이것이 無用의 大用이다.

스피노자(Spinoza)에 관해서도 같은 말을 할 수 있다. 스피노자는 대학의 교수로 오라는 초빙을 거절하고, 힘들게 살아가면서 서양에서 철학을 시작했다고 평가되는 저작을 남겼다. 교수 노릇을 하면 제약을 감수하고 有用의 小用에 만족해야 하는 것을 알고, 無用의 大用인 저술을 힘써 했다. 무의미하게 보이는 짧은 생애를 의미 넘치게 마쳐, 크나큰 혜택을 널리 베풀고 있다. 그 시대 철학 교수들이 신학의 시녀 노릇을 자랑스럽게 한 행적은 다 지워지고, 有用의 小用도 인정되지 않는다.

서경덕의 철학이든, 스피노자의 철학이든, 그 뒤의 철학이든, 철학은 有用의 小用이 없어 공리공론이라는 비난을 자주 듣는다. 철학이 無用의 大

用임은 경험적이고 실증적인 방법을 사용해 구체적으로 증명하는 것은 가능하지 않아 널리 인정될 수 없다. 철학 전공자라고 자처하는 무리는 이름난 철학 논저에서 써먹을 만한 지식을 채취해 有用의 小用거리로 삼는다. 철학은 無用의 大用을 존재 이유로 하는 것을 부정하는 자해를 자행한다.

有用의 小用에 힘쓴 학문을 찾아내 이어받자는 주장이 드세다. 實事求是를 하고 利用厚生에 힘쓰며 근대 지향의 의의가 있다는 이유로 實學은 높이 평가한다. 實事는 개별적인 사실이고, 分殊의 氣이다. 求是는 그 수준의 각론 탐구이다. 이용이나 후생은 물질생활을 구체적으로 향상하는 有用의 小用을 직접 지칭하는 말이고, 생산력 발전에 관한 총체적 인식과는 거리가 멀다.

氣一分殊가 生克하고 運化해 창조가 이루어지는 원리를 밝히는 氣學은 알지 못해 생각이 빗나간다. 모든 철학은 實事와 분리되어 공리공론이라고 여기고 배격하는 即物論을 唯物論의 대용품으로 삼고 착오를 확대한다. 근대는 이룩하고 보니 결함이 너무 많아 청산의 대상으로 삼아야 하는 시기에도 실학의 근대 지향을 지침으로 받들며 칭송하는 시대 착오의 학문을 한다. 기학에서 대등생극론을 도출해 근대를 넘어서는 다음 시대 창조의 지침으로 삼는 노력을 비방할 능력도 없어 외면한다.

근대지향의 학문이라는 실학은 근대가 되자 有用의 小用이 아주 축소되어, 역사적 의의나 가지는 박물관 진열품이 되었다. 기학은 근대가 잘못 이루어진 탓에 無用의 大用을 더 크게 가지고, 근대를 넘어서서 다음 시대를 이룩하는 지침이 된다. 실학 때문에 무시된 철학이 기학 재평가에서 살아나고, 대등생극론 전개의 동력이 된다.

근대는 과학을 만능으로 여기는 잘못이 있다. 관찰하고 실험하고 공식을 만드는 과학의 방법으로 무슨 문제든지 해결하려고 한다. 그 때문에 萬物이나 萬生 탐구가 萬人 탐구에서 분리되어, 각론만 있고 총론은 없다. 나누는 것만 능사로 삼고, 합쳐서 말하지 못한다. 철학이라는 것들이 각론에서 한자리를 차지하고 有用의 小用 경쟁에 끼어들려고 한다. 과학철학이라는 녀석은 과학의 시종 노릇을 하는 위세를 이용해 경쟁을 유리하게 하려고 한다.

이제 대전환이 요망된다. 과학과 철학을 합쳐 거대한 총론을 이룩하면서, 근대를 넘어서서 다음 시대로 나아가야 한다. 둘을 합친 것을 제3의 용어로 지칭하면 통용되지 않으므로, 새로운 철학이라고 하는 것이 마땅하다. 서양철학은 어느 것이든 有用의 小用 경쟁에 참여하고 있어 새로운 철학일 수 없다. 無用의 大用을 이어온 동양철학이, 그 가운데 특히 우리 氣學이 대단한 기여를 할 수 있다. 이것을 계승하고 확대해 대등생극론을 이룩한다.

화초는 화려하고 잡초는 잡스러운가? 화초는 가련하고 잡초는 당당하다. 학문은 잡초 편이라 당당하게 뻗어나리.

1-4 지나치지 않아야

철학을 하려면 서양철학부터 공부해야 한다고 한다. 그 이유는 철학이 무엇인지 알고, 철학의 논란에 참여해 필요한 훈련을 하기 위해서라고 한다. 철학알기를 먼저 하고 철학하기로 나아가고자 한다고 한다. 그럴 수 있는가?

생소한 외국어로 된 철학서를 읽느라고 진땀을 뺀다. 강독 강의를 듣거나 번역판을 읽고 난관에서 벗어나기 어렵다. 난해한 용어를 번역하면 이해할 수 있는 것이 아니고, 더 어렵게 된다. 말에 막혀 뜻을 문제 삼지 못하고 헤맨다. 철학과를 졸업하고서도 무엇을 공부했는지 의심스럽게 된다.

언어의 장벽을 조금 넘어서면 길이 열리는 것은 아니다. 서양철학에서 다루는 정신,현상, 존재 따위는 사람이 누구나 일상적으로 경험해 아는 것이고 기상천외의 무엇이 아니다. 크게 깨달은 바가 있어 책을 쓴다고 하지도 않는다. 그런데 써놓은 글은 만만하지 않다. 누구나 할 수 있는 말을 조곤조곤 따지고 이리저리 비틀어 길고 복잡하고 어렵게 만든다. 장애물이나 함정이라고 할 것들을 설치해 길을 가기 어렵게 한다.

서양철학의 여러 거작을 두루 탐구하고 비판하는 논의를 거쳐 자기 철학을 하자. 이런 계획을 세우면 여러 평생이 필요하다. 여러 평생이 보장되어 있다고 해도, 전생의 공부가 후생으로 이월되지 않으니 허사이다. 한평생에 할 수 있는 작업 계획을 잘 세우고 차질없이 실행해야 한다. 무조건 열심히 공부하면 된다고 여기는 것이 가장 어리석다.

무엇이 슬기로운지 찾고 알려준다고 하는 철학자가 아주 어리석은 것을 이따금 본다. 무슨 말인가 묻는다면, 朴鍾鴻의 실패를 기억하자고 대답하지 않을 수 없다. 내가 학생 시절에 숭앙과 기대를 한 몸에 모으던 모범적인 철학자 박종홍은 논리학 5부작을 쓰겠다고 했다. 대단한 포부여서 감탄하지 않을 수 없게 했다.

〈일반논리학〉, 〈인식논리학〉, 〈변증법의 논리〉, 〈易의 논리〉를 이룩한 다음 〈창조의 논리〉에 이르겠다고, 첫 저작 〈일반논리학〉에서 예고하고, 〈창조의 논리에 관한 예비적 고찰〉이라는 글을 써냈다. 그런데 일이 뜻한 대로 되지 않았다. 〈인식논리학〉까지 책을 내고, 〈변증법의 논리〉는 초고 일부만 남기고 세상을 떠났다. 집에 돌아오지 못하고 객사했다.

논리가 철학의 핵심을 이룬다고 여기고 집중탐구의 과제로 삼은 것이 적절한지 다시 생각해야 한다. 계획한 작업이 뒤로 가면 논리의 의의는 줄어들고 탐구의 내용이 더 큰 의의를 가지게 되므로, 계획을 잘못 세웠다고 할 수 있다. 서양철학의 논리를 먼저 연구하고 돌아와 동아시아의 易學을 논리의 측면에서 해명하고, 그 성과를 종합해 창조의 논리를 이룩한다는 계획은 잘 세웠다고 하고 말 것이 아니다. 한평생을 바쳐도 가능하지 않은 노동량을 요구하는 치명적인 약점이 있다.

〈일반논리학〉이나 〈인식논리학〉은 예비적인 작업이므로 해낼 수 있었다. 강의 교재로 쓸 수 있는 수준의 상식적인 논의를 펼치면 되었다. 변증법의 논리는 그렇지 않았다. 소상하게 이해해 교재가 될 수 있는 책을 써내는 것이 가능하지 않았다. 가능하다고 해도 얻을 것이 무엇인지 의심스럽다. 무엇을 해야 하는지 분명하게 알아야 앞으로 나아갈 수 있다. 미적거리고 있다가 세월만 허비하고, 돌아오지 못했다. 반면교사로 삼아 마땅한 실패 사례를 남겼다.

변증법은 바둑의 초고수와 같다. 그 정점을 장식한 헤겔의 〈정신현상학〉이라는 저작은 난해하기 이를 데 없는 것으로 크게 행세한다. 하수가 우러러보면서 칭송할 수는 있어도, 칭송이 이해는 아니다. 이해를 하지 못하면 해설은 불가능하다. 쉽게 해설하는 것은 더욱 불가능하다. 잘 이해하고 쉽게 해설하려면 같은 수준 이상이어야 한다. 같은 수준 이상이면 대국을 해야 한다. 대국해서 이겨야 한다. 대국해서 이기려면, 상대방의 장점을 칭송하는 것과는 정반대로 약점을 간파하고 공격해야 한다.

최종적인 목표로 삼은 창조의 논리를 이룩해야 대국을 하고, 대국을 해서 이길 수 있는 능력이 생긴다. 변증법의 논리를 탐구해 장차 창조의 논리를 이룩하는 데 필요한 능력을 얻으려고 하지 말고, 창조의 논리를 창조하는 작업을 진행하면서 변증법과 토론해 이룬 성과를 점검하고 어떤 노력을 더 해야 하는지 판단해야 한다. 같은 수준인가 그 이상인가를 알아내야 한다.

박종홍의 작업 순서는 아주 잘못되었다. 창조의 논리를 이룩하는 작업을 젊어 힘이 좋을 때 시작해야 한다. 〈창조의 논리에 관한 예비적 고찰〉을 다듬고 키우면서 선행하는 철학과 토론을 벌이는 것이 마땅하다. 토론을 벌이는 상대의 선택을 계획한 것과 반대로 해서, 동심원을 그리면서 확대하는 것이 적절한 순서이다.

〈周易〉에서 '一陰一陽 謂之道', 〈老子〉에서 '有無相生', 불교에서 '色卽是空'이라고 하는 것들과 먼저 만나야 한다. 글자가 몇 자 되지 않아 쉽게 공부할 수 있다. 서양철학의 저작과는 아주 달라, 말은 적으면서 뜻이 깊은 것이 엄청난 장점이다.

이런 것들을 휘어잡아 자기 말로 해야, 철학하는 능력을 기를 수 있다. 사고의 원리와 방법을 자기 나름대로 깨달아야, 어떤 고수와도 대국할 수 있다. 상대방이 아성을 얼마나 높이 쌓고 함정을 어느 정도 깊이 팠는지 알아야 빠지지 않고 넘어가는 길을 찾을 수 있다.

사람의 일생은 얼마 되지 않는다. 학문을 할 수 있는 시간은 더 짧다. 작전을 잘 세워야 시간을 낭비하지 않고, 성취하는 것이 있다. 일단 頓悟를 해야 漸修할 것이 있다. 점수를 오래 하다 보면 돈오하게 되리라고 잘못 생각하지 말아야 한다. 시간이 무한하고, 여러 생을 살 것 같은 착각도 버려야 한다.

무리하지 말고, 슬기로워야 한다. 만물대등생극론이라는 총론은 외연이 너무 넓기 때문에 내포를 되도록 줄여야, 생각하고 잡을 수 있다. 조금씩 말하고 글을 쓰면서, 토론자들을 모아 힘을 합치기로 한다.

너무 알면 도리어 바보가 된다. 지나치면 장애를 만들게 된다. "너무"나 "지나치면"은 허욕이 만들어낸 마귀이다. 혼자 잘난 체하려고 하지 않고, 모두 함께 나아가면 이런 잘못이 생기지 않는다.

안다고 자랑하면 시야가 흐려지고, 모난 소리 하려고 하면 음성에 금이 간다. 만인과 함께 나아가는 좋은 길에 들어서야.

2 주위를 돌아보며

2-1 말을 줄여야

달관하려면 말을 줄여야 한다. 말이 많으면, 달관이 아니다. 말을 줄여야 하는 이유가 이것만이 아니다. 듣는 데 더 힘쓰려고, 말을 적게 한다. 유익한 이야기를 누구나 할 수 있으므로 귀를 열고 들어야 한다.

말을 들어 간추린 철학은 말듣기 철학, 말을 하려고 늘어놓는 철학은 말하기 철학이라고 일컫자. 말듣기 철학이 말하기 철학보다 월등하게 소중하다. 그 유래를 찾고 유산을 상속하는 것이 내가 말듣기 철학을 하는 출발점이 된다.

〈詩經〉에서 "其維哲人 告之話言 順德之行"(이 哲人은 이야기나 말을 들려주면 순순히 훌륭한 행실로 실행한다.)고 한 말을 기억하자. 이해를 분명하게 하려면, 심층을 탐색하고 결락을 보충해야 한다. 사람은 누구나 자기 나름대로 생각이 훌륭하고 말을 잘할 수 있다는 것이 논의의 출발점이다. 그래서 하는 말을 경청하고 정리해 행동의 지침이게 공인하는 작업이 필요하다. 이 작업 담당자를 哲人이라고 일컫고 그 슬기로움을 칭송한다. 이런 언설에 말듣기 철학의 연원이 있다고 할 수 있다.

거기서 한 걸음 더 나아가, 孔子는 "朝聞道 夕死可矣"(아침에 道를 들으면 저녁에 죽어도 좋다.)(〈論語〉里仁)라고 했다. "聞道"를 선생의 가르침을 받든다고 여기고 말 것은 아니다. 누구에게서든지 유익한 말을 듣는다는 뜻이라고 여기면 더 좋다. 유익한 말을 듣고 말 것이 아니고, 지체하지 않고 실행하면 아주 좋다. 이것을 상식을 깨는 충격을 주며 강조해 말하려고, "朝聞"과 "夕死"의 대구를 만들었다.

"子欲無言"(나는 말이 없고자 한다.)고 하고, "天何言哉 四時行焉 百物 生焉"(하늘이 어찌 말을 하는가? 네 계절이 이루어지고, 백 가지 생물이 살 아간다.")고도 했다. (〈論語〉陽貨) 제자들이 자기 말을 듣고 무엇을 알려 고 하지 말고, 하늘을 보라고 하면서 이런 말을 했다. 하늘로 자연을 총 괄해 지칭한다. 하늘은 계절이 변하고 생물이 살아가는 것을 보여줄 따름 이고, 말을 하지는 않는다. 사람도 알고 행하면 되고, 말을 따로 할 필요 가 없다.

"巧言令色 鮮矣仁"(말을 교묘하게 하고 얼굴빛을 곱게 꾸미면서 仁인 경 우는 드물다.)(〈論語〉陽貨), "辭達而已矣"(말이란 전달하면 그만이다.)(〈論 語〉衛靈公) 이렇게도 말했다. 仁은 사람들 사이를 바람직하게 하는 진실 한 마음가짐이다. 말이나 표정을 꾸미면 진실성을 상실한다. 말이란 전달 되면 그만이라고 할 때에는 말의 의의를 과대평가한 것 같지만, 그렇지 않다. 말이 말 값을 하는 것은 실행이 따르기 때문이다.

老子는 말했다. "道可道非常道 名可名非常名道"(도라고 말할 수 있는 것은 고정된 도가 아니고, 이름을 붙일 수 있는 것은 고정된 이름이 아니 다.) "無名天地之始 有名萬物之母"(무명은 천지의 시작이고, 유명은 만물의 어머니이다.)(〈道德經〉제1장 서두) 앞의 말에서는, 이름을 붙여 말하는 것은 고정된 의의가 없는 임시방편에 지나지 않는다고 했다. 뒤의 말에서 는, 無名과 有名의 관계는 天地와 萬物의 관계라고 했다. 천지가 으뜸이 고 만물은 그 다음이듯이, 무명이 앞서고 유명은 뒤따르게 하면서 말할 수 없는 것을 마지못해 조금 말한다고 했다.

이처럼 복잡한 논의를 하는 것은 공연한 수고일 수 있다. "知者不言 言者不知"(아는 사람은 말하지 않고, 말하는 사람은 알지 못한다.)(제56장) 이렇게 말하니 시비가 분명해졌다. 위에서 무어라고 한 말은 모르고 한 말이다. 모르면 어긋나는 말을 많이 한다. 자기 말에 자기가 걸려 일어선다면서 말을 더 많이 한다. 아는 사람은 말을 하지 않는다. 무슨 까닭인가? 아는 것을 말로 옮기기 어렵다. 말을 잘못해서 아는 것을 해칠 수 있다. 말을 잘한다고 해도 제대로 알아들을 수 있을까 염려된다. 잘못 알아듣고 의혹을 일으키도록 하는 것보다 잠자코 있는 것이 더 좋을 수 있다.

老子가 말을 하지 않은 것은 아니다. 할 말을 적어 책을 썼다. "말하는 사람은 알지 못한다"는 핀잔을 들을 각오를 하고, "아는 사람은 말하지 않는다"고 하는 아성을 깼다. 알고 말하고 알아듣는 것이 완벽하게 타당해야 한다고 여기면 차등론의 편견에 사로잡힌다. 잘못 알고 그릇되게 말하고 엉뚱하게 알아듣는 실수를 하는 것이 예사라고 여기고, 할 말을 한다. 말을 되도록 줄여서 한다. 말을 너무 많이 하지 않고, 야단스럽게 꾸미지 않고, 오해의 여지를 줄이려고 애쓰면서 너무 빗나가지는 않고자 한다.

말할 수 없는 것을 마지 못한 듯이 조금 말하며. 달관의 자세를 보여준다. 그 내용의 대강만 조금 알려주고, 나머지는 스스로 알도록 한다. 이렇게 하는 것이 동아시아에서 철학 글을 쓰는 방식이다. 다른 증거를 두루 살피지 않아도 된다. 여기 인용하는 글만 보아도 알 것을 안다.

말을 줄여서 한다. 말을 하지 않는 데 가까운 최소한의 말을 하는 짧은 글을 쓴다. 짧은 글이 각기 독립되어 단상을 이룬다. 단상을 다 모아 보아도 할 말을 다한 것은 아니다. 완성이란 있을 수 없다. 여백에서 더 많은 것을 알려준다고 독자가 알아차리게 한다.

내가 쓰는 글은 그런 수준이 아니고 잡다할 수 있다. 말하기 철학이 잘못 넘쳐나 혼란을 일으키는 세태를 청소하느라고 불필요한 수고를 하지 않을 수 없기 때문이다. 이런 사정이 있어도, 내가 작심하고 하는 철학은 말듣기의 요점을 짧고 분명하게 나타내야 한다.

말로써 말 많으니 말을 말까 하노라. 고인이 한 말을 오늘 다시 하면서, 말 없앨 몇 마디 말을 침묵하듯 하리라.

2-2 말이 많아진 내력

서양철학 책은 길고 복잡하고 어렵게 쓴다. 말하기 철학을 장황하게 하는 것을 자랑으로 삼고, 말듣기 철학은 하려고 하지 않는다. 이것이 무슨 까닭인가?

말하기 철학은 차등론, 말듣기 철학은 대등론에서 생겨난다고 하면, 할 말을 다 한다고 할 것은 아니다. 차등론자와 대등론자가 원래부터 구분되어 있는 것은 아니기 때문이다. 대등론이 인류 본연의 공통된 사고와 행동 방식인데, 한쪽의 철학은 소중하게 가꾸고, 다른 쪽의 철학은 무시하고 저버렸다고 하는 것이 타당하다.

대등론을 소중하게 가꾼 이유, 무시하고 저버린 이유, 이 둘 다 밝히는 과제가 제기되어 한꺼번에 감당하기 어렵다. 사실판단을 더욱 분명하게 하고, 이것을 근거로 인과판단으로 조심스럽게 나아가다가, 가치판단에까지 이르기를 바라는 것이 마땅하다. 착실하다고 인정받으려고 쪼잔한 천착이나 하다가 길을 잃지 말고, 거시적인 관점에서 과감하게 시도해 달관 언어로 나타내야 한다.

말을 길고 복잡하고 어렵게 하는 것은 서양의 오랜 관습이고 뿌리 깊은 전통임을 먼저 밝히고, 그 이유를 찾는다. 동아시아의 〈詩經〉에 대응되는 서양문학의 원조는 〈일리아드〉(Iliad)이다. 둘은 여러모로 너무 다르다. 서정시와 서사시가 상이해 말을 줄여서 하고 늘여서 하는 것만은 아니다. 〈일리아드〉는 전쟁 이야기를 하는 서사시 가운데서도 아주 특이하다. 용사가 싸우러 나갈 때 연설을 엄청 길게 한다. 서술자는 싸우는 장면을 아주 장황하게 묘사한다. 얼마 되지 않는 이야기를 장황하게 늘여 거작을 만들었다.

동아시아에서는 병법이 발달해 용맹 이상의 지혜 경쟁을 하고, 전쟁 이야기에 흥미를 보탠다. 서양에는 병법이랄 것이 없다. 트로이 목마에 군사들을 숨겨두었다고 하는 아주 유치한 생각이나 한다. 용맹만 가지고 정면으로 부딪쳐 승패를 결정지으니 이야기가 너무 단조로워 재미가 없다. 양념을 듬뿍 쳐서 맛있게 하려고, 주인공도 서술자도 웅변술이나 수사학 실력을 최대한 발휘했다.

孔子가 남긴 말을 제자들이 〈論語〉에 모아놓을 무렵에, 서양의 공자라고 할 수 있는 소크라테스(Socrates)가 했다는 말을 제자 플라톤(Platon)이 펼쳐놓았다. 〈논어〉는 여러 제자의 기록을 모은 단장의 연속이고, 분량이 얼마 되지 않은 단일 저작이다. 깊은 산골에서 솟아오르는 샘물 같다. 플라톤은 소크라테스가 했다는 말을 혼자 가로맡아, 이름이 갖가지인 여러 책에 아주 장황하게 적었다. 여러 강물이 도도하게 흘러가는 것 같다. 이 둘이 동서의 철학서를 아주 다르게 쓰는 연원을 마련했다.

〈논어〉를 간략하게 쓴 이유는 명백하다. 말 많은 것을 경계한 뜻을 받들어, 스승이 한 말 가운데 아주 요긴한 것만 기억하고 기록했다. 소크라테스는 대단한 수다쟁이였던가? 그렇지는 않았던 같다. "너 자신을 알라"고 하고, 상대방이 스스로 알아서 할 말을 소크라테스가 가로맡아 장황하게 늘어놓았다고 하면 우습다. 소크라테스가 실제로 했는지 알 수 없는 말을 지나치다고 할 정도로 자세하게 길게 적은 플라톤이 별난 사람이었다. 글을 쓰고 또 쓰고 끝없이 써야 직성이 풀리는 성미였다.

이렇게만 생각하는 것도 적절하지 않다. 소크라테스가 했다는 말에 자기 생각을 많이 보태 진리를 사랑하는 학문인 철학이 어떤 것인지 말하려고, 모르면서 아는 체하는 사람들을 설득하려고 했다. 진리를 함부로 말하는 풍조를 불식시키려고 했다. 그래도 말을 너무 길게 한 것이 지나치다. 다른 이유가 더 있었다고 보아야 마땅하고, 플라톤 자신이 그것을 말해주었다.

플라톤은 〈일리아드〉 같은 서사시는, 서사시뿐만 아니라 시라는 것은, 요즈음 말로 하면 문학이라는 것은 진리와는 거리가 먼 허언을 지어내므로 경계하고 배격해야 한다고 했다. 문학이 헛소리를 길게 늘어놓으면서 교묘하게 아름답게 꾸며 인기를 얻는 풍조를 개탄하면서, 질투심을 가지고 경쟁에서 이기려고 그쪽의 수법을 차용했다. 희곡처럼 대화를 사용하고 서사시에서 볼 수 있는 장광설을 늘어놓았다. 말을 많이 하면 설득력이 커지고 인기를 얻는다고 여겼다.

서양에서 철학하는 글을 도도하게 흐르는 강물처럼 길고 자세하게 쓰는 것은 플라톤의 유산이다. 아리스토텔레스(Aristoteles)가 정립한 형식논리로 분명하게 하는 말을 플라톤처럼 길게 늘이는 양면작전으로, 관심을 끌고 철학의 위신을 높이고자 한다. 글을 길게 쓰면 복잡하게 되고, 복잡하게 되면 난해하게 된다. 들어가면 빠지게 하는 소용돌이를 만든다. 철학을 더 잘하려고 하다가 도리어 망치니 어리석다고 할 것인가? 악평으로 관심을 끌고 들어오지는 못하게 막아 철학의 위신을 높이니 간교하다고 할 것인가?

동아시아에서는 철학하는 글을 간명하게 쓰는 전통을 이어왔다. 〈논어〉나 〈노자〉, 그리고 불경의 전례에 따라, 복잡하고 난해하다고 여길 수 있는 발상을 몇 마디 말로 간추려 오래두고 음미하도록 한다. 서쪽의 강물에 들어가 소용돌이에 빠지지 않고 살아남는 것을 자랑할 것인가? 동쪽의 샘을 찾아 지혜의 물을 더 마실 것인가? 이런 생각을 하면서 철학하는 글을 어떻게 써야 할 것인지 결정해야 한다.

길고 복잡하고 난해하게 쓴 철학서를 읽고 풀이하는 것을 철학으로 여기지 말아야 한다. 철학알기와 철학하기는 다르다. 철학하기를 글을 길고 복잡하고 난해하게 써서 하려고 하면 철학알기로 되돌아간다. 아는 것만 열거하고 깨달은 것은 없어지기 때문이다. 아는 것은 되도록 줄여 오염에서 벗어나야 한다.

서양철학 알기를 철학이라고 여긴 지 한참 되었어도, 스스로 깨달은 것은 간명하게 나타내야 한다는 오랜 전통이 마멸되지 않고 있다. 그 지혜의 샘을 살려 내를 이루어 흘러가게 해야 한다. 물이 맑은 것이 수량이 많은 것보다 더 소중하다.

말 들보에 매달려 그네 뛰는 녀석들아. 재주가 지나치면 그넷줄 끊어진다. 하늘이 하늘인 것은 말이 없는 덕분이다.

2-3 어디까지 가는가?

아리스토텔레스가 정립한 형식논리로 분명하게 하는 말을 플라톤처럼 길게 늘이는 양면작전으로, 철학은 관심을 끌고 위신을 높이고자 한다. 글을 길게 쓰면 복잡하게 되고, 복잡하게 되면 난해하게 된다. 들어가면 빠지게 하는 소용돌이를 만든다. 이런 철학서의 절정을 토마스 아퀴나스(Thomas Aquinas)가 〈신학대전〉을 써서 보여주었다.

기독교 신이 실존해 인간을 창조하고 구원한다는 이치를 이성의 논리로 증명하겠다고 무척 길게 말했다. 512개(제자가 추가한 것까지 합치면 611개)의 문제를 제기하고 문제를 다시 여러 항목으로 나누어, 다각도의 논란을 일정한 순서에 따라 전개했다. 체계가 명확하고 방법이 일정해 논리적 타당성을 명백하게 확보한 것처럼 보이게 하고, 무척 복잡한 논란을 아주 길게 늘어놓아 책 분량이 1만 면이나 된다.

반론의 여지가 없이 전개한 논란이 과연 타당한지 검증하면서 책을 읽어야 하는데, 지치고 짜증이 나서 불가능하다. 인내력의 한계를 인정하고 물러나지 않을 수 없다. 너무나도 험준한 산을 만들어 등반을 중간에 포기하지 않을 수 없게 하고, 다 오르지 못한 산이 위대하다고 칭송하도록 하는 것과 같은 작전을 썼다. 논리적 타당성을 검증하면서 〈신학대전〉을 독파하지 않고, 신의 실존, 창조와 구원을 의심하는 것은 부당하다고 하는 방어선을 쳤다.

어느 대목을 선택해 읽기로 하고, 제47 문제 〈사물들 일반의 구분〉, 제2 항목 〈사물들의 불평등이 신에서 유래했는가?〉에서 한 말을 본다. "신의 지혜는 우주를 완전하게 하려고 사물들의 차별이 있게 하고, 불평등이 생기게 했다. 사물들에 한 가지 등급의 선함만 있으면 우주는 완전해질 수 없다."

이것은 신과 사물이 둘이면서 하나라는 말이다. 신은 완전하고 한 가지로 선하며, 사물은 그렇지 않다. 그래서 신과 사물은 둘이다. 사물들의 차별, 불평등, 부분적이고 특수한 선함의 총체가 완전한 우주이고 신의 지혜이다. 그래서 신과 사물은 하나이다. 이렇다고 하면 명확해질 수 있는 말을 앞뒤에 군더더기를 너무 많이 붙여 찾아내기 어렵게 했다.

이런 말을 동시대 다른 문명권의 철학자들, 이슬람의 가잘리(Gazhali), 힌두교의 라마누자(Ramanuja), 유교의 朱熹도 했다. 어느 종교의 신이든, 사물과 둘이면서 하나인 관계를 가진다고 했다. 가잘리는 자기 체험을 논거로 삼고, 라마누자는 깨달은 바가 있어 말한다고 하고, 주희는 정확한 용어를 사용하면서 이치를 분명하게 밝히고자 했다.

朱熹가 한 말을 들어보자. "天地之間 有理有氣 理者也 形而上之道也 生物之本也 氣者也 形而下之器也 生物之具也"(천지 사이에 理가 있고 氣가 있다. 理라는 것은 형이상의 道이고, 사물을 만들어내는 本이다. 氣라는 것은 형이하의 器이고, 사물을 만들어내는 具이다.)(〈答黃道夫〉) 이것을 아퀴나스가 한 말과 비교하자.

아퀴나스가 '신'과 '사물'이라고 한 것을 朱熹는 '理'와 '氣'라고 했다. '신'은 창조자이고 구원자이기도 한 인격적인 존재이면서 '理'와 같은 온전한 원리이기도 하다. 앞의 성격을 말하는 종교와 뒤의 특징을 살피는 철학이 혼재되어 있다. 이런 공통점과 함께 상당한 차이점도 있다. 공통점을 매개로 하면 차이점을 분명하게 이해하고 평가할 수 있다.

理는 종교가 배제된 철학의 원리여서 일관성이 있다. 신은 사물과 대등할 수 없어, 둘이면서 하나라고 하는 말이 억지일 수 있다. 理와 氣는 대등해 둘이면서 하나라고 하는 것이 자연스럽다. 신과 사물은 한 등급의 구분만 있지만, 理와 氣는 추상적인 데서 구체적인 데로 나아가 道와 器이기도 하고 本과 具이기도 하다. 이렇게 한 말은 간명하고 논리를 더 잘 갖춘 이중의 장점이 있다.

달관언어가 없어, 서양철학은 마구 흔들린다. 같은 말을 여러 가지 뜻으로 쓰기도 하고, 꼭 필요한 말이 없기도 하다. 말을 간명하게 하지 못하고 장광설을 늘어놓는다. 장광설은 용어 미비의 결함을 해결하지 못하고 확대하기만 한다. 말이 많을수록 뜻은 더욱 모호해진다. 뜻을 엄밀하게 해야 한다면서 말 낭비를 일삼는다.

동아시아철학의 용어를 이어받아야 철학을 잘할 수 있다. 소중한 유산을 버리고 서양철학의 용어를 번역해서 사용하려고 하면, 용어 미비의 결함을 수입해 확대한다. 말이 헷갈리고 얽혀 헤어나기 어렵게 된다. 철학 알기도 제대로 하지 못하는 판국이어서 철학하기를 창조적으로 하는 것은 생각할 수도 없다.

있다 하면 없어지고 없다 하면 나타나니, 유한과 무한은 대등의 양면이다. 유무를 가리는 차등론 길게 펴면 어리석다.

2-4 양쪽의 논쟁

아퀴나스가 "신의 지혜는 우주를 완전하게 하기 위해 사물들의 차별이 있게 하고, 불평등이 생기게 했다"고 한 말을 다시 보자. '신'이나 '신의 지혜'가 보편적인 실체라야 이 말이 성립되고 의미를 가진다. 이것이 절대적인 진리로 인정되고 통용되었는데, 의문을 가지고 하는 딴소리가 나타났다.

'신'이나 '신의 지혜'니 하는 것 자체에 딴소리를 하면, 죽음을 각오해야 했다. 차선책을 슬기롭게 선택해, '보편'이라는 개념을 문제로 삼았다. '보편'은 이름만 있을 뿐이고 실재하는 것은 아니라고 조심스럽게 주장했다. 이런 주장은 普遍唯名論이다. 이에 맞서서 보편이 실제로 존재한다고 하는 주장은 普遍實在論이다.

두 견해가 오랫동안 치열한 논쟁을 한 것이 잘 알려진 사실이다. 그 내역을 자세하게 살피면 힘은 많이 들고 소득이 적으므로 생략하고, 총괄적인 논의만 하자. 보편실재론은 중세의 이념을 수호하고, 보편유명론은 개별적인 사실에 대한 과학적 탐구를 하는 길을 열었다고 한다.

보편논쟁을 꺼낸 것은 우리 쪽의 人物性同異論爭과 비교해 고찰하고자 하기 때문이다. 보편이 실재인지 아닌지 다투는 것은 人과 物의 性이 같으니 다르니 하고 다투는 것과 우선 대강 보아도 상통해 함께 나무랄 수 있다. 공연한 시비를 길게 한 것이 못마땅하다. 공리공론을 일삼는 것은 잘못이다. 이렇게 말할 수 있다.

둘의 내역을 비교해보면 공통점이 분명하다. 보편실재론은 人物性同論과 같다. 人과 物이 공유하는 보편적 실체가 있다고 한다. 유명론은 人物性異論과 같다. 人과 物이 각기 다른 실체라고 한다. 각기 다른 주장을 공연한 시비나 공리공론이라고 일률적으로 나무라는 것은 부당하다.

보편실재론과 보편유명론에 관한 상이한 평가를 인물성동이논쟁에 대해서도 해야 한다. 人과 物이 공유하는 보편적 실체가 있다고 하는 人物性同論도 중세의 이념을 수호하려는 주장이다. 人과 物이 각기 다른 실체라고 하는 人物性異論도 개별적 사실에 대한 과학적 탐구의 길을 열었다.

이렇게 말하면 논의가 끝난 것은 아니다. 보편논쟁과 인물성동이논쟁의 차이점도 말해야 한다. 인물성동이논쟁은 人과 物의 性이 같은가 다른가

하는 것을 두고 벌어졌는데, 보편논쟁에는 性이라고 하는 것이 없다. 神을 대신하는 보편이라는 범주를 막연하게 거론하지 않고, 性이라고 지적하는 쪽에서 말을 더욱 분명하게 했다.

性이 理인가 氣인가 하는 것으로 의견이 갈라져, 한쪽에서는 人物性因理同論을, 다른 쪽에서는 人物性因氣異論을 주장했다. 理는 하나이고 氣는 여럿이며, 理는 通하고 氣는 局하다는 견해를 함께 지니고, 그 양면 가운데 어느 쪽이 더욱 소중한가 하는 논란을 벌였다. 보편논쟁이 절대적인 진리로 행세하는 이념에 딴소리를 하는 반발로 이루어진 것과 상당한 거리를 두고, 인물성동이논쟁은 높은 수준의 철학을 전개한 것을 알고 평가해야 한다. 철학을 잘하려면 서양으로 가야 한다고 하는 脫亞入歐의 사고방식을 버려야 한다.

여기서 더 나아가야 한다. 보편실재론과 보편유명론은 평행선을 달릴 따름이고 논란을 끝낼 수 없다. 상극만 있고 상생은 없다. 인물성동이논쟁은 因理同論과 因氣異論을 因氣同異論으로 합치면 해결된다. 同의 근거는 理이기도 하고 氣이도 하다. 氣가 하나이므로 理도 하나이다. 因理同論은 因氣同論이라고 해야 한다. 氣는 하나이면서 여럿이므로 因氣同論은 또한 因氣同異論이다.

李柬과 韓元震을 각기 대표자로 한 두 학파가 因理同論과 因氣異論을 주장하면서 치열하게 다툴 때 논쟁에 직접 참여하지 않고 밖에서 시비를 판정한 任聖周, 그 뒤를 이은 洪大容·朴趾源·崔漢綺는 因氣同異論이라고 할 것을 정립해 문제를 해결했다. 과학과 철학을 함께 하는 총체학문으로 이치의 근본을 해명하는 방향으로 나아갔다.

서양에서는 氣라는 것을 알지 못하고 氣의 同異를 논할 수 없어, 보편논쟁을 하다 말고 그 뒤를 이은 발전이 없다. 철학과 과학이 따로 노는 탓에, 보편유명론이 열어준 길에서 과학이 발전해도 철학의 혁신을 동반하지 않았다. 시대가 달라져도 기독교의 보편실재론은 무너지지 않고 있다.

기독교 밖에도 보편실재론이 있어 철학으로 행세한다.

철학은 보편의 실체가 神이니 정신이니 물질이니 하는 말을 거창하게 하다가 건방지다는 핀잔을 받았다. 현상이니 존재니 하는 것을 따지는 얌전한 일거리를 가지고 개별적인 학문의 하나로 자리를 잡았다. 보편실재론 논술의 극치를 보여준 아퀴나스의 전례를 이어, 말을 길고 복잡하고 난해하게 하는 장기를 자랑하기나 한다.

같은지 다른지 치열하게 다투면, 같고 다른 이치에서 더욱더 멀어진다. 상극이 상생인 줄 아는 큰 마음이 있어야.

3 어떤 말을 할 것인가?

3-1 바른 말을 하면 되는가?

말을 줄이고 글을 짧게 쓰면 철학을 잘하는 것은 아니다. 철학은 말로 하므로, 말을 신뢰할 수 있는가 하는 것이 심각한 문제이다. 아무 말이나 하면 철학일 수 없다. 신뢰할 말을 가려서 써야 한다. 철학은 말의 신뢰성 부족을 적극적으로 검토하고 해결할 의무가 있다.

신뢰할 말이라야 바른 말이다. 바른 말은 판단을 정확하게 하고 가치관을 분명하게 한다. 철학은 바른 말을 해야 한다. 사실을 말하면 신뢰하고 바르다고 하는 것은 아니다. 사실 이상의 진실을 말해야 한다. 사실과 진실이 어떻게 다른지 분명하게 해두어야 혼란이 생기지 않는다.

알기 쉬운 비유로 이 난제를 해결할 수 있다. A라는 사람이 B라는 약물을 복용하고 C라는 병을 치료했다. 이것은 사실이라도, 진실이 아니다.

B라는 약물의 복용과 C라는 병 치료 사이에 선후관계만 있고, 인과관계는 입증되지 않았기 때문이다. 사실이 많으면 진실이 되는 것은 아니다. 확률론적 진실이라는 것이 있어 사실과 진실의 간격을 좁히지만, 사실의 총수를 알아야 하는 것이 아주 난감한 선결 과제이다.

인과관계가 입증되어야 진실이다. 사실판단·인과판단·가치판단으로 진행되는 세 단계의 작업 가운데 중간의 것이 사실이 진실이게 하는 결정권을 가진다. 인과관계 입증을 분석적으로 미시적으로 하는 과학의 방법은 확률론적 진실 이상의 것을 알아낼 수 없다. 이 작업을 총체적이고 거시적인 방법으로 하는 철학이라야 한정어가 붙어 있지 않은 본연의 진실을 찾아낼 수 있다. 과학에서 실험을 거치지 않고 도출한 거대이론은 바로 철학의 진실이다.

철학은 다루는 대상의 총수를 알 수 없다. 계량화하는 방법을 쓰지도 않는다. 이런 이유에서 확률론적 진실은 없다. 인과관계를 논리적으로 입증하는 작업을 최대한 확대해 총체적 진실을 파악하고자 한다. 이것은 쉬운 일이 아니므로 논란이 많은 것이 당연하다. 적절한 방법이 무엇인가를 두고 가장 치열한 토론이 진행된다. 그 중심에 언어 시비가 있다.

언어 시비는 바른말을 하는 모범을 보여 세상을 바로잡아야 한다는 것으로 부각되었다. 이렇게 하는 데 앞선 사람이 孔子이다. 소크라테스나 플라톤은 말을 많이 하기나 하고, 말을 바르게 해야 한다고 하지는 않았다. 이런 차이점에서 철학의 향방이 비롯했다.

孔子는 말이 없고자 한다고 했다. 말을 잘못할까 염려해서 한 말이라고 할 수 있다. 말이 없으면 할일을 못한다. 말을 해야 할 때에는 해야 한다. 말을 바르게 해야 한다. 가장 중요한 말은 이름을 짓고 부른 것이다. "必也正名乎"(반드시 이름을 바르게 해야 한다)고 했다. "名不正 則言不順 言不順 則事不成"(이름이 바르지 못하면, 말이 순탄하지 않고, 말이 순탄하지 않으면 일이 이루어지지 않는다)고 했다. (〈論語〉〈子路〉편)

이름을 바르게 해야 한다는 주장이 正名論이다. 공자의 뒤를 이은 유가는 정명론을 받든다. 정명론을 가다듬은 논의를 하나 들어보자. (尹愭, 〈正名〉) 이름을 바르게 한다는 것은 실상을 구분해 지칭한다는 말이라고, "名旣正 則其實之正 自可見矣"(이름이 바르면 그 실상이 바름이 저절로 드러난다.)라고 했다. 이름을 들어 실상을 구분하는 데서 "乾坤之名正"(하늘과 땅의 이름 바름), "貴賤之名正"(귀하고 천함의 이름 바름)이 특히 소중하다고 했다.

"乾坤之名正"은 천지만물, "貴賤之名正"은 사람의 삶에 관한 것이다. 두 영역을 나누어 이름 지어야 한다는 생각은 누구나 한다. 사람의 삶이 타고난 귀천으로 구현된다는 데 동의하지 않고, 다른 구분을 앞세우는 경쟁을 한다. 구분을 자세하게 하고, 이름을 많이 짓는 것을 잘하는 일이라고 여기고, 학문하는 방법으로 삼는다.

이렇게 하는 데 서양학자들이 단연 앞서고, 대단한 장기를 보여준다. 정명론을 극단에 이르기까지 밀고 나가는 것을 긴요한 일거리로 삼는다. 'Vernunft', 'Geist', 'Sein' 등에 관한 논의가 가장 긴요하다고 하면서, 이런 것들에 관한 논의를 최대한 정밀하게 진행해 파생 개념을 많이 만들어내고, 상호간의 논리적 연관성을 심각하게 따진다. 그래서 말이 많고 복잡해진다.

좋은 본보기를 하이데거가 보여준다. (Martin Heidegger, Sein und Zeit) 수많은 용어를 지어내는 것을 능사로 한 것이 가관이다. 기본용어 'Sein'에서, 파생되는 용어를 계속 만들어냈다. 'Seiendes', 'Dasein', 'In-der-Welt-sein', 'Sein zum Tode', 'In-Sein', 'Seinsfrage', 'Seinsvergessenheit', 'Seinsverlassenheit' 등등이 있다. 이것들이 무슨 뜻인지 여기서 설명하려고 하지 않으며, 가능하지도 않다. 시도하면 미궁에 빠져 헤어나지 못한다. 용어를 너무 많이 지어내서 생기는 폐단을 문제 삼는 예증으로 이용하려고 들 따름이다.

언어는 약속이다. 약속은 여럿이 함께 한다. 혼자서 할 수 없다. 어느 누구도 말을 함부로 지어낼 수 있는 권한이 없다. 필요하면 말을 지어내야 하지만, 필요성에 대한 합의가 있어야 하고, 지어낸 말을 지장 없이 함께 써서 합의를 확인해야 한다. 철학자는 이런 원칙을 어길 권리가 있다고 여기는 것은 망상이다.

음식의 맛을 논하는 사람이 맛은 천차만별인데 맛을 알려주는 말은 몇 개 되지 않는 것을 크게 한탄하고, 필요한 말을 계속 지어내면 어떻게 되겠는가? 조어의 필요성에 대한 합의가 없고, 말과 실상의 일치를 확인할 길이 없어, 공연한 수고가 되고 만다. 철학 용어를 새로 지어내는 것도 이와 같다.

'Sein'을 세분한 여러 용어를 우리말로 옮겨 전달 가능하게 하고, 통용되게 하려고 하는 것은 이루어질 수 없는 희망이다. 적절한 번역어가 있을 수 없다. 조어를 새로 해서 번역하면 난해함이 더해지기나 한다. 난해한 것은 위대하다고 여기는 허위의식을 버려야 한다. 까치가 지저귀는 말은 난해해서 위대하다고 여기지 않는다.

'Sein'을 '존재'라고 옮기는 것부터 문제이다. 'Dasein'을 '現存在'라고 하는 번역은, 무어라고 설명을 달아도 납득하기 어렵다. 'Da-'가 거슬리는 것을 '現-'이 풀어주지 못하고 의혹이 더 심해진다. 소화되지 않는 음식을 삼키는 느낌이다. 이처럼 거슬리는 수많은 용어를 우리말로 옮겨 이해할 수 있게 하려는 것은 처참하고 가련한 노력이다.

그러면 철학을 어떻게 해야 하는가? 자기 말로 철학을 하고, 알아들을 수 있는 이야기를 하면 된다. 모든 것을 다 말하려고 하는 망상을 버려야 한다. 모든 것을 다 말할 수 없을 뿐만 아니라, 모든 것을 다 말할 필요가 없다고 일깨워주는 것이 철학의 사명이다.

철학은 이치를 크게 휘어잡아 대강 말하는 총론만 전개하면 된다. 이것이 달관이다. 과학이 치밀하고 정확한 각론을 전개하는 것을 보고 질투가 나서 경쟁하려고 하는 것은 철학의 자살이다. 그 피해는 아주 커서 학문의 전역을 혼란시킨다.

正名論은 말을 지나치게 신뢰하는 잘못만 있는 것이 아니다. 바르고 그른 것을 엄밀하게 구분하려고 하다가, 달관을 버리고 철학을 위태롭게 할 위험도 있다. 바르면 귀하고 그르면 천하다고 하는 貴賤之名正은 차등론에 사로잡힌다. 차등론을 버리고 대등론을 대안으로 삼으면, 이래도 되고 저래도 되는 진위 공유 영역이 아주 넓다. 진위의 역전이 커다란 이치라고 하는 데까지 나아가야 한다.

그렇게 해서 차등론을 부정하고 대등론의 타당성을 입증하는 것이 철학의 소임이다. 철학의 소임을 부정하는 철학이 크게 행세하는 본말전도의 폐풍을 바로잡아야 한다. 하지 않아도 되는 일을 한참 하다가 해야 하는 일을 시작하는 불행을 감수해야 한다.

거미줄에 이슬 맺혀 현란하게 빛나는, 그런 말에 매혹되어 다가가면 낭패로다. 말은 그물이 아니고 날개여야 소중하다.

3-2 말을 버려야 하는가?

불교에서는 말을 불신한다. 正名論과는 사뭇 다른 견해를 편다. 〈金剛經〉을 보자. 석가는 "知我說法 如筏喩者"(내가 하는 설법은 뗏목을 들어 비유하는 것과 같은 줄 알아라.)고 했다. 뗏목은 타고 물을 건너기 위해 필요한 수단이다. 설법에서 하는 말은 뗏목과 다름없는 수단이라는 비유이다. 수단을 목적으로 착각해, 말이 진실이라고 여기지 말라고 했다.

"所謂佛法者 即非佛法"(이른바 불법은 불법이 아니다.)고 하고, 그 이유를 더 말했다. "凡所有相 皆是虛妄 若見諸相非相 即見如來"(무릇 '상'이 있는 것은 모두 허망하니. 모든 '상'이 '상'이 아님을 보면 바로 여래를 본다.)고 했다. '상'이란 모습을 갖추고 있는 모든 것이다. 그것은 얼마든지 달라질 수 있어 무어라고 하는 것이 무리이다. '상'이 '상'이 아니라고 보아야, 있음을 있음이 아니라고 여겨야 진실을 본다고 했다.

이런 언어관을 무어라고 하는가? 이름을 지으면 어긋나므로 무어라고 하지 않고 있다가, 후대의 불자들은 마지못해 '假名'이라고 했다. "但以假名說"(다만 '가명'으로 말한다.)(龍樹, 〈中論〉)고 하고, "諸言說是假名"(모든 언설은 '가명'이다.)고 했다. (元曉, 〈大乘起信論疏別記〉) '正名論'의 잘못을 '假名論'으로 시정하고자 했다.

'가명'은 말이 안 되는 말이고, 비유를 방편으로 삼아 사용하는 말이다. 말이 모자라 할 수 없는 말을 '가명'으로 감당해야 한다는 것만은 아니다. 각론뿐만 아니라 총론부터 문제이다. '정명'이 잘 감당한다고 하는 커다란 이치도 사실은 허망하고, 얼마든지 달라질 수 있으므로 '가명'이라고 말해 고정관념을 깨야 한다고 한다. 말을 버려야 한다고 한다. 말을 버려야 진실이 드러난다고 한다.

禪詩는 '가명'이 어디까지 나아가는가 보여주었다. 본보기를 하나 들어보자. (조선후기의 선승 逍遙太能이 지었으며, 제목은 따로 없다.)

可笑騎牛子
騎牛更覓牛
斫來無影樹
銷盡海中漚

우습다 소를 탄 사람,
소를 타고 소를 찾으며,
그림자 없는 나무를 베어와

바다 거품 다 태운다.

　그냥 읽으면 된다. 풀이를 할 필요는 없다. 말이 안 되는 말을 하고, 논리적 연결을 차단해 고정관념을 파괴했다. 글자나 어법을 지어낸 것은 아니다. 글자를 가지런하게 배열하기까지 했다. 시비 분별에서 벗어나면 깨달음을 얻는다고 일러주는 것을 알아차리게 했다. 깨달음이 무질서는 아니라고 암시했다.
　이것은 초현실주의 시와 흡사하다. 비교할 만한 자료를 제시한다. (André Breton, "Dans les sables"의 한 대목이다. 제목을 번역하면 〈모래 속에서〉이다.)

Il passe des tribus de nomades qui ne lèvent pas la tête
Parmi lesquels je suis par rapport à tout ce que j'ai connu

그것이 고개를 들지 않는 유목민 부족을 앞지르는데,
나는 아는 것을 모두 가지고 그 무리에 들어가 관련을 가진다.

　이것 또한 논리적 연결을 아주 차단했으나, 단어나 어법을 지어낸 것은 아니다. 사막의 모래 속에 들어가 있는 것을 상상하니, 이런저런 연상이 종잡을 수 없이 떠오른다는 말이다. 위의 선시처럼 깨달음을 알리지 않고, 무의식을 드러내 보일 따름이다. 질서라고 생각될 수 있는 것은 모두 부정했다.
　위의 두 작품에 대한 다른 해석도 가능하다. 앞의 선시는 분별을 잘못하고, 말을 헛되게 지어내는 사람을 풍자하는 것으로 여길 수 있다. 소를 타고 소를 찾는 것 같은 짓이나 하면서 대단한 학문을 한다고 자부하고, 그림자 없는 나무를 베어와 바다 거품 다 태우는 데나 견줄 수 있는 수작을 늘어놓으면서 전인미답의 경지를 개척하는 연구를 한다고 뽐내니 가소롭다. 이런 허위를 바로 찍어내 나무랐다고 할 수 있다.

뒤의 초현실주의 시는 다시 읽으면 새로운 뜻이 있다. 서두의 "Il"이라는 삼인칭대명사는 "그것"이기도 하고 "그 사람"이기도 하다. "그 사람은 고개 들지 않은 유목민 부족을 앞질러 가는데, 나는 아는 것을 모두 가지고 그 무리에 끼이기나 한다." 이렇게 이해하면, 그 사람이 앞선 것을 부러워하고 자기가 뒤떨어진 것을 창피스럽게 여긴다는 말이라고 할 수 있다.

"고개 들지 않은 유목민 부족"은 별다른 생각 없이 그냥 살아가는 예사 사람이다. 그 수준을 가볍게 넘어서면 앞서 나갈 수 있다. 아는 것이 많아서 짐이 되면 그냥 살아가는 사람들 틈에 끼이는 것도 쉽지 않다. 이렇게 생각했다고 할 수도 있다.

假名은 正名과 달라 이해가 자유롭다. 아는 것이 많다고 자랑하면서 더 늘이는 학문을 하는 잘못을 나무랐다고 여겨도 된다. 正名을 버리고 假名을 택하면 철학이 구속에서 벗어나 숨을 크게 쉴 수 있다.

구름을 묶어두고 파도의 발목 잡아, 움직임을 멈추어야 알 것을 안다 하는, 그런 착각 버리고 바람 되어 일어나자.

3-3 다른 길이 있는가?

正名은 생각을 가둔다. 假名은 어떤 생각이든 할 수 있게 풀어놓는다. 正名의 학문은 갑갑하다. 자승자박에 이를 수 있다. 假名의 학문은 종잡을 수 없게 된다. 헛소리를 하고 말 수 있다. 그러면 어떻게 해야 하는가?

正名도 假名도 아닌 어떤 말을 해야 하는가? 이에 대한 대답은 제3의 대답이 마련되어 있지 않다는 것이다. 여러 방책이 가능하다는 것이다. 이렇게 말하면 너무 무책임하므로, 多名을 택해 하는 것이 마땅하다고 응답할 수 있다.

多名이란 어느 하나로 정해져 있지 않은, 여러 가지 이름이고 말이다. 正名과 겹칠 수도 있고, 假名으로 보일 수도 있다. 말해야 할 것이 하나이면서 여럿이고, 여럿이면서 하나이어서, 正名이 假名이고 假名이 正名이라고 하면, 多名을 이미 잘 활용하고 있다고 하겠다.

多名을 내가 지금 지어내라고 하면 너무 막연하다. 번뇌나 망상을 줄이지 않고 늘일 수 있다. 자가당착에 빠지는 실수를 저지르고 말 수도 있다. 기존의 말하기 방식에서 다명으로 이용할 만한 것들을 찾아내면 도움이 되지만, 쉬운 일이 아니다. 본보기를 들고, 논의해보자.

유가는 正名, 불가는 假名을 내놓았는데, 도가는 無名과 有名을 함께 말했다. "無名天地始　有名萬物之母"(무명은 천지의 시작이고, 유명은 만물의 어머니이다.)(〈老子〉 제1장) 無名과 有名 가운데 어느 하나를 택하지 않고 둘 다 말한 것은 무슨 까닭인가? 多名의 의의를 알려주려고 했는가? 여러모로 생각할 수 있다.

천지의 시작은 무엇이라고 말할 수 없으므로 無名이지만, 만물이 생성은 그것이 구체화한 단계에 이르렀으므로 有名이라고 할 수 있다는 것인가? 無名을 시발점으로 삼고 탐구를 해서 有名의 성과를 얻자는 것인가? 無名이 有明인 것을 알고 有名이 無名인 것도 아는 有無名을 택하라는 것인가?

이런 추론이 모두 타당하다고 할 수 있다. 有無名은 正名과 假名을 합칠 수 있을 것 같다. 그러나 有無名의 말을 실제로 어떻게 해야 하는지 알기 어렵다. 쉬운 길을 찾으려다가 난감해진다. 되돌아갈 수 없어 더욱 난감하다.

"致虛極　手靜篤　萬物竝作　吾以觀復"('허'에 이르기를 지극히 하고, '정'

을 지키기를 돈독하게 하며, 만물과 더불어 지으면, 나는 이로써 '복'을 '관'한다.)(제16장) 이렇게 말하라는 것인가? 난해한 용어가 너무 많고, 일상적인 말과 호응되지 않는다. 원칙론은 타당하다고 인정하고, 방법론 미비를 다른 데서 보충해야 하는가?

"有無相生 難易相成 長短相形 高下相傾 音聲相和 前後相隨"(있고 없는 것은 서로 생겨나고, 어렵고 쉬운 것이 서로 이루어지고, 길고 짧은 것이 서로 모습을 갖추고, 높고 낮은 것이 서로 기울어지고, 이런저런 소리는 서로 어울리고, 앞과 뒤는 서로 따른다.)(제2장) 상반된 것들이 서로 원인이 되어 생겨난다는 말을 여러 경우를 들어 했다.

이런 것들이 대단하게 여겨 우러러보고 따르면 多名에서 멀어진다. 老子가 슬기로운 만큼 우리는 어리석다는 착각에 빠질 수 있다. 多名 제조 능력이 우리 모두의 창조주권에 대등하게 갖추어져 있는 진실을 부정할 수 있다.

다른 길을 찾아야 한다. 방향을 아주 돌려 安玟英의 시조를 보면, 거의 같은 말을 아주 쉽게 했다. 충격이 더 크다.

> 높으락 낮으락 하며 멀기와 가깝기와,
> 모지락 둥그락 하며 길기와 자르기와,
> 평생에 이러하였으니 무슨 근심 있으리.

처음 두 줄에서 "높은 것은 낮고 낮은 것은 높고, 먼 것은 가깝고 가까운 것은 멀고, 모진 것은 둥글고 둥근 것은 모지고, 긴 것은 짧고 짧은 것은 길다"고 했다. 이런 말을 아주 줄여서 했다. 그것이 공연한 말이 아니다. 평생 그랬으므로 근심할 것이 없다고 마지막 줄에서 말해 마음을 편안하게 했다. 툭 트인 소견을 말해 번뇌나 망상을 없애는 철학의 소임을 아주 잘 수행했다.

철학의 말은 체언 또는 임자말이기만 하지 않고, 용언 또는 풀이말이기도 해야 한다. 풀이말을 하면 일상생활에서 벗어나지 않고, 多名이라고 한 여러 말을 아주 다채롭게 하는 이점이 있다. 우리말의 풀이말은 활용을 많이 해 여러 가지 의미를 나타낸다. 이런 것을 잘 알고 활용하면 새로운 용어를 지어내는 무리한 짓을 하지 않아도 된다.

위의 작품에서 복수의 것들을 열거하는 의미 "-락"·"-며"·"-와"가 서로 다르게 쓰인 것을 알아차려야 한다. "-락"은 반드시 짝을 지워, 대조되는 의미를 지닌 서술어 둘을 열거한다. "-며"도 짝을 지워, 대조되는 의미를 지닌 동사 둘을 열거할 수도 있다. "-와"는 한 번만 쓰여 앞뒤의 명사를 연결하기만 하는 것이 예사이다.

이런 차이점을 잘 알고, 조금도 어렵지 않게 이용했다. 철학이 그 경지에 이르러야 한다. 체언으로 된 용어를 자꾸 지어내는 어리석은 짓을 하지 말고 슬기로운 길로 가야 한다. 체언 용어를 번역해서 우리가 철학하는 용어로 삼으려고 하는 것은 가장 어리석다.

어떤 말로 철학을 할 것인가? 정해진 것이 없다. 어느 하나로 고정시키는 것은 무리다. 어떤 말을 해도 모자라니, 이 말 저 말 할 수 있는 대로 하고 어디 머무르려고 하지 않아야 한다. 누구나 쉽게 하고 듣는 말로 토론하면서 서로 깨우쳐주면 얻을 것이 많다.

누구나 예사로 하는 말을 놀라운 표현이 되어 새로운 빛을 내도록 하는 것이 시를 잘 짓는 비결이다. 철학은 시를 본받아 같은 작업을 조금 다르게 하면 된다. 놀라운 표현인가를 토론에서 검증하고, 새로운 빛을 함께 밝힌다.

참여자가 모두 자기 말로 저마다의 철학을 해야 이럴 수 있다. 여럿이 제각기 하는 말이 최상의 多名이다. 여러 소리 함께 뒤섞여 울리면 크고 넓게 뻗어난다.

유한과 무한은 둘인가 하나인가? 과학과 철학이 하나씩 데려가, 가련한 이산가족을 詩가 맡아 하나로.

3-4 어떻게 할 것인가?

기본이 되는 시비부터 가리자. 한자를 혼용할 것인가, 한글을 전용할 것인가? 어느 하나여야 한다고 치열하게 다투는 것은 잘못이다. 나는 둘 다 필요하다고 여기고, 글의 내용이나 독자에 따라 이렇게도 하고 저렇게도 한다, 혼용과 전용을 다 하는 겸용을 택한다.

반드시 한자로 써야 하는 말도 있다. 독음을 적고 한자를 괄호 안에 넣으면 꼴사납고 원래의 뜻이 손상된다. '色卽是空' 같은 말은 원문을 풀어서 말하는 대용품이 있을 수 없다. 외국의 인명이나 용어에는 독음을 알지 못하는 것들도 있다.

한자어를 보존하자는 것은 아니다. 어려운 한자어와 쉬운 우리말이 다 있으면, 쉬운 우리말로 생각을 하고 글을 쓰는 것이 마땅하다. 늘 하는 생각, 쉽게 주고받을 수 있는 말이 발상의 원천이고 창조의 방법이다. 한자어를 쉬운 우리말로 옮기려고 꾸준히 힘써야 한다.

오랜 고민거리를 다시 말하자. '理'와 '氣'라고 할 것인가? '이'와 '기'라고 할 것인가? '이치'와 '기운'이라고 할 것인가? 어느 하나로 정할 수 없다. 셋이 다 필요하다. 언제까지나 셋이 다 필요한 것은 아니다. '理'와 '氣'에서 '이치'와 '기운'으로 나아가는 것을 목표로 하고, 꾸준히 힘써야 한다. '이치'는 '앎', '기운'은 '있음'이라고 해도 오래 키운 뜻을 담는 날이 올 수도 있다. 건너뛰면 애써 쌓은 뜻이 날아간다.

지금은 '理'와 '氣', '이'와 '기', '이치'와 '기운'을 다 말할 때이다. '理'와 '氣'라고 하면 한문으로 쓴 옛글 원문과 바로 이어진다. 한문 옛글 원문을 읽고 이어받아야 할 일거리가 아주 많이 남아 있다. '이'와 '기'라고 하면, 작은따옴표를 치고 두 말을 적으면, 우리말에 발을 조금 들여놓는다. '이치'와 '기운'이라고 하면 이해하기 쉬운 우리말로 생각을 할 수 있다.

'이치'와 '기운'이라고만 하고, '이치'는 '이'이고 '理'임을, '기운'은 '기'이고 '氣'임을 알지 못하면 생각이 얕고 좁을 수 있다. 천지만물이 하나의 '기운'으로 이루어지고, 그 '이치'가 크게 보면 하나라고 말하려면 과학적 입증이 필요한 것 같아 철학을 바로 시작할 수 없다. '기운'은 하나이면서 둘이라고 하면, 과학이 인정할 수 없는 헛소리로 취급된다.

철학은 문화의 축적이다. 축적을 물려받지 못하고 새로 시작하면, 많은 힘을 들여도 성과가 미흡하다. 理氣論을 버리고 새집을 지으면, 철학이라고 할 수 있는 무게를 갖추기 어려운 것만 아니다. 가장 중요한 자산인 문제 의식과 논란을 이어받지 못해 너무 가난하다. '理'는 '이치', '氣'는 '기운'이라고 한 말을 이어받아, '이치'와 '기운'의 관계를 논의하더라도 축적된 유산이 담겨 있게 해야 한다.

수입철학을 자득철학이게 하면 된다, 피차의 구분이 없어야 철학이다. 이것은 타당한 주장이어도, 언어의 장벽을 넘지 못하면 무효가 된다. 무엇이 문제인가 분명하게 하기 위해, 'Sein'과 'Dasein'에 대한 고찰을 다시 하자.

'Sein'과 'Dasein'을 '存在'와 '現存在'라고 번역해 적다가 '존재'와 '현존재'라고 하면, '理'와 '氣'를 '이'와 '기'라고 하다가 '이치'와 '기운'이라고 하는 것과 같은가? 발상의 원천, 창조의 방법 노릇을 하는 것이 다를 바 없는가? 이에 대해 "그렇다"고 말하기 어렵다. 무슨 까닭인가?

'現存在'는 무슨 말인지 알 수 없다. 길을 막는 걸림돌이다. 'Dasein'을 잘못 번역해서 그런 것은 아니다. 'Dasein'이라고 하는 원어가 정체불명이다. 가까운 장소를 막연하게 일컫는 말 'Da'를 붙여 인간의 'Sein'을 말한다고 하는 설명은 이해하기 어렵고 동의하기는 더 어렵다.

‘Sein’은 ‘이다’나 ‘있다’는 뜻을 가진 동사를 명사로도 쓰는 것인데, ‘存在’라고 옮겨놓으니 신체가 비대해져 거만을 떤다. ‘있음’이라고 하는 것이 적절하다. ‘Sein’을 ‘있음’이라고 하면 ‘Dasein’은 무엇이라고 하는가? ‘그리 있음’이라고 하면 말은 되지만 뜻이 너무 모호하다.

번역을 더 잘해서 이런 의혹을 해결할 수는 없다. ‘Sein’과 ‘Dasein’을 말하면서 대단한 철학을 한다고 하는 데 쉽게 말려들어, 그 지점을 차려 행세할 생각을 하지 말아야 한다. 원래의 용도를 살리지 못해 부적절한 물건을 만들어 놓고, 사지 않는 소비자를 나무라는 것은 잘못이다. 장사를 잘하려면 더 나은 제품을 만들어내야 한다. 잘된 것은 받아들이고 못된 것은 바로잡는 것이 더 나은 제품을 만드는 요령이다.

‘Sein’은 ‘있음’이라고 하기로 하고, ‘Dasein’은 근본적으로 바꾸어 ‘삶’이라고 하자. ‘있음’과 ‘삶’의 관계는 오래전부터 생각하던 것이다. ‘있음’은 萬物이, ‘삶’은 萬生이 공유한다. ‘있음’을 막연한 관념으로 여기지 말고 모든 것의 총칭인 萬物이 공유한 ‘있음’을 생각해야 한다. ‘삶’은 모든 생명체의 총칭인 萬生이 공유한 ‘삶’이다. 생각이 여기까지 이르니 숨이 트이고 길이 열린다.

한 걸음 더 나아가자. 인간을 특별히 논의할 필요가 있어 ‘앎’을 더 보탠다. ‘삶’이 이루어지는 것은 ‘앎’이 있기 때문이다. ‘앎’이라고 따로 말하는 것은 ‘삶’을 위한 ‘앎’이 아니고, ‘삶’을 대상으로 하고, ‘있음’도 대상으로 하는 ‘앎’이다. 이것은 모든 인간의 총칭인 萬人이 공유한 ‘앎’이다.

‘있음’·‘삶’·‘앎’은 각기 따로 떨어진 것이 아니다. ‘있음’의 하나가 ‘삶’이고, ‘삶’의 하나가 ‘앎’이다. 萬物은 ‘있음’을 공유하고 있어 대등하다. 萬生은 ‘있음’과 ‘삶’을 공유하고 있어 대등하다. 萬人은 ‘있음’과 ‘삶’과 ‘앎’을 공유하고 있어 대등하다. ‘있음’·‘삶’·‘앎’은 하나만이 아니고 여럿이다. 여럿이 相生하고 相克하는 生克의 관계를 가지고 있다.

그런 것을 글로 쓰기 전에 말로 하는 것이 당연하다. 철학은 말로 하는 구비철학에서 생겨나고, 활력을 얻는다. 여럿이 이 말 저 말 하는 토론이 철학을 살려낸다. 말을 하나로 고정시키지 말고, 이것저것 해야 길이 활짝 열린다.

활짝 열린 길로 멀리까지 훌훌 가면 크고 소중한 것을 얻어야 한다. 자유는 창조를 이룩해야 더욱 빛난다. 그래서 할 수 있는 논의 가운데 특히 긴요한 것을 들어 창조의 성과로 삼고자 한다.

‘있음’의 양상이나 특징은, 모든 물체가 서로 대등한 관계를 가지고 상생하고 상극하는 것으로 파악한다. 이것을 萬物對等生克이라고 줄여 일컫는다. ‘삶’의 양상이나 특징은 거듭 말해야 한다. 모든 생명체가 서로 대등한 관계를 가지고 상생하고 상극하는 것으로 파악한다. 이것을 萬生對等生克이라고 줄여 일컫는다. 모든 사람이 물체가 서로 대등한 관계를 가지고 상생하고 상극하는 것으로 파악한다. 이것을 萬人對等生克이라고 줄여 일컫는다.

지금까지의 논의를 총괄하기 위해, 거론한 기본 용어를 표로 나타낸다. 가로로 이웃하고 있는 것들은 개념이 상통한다. [가]에서 [라]까지는 발상의 소종래나 성향이 상이하다.

[가]	[나]	[다]	[라]
Sein	존재	있음	만물대등생극
Dasein	현존재	삶	만생대등생극
			만인대등생극

[가]와 [나]를 비교해보자. [가]는 활발하게 움직이는 주체여서 자식에 해당하는 개념을 많이 산출한다. [나]는 [가]의 전달자 노릇을 불충분하게 하기나 하고, 독자적인 활동은 없어 不姙이다. 이 길로 가는 철학은 무덤이 이른다.

[나]와 [다]는 다르다. [나]에게는 없는 자유를 [다]는 마음껏 누린다. 시공의 제약을 넘어서서, 무엇이든 생각하고 지어내는 즐거움을 누릴 수 있다. 오래되어도 새롭고, 변형하며 영속한다. 실제 체험이 다채로워 이론을 무색하게 한다. 그 예술적 표현이 현란해 철학은 초라하게 보이게 한다.

[다]와 [라]를 비교해보자. [다]에서 누리는 발상의 자유가 창조의 성과가 된 것이 [라]이다. 말할 수 없는 것까지 말로 잡고, 혼돈이라고 할 수 있는 곳에서 질서를 발견한다. [다]의 자랑인 실제 체험과 그 예술적 표현을 받아들여, [라]의 철학을 한층 풍부하게, 달관언어를 더욱 생동하게 한다. [다]에서 말하는 생명이 모두 같은 것을 인정하면서, [라]는 다른 생명체와 사람의 경우를 나누어 고찰해야 한다는 오랜 요구를 외면하지 않고 받아들인다. 만인·만생·만물에서 제기되는 수많은 문제를 서로 관련된 논리로 해결하고자 한다. 예술보다 철학이 현실에서 더 큰 쓰임새를 가지는 것을 설득력 있게 입증하기도 한다.

[가]와 [라]를 비교해보자. [가]는 축소를 지향한다. 자식에 해당하는 개념을 많이 산출하며, 논의를 분화하고 정밀하게 하는 데 힘쓴다. [라]는 확대를 지향한다. 포괄하는 범위를 넓히고, 역동적이며 다면적인 움직임을 총체적으로 파악하고자 한다. [가]는 과학을 배제한 철학을 하고, [라]는 과학과 합친 철학을 한다. [가]는 근대의 분열이 극도에 이른 증세를 말해주고, [라]는 대통합을 이룩하는 다음 시대로 나아간다. [가] 쪽에서 지는 해가, [라] 쪽에서 뜬다.

마른 가지 하나는 바람을 못 견딘다. 여럿이 뻗어나면 싱싱하게 살아난다. 천변만화 춤사위를 활달하게 펼치리라.

4 차등론 타파

4-1 차등론의 내력

차등론은 무엇인가? 오랫동안 지배하고 군림해온 부당한 관념이며, 많은 폐해를 빚어냈다. 그 내력을 정리해 말해보자. 인류·생물·만물의 차등론을 다 들어야 한다.

한쪽에 치우치지 않아야 하므로, 동서 비교가 필요하다. 할 일을 다 하려고 하면, 밀림에서 길을 잃는다. 쓰다가 죽은 책을 읽다가 죽게 할 수도 있다. 위에서 내려다보고 간명하게 말해야 한다. 달관언어의 진면목을 보여주어야 한다.

인류는 어떻다고 했는가? [가] 君臣과 良賤, 男女와 長幼, 聖俗과 賢愚 등의 차등이 있다고 했다. 이것이 공통된 주장이면서, 강조점은 달랐다.

[가1] 서쪽 기독교문명권에서는, 양천·남녀·성속의 차등을 더 중요시했다. 잡아간 사람을 노예로 만들고, 쇠사슬을 채워 혹독하게 부리는 것이 당연하다고 여겼다. 성직자는 마녀로 의심되는 여자를 고문해 죽이거나, 자백을 받고 불태워 죽일 수 있는 권한을 가졌다. 신분이 고귀한 領主는 자기가 지배하는 농노의 아내를 먼저 차지하는, 이른바 初夜權을 행사했다고도 한다.

[가2] 동쪽 유교문명권에서는, 군신·장유·현우의 차등을 더 중요시했다. 신하는 임금을 아버지처럼 섬겨야 한다고 했다. 젊은이는 노인을 존경하고 가르침을 따라야 한다고 했다. 유식해 슬기롭다는 군자는 존중하고, 무식해 어리석다는 소인은 천대했다. 차등의 정도가 서쪽보다 덜하고, 열

등해도 생명이 위태롭지는 않았다.

생물은 어떻다고 했는가? [나] 인류는 다른 생물보다 존귀해 특권을 가지는 것이 당연하다고 했다. 그 이유는 다르게 말했다.

[나1] 서쪽 기독교문명권에서는 하느님이 천지만물을, 생명을 창조하면서, 인류가 다른 모든 생명을 지배하도록 했다고 했다. 이것은 〈성서〉 서두의 〈창세기〉에 명시되어 의심의 여지가 없다고 했다. 다른 말을 하면 무신론자이므로, 사형에 처해 마땅하다고 했다.

[나2] 동쪽 유교문명권에서는, 좀 복잡한 말을 했다. 인류는 머리가 위에 있어 하늘과 호응하므로 正生이다. 동물은 머리가 옆에 있어 하늘과 조금 호응하므로 橫生이다. 식물은 머리가 아래에 있어 하늘과 호응하지 못하므로 逆生이다. 그러므로 사람·동물·식물은 차등이 있다고 했다. 유교에서 오래 지닌 생각을 朱子라고 칭송되는 朱熹가 명확하게 정리했다. 이에 관해 알고 모르는 것으로 賢愚를 차별했다.

만물은 어떻다고 했는가? 인류는 만물 가운데 빼어나다고 함께 주장했다. 그러면서 절대자 하느님을 믿는가, 그런 것이 없는가에 따라 말이 달랐다.

[다1] 하느님이 사람을 창조하고, 독생자를 보내 보살핀 지구가 우주의 중심에 있고 다른 천체는 그 주위를 돌아, 하느님, 지구, 다른 천체는 차등의 등급이 있다고 했다. 하늘이 돈다는 천동설을 버리고 지구가 돈다는 지동설을 말하면 화형에 처했다. 천동설이 틀리고 지동설이 옳다고 하기까지, 오랫동안 힘든 투쟁을 공연히 거쳐야 했다.

[다2] 하늘과 땅은 차등이 있고, 理와 氣는 차등이 있다고 했다. 理는 온전하게 하나여서 존귀하며, 氣는 치우치게 나누어져 있어 미천하다고 했다. 이런 생각을 철학으로 가다듬어 理氣이원론을 정립했다. 없음의 총체인 無極이 바로 있음의 총체인 太極이라고 하고, 여기까지의 理가 陰陽으로 나누어진 氣를 만들어내고, 氣가 나누어져 만물이 생겨났다고 했다.

理와 氣는 先後·一二·善惡·通局의 차등이 있다고 했다. 종교에 의존하지 않고 철학을 전개하고, 치밀한 논리를 갖춘 세련된 생각을 했다.

세 가지 차등론이 따로따로인 것은 아니다. [가]·[나]·[다]가 맞물려 타당성을 입증하는 작용을 서로 하면서, 전체가 하나이게 한다. 난공불락인 것처럼 보이는 거대한 관념의 아성을 만들었다. 이것이 오랫동안 인류를 지배하고, 괴롭혔다.

이것을 차등의 최상위에 있는 지배자들이 직접 만들지는 않았다. 그쪽에서 바라는 것을 종교인이나 철학자들이 만들어 바치고, 자기들도 상위에 올라서려고 했다. 그런 아부와 치욕의 역사를 바로잡아야 한다.

자기는 잘났다고 못난 쪽을 멸시하면, 마음에 병이 생겨 우열이 역전된다. 누구나 대등한 줄 알아 서로 돕고 잘살자.

4-2 타파의 두 방향

[가]에서 사람은 君臣과 良賤, 男女와 長幼, 聖俗과 賢愚의 차등이 있다고 하는 차등론이 맞는지 틀리는지 한가하게 시비하고 있을 것은 아니다. 아랫사람을 고통스럽게 하는 까닭에 반대하지 않을 수 없다. 누구는 자유민이고 누구는 노예라고 하는 良賤의 차등이 특히 가혹한 시련을 가져다주어 철폐하려고 싸우지 않을 수 없었다. 어떻게 싸워야 하는가? 이것이 문제이다.

피해자가 홀로 투쟁을 하면 희생만 커진다. 단결해서 싸운다고 해도 良賤의 차등이 철폐된 세상을 만들지 못한다. 양천을 역전시키거나 한다. 차등론은 모두 잘못되었으므로 총체적으로 철폐해야 한다. 이것은 가능한 일이 아니므로, 작전을 잘 세워야 한다. 전체를 한꺼번에 공격할 수는 없다. 약한 곳을 찾아 먼저 시작한 공격이 다른 곳으로 파급되도록 하는 것이 슬기로운 작전이다.

[가]가 가장 심각한 장애물이지만, 먼저 공격하는 것은 불가능했다. 불가능한 공격을 무리하게 하다가 큰 희생을 당하는 것만 걱정할 일이 아니다. 제어할 수 없는 역습을 받아 공격이 불가능하게 될 수 있다. 약한 곳을 먼저 공격해 얻은 승리를 차츰 확대해 맨 나중에 파괴해야 했다. 약한 곳이 어딘가? 이에 대한 판단은 동서가 다르게 했다.

동쪽의 [나2]에서, 사람은 머리가 위에 있어 하늘과 호응하므로 正生이고, 동물은 머리가 옆에 있어 하늘과 조금 호응하므로 橫生이고, 식물은 머리가 아래에 있어 하늘과 호응하지 못하므로 逆生이다. 이런 생각을 먼저 공격했다. 洪大容, 朴趾源, 崔漢綺 등이 그 과업을 맡아 수행했다. 그 내역은 다음 대목에서 들기로 하고, 여기서는 총괄론만 한다.

사람이든 다른 생물이든 자기 나름대로 살아가는 것이 다르지 않다고 하고, 삶을 누리는 것이 善이다. 이렇게 해서 [나2]를 파괴하는 작전에서, 역전이 가능하지 않은 승리를 거두었다. 그 결과를 한편으로는 [가]로, 다른 한편으로는 [다]로 확대하는 것은 그리 어려운 일이 아니다.

서쪽에서는 [나1]을 공격하지 못했다. 기독교가 완강하게 막고 있기 때문이었다. 약한 곳이 없다고 여기고 물러나야 할 판국이었는데, 위험을 무릅쓰는 용감한 투사가 나타나 [다1]을 공격했다. [다1] 하느님이 사람을 창조하고, 독생자를 보내 보살핀 지구가 우주의 중심에 있고 다른 천체는 그 주위를 돌아, 하느님·지구·다른 천체는 차등에서 등급이 있다고 하는 것을 과학으로 무너뜨리기 시작했다.

천체의 움직임을 정확하게 관측한 결과를 말해 사실을 시인하지 않을 수 없게 했다. 종교재판을 해서 탄압하는 시련을 견디며, 과학이 발전을 이루어 모든 차등론을 무너뜨릴 수 있는 논거를 제공하는 방향으로 나아갔다. 과학의 발전은 연쇄적인 폭발이 일어나듯이 진행되어 종교가 간섭하기 점점 더 어려워졌다.

동쪽의 유교는 종교라기보다 철학이어서 반론 제기가 가능했다. 理氣이원론을 부정하는 氣일원론을 제기할 수 있었다. 서쪽의 기독교는 철학을 지배하는 종교여서 철학을 바꾸어놓을 수 없게 했다. 氣일원론을 제기할 수 있는 사고의 틀도 없었다. 오직 가능한 것은 氣의 개별적이고 구체적인 검증이었다. 그 결과 종교나 철학과 다른 과학이 탄생했다. 이러한 사실을 확인하고, 양쪽의 특징 비교를 더 해보자.

철학의 반론은 용이하게 이루어져, 파급 효과가 적고 널리 알려지지 않았다. 자료를 만지며 밥벌이를 하는 자칭 전공자들조차 진상을 파악하지 못할 정도이다. 과학의 반론은 말썽을 일으키면서 진행되어 세상을 뒤흔들었다. 그 소문이 멀리까지 크게 나서 아동주졸들까지 엇들는다. 서세동점의 바람 때문에도, 동쪽의 탐구는 무시되고, 서쪽의 발견은 과장된다.

과학의 반론은 소문이 요란한 만큼 난해하다. 관측하고 실험하는 기구를 가지지 못하고 그 방법을 모르는 사람은 모두 탐구에 동참할 수 없을 뿐만 아니라, 근처에 가서 구경할 능력도 없다. 얻은 결과가 수식으로 나타나 있어, 극소수의 전문가만 이해할 수 있다. 철학의 반론은 낯설다고 여기지 않으면 바로 이해된다. 누구나 참여할 수 있는 토론 자료로 제시되어 있다.

둘이 다르다고 하고 말 것이 아니다. 철학의 반론과 과학의 반론은 이밖에도 여러 면에서 아주 달라, 서로 필요로 한다고 보아야 한다. 자극이 되어 상대방을 깨우쳐주고, 가까이 다가가 하나가 되는 것이 마땅하다. 이 작업을 과학의 각론이 맡아 할 수 없고, 철학이 주도해야 한다. 과학 덕분에 철학이 철학일 수 있다.

과학은 각론이어서 철학을 포함할 수 없다. 철학은 총론이므로 과학을 포함할 수 있으며, 당연히 포함해야 한다. 상극이 상생이게 하는 과업을 과학은 감당하지 못하고, 철학이 실현한다. 학문일반론은 이런 까닭에 철학의 소관이다.

만유인력 양자역학 상대성 이론까지, 완벽하다 뽐내지만 허점이 허다하다. 아는 것 모르는 것이 둘이 아닌 하나이다.

4-3 동쪽의 철학은

인류는 다른 생물보다 우월하다는 주장은 이원론을 근거로 삼고 있는 차등론이다. 그 잘못을 지적하고 일원론에 입각한 대등론을 대안으로 제시하는 것이 긴요한 과제이다. 이 과제는 과학을 포함한 철학이라야 감당할 수 있다.

모든 생물은 인류가 마음대로 처분하도록 창조되어 있다고 하는 것은 종교에서 하는 말이어서, 철학으로 시비하지 못한다. 머리가 위에 있어 인류는 正生이고, 옆에 있어 금수는 橫生이고, 아래에 있어 초목은 逆生이라는 주장은 상당한 수준의 철학이다. 正·橫·逆이 윤리의 등급이라는 차등론까지 갖추어 온전한 체계를 갖춘 것 같다. 이에 대해 심각한 논란이 제기된 것을 든다. 번역에 의존하지 말고, 원문을 알아야 한다.

홍대용은 말했다.

五倫五事　人之禮義也　羣行呴哺　禽獸之禮義也　叢苞條暢　草木之禮義也　以人視物　人貴而物賤　以物視人　物貴而人賤　自天而視之　人與物均也”(〈毉山問答〉)

‘오륜’이나 ‘오사’는 인류의 예의이다. 무리를 지어 다니면서 불러 먹이는 것은 금수의 예의이다. 떨기로 나서 가지를 뻗는 것은 초목의 예의이다. '인'에서 '물'을 보면 '인'이 귀하고 '물'은 천하다. '물'에서 '인'을 보면 '물'이 귀하고 '인'은 천하다. 하늘에서 이것들을 보면, '인'과 '물'이 균등하다.

박지원은 말했다.

足下 無以靈覺機悟 驕人而蔑物 彼若亦有 一部靈悟 豈不自羞 若無 靈覺 驕蔑 何益 吾輩 臭皮帒中裹得幾箇字 不過稍多於人耳 彼蟬噪於 樹 蚓鳴於竅 亦安知 非誦詩讀書之聲耶(〈與楚幘〉)

그대는 신령한 지각과 민첩한 깨달음이 있다고 남들에게 교만하지 말고, 다른 생물들을 멸시하지 말아야 한다. 그런 것들도 신령한 깨달음을 일부라도 지니고 있다면, 어찌 스스로 부끄럽지 않겠나? 만약 저들은 신령한 지각이 없다면, 교만하게 굴고 멸시해서 무슨 소용이 있겠는가? 우리 무리는 냄새나는 가죽 자루 안에 글자 몇 개를 싸 넣고 있는 것이 다른 이들보다 조금 많을 따름이다. 저기 매미가 나무에서 떠들썩하고, 지렁이가 구멍에서 우는 것이 또한 시를 외고 책을 읽는 소리가 아닌지 어찌 알겠느냐?

최한기는 말했다.

禽獸魚龍 皆有運化之敎 以遂其生 旣 與人 形質異 所習異 言語文 字 不與人相通 驟觀之 雖若無敎 潛究 其知機動靜 不可謂自相無敎 人 詳見 其一二捕捉之禽獸魚龍 不見山海空曠之地 羣居優游之容態 自相 敎誨之有無詳畧 何以質言 易地思之 禽獸魚龍 見一二人失所誤死者 不 見衆人起處動作 何能知人之有敎也 只以人敎言之 人類之中 有不率敎者

禽獸之中 有能率人馴敎者 烏可謂 惟人有敎 而禽獸無禽獸之敎 魚龍無
魚龍之敎(〈禽獸有敎〉)

　　금수어룡도 모두 운화의 가르침이 있어 살아간다. 짐승은 사람과
형질이 다르고, 익힌 것이 다르며, 언어와 문자로 서로 통하지 않는
다. 얼핏 그것을 살피면 가르침이 없는 것 같으나, 깊이 탐구해 그
낌새와 움직이고 멈추는 것을 알면 스스로 서로 가르침이 없다고 할
수 없다. 사람이 자세하게 보는 것이 어쩌다가 한둘 사로잡힌 금수어
룡이기만 하고, 보지 못하는 것은 산과 바다 넓게 트인 땅에서 무리
를 지어 여유 있게 노니는 모습이다. 서로 가르치고 타이름이 있고
없고, 상세하고 소략하다고 무엇으로 딱 잘라 말하겠는가? 처지를 바
꾸어 생각하면, 어룡이나 금수가 한둘 제 자리를 잃고 잘못 죽은 사
람만 살피고, 많은 사람이 일어나고 살고 움직이고 일하는 것은 보지
못하면, 사람에게 가르침이 있는 것을 능히 알 수 있겠는가? 다만 이
로써 사람 가르침을 말하겠는가? 사람의 무리 가운데도 가르침을 따
르지 않는 자가 있고, 금수 가운데에도 능히 사람을 따르고, 가르침에
순응하는 자가 있다. 어찌 사람만 가르침이 있고, 금수에게 금수의 가
르침이 없으며, 어룡에게 어룡의 가르침이 없다고 말할 수 있겠는가?

　　홍대용이 한 말은 총론이다. 인류·금수·초목은 각기 그 나름대로의 예
의가 있다. 사는 방식에 필요한 예의를 갖추고 있는 것이 다르지 않다.
각기 자기를 높이고 상대방을 낮추는 것이 정당하다고 인정하는 '人物均'
의 관점을 갖추어야 한다. 이것이 대등론이다.
　　박지원이 편지를 써준 '楚幘'(초책)이라는 인물이 찾아보면 없는 것은
아니다. 조선에 와서 살던 명나라 유민 康世爵(강세작)이 지조의 상징인
'초나라 관'을 뜻하는 말 '楚幘'으로 호로 삼았다고 알려졌다. 화제를 남

겨 전해 들었을 따름이고 작고한 지 오래된 인물이라, 편지를 써야 할 이유가 전연 없었다.

楚幘을 우스꽝스러울 정도로 완고한 위인의 표본으로 삼고 힐책하는 말을 짐짓 늘어놓아, 같은 생각을 하는 사람들을 일제히 궁지에 몰아넣고자 했다. '楚幘'이라는 말을 자기를 속박하는 '가시 관'을 뜻한다고 이해하는 것이 적절하다. 〈虎叱〉이 중국에서 베껴온 글이라고 한 것과 같은 능청스러운 우언 풍자문으로, 상통하는 주장을 폈다. 인류는 "신령한 지각과 민첩한 깨달음"이 있다고 자부하지만 "냄새 나는 가죽 자루 안에 글자 몇 개를 써서 넣고 있는 것이 다른 이들보다 조금 많을 따름"이라고 한 데서는 한 걸음 더 나아갔다.

유식하면 무식한 무리를 얕볼 만하고, 사람은 다른 생물들보다 우월하다고 하는 두 가지 편견이 세상을 망치니 시정해야 한다고 했다. 매미가 떠들고 지렁이가 우는 것이 사람이 시 외고 책 읽는 것과 다를 바 없다고 했다. 모든 생명체는 자기 나름대로 살아가면서 즐거워한다. 삶을 누리는 것이 善이므로, 사람이 우월하다는 것은 헛된 생각이다. 사람이 우월하다는 증거로 내세우는 지식으로 불평등을 조성하고 약자를 억누르는 것을 용납할 수 없다고 했다. 인류와 다른 생물의 대등론을 분명하게 하고 인류 내부의 대등론으로 나아갔다.

최한기는 박지원과 같은 생각을 더욱 치밀한 논의를 갖추어 제시했다. 사람은 '敎'라고 하는 가르침이 있어 다른 생명체보다 우월하다고 하고, 가르침에 더욱 힘써 우월함을 확고하게 해야 한다고 하는 것이 오랫동안 막강한 힘을 행사해온 정통 유학의 기본 이념이었다. 이에 대해 철저한 반론을 제기하고 사고의 혁신을 강력하게 요구했다.

가르침이 소중하다는 이유를 들어 사람은 다른 생명체를 얕보는 것이 당연하고, 가르침을 베푸는 유학자는 예사 사람들 위에 군림하는 것이 당연하다고 하는 이중의 불평등을 합리화한 것을 문제로 삼았다. 이에 대해 불만을 가지기는 쉬워도 반론을 제기하기는 어려웠다. 불교에서 짐승이 사람과 함께 윤회를 하는 대등한 존재이므로 소중하게 여겨야 한다고 한 주장은 공감할 수 있어도 설득력이 부족했다. 윤회를 사실로 입증하기 어렵기 때문이다. 그런 형편을 적극 타개했다.

사람이 우월하다는 주장을 재론하려고 사는 방식을 문제로 삼았다. 모든 생명체는 그 나름대로의 사는 방식이 있고, 사는 방식에 적합한 능력을 갖추고 있다. 사람이 지닌 능력으로는 여우나 까마귀의 삶을 살지 못하니 여우나 까마귀를 낮추어 보아야 할 이유가 없다. 사는 능력은 타고 나기도 하지만 가르침으로 전수된다. 가르침이 잘 전수되지 않기도 하는 것은 사람뿐만 아니라 짐승에게도 있는 일이다. 이렇게 말해, 대등론을 구체화하는 각론까지 갖추었다.

풍요롭기 그지없는 옥답 유산 잊고서, 쪽박 들고 남의 동네 동냥이나 다닐 건가? 정신을 바짝 차리고 주인 노릇 다시 해야.

4-4 서쪽의 과학은

인류를 괴롭히는 차등론을 어떻게 해서든지 타파하려고 동서 양쪽에서 노력했다. 차등론의 방어가 허술하고 공격하기 쉬운 곳을 찾아, 각기 할 수 있는 전투를 했다. 그 내력을 고찰하는 작업을 계속한다.

동쪽에서는 인류와 다른 생물은 대등하다는 철학을 이룩해, 차등론에 반론을 펼 수 있었다. 기독교가 형이상학의 아성을 구축하고 삼엄한 경계를 펴는 서쪽에서는 두더지 작전이라고 할 것이 필요했다. 물질세계를 관장하는 과학의 힘으로 형이하학의 구멍을 뚫고 키워나가 형이상학이 그 충격을 받고 무너지도록 했다.

철학의 반론이 가능한 동쪽에서는 따로 필요하지 않은 과학을, 그렇지 못한 서쪽에서는 극력 발전시켜야 했다. 그 때문에 동쪽과는 반대가 되는 역전이 일어났다. 철학의 반론은 거의 알려지지 않아 안으로 들어가 미시적인 고찰을 하지 않을 수 없다. 과학의 발전은 너무나도 잘 알려져 있어 새삼스럽게 소개할 필요가 없다.

이제 철학과 과학 양쪽의 득실을 비교하고 보완해야 한다. 철학의 반론은 모호한 원칙론이므로 과학을 받아들여 구체화해야 한다. 과학의 발전이 차등론을 떠받드는 형이상학을 무너뜨렸는가, 어떻게 얼마나 무너뜨렸는가 물어야 다음 작업으로 나아간다.

이 의문에 대한 대답은 과학이 스스로 할 수 없다. 미시와 거시가 각기 얻은 발견을 합치지 못하는 것도 과학의 약점이다. 철학을 불러와야 과학이 할 수 없는 일을 하고, 둘을 합친 학문 전반에 대한 총체적인 점검과 평가를 할 수 있다.

이렇게 하려면 철학이 과학을 파악할 수 있어야 한다. 과학의 핵심을 이루는 수리명제를 가져다놓고 거론해야 한다. 수리명제는 철학이 직접 파악할 수 없으므로, 대안을 찾아야 한다. 수리명제를 달관언어로 바로 대응이 되게 옮겨놓는다면, 철학의 능력을 뛰어나게 발현할 수 있다. 이것도 가능하지 않아, 과학에 대해 설명하는 일상언어를 달관언어에 가깝게 다듬으면서 과학을 포괄해 철학을 더 잘하려고 노력한다.

지동설이 등장해 과학의 힘으로 형이상학의 아성에 구멍을 뚫었다. 절대자가 지구를 특별히 창조해 다른 천체가 그 주위를 돌게 했다고 하는 것이 차등론 형이상학의 근간을 이루는데, 지구가 태양 주위를 돈다고 하는 반역을 저질렀다. 형이하학으로 형이상학을 무너뜨릴 수 있다고 한 것은 용납할 수 없는 범죄이므로 엄히 다스리지 않을 수 없었다.

만유인력은 지동설을 확고하게 했다. 지구가 태양을 도는 이유가 만유인력이 있어 태양이 지구를 끌어당기기 때문이라고 하니, 지동설의 타당성이 입증되었다. 지동설을 과학으로 부정할 수 없게 되었다. 차등론을 더욱 확고하게 하는 것이 가능하지 않게 되었다.

태양 주위를 지구가 돌고, 지구 주위를 달이 도는 것은 차등의 관계로 볼 수 있으나, 태양 또한 질량이 훨씬 큰 무엇의 주위를 돌아 그렇지 않다. 어느 경우나 중력으로 끌어당기는 구심력과 반발을 해서 뛰쳐나가는 원심력이 대단하다고 하는 것은 대등론이다. 질량을 가진 모든 것은 인력을 가진다고 하는 말이 대등론의 기본 명제이다.

상대성원리는 질량과 에너지가 별개의 것이 아니고, 질량이 에너지일 수 있다고 한다. 상반된 것들이 서로 바뀔 수 있는 원리는 바로 대등생극론이다. 그 한 면을 파악해 작은 질량이 엄청난 에너지가 되는 놀라운 사실을 알려주었다. 각론 덕분에 총론이, 과학 덕분에 철학이 크게 분발하도록 했다.

태양이 엄청난 빛과 열을 방출하는 것은 그 속에서 핵융합 반응이 일어나 질량이 에너지로 전환되기 때문임을 밝혀 오랜 의문을 풀었다. 그래서 과학이 철학보다 앞섰다고 할 것인가? 태양이 핵융합의 진행을 가속화해 거대하게 폭발하는 적색거성이 되고 더 태울 연료가 없어 백색왜성이 되는 것은 특별하지 않고, 일반적인 변화의 하나임을 철학은 말해줄 수 있다. 태양이 별나서 그런 것은 아니다. 무엇이든 차등을 뽐내려고 극단으로 치달으면 파멸하게 마련인 것이, 그래서 선후 역전이 일어나는 것이 대등생극의 일반적인 양상이다.

양자역학은 있음이나 앎에 대해 기존의 생각을 모두 뒤집어놓는 충격을 준다. 그 내역을 이 말 저 말로 정리해 설명하려는 시도를 실패로 돌아가게 한다. 관측하고 실험해서 확인한 사실을 수리를 사용하는 방정식으로 나타내 논리적으로 입증하려고 하는 시도가 한계에 부딪히게 한다. 이 모든 것은 멈춤과 움직임, 앎과 모름에 관한 우리 선입견이나 그것을 말하는 언어가 많이 모자라는 것을 말해주는 증거라고 철학이 말해주어야 한다.

　양자역학과 상대성원리가 별개인가? 아니면 맞물리거나 포개지는가? 이
것이 커다란 논란거리이다. 과학은 이 문제를 해결할 수 없다. 상대성원
리와 양자역학을 함께 포괄하는 상위의 과학이 있을 수 없기 때문이다.
상위의 과학 노릇을 철학이 한다. 철학은 이 둘을 바로 이어붙이지 않는
다. 상대성원리가 말해주는 거시, 양자역학이 알아낸 미시, 이 양극단 사
이에 사람이 일상적으로 경험하는 가시의 세계가 있다고 하는 너무나 당
연한 말을 하고, 미시·가시·거시를 이어 살피는 것과 이 셋이 하나라고
하는 것이 다르지 않다고 한다.

　양자역학이나 상대성이론까지 과학이 발달해 크고 작은 의문을 다 해
결한 것은 아니고 오히려 그 반대이다. 의문이 증폭되어 더 커진다. 한
점의 대폭발로 우주가 생겨난 것이 무슨 까닭인가? 그 전과 그 후는 어
떤 상태인가? 대폭발로 우주가 생겨난 것이 한 번인가, 무수히 많은가?
과학은 이런 의문을 풀 수 없다. 관측이나 실험한 결과를 방정식을 작성
해 제시하는 과학의 방법이 근본적인 한계가 있기 때문이다.

　과학의 한계를 문제로 삼고, 과학이 감당할 수 없는 문제를 맡는 것이
철학의 임무이다. 철학은 분명하고 정확하게 알고 말해야 한다고 자승자
박을 하지 않아, 열려 있고 자유롭다. 앎과 모름을 양분하지 않고, 이렇
게도 말하고 저렇게도 말할 수 있는 것이 양자역학의 세계와 다르지 않
기 때문이다. 天人合一의 폭이 크게 확대되었다.

　과학이 철학에게 결정적으로 승리하려고 무리하게 설치다가 참담하게
패배했다고 철학은 말하지 않는다. 그 덕분에 철학이 깨어나 큰 일거리를
찾은 것을 아주 고맙게 여긴다. 상극이 상생이라고, 상극이 커지면 상생
도 커진다고 과학과 함께 입증한 것이 놀랍다. 이 때문에 철학이 크게
달라져야 한다.

수식을 사용해 과학이 뛰어난가? 차등을 과시하다 자승자박 바보 된
다. 우주는 수식이 아니며 생극의 작동이다.

5 탐구의 과제

5-1 무엇이 문제인가?

양자역학에까지 이른 서쪽의 첨단과학이 알아낸 것이 무엇인가? 동쪽
에서 이천 년 전에 色卽是空이니 有無相生이니 하고 말한 이치가 아닌
가? 이 얼마나 놀라운 일인가?

이렇게 말하면서, 양쪽의 같은 점을 들어 야단스럽게 떠들어대는 사람
들이 아주 많다. 대유행이 되고 있는 그런 말이 모자라 보태려는 것이
아니다. 나도 그 틈에 끼어 인기를 얻으려고 하는 것은 더욱 아니다. 오
해를 단호하게 막기 위해 험한 말을 하고, 논의의 방향을 돌린다.

그렇게 떠들어대는 말이 맞는다면, 두 가지 의문이 생긴다. 서쪽에서
과학의 발달을 위해 오래 애쓴 것이 말짱 허사가 아닌가? 동쪽의 자랑거
리라고 하는 철학이 이천 년 동안 더 하는 일이 없이 낮잠이나 잤는가?
그 어느 쪽이든지 인류는 한심한 짓이나 했다고 하지 않을 수 없다. 인
류는 한심한 짓을 하지 않았다. 진실을 찾아 말하려고 서쪽에서는 과학을
발전시켰다. 그 내력을 앞에서 대강 살폈다. 동쪽에서는 철학 탐구를 진
행했다.

무엇이 문제였는지 분명하게 확인하자. 차등론은 이원론을 근거로 삼고
행패를 부렸다. 色卽是空이니 有無相生이니 하는 것은 행패를 막기에 역
부족이었다. 이원론을 일원론으로 바꾸어놓지 않아, 이원론을 나무랄 수는

있어도 무너뜨릴 수는 없었기 때문이다.

이원론을 타파해야 차등론을 무너뜨릴 수 있다. 이런 소리가 여기저기서 들리자 위협을 감지하고, 이원론을 지키는 호위무사가 앞으로 나서야 했다. 아퀴나스(Thomas Aquinas)·가잘리(Ghazali)·라마누자(Ramanuja)·朱熹가 그 소임을 맡아 적극적으로 수행했다.

조금 양보하는 것이 슬기롭다고 여기고 이원론을 일원론에 근접되게 재정립하는 작업을 일제히 해서 자기 문명권의 중세후기 이념을 분명하게 했다. 그 때문에 길이 칭송되면서, 철학이 앞으로 나아가지 못하게 막는 성벽을 쌓았다. 그 성벽을 무너뜨리고 일원론으로 나아가는 것은 쉬운 일이 아니었다.

서양에서는 어떻게 했는가? 이원론의 성벽을 무너뜨리는 것을 기독교가 허용하지 않았다. 아주 어려운 조건에서 철학을 할 수 있는 길을 어떻게 해서든지 찾아보려고 데카르트(Descartes)는 있음을 신(deus)·정신(spiritus)·물질(materia)로 나누고, 그 가운데 접근이 허용되는 물질만이라도 우선 합리적으로 인식하는 방법을 마련하고자 했다.

합리적 인식 방법은 공감하고 받아들이고, 연구 범위 제한은 불만으로 여긴 스피노자(Spinoza)는 작전을 바꾸었다. 신·정신·물질을 모두 신이라고 하면서 한데 아울러, 기독교의 간섭을 비켜나가면서 일원론을 구축할 수 있는 거점을 마련했다. 그 공적을 기려 "스피노자가 없었다면 철학은 없었다"고 헤겔(Hegel)이 말했다. 이 말은 일원론이라야 철학임을 확인한 의의가 있다.

신·정신·물질을 어떻게 하면 하나로 아울러 일원론 철학을 이룩하는가? 가능한 방안은 둘이다. [가] 신·정신·물질을 모두 포괄하면서 그 셋 가운데 어느 것이 아닌 상위개념을 찾는다. [나] 신·정신·물질 가운데 어느 하나가 실체라고 하고, 다른 것들은 실체의 양태라고 한다.

[가]는 [나]보다 더 좋다고 생각되지만, 성립 가능하지 않다. 신·정신·

물질을 모두 포괄하는 상위개념은 생각할 수 없다. 새로운 말을 지어내도 지칭하는 대상이 없다고 여기고 받아들이지 않을 것이니 무효이다. 선택 가능한 방안은 [나]이다. 이것을 구체화하는 방안은 셋이다. [나1] 신이 실체이고 다른 둘은 신의 양태이다. [나2] 정신이 실체이고 다른 둘은 정신의 양태이다. [나3] 물질이 실체이고 다른 둘은 물질의 양태이다.

스피노자는 [나1]을 택해 "신이 아닌 다른 실체는 존재하지 않고 파악할 수도 없다"고 했다. 다른 것들은 신의 양태에 지나지 않는다고 했다. 정신과 물질을 신에다 포함시킨 일원론을 이룩했다. [나2]와 [나3]은 뒤의 다른 사람들이 하나씩 선택했다. 이 셋 외의 다른 길은 없었다.

[나2]를 택한 헤겔은 정신(spiritus, Geist)이 실체라고 하는 관념론(Idealismus)을 이룩했다. 신이나 물질을 배제하지 않고 정신에다 받아들여 일원론을 이룩했다. 정신은 추상적인 형태로 남아 있지 않고 실제적인 작용을 하면서 물질을 수반하고, 이것은 신의 작용이라고 했다.

[나3]을 택한 마르크스(Marx)는 물질(materia, Materie)이 실체라고 하는 유물론(Materialismus)으로 나아갔다. 물질이 운동하고 변화하면서 모든 것이 이루어진다고 하는 또 하나의 일원론을 이룩했다. 정신이니 신이니 하는 것은 물질이 변이된 형태이고 독립된 실체는 아니라고 했다.

신·정신·물질 가운데 어느 하나를 선택해 이룩하는 일원론은 온전하지 못하다. 어느 하나가 다른 둘을 충분히 포괄하지 못하기 때문이다. 어느 하나가 다른 둘보다 상위에 있거나 우월해 다른 둘을 포괄할 수 있다고 하면 차등론의 과오를 저지른다.

신·정신·물질이 하나이게 하는 것이 서쪽에서는 가능하지 않고, 동쪽에서는 가능하다. 氣가 바로 그런 것이다. 氣일원론이라야 진정한 일원론이다. 과학의 각론을 모두 포괄하는 철학의 총론을 氣일원론으로 마련해야 한다.

제각기 전체라고 다투는 모든 것을 다 합쳐 그 상위의 전체를 말하는 일, 서쪽은 불가능하지만 동쪽에선 해왔다.

5-2 만물대등생극론

동쪽의 徐敬德(1489-1546)은 서쪽의 스피노자(Spinoza, 1632-1677)보다 140여 년 전에, 모든 것을 포괄하는 실체가 氣라고 하는 氣일원론을 제기했다. 氣일원론을 氣철학이라고도 하고, 氣學이라고도 한다. 이것은 주희의 理氣이원론 또는 理철학 또는 理學과 다른 철학이다. 여기서는 이학과 기학이라는 용어를 사용해 둘을 구분한다.

서쪽에서 이룬 것은 과학뿐만 아니라 철학도 잘 알려져 있다. 높이 평가하며 따르고자 한다. 아는 체하는 것만으로도 크게 행세할 수 있다. 동쪽의 철학은 소수의 전공자들만 그릇되게 돌본다. 글만 읽어 교훈이나 찾고, 뜻을 알아내 철학으로 논란하지 않는다, 시초가 훌륭했다고 칭송하기나 하고, 후대에 이룩한 창조에 참여해 토론하려고 하지 않는다.

전공자들이 잘해놓은 연구를 간추려 소개하면 되는 것이 아니고, 핵심이 되는 원전을 제시하고 철저하게 논의해, 전공자들의 잘못을 바로잡아야 한다. 서쪽의 과학을 고찰한 것과 반대가 되는 방법을 택해 말이 어려워질 수 있으나 염려할 것 없다. 누구나 창조주권을 대등하게 갖추고 있어 얻을 수 있는 철인의 달관을 말했다.

서경덕이 무엇을 말했는가? 핵심을 들어보자.

無外日太虛 無始者日氣 虛卽氣也 虛本無窮 氣亦無窮 氣之源 其初一也 旣日 氣一便涵二 太虛爲一 其中涵二 旣二也 斯不能無闔闢 無動靜 無生克也 (〈原理氣〉)

밖이 없는 것은 '태허'라고 하고, 시작이 없는 것은 '기'라고 한다. '허'가 바로 '기'이다. '허'는 본디 끝이 없고, '기' 또한 끝이 없다. '기'의 근원은 애초에 하나이다. '기' 하나가 둘을 지니고 있고, '태허'는 하나이면서 그 가운데 둘을 지니고 있다고 한다면, 둘인 것들이 '합벽'·'동정'·'생극'하지 않을 수 없다.

쉬운 말로 풀어 다시 옮긴다.

밖이 없는 것이 '크게 비어 있음'이고, 시작이 없는 것은 '기운'이다. '없음'이 '기운'이다. '없음'은 본디 끝이 없고, '기운' 또한 끝이 없다. '기운'의 근원은 애초에 하나이다. '기운' 하나가 둘을 지니고 있고, '없음'은 하나이면서 그 가운데 둘을 지니고 있다고 한다면, 둘은 열고 닫고, 움직이고 쉬고, 만들어내고 싸우지 않을 수 없다.

'氣'라고 한 원문, 그것을 '기'라고 한 첫째 번역, '기운'이라고 한 둘째 번역 가운데 어느 하나를 택해야 하는 것은 아니다. 어느 하나가 옳고 훌륭하며 다른 것들은 그렇지 못하다고 하면 차등론이다. 셋은 우열이 없고 모두 필요하다. 그 나름대로 할 일이 있다. 이런 대등론으로 차등론을 넘어서야 한다. '氣'가 '기운'이 되어 누구나 늘 쉽게 하는 말에서 살아 움직여야 이름과 실상이 같아진다.

'氣'나 '기'는 버리고 '기운'이라고만 하자고 할 수는 없다. '기운'은 쉽게 이해되는 이점이 있는 반면에 아직 무게가 부족하다. "氣一便涵二"라는 말로 '氣'가 하나이면서 둘이라는 것을 "기운이 하나이면서 둘이다"라고 하면 납득하기 어렵다. '기운'은 각론에서 쓰이는 말이어서 총론을 감당하지 못한다. "기운이 하나"라니 무슨 말인가? 어째서 "하나이면서 둘"인가? 이런 의혹이 생긴다. "虛卽氣"를 "'없음'이 '기운'이다"라고 하면 더 이상하다.

'氣'·'기'·'기운'이 경우에 따라서 바꾸어 쓸 수 있는 같은 말이라고 해야 한다. 이것이 스피노자의 신, 헤겔의 정신, 마르크스의 물질을 하나로 아우른 말이면서, 다른 한편으로는 전연 그렇지 않다. 하나로 고정되어 있는 실체가 아닌 것이 그것들과 다르다. 모든 것을 포괄한 없음이면서 있음이고, 하나이면서 둘이다. 실질적인 의의가 충분히 있는 각론을 얼마든지 산출할 수 있는 무형의 총론이다.

둘이어서 '합벽'·'동정'·'생극'하지 않을 수 없다. 열고 닫고, 움직이고 쉬고, 만들어내고 싸우지 않을 수 없다. 그 가운데 가장 중요한 것이 相生하고 相克하는 생극이다. 생극으로 만물이 이루어지고 서로 관련을 가진다. 생극을 쉽게 풀어 "만들어내고 싸운다"고 하면 말은 알 수 있으나 뜻은 알지 못한다. '상극'이나 '상생'뿐만 아니라 '생극'도 늘 하는 쉬운 말이 되고 있어, 그대로 쓰는 것이 적합하다.

서경덕이 말하고, 이렇게 풀이할 수 있는 것이 만물대등생극론이다. 하나가 둘이어서 대등한 관계를 가지고 상생하고 상극하는 생극으로 천지만물이 생겨나고 없어진다는 이치이다. 나는 그 유산을 온통 물려받고 재창조한다.

천지는 생생하고 만물이 당당해, 무엇이든 잘되고 즐거움이 넘친다. 인간이 방해 안 하면 차질이란 없도다.

5-3 만생대등생극론

다음 순서로 만생대등생극론을 고찰한다. 만물대등생극론은 만생대등생극론을 포함하고 있다. 萬物의 '物'은 자연물이고, 萬生의 '生'은 생물이다. 생물은 자연물이면서 생물이다. 만물대등생극을 바탕으로 하고 그 위에 만생대등생극이 구현된다.

앞에서 만물대등생극론을 먼저 대강 말하고, 그 위에 만생대등생극론을 조금 자세하게 살피려고 했다. 만생대등생극을 직접 관찰해 얻은 소견을 몇 개 소개하고 고찰했다. 그런 작업을 더 하지 않고 한 걸음 더 나아간다. 개별적 사실을 모두 합쳐 말하는 총론, 만생대등생극론 철학을 간추려 제시한 말을 들어 포괄적인 논란을 하고자 한다.

徐敬德의 만물대등생극론을 바탕으로 하고 任聖周가 만생대등생극론을 이룩하는 데 앞섰다. "太極元氣也"(태극이 바로 원기이다.) "氣一分殊"(氣는 하나이면서 여럿으로 갈라진다.) (〈鹿廬雜識〉) 이런 말을 기본적인 명제로 해서 이치의 근본을 분명하게 했다. 있음의 총체인 태극은 理가 아니고 원초적인 氣이다. 하나인 氣가 나누어져서 만물이 된다. 이것이 만물대등생극의 공통된 양상이고, 만생대등생극론의 근거가 된다. 사람도 만물이나 만생의 하나이고 예외가 아니다. 이런 이치를 분명하게 하기 위해서, 반대가 되는 주장을 다음과 같이 격파했다.

> 人之善　猶水之下火之上　今謂人之　氣惡而其性自善　是猶言水則上而水之性則下　火則下而火之性則上　果成何等說話乎

사람이 선한 것은 물이 내려오고 불이 올라가는 것과 같다. 요즈음 사람들이 氣는 악하지만 그 性은 스스로 선하다고 하는 말은 물은 올라가지만 물의 性은 내려가고, 불은 내려가지만 불의 性은 올라간다고 하는 것과 같다. 이게 과연 말이 되는가?

理와 氣, 性과 情, 本然之性과 氣質之性을 나누어, 氣·情·氣質之性은 惡해도 理·性·本然之性은 善하다고 하는 이원론은 잘못되었다. 그런 이원론으로 인간은 다른 생물보다 우월하다고 하는 차등론은 부당하다고 했다. 사람이 선한 것은 氣·情·氣質之性이 善하기 때문이라고 했다. 다른 생물은 氣·情·氣質之性이 악하다고 할 수 없다.

朴趾源은 이에 관해 더욱 분명하게 말했다. "夫天下之理一也 虎誠惡也 人性亦惡也 人性善 則虎之性 亦善也"(무릇 천하의 理는 하나이다. 호랑이가 참으로 악하다면, 사람의 性도 악하다, 사람의 性이 선하면 호랑이의 性도 선하다.)(〈虎叱〉) 대등한 性을 갖추고 있으면서, 사람은 호랑이보다 악행을 더 많이 한다고 했다.

사람은 갖추고 있는 性이 달라 다른 동물들보다 우월하다고 하는 이원론이 끈덕지게 남아 있어, 崔漢綺가 다시 거론했다. (〈人物性情〉) "人物之受天氣 而稟地質者 莫不有性情"(사람이든 物이든 天氣를 받고 地質을 타고났으므로 性과 情이 있지 않을 수 없다.)고 했다. "人之性 仁義禮知也 情 喜怒哀樂也 金石草木之性 堅剛柔勒也 情 旱焦雨潤也"(사람의 性은 인의예지이고 情은 희로애락이다. 금석이나 초목의 性은 굳세고 부드러우며, 情은 가물면 마르고 비오면 젖는 것이다.)라고도 했다.

사람이든 다른 무엇이든 性과 情을 다 갖추고 있다. 性은 기본이 되는 특성이고, 情은 수시로 변하는 성향이다. 사람을 다른 동물과 비교하지 않고 金石草木과 비교해, 초목은 물론 금석이라고 한 자연물에도 기본이 되는 특성과 수시로 변하는 성향이 있다고 했다. 있는 모든 것의 공통점을 사람이 우월한 증거로 삼는 것은 전연 부당하다고 했다.

洪大容은 사람이 다른 동물보다 우월하다는 생각을 직접 나무랐다. 논의를 구체화해 설득력을 높이는 방법을 사용하면서 많은 말을 했다. 그 가운데 한 대목을 들어본다. (〈心性問 答徐成之論心說〉)

人亦有癡獸魁魖者 物亦有通明敏悟者 如螻蟻先知雨 麒麟不踐草 其心之靈 反有賢於人者… 炎帝牛首 伏羲蛇身 而不害其爲聖也

사람에도 어리석음이 종잡을 수 없는 자가 있고, 동물에도 잘 통하고 영리한 자가 있다. 개미는 비를 먼저 알고, 기린은 풀을 아무 풀이나 밟지 않는다. 그 마음이 신령스럽고 사람보다 오히려 어질다… 염제씨는 머리가 소이고, 복희씨는 몸이 뱀이지만 성스럽다는 데 방해가 되지 않는다.

동물이 사람보다 영리한 것은 더 많은 본보기를 들어 말할 수 있다. 사람보다 냄새를 더 잘 맡고, 소리를 더 잘 듣고, 시력이 더 좋은 동물이 많이 있는 것은 물론이다. 사람은 아무리 연구해도 지진을 예보하지 못하는데, 지진이 나는 것을 바로 알고 피하는 동물도 있다. 동물 모습을 한 신을 섬기는 것은 어디에나 있던 일이다. 그런 신앙이나 신화는 만생대등생극론을 분명하게 하고, 모자라는 생각을 깨우쳐주었다. 그때의 지혜를 버리고 어리석어진 것은, 만인대등을 부인하고 상하차등이 정당하다고 하는 반역이 일어난 탓이다.

식물은 살았을 적, 동물은 죽은 다음, 상대방의 먹이로 제 몸을 내놓아, 대등의 깊은 이치를 실행으로 입증한다.

5-4 만인대등생극론

만물·만생·만인대등생극론의 전개를 고찰하는 세 번째 작업을 한다. 서경덕이 만물대등생극론을, 임성주를 비롯한 여러 사람이 만생대등생극론을 이룩한 데 이어서, 최한기는 만인대등생극론를 정립했다. 일층 위에 이층을, 이층 위에 삼층을 얹어 집을 지은 것과 같다. 최한기는 다음과 같이 말했다. (〈明南樓隨錄〉)

我之禀於天之神氣　養之致其完　知之致其明　行之致其篤… 循日月星
辰運化之度無違寒熱乾濕之序　士農工商　無不得其所　禽獸草木　無不遂
其性"

　　내가 타고난 하늘의 신기를 온전하게 기르고, 밝게 알고, 돈독하게
실행하면… 해와 달과 별이 운화하는 절도를 따르고, 춥고 덥고 메마
르고 습한 순서를 어기지 않으면 사농공상이 그 소임을 얻지 않음이
없고, 금수초목이 그 본성을 펴지 않음이 없다.

"하늘의 신기"는 天氣라고 줄여서 말할 수 있다. 타고난 천기를 실현하
는 데서 금수초목과 인간이 대등한데, 사농공상이 대등하지 않다고 하는
것은 전연 부당하다. 금수초목이 대등하다고 하는 것은 각기 그 본성을
편다는 말이다. 사농공상이 대등하다는 것은 각기 자기 소임을 수행한다
는 말이다.

천기는 타고났으니 저절로 실현되는 것이 아니다. 천기를 타고난 상태
에 그대로 두지 않고 온전하게 기르고, 모르고 지나지 말고 밝게 알고,
기르고 아는 데 그치지 않고 돈독하게 실행해야 한다고 했다. 사농공상이
각기 그 소임에 충실해 천기를 이렇게 실현하는 것이 대등하다고 했다.

사농공상은 직분이어서 차등이 없고 대등하다는 말을 명분 삼아 하면
서, 실제로는 사농공상이 신분뿐만 아니라 능력에서도 차등이 있다고 여
기는 것이 당시까지의 통념이었다. 이런 통념을 철저하게 부정하고 사농
공상은 실제로 대등하다고 하는 확고한 논거를, 누구나 천기를 타고나서
실행한다는 것으로 제시했다. 금수나 초목조차도 천기를 타고나서 실현한
것이 대등하다고 해서 확고한 논거를 더욱 확고하게 했다.

빈부귀천은 차등을 직접 일컫는 말이다. 빈부귀천의 차등이 분명한데,
사람은 대등하다고 할 수 있는가? 이에 대해 다음과 같이 말했다.

人生之富貴貧賤　隨時遷移　富貴或轉到貧賤　貧賤或驟登富貴　目前所
値尊之卑之　實爲暫時　何必留憂樂於此哉

　　사람 삶의 부귀빈천은 때에 따라 옮겨간다. 부귀가 빈천으로 꺼꾸
러지기도 하고, 빈천이 갑자기 부귀로 올라서기도 한다. 눈앞의 것을
두고 존귀하다느니 미천하다느니 하는 평가는 잠시 동안 한다. 이런
것을 두고 어찌 반드시 근심하거나 즐거워하리오.

　　부귀가 빈천이 되고 빈천이 부귀가 되는 것은 우주의 신기가 운화하고
순환하는 전체의 움직임과 연관되어 의심할 수 없는 진실이다. 그런 줄
모르고 근심하거나 즐거워하는 것은 어리석다고 했다. 安玟英의 시조에서
"높으락 낮으락 하며 멀기와 가깝기와, 모지락 둥그락 하며 길기와 자르
기와, 평생에 이러하였으니 무슨 근심 있으리"라고 한 것과 같은 말을 거
창하게 했다.

　　비슷한 시기에 만인대등생극론을 말한 사람이 더 있다. 金樂行은 사농
공상 가운데 선비가 직분 수행을 가장 소홀하게 한다고 나무랐다. "쌓인
물화가 곳간에 가득한 것은 힘써 물건을 만들거나 장사를 한 공적이다.
밖에 곡식을 가득 쌓아놓은 것은 농사일을 게을리하지 않아서이다. 어째
서 선비는 공부를 하지 않아 속이 텅텅 비어 있는가?"(〈自警箴〉) 이렇게
번역해도 누구나 알 수 있는 말을 했다.

　　李建昌은 혼자 살면서 신을 삼아 팔아 연명한 이름 모를 늙은이가 성
현이라는 사람들보다 세상에 더 유익한 일을 했다고 했다. (〈俞叟墓誌
銘〉) 崔濟愚가 "빈하고 천한 사람 오는 시절 부귀로세"(〈교훈가〉)라고 한
것은 이와 조금 다른 말이다. 천운의 순환을 앞당기거나 실행하는 상극의
투쟁을 암시했다.

너와 나는 우리 되고, 우리는 무엇 되나? 인연으로 얽히고 사랑으로 맺힌 유대, 금수나 초목까지도 이어짐을 깨달아야.

6 이치의 기본

6-1 새로운 철학으로

지금까지 고찰한 동서의 유산을 이어받아 새롭게 재창조할 수 있는가? 철학의 탐구와 과학의 업적을 합쳐 더 큰 철학을 할 수 있는가? 그래서 더 나은 미래를 창조할 수 있는가?

이런 문제의식을 가지고 다시 출발한다. 험한 길을 지나오면서 깨달은 것을 되돌아보고, 길을 찾는 데 도움이 된다고 내놓는다. 그러면서도 말을 길고 어렵지 않으며 짧고 쉽게 하겠다는 다짐을 이제는 실행하려고 한다.

세계를 탐구하겠다고 작정하고, 탐구하는 세계가 셋이라는 말부터 한다. 눈으로 볼 수 있는 가시세계, 너무 작아 눈으로 볼 수 없는 미시세계, 너무 커서 눈으로는 조금만 볼 수 있는 거시세계가 있다. 세 세계에 대한 탐구가 이루어진 경과를 살피고, 다시 할 일을 말한다. 이것을 새로운 철학을 위한 서설로 삼는다.

가시세계 탐구는 쉽고 당장 필요해 잘들 한다. 눈에 보이는 것들을 그대로 알리면 학문이 아니라고 여기고, 어느 정도 일관된 원리를 말하고자 한다. 차등지속을 일관된 원리로 삼고자 하는 것이 예사이다. 눈에 보이는 것들은 다 같지 않고 차등이 있다고 하고, 차등이 일관된 원리라고 말하려고 한다.

이에 대해 반론이 제기된다. 차등지속은 실상이 아닌 허상이다. 차등에서 우월한 지위에 있다고 여기는 자들이 그 지위를 영속시키려고 거짓말을 한다. 실상은 대등생극이다. 모든 것은 대등한 관계에서 상생하고 상극하면서 달라진다. 있기도 하고 없기도 한다.

차등지속은 어느 문명권에나 있는 기득권 옹호의 논리이다. 이렇게 말하고, 차등지속론을 버리고 대등생극론으로 나아가는 움직임이 동쪽에서 먼저 나타났다. 서양에서는 기독교가 확고하게 하고 있는 차등지속론을 받들기나 하고 딴소리를 하지 말아야 하므로 뒤떨어지지 않을 수 없었다.

그러다가 서양에서 현미경으로 미시세계를, 망원경으로 거시세계를 탐구한 덕분에 선후 역전이 일어났다. 낡은 철학과 결별하고 새로운 과학을 한다면서 선후 역전을 분명하게 했다. 이것이 오늘날에는 선후 역전을 당하게 되는 이유가 된다.

미시세계의 탐구가 양자역학에까지 이르러, 차등지속론은 틀리고 대등생극론이 맞다는 것을 분명하게 했다. 정확한 관측에다 때로는 실험까지 보태, 얻은 결과를 수리논리로 명시해 반론의 여지가 없게 했다. 보이지 않은 세계를 다루고 하는 말이 이해하기 어려워, 차등지속론자들이 간섭하고 반대할 수 없다.

거시세계의 탐구도 우주의 생멸을 고찰하는 데까지 이르러, 차등지속론은 틀리고 대등생극론이 맞다는 것을 분명하게 했다. 이것은 실험으로 입증하기는 어렵지만, 정확한 관측을 증거로 삼고 수리논리로 명시해 반론의 여지가 없게 했다. 차등지속론자들이 간섭하고 반대하려고 하지만 역부족이다.

과학은 자기 영역을 지키면 된다고 할 것은 아니다. 그 이상의 논의를 하면서 철학과 만나야 한다. 그러나 철학의 할 일을 맡을 수 없고, 앞서는 것은 더욱 불가능하다. 미시·거시·거시세계의 대등생극론을 일관되게 이룩하지 못한다. 만인·만생·만물대등생극론을 모두 갖출 수는 없다.

실정은 어떤가 살펴보면, 오랜 관습을 혁신하지 못하고 장애물 노릇을 하게 내버려두고 있다. 미시세계의 대등생극론과 거시세계의 대등생극론은 둘 다 과학의 영역이고, 가시세계의 대등생극론은 철학의 영역이라고 하는 구분을 지키느라고 앞으로 나아가지 못한다. 과학은 수리언어를, 철학은 일상언어를 사용하므로 소통이 불가능하다고 여겨 탐구가 중단된다.

이런 잘못에서 벗어나, 과학과 철학을 아우르며 새로운 탐구를 해야 한다. 이것을 지칭하는 말을 지어내지 말고, 새로운 철학이라고 하는 것이 마땅하다. 새로운 철학은 미시·가시·거시세계의 대등생극론을 합쳐 하나이게 한다. 이 작업은 동쪽에서 이룩한 가시세계의 대등생극론을 중간에 놓고, 서쪽 미시·거시세계의 대등생극론을 과학으로 전개한 업적을 가져와 합쳐야 성취된다.

동서의 우열을 일방적으로 판정하면 차등론이 된다. 우열은 서로 반대가 된다. 우열이 반대가 되어 서로 필요로 하고, 그 때문에 상극이 상생이 되는 것이 대등생극이다. 동쪽에서 가시세계의 대등생극 철학을 이룩한 전통과 서쪽에서 미시·거시세계의 대등생극 과학을 발전시킨 성과가 생극의 관계를 가지고 커다란 창조를 해야 한다.

서쪽의 과학에서는 밝혀냈다. 모든 것은 원소로 이루어져 있으며, 태양과 같은 항성에서 핵융합으로 만든 원소가 사람의 신체 구성에 쓰였다. 동쪽의 철학에서는 말해왔다. 모든 것이 氣로 이루어져, 天人合一이고 物我一體이다. 이 둘은 같은 말이므로 합쳐야 하는 것만은 아니다. 양쪽의 합동작전으로 차등론을 타파하고 대등론이 살아나게 하는 것이 또한 절실한 과제이다.

시야를 넓혀야 한다. 가시세계에 머무르면서 우월감을 뽐내는 잘못을 철저하게 반성하고 시정해야 한다. 미시·거시세계와 진정으로 대등하다는 것을 깊이 깨닫고 크고 작은 생극을 함께 이룩하는 행복을 누려야 한다.

증거가 부족하고 수식을 찾지 못해, 하던 작업 팽개치고 과학이 물러
나면, 그 파탄 수습하는 수고 어느 누가 맡는가?

6-2 차등·평등·대등

차등론은 종교에서 자라났다. 종교에서 절대자가 있다고 하는 것이 차
등론의 절대적인 논거이다. 절대자가 있으니 신앙하라는 말을 사제자가
해서 절대자·사제자·일반인의 차등론이 이루어진다. 동물과 식물을 보태,
인간·동물·식물의 차등론까지 만들기도 한다.

모든 종교는 차등론을 공유하면서 그 양상은 조금씩 다르다. 기독교는
절대자·사제자·인간·동물의 절대적 차등을 말한다. 유교에서는 절대자는
말하지 않고, 절대적인 이치를 받아서 구현하는 정도에서 인간·동물·식물
이 상대적인 차등이 있다고 한다.

불교에서는 인연에 따라 이루어지는 연기에, 사제자를 포함한 모든 인
간이 동물과 함께 들어 있다고 해서, 차등이 아닌 대등을 상당한 정도로
말한다. 그렇지만 해탈을 하면 연기에서 벗어난다고 한다. 식물은 연기에
포함되어 있지 않다고 한다. 동물을 죽이는 살생은 하지 말라고 하고, 식
물을 죽이는 것은 살생이라고 여기지 않는다.

종교의 차등론은 정치의 차등론과 밀접한 관련을 가진다. 정치는 통치
자와 피치자를 구분해서 이루어지므로 차등론을 필수로 한다. 통치자는
통치의 정당성이 절대적으로 보장되기를 바란다. 이를 위해 종교의 차등
론을 새로 만들어 바치기도 한다. 이미 있는 종교의 차등을 정치의 차등
론으로 이용하기도 한다. 그러다가 정치의 차등론이 그 자체로 절대적이
게 하려고 종교의 차등론과 같아지기도 한다.

통치자를 피치자가 선출하는 경우에도 통치 행위는 권력을 갖추어야

이루어지고, 권력은 차등을 힘으로 삼는다. 차등을 힘으로 삼는 권력은 차등을 철폐하고 평등을 이룩하기 위해 불가피한 수단이라고 하는 말이 흔히 들린다. 이렇게 말하는 민주정치는 비난의 대상이 될 수 없고, 지지받아 마땅하다고 한다.

종교는 민주화될 수 없는데, 정치는 민주화되는 것이 큰 자랑이다. 종교에서는 빈말로 하던 평등을 정치에서는 실제로 이루니 훌륭하다고 한다. 과연 그런가?

차등은 위가 아래를 누르고 있는 상태이다. 만물항구차등론을 불변의 신앙으로 해야 유지될 수 있어, 언제나 위태롭다. 계속 누르고 있으려면 움직임이 없어야 한다. 움직임이 있으면, 아래 것이 튀어나와 아래 위를 뒤집는 데까지 갈 수 있으니 극력 조심한다. 아래를 더 눌러 움직이지 못하게 하는 것도 움직임이지만, 조심해서 드러나지 않게, 눈치채지 못하게 해야 한다.

평등은 누구나 키가 가지런해야 한다고 하는 주장이나 상상이다. 조금이라도 움직이면 들쭉날쭉한 것이 드러나 평등이 허위인 줄 알게 된다. 직선을 하나 그어놓고 그 선은 변화가 전연 없다고 기하학에서는 말한다. 기하학이 아닌 현실에서는, 만물항구평등론을 신봉하면서 긋는 직선은 공연한 허상일 따름이다.

실현 가능하지 않은 평등을, 차등을 본질로 하는 정치권력이 맡아 이룩한다고 하는 것은 기만이고 횡포이다. 그래도 피해가 그리 크지 않으면 용납할 수 있고, 선거를 잘하면 좋아질 것이라는 기대를 위안으로 삼는다. 속고 사는 환멸을 각자 자기의 창조주권 발현에서 해결하는 기쁨을 얻는다. 그 덕분에 정치가 잘못되어도, 나라는 잘될 수 있다.

정치권력이 평화적인 정권교체의 방법을 사용하지 않고 폭력혁명을 하고, 그 주역이 절대적인 권력을 행사하면 사정이 아주 달라진다. 정치의 본질인 차등이 숨어 있지 않고 걷잡을 수 없이 커져, 감당할 수 없는 횡포를 자아낸다. 평등을 실현한다는 명분을 웃음거리로 만드는 것만 아니다. 창조주권의 발현을 저지해, 정치가 잘못돼도 나라는 잘되는 것이 불가능하게 한다.

평등의 환상에서 벗어나, 차등에 대한 대안이 대등에 있는 것을 알아야 한다. 대등은 서로 다른 것들이 수직이 아닌 수평에서 키가 각기 다르고, 들쭉날쭉하게 얽혀 있는 관계이다. 각자 지니고 있는 창조주권을 저마다 발휘해 이렇게 된다. 항구적인 것이 변화 자체일 따름이다. 천태만상인 것 같으나 일정한 원리가 있다. 싸우면서 화합하고 화합하면서 싸운다. 서로 타격을 주면서 힘을 모아 무엇을 함께 이룬다. 이런 것을 상생이 상극이고, 상극이 상생인 생극이라고 하는 것이 적절한 요약이다.

이에 관한 이론이 대등생극론이다. 대등생극론은 차등항구나 평등항구와 다른 대등상극만 말한 것이 아니다. 그 모두를 파악하는 총론이다. 대등생극론은 적용 범위에 따라 셋이 구분된다. 만물대등생극론은 있음의 모든 것을 말하는 궁극의 총론이다. 만생대등생극론은 있음 가운데 삶만 특별히 말하는 그 하위의 총론이다. 만인대등생극론은 다시 그 하위 사람의 경우만 따로 논의하는 총론이다.

만물대등생극론은 만물차등항구론이나 만물평등항구론과 맞서서 논란하지 않는다. 만물차등항구론도 만물평등항구론도 있을 수 없기 때문이다. 사람의 삶에서만 만인차등항구론이 말썽을 부리고 만인평등항구론을 지어내 혼란을 일으키므로, 만인대등생극론을 분명하게 해서 그 혼란을 바로잡아야 한다.

만물차등항구론이나 만물평등항구론은 있을 수 없다. 만물대등생극론만 있고 타당하다. 이렇게만 말해도 시비를 다 가릴 수 있다. 그러나 거짓말로 말썽을 부리고 혼란을 일으키는 책동이 워낙 완강해 근접 전투를 해야 한다.

제기된 모든 문제를 해결하려고 대등생극론을 정립한다. 하고 있는 작업이 아직 미흡하지만, 이것이 무엇인지 한 번 정리해 말해보자. 대등생극론은 대등과 생극의 이론이다. 대등은 만물·만생·만물의 상호관계이고, 생극은 그 생성작용이다. 이에 관한 총괄론을 기존 철학의 잘못을 시정하면서 이룩하고자 한다.

대등을 부정하는 차등론이 횡포를 자행하고, 차등론의 대안이 평등론이라는 억지가 불행을 키우는 잘못을 대등론으로 바로잡는다. 상생과 상극이 따로 논다고 하는 착오도 시정하려고 생극론을 이룩한다. 대등생극론은 인류역사의 파행을 청산하고 정상을 회복하는 철학이다.

산이 높아 물이 깊고 물이 깊어 산이 높듯, 바람과 빗발이 서로 불러 동행하듯, 사람은 제각기 달라 도움 주며 살아간다.

6-3 상생·상극·생극

理氣이원론 또는 理學은 말한다. 太極의 理는 상생의 원리이고, 陰陽의 氣는 상극의 실상이다. 形而上의 理와 形而下의 氣는 아주 가깝고 섞여 있어도, 엄연히 둘이다. 貴賤, 善惡, 通局, 純雜 등의 차이가 있어 상극을 빚어낸다. 이런 사태를 해결하는 상생의 원리는 높은 곳에 있는 줄 알아야 한다. 이렇게 말하는 것은 차등론이고 상생론이다.

氣일원론 또는 氣學은 말한다. 太極이 陰陽이고, 陰陽이 太極이다. 理는 氣의 원리일 따름이고, 다른 무엇이 아니다. 높은 理가 낮은 氣를 다스린다고 여기면 더욱 부당하다. 하나인 氣가 둘인 陰陽으로 나누어져 운동하면서 상생하기도 하고 상극하기도 하는, 상생이 상극이고 상극이 상생인 생극의 관계를 가진다. 이렇게 말하는 것은 대등론이고 생극론이다.

서쪽에는 이처럼 정치한 이론이 없고, 상생과 상극을 따로 말한다. 형이상학이라고 하는 것은 상생이 실상이고 상극은 허상이라고 한다. 허상인 상극에 사로잡혀 있지 말고, 실상인 상생을 희구하고, 발견하고, 실행해야 한다고 한다. 이것은 극단적인 차등론이고 상생론이다.

다른 쪽에서는 변증법이 앞장서서, 상생에 대한 헛된 기대를 버리고 상극의 투쟁을 해야 한다고 역설한다. 만물의 본질이고, 모든 운동과 발전을 가능하게 하는 유일한 동력이라고 한다. 역사는 계급끼리의 상극을 해결하는 투쟁으로 발전한다고 주장하는 데까지 이른다. 이것은 극단적인 상극론이고, 차등론에 대한 대안을 대등론이 아닌 평등론으로 제시한다.

어느 견해가 타당하고 유용한지 내부의 논리를 들어 검증할 수는 없다. 현실의 절박한 문제를 어떻게 해결한다고 하는지 알아야 비교평가가 가능하다. 이것을 근거로 진위 판정까지 할 수 있다. 이론의 타당성은 실천에서 검증된다. 반드시 시행착오를 거쳐야 한다는 말은 아니다. 기존의 자료를 사고실험에서 적극 활용해 타당한 결과를 얻을 수 있다.

현실의 절박한 문제는 상극이 심각한 것이다. 이것을 통상적으로 지칭하는 모순이라는 말을 사용하면, 이해하기 쉬운 논의를 할 수 있다. 위의 여러 견해에 관한 비교평가가 난해한 철학에서 벗어나 늘 하는 이야기에 가깝게 된다.

세 차등에서 세 가지 모순이 자라난다. 계급 차등의 상위 계급이 계급모순을, 민족 차등의 상위라고 여기는 민족이 민족모순을, 문명 차등의 상위이기를 바라는 문명이 문명모순을 조장한다. 조장한다는 것은 만들어낸다는 말이 아니다. 이미 있는 것을 키운다는 말이다.

모순이 있어도 그리 심각하지 않아 상생의 화해가 어느 정도는 가능한데, 상위자가 차등을 키우느라고 모순을 확대해 하위자를 괴롭힌다. 그대로 견딜 수 없어 상극의 투쟁을 하지 않을 수 없게 한다. 투쟁을 해서 모순을 해결하기를 바라는 것이 당연하지만, 소리 높이 외치면 뜻대로 된다고 여기지 말아야 한다. 그래서는 상극을 온전하게 해결하고 상생을 이

록할 수는 없다. 확실한 결과, 실질적인 소득을 얻어야 한다.

투쟁을 생극의 양면에서 해야 한다. 상극의 투쟁만 하지 말고, 상생의 투쟁도 해야 한다. 상극의 투쟁은 상대방을 적으로 삼고 폭력으로 말살하려고 하는 전투이다. 투쟁이기만 한 투쟁이다. 상생의 투쟁은 상대방에게 차등을 버리고 대등을 이룩해 서로 필요한 관계가 되자고 하는 평화적인 설득이다. 투쟁이 아닌 투쟁이다. 이 두 가지 투쟁을 함께 하면서, 상황에 맞추어 적절하게 배합해야 한다.

변증법은 상극의 투쟁에 치우친 편향성이 있다. 상극과 상생을 분리시켜, 상극은 처음부터 있는 사물의 본질이라고 하고, 상생은 중간에 우연히 끼어든 방해꾼 정도로나 여긴다. 상극의 투쟁으로 혁명을 해서 민족모순을 해결하니, 변증법은 위대하다고 한다. 과연 그런가? 여러모로 무리를 해서, 표방하는 것과는 상반된 결과에 이른다.

차등을 평등으로 바꾸는 것을 혁명의 이유로 한다. 상극의 투쟁을 극단화하는 폭력을 혁명의 방법으로 한다. 신념이 절대적인 강경파가 혁명의 주역으로 나선다. 이런 이유가 겹쳐, 차등의 대안이 대등일 수 없게 한다. 좋은 길을 버리고, 험로에 오른다. 누구나 평등해야 한다는 무리한 요구를 강압적으로 관찰시키려고 해서, 새로운 차등을 엄청나게 조성하는 역설을 빚어낸다.

이런 혁명이 그 자체로는 난감하게 되었으면서, 반면교사 노릇은 훌륭하게 한다. 살신성인의 극치를 보여준다고 할 수 있다. 폭력혁명이 무섭다는 것을 분명하게 알려, 차등을 유지하려면 어느 정도는 양보해야 한다는 것을 아주 우둔한 통치자라도 짐작하도록 한다. 대등을 주장하는 상생투쟁은 억압하지 않는 것이 유리한 줄 널리 알게 한다.

계급모순은 이런저런 방법으로 상당한 정도로 완화되자, 민족모순이 심각하게 되었다. 계급모순을 폭력혁명으로 해결하고 평등을 일제히 실현한다는 획일주의가 여러 민족의 독자적인 삶을 짓밟아 여기저기서 항거가 일어나는 것이 지금 나타나고 있는 심각한 사태이다. 그 때문에 인류는 피를 흘리고 있다.

민족모순도 폭력혁명으로 해결할 것인가? 아니다. 계급모순에서는 가해자가 소수이고 피해자는 다수이므로, 피해자가 폭력혁명을 일으키면 성공할 수 있다. 민족모순에서는 가해자가 다수이고 피해자는 소수이므로, 피해자가 폭력혁명을 일으키면 성공할 수 없다. 테러나 하고 말아 광범위한 지지를 상실한다. 그 때문에 추진력이 약화된다.

상극의 투쟁만 투쟁이라고 여기는 착각에서 벗어나, 상생의 투쟁이 더 큰 힘을 가질 수 있는 것을 알고 다각도로 노력해야 한다. 상생의 투쟁은, 군인이나 정치인은 뒤로 물러나고 예술가나 학자가 이끌어야 한다. 상생의 투쟁을 하는 예술가나 학자를 잡아 죽이는 만행은 온 인류가 분노하게 하는 극악한 테러이다. 만행을 규탄하는 여론의 포위공격을 견디지 못하고, 민족모순의 가해자가 스스로 무너지게 하는 것이 최상의 방안이다.

문명모순이 또 하나의 모순이고, 가장 크다. 세계를 몇 개로 나누어 인류 거의 전부가 말려들게 한다. 차등을 부인하는 대등이 계급모순이나 민족모순 해결에서 가지는 의의가 문명모순에서는 더욱 확대된다. 문명모순은 상극의 투쟁으로 해결할 수 없다. 공격을 하면 모순이 커질 따름이다. 차등의 상위에 있다는 문명의 착각을 깨기 위해서 상생의 투쟁을 하는 것도 중간 과정의 방편일 따름이다.

차이점을 서로 존중하면서 대등을 분명하게 하고, 도움을 주고받으면서 공동의 창조를 하는 상생을 성과 있게 이룩해야 한다. 이렇게 하는 데 모범을 보이면서 뒤떨어진 쪽이 분발하게 하는 것은 차등의 잔재를 버리지 않아 적절하지 못하다. 종교적이나 이념적인 독선이 적은 문명이 독선이 커서 불화가 심한 두 문명이 화해할 수 있게 하는 것이 대등상생의 방법이다.

지금 기독교문명과 이슬람문명이 독선을 버리지 않고 상극의 갈등을 빚어내 인류를 불행하게 하고, 세계사를 위태롭게 한다. 이 사태를 그냥 두고 볼 수 없다. 그러면 어떻게 해야 하는가? 우리 유불문명이 중재자로 나서서 화해를 권유하고 설득하는 것이 바람직하다.

우리는 유교와 불교의 상극이 상생이게 해서 유불문명을 이룩한 만큼 종교적 독선이 적어 중재자일 수 있는 필요 자격을 갖추었다. 기독교문명과 이슬람문명 가운데 어느 쪽에 치우치지 않고 대등한 애정을 가지면 중재자일 수 있는 충분 자격까지 갖춘다. 자격이 헛되지 않게 세상을 바로잡으려고 노력해야 한다.

계급·민족·문명모순은 모두 차등의 산물이다. 차등을 타파하고 대등을 이룩해야 해결된다. 이를 위해 생극 양면의 투쟁이 필요하다. 상극의 투쟁은 강력해서 실수를 하고, 상생의 투쟁은 미약해서 슬기로울 수 있다.

지금 다른 어느 모순보다 남녀갈등이 더 심각해져, 출산이 급감하다가 인류가 멸종할 위기를 예고한다. 차등론을 공격하는 상극의 투쟁은 역효과를 낸다. 차등론의 대안이 평등론이라는 과오를 대등론으로 시정하는 상생의 투쟁을 해야 한다.

그뿐만 아니다. 크게 보면 더 우려해야 할 사태가 있다. 인간이 차등론의 우월감에 사로잡혀 만생·만물대등을 유린하다가 환경 악화를 촉진해 멸종을 자초하고 있다. 몇 번 있었던 멸종에서 지배력을 행사하고 있던 종이 먼저 당한 것을 알아야 한다. 공룡은 일억 년 이상 견디었는데, 인류가 몇백만 년만에 위태롭게 된 것은 환경 악화를 자초하고 있는 탓이다.

차등론은 사태를 악화시킨 책임이 있으며, 평등론은 자폐증에 사로잡혀 방관자 노릇이나 한다. 대등생극론이 만인·만생·만물대등생극론을 함께 정상화해, 멸종을 자초하는 횡포를 제어하고자 한다. 인류의 멸종은 자업자득이라고 하더라도, 피해가 만생으로 확대되는 것은 전적으로 부당하므로 막으려고 노력해야 한다.

차등론이나 평등론은 인류의 멸종이 닥치면 최종적인 파국으로 여기고 자포자기하겠지만, 대등론은 그렇지 않다. 인류 이기주의의 차등론에 사로잡혀 있지 않고, 만생의 처지를 거시적인 관점에서 대등하게 파악한다. 멸종은 나쁘기만 하지 않고, 새로운 기회를 만들어주는 것을 안다. 만생 대등의 역사는 중단되지 않고 지속되는 것을 알고 알려준다.

인류는 지은 죄가 많아 청산의 대상이 되는 것이 당연하다고 인정해야 한다. 인류는 멸종해도 만생 가운데 상당한 정도는 살아남고, 인류보다 더욱 슬기로운 생각을 할 수 있게 되리라고 여긴다. 우주 저편의 다른 인류는 대등생극론을 온전하게 실현하는 덕분에 멸종하지 않을 수 있으리라고 예견한다.

한밤중에 달이 밝고, 절망하면 시를 쓴다. 어둠에서 밝음 나고, 밝음은 어둠 된다. 한쪽만 타당하다고 우겨대면 바보다.

6-4 대등생극의 층위

대등생극은 층위가 여럿이다. 위에서 가시의 영역 어느 하나를 확대해 논의하기만 했다. 거시를 확보하고, 그 전모를 근원적인 층위에서 부수적인 층위로 나아가는 순서로 살펴보자.

가장 근원적인 층위는 양전기와 음전기가 대등한 관계에서 생극하면서 만물을 이루는 것이다. 양전기 원자핵과 그 주위를 도는 음전기 전자가 물질을 이루는 최소의 단위임이 밝혀졌다. 양전기와 음전기의 생극이 가시의 영역에서도 쉽게 확인되고 긴요하게 이용된다.

물과 불이 대등생극의 실상을 잘 보여준다. 水火相克이라는 말은 적실하다. 반대가 되는 점이 여러모로 아주 분명한 물과 불은 서로 싸운다.

물이 불을 꺼서, 물이 이긴다. 액체인 물을 기체로 만들어, 불이 이긴다. 그러면서 물과 불은 서로 돕는다.

물이 불을 끄는 것을 보고, 물이 불을 죽인다고 하고 말 것은 아니다. 불이 지나치게 타올라 큰 피해를 끼치지 않도록 물이 도와준다. 태울 것을 다 태우고 불이 죽지 않도록 물이 진정시킨다. 불은 적절한 정도로 타오를 때 아주 좋은 일을 한다. 이것은 불이 스스로 할 수 있는 일이 아니고, 물이 개입하고 도와주어야 가능하다.

불이 액체인 물을 기체로 만드는 것을 보고, 불이 물을 죽인다고 하고 말 것은 아니다. 물은 불 덕분에 기체가 되어 장소를 옮기고 순환한다. 죽었다가 새롭게 살아난다. 물은 아래로 흐르는 속성을 거역하고 높이 올라가 구름이 되었다가, 많이 뭉치고 차가워지면 비가 되어 다른 곳으로 내려와, 메마른 대지를 적시고 만물이 자라나게 하는 혜택을 베푼다. 물을 기체로 만들어주는 불이 없으면, 이런 변화가 가능하지 않다.

식물과 동물도 대등생극의 실상을 잘 보여준다. 식물은 동물에게 산소를, 동물은 식물에게 탄소를 제공한다. 식물이 광합성을 해서 구성한 신체를 동물이 먹어, 둘의 투쟁에서 식물이 패배하고 동물은 승리한다. 食蟲식물의 역습은 너무나도 미미하다. 동물은 식물을 먹고 배설한 것을 식물에게 되돌려준다. 그뿐만 아니다. 죽은 시체를 식물에게 먹이로 제공한다. 살아서 식물을 먹는 동물이 죽어서 식물에게 먹힌다. 승리가 패배이고 패배가 승리이다.

미생물은 단성생식을 하지만, 식물이나 동물은 양성생식을 한다. 양성생식을 해야 유전자가 다양해져 불리한 환경에 대처할 수 있는 것을 알고 실행한다. 식물은 움직일 수 없으므로 양성생식을 스스로 하지 못한다. 바람을 이용하는 경우도 있으나, 꽃을 피워 곤충을 부르는 것이 더 좋은 방법이다. 곤충에게 꿀을 제공하는 대가로 수정을 위한 꽃가루를 운반하도록 한다.

수정이 되면 생기는 씨앗을 먹음직한 과일로 감싸 곤충보다 더 큰 동물이 먹도록 한다. 과일은 먹고 소화되지 않은 씨앗을 배설해 멀리까지 퍼지도록 한다. 작은 비용을 지불하고 큰 머슴을 부린다. 그 머슴에 인간도 포함되어 있다. 인간은 더 좋은 것을 먹으려고 채소나 과일을 힘써 가꾸고 개량한다. 채소나 과일을 제공하는 식물은 인간을 위해 죽으면서 인간을 아주 크게 부려먹는다.

이 두 경우 다 식물은 패배해 승리하고, 동물은 승리해 패배한다. 그러면서 패배나 승리의 양상이 다르다. 앞의 경우에는 패배나 승리를 쌍방이 공유하지 않고 하나씩 서로 반대가 되게 가진다. 뒤의 경우에는 패배는 승리를 공유한다.

암수 또는 남녀도 생극론의 실상을 잘 보여준다. 식물도 동물도 인간도 양성 생식을 하므로 암수 또는 남녀가 나누어져 있다. 식물이나 동물에 관해서는 암수라는 말을, 인간에 관해서는 남녀라는 말을 쓰는 관습은 차등론의 사고를 보여준다. 차등론의 잘못을 대등론으로 바로잡아야 한다.

인간과 동식물은 대등하다. 인간의 남녀는 대등하다. 이렇게 말하려면 같은 용어를 사용해야 한다. 동식물이든 사람이든, 여자와 남자라고 하고, 줄여서 女男이라고 하는 것이 좋다. 女男은 陰陽과 바로 대응된다. 陰은 女이고, 陽은 男이다. 음양이 여남에서 아주 분명하게 잘 구현되어 있다.

남녀평등을 주장하는 말을 많이 들어 당연한 것 같다. 여남평등이라고 하면 말이 생소해 과연 그런가 하고 생각하게 된다. 여자는 출산을 하고, 자식을 양육하는 책임을 지고 있으므로, 여남은 평등하지 않다. 남자는 여자가 임신하게 하고, 출산과 양육을 도와주어야 할 책임이 있다. 책임은 양쪽 다 지면서, 그 성격이 달라 평등하지 않고 대등하다.

스스로 먹이를 구하지 못하게 된 여자를 먹여 살리는 것이 남자의 가장 중요한 책임이다. 그 능력이 있어야 남자라고 할 수 있다. 한자로 남을 男이라고 적는 것은 밭을 갈 수 있는 힘이 있다는 말이다. 여를 女라고 적는 것은 임신하고 출산할 수 있다는 것을 나타낸다.

여남은 관계를 맺기까지 직접 충돌할 수 있다. 그 뒤에도 책임 수행을 놓고 다툴 수 있다. 임신을 하지 못하는 여자는, 남자가 버릴 수 있다. 가족 양육의 책임을 감당하지 못하는 남자는, 여자가 버릴 수 있다. 버리는 데까지 가지 않아도 많은 다툼이 있다. 근래에는 대등이 아닌 평등을 요구해서 벌어지는 싸움이 심각하다.

여자와 남자는 상극의 싸움을 하면서 상생의 창조를 함께 한다. 위에서 제1 단계의 생극이라고 한 것에서 제2 단계의 생극이라고 한 것으로 적극적으로 나아간다. 자식을 낳아 기르는 창조가 이렇다고 하는 것만 아니다. 그 이상 복잡하고 미묘한 생극 관계가 여남 사이에 있다.

여남 양쪽 다 여성 호르몬과 남성 호르몬을 갖추고 있다. 임신과 출산이 가능한 시기동안 여성은 여성호르몬, 남성은 남성호르몬이 일방적으로 많이 분출되어 양쪽의 차이가 뚜렷하다. 그 전후에는 여남 양쪽 다 여남 호르몬이 배출되어 심리적인 성향이 가까워진다. 사람은 이런 추이나 정도가 다른 생물보다 더욱 두드러진다.

위에서 말한 사실에 상당한 개인차도 있다. 여자 같은 남자, 남성진 여자도 있다. 여남의 공동 창조는 여자 같은 남자나 남성진 여자가 잘한다. 소설이 바로 그런 것이다. 소설은 여남관계를 다루는 것을 기본 내용으로 하고, 여남의 경쟁적 합작품으로 생겨나고 자라난다. 그렇게 하는 데 여자 같은 남자나 남성진 여자가 각별한 기여를 해서, 여남 양쪽의 심리를 핍진하게 나타내는 여남의 언어를 자연스럽게 구사한다.

계급모순·민족모순·문명모순을 바람직하게 해결하고, 인류문명이 위기에서 벗어나게 하는 대등생극의 노력은 대단한 것 같지만, 아주 부수적인 층위에서 수행하는 미미한 작업이다. 여러 단계로 나누어 고찰한 근원적인 대등생극을 잘 본받아야 성사가 가능하다.

인간중심주의를 버려야 할 일을 할 수 있다고, 고쳐 말할 수 있다. 만인

대등생극이 만물대등은 물론 만생대등생극보다도 하위에 있는 것을 명심하자고 해도 된다. 거시를 잃지 않아야, 혼란에 빠져 실수할 염려가 적다.

　인류의 멸종, 만생 가운데 다른 상당수의 생존, 현우의 역전에 대해서도 대등생극론의 사고를 해야 한다. 넓디넓은 우주에 수많은 인류가 있어, 지구에서는 중단된 역사를 이어나간다고 생각할 수 있다. 대등생극론은 실증의 좁은 안목을 넘어서서 무한히 넓혀야 한다. 우주 저편의 다른 인류와 같은 생각을 공유하는 것이 마땅하다.

　낮에는 해가 뜨고 밤에는 별이 빛나, 구분이 분명하다고 단언하지 말지어다. 저 달은 밤낮 수고하며 양극 대등 알려준다.

7 논의의 진전

7-1 파동이면서 입자

　물리학계는 빛이 파동이라고 여기다가 입자이기도 한 것을 발견하고 놀랐다. 빛은 파동이면서 입자임을 실험으로 검증하고, 파동방정식이라는 것을 만들어 분명하게 했다. 그러면 할 일을 다 한 것은 아니다. 의문이 더 커진다.

　원자핵 주위를 도는 전자는 입자라고 여겼는데, 파동이라고 해야 할 특성도 보인다. 이것은 입자는 파동이라는 증거인가? 양쪽에서 발견한 사실은 겹쳐지는가? 동일사실의 양면인가? 모든 물질은 원자로 이루어져 있으므로, 파동은 입자이고, 입자는 파동인 이중성이 모든 물질의 공통적이고 필수적인 요건인가?

의문이 확대되면 물리학이 감당하지 못한다. 과학의 다른 분야가 맡아 나설 수도 없다. 관측하고 실험한 사실을 방정식으로 정리해 나타내는 과학의 방법으로 관측도 실험도 가능하지 않은 영역을 다루지 못한다. 그 난관을 사고실험으로 해결해도, 얻은 결과를 방정식으로 나타내야 타당하다고 인정된다.

방정식은 두 가지 치명적인 결함이 있다. 방정식에서 사용하는 수리언어가 파동이 입자이고 입자가 파동이라고 하지 않을 수 없는 물질의 특성과 정확하게 합치된다고 여기는 것은 순진한 착각이다. 수리언어는 일상언어가 부정확하고 다의적인 결함을 시정하는 공적이 있지만, 바로 그 때문에 사고를 제한하고 경직되게 하는 또 하나의 결함이 생긴다.

천지만물이니 삼라만상이니 하는 것은 아주 다양하고 가변적이어서 정확하게 이해하기 무척 어렵다. 어느 부분을 정확하게 이해하는 방정식을 만들면, 전체를 이해하는 시야는 더 흐려진다. 전체를 이해하는 방정식은 있을 수 없다. 전체를 이해하려면 방정식을 만들 생각을 버리고, 무엇이든 정확해야 한다는 망상에서 벗어나야 한다.

눈을 크게 뜨고 마음을 활짝 열고, 되도록 넓은 범위에서 이것저것 살펴야 한다. 부정확한 것은 부정확하게, 다의적인 것은 다의적이게 말하는 일상언어를 좋게 여겨야 한다. 미시나 거시를 별도로 존중하지는 말아야 한다. 가시와 나란히 놓고, 대등한 정도로 부정확하고 다의적으로 파악하는 것이 마땅하다.

이런 말을 공연히 장난삼아 하는 것은 아니다. 빛은 파동이면서 입자라고 하는 것 같은 현상이 거시나 가시 영역에도 있는지 알아보고자 한다. 발견한 본보기 가운데 적절하다고 생각되는 여섯을 가져와 영역에 따라 분류해본다.

[가1] 파동이 입자이고, 입자가 파동이다.
[가2] 질량이 에너지이고, 에너지가 질량이다.

[나1] 협력이 경쟁이고, 경쟁이 협력이다.
[나2] 승리가 패배이고, 패배가 승리이다.

[다1] 선진이 후진이고, 후진이 선진이다.
[다2] 사랑이 미움이고, 미움이 사랑이다.

필요한 보충설명을 한다. [가]는 물리학에서 밝힌 원리이다. [가2]는 상대성원리이다. [나]는 생물들이 주체가 되어 빚어내는 관계이다. [나2]의 본보기는 동물이 식물을 먹어, 식물의 종자를 퍼뜨리고 식물을 위한 비료가 되는 것이다. [다]는 사람의 삶이다. [다1]은 역사의 주역 교체이다. 말하면, [가]는 만물대등생극, [나]는 만생대등생극, [다]는 만인대등생극의 양상이다. 셋을 아우르면 대등생극이다. 대등생극은 상반된 양쪽이 맞먹거나 맞서는 자격을 가지고 상생하고 상극하며, 상극하며 상생하는 총체이다. 이것이 대등생극론이다.

상반된 양쪽은 물질, 생명, 행위자, 의식 등 무엇이든 가능하다. 대등은 생극이 생겨날 수 있게 하는 필수 조건이다. 생극의 기본 양상은 대체로 같고, 구체적인 내역은 경우에 따라 다르다. 그 내역을 미리 알자는 것은 무리이다. 개별적인 연구를 열심히 하는 것이 마땅하지만, 얻은 성과를 과신하지 말고 미지의 영역을 존중해야 한다.

그 전체에 대해 구체적으로 정확하게 말하는 것은 가능하지 않다. 정확하게 말하려고 하면 도리어 부정확해진다. 대강 부정확하게, 어느 정도 다의적으로 말해야 틀리지 않는다. 과학이 아닌 철학이 나서서 말해야 한다.

이것과 저것은 같은가 다른가? '것'에서는 서로 같고, '이'와 '저'는
다르다. 하나만 옳다고 하며 고집하면 우습다.

7-2 생극의 양상 파악

생극의 양상은 다 같지 않고, 몇 가지로 나누어진다. [A] 생극을 이루
는 주체가 달라 나누어진다. [B] 생극의 상호관계가 달라 나누어진다.

[A] 생극의 양상은 생극을 이루는 주체에 달라 나누어진다.
[A1] 생극의 직접 등장: 상생의 성격과 상극의 성격을 지닌 것이 직접
등장하는 경우이다. 다음과 같은 것들이 이에 해당한다. 앞에서 사용한
기호를 이어받는다.

[나1] 협력이 경쟁이고, 경쟁이 협력이다.
[다2] 사랑이 미움이고, 미움이 사랑이다.

협력은 상생이고, 경쟁은 상극이다. 사랑은 상생이고, 미움은 상극이다.

[A2] 생극의 변형 등장: 상생과 상극이 성격이 유사한 것으로 변형해
등장하는 경우이다. 다음과 같은 것들이 이에 해당한다. 앞에서 사용한
기호를 이어받는다.

[나2] 승리가 패배이고, 패배가 승리이다.
[다1] 선진이 후진이고, 후진이 선진이다.

승리는 상생을 잘해 이룩하고, 패배는 상극에 잘못 휘말린 결과여서, 둘 다 생극의 변형이다. 선진도 상생을 잘해 이룩하고, 후진도 상극에 잘못 휘말린 결과여서, 둘 다 생극의 변형이다.

[A3] 생극의 전환 등장: 상생과 상극이 다른 것으로 전환되어 등장하는 경우이다. 둘이 상반된다는 것은 생극과 같고, 상반되는 이유는 다르다. 다음과 같은 것들이 이에 해당한다. 앞에서 사용한 기호를 이어받는다.

[가1] 파동이 입자이고, 입자가 파동이다.
[가2] 질량이 에너지이고, 에너지가 질량이다.

상생과 상극은 x축에서 갈라지고, 파동과 입자는 y축에서 갈라진다. 질량과 에너지도 y축에서 갈라진다. 둘 다 축의 전환이 있다.

[B] 생극의 양상은 생극의 상호관계가 달라 나누어진다.
[B1] 생극의 동시 공존: 상생이 상극이고, 상극이 상생이다. 다음과 같은 것들이 이에 해당한다. 앞에서 사용한 기호를 이어받는다.

[나1] 협력이 경쟁이고, 경쟁이 협력이다.
[다2] 사랑이 미움이고, 미움이 사랑이다.

협력이 그 자체로 경쟁이고, 경쟁이 그 자체로 협력이다. 사랑도 그 자체로 미움이고, 미움도 그 자체로 사랑이다.

[B2] 생극의 인과 관계: 상생이어서 상극이고, 상극이어서 상생이다. 다음과 같은 것들이 이에 해당한다. 앞에서 사용한 기호를 이어받는다.

[나2] 승리가 패배이고, 패배가 승리이다.
[다1] 선진이 후진이고, 후진이 선진이다.

승리에 도취해 무리한 짓을 하는 것이 원인이 되어 패배하고, 패배의 쓰라림을 안고 분발해 승리한다. 선진이라고 뽐내다가 내실을 잃어 후진이 되고, 후진의 처지를 반전의 발판으로 삼고 각별한 노력을 하다가 선진이 된다.

[B3] 생극의 순차 교체: 상생이다가 상극이고, 상극이다가 상생이다. 다음과 같은 것들이 이에 해당한다. 앞에서 사용한 기호를 이어받는다.

[가1] 파동이 입자이고, 입자가 파동이다.
[가2] 질량이 에너지이고, 에너지가 질량이다.

파동이 지니고 있는 입자의 성격이 어느 때 나타난다. 질량이 에너지이기도 하다가, 필요한 조건이 갖추어지면 질량으로 전환된다.

이것도 생극이고 저것도 생극이라, 생극이 아닌 것은 찾기도 어려운데, 구태여 길이 어긋나 멍청이가 되려는가?

7-3 원소와 갈래

원자는 원자핵과 전자로 이루어져 있다. 원자핵은 양성자와 중성자로 이루어져 있다. 양성자의 수에 따라 원소가 달라진다. 1 H 수소, 2 He 헬륨, 3 Li 리튬, 4 Be 베릴륨 등이다.

문학에도 무언가 중심이 되는 것이 있다. 중핵이라고 일컬어보자. 중핵의 수에 따라 갈래가 달라진다. 이 사실을 다음과 같이 나타낼 수 있다. 숫자는 중핵의 수이고, 영문자는 중핵이 같고 다른 것을 말해준다.

1a+

2a+a−

3a+a−
b+

4a+a−
b+b−

자못 질서정연한 결과를 얻었다. 새로운 용어를 갖추고 산뜻한 설명을 하는 것이 좋겠으나, 너무 나가지 않기로 한다. 이해하기 쉽도록, 우선 기존의 지식을 활용하는 편법을 택한다. 1은 서정, 2는 희곡, 3은 서사, 4는 교술이다. a+는 자아이고, a−는 세계이다. b+는 작품외적 자아이고, b−는 작품외적 세계이다.

일단 이해가 되었으면, 용어를 가다듬어 다시 말한다. 자아라고 한 +는 주동자이고, 세계라고 한 −는 반동자이다. 이 둘은 전기가 음양으로 나누어져 생극하는 것과 같은 관계를 가진다. a는 작품 안의 것이고, b는 작품 안팎에 걸쳐 있는 것이다. a+는 안의 주동자이고, a−는 안의 반동자이다. 작품외적 자아라고 한 b+는 안팎에 걸쳐 있는 주동자이고, 작품외적 세계라고 한 b−는 안팎에 걸쳐 있는 반동자이다.

서정은 a+ 자아 또는 안의 주동자만 중핵으로 한다. 다른 모든 것을 임의로 선택하고 변형시켜 무형이 유형인 듯이 보이게 하는 데 쓴다. 생극을 일방적으로 전개한다.

희곡은 a+와 a-로 이루어져 있다. 자아와 세계 또는 주동자와 반동자가 생극한다. 생극을 상생이나 상극 어느 한쪽에 치우치지 않게, 온전하게 보여준다.

서사는 a+와 a-가 전개하는 생극을 그대로 두지 않는다. 서술자, 작품외적 자아, 안팎에 걸쳐 있는 주동자 등으로 일컬어지는 b+가 개입한다. 생극을 다면적으로 복잡하게 만든다.

교술은 작품외적 세계 또는 안팎에 걸쳐 있는 반동자인 b-가 개입한다. a+, a-, b+가 이룬 작품세계를 개방한다. 현실에서 진행되는 생극과 직결되게 한다.

말이 너무 어려워졌으므로, 논의 방법을 바꾼다. 둘씩 쉽게 비교하고, 그 이유를 괄호 안에 적는다.

서정은 말이 적어야, 교술은 말이 많아야 잘 지어낸다. (a+는 형체를 갖추기 어렵고, b-는 잡다하기 때문이다.)

희곡은 운동 경기를 현장에서 보는 것, 서사는 운동 경기를 텔레비전에서 보는 것과 같다. (b+는 방송진행자와 상통하는 구실을 한다. 서사에서는 의도적인 편파방송을 자주 한다.)

사람이 서정에서는 같다고 하고, 서사에서는 다르다고 한다. (서정은 a+ 하나만이어서 말을 줄여야 하고, 말을 줄이려면 모두 같다고 해야 한다. 서사는 a+, a-, b+, 이 여럿이 함께 이루므로, 사람은 무엇이 어떻게 다른지 길게 말해야 한다.)

희곡은 지어내기 가장 어렵고, 교술은 누구나 쉽게 내놓는다. (a+와 a-의 대결이 제대로 전개되게 하려면 상당한 수련을 해야 한다. b-는 쓰레기 수준의 잡담이라도 된다.)

여기서 제시한 새로운 갈래 이론은 기존의 이론보다 한 걸음 더 나아간다. 말을 앞세우지 않고 사실을 잘 정리한 도표를 내놓고, 필요한 설명을 여러 단계 할 수 있는 것이 진전된 성과이다. 기존의 이론은 밀어두고, 이것을 널리 사용할 만하다.

더 큰 의의도 있다. 문화창조물인 갈래가 물질을 이르는 최소단위인 원소와 같아, 중핵이 하나씩 늘어날 때마다 성격이 다른 새로운 무엇이 생겨나는 비밀을 알아냈다. 天人合一을 새롭게 해명하는, 놀라운 발견이고 성과이다.

하나를 알았다고 자부하면 우습다. 다른 것을 따로 알아 뽐내면 어리석다. 모두를 하나로 아우르는 기본 원리 있도다.

7-4 모두 아울러야

원소와 갈래는 같기만 하지 않고 다르기도 하다. 가장 크게 다른 점은 원소는 118개까지이고, 갈래는 4개까지인 것이다. 그 이유가 무엇인지 밝히면 갈래를 더 잘 이해할 뿐만 아니라, 원소 연구에서도 새로운 성과를 기대할 수 있다.

갈래가 4개까지인 이유는 다음의 표에서 확인할 수 있다.

a+a-
b+b-

이 표는 완결되어 있다. 있어야 할 중핵이 다 있다. 성향이 반대인 +와 -, 안팎이 구분되는 a와 b 이외의 다른 무엇이 있을 수 없다. 그래서 구분된 넷의 관계가 완벽하다. 사람이 이룩한 문화창조물이 이렇다는 것은 놀랄 일인가? 아니다. 만물대등생극이 어디서나 구현되는 증거라고 보면, 놀랍지 않고 당연하다.

원자는 어떤가? 원자에는 중핵이라고 할 것이 여럿이다. 중심에 원자핵이 있고 그 주위에 전자가 돈다. 원자핵은 양성자와 중성자로 이루어졌다. 그 가운데 늘어나는 것은 양성자이다. 1개이던 양성자가 118개까지 늘어나, 성격이 서로 다른 원소가 그렇게 많아진다. 양성자가 자꾸 늘어나는 것은 갈래의 경우처럼 양성자들끼리 생극하지는 않기 때문이다. 양성자가 늘어난 만큼 더 커진 + 전기의 힘을 가지고 - 전기를 띤 전자와 생극하기 때문이다.

갈래는 단순하고 명확한 구조를 이루는 중핵들이 서로 생극하므로, 그 전체는 안정되어 있고 변하지 않는다. 갈래의 변천은 크게 나누어진 넷을 구체화한 여러 하위 형태에서 이루어진다. 서정의 시조, 희곡의 탈춤, 서사의 소설, 교술의 몽유록 같은 것들이 시대적 여건에 따라 생겨나고 없어지며, 번성하고 쇠퇴한다.

원자는 구조가 복잡하고, 중핵의 하나인 양성자의 수가 늘어나면서 생극이 확대되어 다른 원소로 바뀐다. 이런 일이 자연 상태에서 저절로 이루어지는 것은 아니다. 태양과 같은 항성이 핵융합으로 양성자 수가 더 많은 원자를 만들어내다가 온도가 지나치게 올라가면 폭발해서 흩어진다. 그래서 양성자가 늘어나기에 한계가 있다.

갈래와 원자가 각기 이런 것이 어떤 상관관계를 가지는가? 이에 대해 몇 가지 대답을 할 수 있다. 하나씩 들고 검토해보자.

그 둘은 아무 상관도 없다. 갈래는 사람이 지어낸 문화이고, 원자는 자연에 있는 물질이다. 갈래는 인문학문의 한 분야 문학론에서나 다루고, 원자는 자연학문의 주역 물리학이나 화학의 소관이다. 공연히 한자리에 놓고 이상한 소리를 하지 말아야 한다.

그 둘이 같은 점이 있어도, 우연의 일치일 따름이다. 원자의 양성자 수가 늘어나면 원소가 달라지는 사실에서 착상을 얻어 갈래 이론을 더 잘 만든 것은 다행한 일이지만, 그 이상의 의미는 없다. 작은 성과를 확대해 해석하지 말아야 한다.

두 사례는 수가 늘어나면 질이 변하는 것을 함께 보여준다. 이것은 우연의 일치라고 할 수 없고, 만물대등생극의 한 면을 선명하게 말해준다. 그러면서도 많은 차이가 있다. 생성과 소멸, 번성과 쇠퇴는 아주 다르게 말한다. 같은 점은 아주 소중하게 여기고, 다른 점은 덮어두지 말아야 한다. 학문 통합은 제한된 범위 안에서나 가능하다. 포부가 너무 크면 이런 사실을 무시하고 헛소리를 한다.

갈래와 원자가 같은 것뿐만 아니라 다른 것들까지도 만물대등생극의 대단한 넓이를 알려준다. 갈래와 원자처럼 아주 다른 것들을 한 자리에 놓고 검토하는 엄청난 행운을 얻어, 옛사람이 天人合一이니 物我一體이니 하던 것을 더욱 확실하게 해명한다. 이 성과를 더욱 확대해 대등생극론이 무불통달이게 해야 한다.

상대성이론, 상보성이론, 불확정성이론 등을 각기 주장하면서 맞고 틀리는 것을 다투는 소리가 요란하다. 달팽이 뿔 위의 전쟁을 나무란 말이 생각난다고 하면, 착각이고 모독인가? 온 세상이 잘못 말려들지 않도록 하는 학문을 해야 한다.

거시·미시·가시나, 만물·만생·만인대등생극은 다르면서 같고 같으면서 다르다. 맞고 틀린 것을 양분할 수 없다. 그 모두를 파악하는 거대한 통찰, 달관의 철학, 대등생극 총론이 있어야 한다.

서쪽에서 헤아리니 차등이 미세하고, 그 모습 동쪽에선 지나치게 커진다. 남북을 오가며 보니 넓게 뻗은 대등이다.

8 역사의 전환

8-1 지나치면 망한다

지나치면 반전이 일어나 망한다. 이것이 보편적인 원리이다. 이 원리가 구현되는 양상은 몇 가지로 달라진다. 쉽게 생각할 수 있는 것을 셋 든다.

[가] 가해를 너무 심하게 하다가, 피해자가 없어지도록 해서 자멸한다.

[나] 한 방향으로 지나치게 나아가, 상황 변화에 대처할 수 없게 된다.

[다] 더 강해지려고 하다가, 극한을 넘어서서 돌이킬 수 없게 된다.

[가]는 가장 단순한 원리이다. 송충이가 솔잎을 다 먹어치워 소나무가 죽으니 자기도 죽는 것이 이런 경우이다. 코로나바이러스는 송충이보다 영리해, 감염 속도가 빠른 놈은 치사율이 낮다.

[나]의 본보기로 공룡의 멸종을 들 수 있다. 공룡은 몸집을 너무 키워 먹이가 부족하게 만드는 [가]의 잘못을 저질렀으나 그 때문에 멸종한 것은 아니다. 생활환경의 대변화가 닥쳐오자 대응 능력을 잃고 멸종했다.

공룡처럼 거대하지 않고 체구가 왜소한 포유류는 시련을 이겨내고 살아남고, 환경이 좋아지자 크게 번성했다. 공룡의 자리를 차지해 동물계의 최강자가 되었다. 포유류가 공룡의 실패를 되풀이했다. 거대하게 자라나 맘모스, 검치호, 땅늘보 같은 것들이 되었다가 모두 멸종했다. 그 대신 몸집이 더 작은 코끼리, 호랑이가 나타나 위기를 넘겼다. 큰 힘을 가지고 활발하게 돌아다니던 땅늘보가, 나무에 올라가 있으면서 움직임을 최소한으로 줄인 나무늘보로 바뀐 것은 아주 슬기롭다.

지금은 호랑이가 위태롭게 되었다. 힘이 너무 세고 무엇이든 공격하는 것을 두렵게 여기고 사람이 죽인 것은 [나]에 해당하는 불행이다. 거기다 보태 먹이가 부족해 살아갈 수 없는 [가]의 위기가 닥쳤다. 호랑이는 멸종의 위기에 이르고, 호랑이의 축소판인 고양이는 나날이 번성하고 있다.

고양이는 체구가 작은 것을 장점으로 해서, 호랑이와 운명이 전연 다르다. 작은 먹이를 쉽게 사냥할 수 있어 [가]의 염려가 없다. 사람이 위협을 느끼지 않아 [나]의 불행도 없다. 고양이를 쥐가 없어지게 해서 좋은 일을 한다고 칭찬하다가 애완동물로 기른다. 호랑이를 두려워하다가 축소판 호랑이를 애완동물로 삼으니 아주 기분이 좋다.

지나치면 반전이 일어나는 것은 동물의 세계에만 있는 일이 아니다. 천체에도 있다. 태양을 보자. 태양은 영원히 빛나지 않고 언젠가는 폭발하고 이지러지고 사라진다. 영원히 빛날 것 같은 위세가 그 원인이다. 이것은 위에서 [다]라고 한 데 해당한다.

태양이 열과 빛을 엄청나게 내는 것은 질량이 너무 크기 때문이다. 질량이 너무 커서 생기는 인력이 온도를 아주 높여 핵융합 반응이 일어난다. 수소(H)의 원자핵이 결합해 헬륨(He)으로 변하면서 엄청난 열과 빛을 낸다. 그 때문에 열이 더 올라가 수소를 모두 헬륨으로 바꾸고, 다시 핵융합이 일어나 더 무거운 원자 금이나 쇠까지 생겨난다. 그 절정에서 대폭발이 일어나 거대하게 부풀어 올랐다가 쪼그라지고 흩어진다. 잔해가 떠돌아다니다가 많이 모이면 행성도 되고 항성도 된다.

우리 태양만 그런 것은 아니다. 같은 변화를 보이는 다른 태양이 얼마든지 있다. 핵융합으로 생겨난 여러 원소가 수많은 물질을 이루는 자료가 되는 데 인체도 포함된다. 이에 관해 자세하게 고찰하는 것은 무리이고 필요하지 않다. 이 모두 만물대등생극에 포함된다는 말로, 해야 하고 할 수 있는 일을 한다. 아주 포괄적인 말로 시야를 크게 넓혀, 종래의 철학을 과학과 합쳐서 새로운 철학을 이룩하는 길을 연다.

위에서 말한 두 사례는 생물에 관한 것과 천체에 관한 것은 전연 별개라고 여겨왔다. 한자리에 놓고 공통점이 있다고 하는 것이 억지라고 할 수 있다. 시야를 넓혀 만물대등생극을 이해하고 만생대등생극이 거기 포함되는 줄 알면, 두 사례에 공통점이 있는 것이 너무나도 당연하다.

위에서 생물과 천체를 들어 지나치면 망하는 원리를 말한 것은 강 건너 불구경이 아니다. 나날이 살아가면서 절실하게 여기고 고민하는 문제와 직결되어 있다. 우리 집에 불이 나는지 알아보게 한다.

지나치면 망하는 것에 사람이 만든 것도 있다. 그 가운데 거대제국이 가장 크다. 역사상의 모든 제국은 엄청난 위세를 부리다가 해체되고 멸망했다. 지금의 거대제국은 그렇지 않다고 한다. 역사의 교훈을 배우라고 하는 것만으로는 부족하다. 과거의 모든 제국이 실패를 한 각기 특수한 이유를 들고, 그런 것들을 잘 알아 되풀이하지 않는다고 반격한다.

새 역사를 창조한다고 자부하면 난감하다. 위대한 이념으로 위대한 지도자가 전에 어디서 누구도 하지 못한 위업을 달성한다고 주장하면 대처하기 어렵다. 위대하다는 것이 망상이라고 나무라면, 설득력은 없다. 위대함을 힘이 증명하는 데 무력한 언설로 맞설 수 없다.

지나치면 망하는 원리가 생물이나 천체뿐만 아니라 제국의 흥망에도 그대로 타당한 것을 밝혀야 한다. 제국의 흥망은 어떻게 해서 생기는가? 앞에서 말한 어느 것인가? 어느 것도 아니므로, 해답을 추가해야 한다.

[라] 차등을 확대해 힘을 키우다가, 대등의 가치를 부인해 사고가 경직된 탓에 힘을 잃는다.

[마] 획일화로 일탈을 막으려고 하다가, 융통성을 잃고 창조력이 고갈된다.

이제 정답을 얻었다. 이 둘이 지나치면 망하게 되는 역전이 일어나는 근본적인 이유이다. [라] 때문에 세계사에 등장한 모든 강성대국은 하나 예외 없이 다 망했다. 지금 그 전례를 되풀이하는 것이 보인다. [라] 때문에 밖에서 깨어지는 것과 병행해, 또는 그보다 먼저 안에서는 [마]로 말미암아 자멸이 진행된다. 이것의 현황도 선명하게 확인할 수 있다.

강성대국 칭송하면 큰 학문을 하는가? 간섭을 자초해 초라하게 되고 만다. 가볍게 높이 올라가 대국 쇠망 살펴보자.

8-2 반면교사 덕분에

호랑이는 너무 크고 강해 멸종 위기에 이르렀다. 호랑이의 축소판이라고 할 수 있는 고양이는 작고 약해 잘 지내고 늘어난다. 개는 사람을 너무 따른 탓에, 스스로 살아갈 수 있는 능력을 잃었다. 고양이는 사람과 적절한 관계를 가지다가, 야생으로 돌아갈 수 있다.

고양이는 한편으로 호랑이를, 다른 한편으로는 개를 반면교사로 삼아, 실패를 되풀이하지 않고 자기 길을 슬기롭게 선택한다고 할 수 있다. 생물의 종은 다른 종들과의 경쟁을 유리하게 해서 살아나고 번성하고자 한다. 다른 종들의 실패를 따르지 않고 반대가 되는 길로 가고자 한다. 이런 시도가 적중하면, 그 종이 번성한다. 이처럼 반면교사 덕분에 잘되는 것이 만생대등생극의 이치에 포함된다.

반면교사 덕분에 잘되는 만생대등생극의 이치가 만인생극대등에서는 더욱 분명하다. 본능적인 선택에 의도적인 노력이 추가되기 때문이다. 개인의 삶에 그런 본보기가 많이 있다.

역사의 전개도 같은 관점에서 고찰할 수 있다. 이런 사실을 두고 많은 말을 할 수 있으나, 몇 가지 예증만 든다.

신라 때의 인물 強首는 머리가 이상하게 생기고 지체가 낮았다. 佛道를 닦아 높이 오르는 선례를 따르지 않고, 세상에서 대단치 않게 여기는 儒學을 공부하고 문장력을 길러 자기 능력을 발휘했다. 부모의 반대를 무릅쓰고, 최하층 신분 대장장이의 딸을 아내로 맞이하고, "가난하고 천한 것은 부끄러운 바가 아니지만, 도를 배우고 행하지 않는 것이 진실로 부끄러운 일입니다"라고 했다.

徐敬德은 집이 가난해 서당 공부를 제대로 하지 못하는 처지를 역전의 발판으로 삼았다. 좋은 스승에게서 잘 배우는 쪽이 받드는 성현의 도리를 반면교사로 삼고 천지만물의 이치를 스스로 깨달아, 理는 별개의 것이 아니고 氣의 원리일 따름이라고 하는 氣일원론의 철학을 처음 확립했다. 중국에서 받아들인 理氣이원론을 넘어서는 독자적인 탐구로, 이치의 근본을 바로 밝히는 길을 열었다.

역사의 전개에서 본보기를 찾아, 고구려와 신라의 관계를 먼저 보자. 건국초의 세 군주를 고구려에서는 東明聖王·琉璃明王·大武神王이라고 하고, 신라는 赫居世居西干·南解次次雄·儒理尼師今이라고 한 것이 아주 다르다. 고구려는 위대한 제왕이 일사불란한 질서를 자랑스럽게 확립한 선진국이고, 신라는 촌스러운 상태에서 이리저리 흔들리고 있어 많이 뒤떨어졌다. 강성한 고구려가 누르는 것을 힘겹게 견디며, 신라는 자기 길로 가면서 국왕과 백성이 가까운 관계에 있는 후진성을 역전의 발판으로 삼았다.

스페인과 네덜란드, 영국과 아일랜드, 러시아와 핀란드, 일본과 한국은 모두 가해자와 피해자의 관계이다. 가해자가 막강한 힘으로 식민지통치를 해서 피해자는 견디지 못하고 해방 투쟁을 했다. 가해자보다 더 큰 힘으로 피해자가 독립을 쟁취한 것은 아니다. 가해자가 차등론의 극치인 패권주의를 끝까지 밀고나가 자멸의 길에 들어서므로, 피해자는 작은 힘으로도 큰 과업을 이루어 사태를 역전시킬 수 있었다.

이런 사실을 바로 알지 못하고, 피해자가 독립국을 이루고서는 가해자를 교사로 삼고 패권주의의 길로 나아가 국위를 선양해야 한다고 할 수 있다. 네덜란드는 그 길로 나아가 넓은 식민지를 장악했다. 다른 세 나라는 그런 힘이 없는 것을 개탄할 수 있다. 그러나 식민지통치를 하던 가해자를 교사가 아닌 반면교사로 삼고 패권주의를 부인하는 방향으로 나아가는 것이 행복을 얻고 남들을 위해 널리 기여하는 길이다.

이에 관해 아일랜드나 한국이 기여하는 바도 말해야 하지만, 핀란드가 보여주는 모범양상을 고찰하면 더 많은 것을 얻는다. 핀란드는 러시아의 식민지통치를 그리 오래 받지 않고, 명목상의 독립국 지위를 얻었다. 러시아가 다시 침공할 때에는 완강하게 물리쳤다. 그러므로 "보아라, 우리 핀란드는 패권주의 경쟁에서 러시아보다 앞설 수 있다." 이렇게 부르짖을 만 하지만 전연 아니다. 러시아에 대해 적대감을 나타내지도 않고, 자기 민족을 예찬하지도 않고, 누구나 대등한 관계에서 자기의 창조주권을 발휘하면서 편안하고 행복하게 살도록 하는 데 힘쓰기만 한다.

캐나다는 미국의 식민지통치를 받지 않았다. 인구가 열 갑절 되는 패권주의의 최강자 미국과 긴 국경을 두고 맞닿아 압력을 느낄 따름이다. 미국을 반면교사로 삼아 패권주의를 부인하는 방향으로 나아가 그 압력을 무효로 만든다. 총기를 규제하고, 공공의 의료보험이 있고, 다른 사회보장제도도 모범이 되게 갖추었다. 원주민을 존중하려고 한다.

핀란드나 캐나다는 살기 좋은 나라여서 부러움을 산다. 그 때문에 러시아나 미국은 부끄럽지 않을 수 없다. 그 부끄러움은 패권주의는 창피스럽다고 인정하는 증거이다. 패권주의는 창피스럽다는 본보기를 보여주어 반면교사 노릇을 한 쪽의 공적을 인정하는 것이 대등의 마땅한 도리이다. 殺身成仁을 하느라고 수고가 많다고 위로하자.

앞 대목에서 말했다. 차등을 확대해 힘을 키우다가 대등의 가치를 부인해 사고가 경직된 탓에 힘을 잃고, 획일화로 일탈을 막으려고 하다가 융통성을 잃고 창조력이 고갈되어, 거대제국이 망하고 있다. 이것을 반면교사로 삼는다면, 깊이 감사한다고 말할 자격을 얻는다.

자세하게 올려보면 티끌이 태산이고, 하늘에서 내려 보면 태산은 티
끌이다. 대소가 고정되어 있다고 고집하면 어리석다.

8-3 생극의 차질

상생과 상극이 맞물려야 상생이 상극이고 상극이 상생일 수 있다. 상생
과 상극이 맞물리지 않고 어긋나면, 상생은 상생이고 상극은 상극이어서
따로 논다. 상극의 차질이 생기고, 의의가 없어진다.

만물대등생극이나 만생대등생극의 생극은 상생과 상극이 맞물려 있다.
만인대등생극의 생극은 그렇지 않고, 상생과 상극이 어긋나 따로 놀 수
있다. 공격용 무기의 용도를 들어 양쪽이 얼마나 다른지 말할 수 있다.

짐승의 무기는 몸의 일부이므로 몸이 미치는 범위 안에서만 효력이 있
으므로, 피하면 무사하다. 약한 짐승이 상극의 공격을 받아도, 죽지 않고
달아나 피차의 상생을 이룰 수 있다. 상극의 공격 덕분에 병약자를 처리
하고 인구 조절을 하는 것이 피해자 쪽에도 유익한 상생일 수 있다. 상
극과 상생이 맞물려 있다.

인간은 자기 몸의 일부가 아닌 무기를 따로 만들어 상극의 공격을 한
다. 무기를 더 잘 만들어 공격의 효력이 미치는 범위를 확대하고, 피해의
정도가 심해지도록 하는 것을 문명의 발전이라고 한다. 문명의 발전이란
상극을 상생에서 분리시키고, 대등을 차등으로 파괴하는 정도가 더 심해
지도록 하는 반칙 이외의 다른 무엇이 아니다. 상생과 상극이 어긋나게
하는 데 그치지 않고, 상극이 극대화해서 상생을 부정하도록 한다. 그 양
상을 살펴보고, 그래도 되는지 따진다.

무기를 가지고 무엇을 하는가? 범죄를 저지르고, 전쟁을 하고, 혁명을
한다. 범죄는 모두 나쁘고, 전쟁은 나쁜 것도 있고 좋은 것도 있고, 혁명

은 다 좋다고 한다. 이 셋은 아주 다른 것 같지만 공통점이 더 크다. 인간이 얼마나 추악한지 함께 말해준다.

예사 범죄는 규모가 작고 힘이 모자라, 전쟁이나 혁명일 수 없다. 쉽게 제압당하기 때문에 범죄라고 별도로 지칭되고 모두 나쁘다고 일률적으로 평가된다. 범죄가 나쁘므로 처벌은 정당하다고 하지만, 상극에 상극으로 맞서서 상극의 폐해를 키우기나 하고 상생과는 거리가 먼 것이 예사이다.

전쟁은 인간이 저지르는 최악의 범죄이다. 나쁜 전쟁은 목적과 수단이 다 범죄이고, 좋은 전쟁이라고 하더라도 수단은 범죄이다. 수단이 큰 힘을 가지면 피해가 그만큼 커진다. 오폭이나 핵무기를 실수로 발사하는 것만 심각한 문제인 것은 아니다. 전쟁의 수단은 어느 것이든지, 아무리 선한 목적을 위해 사용된다고 해도 범죄인 본색을 감추지 않고 드러낸다.

혁명은 차등을 무너뜨리고 평등을 이룩하겠다고 하는 목적이 훌륭해, 폭력을 사용하는 수단이 정당하다고 한다. 그러나 실현 가능하지 않은 평등을 목적으로 내세워, 대등의 의의를 망각하게 한다. 불가능을 가능하게 하려고 하다가, 폭력이 일시적인 수단에서 항구적인 당위로 변질된다. 폭력을 장악한 혁명투사는 위대하다는 차등론이 반론의 여지가 없이 통용되어 혁명이 혁명을 배신한다.

범죄·전쟁·혁명으로 만인대등생극을 유린해도, 만생대등생극이나 만물대등생극까지 흔들리지는 않는다. 만물대등생극을 근거로 해서 만생대등생극이, 만생대등생극의 하나로 만인대등생극이 이루어진다. 보편적인 원리가 특수한 쪽의 일탈을 바로잡는 것은 당연하고, 특수한 쪽에서 생긴 차질이 보편적인 원리를 손상하지 않는다.

보편적인 원리가 특수한 쪽의 일탈을 바로잡는 것이 사람의 삶에서 어떻게 나타나는가? 차등을 거부하고 대등을 실현하겠다는 요구는 사람이 모든 생물과 함께 갖추고 있는 근원적인 본성이다. 사람은 그 본성을 창조주권으로 나타내고 있다. 이에 대한 위해가 거듭되어도 피해의 정도가 한정되어 있다. 대등의식을 온통 마멸시키지는 않는다. 어려움이 닥치면 대등의 소중함을 더욱 절감한다.

인류역사는 차등을 몰아내고 대등을 실현하고자 노력하는 과정이다. 그래서 만인대등생극이 만생대등생극이고, 만물대등생극이게 하고자 한다. 근원으로 돌아가고자 한다. 살아서는 돌아가지 못하더라도 죽어서는 돌아간다. 죽으면 가능한 회귀를 살아서도 가능하게 하고자 한다.

사는 동안에 차등이 아무리 심한 횡포를 자아내도, 대등은 무너지지 않고 역전을 진행한다. 사회의 상층과 하층, 의식의 표층과 심층은 다르다. 상층이나 표층은 차등이 지배해도, 하층이나 심층에는 대등이 살아 있어 역전을 이룩한다. 강하다고 자만하고 약하면 분발해 강약 교체 선후 역전이 겹겹이 얽히어, 역사는 예측불허 태풍처럼 마구 격동한다.

차등의 대안이 평등이라는 주장이 강력한 힘을 가지고 등장해 새로운 차등을 만들어내자 대등은 잠시 혼란에 빠졌으나, 길게 염려할 일은 아니다. 평등의 기만이나 폐해가 드러나면서, 무엇이 어떻게 되는지 알게 된다. 평등의 구호가 무색하게 되자 다음 시대가 시작된다. 다음 시대는 대등의 시대이다.

대등 실현은 폭력을 배제하고, 주동자가 따로 없는, 혁명이 아닌 혁명을 해야 가능하다. 혁명의 과제라고 인정되는 것들을, 누구나 자기 일로 알고 자발적으로 참여해 창조주권을 다양하게 발현해 해결해야 한다. 종교나 정치와 아주 먼 일상생활의 여러 영역에서, 종교나 정치가 기만을 위한 수단으로 삼아온 이상을 실제로 이루어야 한다.

폭풍이 몰아쳐 천지를 뒤집어도, 여린 새싹 이겨내고 놀랍게 자라는데, 그대는 재난이 닥치면 두렵다고 무릎 꿇나?

8-4 모순 해결

세 모순이 세 차등에서 자라난다. 계급 차등의 상위 계급이 계급모순을, 민족 차등의 상위라고 여기는 민족이 민족모순을, 문명 차등의 상위이기를 바라는 문명이 문명모순을 조장한다. 조장한다는 것은 만들어낸다는 말이 아니다. 이미 있는 것을 키운다는 말이다.

모순이 있어도 그리 심각하지 않아 화해가 가능한데, 상위자가 차등을 키우느라고 모순을 확대해 하위자를 괴롭힌다. 그대로 견딜 수 없어 투쟁하지 않을 수 없게 한다. 투쟁을 해서 모순을 해결하기를 바라는 것이 당연하지만, 소리 높이 외치면 뜻대로 된다고 여기지 말아야 한다. 모순을 완전히 해결하고 평등을 이룩할 수는 없다. 모순을 완화하고 화해가 가능하게 하는 성과를 얻어야 한다.

투쟁을 생극의 양면에서 해야 한다. 상극의 투쟁만 하지 말고, 상생의 투쟁도 해야 한다. 상극의 투쟁은 상대방을 적으로 삼고 폭력으로 말살하려고 하는 전투이다. 투쟁이기만 한 투쟁이다. 상생의 투쟁은 상대방에게 차등을 버리고 대등을 이룩해 서로 필요한 관계가 되자고 하는 평화적인 설득이다. 투쟁이 아닌 투쟁이다. 이 두 가지 투쟁을 함께 하면서, 상황에 맞추어 적절하게 배합해야 한다.

변증법은 상극의 투쟁에 치우친 편향성이 있다. 상극과 상생을 분리시켜, 상극은 처음부터 있는 사물의 본질이라고 하고, 상생은 중간에 우연히 끼어든 방해꾼 정도로나 여긴다. 상극의 투쟁으로 혁명을 해서 민족모순을 해결하니, 변증법은 위대하다고 한다. 과연 그런가? 여러모로 무리를 해서, 표방하는 것과는 상반된 결과에 이른다.

차등을 평등으로 바꾸는 것을 혁명의 이유로 한다. 상극의 투쟁을 극단화하는 폭력을 혁명의 방법으로 한다. 신념이 절대적인 강경파가 혁명의 주역으로 나선다. 그런 이유가 겹쳐, 차등의 대안이 대등일 수 없게 한다.

좋은 길을 버리고, 험로에 오른다. 누구나 평등해야 한다는 무리한 요구를 강압적으로 관찰시키려고 해서, 새로운 차등을 엄청나게 조성하는 역설을 빚어낸다.

이런 혁명이 그 자체로는 난감하게 되었으면서, 반면교사 노릇은 훌륭하게 한다. 살신성인의 극치를 보여준다고 할 수 있다. 폭력혁명이 무섭다는 것을 분명하게 알려, 차등을 유지하려면 어느 정도는 양보해야 한다는 것을 아주 우둔한 통치자라도 짐작하도록 한다. 대등을 주장하는 상생투쟁은 억압하지 않는 것이 유리한 줄 널리 알게 한다.

계급모순이 이래저래 상당한 정도로 완화되자, 민족모순이 심각하게 되었다. 계급모순을 폭력혁명으로 해결하고 평등을 일제히 실현한다는 획일주의가 여러 민족의 독자적인 삶을 짓밟아 여기저기서 항거가 일어나는 것이 지금의 사태이다. 그 때문에 인류는 피를 흘리고 있다.

민족모순도 폭력혁명으로 해결할 것인가? 아니다. 계급모순에서는 가해자가 소수이고 피해자는 다수이므로, 피해자가 폭력혁명을 일으키면 성공할 수 있다. 민족모순에서는 가해자가 다수이고 피해자는 소수이므로, 피해자가 폭력혁명을 일으키면 성공할 수 없다. 테러나 하고 말아 광범위한 지지를 상실한다.

상극의 투쟁만 투쟁이라고 여기는 착각에서 벗어나, 상생의 투쟁이 더 큰 힘을 가질 수 있는 것을 알고 다각도로 노력해야 한다. 상생의 투쟁은, 군인이나 정치인은 뒤로 물러나고 예술가나 학자가 이끌어야 한다. 상생의 투쟁을 하는 예술가나 학자를 잡아 죽이는 만행은 온 인류가 분노하게 하는 극악한 테러이다. 만행을 규탄하는 여론의 포위공격을 견디지 못하고, 민족모순의 가해자가 스스로 무너지게 하는 것이 최상의 방안이다.

문명모순이 또 하나의 모순이고, 가장 크다. 세계를 몇 개로 나누어 인류 거의 전부가 말려들게 한다. 차등을 부인하는 대등이 계급모순이나 민족모순 해결에서 가지는 의의가 문명모순에서는 더욱 확대된다. 문명모순은 상극의 투쟁으로 해결할 수 없다. 공격을 하면 모순이 커질 따름이다. 차등의 상위에 있다는 문명의 착각을 깨기 위해서 상생의 투쟁을 하는 것도 중간 과정의 방편일 따름이다.

차이점을 서로 존중하면서 대등을 분명하게 하고, 도움을 주고받으면서 공동의 창조를 하는 상생을 성과 있게 이룩해야 한다. 이렇게 하는 데 모범을 보이면서 뒤떨어진 쪽이 분발하게 하는 것은 차등의 잔재를 버리지 않아 적절하지 못하다. 종교적이나 이념적인 독선이 적은 문명이 독선이 커서 불화가 심한 두 문명이 화해할 수 있게 하는 것이 대등상생의 방법이다.

지금 기독교문명과 이슬람문명이 독선을 버리지 않고 상극의 갈등을 빚어내 인류를 불행하게 하고, 세계사를 위태롭게 한다. 이 사태를 그냥 두고 볼 수 없다. 그러면 어떻게 해야 하는가? 우리 유불문명이 중재자로 나서서 화해를 권유하고 설득하는 것이 바람직하다.

우리는 유교와 불교의 상극이 상생이게 해서 유불문명을 이룩한 만큼 종교적 독선이 적어 중재자일 수 있는 필요 자격을 갖춘다. 기독교문명과 이슬람문명 가운데 어느 쪽에 치우치지 않고 대등한 애정을 가지면 중재자일 수 있는 충분 자격까지 갖춘다. 자기를 바로잡는 데 더욱 힘써 세상을 바로잡으려고 노력해야 한다.

계급·민족·문명모순은 모두 차등의 산물이다. 차등을 타파하고 대등을 이룩해야 해결된다. 이를 위해 생극 양면의 투쟁이 필요하다. 상극의 투쟁은 강력해서 실수를 하고, 상생의 투쟁은 미약해서 슬기롭다.

지금 다른 어느 모순보다 남녀갈등이 더 심각해져, 출산이 급감하다가 인류가 멸종할 위기를 예고한다. 차등론을 공격하는 상극의 투쟁은 역효과를 낸다. 차등론의 대안이 평등론이라는 과오를 대등론으로 시정하는 상생 투쟁을 해야 한다.

한밤중에 달이 밝고, 절망해서 시를 쓴다. 어둠에서 밝음 나고, 밝음은 어둠 된다. 한쪽만 이어진다고 우겨대면 바보다.

9 행로 점검

9-1 종교에서 철학으로

기독교는 유일한 절대자 하느님이 이 세상을 창조하고, 섭리하고, 심판한다고 한다. 그 이치가 오묘해 이해하고 신앙할 수 있게 하는 작업이 필요해, 신학이 철학을 거느린다. 철학이 함부로 나서서 하나님을 의심하는 것을 허용하지 않는다.

"태초에 말씀이 있었다"고 하고, "말씀은 하느님과 똑같아" 모든 것을 창조했다고 한다. (〈요한복음〉) 이런 절대적 正名論을, 기독교는 불변의 교리로 한다. 〈성서〉라는 경전을 문자 그대로 믿어야 한다고 하고, 설화나 비유로 이해하는 것을 금지한다.

모든 천체가 지구 주위를 돈다는 천동설은 〈성서〉에 명시되어 있지 않다. 그런데도 지동설을 주장하는 과학의 주장이 등장하자, 기독교를 부인하는 철학이 성장할까 염려해 엄격하게 막았다. 브루노(Bruno)라는 수도사가 지동설을 말해 화형을 당한 것으로 알려졌는데, 우주는 무한하다고 한 것이 더 큰 죄였다고 교단에서 해명한다.

기독교는 실증에 근거를 둔 과학은 마지못해 방관하고, 실증의 영역이 아닌 교리는 엄격하게 보호하려고 철학을 금지했다. 이에 맞설 용기가 없어, 서쪽의 철학은 치사하게 살아남는 술책을 찾아내야 했다. 기독교 교리와 어긋나지 않는 범위 안에서 그리 중요하지 않은 문제에 대한 천착에 힘쓰고, 과학에서 개척하는 방법을 추종해 평가를 얻으려고 한다.

하나 마나 한 말을 길고 복잡하고 난해하게 해서, 철학의 존재 의의를 증명하려고 한다. 과학이 크게 발전하자, 과학으로는 해결하지 못하고 철학의 도움을 받아야 할 문제를 계속 발견하고 외면한다. 자폐증에 빠진 지 오래되어 일어날 힘이 없다. 이런 무기력증이 서세동점의 바람을 타고 온 세계에 번져 철학을 다 망치려고 한다.

불교는 말을 불신한다. 부처의 가르침도 假名이므로 믿지 말아야 한다고 한다. "所謂佛法者 卽非佛法 如來所說法 皆不可取 不可說"(이른바 '불법'이라는 것은 '불법'이 아니다. 여래가 말한 것은 모두 취할 것이 아니고, 말할 것이 아니다.) (〈金剛經〉) 기독교에서는 상상도 할 수 없는 이런 말이 경전에 올라 있다.

절대자가 모든 것을 창조했다고 하지 않고, 전연 다른 말을 한다. "色卽是空 空卽是色"('색'은 '공'이고, '공'은 '색'이다.) 있음이 없음이고, 없음이 있음이라는 말이다. 이런 철학을 아주 크게 제시해, 다시 하는 철학이 그 속에서 놀게 한다. 유교 철학 쇄신이나 오늘날 철학 재창조도 별개의 작업이 아니게 한다.

유교는 正名을 앞세우고 나타날 때 갑갑하다는 느낌이 들었다. 철학이라고 하기 어려운 처세훈이나 말하면서, 정치의 주도권을 잡고 행세하려고 하니 반발의 대상이 될 수 있었다. 불교가 들어오자 위협을 느끼면서 자극을 받고, 이단이라고 여기고 밀어둔 도가의 철학을 이용해 이치를 가다듬었다. "天地之間 有理有氣 理者也 形而上之道也 生物之本也 氣者也 形而下之器也 生物之具也"(천지 사이에 '이'가 있고 '기'가 있다. '이'라는 것은 형이상의 도리이다. 만물을 만드는 근본이다. '기'라는 것은 형이하의 그릇이다. 만물을 만드는 도구이다.) (〈朱子大典〉) 이런 理氣이원론을 확립했다.

이에 대해 "氣外無理"('기'외에 '이'가 없다)고 하고, 理는 氣 자체의 원리일 따름이라고 하는 氣일원론의 반론을 徐敬德이 분명하게 제기한 것은 질서를 온통 뒤흔든 반역이다. 브루노가 우주는 무한하다고 한 것보다 큰 죄라고 할 수 있다. 그런데 처분이 달랐다. 부르노는 처형되었으나, 서경덕은 무사하고 오히려 칭송을 받았다. 구체적인 사실을 들어 비교해 보자.

브루노에게 사제들이 그릇된 이론을 철회하라고 요구하니, 브루노는 "나는 철회할 것이 없다"고 했다. 재판이 진행되어 사형 선고를 내려도, 기가 꺾이지 않은 채 말했다. "당신들의 두려움이 오히려 더 클 것이다." 브루노의 턱에 쇠로 된 재갈을 채웠다. 쇠꼬챙이로 혀를 꿰뚫고, 다른 꼬챙이로 입천장을 관통시켰다. 수레에 실려 로마 거리를 돌아다니며 구경거리가 되게 했다. 마침내 발가벗겨 불태워 죽였다.

徐敬德은 굶주림을 견디며 학문에 매진하다가, 孝行으로 천거되어 參奉에 제수되었으나 나아가지 않았다. 사후 명종 때 戶曹佐郎으로 증직되었다. 선조 때에는 右議政으로 증직하자는 논의가 있었다. 그래서 오고간 말이 실록에 기록되어 있어 요지를 옮겨 적는다.

> 국왕: "서경덕이 지은 책을 보니, 氣數만 논하고 修身은 언급하지 않았다. 공부에 의심스러운 곳이 많다."
> 朴淳: "서경덕은 학자가 공력을 들이는 방법은 선현이 모두 거론했으나, 理氣의 학설만은 분명하게 밝혀야 할 것이 있다고 하고, 궁리하느라고 공력을 들였다."
> 李珥: "이 사람의 공부는 진실로 학자들이 본받을 바는 아니다. 성현의 뜻과 맞지 않는다. 그렇지만, 깊이 생각하고 멀리 나아가 自得한 妙理가 많으며, 문자만 익히고 말로만 한 학문이 아니다."

이 말을 받아들여 서경덕을 우의정으로 추존한 것이 1575년의 일이다. 국왕이 주재하는 어전회의에서 철학 논란을 한 것이 놀랄 일이다. 서경덕의 문집이 세상에 통용되어 국왕도 읽었다. 결함을 지적한 것은 氣일원론에 동의할 수 없다는 말이다. 박순은 서경덕의 제자이다. 서경덕의 견해가 옳다고 말하는 말은 피하고 우회 작전을 폈다. 선현이 미진하게 남겨둔 문제를 맡아, 힘써 탐구한 노고를 평가할 만하다고도 했다.

이이는 서경덕의 제자가 아니고, 서경덕의 氣일원론은 부당하고 理氣이원론이 정당하다고 입증하는 것을 사명으로 했다. 그러면서 서경덕이 이미 있는 말을 따르지 않고, 스스로 노력해 이치를 밝히는 自得之學을 한 것을 높이 평가해야 한다고 했다. 이 말을 받아들여 서경덕을 우의정으로 추존하자는 결론을 내렸다. 그래서 서경덕이 시작한 氣일원론이 박해를 받지 않고, 몇 단계의 발전을 이룩했다.

기독교와 철학, 유교와 철학의 관계는 이렇게 다르다. 기독교의 종교재판과 유교의 철학 논란은 전연 딴판이었다. 철학을 기독교는 없애려 하고, 유교는 북돋우었다. 기독교 탓에 이지러지고 비뚤어진 철학을 수입해다가 받들고, 좋은 풍토에서 잘 자란 철학의 유산은 폐품으로 여기니 얼마나 어리석은가.

지금 아무 종교도 믿지 않는 비종교인이 세계 전역에서 나날이 늘어나고 있다고 한다. 한국에서는 60%가 넘고, 20대는 80% 이상이라는 조사를 기독교 쪽에서 했다. 엄청난 타격이 일어나는 것을 자인한다. 이슬람은 잘 버티려고 해서, 무력해지는 기독교의 불안을 키운다. 불교 신앙은 함께 위축되고, 철학인 면은 오히려 관심을 끈다. 유교는 종교라고 하기 어려워 논란 밖에 머물러도 함께 몰락한다.

종교의 몰락이 대세여서, 문명의 공백을 만든다. 악몽에서 깨어난 것 같은 당혹감에 사로잡히게 하기도 한다. 이대로 주저앉을 수는 없다. 허망한 상실감에서 벗어나 정신을 차리고 긍정적인 자세로 올바른 생각을 하라고, 어디선가 깨우쳐주어야 한다. 이 임무를 철학이 감당해야 한다. 종교에서 철학으로 나아가, 문명의 공백을 바람직하게 해결하는 작업을 해야 한다.

어느 철학이 앞에 나설 것인가? 서양철학은 기독교에서 받은 상처가 심각해 신음 소리나 길게 내고 있다. 불교철학은 원론만 너무 크게 제시하고, 구체적인 설계가 없다. 氣일원론 철학이 몇 단계의 발전을 이룩한 유산을 적극 계승하고, 시대 변화에 맞게 재창조하는 것이 정답이다.

이렇게 해서 이루어진 대등생극론이 대단한 일꾼이다. 문명의 공백을 해결하고, 마음의 허망한 상실감을 치유해준다. 만물·만생·만인이 하나임을 알아차리고, 이에 따라 살아가는 슬기로움과 즐거움을 만사형통의 비결로 한다.

종교와 정치가 차등을 다투어, 수직으로 매달린 백성 밟히다가 밀려난다. 이윽고 대등생극론이 활인공덕 베푼다.

9-2 과학에서 철학으로

과학은 아는 것과 모르는 것을 명확하게 구분한다. 아는 것은 알고 모르는 것은 모른다고 한다. 언젠가는 모두 다 완전하게 알기를 기대하고, 그 목표를 향해 한 걸음씩 나아간다고 한다. 착실한 학생이라고 할 수 있다.

철학은 아는 것과 모르는 것을 명확하게 구분할 수 없고, 무리하게 구분하면 아는 것이 사라진다고 한다. 아는 것이 모르는 것이고 모르는 것이 아는 것이라고 하면 아는 것이 나타나고, 늘어난다고 한다. 모두 다 완전하게 아는 것은 가능하지 않다고 여기고 기대하지도 않는다. 노련한 스승이라고 해도 된다.

과학은 아는 것만 골라내 수리논리로 기술한다. 수리논리만 정확하고 다른 말은 모두 헛되므로, 수리논리로 잡아내 기술할 수 있는 것만 진실이고 나머지는 허위라고 취급한다. 일기예보와 일치하는 날씨만 인정하고, 그렇지 않은 날씨는 거들떠보지 않는다고 할 수 있다. 똑똑한 것이 편파적인 탓에 무색하게 된다.

철학은 수리논리뿐만 아니라 다른 어떤 논리로도 잡아낼 수 없는 것이 있다고 한다. 그런 것은 허황하다고 여기지 않고, 논리를 반성하고 쇄신하려고 노력한다. 일기예보와 다르다고 날씨를 나무라지 않고, 일기예보를 하는 방법을 개선하려고 한다. 개선을 아무리 잘해도 날씨를 완벽하게 알아낼 수 없다는 것을 인정한다. 아는 것과 모르는 것, 가능과 불가능을 모두 포괄하는 총론을 이룩하고자 한다. 편파적이지 않으려고 조금 명청해진다.

과학논문은 수리논리를 정확하게 갖추고 초지일관 일사불란하게 전개된다. 모르는 것이 조금이라도 끼어들지 못하게 막아야 하기 때문이다. 허점이 있거나 오류가 발견되면 무효가 된다. 그런 논문은 휴지 조각이 된다. 모르는 것이 끼어들어 아는 것을 교란하고 오염시킨다고 여기기 때문이다. 지나친 결벽증이다.

철학에서 쓰는 글도 같은 요건을 갖춘 과학 논문이어야 한다는 주장이 있다. 이 주장을 실현했다는 논문이 높이 평가된다. 논리를 정확하게 갖추어 모르는 것이 끼어들지 못하게 하는 것은 철학이 할 일이 아니다. 거름 지고 장에 간다고 할까? 남의 걸음으로 흉내내는 邯鄲之步라고 할까? 자기가 할 일을 잊고 남의 흉내나 내니 한심하다고 하지 않을 수 없다.

그 정도로는 말이 모자란다. 아는 것과 모르는 것, 가능과 불가능을 포괄하는 총론을 이룩해야 하는 철학의 임무를 스스로 부인하고 자살한다는 말이, 너무 험하지만 꼭 들어맞는다. 자살을 아주 잘한다고, 길고 복잡하게 꼬인 책을 써서 자랑하는 것이 유행이 되었다. 그런 책이 높이 평가

된다. 그 때문에 과학의 위세가 날로 높아지고, 철학은 더욱 초라해진다. 이것은 인류문명의 심각한 위기이다.

중력에 관한 논의를 본보기로 들어 무엇이 문제인지 따져보자. 뉴턴은 질량이 있는 모든 것들은 서로 당기는 인력이 있다고 하고, 인력의 크기가 질량과 어떤 관련이 있는지 수식을 작성해 명시했다. 인력이 왜 있는가 하는 의문은 관심의 대상에서 제외하고, "나는 가설을 만들지 않는다"고 했다. 아인슈타인은 인력과 질량의 관계를 다르게 파악하고 수식을 고쳐야 한다고 했다. 그래도 중력이 왜 있는가는 논의하지 않았다.

중력이 왜 있는가 하는 의문은 과학이 감당할 수 없으므로, 묻어두거나 버려야 하는 것은 아니다. 이런 의문은 철학이 맡아야 한다. 철학은 탐구 방법이 과학과 달라, 과학이 할 수 없는 일을 한다. 어떤 의문이든 그 내부에서 해결하려고 하지 않고 다른 것들과의 연관을 살핀다. 내부의 양상을 말해주는 수식의 정확성을 평가의 기준으로 삼지 않고, 다른 것들과의 연관 관계 파악 확대를 탐구의 성과로 여긴다. 외연이 늘어나는 만큼 내포가 줄어드는 것이 당연하다.

최한기는 말했다. "究天歷之活法者 從氣輪而入學 究人歷之死法者 循攝力而用切"(하늘에서 나온 활법을 탐구하는 자는 기륜을 따라 학문에 들어가고, 사람이 낸 사법을 탐구하는 자는 섭력을 따르고 절력을 사용한다.)(〈星氣運化〉 권12 〈經緯差度〉) 이것은 철학과 과학의 차이점을 명확하게 하면서, 그릇된 통념을 깬 말이다.

용어가 생소해 당황할 것은 아니다. 攝力이니 切力이니 하는 것은 뉴턴이 말한 인력이다. 그런 것을 나타내는 수식은 사람이 만들어낸 死法이라고 했다. 수식이 이치를 모두 포괄하지 못하면서 절대적인 타당성을 주장해 진정한 탐구를 죽인다고 나무랐다. 잘못을 바로잡으려면, 모든 것을 포괄하는 총론을 갖추고서 개별적인 현상을 살펴 "하늘에서 나온 活法을 탐구"해야 한다고 했다.

모든 氣의 공통된 특성을 알고 천체를 살피면서 중력을 고찰하는 순서를 밟아야 한다고 했다. 이것은 철학의 접근 방법이다. 철학은 과학보다 포괄성에서 앞서서, 과학의 각론이 정확성에 집착하다가 탐구를 방해하지 못하게 하는 총론을 제시한다. 총론은 입증되지 않는 사실까지 포괄하므로 가설이 아닐 수 없다. 가설을 만들지 않는다고 하면, 각론이 총론의 의의를 부인해 스스로 시야를 막는 死法이 된다. 가설이기도 해서 적지 않게 미비한 총론은 구체적으로 타당한 각론이 많이 생겨나도록 부추기고 고무하는 活法 노릇을 한다.

철학에서 제시하는 포괄적인 총론은 이미 알려진 사실로 구성되는 것이 아니다. 미지의 것, 탐구해야 할 것, 어떻게 말해야 할지 알 수 없는 것들까지 포괄한다. 과학이 발달하면 기존의 미지는 줄어들지만, 새로운 미지가 늘어난다. 과학이 철학을 무용하게 하는 날은 오지 않는다. 과학이 협소한 소견에 사로잡혀 자만하지 않도록 깨우쳐주어야 하는 임무를, 철학은 저버릴 수 없다.

나는 대등생극을 가장 포괄적인 총론으로 삼아 만물·만생·만인대등생극을 고찰하고, 더 나누어져 있는 영역의 각론을 개척하려고 한다. 인력에 의한 구심력과 원심력은 만물대등생극의 명백한 사례이다. 이것은 동식물이 삶과 죽음을 주고받는 만생대등생극, 인류역사의 선후 역전에서 나타나는 만인대등생극과 크게 보면 모두 같고 작게 보면 아주 다르다.

이런 이야기를 태평스럽게 하고 있을 것은 아니다. 위기가 닥친 것을 알아야 한다. 사람이 과학을 부리다가, 과학이 과학을 부린다. 이 정도에 머무르지 않고, 이제는 과학이 사람을 부린다. 이런 사태를 파악하고 수습하는 일을 과학이 스스로 할 수 없고, 철학이 나서야 한다.

과학이 따로 놀다가 그 지경이 되지 말고, 철학과 다시 하나가 되어 위험이 생기지 않게 해야 한다. 과학이 사람을 부린다는 것은 인공지능의 역습을 두고 하는 말이다. 인공지능은 과학은 해도, 철학은 하지 못한다.

과학은 사람에게서 독립될 수 있고, 철학은 사람과 하나이기 때문이다. 사람이 철학을 부리고, 철학이 철학을 부리고, 철학이 사람을 부린다고 하는 사태는 벌어지지 않는다. 대등생극론에서 철학과 다시 하나가 된 과학도 이런 염려를 할 필요가 없다.

〈종교에서 철학으로〉와 짝을 이루게 하려고 〈과학에서 철학으로〉라는 표제를 내걸었다. 둘은 다르면서 같다. 앞의 말은 종교가 몰락한 후유증을 철학이 맡아 해결한다는 것이다. 뒤에서는 과학이 고립되어 초래한 난관 해결이 철학의 소임이라고 한다. 두 경우 다 철학이 훨씬 큰일을 해야 하는데, 대등생극론으로 자라나 가능하다.

학문 집안 여러 형제 철학이 으뜸인데, 잘난 아우 과학이 무능자로 취급한다. 맏형이 맡은 소임은 시비종식 우애단합.

9-3 실체 해명

氣와 에너지는 동서 양쪽에서 각기 아주 소중하게 여긴다. 실체라고 한다. 이 둘은 어떤 관계인가? 이것이 행로 점검에서 아주 긴요한 문제로 제기된다. 다음 세 가지 응답을 할 수 있다.

　[가] 氣 ↔ 에너지
　[나] 氣 = 에너지
　[다] 氣 〉 에너지

[가] "氣 ↔ 에너지"는 둘이 무관하다는 것이다. 氣는 동쪽 철학의 용어이고, 에너지는 서쪽에서 발전시킨 과학에서 연구하는 물질 현상이다.

氣에 관한 논의는 본바닥에서도 거의 사라지고, 에너지는 세계 어디서나 최대의 총애를 받는다.

[나] "氣 = 에너지"는 둘이 같다는 것이다. '에너지'라는 말은 번역한다면 '힘'이나 '기운'이어야 한다. 에너지는 어떤 물체에 저장되어 있다가 나온다. 氣는 실체가 있고, 에너지는 실체가 없고 작용만 있는 것 같은데, 그렇지 않다. '氣'를 풀어 말해 '기운'이라고 하면 '에너지'와 다르지 않고, 둘 다 힘이다. 움직여 어떤 작용을 한다. 氣와 에너지를 함께 논의해 공통점을 찾는 것이 긴요한 과제이다.

氣를 말하는 것은 철학이기만 하지 않고 과학이기도 하다. 과학에서 밝혀낸 사실을 보충하면 철학의 내용이 더 충실해지고 불신에서 벗어날 수 있다. 에너지가 과학의 용어만이 아니고 철학의 용어이기도 하면, 서쪽에서 일원론 철학을 이룩하기 쉬워진다. 신·정신·물질 가운데 어느 하나를 택해 모든 것을 아우르려고 하는 무리한 시도를 하지 않을 수 있다. 물질의 에너지, 정신의 에너지, 신의 에너지가 같은 에너지라고 하면, 에너지철학이 氣철학과 같아진다.

에너지철학이 氣철학과 같아, 둘을 합치면 동서의 대립을 넘어서고, 철학이냐 과학이냐 하는 다툼도 해결하는 최상의 철학을 이룩할 수 있다. 이렇게 판단하고, 둘을 합치는 철학을 실제로 이룩하는 작업을 金龍培가 했다. 1960년 무렵에 이분의 강의를 들은 기억이 생생하다. 張載나 徐敬德의 氣철학이 서쪽에서 발전시킨 에너지과학과 일치하므로 'E氣'라는 글자를 지어내 둘이 하나임을 명시하고, 물질력·생명력·정신력을 일관되게 이해하고 행사하는 철학을 이룩한다고 했다.

힘의 크기가 다른 무엇보다도 소중하다고 여기고, 정치를 하는 힘이 역사를 움직인다고 했다. 유물사관은 경제력 사관이라고 하고, 경제력보다 정치력이 더 크므로 경제력 사관보다 정치력 사관이 더욱 타당하다고 했다. 이것은 획기적인 발언이어서 주목할 만하지만, 너무 단순해 타당성에 의문이 있었다. 유물변증법을 근거로 사적 유물론이 이루어진 것을 논파하는 이론을 갖추지 못하고 다만 정치력의 우위를 주장하는 데 그쳐 수긍하기 어렵다. 강의를 들으면서 이미 이런 생각을 했다.

김용배는 자기가 전개하는 E氣철학의 과학적 타당성이 에너지과학에 의해 귀납적으로 입증되었다고 강조해 말했다. 氣철학에 대한 무지나 불신을 바로잡으려고 하는 말이 지나쳐서, 과학만능의 풍조에 휩쓸려들었다. 에너지과학이 E氣철학으로 행세하도록 하고, 氣철학은 이름이나 빌려주는 신세가 되었다. 에너지과학이 철학이게 하기 위해 氣철학이 어떻게 도와주어야 하는지 심각하게 생각하지 않았다.

[다] "氣 〉 에너지"는 氣가 에너지를 포함한다는 것이다. 氣철학은 에너지과학이 할 수 없는 일까지 맡아, E氣철학이 에너지철학 이상의 철학이게 한다는 말이다. 에너지과학은 에너지를 측정하고 계산하는 각론에 머문다. 질량이 에너지라고 하는 상대성 이론이 시야를 크게 열어주었어도, 어째서 그런가, 그것이 무슨 까닭인가 알지는 못한다.

氣철학 또는 氣學은 氣가 에너지와 같은 단일체가 아니고, 대등생극을 실현하는 총체임을 밝혀야 한다. 氣學이 理學을 배척하지 않고 포용해 理學이기도 해야 한다. 理學이 氣學을 배척하지 않고 포용해 氣學이기도 해야 한다. 이에 관해 崔漢綺가 한 말을 든다.

"理學人 明氣學 則理學益明 氣學人 兼理學 則理學得正"(理學하는 사람이 氣學을 밝히면, 氣學이 더욱 밝아진다. 氣學하는 사람이 理學을 아우르면, 理學이 올바름을 얻는다.)(〈人政〉 敎人門 5 〈理氣學就質〉)이라고 했다. 氣學에서 理學도 하는 것은 당연하고, 커다란 진전을 이룩한다. 理學에서 氣學을 밝히는 것은 자세 전환이 어려워 실제로 거의 가능하지 않다.

나는 같은 말을 아주 바꾸어, 논의를 훨씬 분명하게 한다. 대등생극론은 만물의 있음에 관한 이치만이 아니다. 만생의 삶, 만인의 앎도 함께 밝혀준다. 만물·만생·만인대등생극론이 근본은 같으면서, 다르게 움직이고 가치를 가진다. 하나인 총론과 수많은 각론을 함께 탐구해야 힌다.

　연구의 승패는 판정자가 따로 없어, 경기하는 선수들이 심판 노릇 함
게 한다. 논란이 치열해지면 공동우승 확대된다.

　　9-4 슬기롭게

　모든 생물은 때가 되면 죽고, 자식이 뒤를 잇는다. 몇 천 년 사는 나
무나 하루살이 곤충도 이 점에서 대등하다. 사람은 다른 생물과 차등이
있어 영생이 가능하다고 여기고, 종교에 매달린다. 만생대등생극에서 벗어
나려고 한다. 슬기로운가, 어리석은가?
　부모가 자식 창조를 일생의 가장 중요한 과업으로 삼는 것은 어느 생
물이나 대등하고, 그 방법은 여럿으로 나누어져 있다. [가] 자기 몸을 나
누는 단성생식을 하기도 한다. [나] 부모가 양성생식을 해서 창조한 자식
과 다시 만나지 않기도 한다. [다] 부모가 양성생식을 해서 창조한 자식
을 양육하기도 한다. 이것이 진화의 단계이고, 발전의 등급이라고 한다.
진화나 발전이 슬기로운가, 어리석은가?
　사람은 [다]의 극치를 보여준다. 자식을 오래 양육하면서 많이 가르치
고 문명을 전수해, 다른 생물을 아무리 덩치가 크고 용맹한 것들이라도
쉽게 제압하고 이용할 수 있는 능력을 대대로 행사한다. 그래서 최후의
승리자가 된 것은 아니다. [가] 가운데서도 가장 미세한 바이러스가 역병
을 일으키는 공격을 받고 곤경에 빠져 있다. 바이러스는 자기 몸을 나누
는 단성생식이 무서운 속도로 이루어지는 것을 탁월한 무기로 삼아 사람
을 무력하게 한다. 백신이나 치료제를 만들어 대응하면, 변종이 생기고,
다른 종류가 나타난다. 사람과 바이러스 가운데 누가 슬기로운가, 어리석

은가?

[나]의 본보기로 연어를 들어보자. 연어는 민물에서 태어나고 바다에 가서 자라나 성체가 되면, 부모가 산란과 사정을 해서 자기가 태어나게 하고 죽은 곳을 찾아간다. 민물의 강을 거슬러 올라가는 험한 여행을 목숨을 걸고 감행한다. 아무것도 먹지 않는 채, 폭포를 뛰어오르는 모험을 용감하게 한다. 가다가 곰 같은 짐승에게 잡아먹힐 각오를 하고, 어떤 위험이 있어도 자기가 태어난 곳으로 기어코 되돌아간다. 거기서 부모가 그랬듯이 산란과 수정을 하고는 죽는다. 슬기로운가, 어리석은가?

왜 자기가 태어난 곳으로 가야 하는가? 그곳이 어딘지 어떻게 아는가? 이런 의문은 해결되지 않는다. 과학이 자랑하는 관측과 실험의 첨단 방법이 한계를 드러내고, 온통 무력하다고 알려준다. 자식 창조는 일생의 가장 중요한 과업이므로 목숨을 바쳐서라도 반드시 해야 하고, 부모가 겪은 시련을 자식이 되풀이해야 한다. 이렇게 말하는 것은 철학이다. 과학은 연어의 특성을 해명하는 각론을 마련하려고 하다가 실패하고, 철학은 만생대등생극론을 쉽게 갖춘다.

자식 창조는 가장 중요한 과업이므로 반드시 해야 한다는 것이 모든 생물에 두루 타당한 명제이다. 그러면서 [다] 부모가 자식을 데리고 있으면서 양육하기도 하는 경우에는 수고와 고난이 추가된다. 새가 자식에게 먹이를 잡아 나르느라고 애쓰는 광경을 보면 감동을 받는다. 사람은 자식을 특히 오래 양육하고 공부를 시키고 재산을 마련해주기까지 한다. 슬기로운가, 어리석은가?

자식이 받은 부모의 은공은 자식에게 갚는 것이 불변의 이치이다. 연어는 태어날 때 부모가 죽고 없다. 새는 양육 기간이 끝나 둥지를 떠나면 다시 돌아오지 않는다. 잘 살고 부모가 한 일을 다시 해서 자식을 창조하는 것이 부모의 은공을 가장 확실하게 갚는 방법이다. 부모가 그 소식을 몰라도 아무 지장이나 차질이 없다. 부모는 자식을 믿고 안심하는 것

외에 더 할 일이 없다. 슬기로운가, 어리석은가?

오직 사람만 부모와 함께 오래 살아, 부모의 은공을 자식에게 갚으면 되는지 부모에게 갚는 데 더 힘써야 하는지 고민한다. 동아시아에서는 말했다. 사람은 五倫이 있어 모든 생물 가운데 가장 귀하다고 하고, 부모를 섬기는 孝는 오륜의 핵심을 이룬다. 이것은 부모의 은공을 부모에게 갚으라는 말이다.

이것이 지나칠 수 있다. 부모를 섬기기에 방해가 된다는 이유로 자식을 희생시키려고 했다는 이야기가 중국과 한국에 전한다. 어머니에게 드리는 음식을 빼앗아 먹는다고 자식을 땅에 묻자, 중국 옛적의 郭巨에게는 황금솥이, 신라인 孫順에게는 돌종이 나타나 지극한 효성을 치하했다고 한다. (〈삼국유사〉〈孫順埋兒〉) 슬기로운가, 어리석은가?

모든 생물은 살아서든 죽어서든 자기 몸을 다른 생물의 먹이로 제공하는데, 사람은 예외이고자 한다. 시신을 鳥葬하는 경우에만 먹이 제공을 온전하게 하고, 그 임무를 埋葬을 해서 회피하려고 하다가 火葬을 택해 아주 거부한다. 사람은 다른 생물의 몸을 먹고 살아온 보답을 하지 않아도 되는 차등의 특권이 있다고 여긴다. 슬기로운가, 어리석은가?

자식을 창조하는 과업을 고의로 저버리는 다른 생물은 없고 사람만 있다. 배우자가 없고 자식을 창조하지 않고 사는 것이 고결하다고 한다. 슬기로운가, 어리석은가?

일식은 계산하고 지진은 속수무책, 하늘 위는 안다면서 땅 밑은 모른단다. 유무식 뒤집어진 것 이뿐만이 아니리라.

마치며

　모든 생물이 그렇듯이, 사람은 누구나 때가 되면 죽는다. 아주 죽는 것은 아니다. 후손이 삶을 이어나가기 때문에, 죽어도 된다. 유전자를 직접 이어받아야 후손이라고 할 것은 아니다. 인류의 유전자를 공유하고, 문명을 함께 누리는 모든 후대인이 후손이다.

　인류는 멸종할 수 있다. 문명의 발전이 지나쳐 자멸할 수 있다. 핵무기를 일제히 터뜨려 다 죽을 수 있다. 지구 환경 파괴를 너무 심하게 해서 막을 수 없는 앙화가 생길 수 있다. 인류 멸종의 이유가 밖에서 닥칠 수 있다. 거대한 소행성과 충돌하는 사태가 다시 벌어질 수 있다. 예견하고 설명할 수 없는 참사도 있을 수 있다.

　위와 같은 참변이 닥칠 때 생물의 모든 종이 멸종하는 것은 아니다. 거대한 공룡은 죽고 왜소한 포유류는 살아남은 것 같은 사태가 재현된다. 인류는 몸집이 너무 크지 않지만, 수가 너무 많고 횡포를 지나치게 저질러 멸종 후보 제1호가 된다. 다른 생물 가운데 작고 무력하게 보이는 것일수록 살아남을 가능성이 더 크다. 바이러스, 세균, 미생물, 작은 식물, 작은 동물 등의 순서로 살아남을 가능성이 더 클 것이다.

　이것은 대등론의 당연한 이치이다. 우월하면 열등하다. 지나치면 망한다. 강하면 약하다. 발전은 사멸의 예고이다. 영리하다고 뽐내면 제 꾀에 넘어간다. 어떤 비상한 노력을 하고, 기상천외의 대책을 강구해도 이런 이치에서 벗어날 수 없다. 멸망을 재촉할 따름이다.

　인류는 멸종하고 다른 생물은 살아남는 사태에 관해 이렇게 말하는 것이 무슨 악담인가? 자학이 심하지 않은가? 이렇게 말하지 말자. 대등생극의 이치가 당연한 줄 알면, 개인의 죽음도 인류의 멸종도 편안하게 받아들일 수 있다.

인류는 멸종해도 살아남는 다른 생물은 그 후손과 그리 다르지 않다. 지구의 물질로 신체를 이루고 생명을 함께 누리며, 유전자를 자기 후손에게 물려주는 일을 함께 해서 살아남은 다른 생물이 인류의 후손이라고 할 수 있다. 살아남은 생물 가운데 어느 것이 인류와 대등한 수준으로 진화해 인류가 남긴 문명을 이어받을 수 있다. 문명 전수자는 간접적이라는 한정어를 붙일 필요가 없는 진정한 후손이다.

예견되는 위기는 지금까지 말한 것에 그치지 않는다. 우월하면 열등하다는 원리에서 태양도 벗어나지 않을 것이다. 태양이 핵융합을 지나치게 하다가 폭발하고 쭈그러드는 것은 피할 수 없는 일이다. 그렇게 되면 지구는 지금의 궤도에서 이탈해 어디로 갈지 모르고, 태양과 빛과 열을 잃어 지구의 모든 생명이 멸종한다.

지구의 죽음도 온전한 죽음이 아니라고 할 것인가? 생명이 멸종해도 지구는 죽지 않고 다른 곳의 행성이 되거나 다른 것들과 합쳐 항성이 될 수 있다. 그렇게 되는 지구가 생명을 잇는다는 궤변을 늘어놓을 것인가? 아니다. 우리 지구가 아닌 저 먼 어디에도 저쪽 인류라고 할 수 있는 인류가 있다. 어느 한 곳에만 있지 않고, 아주 많은 곳에 아주 많이 있다. 이렇게 생각하는 것은 허황한 공상이 아니고, 타당성이 아주 큰 사실이다.

이쪽 인류가 멸종해도 저쪽 인류는 타격을 받고 않고 살아갈 것이다. 저쪽 인류는 우주의 물질이 신체를 이루고 생명이 생겨나가게 하고 지적 능력을 키운 진화 과정이 이쪽 우리 인류와 대등하리라고 생각한다. 이쪽 인류가 멸종하면 저쪽 인류가 후계자 노릇을 하리라고 기대한다.

저쪽 인류는 과학기술의 발전 탓에 파멸되는 위기를 피하고, 공간 이동을 용이하게 할 수 있으리라. 공간 이동을 하지 않고서도 필요한 정보를 다 수집할 수 있으리라. 이쪽 인류가 남긴 문명을 알아내고 이어받을 수 있다. 문명 전수자는 간접적이라는 한정어를 붙일 필요가 없는 진정한 후손이라는 말을 다시 하게 할 수 있다. 그 글을 접수하고 아주 반가워하는 장면을 상상해본다.

자기 죽음이 당연하다고 여기고 편안하게 받아들이고 남은 일은 후손을 믿고 맡기면, 만인대등생극론을 진정으로 알고 슬기롭게 실행한다. 인류의 멸종이 닥쳐오더라도 당연하다고 여겨 편안하게 받아들이고 남은 일은 다른 생명이 후계자라고 여기고 믿고 맡기면, 만생대등생극론을 제대로 알고 적절하게 실행한다. 태양이 없어져 지구가 종말에 이르는 사태도 당연하다고 여기고 편안하게 받아들이고 남은 일은 저쪽 지적 생명체가 우리 인류의 후손이라고 여기고 믿고 맡기면 만물대등생극론까지 어렴풋이 알면서 실행은 아주 잘하는 결과에 이른다. 이렇게 생각하는 것이 최상의 달관이다.

대등생극론이란 무엇을 말하는가? 기본 이치를 알기 쉽게 간추려 말해보자. [가] 무엇이든 있게 하는 氣 또는 원자라고 하는 것이, 모두 같으면서 다르고 다르면서 같다. [나] 무엇이든 모이면 흩어지고 흩어지면 모여, 있음이 없음이고 없음이 있음이다. [다] 무엇이든 그냥 있고 없기도 하고, 뜻을 가지기도 가지지 않기도 해서, 둘이 하나이고 하나가 둘이다. [가]는 거듭 논의해 어지간히 분명해졌다. [나]는 근처까지 가서 조금 알게 되었다. [다]는 이제부터 밝혀야 할 것이다. 미완으로 말을 마쳐 후속 작업이 필요하다.

지금까지 말한 것을 다시 총괄해 정리한다. 대등생극론은 대등과 생극의 이론이다. 대등은 만인·만생·만물의 상호관계이고, 생극은 그 생성작용이다. 대등을 부정하는 차등론이 횡포를 자행하고, 차등론의 대안이 평등론이라는 억지가 불행을 키우는 잘못을 대등론으로 바로잡는다. 상생과 상극이 따로 논다고 하는 착오도 시정하려고 생극론을 이룩한다.

대등생극론은 인류역사의 파행을 청산하고 정상을 회복하고자 하는 철학이다. 만생으로 피해를 확대하지 않기 위해 인류의 멸종을 막고자 하는 철학이기도 하다. 지금까지의 철학이 모두 무용하게 된 공백을 메우며 누구에게든지 희망을 준다.

사람의 한평생 모두 다 바쳐도, 학문의 크나큰 과업 뜻대로 못한다. 미완의 서론이나마 남겨두면 여한 없다.

제2부

각론

앞놀이

1

　　문: 생극론을 체계화하는 책을 하나 써야 하지 않는가?

　　답: 아니다. 그럴 생각은 없다. 생극론은 체계를 거부한다. 철학은 철학이 아니어야 한다. 다양한 영역의 수많은 사례를 들어 생극의 실상을 고찰하면서 이론과 실천이 하나이게 하려고 노력하는 것이 가능한 최상의 철학이다.

이런 문답을 한 적 있다. (《세계·지방화 시대의 한국학 1 길을 찾으며》, 계명대학교출판부, 2005, 397면) 이제 생각이 조금 달라졌다. 생극에 대등을 보태 더욱 복잡해진 생각을 어느 정도 체계적으로 정리해야 여러 국면의 개별적인 논리가 갈피를 잡을 수 있게 전개된다. 자유가 혼란이 아닐 수 있다.

2

　　대등생극론의 총론을 먼저 제시하고, 각론이 뒤따르게 한다. 총론과 각론은 본말의 관계를 가진다고 여기고, 총론의 타당성을 그 자체를 따져 충분히 입증할 할 수 없어, 구체적인 예증을 각론에서 제공한다. 이렇게 말하는 것은 적절하지 않다. 총론은 간결하게 완결해야 하지만, 각론은 길고 자세해야 한다. 각론은 계속 늘어나야 하고, 완결이 있을 수 없다.

이것은 이름이 아닌 실상이다. 총론과 각론은 허실의 관계를 가진다.

  모든 이론이나 철학은 타당하기만 하지 않고 유용하기도 해야 한다. 유용성은 총론에서 입증하기 어려워, 각론이 있어야 한다. 타당성은 총체적으로, 유용성은 구체적으로 입증해야 한다. 간결하게 완결되는 총론과는 다른, 잡다하게 전개되는 각론이 더 있어야 한다. 일관된 논리를 총론에서는 갖추려고 노력하고, 각론에서는 차츰 미련 없이 버린다. 깔끔하던 것을 지저분하게 하고, 없애려던 허점을 마구 만들어낸다.

  총론과 각론은 양상을 들어 말하면, 精博·集散·正變·純雜·一多의 관계이다. 이에 대한 해명은 총론에서 할 수 없고, 각론의 소관이어서 지금 여기서 한다. 대표적인 구분 개념을 들어 말하면, 총론은 精하고 각론은 博해야 한다. 말을 보태 精은 精緻, 博은 廣博이라고 할 수 있다. 이 둘은 별개가 아니고 精而博하고 博而精해야 하지만, 편의상 구분되고 순서가 있을 수 있다.

  깔끔한 것과 지저분한 것을 말한 위의 논의는 비유에 그치고 실체에는 이르지 않았으므로, 精博이라는 한자어를 버릴 수 없다. 精博만으로는 모자라므로 集散·正變·純雜·一多도 들어야 한다. 이것들을 각기 설명하지 않아도 이해가 가능하다. 각론의 실상은 이런 용어를 더 늘여도 다 잡아낼 수 없게 너무나도 다양하다. 모래를 헤고, 바다를 되질하려고 하는 어리석은 짓은 하지 말아야 한다. 용어의 한계를 해결하려고 비유로 되돌아간다.

  한자 사용에 관한 설명도 총론에서는 할 수 없었으므로, 지금 여기서 추가한다. 精博·集散·正變·純雜·一多처럼 최소한의 긴요한 한자어는 한자로 적고 독음을 병기하지 않는다. 독음을 병기하면 긴장이 완화될 수 있다. 각론에서는 긴장이 필요하지 않으나, 총론의 전례를 따른다.

  漢字뿐만 아니라 漢文도 알아야 수준 높은 학문을 할 수 있는 것이 더 큰 이유이다. 영어는 알고 한자도 모르는 저급의 무식이 수입학을 일삼으며 창조학은 하지 못하게 방해하니, 나무라고 바로잡아야 한다. 이제 우리는 새로운 시대 창조에 적극 기여해야 한다. 선후 역전을 가능하게 하는 발상의 원천을 한문으로 이룩한 철학에서 찾을 수 있다.

각론에서 하는 博·散·變·雜·多의 작업은 두 가지 긴요한 사명을 수행하고자 한다. 하나는 총론에서 미처 하지 못한 말을 해서 보완 작업을 하는 것이다. 또 하나는 총론철학을 각론철학으로 구체화하는 것이다. 미처 하지 못한 말이 있는 것은 총론이 체계를 갖추는 데 지장이 있기 때문이다. 진행을 멈추고 딴소리를 하면 긴장이 와해되기 때문이다.

체계를 갖춘 총론을 일단 마무리했으므로, 긴장을 풀고 잡담을 해도 된다. 선승은 물러나게 하고, 광대가 판친다. 입심을 자랑하면서 무슨 소리라도 한다. 여기서 이미 한 논의도 가져와 화제를 풍부하게 한다. 앞뒤의 순서를 조절하지 않고, 중복이 있어도 그대로 둔다. 개인적인 술회도 주저하지 않고 한다. 독자도 편안한 마음으로 다가와, 글 읽기를 느긋하게 즐기기 바란다. 건너뛰면서 읽어도 된다.

각론철학을 갖추어야 철학이 추상적인 논의에 그치지 않고 현실과 직접 관련을 가진다. 총론을 전개할 때에도 이 점에 유의하고 필요한 논의를 전개하려고 했으나, 많이 모자란다. 여기서 자리를 각기 마련해 가능한 논의를 넉넉하게 하고자 한다. 경계를 분명하게 하겠다는 망상을 버리고, 서로 넘나들 수 있게 한다. 서로 얽혀 모두 하나임을 알리는 데 이른다.

3

총론철학과 각론철학을 함께 갖추고자 한 선례를 헤겔(Hegel)이 보여주었다. 〈정신현상학〉이라는 총론에 역사철학과 법철학을 추가하고, 미학이라는 이름의 예술철학도 마련했다. 이에 대해 두 가지 불만이 있다. 각론도 총론처럼 엄숙한 체계를 갖추어 전개해 총론에 종속되게 하고, 잡다해야 제대로 발현되는 각론의 독자적인 구실을 죽인다. 엄숙주의는 자유로운 발상을 규제한다.

각론의 영역을 셋으로 제한해, 그런 잘못을 더 키웠다. 나는 각론은 제한되지 않아야 한다고 하고, 심각한 문제가 제기되면 바로 달려가 해결책을 제시하려고 한다. 헤겔은 교육철학에 관심을 가지지 않았다. 기독교 재론이 허용되지 않아, 종교철학은 할 수 없었다. 지금 교육철학의 대변혁이 필요하다. 신앙 갈등을 진단하고 해결하는 종교철학이 반드시 있어야 한다. 종교에 대한 무관심이 날로 커지는 것도 문제로 삼아야 한다.

더 나아가, 헤겔의 변증법이 상극에 치우쳐 차등론으로 나아가는 편향성을 시정하는 대등생극론으로, 심각하게 제기된 모든 문제를 재론해야 한다. 헤겔이 이룩하고자 한 근대를 넘어서 다음 시대로 나아가는 길을 찾아야 한다. 헤겔의 발상을 여러 모로 넘어서는 대전환을 해야 한다. 각론철학을 예술철학·역사철학·법철학·교육철학·종교철학 순서로 들고 고찰해 대전환을 다양하게 진행하고자 한다.

예술철학을 먼저 드는 것은, 내 학문이 문학을 비롯한 예술 연구에서 자라났으므로 근본을 소중하게 여기고자 하기 때문이라고 우선 말할 수 있다. 달관언어는 문학에서 마련하고 활용하므로, 예술철학 고찰을 먼저 해야 하는 것이 더욱 긴요한 이유이다. 문학과 밀접한 관계를 가져야 철학이 살아나므로, 문학을 연구하는 내가 철학을 맡아 나선다.

역사철학은, 문학사를 고찰하고 서술하는 작업에 몰두하는 동안에 내 학문의 동반자 노릇하다가 주역이 되었다. 생극론을 키우고 대등생극론을 정립하는 중대한 작업을 설득력 있는 증거를 갖추어 수행할 수 있게 했다. 많은 문제가 얽혀 있는 것을 발견하고 힘들여 고찰한다. 시야를 넓히고 논의를 바꾸어도 다 감당할 수 없어, 책을 더 쓰게 한다.

법철학은 아직 친하지 않은 분야이지만, 역사철학을 따라다니니 그 뒤에 둔다. 이렇게 생각하면서 들어갔다가, 법은 멀리 있지 않고 내가 직접 겪고 얻은 고민과 직결된 것을 알아차렸다. 심각하게 생각해온 문제를 힘들여 고찰하지 않을 수 없게 되었다. 법학 전문가 집단이 이권을 확보를 위해 확대하는 법을 축소하는 투쟁을 해야 한다고 깨달았다.

교육철학은 오랜 숙제이다. 교육에 평생 종사하면서 그릇된 풍조를 바로잡으려고 애썼으나, 그 근본이 되는 교육철학 혁신안을 내놓기는 어려워 미루어두었다. 이제 대등생극론 정립에 힘입어 진전을 이룩한다. 교육철학은 정합한 논리를 자랑하며 학문의 영역에 머물러 있을 수 없다. 교육 현장에서 실현되어 현실을 개조하는 힘을 가져야 한다. 희망이 넘치는 것 같은 나라를 비참하게 하는 갖가지 질환을 한꺼번에 치유하는 방책을 내놓을 수 있다.

종교 문제는 언제나 심각했으나, 지금은 양상이 아주 달라져 재론이 필수이다. 신학과는 별개인 종교학을 이룩한 데서 더 나아가, 종교학 상위의 총체학을 해야 한다. 대등생극론이 그 원리이고자 한다. 지금은 자기 종교를 옹호하고 남의 종교를 비방하는 관습을 넘어서서, 모든 종교가 일제히 불신되는 위기에 어떻게 대처할까 하는 논의를 치열하게 하고 있다. 그래도 신통한 소리를 하지 못하는 종교학의 위기를 대등생극론이 맡아, 대등종교철학을 제시해야 한다.

예술철학·역사철학·법철학·교육철학·종교철학은 철학의 총론이 현실과 가지는 관계가 원론에서는 동일하지만, 각론에서는 상이한 것을 다각도로 논의한다. 체계를 세우고 무시하면서, 각기 필요한 논의를 한다. 이 다섯 끼리 상생하면서 상극하고, 상극하면서 상생하는 것도 밝혀 논한다.

4

이렇게 하면 할 일을 다하는 것은 아니다. 총론철학을 구체화하고 보완하는 각론철학이 더 많이 있어야 한다. 언어철학, 정치철학, 사회철학, 경제철학, 전쟁철학, 진료철학, 간호철학, 건강철학, 건축철학 같은 것들이 이미 거론되고 있다. 이 명단을 보고, 추가해달라는 요청이 있을 것이다. 그뿐만 아니다. 인생철학이라고 총칭할 수 있는 수많은 논의가 유형무형으로 오고간다.

이런 각론철학을 모두 구비할 필요는 없다. 완성품은 경직되어 목적을 배신한다. 문제가 심각하면, 가서 다룰 수 있는 기동성을 갖추면 된다. 대등생극론은 어떤 사태도 감당할 수 있다. 어느 영역에서 가져가 자기 것으로 만들 수 있는 공유재산을 넉넉히 확보하고 있다. 각론철학이 각기 소중하다고 주장하면, 총론철학의 의의를 확인하는 데 이른다.

각론철학은 특정 상황에서 각기 타당한 말을 한다. 한 자리에 놓고 보면, 당착된다고 할 수 있는 것이 적지 않다. 논리의 일관성을 확보하기 위해 특정 상황에 대처하는 노력을 보류해야 하는 것은 아니다. 총론은 일관되어야 하지만, 각론은 당착될 수 있다.

그래서 일관된 논리의 결함을 시정하고, 다양한 가능성을 찾는다. 이것은 판소리를 부분의 독자성이라는 원리로 짜나가는 수법과 같다. 독자적으로 이루어진 부분이 별난 소리를 할 수 있어, 인정되고 있는 범위를 넘어서서 논리가 아닌 논리를 찾는다.

할 일이 많고 많아, 각론이 총론 다섯 배쯤 늘어나도 많이 모자란다. 책이 너무 커지지 않도록 일단 멈추고, 더 쓰지 않을 수 없다. 후속 논저는 모두 이 책의 각론이라고 할 수 있다.

1 출발점 점검

1-1 철학이 망해

나는 철학 전공자가 아니고, 철학 이웃의 학문을 한다. 담 밖에서 바라보니, 철학 집에 불이 났다. 안에서는 모르고 있는 것 같다. 소통되지 않아 어쩔 수 없다면서 물러나지 않고, 불을 끄려고 나선다. 주거침입을 했다고 고발할 것인가?

철학은 공동주택의 지붕이라고 해도 된다. 지붕이 깨져 비가 새는 것을 집주인은 모른다. 잠만 자고 있는지 출타하고 없는지 소식불통이다. 옥상은 주인만의 공간이니 출입금지라고 한 말을 어기고, 입주자 누구라도 지붕을 고치러 올라가야 한다. 공동주택을 공공으로 소유하지 못하고 있는 것이 불만이다.

물은 고여 있으면 썩고, 세차게 흘러야 신선하다. 전공자는 기득권을 지키려고 구태의연한 수작이나 되풀이하고, 인접 분야에서는 발상이 자유로워 경천동지할 소리를 들려줄 수 있다. 이것이 어디서든, 어느 학문에서도 타당한 말이다.

철학은 모든 학문의 원론을 제공하는 임무를 지닌다. 문패를 학문학이라고 고쳐 다는 것이 좋고, 달관을 갖추어야 기대에 부응한다. 그런데 철학이 자폐증에 걸려, 자기 특수성 옹호에 매몰되어 있다. 철학과를 없애고, 모든 학과에 철학자가 있어 각기 그 학과 학문의 원론이라도 마련하도록 하는 것이 적절한 수술이다.

철학 전공자들은 철학알기를 철학이라고 여겨 철학을 망치고 있다. 철학알기도 수입해온 것들이다. 전공을 세분해 총체적인 탐구는 가능하지 않게 하고 있다. 선도자 학문은 하지 못하고 추종자 학문이나 한다.

이런 잘못을 안에 들어가면 바로잡을 수 없다. 깊이 들어가면 방향 감각을 상실하고 기득권에 매몰되어 잘못이 있는 줄도 모른다. 밖에서 알고 경고 신호를 보내고, 바로잡는 방법을 찾아야 한다. 수입학을 넘어서는 창조학을, 추종자 학문이 아닌 선도자 학문을 스스로 해야 한다. 서양문명권이 지배하는 근대를 청산하고 다음 시대를 바람직하게 창조하는 방향을 제시하는 학문을 해야 한다. 이것이 창조의 기본 과제임을 알고 실질적인 작업을 해야 한다.

철학만 잘못되고 있는 것은 아니다. 수입학을 할 것인가, 창조학을 할 것인가? 이것이 우리 학문에 제기되는 가장 심각한 문제이다. 철학이 수입학을 일삼아 다른 학문도 창조학으로 나아가지 못하게 막는다. 구태의연하다, 지붕이 샌다, 불이 났다고 한 것은 수입학의 폐해를 넌지시 지적해, 반발하지 말고 받아들이도록 하는 작전이다.

창조학을 해야 한다는 당위론을 되풀이하면 창조학이 저절로 나타나는 것은 아니다. 일을 맡아, 몸을 아끼지 말고 분투해야 한다. 소비자가 아닌 생산자가, 나그네가 아닌 주인이, 마름이 아닌 일꾼이, 구경꾼이 아닌 선수가, 교수가 아닌 학자가 대등생극론이라는 창조물을 실제로 내놓는다.

1-2 전공자가 아닌 덕분에

전공자는 자기 전공 영역을 옹호한다. 망조가 드는 것을 인정하지 않는다. 형식을 엄격하게 해서 동요를 막는다. 그 때문에 발상이 굳어지고 균열이 생겨, 무너지는 것을 촉진한다.

전공자가 아닌 덕분에 자유롭다. 자유롭고 시야가 넓다. 무너지는 것을 알아보고, 애착을 가지지는 않는다. 무너지는 것이 당연하다고 여기고, 그 대신에 들어서야 하는 대안을 찾고자 한다. 그러다가 대발견으로 획기적인 전환을 이룩하기도 한다. 이런 본보기를 보여준 분들을 찾아간다.

徐敬德은 가난 탓에 무식한 훈장을 겨우 만나 잠시 배우다가 서당을 중퇴했다. 나물 캐러 다니면서 종달새가 나날이 더 높이 날아오르는 것을 보고 공부를 했다. 자격 미달이 불운이면서 행운이어서, 성현을 따르지 않고 천지만물의 이치를 스스로 밝히는 참신한 학문을 했다. 氣일원론으로 대등생극론의 시발점을 마련해주었다.

스피노자(Spinoza)는 네덜란드의 유태인이었다. 유태교 신앙을 버렸다는 이유로 쫓겨나 외롭게 살아가면서, 안경알 연마를 생업으로 삼아 건강을 해쳤다. 기하학의 방법으로 윤리를 말한다고 하는 엉뚱한 저작을 라틴어로 써서 출판하지 못하고 남긴 것이 놀랍다. 존재하는 모든 것은 神이라고 하는 神일원론을 이룩해 철학다운 철학을 서양에서 처음 시작한 것으로 평가된다.

일본의 安藤昌益은 대대로 농민이었다. 독학으로 공부해 의원 노릇을 잠시 하다가, 세상의 잘못을 진단하고 치료한다면서 누구도 하지 않던 말을 써서 남겼다. 한문 문장이 수준 이하여서 빈축을 살 만하다. 농민이 대등하게 살던 시절을 마감하고 차등이 횡포를 자행하는 나쁜 세상을 만든 잘못을 저질렀다고, 聖人이라는 녀석들을 통렬하게 나무랐다.

崔漢綺는 무명의 시정인이었다. 생업에는 종사하지 않고, 어울리지 않게 理氣를 따지는 학문에 몰두해 넉넉하던 가산을 탕진했다. 인정받으려고 하지 않고, 대화 상대자도 없어, 자기 지론을 과감하게 전개할 수 있었다. 理學의 허위를 氣學으로 시정한 대안이, 묻혀 있다가 알려져 오늘날 학문을 위한 지침이 된다.

오스트리아의 공돌이 비트겐슈타인(Wittgenstein)은 철학에 관해 이상한 말을 했다. 철학은 언어로 하니, 철학의 문제는 언어의 문제이다. 언어는 그림이다. 그릴 수 없는 것을 그리는 철학은 허위이다. 그릴 수 있는 것은 과학의 소관이다. 철학은 설 자리가 없다. 이렇게 말해 철학을 부정하는 것이 대단한 철학이라고 했다.

초등교사, 정원사, 건축사 등으로 살아가다가 다시 나타나, 언어는 그림이 아니고 경기라고 했다. 철학은 언어 경기이고, 참여하는 사람들에게 의미가 있다고 했다. 앞의 주장은 헛되고, 뒤의 각성은 알차다. 철학은 토론에서 의미를 가지고 타당성이 확인되고 확대된다고 나는 말하면서 한 걸음 더 나아가, 달관언어의 이론을 도출하고 실행한다.

나는 인접 분야로의 이주를 각성의 방법으로 삼아왔다. 미술과 문학 창작을 하다가, 불문학을 별나게 공부했다. 불문학을 버리고 국문학으로 이주할 때 얻은 각성 덕분에, 고향 회귀를 철저하게 했다. 국문학에서 한국학으로, 다시 학문학으로 나아가, 새로운 경지에 거듭 들어섰다. 학문학에서 얻은 식견을 가지고, 철학을 되살리는 작업을 힘써 하고 있다.

그림 그리기는 언어를 넘어서는 소통의 길을 보여준다. 문학 창작은 달관언어의 의의를 입증한다. 문학 연구는 달관언어를 뛰어나게 구사한 유산이 풍부하다고 알려준다. 이런 광채를 가져와, 철학 전공자들이 어둡게만 만든 철학을 밝힌다. 철학이 詩이기도 하고 그림이기도 해서, 덕지덕지 붙은 오물을 말끔히 씻어내고 밝게 빛나게 한다.

1-3 다른 저작들과의 관련

이 책 《대등생극론》은 먼저 내놓은 여러 저작 가운데 몇 가지와 특히 밀접한 관계를 가진다. 《대등의 길》에서 한 작업을 받아들여 정리하고 체계를 갖추어, 앞으로 더 나아간다. 《창조주권론》에서 전개한 논의를 토대로 하고, 그 위에 집을 짓는다. 《학문의 위와 아래 공사》에서는 그렇게 하는 방법을 말했다.

《문학 속의 자득 철학》 3부작도 먼저 내놓았다. 《1 문학에서 철학 읽기》, 《2 문학끼리 철학 논란》, 《3 문학으로 철학하기》라고 이름 지은 세 책에서, 대등생극론 철학을 철학에서보다 문학에서 더 잘하는 것을 한 단계씩 밝혔다. 자득 철학 창조를 위해 유용한 문학의 유산을 점검하고 고찰해 공유의 자양분으로 제공하고자 한다.

바로 이어 내려고 하는 《한일관계의 대등생극》은 이 책 각론 일부가 늘어난 별도의 단행본이다. 대등생극론의 타당성과 유용성을 구체적으로 입증하는 임무를 수행한다. 한국과 일본의 비교고찰을 편견에서 벗어나 타당하게 하고, 둘이 다투지 않고 화합하도록 하는 길을 찾는 난문제를 대등생극론을 가지고 해결하고자 한다.

《한불 문명 비교론》은 별도의 작업이지만, 이 책과 연결된다. 불국이 중심을 이루는 유럽문명이 차등상극론으로 치달을 때, 대등생극론을 소중하게 여기고 다각도로 실현해 인류를 편안하게 하는 동아시아문명의 과업을 한국이 앞서서 수행한 내력을 밝힌다. 유럽 주도의 근대를 선후 역전으로 넘어서서 다음 시대를 바람직하게 이룩하는 설계를 재창조한 대등생극론에서 한다고 알린다.

《학문의 영역 확대》에서는 학문의 단계적인 성장을 크게도 작게도 살펴본다. 영역이 작고 큰 지방학·자국학·문명권학·세계학이 시대에 따라 이루어진 과정에, 얼마 되지 않는 생애 동안 나도 참여한 것을 확인한다. 큰 작업으로 작은 작업을 점검하고, 작은 성취를 근거로 큰 성취를 논란한다.

《시공인문학》이라는 책도 어지간히 써놓았다. 시공 대응 능력이 사람의 장기이다. 시공 대응 물리학이 밝혀낸 것 없다는 말을 아주 어렵게 하니 두고볼 수 없다. 인문학의 시공 대응에서 그 잘못을 시정하고, 대안을 제시한다. 넓게 열린 가능성을 다각적으로 총체적으로 하는 탐색에 누구나 동참하자. 이런 지론을 펴며 학문 대전환을 시도한다.

《선학들과의 만남》, 《연구와 창작은 하나여야》, 《살며 찾으며 깨달으며》라고 이름 지으려고 하는 회고록 3부작을 끝으로 내놓고자 한다. 내 학문의 행로를 다른 사람들과의 관련을 되돌아보며 점검한다. 모색과 각성, 고민과 득의가 어디까지 이르렀는지 정리해 말하고자 한다.

책을 너무 많이 써내는 것이 잘못일 수 있다. 말을 적게 해야 한다면서 끝없이 길게 늘어놓으니 더욱 잘못되었다고 할 수 있다. 이것은 말은 아무리 잘해도 미흡하고, 생각을 한꺼번에 다 하는 것이 불가능한 두 가지 이유가 겹쳐 생기는 어쩔 수 없는 과오지만, 독자를 괴롭히는 것을 인정하고 사과한다.

그러나 다시 생각해야 한다. 차려놓은 음식을 모두 먹겠다고 작정하고 너무 많다고 나무라지 말아야 한다. 먹고 싶고, 먹을 수 있는 것만 골라 먹으면 된다. 식성이 다른 사람들이 이것저것 먹을 수 있게 하려면 차려놓은 것이 많아야 한다. 한류의 물결을 타고 오는 세계 각국의 학도들이 놀라운 경이를 다채롭게 체험하도록 준비해 놓아야 한다.

음식은 오래 두면 맛이 없어지고 상한다. 남의 말을 옮겨놓은 책도 다르지 않다. 자득하고 창조한 철학을 알려주는 책은 그렇지 않고, 수명이 길다. 다시 읽으면 새 맛이 날 수 있다. 오늘의 신간이 후대에는 고전이 될 수 있다.

생각을 더 넓히자. 학문은 개인의 취향을 주고받는 사사로운 일이 아니다. 문제의식에 근거를 두고, 역사적인 사명을 맡아 수행하려고 뻗어 나가야 하는 天地公事이다. 유럽문명권이 주도한 근대학문의 기만이나 오류를 시정하고, 인류의 학문을 정상화해야 한다. 이를 위한 대역사를, 결정적인 의의가 있는 책을 계속 써서 진행해야 한다.

근대학문을 수백 년에 걸쳐 여러 나라 많은 학자가 엄청난 분량의 책을 써서 성취했디. 그런 작업을 이제 우리가 해야 다음 시대로 나아갈 수 있다. 방향을 정하고 가능한 노력을 최대한 바쳐야 한다. 차등론과 평등론, 상생과 상극의 양극단이 함께 빚어내는 과오를 대등생극론으로 일제히 시정하고자 한다.

써내는 책마다 일당백이어야 한다고 감히 말하다가 잘못을 깨닫는다. 혼자 할 수 있는 일은 얼마 되지 않는다. 의욕이 지나치면 빗나가기 쉽다. 많은 동학·동지·道伴이 힘을 보태고 서로 비판하며 함께 나아가자고 외친다. 이 말이 너무 크게 들리게 했으니, 용서해주기 바란다.

1-4 어느 말로 쓸 것인가?

1

Bodhisattva and Śūnyatā in the Early and Developed Buddhist Traditions (2012)라는 책이 있다. 저자(Bhikkuni GIOI HUONG)는 월남의 비구니이다. 월남 불교대학에서 학사, 인도 델리대학에서 석·박사를 하고, 미국에서 불법을 펴고 있다. 영어를 아는 모든 사람이 불교, 특히 대승불교의 핵심을 이해하도록 하려고 이 책을 썼다.

2023년 서울에서 '세계 비구니 대회'를 개최할 때 나누어주어, 나도 얻어 보게 되었다. 책의 내용이 아닌, 사용한 말을 거론하고자 한다. 표제에 내놓은 두 용어를 영어로 말하지 않았다. 산스크리트 원어의 로마자 표기를 앞에 내놓고 한문 번역을 괄호 안에 적어 'Bodhisattva(菩薩)'·'Śūnyatā(空性)'라고 하는 말을 계속 사용했다. 이것이 주목해야 한다.

'Bodhisattva'는 번역이 불가능하므로 소리를 적어 '菩薩'이라고 한 것을 영어에서도 그대로 따라 새 단어로 삼을 수밖에 없다. 'Śūnyatā'는 번역해야 할 말이어서 한문에서는 '空性'이라고 했다. 영어로는 'emptiness'라고 하면 될 것 같은데, 번역하지 않고 원어를 그대로 썼다. "'Bodhisattva'

'菩薩'은 'Śūnyatā' '空性'을 깨닫고 실행한다." 핵심이 되는 이 말을 "Bodhisattva는 emptiness를 깨닫고 실행한다."고 바꾸어놓으면, 너무 가벼워 공허해지기 때문이다.

[Śūnyatā = 空性]이고, [Śūnyatā 〉 emptiness]이다. 'Śūnyatā'의 철학적 의미를 '空性'은 감당하지만, 'emptiness'는 일상적인 수준의 아주 단순한 말이어서 그럴 수 없다. 'Śūnyatā'를 'emptiness'라고 하면 원래의 뜻이 거의 사라져, 철학을 하는 용어일 수 없다. 철학이 중단된다. 한문과 영어의 차이가 이 사례에서 명백하게 드러난다. 철학을 하는 말로 한문은 적합하고, 영어는 부적합하다.

2

영어로는 철학을 할 수 없다는 말은 아니다. 라틴어나·희랍어에서 유래한 철학 용어는 영어로 옮겨놓을 수 있다. 독어나 불어에서 보탠 의미까지 어느 정도는 이식할 수 있다. 그러나 산스크리트나 한문 철학 용어를 영어로 옮겨 이식하는 것은 가능하지 않다. 산스크리트 철학 용어를 한문으로 번역해 이식한 것과 다르다. 한문은 철학의 요건인 추상적이고 포괄적인 생각을 잘 담아내지만, 영어는 구체적이고 개별적인 사실의 지시를 장기로 하는 말이다. 널리 쓰여도 수준 높은 학문을 하는 데는 적합하지 않다.

對等生克은 한문 용어이다. 對等은 差等이나 平等과 구분된다. 이 세 말은 이미 널리 쓰이고 있어 한글로 적어 차등·대등·평등이라고 해도 된다. 生克은 相生과 相克을 함께 일컫는, 오랜 내력이 있는 한문 용어이다. 한글로 적어도 될 정도로 친숙해지지는 않았다. 앞에 다른 말을 붙여 萬物對等生克·萬生對等生克·萬人對等生克이라고 하는 것은 일단 한자로 표기하고, 널리 알려지면 한글을 사용하는 것이 마땅하다.

이런 용어를 순우리말로 바꾸는 것은 가능하지 않다. 무리하면 혼란만 일으킨다. 한문 용어를 직접 이어받아 철학의 유산을 계승하면서 논란을 더하고 혁신을 이룩하는 것이 마땅하다. 우리 선인들도 글은 한문으로 쓰고, 말은 우리말로 하면서 논란과 혁신을 보탰다. 체언은 한문, 용언은 우리말로 이루어진 이중언어 철학을 했다. 한문은 추상적이고 포괄적인 생각을 나타내는 체언철학을, 우리말은 논리를 엄밀하게 따지는 용언철학을 장기로 한다.

"相生이 相克이고, 相克이 相生이다." "相生이면서 相克이고. 相克이면서 相生이다." "相生이다가 相克이고, 相克이다가 相生이다." "相生이므로 相克이고, 相克이므로 相生이다." 이런 말을 한문은 물론, 영어나 다른 서양의 언어로도 할 수 없다. 한문 체언철학과 우리말 용언철학이 각기 지닌 각별한 장기를 합쳐서 계승하고 쇄신해 철학의 곤경을 해결하고 새로운 길을 열어나가는 것이 우리가 힘써 할 일이다. 對等生克論의 총론과 각론에 이렇게 해야 일이 많다.

이런 작업을 하면서 한문 용어를 차츰 우리말로 만들어 한글로 표기하는 것이 마땅하지만, 서두르지 말고 성숙되기를 기다리며 서서히 진행해야 한다. 몇 백년의 시간이 필요할 수 있다. 한글 전용 강요는 민족문화를 무리하게 축소하는 횡포이고 폭력이다. 한문 체언철학의 용어를 순우리말로 바꾸어놓으려고 하면 소중한 유산을 잃고 그 대신 얻는 것은 없다. 〈대등생극론〉이라는 책 이름은 한글로 적어, 나아갈 방향을 제시한다.

3

대등생극론을 영어로 전달할 수 있는가? '生克'을 옮기려고 애쓴 것부터 말한다. 뜻을 풀이해 'becoming-overcoming theory'라고 했더니, 무슨 말인지 모르겠다고 했다. 'saengkeukron'이라고 적고 풀이를 하면 더욱 난해해진다. 곤경을 해결하기 위해 새로운 시도를 한다.

'相生'은 'aiding', '相克'은 'struggling', '生克'은 'aiding-struggling'이라고 하는 것이 어떨까 한다. '對等'은 'equivalence'라고 하자고 한 적 있는데, 'reciprocity'가 더 좋을 듯하다. 그렇다면, '對等生克'은 'reciprocal aiding-struggling'이라고 하는 것이 마땅하다고 할 수 있다.

'達觀'을 영어로 말할 수 있을까? 'broad view'하면 최소한의 전달은 가능하지만, 집착없이 초탈한다는 깊은 뜻은 누락된다. 이런 설명을 추가하면, 간결해야 해는 요건을 어긴다. '달관언어'는 어떻게 번역해야 하는가? 일상언어나 수리언어와 같은 등급에서 구분되는 의미를 알릴 수 있을지 더욱 막막하다.

이런 난관을 어떻게 해서든지 해결하고, 《대등생극론》 영역본을 서둘러 내놓아야 하는 것은 아니다. 이 작업은 영어권의 한국학 학자가 원본을 읽고 깊이 이해한 다음 맡아서 가능한 방법을 찾아 할 일이다. 강의 시간에 《대등생극론》을 강독하면서, 학생들과 토론해 좋은 번역을 시도하는 것이 바람직하다. 원래의 의미와 번역으로 전달 가능한 의미 사이의 간격을 확인하고 좁히기 위해 함께 노력하는 것이 바람직하다.

4

그날이 요원한 것은 아니다. 지금 커다란 변화가 일어나고 있다. 세계 도처의 한국학과에 학생이 몰려들고 있다. 한류에 휩쓸리는 데 그치지 않고 수준 높은 공부를 하도록 해야 하므로, 좋은 교재를 찾다가 이 책을 발견하리라고 기대한다. 한국학이 세계학을 선도하는 것을 확인하고 높이 평가할 것이다. 구석에 몰려 소식을 알 수 없게 되었다고 여긴 철학의 소생을 보고 감탄할 것이다.

글을 어떻게 써서 좋은 책이 되게 하는가? 깊이 생각해 바른 길을 찾는다. 알고 싶은 것을 따져 밝히는 글이 모여 책이 되게 한 崔漢綺의 선례를 따른다. 공동문어 한문의 유산을 이어받으면서 일상의 구두어 한국어로 쉽게 읽을 수 있게 쓴 책이, 더욱 넓고 깊은 뜻을 지니게 한다. 국내외에서 누구나 애용할 수 있는 본보기를 내놓는다.

1-5 사명 확인

《이 땅에서 학문하기》(2000)에서 한 말을 옮긴다. 내 학문의 근본이론인 生克論은 남북을 아우르고, 세계와 함께 나아갈 수 있게 하는 사명을 지닌다. 이에 관해 밖에 나가 발표하고 토론할 기회가 있었다.

1993년에 중국 연변대학에 가서 집중강의를 하면서, 생극론에 관한 소견을 폈다. 연변대학 교수들이 다수 출석했으며, 유물론철학·毛擇東사상 전공자들도 있었고, 북한에서 공부한 교수가 적지 않았다. 거기서 나는 毛澤東의 〈矛盾論〉은 전문 맞고 또한 전문 틀렸다고 했다. 틀린 것을 생극론으로 바로잡아야 한다고 했다.

〈矛盾論〉은 生克의 양면 가운데 相克에 관해서는 맞다고 할 수 있는 논의를 전개했으나, 相生은 무시한 편향성이 있어 잘못되었다. 생극론은 矛盾論을 포괄하면서 넘어선다. 모순과 조화, 투쟁과 화합의 양면을 아울러 이념과 체제의 대립을 넘어서는 길을 제시한. 생극론은 남북통일의 철학이고, 세계사의 위기를 극복하는 지침일 수 있다. 이런 논의를 전개했다.

이에 대해 〈矛盾論〉 수호자들의 반론을 제기하다가, 논리 부족을 인정했는지 물러났다. 鄧小平이 개혁개방을 시작할 때 모순론을 생극론으로 확대한다고 선언했더라면, 사리가 분명해 역행 시도가 생기지 않고 혼선도 없어졌을 것이다. 이렇게 말하니, 다른 말이 들리지 않았다. 내 지론에 대해 강의 참석자들의 동의를 얻고, 후속 작업을 힘차게 하고 있다.

내가 한 강의는 외국인이 연변대학에서 최초로 한 강의라고 그곳 신문에 보도되었다. 강의를 마칠 때 이렇게 말했다. "내가 연변대학에 와서 최초로 강의한 남쪽 학자가 된 것은 커다란 영광이다. 연변에 오니, 평양까지 절반은 간 것 같다. 다음에는 평양에서 최초로 강의한 남쪽 학자이기를 희망한다."

이 말을 듣고 연변대학 교수들의 대표자 정판룡 교수가 말했다. 내 강의 내용에 대해서 연변의 학자들은 충분히 "접수"(동의)할 수 있어, 평양의 학자들 또한 그럴 수 있다고 본다"고 했다. "평양에서도 강의하도록 주선할 용의가 있으니, 날이 좀 개거든 보자"고 했다. 날이 개지 않고 더욱 흐리다.

평양에 가서 강의할 기회는 없었다. 그쪽 소식은 듣고 있다. 김일성종합대학 조선어문학부 학부장이 자기네 교수들이 내가 쓴 책을 집체적으로 검토한 결과, 개인의 저작일 수는 없고 한 집단이 공동으로 연구하고 집필한 성과를 한 사람의 이름으로 발표한 것이 아닌가 한다고 연변대학 김관웅교수에게 물었다고 했다. 서울에 와서 전해준 소식이다.

질문을 받은 분이 "조동일의 책을 얼마나 읽었기에 그렇게 말하는가?" 하고 되물으니, "연변대학에서보다는 우리가 더 많이 읽었을 것이다"고 대답하더라고 했다. 북쪽 학자들이 내 책을 주의 깊게 읽고 있는 것은 알고 있다. 그분들을 소중한 독자라고 의식하면서 책을 쓰고, 학설을 전개한다. 넓은 범의의 토론이 조금씩 진행되고 있다.

남북의 우열에 대한 차등론의 판정을 고착하거나, 어느 한쪽이 이기고 다른 노선은 져서 단일 노선의 평등론을 이룩하겠다고 하면, 다툼이 더 커져 유혈 사태에까지 이른다. 희생이 엄청난 방식의 승패 결정은 통일을 정복으로 변질시켜 살해한다. 이런 추세가 두드러져 크게 우려하지 않을 수 없다.

남북은 대등론에 입각한 상호관계를 양쪽 다 인정하고 수락해야 한다.

여러모로 서로 다른 것이 당연하고, 그 때문에 서로 필요로 하고 도을 수 있다. 남쪽은 상생의 화합으로 현상 유지를 하려고 하고, 북쪽은 상극의 혁명으로 새로운 사회를 만들고자 해서 생긴 이념 다툼을 상생이 상극이고 상극이 상생이며, 화합이 혁명이고 혁명이 화합인 생극론에 입각해 해결해야 한다.

대등생극론은 만인·만생·만물이 하나라고 하는 보편성을 지녔다. 만인대등생극론에 입각해 남북의 대립을 받아들여 없애는 것을 출발점으로 하고 훨씬 더 나아갈 수 있다. 한일의 민족모순, 동서의 문명모순, 인류와 다른 생물의 생존모순, 생물과 무생물의 존재모순을 해결하는 방안을 제시할 수 있다.

2 기존 철학과의 토론

2-1 경과 추적

대등생극론이 이루어진 경과를 멀리서부터 추적한다. 거시적인 안목을 가지고, 세계지도 거의 절반을 내려다본다. 얻은 결과를 최대한 압축해 글을 짧게 쓴다.

인도 고대의 브라만교 차등론을 비판하고, 대등론을 지향하는 불교가 출현했다. 불교는 교리가 단순해 쉽게 밀어내고, 브라만교가 오묘한 철학을 갖춘 힌두교로 변신했다. 이에 대한 반발로, 힌두교 철학의 핵심인 '있음'을 부정하고 '없음'을 대안으로 하는 대승불교 철학이 이루어졌다. 이것이 중세전기 인도 이동 아시아가 하나이게 한 보편주의 원리이다.

본고장의 대승불교는, 산스크리트를 경전어로 하는 상대방의 장점을 이용해 '있음' 철학의 단점을 부정하는 반론을 제기하는 정도가 지나쳐 힌두교에 흡수되었다. 그 때문에 다른 곳들이 분발했다. 동남아시아에서는 팔리어 경전을 그대로 가져와 상좌불교를 재현했다. 티베트에서는 산스크리트 경전 축자역으로 진실을 보장하고 환생 교리를 강화해, 자기네 대승불교의 지배력이 절대적이게 했다. 동아시아에서 선택한 산스크리트 경전 한역은 한문의 압축 능력 덕분에 대승불교 '없음' 철학을 간명하게 집약했다.

대승불교 한문 경전은 기존의 道家나 儒家의 언어를 차용해 이루어졌으나, 끼친 영향이 더 컸다. 도가가 불교를 본받아 道教를 만들고 경전을 새삼스럽게 마련한 것은 후퇴라고 할 수 있다. 유가가 자극을 받고 분발해 이기철학을 하는 신유학을 일으킨 것은 후진의 역전이다. 중세 후기를 이룩한 동시대의 동반자, 동남아시아의 상좌불교는 철학은 아닌 종교이고, 동아시아의 신유학은 종교는 최소인 철학이다. 둘은 삶의 실상에 진지한 관심을 가진 공통점이 있다.

신유학 철학의 핵심 문제, 理와 氣는 어떤 관계인가를 두고 한국에서 특히 치열하게 논란하다가 획기적인 전환을 이룩했다. 理가 氣보다 우월하다는 理철학이 자랑하는 권위를, 理라고 하는 것은 상생하고 상극하는 氣의 원리 지칭에 지나지 않는다고 하는 氣철학의 진실이 밑에서 무너뜨렸다. 徐敬德·任聖周·崔漢綺가 氣철학을 세 단계로 정립한 실적이, 서양 지배의 근대를 넘어서서 다음 시대를 창조할 저력을 제공한다.

서양은 차등론의 오랜 잘못을 평등론으로 바로잡아준다고 하면서 세계를 제패하고 지배해, 차등론을 키운다. 상극의 투쟁을 전개해 누구나 평등을 누리며 상생하도록 하겠다는 변증법은, 상극의 투쟁 주동자가 특권을 가지고 지배력을 행사해 차등이 더욱 심해지게 한다. 이런 잘못을 모두 바로잡으려고, 氣철학을 이어받아 대등생극론을 이룩한다.

차등론의 대안은 평등론이 아니고 대등론이다. 불가능한 것을 무시하고 평등론을 실현하려고 하면 폭력의 과오를 전 단계의 차등론에서보다 더

저지른다. 사람은 누구나 장단점이 서로 달라 도움을 주고받으며 살아가
야 한다고 하는 이치가 대등론이다.

상극의 투쟁은 심각하게 제기되는 문제를 겉에서 해결하려고 하다가
속으로 몰아넣는다. 상생의 화합은 속에서부터 강약을 역전시켜 겉이 따
로 놀 수 없게 한다. 계급모순은 상생의 투쟁으로, 민족모순은 상생의 화
합을 해야 하는 것만은 아니다. 어느 경우에도 상극은 상생이고, 상생은
상극이어야 한다.

지금 제1세계와 제2세계 양쪽의 위세가 함께 쇠퇴하고, 이상이라고 표
방해온 것들이 일제히 불신된다. 제3의 길은 보이지 않고, 세계 구분이
무의미해진 것 같다. 모든 종교가 일제히 종말에 이르는 조짐을 보이고
있다. 무력하게 되는 것과 극단으로 치닫는 것은 반대이지만, 존재 의의
를 스스로 부정하는 것이 다르지 않다. 철학이 몰락하고 가치관이 공백에
이른 상태에서, 피로 물든 시대 근대를 청산하고 다음 시대를 바람직하게
이룩하는 엄청난 과업을 수행해야 한다.

너무 실망하고 비탄에 빠질 것은 아니다. 인류 멸종이 정신에서부터 시
작된다고 속단하지 말아야 한다. 대등생극론이 세계문명의 위기를 해결하
리라고 기대하고, 힘을 모으자.

2-2 있음과 없음

1

기존 철학과의 토론이 총론을 이룩하는 출발점이 되었으나, 말하지 않
았다. 대강 말하면 납득하지 못해 출발을 불신할 염려거 있었다. 자세하
게 말해 납득할 수 있게 하면 긴장이 와해되지 않을 수 없었다. 샅바 싸

움으로 시간을 낭비하지 말고 본경기를 바로 시작해야 했다.

이제 대등생극론에 관한 논의를 일단 마무리했으므로 출발점으로 되돌아가 기존 철학과의 토론을 어떻게 했는지 밝히고자 한다. 이를 위해 동서의 철학사를 훑어 내려온다면 어리석인 짓이다. 크게 행세하면서 진로를 방해하는 서양철학의 고수들을 긴요한 토론의 대상으로 삼고, 어떻게 물리쳤는지 말해도 너무 장황해진다. 반면교사로 삼으면 얻을 것이 있을 선학들만 선택해, 핵심이 분명한 토론을 하고자 한다. 이 작업도 되도록 간략하게, 핵심만 골라 하고자 한다.

선택을 잘하려면 거시적인 안목이 필요하다. 이에 관한 예비적인 고찰을 간략하게 하지 않을 수 없다. 대등생극론은 氣가 대등의 관계를 가지고 生克하는 것을 밝히는 철학이다. 이것이 서양철학사와 어떤 관련을 가지는지 말하는 비교론이 필요하다.

'氣'는 스피노자(Spinoza)가 '神, 헤겔(Hegel)이 '정신', 마르크스(Marx)가 '물질'을 내세우기 훨씬 전부터 잘 인지해온 총체적 실체이다. 氣'의 양상에 따라 만물·만생·만인대등생극론이 겹겹으로 정립된다. 서양에는 氣에 해당하는 총체적인 용어가 없어 불필요한 논란을 거듭하기나 하고, 대등생극론을 이룩하지는 못한다.

차등론 타파를 공동의 목표로 하면서, 헤겔이나 마르크스의 추종자들이 평등론을 그 대안으로 삼으려고 하다가 생긴 차질을 대등론으로 해결한다. 평등론은 이루어질 수 없는 희망이어서, 무리하게 추진하는 세력이 차등론을 재현하도록 한다. 이런 잘못도 대등론에서 시정해, 각기 달라 서로 필요로 하는 대등의 관계가 자연스럽게 자발적으로 이루어지는 것을 확인하고, 확대되도록 한다.

마르크스의 유물변증법은 상극에 치우친 정치투쟁으로 계급모순을 해결하려고 하다가 민족모순이나 문명모순을 확대한다. 이런 사태가 세계사의 위기를 조성하고 있어, 대등생극론이 해결하는 임무를 맡는다. 상극의 편향성을 생극으로 시정하고, 민족모순이나 문명모순을 문화투쟁을 확대해 해결하려고 분투한다.

문제의 핵심은 있음과 없음의 관계이다. '神'·'정신'·'물질'은 모두 있음 만 말하고 있어 없음에 관한 논의를 별도로 해야 한다. 이 때문에 총론 은 미비하게 두고 각론이 시끄럽다. 있음은 없음, 생물은 무생물, 삶은 죽음과의 관계를 각기 고찰하면서 말이 많고 서로 다툰다. 없음과 있음의 관계는 철학에서 논의한다. 무생물과 생물의 관계는 과학에서 논의한다. 죽음과 삶의 관계는 과학·철학·문학·종교에서 논의한다.

그 양상을 각기 고찰하면 할 일을 다하는 것은 아니다. 있음·생물·삶 은 어떻게 관련되는가? 문제를 이렇게 다시 제기해야 한다. 상호관련을 이해하는 총론을 마련해, 있음·생물·삶을 각기 고찰하는 각론을 모두 포 괄해야 한다. 노력을 낭비하지 않고 성과가 큰 학문을 하는 결단을 내려 야 한다.

있음·생물·삶을 긴요한 관심사로 삼고 생기는 논란이나 분쟁은 각론에 만 매달려 생겨나고, 각론을 더욱 세분하고 구체화하다가 격심해진다. 각 론을 포괄하는 총론을 마련해, 있음·생물·삶의 관련을 밝히면 말썽을 해 결하는 논거를 얻을 수 있다. 인류 역사의 불행을 넘어서는 길로 들어설 수 있다.

없음과 있음의 관계를 분명하게 밝힌 철학의 선례가 徐敬德이 말한 "虛即氣"이다. 이것은 없음인 '虛'가 바로 있음인 '氣'라는 말이다. 氣는 누가 만들어내지 않고, 虛와 둘이 아닌 관계를 가지고 無始無終 생성된 다고 했다. 천지만물이 생겨나고 움직이는 원리를, 氣철학을 정립해 의문 의 여지 없이 해명했다.

논의를 더 진전시켜보자. 虛는 氣의 흩어짐이다. 그러므로 하나이면서 둘이다. 둘이 대등한 관계를 가지고 하나를 이룬다. 사람은 虛의 상태에 있던 氣가 모여 태어나고, 모인 氣가 다시 흩어져 虛가 되는 죽음에 이른다. 사람은 氣를 추구하면서 사는 보람을 누리고, 氣가 虛임을 알아차리고 삶의 한계를 인정한다. 의욕이 넘치는 활동을 하면서 자기를 낮추는 겸허한 자세를 갖추는 것이 당연하다는 말을 덧붙일 수 있다.

2

서양에서도 있음과 없음의 문제를 줄곧 논의해 왔다. 사르트르(Jean–Paul Sartre)의 《있음과 없음》(*L'être et le néant*)이 좋은 본보기를 보여준다. 《존재와 무》라는 번역은 적절하지 않아, 이해하기 쉽게 고친다.

그 내용은 명확하게 정리하지 않는다. 많은 말을 복잡하게 해서, 분명하게 간추리려면 너무나 많은 수고를 하지 않을 수 없고 성과는 크지 않다. 핵심 대목 원문을 들고 검토하는 것이 적절한 방법이다.

"지금부터 있음을 더욱 깊이 탐구하려고 하는 작업을, 그 반대인 없음에 대해 관심을 가지고 시작하자."(Maintenant que l'on commence à avoir une compréhension plus approfondie de l'être, intéressons–nous à son contraire, le néant.) 서두에서 이렇게 말하고, 두 가지 명제를 가장 긴요한 발견이라고 제시했다. "있음은 없음보다 선행하며, 없음을 형성한다."(l'être est antérieur au néant et le fonde.) 있음과 없음의 관계를 이렇게 말했다. "인간 생활의 실상은, 자기의 있음에서 그 나름대로의 없음을 지니는 정도와 꼭 일치할 만큼 자유롭다."(la réalité humaine est libre dans l'exacte mesure où elle a à être son propre néant) 자유를 얻는 길이 이렇다고 했다.

없음과의 관계에서 있음이 무엇인지 알려고만 하고, 없음과 있음을 대등한 위치에 놓고 상호조명을 하려고 하지는 않았다. 있음이 없음보다 선행한다고 해서, 둘은 선후관계를 가지기만 하고, 하나일 수 없다고 했다. 있음이 없음이게 하면 자유를 얻는다고만 하고, 창조는 없음이 있음이게 해야 이루어진다고 하지 않았다.

이것은 아주 미흡한 생각이라고 나무라지 않을 수 없다. 정신을 차리고 다시 생각해야 한다. 자유만 있으면 되는 것은 아니다. 창조가 더 소중하다. 자유는 창조를 가능하게 하고, 더 잘할 수 있게 하는 조건이다. 자유만 있으면 무위도식하지 않을 수 없다. 창조가 자타의 삶을 위한 생산을 가능하게 하고, 그 수준이나 가치를 높이는 것을 평가해야 한다.

논의가 모두 한쪽으로 치우쳤다. 그 이유는 있음·생물·삶 가운데 삶만 인간중심주의(humanisme) 차등론에 입각해 소중하게 여기고 힘써 고찰하는 데 치중했기 때문이다. 모든 있음과 동격인 없음을, 삶의 한 양상으로 격하하고 축소한 탓에 당착이 생겼다고도 할 수 있다. 있음과 없음, 생물과 무생물, 삶과 죽음의 관계를 대등론의 관점에서 일관되게 이해해야 잘못이 시정된다.

2-3 삶과 죽음

1

무생물과 생물의 관계는 과학에서 맡아 논의한다고 한다. 무기물에서 유기물이 생기고, 유기물에서 생물이 생겼다고 하는 것이 그 요지이다. 이것이 관찰이나 실험에서 입증된 사실은 아니지만, 이론적 타당성이 충분해 가설의 단계는 넘어선다고 한다.

그런데 무생물과 생물의 경계가 명확하지 않아 고민이다. 바이러스는 어느 쪽인가? "바이러스는 생물과 무생물 사이에서 방황하는 그 무엇이다", "바이러스를 생물의 범주에 넣어야 하느냐 무생물의 범주에 넣어야 하느냐 하는 문제는 오랫동안 논란의 대상이었다"라고 한다. (후쿠오카 신

이치 지음, 김소연 옮김, 《생물과 무생물 사이》, 은행나무 2008)

과학은 완벽해지려고 하다가 무능을 드러낸다. 끝까지 나가려다가 무력하게 되고, 미결 과제가 늘어난다. 미결 과제는 철학에 넘겨야 하는데, 철학은 무생물과 생물의 관계에 관한 논의를 맡아 나서지 않고 몸을 숨긴다. 무능한 줄 알기 때문이다. 무능한 줄 알면 면책특권이 있는 것은 아니므로 유능해야 한다. 신중함으로 무능을 합리화하지 말아야 한다. 있음과 없음, 생물과 무생물, 삶과 죽음의 관계를 대등론의 관점에서 일관되게 이해할 수 있어야 한다.

베르그송(Henri Bergson)은 《창조적 진화》(*L'évolution créatrice*)에서 물질(matière)과 생명(vie)의 차이점을 고찰했다. 이것은 두 가지 점에서 적절하지 않은 접근이다. 무생물과 생물, 죽음과 삶의 관계 가운데 앞의 무생물(물질)과 뒤의 삶(생명)만 선택해, 생물에 관한 고찰은 배제하고, 죽음에 관한 논의도 하지 않았다. 물질과 생명의 공통점이나 관련성은 버려두고 차이점만 말해 균형을 더 잃었다.

삶의 약동(élan vital) 또는 이 비슷한 말로 지칭한 삶의 기본 특징은 자유이며 창조라고 하고, 이 둘이 무한하지 않은 것은 물질이 방해하기 때문이라고 했다. "의식은 본질적으로 자유롭다; 자유 그 자체이다; 그러나 물질을 통과하려고 하면 거기 머무르고 적응하지 않을 수 없다."(La conscience est essentiellement libre; elle est la liberté même; mais elle ne peut traverse la matière sans se poser sur elle, sans s'adapter à elle.) 사람은 자유로워야 한다는 말을 이렇게 했다.

창조에 관해 한 말도 들어보자. "삶의 약동이라고 하는 것은 온통 창조를 요구한다. 반대 작용을 하는 물질과 만나는 탓에, 절대적인 창조는 가능하지 않다. 그러나 반드시 필요한 물질은 장악하고, 거기서 확정되지 않은 무엇이나 자유로움을 되도록 폭넓게 가져오려고 한다." (L'élan de vie dont nous parlons consiste, en somme, dans une exigence de création.

Il ne peut créer absolument, parce qu'il rencontre devant lui la matière, c'est-à-dire le mouvement inverse du sien. Mais il se saisit de cette matière, qui est la nécessité même, et il tend à y introduire la plus grande somme possible d'indétermination et de liberté.)

위의 인용구 둘을 적절하게 의역하려고 노력해, 무슨 말을 하는지 대강 알 수 있게 하려고 했다. 원문을 들여다보면 단어나 구절은 모를 것이 없어도, 앞뒤를 연결해 이해하기는 어렵다. 타당성이 의심되는 주장을 무리하게 펼친 탓이라고 하지 않을 수 없다. 소상하게 알고 충실하게 수용하려고 하는 것은 공연한 수고이다. 추종하려고 하면 생각이 옹졸해진다.

말하고자 한 것은 인간중심주의 차등론이다. 이것을 그냥 밀고 나가 자유가 실현되고 창조가 이루어지기를 바라다가 물질의 방해에 봉착한다고 하는, 너무나도 단순한 발상을 현란하게 펼쳐 혼란을 가져왔다. 잘못된 생각을 대등생극론으로 바로잡고, 논의를 간명하게 해야 한다.

2

죽음과 삶의 문제는 과학·철학·문학·종교에서 논의한다. 모두 자기 소관사를 잘 처리한다고 자부한다. 하나씩 살펴보자.

먼저 과학을 보자. 죽음에 대한 과학의 고찰을 의학이 맡고 말한다. 죽음은 뇌, 호흡계, 순환계를 비롯한 모든 생체기능이 영구적으로 정지된 상태이다. 죽은 뒤에 다시 살아나는 것은 가능하지 않다. 이렇게 말하면 필요한 논의를 다 한 것 같지만, 심각한 결함이 있다. 과학은 삶과 죽음이 둘인 것만 말하고, 하나인 것은 말하지 않아 한쪽에 치우쳐 있다. 이런 결함 시정이 철학의 과제이다.

서경덕은 〈鬼神死生論〉에서 이렇게 말했다.

死生人鬼 只是氣之聚散而已 有聚散而無有無 氣之本體然矣 氣之湛
一淸虛者 瀰漫無外之虛 聚之大者爲天地 聚之小者爲萬物

죽고 사는 것이나, 사람이고 귀신인 것은 다만 氣가 모이고 흩어짐
일 따름이다. 모이고 흩어짐만 있고, 있고 없음은 없는 것이 氣의 본
체이다. 氣가 가득하고 하나이며 맑고 빈 것이 밖이 없는 虛에 퍼져
있다가 크게 모이면 천지가 되고, 작게 모이면 만물이 된다.

몇 줄 되지 않은 언사로 명쾌한 해답을 내놓았다. 삶과 죽음은 氣가
모이고 흩어지는 것이어서, 하나이면서 둘이고 둘이면서 하나라고 했다.
과학의 미비점을 해결하는 철학의 능력을 보여주었다.

삶과 죽음의 관계를 논의한 서양철학자도 있는지 찾아보다가, 분석철학
자로 알려진 루퍼(Steven Luper)의 《죽음의 철학》(*Philosophy of Death*)을
발견했다. 철학을 대단하게 키워 이룬 성과가 아니고, 문제를 눈높이에
맞게 축소했기 때문에 가능한 작업을 했다. 다른 사람(Jeremy R. Simon)
이 요약하고 논평한 글이 인터넷에 올라 있어 간추려 옮긴다.

이 책은 네 가지 문제를 다루었다. "삶이란 무엇인가?"(what is life?)
"죽음이란 무엇인가?"(what is death?) "죽음이 당사자에게 얼마나 해로
운가?"(how is death harmful to the subject?) "죽이는 것이 왜 어떤 경
우에 해로운가?"(why and in what circumstances is killing wrong?)

이런 문제는 분석철학으로 다루기에 부적절한 것들이다. 종교에 대한
논의가 없는 것이 결격 사유이다. 모든 논의가 절박한 현실과 유리되어
있다. 문제를 축소해, 죽음에 관해서 평균적이고 상식적인 논의를 하는
데 그쳤다. 쓸 필요가 있는 책인지 의문이다.

3

사르트르는 위에서 든 책 《있음과 없음》에서, 죽음에 관해 하고 싶은 말도 했다. "죽을 순간이 닥쳐오는 것을 알고 그대가 미소를 지을 수 있으면, 찬양할 만하지 않은가? 그대가 하는 가장 무의미한 행동에 엄청난 영웅주의가 있다." (L'instant qui vient peut être celui de votre mort, vous le savez et vous pouvez sourire: n'est-ce pas admirable? Dans la plus insignifiante de vos actions, il y a une immensité d'héroïsme.) 인간중심주의가 지나쳐 죽음을 삶의 관점에서 다루는 데 그쳤다. 영웅주의에 대한 환상을 버리고, 죽음을 조용하게, 당연하게 맞이하는 것이 바람직하다는 말은 하지 않았다. 생각이 모자라고 말이 빗나갔다고 하지 않을 수 없다.

2-4 차등과 대등

이에 관해서는 총론에서 많이 말했으므로, 논의를 더 펼치지 않고 모은다. 차등론의 유형과 대응 방법을 개관하고 비판한다. 큰 것들만 들고, 진화론이나 그 밖의 다른 유형은 그리 긴요하지 않다고 여기고 함께 거론하지 않는다.

차등 1 종교 유형: 하느님이 인간을 창조했다. 인간이 만물을 지배하도록 창조했다. 인간은 하느님을 믿어야 현세의 삶을 넘어서서 구원을 받을 수 있다. 하느님-사제자-신자-불신자-동물-식물-무생물의 차등이 있다.

차등 2 형이상학 유형: 영원하고 질서정연하고 선량하기만 한 형이상학적 원리가, 가변적이고 무질서하고 악할 수 있는 형이하학적 현상과 구분된다. 형이상학적 원리를 알고 실행하는 사람은 우월하고, 형이하학적 현상에 머무르고 있는 사람은 열등하다.

차등 3 변증법 유형: 인류 역사는 변증법적 투쟁으로 전개된다. 이 투쟁에서 승리하는 쪽은 진보하고, 패배하는 쪽은 퇴보한다. 진보는 위대하고, 퇴보는 열등하다. 근대가 중세를 물리치는 것이, 혁명의 승리자가 패배자를 누르는 것이, 선진 서양이 후진 세계를 다스리는 것이 모두 정당하다.

대응 1 평등론 방법: 차등론의 잘못을 평등론으로 바로잡는다고 하는 것이 흔한 방법이다. 평등론은 실현 가능하지 않은 이상이어서, 주장과 상반된 결과에 이른다. 종교는 평등론의 이상을 영원한 영역에서 보장해 주는 것을 믿으라고 하면서, 차등의 권위를 확고하게 한다. 평등론의 이상을 혁명으로 실현한다고 하는 정치는 강력한 수단이 필요하다는 이유로 차등의 권력을 강화한다.

대응 2 현상학 방법: 어떤 전제나 판단 없이, 의식에 떠오르는 현상을 있는 그대로 기술하자는 현상학이 대단한 영향력을 행사한다. 형이상학과 변증법 두 유형의 차등론을 한꺼번에 쓸어낼 수 있기 때문이라고 할 수 있으나, 그렇지는 않다. 생각의 폭이 좁고 역사의식을 상실해, 변증법의 차등론을 외면하는 데 그치고 있다. 차등론이 부당한 것만 말하고 대등론을 대안으로 제시하지 않아 미완성이지 않을 수 없고, 책임을 회피하는 과오가 있다.

대응 3 대등생극론 방법: 대등생극론은 理氣이원론 형이상학의 잘못을 氣일원론으로 바로잡은 데서 유래해, 만물·만생·만인의 대등을 갖춘다. 종교의 차등론과 대결하면서 분명해지고, 변증법 차등론의 편향성을 시정하면서 성장했다. 평등론의 이상을 혁명으로 실현한다는 정치가 차등의 권력을 강화한다고 비판한다. 현상학이 미완성이고, 책임 회피의 과오가 있는 것을 지적하고 나무란다.

대응 2 현상학 방법을 더 논의할 필요가 있다. 지금 크게 문제가 되기 때문이다. 현상학을 수입하면 할 일을 다한다고 여기는 사고방식을 시정하고, 대안을 제시해야 한다.

현상학은 순수한 방법이었다가, 인간 존재를 논하는 순종철학이 되고, 관심사를 넓혀 잡종철학으로 나아갔다. 순수한 방법인 현상학을 훗설(Edmund Husserl)이 정립했다. 그 방법을 가지고 하이데거(Martin Heidegger)가 인간 존재를 분석한 것은 순종철학의 좋은 본보기여서, 좁은 범위의 논의를 복잡하고 난해하게 했다. 독일의 순종철학을 불국에서 가져가, 철학의 범위를 넘어서서 별별 문제를 다 다루는 잡종철학을 만든 것들이 인기를 끈다. 유행이 바뀌었다.

그렇게 하는 데 푸코(Michel Foucault)가 앞장서서 역사를 다시 논한 것은 평가할 만하지만, 관점에 문제가 있다. 역사에 등장하는 사건을 서로 관련 짓지 말고 각기 별개로 다루어야 한다고 했다. "무언지 모를 낯선 물건이 처음 나타나기 시작한 것을"(C'est sur ce seuil qu'est apparue pour la première fois cette étrange figure du savoir.) 역사적 연관이나 이론적인 틀에 관한 선입견을 버리고 그 자체로 고찰해야 한다고,《말과 사물》(*Les mots et les choses*)에서 말했다. 고고학자가 우연히 발굴한 신기한 유물에 대해 '고고학적 분석'(analyse archéologique)을 하는 작업을 일제히 해야 한다고 했다.

들뢰즈(Gilles Deleuze)는 책 이름으로 삼은 《차이와 반복》(*Différence et Répétition*)으로, 잡다한 모든 것을 이해하려고 했다. "영원 회귀의 수레바퀴는 동시에, 차이에서 비롯한 반복의 생성이기도 하고, 반복에서 비롯한 차이의 선택이기도 하다."(La roue dans l'éternel retour est à la fois production de la répétition à partir de la différence, et sélection de la différence à partir de la répétition.) 이렇게 한 말을 "차이와 반복은 陰陽 互根의 관계이다."라는 것으로 간추리면, 진술이 명확해지고 결함이 바로 드러난다.

차이는 공간적 相異이고, 반복은 시간적 相同이다. 양쪽의 음양 관계는 무척 복잡하므로 互根이라고 하고 말 수 없다. 공간과 시간, 다르고 같은 것이 각기 음양호근의 관계를 가진다고 입증하고, 다시 이 둘이 어떤 관계인지 밝히는 무척 힘든 작업을 해야 한다.

그래서 무엇을 얻는가? 궁벽한 논의가 전인미답의 경지에 이른 것을 자랑하려고 하는가? 이런 우려를 떨칠 수 없다. 말을 많이 꼬아 알기 어렵게 하는 것이 자랑거리이다. 말려들면 시간과 노력을 낭비하고 정신이 혼탁해진다. 멀리서 달관언어로 잡고, 잘못을 시정하는 대안을 제시해야 한다. 접근 방법을 바꾸어야 한다.

푸코는 개별적인 것들의 독자적 의의를 존중하고, 들뢰즈는 차이가 있는 것들이 각기 반복된다고 해서 형이상학의 차등론이나 변증법의 차등론을 청산하고자 했다. 그 대안으로 대등론을 제시하지는 않았다. 모든 사물이 각기 특징을 가지고 독립되어 있는 것만 말하고 상호관련은 살피지 않았다. 하다가 마는 작업을 그릇되게 했다.

어느 무엇이든지 홀로 있지 않고, 다른 것과 관계를 가진다. 서로 달라서 대등하고, 상생하기도 하고 상극하기도 하는 대등의 관계를 가진다. 대등생극론은 이런 사실을 밝혀 차등론에 대한 대안을 분명하게 한다.

푸코가 역사는 서로 무관한 사건의 연속이라고 하거나 들뢰즈가 차이와 반복이 양면의 관계를 가진다고 한 것은, 대등생극을 이해하지 못해서 생긴 단견이다. 역사를 서양사의 범위 안에서 생각하고 세계사에는 관심을 가지지 않아, 만인대등생극을 생각할 수 없었다. 만생대등이나 만물대등까지 알아야 한다는 것은 아주 무리한 요구이다.

현상학은 대단한 가능성이 있는 것 같지만, 시야를 가리는 장애물이다.

대등생극론은 현상학처럼 확보한 대상을 정태적으로 관장하는 기득권자로 머물지 않고, 새로운 탐구를 하면서 앞으로 나아간다. 잠재능력을 살려 후진이 선진이 되게 한다. 후천개벽을 구현해 세계사의 변혁을 주도하려고 한다.

유럽문명권이 주도한 시대인 근대가 종말에 이르니, 그쪽의 철학은 사고가 협소해졌다. 협소해진 사고를 치밀하게 전개하려고 복잡하고 난해한 논의를 편다. 근대를 넘어서서 다음 시대를 창조하는 우리 철학은 사고의 폭이 넓은 만큼 말을 간략하게 한다.

서양 새로운 역사학의 선두주자로 칭송되는 네덜란드의 후이징하(Johan Huizinga)는 말했다. 역사학의 임무는 "문명의 어떤 과정에 대한 형태론적 이해를 하고, 그 특이한 모습을 실상대로 묘사하는 것이다." 현상학에 입각한 연구 방법이, 예술에 등장한 묘사의 수법과 같다는 말이다.

이런 사조가 널리 퍼진 것은 그럴 만한 이유가 있다. 근대의 시민이 귀족과의 투쟁에서 승리해 시민사회를 이룩하고는 기득권을 지키기 위해, 일체의 동요를 막는 술책을 찾았다. 동태적이거나 입체적이기를 거부하고 정태적이고 평면적이기만 한 시각으로, 역사도 인생도 정지된 화면처럼 보이게 하려고 했다. 연막전술을 써서 판단을 흐리게 해도, 진실을 부정하는 사기 행각은 효력이 그리 크지 않고 정체가 폭로되고 만다.

자국 노동계급의 반발은 어느 정도 무마하고, 더 나아갈 능력은 없다. 침략을 받고 지배를 당한 피해자들이 일제히 진행하는 선후 역전에는 대처하지 못한다. 차등론이 대등론 때문에 무너지는 역사의 필연을, 시야를 정태적이고 평면적인 것으로 한정해 자기 눈 가리기 방법으로 부정하고 막을 수는 없다. 자폐증에서 벗어나, 세상이 어떻게 돌아가는지 알아야 한다.

대등생극론이 큰일을 한다. 정태적이고 평면적인 기술이나 묘사가 그릇되게 한 시야를 동태적이고 입체적인 생극론으로 바로잡고, 시대 전환을 시도한다. 유럽이 주도해 유럽 상위의 차등론을 확고하게 한 근대를 넘어서서, 인류가 함께 만인대등론을 실현하는 다음 시대로 나아가는 길을 연다.

3 당연한 근거

3-1 마음씨

1

사람은 누구나 대등하다. 마음의 문을 열고, 서로 돕고 살면 행복하다. 이런 대등론의 사고를 함께 실행하다가, 차등론의 득세가 심해진 탓에 대부분의 지역에서 파탄이 생겼다. 낙원을 상실하고 타락을 자초했다고 할 수 있다.

유럽 각국은 근대화를 하면서 문명과 야만의 구분을 차등론의 새로운 기준으로 삼았다. 문명국의 우월감을 가지고 미개한 곳들을 다투어 찾아다니다가, 가장 멀다고 여긴 이 나라까지 이르는 모험을 하기도 했으며, 진기한 기록을 남겼다. 그 가운데 1905년 국권 1차 상실 이전 시기까지의 것들만 몇 개 들어보자.

큰 충격을 받았다면서 하는 말이, 간명하게 풀이하면 대등론이 온전하게 살아 있다고 한 것이다. 누천년 지녀온 순수한 마음씨가, 이질적인 외래자 덕분에 처음으로 관찰의 대상이 되고 평가를 얻었다. 1905년 이후에는 식민지가 되고 자본주의 사회를 이룩해 표면이 오염되기 시작한, 그

이면의 진실을 확인할 수 있게 한다.

2

미하일 알렉산드로비치 포지오(Михаил Александрович Поджио)는 러시아 외교관이다. 1880년대 중국, 일본 등지에서 근무하면서 이 나라에 대한 광범위한 자료를 수집해 《코레아 개관》(*Очерки Кореи*)이라는 책을 1885년에 냈다. 미하일 알렉산드로비치 포지오 지음, 이재훈 옮김, 《러시아 외교관이 바라본 근대 한국》(동북아역사재단, 2010)이라는 번역본이 있다. 제8장 〈사회생활〉에서 흥미로운 사실을 말했다.

화재로 인해 집이 없어져버리면 동정심이 많은 이웃들은 즉시 집을 잃은 사람이 새로운 집을 지을 수 있도록 도와주며, 그 경우에는 이를 위하여 나름대로의 역할을 한다. 즉 어떤 사람은 목재를 끌어오고, 또 어떤 사람은 초가집의 지붕을 이을 짚을 가져오고, 어떤 사람은 불행에 처한 이웃을 위하여 보수도 받지 않은채 2-3일씩 일을 해준다…. 동정심 많은 사람들은 가난한 농부들에게 필요한 농기구를 얼마 동안 마음대로 사용하라고 내줄 뿐만 아니라, 심지어 자신들의 소까지도 밭을 가는 데 사용하라고 빌려주는 경우가 심심치 않게 보이고 있다.
한국인들은 자신이 아무리 가난할지라도 어떠한 경우든 다른 사람에게 잠자리를 제공하기를 거절하지 않으며, 오막살이에 자신의 가족을 먹일 만큼의 식량밖에 안 남은 경우에도 지나가는 행인에 대한 식사 제공을 회피하지 않는다. 가까운 사람들에게 도움을 주고자 하는 한국인의 의지는 천성적인 것이다. 일례로 식사 시간이 되면 노동자들은 지나가는 행인에게도 자기네 소박한 음식을 함께 나눠 먹기를 청

한다. (번역본 291- 292면)

3

　　조르주 뒤크로(Georges Ducrocq)는 불국의 시인이다. 1901년에 이 나라에 와서 여러 곳을 둘러보고 《가련하고 정다운 코레》(*Pauvre et douce Corée*, 1904)라는 책을 냈다. 시인다운 호기심과 관찰력으로 아름다운 글을 썼다. 조르주 뒤코르 최미경 옮김 《가련하고 정다운 나라, 조선》(눈빛, 2001)에서 번역을 잘해 원문의 아름다움을 느낄 수 있게 한다. 특히 인상 깊은 대목을 든다.

　　가진 것이 별로 없는 조선 사람들은 행복하다. 길을 나서면 항상 기분 풀 거리가 있으니 말이다. 아침이면 시골 농부들이 황소 등에 땔감이나 야채를 싣고 도시로 팔러 들어온다. …이들이 시내로 들어올 때에는 특유의 쾌활함과 함께 향기를 묻혀 온다. 그리고 큰길가에 자리를 잡고는 행인들에게 우스갯소리를 던지곤 한다. (번역본 81-82면)

　　청명한 겨울날 아침, 아이들이 요란하게 나막신 소리를 내며 학교로 간다. 아무리 가난한 천민이라도 아들이 한글이라도 배우게 하려는 생각에 온갖 희생을 무릅쓴다. 서민의 아이들과 양반의 아이들이 학교에서는 나란히 의자에 앉는다. 양반의 아이들이 더 고운 옷을 입고 모자가 더 멋지기는 하지만 배움의 열기는 한결같다. 학식 있는 사람들이 존경받는 것을 보면서 아이들은 배워야 한다는 욕망을 갖는다. (번역본 121면)

　　친절하고 우아한, 가난하지만 꿈을 꾸는 이 민족에게는 약점이라고는 없다. 운명이 고약해도 다음과 같은 속담으로 위로한다. "웃는 팔자로 태어난 자가 있는가 하면, 울 팔자로 태어난 자도 있다." 그저 조상들처럼 평화로운 삶을 살기를 바란다. (번역본, 134면)

4

겐테(Siegfried Genthe)는 독일의 지리학자이다. 1901년에 이 나라에 와서 전국을 일주하다시피 하고 제주도까지 가는 답사 여행을 하고, 《코레아: 여행 소묘》(*Korea: Reiseschilderungen*, 1905)라는 책을 냈다. 생활문화를 살피는 데 유의해 몸을 자주 씻고, 대소변을 잘 처리해 냄새가 나지 않는 것을 보고 유럽인의 우월감을 반성했다. 지그프리트 겐테 지음, 권영경 옮김, 《신선한 나라 조선, 1901》(책과함께, 2007)이 있어 쉽게 알아볼 수 있다.

개개인의 청결에서 한국인들은 알려진 것보다 훨씬 더 깨끗한 편이다. 마을 사람들도 옷을 자주 갈아입어 불결한 차림은 한번도 내 눈에 띈 적이 없다. (번역본 166면)

금강산에 가니, 산이 "훌륭한 경과는 자랑할 뿐만 아니라, 사찰이나 수도승들도 사람의 때가 묻지 않은 태고의 순수함을 그대로 보존하고 있다"고 했다. 승려들이 청빈함을 지키는 것보다 마음이 열려 있어 더욱 놀랍다는 말을 다음과 같이 했다.

친절하고 따뜻한 마음을 지닌 승려들은 다른 종족이며 다른 언어와 다른 신앙을 가진 외국인에게, 어떤 적대감이나 편협한 내색도 없이 사찰과 승방의 생활을 구경시켜주었다. 다른 어떤 불교 국가에서도 상상할 수 없는 일이다. 유별난 관심을 가진 학자가 그렇게 자유로이 구석구석을 구경할 수 있는 곳은 이 세상에 더 없을 것이다. (번역본 184면)

5

오늘날은 세태가 그릇되었다고 하지만, 그렇지 않다. 따뜻한 마음씨를 말해주는 몇 가지 사례를 든다. 알려진 것은 간단하게, 숨어 있는 것은 자세하게 말한다.

연말이 되면 '얼굴 없는 천사' 소식이 보도된다. 누가 돈과 쌀을 근처에 몰래 갖다놓고, 동사무소에 전화를 해 불우 이웃을 위해 써달라고 한다. 이런 일이 여기저기 있는 것을 누구나 안다.

어떤 사람이 생소한 편의점에 들려, 배가 너무 고픈데 지금 당장 돈은 없는 사정을 말했다. 편의점 주인이 그러냐고 하고, 5만 원 상당의 먹을 것을 그냥 주었다. 한참 뒤에 그 사람이 다시 나타나 취직해 월급을 받았다면서, 몇 갑절 갚겠다고 했다. 편의점 주인은 5만 원만 받았다.
이런 사실이 보도되어, 널리 알려졌다. 그 편의점이 어디냐고 묻는 사람이 많다고 기자가 말하니, 편의점 주인은 알려주지 말라고 했다. 없던 일로 하자고 했다.

초등학교부터 동창인 친한 친구 이야기를 한다. 친구의 뜻대로 이름은 밝히지 않는다. 서울대학교 공과대학 입시에 합격하고, 형편이 어려워 입학을 포기해야 했다. 단념하고 있는데, 연락이 왔다. 입학금을 대신 내준 사람이 있으니, 수강신청을 하라고 했다.

그 사람이 누군지 간청해서 겨우 알아내, 힘들게 찾아가니 말했다. "내게 고맙다고 하지 말고, 받은 것을 다른 사람에게 갚기 바란다." 냉랭하게 대해 군말 없이 물러나야 했다. 그 사람과 다시 만나거나 연락하지 않았다.

이 친구는 공과대학을 우수한 성적으로 졸업하고, 창업하는 제철소에 발탁되어 들어갔다. 온몸을 바쳐 열심히 일하고 끈덕지게 탐구했다. 세계 최하위의 기술을 세계 최상위로 올리는 대전환의 주역 노릇을 했다. 신설 제철소의 사장이 되었다. 퇴직 후에는 태국에 초빙되어, 그곳 제철소가 차질없이 작동되게 해주었다.

받은 은혜를 국내외 만인에게 갚았다. 이것으로 만족하지 않았다. 모교에 상당한 액수의 장학금을 기탁하고, 입학금이 없는 합격자를 위해 써달라고 했다. 그 수가 여덟에 이른 것까지 확인했다.

3-2 발상의 저층

1

발상의 저층을 설화에서 확인할 수 있다. 지체가 다른 남녀의 결합을 이야기하면서 차등론과 대등론의 관계를 문제 삼은 설화가 많이 있어 증거가 된다. 그 대표작이라고 할 수 있는 문헌설화와 구전설화를 찾아 고찰하기로 한다.

여기서 말하는 설화는 서사무가, 판소리, 소설 등을 포함한 광의의 설화이다. 서사문학과 외연이 같은 것은 아니고, 그 가운데 심각한 내용의 장편을 지칭한다. 고찰할 자료는 다음과 같다.

[가] 백제 蓋婁王과 都彌 아내의 만남

[나] 고구려 平岡公主와 溫達의 만남

[다] 범인과 용녀, 관장과 용녀의 만남

[라] 백제 薯童과 신라 善花公主의 만남

[마] 내 복에 산다는 처녀와 숯구이 총각의 만남

[바] 자청비와 문도령의 만남

[사] 춘향과 이몽룡·변학도의 만남

이들 자료에 관한 개별적인 연구는 헤아리기 어려울 만큼 많으나, 모두 한자리에 놓고 함께 고찰하는 것은 최초의 시도이다. [가]·[나]·[라]는 역사의 사실인가 논란했으나, 접근이 잘못되어 얻은 성과가 없다. [가]에서 [사]까지를 모두 설화로 고찰하는 작업을 일관되게 한다.

2

[가] 백제 개루왕과 도미 아내의 만남은 다음과 같다. (《삼국사기》 권 48 열전 8 〈都彌〉)

도미는 백제인이다. 비록 小民에 편입되어 있었으나 의리에 아주 밝았다. 아내는 예쁘고 행실에 절조가 있어 당시 사람들의 칭찬을 받았다. 蓋婁王이 소문을 듣고 도미를 불러 말했다. "대체로 부인의 덕은 정결을 으뜸으로 치지만 만일 어둡고 사람이 없는 곳에서 달콤한 말로 유혹하면 마음이 흔들리지 않는 사람이 드물 것이다." 도미가 대답했다. "사람의 정은 헤아릴 수 없는 것이지만 저의 아내와 같은 여자는 죽어도 변함이 없을 사람입니다."

왕이 이를 시험해 보기 위하여 일을 핑계로 도미를 붙잡아 두고 가까운 신하 한 사람으로 하여금 왕의 의복과 말과 종자를 가장하여 밤에 도미의 집으로 가게 하고, 사람을 보내 미리 왕이 온다고 알리게 하였다. 가짜 왕이 부인에게 이르기를 "내가 오래전부터 네가 예쁘다는 말을 듣고 도미와 내기를 하여 이겼다. 내일 너를 데려다가 궁인으로 삼을 것이니 지금부터 너의 몸은 내 것이다"고 했다.

그 사람이 덤벼들려 하니 부인이 말했다. "국왕은 망언을 하지 않을 것이니 제가 어찌 감히 순종하지 않겠습니까? 청컨대 대왕께서는 먼저 방으로 들어가소서! 제가 옷을 갈아 입고 들어가겠습니다." 물러나와 어여쁜 여종 하나를 단장시켜 모시게 했다. 왕이 나중에 속은 것을 알고 크게 노하여 도미에게 죄를 씌워서 두 눈을 뽑아 버리고 사람을 시켜 끌어내어 조그마한 배에 싣고 강 위에 띄워 보냈다.

그리고는 마침내 그 부인을 끌어들여 억지로 간음하려 하니 부인이 말했다. "이제 이미 남편을 잃어 혼자 몸으로는 스스로를 부지할 수 없사온데 더구나 왕을 모시게 되었으니 어찌 감히 어기겠습니까? 그러나 지금은 제가 월경으로 온몸이 더러우니 다른 날 목욕을 깨끗이 한 뒤에 오겠습니다." 왕이 이 말을 믿고 그렇게 하라고 했다.

부인은 곧 도망해 강 어구에 이르렀다. 건널 수가 없어서 하늘을 바라보며 통곡하고 있었다. 그때 갑자기 배 한 척이 물결을 따라 다가와, 그 배를 타고 泉城島에 이르러 남편을 만났다. 남편은 아직 죽지 않고 풀뿌리를 캐어 먹으며 살고 있었다. 마침내 함께 배를 타고 고구려의 산산 밑에 이르렀다. 고구려인들이 그들을 불쌍히 여겨 옷과 밥을 주었다. 그래서 구차스럽게 살다가 객지에서 일생을 마쳤다.

이것이 과연 사실인가 시비하는 것은 공연한 수고이다. 어느 왕이든지 저지를 수 있는 횡포를 실감을 돋우기 위해 고유명사를 붙였다고 보는 것이 마땅하다. 지명 몇 개도 같은 이유에서 실제로 있는 것을 사용했다.

사실이 아니면 평가할 의미가 없는 것이 아니고, 그 반대이다. 설화 창작이 깊은 감동을 주는 명작이어서 사실인 듯이 알려졌으므로, 《삼국사기》 열전에 오르기까지 했다. 설화는 사실보다 더욱 심각한 보편적인 의미를 지닌다.

개루왕의 횡포라고 말한 것은 잘 알려져 규탄의 대상이 된다. 권력이 빚어내는 차등론이 어느 지경에 이르는지 분명하게 말해주는 사례로 자주 거론된다. 관탈민녀형 설화의 전형이라고 한다. 이런 논의만 다시 하지 말고, 다른 말도 해야 한다.

개루왕이 시켜 가짜 왕 노릇을 한 인물은 관심의 대상이 아니지만, 본의 아니게 과오를 범해 피해자라고 할 수 있다. 도미의 아내가 정절을 지키기 위해 여종을 희생시킨 것도 차등론의 횡포이다. 그 여종은 그 뒤에 어떻게 되었다는 말도 없다. 가짜 왕이 그 여종을 아내로 삼고 멀리 도망쳐 잘 살았다고 하는 이야기를 지어내 보탠다면, 이중의 차등론에 대한 대등론의 반격이 된다.

   3

[나] 고구려 평강공주와 온달의 만남은 다음과 같다. (《삼국사기》 권45 열전 5 溫達〉)

온달은 고구려 平岡王 때 사람이다. 얼굴이 험악하고 우스꽝스럽게 생겼으나 마음은 밝았다. 집안이 몹시 가난해 항상 밥을 빌어 어머니를 봉양하고, 떨어진 옷과 신발을 걸치고 길을 왕래해 당시 사람들이 '바보 온달'이라고 불렀다.

평강왕의 어린 딸이 곧잘 울자, 왕이 농담으로 말했다. "네가 늘 울어 내 귀를 시끄럽게 하니, 커서 틀림없이 사대부의 아내가 못되고 바보 온달에게 시집가야 되겠다.” 왕은 번번이 이런 말을 했다.

딸의 나이 16세가 되어 왕이 딸을 上部 高氏에게 시집보내려 하니, 공주가 응답했다. “대왕께서 항상 말씀하시기를 ‘너는 반드시 온달의 아내가 될 것이라’고 하고서, 오늘 무슨 까닭으로 전일의 말씀을 바꾸십니까? 필부도 거짓말을 하려 하지 않는데, 하물며 지존이야 말할 것이 있겠습니까? 그러므로 ‘임금은 농담이 없다’고 하는 것입니다. 이제 대왕의 명령이 잘못되었으므로 소녀는 감히 받들지 못하겠습니다.” 왕이 화를 내 말했다. “네가 내 말을 듣지 않는다면 정말로 내 딸일 수 없다. 어찌 함께 살 수 있겠느냐? 네 좋은 대로 해라.”

이에 공주는 보물 팔찌 수십 개를 팔꿈치에 걸고 궁궐을 나와 혼자 길을 떠났다. 길에서 한 사람을 만나 온달의 집을 물어 찾아갔다. 이윽고 눈먼 노모를 보고 앞으로 가까이 다가가서 절을 하며 아들이 있는 곳을 물었다. 노모가 대답했다. “내 아들은 가난하고 보잘 것이 없으니, 귀인이 가까이 할 만한 사람이 못 됩니다. 지금 그대의 냄새를 맡으니 향기가 보통이 아니고, 그대의 손을 만지니 부드럽기가 솜과 같으니, 필시 천하의 귀인인 듯합니다. 누구의 속임수로 여기까지 오게 되었소? 내 자식은 굶주림을 참다 못하여 느릅나무 껍질을 벗기려고 산속으로 간 지 오래인데 아직 돌아오지 않았소.”

공주가 그 집을 나와 산 밑에 이르렀을 때, 온달이 느릅나무 껍질을 지고 오는 것을 보았다. 공주가 그에게 자기의 생각을 이야기하니 온달이 불끈 화를 내며 말했다. “이는 어린 여자가 취할 행동이 아니니 필시 사람이 아니라 여우나 귀신일 것이다. 나에게 가까이 오지 말라!” 온달은 그만 돌아보지도 않고 가버렸다.

공주는 혼자 돌아와 사립문 밖에서 자고, 이튿날 아침에 다시 들어가서 모자에게 자세한 사정을 이야기하였다. 온달이 우물쭈물하며 결정을 내리지 못하고 있는데, 어머니가 말했다. “내 자식은 비루하여 귀인의 짝이 될 수 없고, 내 집은 몹시 가난하여 정말로 귀인이 거처할 수 없습니다."

공주가 대답했다. "옛말에 '한 말의 곡식도 방아를 찧을 수 있고, 한 자의 베도 꿰맬 수 있다.'고 하였으니, 만일 마음만 맞는다면 어찌 꼭 부귀해야만 같이 살겠습니까?" 말을 마치고 공주가 금팔찌를 팔아서 전지, 주택, 노비, 우마, 기물 등을 사들여, 살림 용품이 모두 구비되었다.

처음 말을 살 때 공주가 온달에게 말했다. "부디 시장의 말을 사지 말고, 나라에서 쓸모가 없다고 판단하여 백성에게 파는 말을 선택하되, 병들고 수척한 말을 골라 사오세요." 온달이 그대로 말을 사왔다. 공주는 부지런히 말을 길렀다. 말은 날로 살찌고 건장해졌다.

고구려에서는 언제나 봄 3월 3일을 기하여 낙랑 언덕에 모여서 사냥하여 잡은 돼지와 사슴으로 하늘과 산천의 신령에게 제사를 지냈다. 그날이 되어 왕이 사냥을 나가는데 여러 신하와 5부의 군사들이 모두 수행했다. 그때 온달도 자기가 기르던 말을 타고 수행했다. 항상 앞장서서 달리고, 또한 포획한 짐승도 많아 다른 사람이 따를 수 없었다. 왕이 불러서 성명을 듣고, 놀라며 기이하게 여겼다.

그 무렵 後周의 武帝가 군사를 출동시켜 요동을 공격하자, 왕은 군사를 거느리고 拜山 들에서 맞아 싸웠다. 온달이 선봉장이 되어 용감하게 싸워 수십여 명의 목을 베니, 여러 군사들이 그 기세를 타고 공격해 대승했다. 공을 논의할 때 온달을 제일이라고 하지 않는 사람이 없었다. 왕이 그를 가상히 여기어 감탄하기를 "이 사람이 나의 사위다"라 하고, 예를 갖추어 영접하고 작위를 주어 大兄으로 삼았다. 이로부터 왕의 은총이 더욱 두터워졌으며, 위풍과 권세가 날로 성하여졌다.

陽岡王이 즉위하자 온달이 아뢰었다. "신라가 우리의 漢北 지역을 차지하고 자기네 군현으로 만들었으므로, 그곳의 백성들이 통탄하며 부모의 나라를 잊은 적이 없습니다. 바라옵건대 대왕께서 저를 어리석고 불초하다고 여기지 마시고 군사를 주신다면 단번에 우리 땅을 도로 찾겠습니다. 왕이 이를 허락했다. 길을 떠날 때 맹세했다. "鷄立峴과 竹嶺 서쪽의 땅을 우리에게 귀속시키지 않으면 돌아오지 않겠습니다."

드디어 진격해 阿旦城 아래에서 신라군과 싸우다가, 날아오는 화살에 맞아 전사했다. 장사를 지내려 하니 영구가 움직이지 않았다. 공주가 와서 관을 어루만지면서 "사생이 이미 결정되었으니, 아아! 돌아가소서!"라 말하니, 마침내 영구가 들려 하관을 했다. 대왕은 이 소식을 듣고 비통해 했다.

공주가 자진해서 바보 온달의 아내가 된 것은 차등론에서 대등론으로의 극단적인 전환이다. 어째서 그럴 수 있었던가? 이 의문을 풀어주는 말이 이야기 속에 있는가?

바보 온달에 관한 말이 널리 알려져 국왕도 들었다. 어린 딸이 자주 울자 그러면 바보 온달에게 시집 보낸다고 국왕이 농담했다. 이런 사실은 지배체제가 차등론으로 일관하지 않고 대등론에 근접하는 성향을 어느 정도 보여준 것을 말한다. 그러나 공주의 결단이 그 때문에 가능했다고 하면 논리의 비약이다.

공주의 배우자 선택에 대해 국왕은 두 말을 했다. [갑] 바보 온달과 [을] 上部 高氏가 아주 다르다. [갑]은 공주가 어렸을 적에 한 농담이고, [을]은 공주가 혼인 적령기에 이르렀을 때 한 진담이다. 당연히 따라야 할 [을]을 거부하고, '임금은 농담이 없다'는 이유를 들어 [갑]을 택한 것은 이유와 행위가 둘 다 부당하다. "네가 내 말을 듣지 않는다면 정말로 내 딸일 수 없다. 어찌 함께 살 수 있겠느냐? 네 좋은 대로 해라." 왕이 이렇게 한 말은 표리가 다른데, 이면의 진실을 버리고 표면의 가식을 따랐다. 이것은 구실에 지나지 않고, 공주가 결단을 내린 이유일 수 없다.

공주가 바보 온달을 배우자로 택한 결단을 한 이유는 문면에 나타나 있지 않다. 공주가 내심을 밝힌 말은 한 줄도 없고, 행동을 어떻게 했는가 알려주기만 한다. 그래도 의아하게 여기지 않고, 공주의 선택이 당연하다고 여긴다. 말이 되지 않는다고 여기는 반발이 생겨나지 않는다. 이런 생각도 하지 않는다.

이것이 무슨 까닭인가 하는 것이 더 큰 문제이다. 공주가 결단을 한 이유는 작은 문제이다. 공주의 결단이 당연하다고 여기는 이유가 무엇인가 하는 것이 더 큰 문제이다. 더 큰 문제를 해결하면 작은 문제는 저절로 해결된다.

더 큰 문제를 해결하는 대답은 이미 마련되어 있다. 차등론을 물리치고 대등론을 확인하는 것이 어느 경우에도 전적으로 타당하다. 이것이 모든 의문을 해결하는 궁극적인 대답이다. 공주는 바보 온달을 배우자로 선택해 이 해답을 실행하므로, 의문이나 반론의 여지가 없이 전폭적인 지지와 공감을 얻는다.

공주는 바보 온달을 배우자로 선택하고는 온달의 결핍을 하나씩 해결하는 능력을 발휘해, 상하 차등뿐만 아니라 남녀 차등도 뒤집었다. [1] 가져간 패물을 팔아 가산을 장만했다. [2] 나라에서 내다 파는 여윈 말을 사다가 잘 먹여 준마가 되게 했다. 온달이 그 말을 타고 나가 나라의 사냥 행사에서 두각을 나타내게 했다. [3] 무술을 연마하도록 했다는 말은 건너뛰고, 온달이 외침을 물리치고, 국토 회복을 위해 싸우러 나가는 장수이게 했다.

[1]은 공주이면 으레 지닌 재력을 이용해 쉽게 할 수 있는 일이다. [2]는 공주가 재력만이 아닌 지력도 갖추고 있어 가능한 일이다. [3]은 공주 덕분에 온달이 분발해 성취한 영광이다. 차등론을 물리치고 대등론을 확인하는 것은 [2]에 이른 것만으로 충분하다. [3]은 대등론을 바탕으로 차등론으로 나아고자 하는 시도여서 온달이 전사하는 참사가 생겼다. 영광

의 대가로 행복이 희생되었다.

공주가 차등론을 물리치고 대등론을 확인하는 주역인 것이 유리하게 작용해 [1]은 쉽게 이루고 [2]까지 나아갔다. 바로 그 조건이 불리하게 작용해 [3]의 참사가 일어났다. 온달은 공주가 베푼 혜택만 누리고 있을 수 없어 경쟁심을 가지고 분발하다가 무리한 탓에 패배를 자초했다고 할 수 있다. 치등론을 물리치고 대등론을 확인하는 이야기가 차등론의 파탄을 보여주는 데 이르렀다.

4

[다] 범인과 용녀, 관장과 용녀의 만남은, 범인과 용녀의 만남이 전반부를, 관장과 용녀의 만남이 후반부를 이루어 둘을 병칭한다. 구전되는 것을 셋 찾았다. 채록된 지역에 따라 [보성]·[전주]·[군산]이라고 일컫는다. ([보성]은 조동일 외, 《전남문화 찾아가기》, 2022의 〈용왕의 딸과 혼인한 관노〉, 176-177면; [전주]는 최내옥, 《한국구비문학대계 5-2 전라북도 전주시·완주군편》의 〈잉어 살려주어서 용녀 얻고 사또 된 숯장수〉, 101-111면, [군산]은 박순호, 《한국구비문학대계 5-4 전라북도 군산시·옥구편》의 〈용왕의 딸과 소금장사〉, 302-307면) 단락을 구분하면서 내용을 요약해보자.

[a] [보성]에서는 관노, [전주]에서 숯장사, [군산]에서는 소금장사인 미천한 범인이 우연한 기회에 [보성]에서는 자라, [전주]와 [군산]에서는 잉어라고 한 바다 생물이 사로잡혀 죽게 된 것을 가엾게 여겨 놓아주도록 했다.

[b] 그 보답으로 용궁에 초대되어 가고, 용왕의 딸 용녀를 아내로 삼고 돌아와 잘살았다.

[c1] 용녀를 탐낸 관장이 [보성]에서는 관노를 죽이자 아내도 따라 죽었다.

[c2] 용녀를 탐낸 관장이 [전주]와 [군산]에서는 시합을 제안하고, 자기가 이기면 용녀를 차지하고 상대방이 이기면 관직을 주겠다고 했다. 용녀의 도움으로 시합에서 이겼다. 시합이 [전주]에서는 바둑이고, [군산]에서는 장기이다. [전주]에서는 총칼로 하는 전투가 추가되었다.

[d] [군산]에서는 용녀는 용궁으로 돌아갔다.

[a]·[b]로 이루어진 전반부의 범인과 용녀의 만남은 지체의 차이를 넘어섰다는 점에서 [나] 고구려 평강공주와 온달의 만남과 같다. [보성]의 관노, [전주]의 숯장사, [군산]의 소금장사는 [나]의 바보 온달과 그리 다르지 않은 범인이다. 만난 이유는 다르다. 평강공주 같은 훌륭한 여인이 자진해 찾아와 아내가 되었다고 하지 않고, 다른 말을 했다.

셋 다 자라나 잉어 같은 바다 생물을 구해주고 보답을 받았다고 하는 동물보은, 용궁에 가서 환대를 받고 용녀를 아내로 얻었다고 하는 용녀득 처담을 갖추었다. 널리 이용되어 잘 알려진 이 두 삽화를 연결시켜, 바다 생물-인간-용왕이 차등이 아닌 대등의 관계를 가진다는 대등론을 분명하게 했다. 설화가 허구를 이용해 사실 이상의 진실을 밝힌 좋은 본보기이다. [나] 평강공주와 온달의 만남은 설화답지 않고 사실인 것처럼 보여, 공통된 전승에서 일탈했다고 할 수 있다.

[c]·[d]로 넘어간 후반부는 [가] 백제 개루왕과 도미 아내의 만남과 상통하는 관탈민녀형 설화이다. 아름다운 여인을 탐내 횡포를 부린 자가 국왕이 아니고 그 고을의 관장이라고 하는 것이 더 자연스럽다. 이것은 [사]에서 변학도가 춘향을 탐낸 사건에 근접되어 있다. 그 다음의 전개는 둘로 갈라졌다. [보성]에서는 용녀를 탐낸 관장이 남편을 죽이자 아내도 따라 죽었다. [사]는 물론 [가]보다도 더 처참한 지경에 이르렀다. [전주]

나 [군산]에서는 관장이 강압적인 방법을 쓰지 않고 내기를 해서 이기면 용녀를 차지하고 지면 관직을 내주겠다고 해서 공평한 방법을 합리적으로 사용한 것처럼 보인다. 그러나 두 가지 간계가 숨어 있다. 관장이 자기 장기를 내기 종목으로 했다. 아내는 주고받을 수 없지만, 관직은 주고받을 수 있다.

그러나 간계를 지적하며 내기를 거부하는 것보다 응락하고 이기는 것이 더욱 바람직한 대책이다. 용녀가 도와주어 이렇게 하고, 관장이 패배하게 했다. [전주]에서는 총칼로 하는 전투가 추가되었다고 하는 것은 설화의 재량권을 남용한 과장이지만, 승패가 뒤집어지지 않는다는 것을 강조해 말하기 위해 필요하다.

[d] [군산]에서는 용녀는 용궁으로 돌아갔다.

다른 모든 경우처럼 관탈민녀는 성공하지 못했다. 차등론이 무너지고 대등론의 타당성이 확인되었다.

5

[라] 백제 서동과 신라 선화공주의 만남은 다음과 같다. (《삼국유사》 권 2 〈武王〉)

武王을 古本에서는 武康이라고 했는데 잘못이다. 백제에는 武康(王)이 없다.

제30대 武王의 이름은 璋이다. 어머니가 과부가 되어 서울 남쪽 못 가에 집을 짓고 살고 있으며 못의 龍과 관계해 낳고, 어릴 때 이름을 薯童이라고 했다. 재기와 도량이 커서 헤아리기 어려웠다. 항상 마를 캐어 팔아서 생업으로 삼았으므로, 나라 사람들이 그 때문에 서동 마퉁이라고 이름했다.

　신라 眞平王의 셋째 공주인 善花(또는 善化)가 무척 아름답다는 소문을 듣고, 서동은 머리를 깎고 서라벌로 가서 마를 동네 아이들에게 먹이며 친하게 지냈다. 아이들이 서동을 따르게 되자 동요를 지어 아이들에게 부르게 했다. "선화공주님은 남몰래 얼어두고 서동방을 몰래 밤에 안고 간다." 이 동요가 서울에 널리 퍼져 대궐에까지 들리게 되자 백관이 임금에게 간곡히 간해, 공주를 먼 곳으로 귀양보내도록 했다. 공주가 떠나려 하자 왕후는 순금 한 말을 주어 노자에 쓰도록 했다.

　공주가 귀양지에 다다르게 될 무렵, 서동이 나타나 공주에게 절하며 모시기를 청했다. 공주는 어디서 온 사람인지 알지 못했지만, 어쩐지 믿음직해 수행하도록 하고, 몰래 정을 통했다. 그 뒤에 서동이라는 이름을 알고, 동요가 맞는 것을 확인했다.

　함께 백제로 가서 모후가 준 금을 꺼내놓고 살아갈 계책을 세우려 하니, 서동이 크게 웃으면서 말했다. "이것이 무엇이요?" 공주가 말했다. "이것은 황금이라, 평생 부를 누릴 수 있습니다." 서동이 말했다. "내가 어렸을 적부터 마를 캐던 곳에 (이런 것이) 흙처럼 쌓여 있소." 공주가 크게 놀라 말했다. "그것은 천하 제일의 보배입니다. 그대가 금 있는 곳을 안다면, 그것을 우리 부모님 궁전으로 보내는 게 어떻겠습니까?" 서동이 말했다. "좋소."

　그러고는 금을 산더미처럼 쌓아놓고, 龍華山 師子寺 知命法師를 찾아가 실어보낼 방법을 물었다. 법사가 말했다. "내가 신통한 힘으로 보낼 테니 금을 이리 가져오시오." 공주가 쓴 편지와 함께, 금을 사자사 앞에 옮겨 놓았다. 법사는 신통한 힘으로 그 금을 하룻밤 동안에 신라 궁중으로 보냈다. 진평왕은 그 신이로움을 이상하게 여겨 (법사를) 더욱 존경했으며, 늘 편지를 보내어 안부를 물었다. 서동은 이런 일로 인심을 얻어 왕위에 올랐다.

　어느 날 왕이 부인과 함께 사자사에 가려고 용화산 밑 큰 못가에

닿으니 彌勒三尊이 못 가운데서 나타나므로 수레를 멈추고 절을 했다. 부인이 왕에게 말했다. "이곳에 큰 절을 세우십시오. 진정으로 소원입니다." 왕이 허락하고 지명법사에게 가서 못을 메울 일을 의논했다. 법사는 신통한 힘으로 하룻밤 동안에 산을 헐고 못을 메워 평지를 만들었다.

이어서 미륵삼존의 상을 만들고, 會殿과 탑과 廊廡를 각각 셋 세우고, 절 이름을 彌勒寺라고 했다. (國史에서는 王興寺라고 했다.) 진평왕이 많은 공인을 보내 도왔다. 그 절이 지금도 있다.

(〈史記〉에서는 무왕이 法王의 아들이라고 했다. 이 전승에서 홀어머니의 아들이라고 하는 것은 확실하지 않다.)

이것이 역사적 사실인가 검증하려는 노력은 모두 실패했다. 익산 미륵사 서탑에서 발굴한 〈金製舍利奉迎記〉에서는 左平 沙宅積德의 딸인 무왕의 왕후가 재물을 희사해 가람을 창건하고 창건했다고 했다. 그 내역을 구체적으로 살필 필요는 없다. 역사적 사실과 어떻게 관련되는지 하나하나 다시 검증하는 것은 어리석다. 역사와 철학은 총체적으로 대등한 것을 이 자료에서 확인할 수 있다.

[1] 아비를 알 수 없는 호로자식은 멸시의 대상이다.
[2] 마를 캐서 살아가는 마퉁이는 하층의 처지를 벗어날 수 없다.
[3] 하층의 총각과 고귀한 공주의 결혼은 불가능하다.
[4] 마를 캐며 살아가기만 하면 빈곤에서 벗어날 수 없다.
[5] 백제와 신라는 적대적인 관계이다.
[6] 하층민이 왕이 되는 것은 불가하다.
[7] 많고 무거운 것을 쉽게 옮길 수 없다.
[8] 집 나간 자식이 잘되어 부모를 잘 봉양하는 것은 헛된 희망이다.

[9] 부처를 만나고 절을 짓는 이적은 상상에서나 가능하다.

이런 것들이 현실이라고 하며, 차등론을 구현한다. 역사는 이런 것들을 확인하는 사건의 기록이어서, 차등론을 재확인한다. 설화는 이에 대해 반론을 제기하며, 차등론의 잘못을 대등론을 제시해 수정한다.

역사는 현실이고 설화는 허위이면, 이런 반론과 수정은 비난받아야 한다. 금지하고 처해야 한다. 차등론은 부당하고 대등론이 정당한 것을 만물이나 만생이 입증하므로 만인도 받아들여야 한다. 역사가 현실이라고 하는 것은 표면만이거나 조작된 현실이다. 이면의 현실, 진정한 현실은 대등론을 구현하고 있으며, 설화가 말해줄 수 있다. 설화는 [1]에서 [9]까지로 간추려 말한 것을 [−1]에서 [−9]까지로 바꾸어 그 임무를 수행한다.

[−1] 아비를 알 수 없는 호로자식이 훌륭하게 될 수 있다.
[−2] 마를 캐서 살아가는 마퉁이가 하층의 처지를 벗어날 수 있다.
[−3] 하층의 총각과 고귀한 공주의 결혼이 가능하다.
[−4] 마를 캐다가 부자가 되는 이변이 일어날 수 있다.
[−5] 백제와 신라는 적대적이지 않고 우호적인 관계일 수 있다.
[−6] 하층민이 왕이 되는 것은 가능하다.
[−7] 많고 무거운 것을 쉽게 옮길 수 있다.
[−8] 집 나간 자식이 잘되어 부모를 잘 봉양하는 것은 실현 가능한 희망이다.
[−9] 부처를 만나고 절을 짓는 이적이 실현 가능하다.

[−1]에서 [−3]까지는 호로자식의 처지에서 마를 캐며 살아가던 마퉁이가 지략으로 이룬 역전이다. 불리한 여건이 분발을 가져왔다고 인정할 수 있다. [−4]에 마를 캐는 곳에 황금이 널려 있었다는 말이 추가된 것은

복은 자기가 짓는다는 교훈의 실현이다.

[-5]와 [-6]은 지은 복이 가져온 보상의 대폭적인 확대이다. [-7]에서 [-9]까지는 知命法師를 매개로 불교의 법력과 만나 얻은 성취이다. 계속 불가능한 것이 가능하게 되어, 나타나 이면의 진실을 알려준다. 표면의 현실은 일시의 우연이고, 이면의 진실은 영속의 필연임을 말해준다. 이 가운데 [-3] 하층의 총각과 고귀한 공주의 결혼이 가능하다는 것이 이야기의 중심을 이루고 관심을 집중시킨다. 온달과 평강공주의 결혼과 신분의 차이를 넘어서서 절차를 무시하고 이루어진 점에서 같으면서, 주동자는 반대가 된다. 온달과 평강공주의 결혼은 평강공주가 주동해 이루어졌으므로, 작정하기는 어려워도 진행은 쉬웠다. 선화공주와 서동의 결혼은 서동이 주동해 이루어졌으므로, 작정하기는 쉬워도 진행은 어려웠다.

서동이 지어낸 동요를 아이들이 부르게 해서, 선화공주가 궁중에서 나와 귀양 가게 만드는 술책을 사용했다. 그 동요가 향찰로 표기된 형가로 전해 신빙성을 보장한다. 이 경우에는 신빙성이 역사적 사실과는 무관하고, 설화적 진실을 분명하게 하는 구실만 한다.

그다음 대목을 보면 사실과 진실의 차이가 더욱 명백하다. 서동이 나타나자 "공주는 어디서 온 사람인지 알지 못했지만, 어쩐지 믿음직해 수행하도록 하고, 몰래 정을 통했다"는 대목은 결코 사실일 수 없다. 사실 이면의 또는 그 이상의 진실로 이해할 수 있는 의미를 가지기만 한다.

온달과 평강공주의 결혼과 서동과 선화공주의 결혼이 사실에서는 아무 관련도 없다. 둘 다 허위라고 하면 그만이다. 그 둘이 의식의 차원에서는 줄곧 함께 떠올라 진실 추구의 공통점과 차이점이 관심의 대상이 된다. 차등론을 대등론으로 바꾸는 공통된 작업을 서로 반대가 되는 방법으로 하는 본보기로 이해된다.

6

[마] 내 복에 산다는 처녀와 숯구이 총각의 만남은 구전설화이기만 하다. 〈한국설화유형분류〉에 올라 있는 유형의 하나이며, 많은 자료가 수집되어 있다. (조동일 외, 《한국설화유형분류집》, 1989에서 7 잘되고 못되기, 71 잘될 만해서 잘되기, 715 도움 받아서 잘되기, 715-1 숯구이 총각의 생금장, 백제 무왕형이라고 하는 것이다.) 그 가운데 필요한 내용을 잘 갖추고 있는 충실한 본보기를 하나 들고, 단락 구분을 하면서 요약한다. (김승찬, 《한국구비문학대계 8-9 경상남도 김해시·김해군편》, 1988, 〈쫓겨난 딸과 숯굽는 총각〉 2, 478-483면)

[a] 어느 부자가 과년한 딸 셋에게 "누구 덕에 먹고 사나?" 하고, 물으니, 위의 두 딸은 "아버지 덕"이라고 하는데, 셋째 딸은 "내 덕"이라고 했다. 그 때문에 쫓겨났다.

[b] 쫓겨난 셋째 딸은 거지 같이 돌아다니다가, 길을 잃고 날이 어두울 때 산중에 들어가게 되었다. 불빛을 보고 찾아가니 움막이 있고, 숯 굽는 총각이 어머니와 함께 살고 있었다. 어머니는 꽃 같은 처녀가 찾아가니 아주 반가워하고 편하게 쉬다가 가라고 했다. 그 집에 머물며 일을 거들다가, 그 총각과 부부가 되었다.

[c] 숯 굽는 곳을 구경시켜달라고 하고 따라가니, 숯 굴 위를 덮은 구들장이 모두 생금 덩어리였다. 숯을 팔지 말고 생금 덩어리를 팔라고 해서 대단한 부자가 되었다.

[d] 셋째 딸을 쫓아내고 위의 두 딸은 시집을 잘 보낸 뒤에, 무리한 탓인지 아버지는 차츰 가난하게 되다가 아버지와 어머니는 걸식을 하는 처지로 떨어졌다. 걸식하려고 어느 부자집에 들렀다가, 셋째 딸을 발견했다. 셋째 딸이 아주 반가워하며 부모를 잘 모셨다.

이 이야기는 제주도의 서사무가 〈삼공본풀이〉와 흡사하다. 이것도 단락 구분을 하면서 요약한다. (현용준, 《개정판 제주도무속자료사전》, 2007의 〈삼공본풀이〉, 167-175면)

[a] 남녀 거지가 부부가 되어 살면서 딸을 셋 낳으니, 사는 형편이 좋아졌다. 딸들의 효심을 시험해 보려고 "누구 덕에 사느냐?" 하고 물었다. 위의 두 딸은 부모님 덕에 산다고 했다. 셋째 딸 가믄장아기 는 "부모님 덕도 있지만, 내 배꼽 밑의 선그뭇 덕에 산다"고 대답했 다. '선그뭇'은 배꼽에서 음부까지 그어진 선이다. 그 때문에 불효하다 는 이유로 쫓겨났다.

[b] 쫓겨난 가믄장아기는 들판을 가다가 마를 캐서 살아가는 마퉁 이 삼 형제를 만나 그 집에 유숙하게 되었다. 마퉁이 삼 형제의 마음 씨를 보니, 큰마퉁이와 둘째 마퉁이는 사납고, 막내 마퉁이는 착했다. 가믄장아기는 막내 마퉁이와 부부가 되었다.

[c] 마를 캐는 구덩이에서 금은덩이가 쏟아져 나와 부자가 되었다.

[d] 가믄장아기를 내쫓은 부모는 갑자기 장님이 되고, 재산을 탕진 해 다시 거지가 되었다. 이 사실을 안 가믄장아기는 거지 잔치를 열 었다. 맨 마지막 날에 장님 거지 부부가 찾아온 것을 보니 부모였다. 안으로 모셔 대접하면서 자기가 가믄장아기라고 하자, 부부는 깜짝 놀 라 눈을 떴다. 부부는 가믄장아기와 함께 잘살았다.

앞의 것은 [김해], 뒤의 것은 [제주]라고 하고, 이 둘에 관해 네 가지 고찰을 한다. [1] 둘을 단락별로 비교한다. [2] 둘의 변이형을 확인한다. [3] 둘의 분포를 알아본다. [4] 둘과 [가] 백제 개루왕과 도미 아내의 만 남, [나] 고구려 평강공주와 온달의 만남, [라] 백제 서동과 신라 선화공 주의 만남이 같은 점을 밝힌다. (5) 둘에 나타난 차등론과 대등론의 관계를 찾아낸다.

[1] [a]에서 [제주]는 거지 부부가 딸을 셋 낳으니 사는 형편이 좋아졌다는 것이 특이하다. 사는 형편이 좋아진 것이 딸들 덕분이라고 할 수 있다는 말이다. 셋째 딸이 "선그뭇 덕에 산다"고 하는 것도 특이하다. 이 말은 널리 쓰이지 않게 된 고어라고 생각된다.

[b]에서 [김해]의 숯 구이 총각 하나와 [제주]의 마 캐는 마퉁이 삼형제가 다르다. 셋째 딸이 셋째 마퉁이와 결혼했다고 하니 짝이 맞는다. 셋째 딸이 불운해 셋째 마퉁이에게 행운을 가져다 주었다.

[c]에서 [제주]는 원래 거지였던 부부가 거지로 되돌아갔다고 하고, 잘 살게 된 셋째 딸이 부모를 만나기 위해 거지 잔치를 했다는 것이 특이하다. 수미상응의 구조를 갖추었다. 부부가 다시 거지가 되었을 뿐만 아니라 장님이 되기도 한 것을 셋째 딸을 내친 과오로 이해할 수 있다. 장님 잔치를 해서 부모와 만났다고 하는 것은 적절한 설정이다.

[2] [제주]는 변이형이 없다. [김해]에는 두 가지 변이형이 있다. 하나는 남편에게 쫓겨난 아내가 재혼해서 잘되고 남편이 걸인이 되어 찾아갔다고 하는 것이다. 이것은 재혼형이라고 한다. 재혼형은 아내를 쫓아낸 남편이 그 응보로 불운하게 된 것을 말하는 데 치중해, [c]의 경이에 깊은 관심을 가지지 않게 한다. 또 하나는 [c]까지의 전반부만 있는 것이다. 이것은 전반형이라고 하자. 전반형은 셋째 딸이 겪은 [a]의 불운이 절반만 역전되었다. 둘 다 전승 과정에서 생긴 변이라고 할 수 있다.

[3] [마] 내 복에 산다는 처녀와 숯구이 총각의 만남은 전국에 전승되고 있으며, 중국과 일본에도 있다. 재혼형도 흔하다. 일본에는 전반형만 보인다. 이런 사실을 전파론의 견지에서 설명하는 것은 적절하지 않다.

같은 유형이 세계 도처에 있기 때문이다.

인도의 것은 불경에 수용되어 있다. (《雜阿含經》 제1 孝行篇 〈波斯匿王의 딸 善光의 인연〉) [a] 공주가 부왕의 노여움을 샀다. [b] 부왕이 공주를 지나가는 거지에게 주었다. [c] 공주는 남편이 된 거지의 집에서 금덩어리를 발견해 잘살았다. [d] 부왕이 딸을 찾아가 보고 잘못을 뉘우쳤다. 이런 이야기이다.

그리스의 것을 보자. [a] 아버지가 세 딸에게 자기를 얼마나 사랑하는가 물었다. 첫째 딸은 꿀만큼, 둘째 딸은 설탕만큼 사랑하다고 하고, 셋째 딸은 소금만큼 사랑한다고 했다. [b] 아버지는 화가 나 셋째 딸을 지나가는 노인에게 주었다. [c] 셋째 딸은 노인과 부부가 잘살았다. [d] 잔치를 벌이니 찾아온 어버지에게 소금을 치지 않은 음식을 대접했다. 먹을 수 없다고 하자 나타난 딸에게, 아버지가 잘못을 사과했다.

이런 유형의 설화가 널리 알려져 있다. (Aarne-Thompson Type 510) 인도, 터키, 그리스, 말타, 러시아, 스칸디나비아, 영국 등지에서 채록되었으며, 셰익스피어의 희곡 〈리어 왕〉(King Lear)에 수용되었다. 그 단락을 보자.

[a] 고대 영국의 왕 리어는 세 딸들에게 왕국을 나누어 주고, 노년을 편안하게 보내려고 했다. 첫째 딸과 둘째 딸은 아버지의 사랑에 찬사를 바치고 큰 몫을 얻었다. 셋째 딸은 자기 도리를 다하여 아버지를 사랑할 뿐이라고 해서, 쫓겨났다. [c] 첫째와 둘째 딸이 배신해, 리어왕은 모든 것을 잃고 광야에서 헤맸다. [d] 셋째 딸과 만나 잘못을 용서해달라고 하다가, 셋째 딸이 죽자 자기도 죽었다.

[마] 내 복에 산다는 처녀와 숯구이 총각의 만남 유형의 설화가 세계 도처에 있는 것은 무슨 까닭인가? 전파론으로는 대답할 수 없다는 것을 다시 확인하고, 적절한 이유를 말해보자. 차등론은 부당하고 대등론이 정당하다고 인류는 함께 생각한다. 아버지는 자식 위에 군림하는 차등론자

일 수 있어, 자식 가운데 셋째 딸이 이에 반발하고, 인류의 소망인 대등론 구현에 앞서는 훌륭한 일을 한다. 이렇게 말하는 것이 정답이다.

왜 셋째 딸인가? 아들은 기득권인 차등론의 상속을 기대할 수 있다. 첫째와 둘째 딸도 거기 끼어들 여지가 있다고 여길 수 있다. 셋째 딸은 이중으로 덤이어서 다른 선택의 여지가 없으므로, 항거를 한다. 항거에서 승리해 대등론의 진실을 입증하는 것이 당연하다. 이런 생각을 재산이 생기고 부계사회가 성립된 이후에 인류가 공통적으로 가져, 같은 유형의 이야기를 한다.

[4] [마]는 [나] 고구려 평강공주와 온달의 만남이나 [라] 백제 서동과 신라 선화공주의 만남과는 같은 점이 여럿 있다. [김해] [b]에서 집 나간 처녀가 총각 모자의 집으로 가서 남편을 얻게 되는 것이 [나]와 같다. [제주] [b]에서 셋째 딸이 마퉁이와 만났다고 한 것은 [라]와 같다. 총각이 일하는 곳에 생금장이 있는 것을 모르다가 아내가 생긴 덕분에 알게 되었다고 [김해]와 [제주] [c]에서 말한 것이 [라]와 같다. 쫓겨난 셋째 딸이 잘되어 부모를 돌보았다고 [김해]와 [제주] [d]에서 말한 것이 [라]와 같다.

이런 사실은 [라] 백제 서동과 신라 선화공주의 만남이 광범위하게 유포된 전승의 정착임을 알려준다. 쫓겨난 딸의 배우가 된 총각이 [김해] 쪽의 숯구이가 아니고 [제주] 쪽의 마퉁이인 것은 주목할 만하다. 숯구이는 대장장이일 수 있어 위력이 있고, 마퉁이는 먹거리를 구하기만 해서 미천하기만 하다. 후대의 전승을 택했다고도 할 수 있고, 미천해야 아주 대등하다고 말하려 했다고도 할 수 있다. 서동이 노래를 지어 선화공주를 유인했다는 것은 다른 데서 볼 수 없어, [라]에 의도적인 창작이 추가된 것을 인정해야 한다.

[5] [김해] [a]에서 어느 부자가 차등의 상위에 있는 것을 세 딸이 확인해달라고 했더니, 셋째 딸은 거부했다. 셋(3)은 둘(2)을 채우고 남는 숫자이다. 차등의 상위에 세 번째 자리는 없다고 여기고, 차등론에 반발하는 것이 당연할 수 있다. "내 덕"에 산다고 한 것은 차등론을 거부하고 대등론을 나아가겠다고 하는 출발 신호이다.

[b]에서, 쫓겨난 셋째 딸은 거지 노릇을 하며 돌아다니다가, 길을 잃고 날이 어두울 때 산중에서 불빛을 보고 찾아가니 움막이 있었다. 숯 굽는 총각이 어머니와 함께 살고 있었다. 이것은 대등론 실현이 가능해진 전환이다. 자기를 쫓아낸 아버지가 만든 상처를 그 어머니가 말끔히 씻어줄 수 있어 좋았다. 숯 굽는 총각과 부부가 되어 하층에서 차등론을 거부하고 대등론을 실현하는 행복을 누렸다.

[c]에서, 숯을 굽는 굴 위의 구들장이 모두 생금 덩어리임을 발견했다는 것은 세 가지 다른 말이 하나이게 한 복합이다. 숯을 굽는 총각은 당장 살아가는 데 필요한 것 이상의 물질을 바라지 않았다. 일상적인 관습에 매몰되어 있지 않은 신선한 시각으로 살피면 숨어 있던 비밀이 드러난다. 쫓겨난 딸과 착한 총각의 결연은 너무나도 훌륭해 커다란 상을 받아야 한다.

이 모두가 대등론이 얼마나 좋은지 말해준다. 그런 일이 [d]에서는 부모에게까지 확대되었다. 잘못을 저지른 부모가 차등론은 반드시 파괴되는 시련을 겪고, 쫓아낸 딸을 만나 돌봄을 받으며 대등론의 행복에 동참했다고 했다.

[제주] [a]에서 남녀 거지가 부부가 되어 살면서 딸을 셋 낳으니, 사는 형편이 좋아졌다고 한 것은 딸들과 함께 대등론을 실현해 얻은 보상이다. 그런데 교만한 마음이 생겨 차등론으로 나아가려고 딸들의 효성을 시험하다가 망했다. 셋째 딸을 내쫓은 탓에 다시 거지가 되고 눈이 멀기까지

했다고 [d]에서 말한 것은 철저한 징벌이다. 이 점에서 [김해]보다 더 나아갔다.

쫓겨난 셋째 딸을 가믄장아기라는 예쁜 이름으로 부른 것은 주체성을 선양하고자 하는 배려이다. [b]에서 쫓겨난 가믄장아기는 마퉁이 삼 형제 가운데 사나운 두 형은 버리고, 착한 셋째를 배우자로 택했다. 대등론의 행복을 스스로 이룩하면서, 둘을 채우고 남은 숫자 셋이 짝이 안정을 얻도록 하는 것까지 했다. 가믄장아기의 슬기로움은 [나]의 평강공주와 견줄만하다. 둘 다 남녀 차등을 뒤집고 여남 대등을 이룩했다.

[c] 마를 캐는 구덩이에서 금은덩이가 쏟아져 나와 부자가 되었다는 것은 [김해]의 경우보다 단순하게 처리했다. [d]에서 이루어진 역전에 큰 비중을 두었기 때문이다. 거지 잔치에 참여하려고 찾아온 부모가 딸의 소리를 듣고 눈을 뜬 것은 〈심청전〉의 결말에도 있는 엄청난 경이이다. 차등의 장벽을 모두 깨고 대등을 실현하는 극적 전환이다.

7

[바] 자청비와 문도령의 만남은 제주도의 서사무가 〈세경본풀이〉에 있는 것이다. 사건이 아주 복잡하지만, 핵심은 분명하다. 자청비라는 예사 처녀가 玉皇上帝의 아들 문도령을 사랑해, 남장을 하고서 따르다가 마침내 뜻을 이루었다는 것이다. 그 과정을 다 말하지 말고, 핵심이 되는 대목만을 살펴보자.

자청비는 문도령을 유혹해, 부모 몰래 부부가 되는 대담한 행동을 했다. 문도령을 데리고 자기 집에 가서 부모에게 문도령이 글공부를 함께 하는 여자아이이니 자기 방에 자고 가게 해달라고 해서 허락을 얻고서, 다음과 같이 했다. (진성기, 《제주도무가본풀이사전》, 1991, 280면)

ᄌ청빈 문두령 홀목을 비어잡아,
"문두령아 문두령아 !
글이 식ᄉ상을 받아놓고,
이 날 밤은 느영 나영 놀음놀이ᄒ게."
식ᄉ상을 받아놓고 ᄌ청비가 나와앚안,
서월놈이 남뱅은 초불 닦아 ᄌ소주여,
두불 닦아 불소주여, 시불 닦아 환화주여.
농잔에 응노대에 칠첩반상을 ᄀ득이
제육안주에 들르고 들어가니,
ᄌ청빈 문두령 홀목을 비여잡아,
"문두령아 문두령아 !
우리 초잔은 인ᄉ주,
두잔은 대접주, 삼잔은 친귀주.
술 삼잔을 논노와 먹고
느영 나영 이날 밤을
천상배필 무으기가 어떵ᄒ냐?"

자청비는 문도령 손목을 부여잡고,
"문도령아 문도령아!
같이 식사상을 받아놓고,
이날 밤은 너와 나와 놀음놀이하세."
식사상을 받아놓고
자청비가 나와 앉았으니,
서울놈의 남뱅은 초벌 고아 자소주여,
두불 닦아 불소주여, 세불 닦아 환화주여.
농잔에 응노대에 칠첩반상을 가득히

제육안주 들고 들어가서,
자청비는 문도령 손목을 부여잡고,
"문도령아 문도령아!
우리 첫잔은 인사주,
두잔은 대접주, 삼잔은 친구주.
술 삼잔을 나누어 먹고
너와 나와 이날 밤을
천정배필 만들기가 어떠하냐?"

실제 상황은 자청비가 문도령을 자기 방에 데리고 들어가서, 저녁밥을 먹고 함께 자는 것이다. 밥상에 많은 음식이 차려져 있을 수도 없고, 술이 마련된 것은 아니다. 그러나 부부 결연이 이루어지려면 잔치 음식이 있어야 하고, 합환주를 나누어야 한다. 그런 광경을 상상하는 것은 당연한 일이다. 상상이 실제라고 서술하는 것이 이 작품의 일관된 원리이므로 이 장면에서 특별히 문제될 수 없다.

잔치 음식이 풍성하다는 상상으로 자청비 마음속의 격앙을 나타내는 표현방법이 사실적이지 않다고 할 수는 없다. 처녀가 총각에게 부부가 되는 놀음을 하고, 천정배필이 되자고 하는 말을 격앙된 상태가 아니면 하지 못한다. 듣는 사람들 또한 같은 심정을 가져야 이 노래에서 전개되는 모든 사건이 진실이라고 인정된다.

다음에 고찰할 [사]에서, 춘향이 이몽룡과 결연하는 날 밤에 음식을 차린 것과 비슷한 광경이 벌어졌다. 결연의 통과의례에 공통된 방식이 있어야 마땅하다. 그런데 자청비의 결연은 월매가 등장하지 않고 부모 몰래 진행되며, 음식상도 실제로 차린 것이 아니다. 모든 것을 자청비가 스스로 꾸미고 스스로 진행했다. 이몽룡은 서울서 온 사또의 아들이지만, 문도령은 하늘에서 내려온 옥황상제의 아들이다. 둘 다 가장 아름답고 고귀한 모습으로 그려본 남성인데, 상상력의 차이가 크다.

사랑에는 방해자가 있어 난관이 생기게 마련이다. 하인인 정수남이 자기를 사모해서 놓아주지 않으려고 하므로 죽이기까지 해야 했다. 가장 아름답고 고귀한 남성과는 반대로 가장 추악하고 징그러운 남성이 정수남이어서, 둘이 극과 극의 대조를 이룬다. 방해자 정수남을 제거했다고 해서, 자청비와 문도령의 사랑이 바로 인정될 수 있는 것은 아니다. 자청비가 하늘까지 올라가서 문도령의 부모를 설득하고, 문도령이 피살되자 살려내고 하는 등의 난관을 이겨내는 과정을 거듭 설정했다.

차등론을 타파하고 대등론을 이룩하는 데 여성이 과감하게 앞섰다. [나] 고구려 평강공주와 온달의 만남과 비교해보자. 지체 높은 평강공주가 아래로 내려가 온달을 배우자로 삼아 대등론을 실현한 것은 마음만 먹으면 가능했다. 지체 낮는 자청비가 옥황상제 아들이라는 문도령의 사랑을 얻어 부부가 된 것은 너무나도 파격적인 일이어서, 과감한 결단과 비상한 노력이 있어야 했다. 그런 여인의 모습을 일찍 보여준 것을 높이 평가해야 했다.

8

[사] 춘향과 이몽룡·변학도의 만남은 판소리 〈춘향가〉 또는 소설 〈춘향전〉에서 말했다. 이 작품은 아주 잘 알려지고 너무나도 많이 연구해, 새삼스럽게 논의할 것이 없다고 할 것인가? 아니다. 다시 할 일이 얼마든지 있다.

[가]에서 [바]까지와 비교해 고찰하는 것은 새로운 작업이다. 관점의 전환도 제시한다. 서사무가, 판소리, 소설 등이 모두 설화의 확대 발전이라고 여기고 같은 차원에서 비교 고찰을 한다. 차등론과 대등론을 어떻게 전개했는지 밝히는 데 힘쓴다.

남원부사의 아들 이몽룡은 오월 단오날 남원 광한루에 놀러 나갔다가 기생의 딸 춘향을 우연히 보고 수작을 건네더니, 바로 그날 밤에 찾아가 온갖 음란한 놀음을 벌였다. 얼마 후에 이몽룡이 서울로 떠나가 애절한 이별이 있었다. 신관 사또 변학도가 기생이니까 수청을 들라고 하는 요구를 거절해 춘향은 매를 맞고 옥에 갇혀 죽을 지경에 이르렀다. 이몽룡이 어사가 되어온 덕분에 구출되어 둘이 부부가 되어 평생 잘 살았다.

이런 전개에서 [가] 백제 개루왕과 도미 아내의 만남에서 볼 수 있던 것 같은 官奪民女가 두 번 자행되었다. 1차로 이몽룡이, 2차로 변학도가 그런 짓을 했다. 이 둘에 대한 춘향의 대응 방식은 달랐다. 이몽룡에게는 우호적이고, 변학도에게는 적대적이었다. 그 이유가 젊고 미혼인 이몽룡은 매력을 느껴 사랑할 수 있고, 늙고 기혼인 변학도는 혐오의 대상이어서 배척하지 않을 수 없었기 때문이라고 하고 말 것은 아니다. "기생의 딸이므로 기생이다"라고 하면 제한되는 이런 선택권을 "기생의 딸이라도 기생이 아니다"라고 하고 당당하게 행사하고자 한 것을, 주목하고 평가해야 한다.

이몽룡이 춘향에게 접근한 것은 기생의 딸이므로 기생이라고 여기고 일시적인 향락을 추구하기 때문이라고 보는 것이 합리적이다. 춘향은 이 요구에 순응해 처음부터 몸을 허락라고서, 일시적인 향락이 지속적인 사랑이 되도록 바꾸어놓았다. 경박한 난봉꾼 이몽룡이 진실한 서방님이 되도록 만들었다. 기생 춘향의 부정과 기생 아닌 춘향의 긍정을 이몽룡과의 합작으로 분명하게 했다.

그럴 수 있었던 이유를 [바] 자청비와 문도령의 만남과 견주어 고찰해 보자. 춘향은 자청비 못지않은 결단력과 추진력을 가지고 상대방이 달라지지 않을 수 없게 했다. 그러면서 그런 능력을 밖으로 드러내지 않고 천연스럽고 부드럽게 발현했다. 변학도의 명을 받고 자기를 잡으러 온 군사를 춘향이 어떻게 맞이했는가 말한 데서 이 점이 분명하게 나타난다.

(언어 구사가 특히 풍부한 이본 〈南原古詞〉의 해당 대목 현대표기이다.)

　　섬섬옥수 느직이 넣어 이패두의 손을 잡고 방안을 들어가며 하는 말이, "하 오랜만에 만났으니 술이나 먹고 노사이다. 관령 모신 일로 왔나? 심심하여 날 찾아 왔나? 무슨 바람이 불어 날 찾아 왔나? 내가 꿈을 꾸나. 그리던 정을 오늘이야 펴겠네. 반가울사 귀한 객이 오늘 왔네. 사람 그리워 못살겠네."

　　이렇듯이 사랑스러운 모습으로 사람의 간장을 농락하니, 저 패두놈 거동 보소. 이전 일 생각하니 오늘 일이 의외로다. 이전에 춘향 보기는 도솔궁 선녀더니, 오늘날 춘향 하는 짓은 가작인 줄 정녕 알건마는, 분길 같은 고운 손으로 북두갈고리 같은 저의 손을 잡은지라, 고개를 빼고 내려다보니 제 두리 뼈가 시큰시큰, 돌 같은 굳은 마음 춘풍강상의 살얼음 같이 육천 골절이 다 녹는다.

춘향이 이렇게 나오니 잡으러 갈 때에는 우악스럽기 이를 데 없던 녀석이 아주 나긋나긋하게 되었다. 빈손으로 돌아가 병이 나서 춘향을 잡아오지 못했다고 보고했다. 춘향의 능력이 어느 정도인가 잘 보여주는 대목이다. 춘향은 어느 한 가지로 규정할 수 있는 성격이 아니다. 미인이라든가 열녀라든가 하는 것은 한 측면에 지나지 않는다. 상황에 따라서 변하는 행동을 천연스럽게 하면서 주위의 사람들을 각기 다른 방법으로 휘어잡은 처신을 주목해야 한다.

　　대등론은 관념이 아니고, 대등을 확인하고 실현하는 자발적인 의식이다. 차등론이 하는 선별을 대등론은 철폐한다. 선별 철폐를 자발적으로 하는 소통과 유대가 광범위하게 이루어져 대등론의 가치가 발현된다.

　　옥중에서 수난을 당한 춘향은 그 중심이 되었다. 남원 읍내 백성들이 한결같이 춘향을 지지해 변학도를 횡포한 압제자라고 규탄하고, 암행어사의 등장을 요청했다. 그래서 대등의 범위를 크게 확대하고, 대등론의 타당성을 더욱 분명하게 했다.

[사] 춘향과 이몽룡·변학도의 만남마저 역사의 사실로 이해하려고 고증을 하고 추론을 전개하는데, 모두 어리석은 짓이다. [나]에서 [마]까지와 마찬가지로, 하나하나 들어 비판하는 공연한 수고이다. 자료를 판소리나 소설을 포함한 광의의 설화로 고찰한 결과를 대안으로 제시한다.

차등 서열의 상위자, 남원부사의 아들, 장원급제한 암행어사가 하위의 여인, 절차를 갖추지 않고 정을 통한 기생의 딸을 위기에서 구출해, 첩이 아닌 처로 삼았다는 것은 결코 역사일 수 없는 설화이다. 역사의 차등론 옹호에 맞서 대등론의 반론을 제기하려고 지어낸 설화이다. 설화의 의의를 평가할 수 있어야 그 가치가 밝혀진다.

9

설화는 허구이므로 허위라고 하지 말아야 한다. 개별적인 사실을 넘어서서 총체적인 진실을 말해주는 것이 설화의 임무이다. 그 방법은 허구를 사용하는 것이다.

어느 때 어디서나 있을 수 있는 허구는, 역사의 사실이 폐쇄성이나 편향성에서 벗어나지 못하는 한계를 타파하는 최상의 방법이다. 단편적인 사실을 들어 차등론의 기득권을 추인하는 역사에 대해 전면적이고 총체적인 반론을 제시하고 대등론의 타당성을 입증하려면 이 방법을 사용해야 한다.

지금까지의 연구를 돌아보자. [가] 백제 개루왕과 도미 아내의 만남, [나] 고구려 평강공주와 온달의 만남, [라] 백제 서동과 신라 선화공주의 만남, 이 셋을 역사인 것을 밝혀 설화는 평가절하하는 작업이 누적되어 쓰레기 산을 이루고 있다. 이런 것을 치우려면 역사에서 설화로 관심을 돌려 시야를 확대해야 한다.

[바] 문도령의 만남은 역사의 근거를 찾을 것이 없어 다행이라고 하지 못한다. 권력의 역사 대신 생업의 역사와 관련시켜 고찰하면서 설화의 의의를 축소하거나 부정하려는 시도가 계속되고 있다. [마] 내 복에 산다는 처녀와 숯구이 총각의 만남은 역사의 사실로 고찰할 수 없어 쓰레기를 치울 수 있는 단서를 제공하는데, 전파 과정을 밝히겠다는 연구가 이 작업을 방해한다.

이런 잘못을 각기 다루지 말고, 총체적으로 바로잡아야 한다. 개별 고증의 차원을 넘어선 포괄적인 이론이 명확하게 이루어져야 청소 작업을 말끔히 할 수 있다. 지금까지의 실패를 바로잡기 위해 연구의 대전환을 해야 할 때가 되었다.

[가]에서 [사]까지가 역사라면 각기 다르다. 역사의 사건은 차등론의 편린을 특수하게 보여주고 서로 연결되지 않는다. 비슷한 사례를 많이 모아야 신빙성 있는 논의를 전개할 수 있다. 그것은 힘이 많이 들고 보람은 적은 일이다. 역사가가 가엾다.

설화이므로 모두 하나이다. 서로 연결되어 크고 중대한 발언을 한다. 역사가 차등론의 편린을 특수하게 보여주는 것을 총체적으로 비판하고 대등론의 대안을 일관성 있게 제시한다. 설화를 많이 모으지 않고 몇 개만 들어도 이 점을 분명하게 할 수 있다. 비슷한 것들을 여럿 모아 귀납적인 논의를 할 필요가 없다.

소종래나 겉보기가 많이 다른 설화 몇 개만 고찰해 공통점을 찾으면 숨은 진실을 발견하는 성과가 대단하다. 그 작업을 설화 하나를 가지고도 할 수 있다. 외연이 아닌 내포가 소중하다. 외연은 넓어도 한계가 있지만, 내포는 좁은 듯해도 전체를 말해줄 수 있다. 전국이나 온 세계의 물을 찾아다니는 수고를 하지 않고, 물 한 방울을 가지고 물이 무엇인지 알 수 있는 것과 같다.

역사는 단편적 사실을, 설화는 총체적 진실을 말해준다. 설화가 허구로 이루어진 것은 단편적 사실과의 연결을 끊고, 총체적 진실로 나아가기 위해 반드시 필요한 방법이다. 사실은 있는 것이고, 허구는 있을 수 있는 것이다. 있는 것들은 시공이 각기 제한되어 있어 서로 별개이다. 하나하나 고찰하는 작업을 아무리 많이 해도 미진하다. 있을 수 있는 것들은 시공의 제한이 없고 서로 연결되어 크게 하나를 이룰 수 있다. 어느 한 쪽에서 그 전체를 알 수 있다.

과거·현재·미래가 역사에서는 단절되고, 설화에서는 연속되어 있다. 과거의 역사가 자랑스럽다고 하면 현재나 미래가 잘되는 것은 아니다. 설화에서는 과거가 현재이고 미래이므로, 자랑의 대상이 창조의 주체로 나선다. 패권주의 차등론을 드높인 역사가 있었다고 뽐내는 것은 충돌을 부추겨 감당하기 어려운 폐해를 빚어내는 자멸 경쟁이다. 대등론의 철학을 풍부하게 이룩한 설화는 오늘날에도 살아 있다. 자타의 구분을 넘어서서 모두 행복하게 하는 데 기여한다.

인류의 보편적인 소망인 만인대등이 만생대등이기도 하다. 만생대등은 만물대등이기도 하다. 그래서 모두 복락을 누릴 수 있다. 이것이 대등철학의 긴요한 내용이다. 이미 얻은 성과가 설화를 들어 고찰한 결과 더욱 분명해진다.

3-3 시인이 말한다

1

이제 한시를 쓴 시인을 만나보자. 한시는 바다처럼 넘실거려 찾아낼 것이 많다. 평가되지 않고 있는 시인들이 놀라운 각성을 얻은 것을 발견하

고 놀란다. 대등생극론의 심층 내력을 확인하고, 철학사 이해를 바로잡는
다. (《문학 속의 자득 철학 3 문학으로 철학하기》, 2025에서 더 많은 시인
을 들어 자세하게 고찰한 성과를 일부 간추린다.)

    2

盧守愼(1515-1590)은 어떤 사람인가? 장원급제를 거듭하고 진출해 영
의정에 이르렀다. 70세가 넘어 노쇠해 물러나려고 하니, 국왕이 집에 누
워 있으면서도 도와달라고 했다. 이 정도면 더 바랄 것이 없다고 하겠으
나, 영달해 부귀영화를 누리려고 한 것은 아니다.

어떻게 살아야 하는지 고민하고, 바른 길을 찾고자 했다. 당시의 신진
세력인 사림파의 일원이 되어 도학 또는 성리학을 했다고 할 수 있다.
13세 연상인 李滉과 사명감을 공유하며 논란을 벌였으며, 지향하는 바는
달랐다. 주고받은 시에 주목할 말이 있다.

이황은 "學貴虛心得 名羞掩耳偸"(학문은 마음을 비우고 얻는 것이 귀중
하고, 이름은 귀를 가리고 얻으면 수치스럽다)고 하는 말이 있는 시를 지
어 보냈다. 이에 대해 노수신은 "徒虛恐引偸 須要有自得"(공연히 비우면
도둑을 부를까 염려되니, 마땅히 자득함이 있어야 한다)고 응답했다. 이 자
료가 둘의 학문이 어떻게 다른지 명백하게 말해준다.

우회 논법을 사용해 말썽을 피하려고 하지 말고, 차이점을 적나라하게
말하자. 마음을 비운다고 자처하고 이름을 얻고자 하지 않는다는 광고까
지 하면서, 존경하는 고인에게 기대는 것은 무책임한 행실이기만 하지 않
다. 그 사람을 빈집털이 도둑으로 보이도록 만든다. 이것은 용서하기 어
려운 결례이고 중대한 과오이다.

학문을 한다면 당연히 依樣을 버리고 自得을 갖추어야 한다. 자득으로
이룬 바가 있어 헛된 이름과는 다른 실질적인 기여를 해야 밥을 얻어먹

을 자격이 있다. 노수신이 하지 않고 보류해 둔 말을, 내가 끄집어내 이렇게 펼쳐놓는다.

한동안 훈구파가 사림파의 대두를 억제하는 판국이었다. 그 수난을 李滉은 물러나기를 일삼아 피했으나, 노수신은 정면으로 당해 19년 동안이나 귀양살이를 해야 했다. 이황은 성현을 존숭하며 마음을 바르게 할 따름이라고 했는데, 노수신은 자득의 이치로 세상을 바로잡으려고 귀양살이를 하면서 더욱 분발했다.

노선 차이는 그 전에 이미 나타났다. 孔子가 말한 時習의 의미를 知行合一의 견지에서 이해하고 실행해야 한다는 지론을 일찍 폈다. 〈時習箴 并序〉의 序에서 말했다. ″必以時習之於心 則心與理相涵 無枯燥生澁之病 而所知者益精 必以時習之於身 則身與事相安 無危殆杌楻之患 而所行者益一″(반드시 때로 마음에 익혀야 하니 그렇게 하면 마음과 이치가 서로 함양되어 건조하고 생경한 병통이 없어져서 앎이 더욱 정미해지고, 반드시 때로 몸에 익혀야 하니 그렇게 하면 몸과 일이 서로 편안해져서 위태롭고 위험한 근심이 없어져서 행함이 더욱 전일해질 것이다.)

이황은 四端七情을, 노수신은 人心道心을 말한 것이 다르다. 이황이 선한 마음 四端과 악할 수 있는 마음 七情은 출처가 다르다고 한 것이 마땅하지 않다고 여기고, 李珥가 人心이나 道心은 다 같은 마음이며 지향점이 다르다는 반론을 제기한 것은 잘 알려졌다. 李珥보다 21년 연상인 노수신이 人心道心論을 먼저 폈다.

노수신은 그런 논의를 선인의 말을 인용하고 시비하면서 아주 복잡하고 난해하게 전개했다. 李珥가 명쾌한 논의를 적실하게 한 것과 비교해보면, 결함이 많아 이해나 동의를 얻기 어렵다. 이렇게 된 이유는 두 가지 차질에 있다. 노수신은 철학 글을 잘 쓰지 못한다. 이것은 사소한 차질이다. 탁상공론의 잘못을 탁상공론으로 바로잡을 수 없다. 이것은 중대한 차질이다.

중대한 차질을 바로잡으려면 적극적인 대책이 있어야 했다. 노수신은 논술에서 실행으로 나아가, 귀양살이의 불운을 행운으로 역전시켜 획기적인 전환을 했다. 名山大刹을 찾아가 웅대한 기상으로 마음을 씻고, 善知識과 만나 슬기로움을 겨루었다. 유가 도학의 편협함을 타파하고, 드넓은 시공으로 나아갔다. 만물대등의 크나큰 이치를 깨닫고 실행했다.

〈 三臺感興 養仁臺 安心臺 開心臺〉

仁養心安相待成
此心開處又平亭
兩儀已自分高下
一氣終須有濁淸
山勢南來人異見
水聲東去我同聽
莫將二樂終身誦
却只爲邪累本情

〈삼대에 대한 감흥 양인대 안심대 개심대〉

어짊 기르고 마음 안정 서로 도와 이루니,
마음 크게 열린 이곳에 평정이 있구나.
음양은 이미 아래와 위로 나누어져 있고,
한 기운 모름지기 맑고 흐림 있도다.
산세는 남으로 내려와 사람마다 달리 보고,
동으로 흐르는 물소리 나도 같이 듣노라.

두 가닥 노래만 종신토록 부르지 말라.
오히려 잘못되어 본래의 정에 누를 끼친다.

　밖으로 나가 養仁臺·安心臺·開心臺라고 하는 큰 바위가 이어져 있는 것을 바라보고 감탄하며 천지만물의 이치에 다가간다. 바위의 이름으로 삼은 養仁·安心·開心, 仁을 길러 마음을 편안하게 하고 활짝 연다. 여기까지는 표면을 파악한 서론이다.

　내면을 말해주는 본론은 그 다음 대목에 있다. 하나인 氣가 아래와 위, 흐리고 맑은 등의 특징을 가진 陰陽으로 나누어져 운동하고 작용하는 이치이다. 氣일원이라고 할 수 있는 것을 책을, 글을 읽지 않고 천지만물을 직접 보고 알아차렸다. 큰 덩어리를 많이 보니 더욱 확실하다.

　이것은 남으로 뻗어내리는 산세나, 동으로 흐르는 물소리 같다. 사람마다 달리 볼 수도 있고, 나도 같이 들을 수 있다. 이렇게 가볍게 하는 말로 결론을 삼지 말아야 한다. 음양은 두 가닥의 노래를 각기 들려주어도 하나임을 잊지 말아야 한다. 性이 따로 있지 않고, 情이 본래의 마음인 줄 아는 것이 궁극의 각성이다.

　〈上上開心庵〉

　　只憐雙目快
　　不惜兩筋忙
　　數息淸溪得
　　時眠白石當
　　日從山徑遠
　　雲與海天長
　　暝色歸愁盡

狂夫信更狂

〈마음 여는 암자로 높이높이 오른다〉

두 눈의 상쾌함만 좋아하고,
팔다리 바쁨은 애석하게 여기지 않는다.
두어 번 쉬기는 맑은 시내가 좋고,
때로 졸기는 깨끗한 돌이 그만일세.
해는 오솔길을 따라 멀어지고.
구름은 바다 하늘과 같이 길구나.
어두우면 돌아가야 한다는 걱정도 없어지고,
미치광이가 참으로 더 미친다.

여기서는 고요한 상태에 머물러 마음을 다스리겠다는 착각을 시정한다. 적극적으로 나서서 힘들게 움직이며 차츰 높이 올라가니, 막혀 있던 시야가 활짝 열린다. 과거의 고사와 종잡을 수 없게 얽힌 잡념을 씻고, 현재의 山水·木石·天海와 바로 이어지는 감격을 누린다. 마음을 여는 암자 開心庵은 어디 따로 있지 않고, 森羅萬像 그 자체이다. 거기까지 이르니, 道를 닦는다는 관념이 사라지고 온몸이 새롭게 생동한다. 모든 관념을 뒤집어엎는 미치광이 짓을 더 철저하게 하는 실행을 悟道頌으로 삼는다.

깨달았다는 것이 무엇인가? 빈말은 그만두고, 정답을 말해보자. 만물·만생·만인대등론을 갖추어야 공허하지 않은 깨달음이고, 세상을 바르게 하는 데 실제로 기여한다.

높이 올라가 만물대등만 말하면, 차등론의 정상을 고고하게 보여준다고 오해할 수 있다. 미치광이짓을 더 철저하게 하려면, 정반대로 방향을 바꾸어야 한다. 만생 가운데 맨 아래의 가장 미천한 쪽으로 다가가야 한다.

사람에게 종속되어 이용당하기만 하다가 죽는 가축이 자기와 대등하게 소중하다고 해야 한다. 〈上上開心庵〉과 정반대가 되는 다음의 시가, 가장 낮은 자리에서 더 높은 경지의 깨달음을 온전하게 실행한다.

〈葬騾〉

驢馬生殊骨
剛强見異常
一年筋力寓
幾度往來鄉
蕢荳何曾飽
風霜不免傷
無帷可謝過
深闕厚苦藏

〈노새를 장사 지낸다〉

나귀나 말과 별다른 골상을 타고나,
완강하고 비범함을 드러내 보였다.
한 해 내내 있는 대로 근력을 바쳐,
몇 번이나 내 고향을 왕래했던가.
콩깍지 찌꺼긴들 언제 배불리 먹었던가,
풍상 속에서 몸 다치는 것을 못 면했다.
휘장이 없는 것을 마땅히 사과하면서,
깊이 파고 두껍게 싸서 묻어 주리라.

이 시는 《禮記》〈檀弓下〉에서 말한 孔子의 일화와 연관된다. 기르던 개가 죽자, 공자가 子貢에게 묻어 주라고 하면서 말했다. "吾聞之也　敝帷不棄　爲埋馬也　敝蓋不棄　爲埋狗也　丘也貧　無蓋　於其封也 亦予之 席　毋使其首陷焉"(내가 들으니, 해진 휘장을 버리지 않는 것은 죽은 말을 싸서 묻어 주기 위함이요, 해진 수레 덮개를 버리지 않는 것은 죽은 개를 묻어 주기 위함이라고 했다. 나는 가난해 수레 덮개가 없으니, 그 시체를 묻을 때 내 거적자리를 가져가 머리가 흙에 함몰되지 않도록 하라.)

공자의 관심은 禮이고, 노수신은 情을 말했다. 말이나 개의 장사에서까지 禮를 갖추면 주인의 품격이 그만큼 높아지는 것을 잘 알면서, 공자는 따르지 못해 안타깝다고 했다. 자기 거적자리로 감싸 개의 머리가 함몰되지 않게 하는 것만으로도 공자는 禮를 존중한다고 알리려고 했다. 노수신은 노새가 수고를 너무 많이 하다가 죽은 것이 애통하다고 여기는 情을 간곡하게 나타냈다. 깊이 파고 두껍게 싸는 장사를 지내, 노새가 지난날을 아주 잊고 편안하게 잠들기를 바랐다.

禮는 차등, 情은 대등의 표상인 점이 아주 다르다. 공자가 가장 훌륭하다고 높이 받들어 禮의 허점을 더 키운다. 대등의 情으로 그 잘못을 바로잡아야 한다.

가축뿐만 아니라, 다른 금수, 미물이라고 하는 곤충까지도 사람과 대등하다. 대등의 情을 느끼게 한다. 말만 이렇게 하지 말고, 마음 깊이 느끼는 바가 있어야 한다. 그쪽의 삶을 온몸으로 실행한다고 하면 더 좋다.

〈杜鵑〉

殘夜不須怨
故山猶可歸
初聲從客聽

幽意與今違
衰病雙親在
音書萬里稀
羈魂亦將化
覺爾讓沾衣

〈두견〉

새벽까지 원망하며 울 것은 없구나.
고향 산천에 돌아갈 수 있으리라.
그 소리 처음 나그네일 적에 들었고,
깊은 뜻이 지금과는 서로 달랐네.
쇠하고 병드신 양친 아직 계실 텐데,
만 리 먼 길이라 소식조차 드물다.
이 나그네 넋이 또한 죽게 되면,
네 피 젖은 옷 넘겨주는 줄 알리라.

〈蛬〉

西風淡月斜
露墮暗叢裡
一聲思君子
一聲怨君子

〈귀뚜라미〉

가을바람에 희미한 달 비껴 있고,
더부룩한 숲에 이슬 한창 내린다.
한 울음소리는 낭군을 사모하고,
한 울음소리는 낭군을 원망한다.

　　두견이나 귀뚜라미는 사람과 대등의 情을 나타낸다고 말해왔다. 두견은
자기 울음을 울어주고, 귀뚜라미는 누군가 하고 싶은 말을 한다. 이런 생
각을 다시, 훨씬 간명하게 나타냈다.

〈蠅〉

有雪方書異
無氷已削常
爾生爲最得
天意遣偏昌
白黑自變幻
昏明誰主張
紛紛萬物化
隱几一陰陽

〈파리〉

눈이 내리면 이상하다고 기록하고,
얼음 없어지는 것은 예사롭게 여긴다.

너는 가장 좋은 때를 얻어 나왔구나.
하늘의 뜻으로 한쪽만 번창하는구나.
흑백은 스스로 변해 달라진다지만,
밤낮은 그 어느 누가 맡아 주도하는가?
분잡스레 만물이 변화하는 가운데,
밤낮 하룻동안을 안석에 기대 있노라.

〈鼷〉

仰嗅燈檠後
遙緣食案邊
今能玩吾睡
不復顧其穿
歷硯沾涓滴
翻書汚聖賢
脩然笑無語
爾命亦由天

〈생쥐〉

머리 쳐들고 등잔걸이 뒤쪽 냄새 맡다가,
멀리 밥상 가를 타고 다니기도 한다.
요즘은 내가 잠을 잘 이루지 못하면서,
벽 뚫는 것도 본체만체하고 지낸다.
벼루를 지나며 그 물을 묻혀다가,
책장 뒤집고 성현을 마구 더럽힌다.

조용히 앉아서 웃고 말하지 않는다.
너의 수명 또한 하늘에 달려 있겠지.

〈蛇〉

爾生能毒物
爾死能療人
利害旣如此
天公仁不仁

〈뱀〉

너는 살아서 독으로 해치다가,
죽으면 사람의 병을 치료한다.
이롭고 해로움이 이와 같아,
하늘의 인과 불인이 가지런하다.

　파리, 생쥐, 뱀은 해를 끼친다고, 미워하고 죽이려 했다. 사는 것이 사람과 그리 다르지 않다. 악행만 저지르지 않고 도움이 되기도 한다. 이렇게 말하며 대등의 情을 느끼자고 한 것만이 아니다. 그런 것들이 살아가는 방식에서 깊은 이치를 깨닫는다.

　겨울이 가고 날이 따뜻해져 파리가 생겨나는 것을 예사로 여기지 않고 유심히 살폈다. 만물이 변환하는 원리를 알아내도록 하는 과제를 낸다. 말을 더 보태서 하면, 그런 파리를 싫다고 하지 말고, 선생으로 여겨야 한다.

　생쥐의 경망스러운 행동은 나무랄 것이 아니다. 생명의 발랄함을 모험

으로 표출하는 충동을, 손상되지 않은 원래 그대로 보여준다. 먹물 묻은
발로 책 속의 성현을 더럽히는 것도 天眞의 발로일 수 있다.

　살았을 때는 생명을 해치는 뱀의 독이, 죽은 뒤에는 생명을 구하는 약
으로 쓰인다. 해로움이 크면 이로움도 크다. 仁과 不仁, 상생과 상극이
둘이 아니고 하나인 이치를 말해준다.

　　　3

　李敏求(1589-1670)는 어떤 사람인지, 스스로 술회한 내력을 보자. 7세
에 문장을 엮을 줄 알고 詩賦를 지었다. 15세에 初試에 합격하고, 21세
進士試에서 장원하고, 25세에 三場에서 장원급제했다. 대사성, 도승지, 예
조·병조·이조참판, 대사헌 등을 거듭 맡았다. 경상·강원감사가 되어 외직
으로 나가기도 했다.

　자랑스럽게 영달하고 있다가, 병자호란이 일어나 모든 것을 뒤집었다.
국왕이 강화도로 피신하도록 하는 지극히 어려운 임무를 맡고 최대의 노력
을 했어도 성공하지 못했다. 죽을 고비를 넘기고 가까스로 살아났으나, 용
서할 수 없는 죄를 지었다 하고 귀양살이의 고초를 모질게 겪게 되었다.

　과거에 급제해 관직에 나아갔다가 뜻하지 않게 귀양살이를 하게 되어
부귀영화의 꿈을 깨고 자기 삶을 되돌아보고 현실을 직시하기 시작한 사
대부가 적지 않다. 스스로 저지른 잘못이 없지 않아, 원망보다 처신 반성
을 더 하다가, 국왕이 마음을 돌리자 정계에 복귀해 더욱 영달하는 것이
예사였다. 이민구는 그 정도가 아니었다. 인정할 잘못이 없는데도 희생양
으로 이용되어, 정치의 추악한 내막을 철저하게 이해하고 미련을 버렸다.
남다른 경우가 각별한 의의를 가지므로, 자세하게 살펴볼 필요가 있다.

　《顯宗實錄》 11년 2월 19일에 있는 卒記를 보자. 이민구가 귀양에서
풀려난 뒤에 국왕이 몇 번 서용하자고 했으나, 臺諫이 번번이 반대했다.

국왕은 체면을 세우려고 하고, 臺諫이 괴롭힘을 계속하는 악역을 맡았다. "沈淪三十餘年 卒厄窮以死 世多惜其文章"(침몰하고 매몰되어 30여 년을 보내다가, 고통스럽고 빈궁한 상태에서 생애를 마쳐, 세상에서 그 문장을 많이 애석하게 여긴다.) 이것이 맨 끝말이다.

침몰하고 매몰되고 고통스럽고 빈곤하다고 한 수난이 헛되지 않았다. 이민구는 그 덕분에 획기적인 깨달음을 얻어, 새로운 세계를 이룩했다. 문장이 인정받지 못해 애석하다는 말은 부당하다. 뛰어난 능력으로 진실이 생동하는 표현법을 찾아내, 문학사와 철학사를 함께 쇄신하는 성과를 보여주었다. 쓴 글을 다 지니지 못하고, 일부만 수습해 문집에 수록했다고 말했으나, 그것만으로도 차등론에서 대등론으로의 이행을 확고하게 입증한다.

시를 지어 새로운 발상을 은근히 나타낸 것만 아니다. 논설을 써서 과감하게 천명하기도 했다. 제목을 〈雜說〉이라고 한 것이 대등론 선언문라고 할 수 있다. 너무 길어 요긴한 대목만 든다.

物求廉故易足 易足故止分 人欲廣故難盈 難盈故長勤 由是而陷於非辟 由是而入於刑誅 天其厚於人耶 厚於物耶

동물은 바라는 것이 적기 때문에 쉽게 만족하고, 쉽게 만족하기 때문에 자신의 분수에 맞게 멈춘다. 사람은 욕심이 많아 채우기 어렵고, 채우기 어려워 오래도록 부지런히 일해야만 한다. 이로 말미암아 사특함에 빠지고, 이런 이유로 형벌을 받게 된다. 하늘이 사람에게 후한가, 동물에게 후한가?

제목을 〈雜說〉이라고 지어 어떤 선입견도 가지지 말고 부담 없이 읽어주면 고맙겠다고 했다. 시를 쓰면 알기 어렵다고 여기고 멀리할까 염려해

산문을 택했다. 친한 사람들끼리 아무 이야기나 주고받듯이 말했다. 친절하게 일러주느라고 말이 많아졌으나, 요지가 분명하다. 내가 더 간추려 말한다. 사람은 智多行愚하고 欲富心濁하며, 다른 생물은 智少行賢하고 欲貧心淸한 것이 서로 대등하다.

성현의 말씀이 이어지는 글을 쓰지 않고 마음 청소를 했다. "乾道變化 各正性命"(하늘의 도가 변화해 각각 성명을 바르게 한다)고 하는 것은 너무나도 당연한 말이므로 출전을 밝히지 않고 썼다. 말하려는 것과 관련된 고급의 논의를 들고 시비하는 번거롭고 짜증나는 짓은 하지 않았다. 다만 〈莊子〉를 인용해, 학과 오리의 다리 길이를 같게 하는 따위의 평등론 발상은 잘못되었으니 버려야 한다고, 오늘날 사람들에게 더 필요한 말을 했다.

위의 글에서 할 말을 다 한 것 같으나, 아쉬운 점이 있다. 누구나 보고 알 수 있는 가시의 영역에 머물러 통찰이 사라지게 할 수 있다. 깨우치라고 말한 것이 상식에 묻혀 그저 그렇다고 취급되고 말 염려가 있다. 일상생활에 매몰되어 있지 않고 일어서려고 할 때 손에 잡을 것이 있도록 해야 한다. 미진한 작업을 다시 해야 한다.

남의 키 위로 올라가는 위세를 뽐내며 차등론의 우상을 만들고 섬기라고 하는 횡포를 무색하게 하려면 어떻게 해야 하는가? 이것을 긴요한 문제로 제기하고, 적절한 대책을 내놓아야 한다. 올라간 녀석을 끌어내릴 것은 아니다. 以熱治熱을 극대화하는 것이 슬기롭다. 짐짓 우주 꼭대기까지 올라가 내려다본다고 여기면, 도토리 키는 재나 마나 하다고 할 수 있다.

이럴 때 보이는 대로 말하는 범속한 논법이 아닌, 요약이면서 상징인 달관언어가 절실하게 필요하다. 보이는 것과 보이지 않는 것, 알고 있는 것과 알 수 없는 것을 함께 아울러야 한다. 이 작업은 시에서, 되도록 짧은 시에서 잘할 수 있다.

〈原命箴〉

人物之生
若存若亡
來之斡旋
擾擾穰穰
無非已失
有非已藏
及其旣散
浩乎芒芒
氣浮而靜
與天昭光
不寢不寤
湛然久長
庶幾守一
合乎大常

〈천명의 근원을 말한다〉

사람과 만물의 삶
있는 듯 없는 듯.
와서 주선하는 것은
부산하고 번잡하지만,
없어도 잃지 않았고,
있어도 간직함 없네.
이미 흩어졌으므로

광활하고 망막하다.
기운 떠오르고 고요해
하늘과 함께 밝게 빛난다.
잠들지도 말고 깨지도 말고
담담하게 오래도록 이어야,
하나를 가까스로 지켜
큰 떳떳함과 합치되리라.

  사람과 만물, 생성과 소멸, 있음과 없음, 어둠과 밝음, 혼미와 각성이 둘이 아니고 하나이다. 이것이 천명의 근원이고, 大常이라고 한 큰 떳떳함의 실상이다. 그러면서 모두 하나라고 여긴 총체가 둘로 갈라지고 다시 갈라지기를 거듭해, 개별적이고 사소한 것들이 각기 다른 존재 의의를 당당하게 갖춘다.

〈宇宙〉

宇宙形骸外
身名醉夢間
有時回白眼
無語對靑山
流水何年返
浮雲幾日還
桑楡餘落景
暫覺此生閑

〈우주〉

우주는 우리 형체 밖에 있고,
몸과 이름은 취한 꿈이로다.
때때로 불만스러운 눈을 돌려,
말없이 푸른 산을 바라본다.
흐르는 물이 어느 해에 돌아오며,
떠가는 구름 몇 날이면 복귀하나?
뽕나무에 지는 해가 남아 있어,
잠시 이 삶의 한가로움 아노라.

우주의 거대한 시공만 바라보지 말고, 그 속에서 작은 자리를 차지하고 잠시 머물러 사는 인생에도 관심을 가져보자. 푸른 산, 흐르는 물, 떠나는 구름을 중간에 두고, 大小·長短의 양극단이 대등한 관계를 가진다. 크고 길어야 대단하다고 하지 말고, 작고 짧은 쪽도 그 나름대로 넉넉하고 한가롭다.

사람의 몸과 이름 취한 꿈에 지나지 않는가? 우주도 당연히 生滅이 있다. 諸行無常의 예외가 있을 수 없다. 桑楡(상유)는 해지는 곳에 있다고 하는 거대한 뽕나무·느릅나무이다. 거기 걸려 있는 해가 노년을 말한다. 사람이 늙어가는 것도 우주의 움직임이다.

대등론 선언문을 序로 한 銘의 시 둘을 제시했다. 첫째 시는 둘이 아니고 하나라는 총론에 치우쳤다. 그 편향성을 시정하려고, 다음 시는 각기 다른 것들의 존재 의의를 말하는 각론으로 향한다. 〈原命〉 대신 〈宇宙〉라는 말을 써서, 아무리 커도 실체가 있음을 알린다.

총론은 높고 좁다. 각론은 낮고 넓다. 어느 한 가지 기준에서 우열을 말할 수 없으며, 이 둘은 대등하다. 장점과 단점이 반대여서, 서로 돕는

관계를 가진다. 이것으로 이 책에 총론과 각론이 함께 있는 이유도 이해
할 수 있다.

〈隣人 五首〉

跬步小城東
隣有李洗馬
親老宦不遂
玉立風塵下
知音曠難遇
棄捐在山野
我方逃空虛
誰可與語者
時來破晝眠
起子寸心寫

洗馬는 세자를 돕던 관직이다. 李氏가 그럴 만한 인물이라고 여기고
李洗馬라고 했다.

〈이웃 사람 다섯 수〉

반걸음 작은 성 동쪽
이웃에 이세마가 있다.
어버이 늙고 벼슬 못해도,
풍진 세상에서 옥처럼 꼿꼿하네.
알아주는 이 만나기 어려워,

버려진 채 산야에서 지낸다.
내가 방금 공허한 곳으로 달려와,
함께 이야기할 사람 누가 있겠나.
때때로 와서 낮잠 깨우고,
날 일으켜 속내 털어놓는다.

盈盈水南厓

隣有成處士

開軒壓海濤

縹緲層楹起

閑情悅花石

鷗鳥近憑几

夜潮漁艇回

登俎腥鱗紫

旅人愧波及

自盆飯稻美

盈盈水南厓

이웃에 있는 성처사는
집을 파도 누르듯이 지었네.
아스라이 높은 기둥 솟았는데,
한가한 마음으로 꽃과 돌 즐긴다.
갈매기와 까마귀는 안석 가까이 날고,
밤 조수 타고 고깃배가 돌아온다.
도마에 오른 생선 싱싱하구나.
나그네에게도 부끄럽게 물결 미쳐,

저절로 더해지는구나 좋은 밥맛이.

  處士는 벼슬하지 않고 물러나 있는 선비이다. 어부 成氏가 處士라고
할 수 있는 품격을 지녔으므로 成處士라고 했다.

墙西無數步
隣有愼逸人
其人孝且悌
篤愛重天倫
兄疽已實痛
吮之若嘗珍
縣家列殊行
天遠道無因
力耕不逢年
惜哉常食貧

  逸人 또는 逸士는 빼어난 능력을 숨기고 사는 사람이다. "縣家列殊行"
은 관가에서 빼어난 행실 기리려 했겠다고 상상해 하는 말이 아닌가 한
다. "天遠道無因"은 하늘이 멀 듯이 길을 갈 수 있는 인연이 멀다는 말
로 생각된다.

담장 서쪽으로 몇 발짝 안 간
이웃에 숨어 사는 신씨가 있다.
그 사람 효성스럽고 우애 있으며,
독실한 사랑으로 천륜을 무겁게 한다.
형이 종기 앓자 자기 고통으로 여겨

맛난 음식 먹듯 빨아주었네.
관가에서 빼어난 행실 기리려 했겠으나,
하늘만큼 멀어 갈 수 있는 인연 없었네.
부지런히 밭갈아도 풍년 만나지 못해
애석하다 늘 양식이 부족하니.

東偏屋角稠

隣有邊通判

新從海外來

與語皆壯觀

雲霞漢挐山

舟楫朝天館

復聞富奇藥

仙人所幽讚

願言採靈苗

頹齡救衰換

　通判은 고려시대의 지방 수령이다. 그럴 만한 인물이라고 여겨 호칭으
로 삼았다.

동쪽으로 지붕 모서리 닿는
그 이웃에 변통판이 산다.
새로 바다 밖에서 돌아와
나누는 말이 모두 대단하다.
한라산에는 구름과 노을 덮이고,
배의 노를 젓는단다 조천관에서.

또 들으니 기이한 약초도 많아
신선들이 은근히 기린단다.
소원을 말하면, 신령한 싹을 따다가
기울어진 나이를 되돌려주었으면 한다.

江村近漁市
隣有李忠義
王孫自食力
狎翫風波事
肯爲神農言
羲皇有遺利
身老子又壯
水中魚不匱
我感永州蛇
謂君愼危墜

　忠義는 충성스럽고 의로운 사람을 기리는 말이다. 神農氏는 농사를 가르치고, 羲皇 伏羲氏는 그물을 처음 만들었다고 하는 고사를 가져왔다. "我感永州蛇"는 자기가 당한 정치적 수난을 柳宗元이 〈捕蛇者說〉에서 말한 독사 위험에 견주어 한 말이다. 제주도에 숨어 사는 것이 위험을 피하는 슬기로운 처신이라고 했다.

　강촌으로 가까운 어시장
　그 이웃에 이충의가 산다.
　왕손이 직접 생업에 종사하며
　익숙하게 한다 풍파의 일을

어찌 신농씨가 농사지은 전례만인가
희황이 그물 만든 이로움도 있었다.
몸 늙었어도 아들이 장성하고,
물속에 물고기도 없어질 리 없다.
내가 영주의 뱀에 느낀 바 있어
그대에게 이르노니 위험 조심하게나.

어느 때인가 제주도에 가서 살았다. 가장 궁벽하고 고생이 으뜸이라고 하는 곳이, 소문과 반대로 범속해 편안한 사실을 살아보고 알았다. 각기 자기 삶에 충실한 이런저런 사람들을 가까이 지내며 벗으로 삼고, 흐뭇한 우정을 주고받는 행복을 누렸다. 진실한 친교 덕분에, 진실로 소중한 대등론의 이치를 넓이나 깊이가 넉넉하게 깨달았다.

하지 않은 말까지 드러내면, 두 가지 진술이 가능하다. 차등론의 벼랑 끝 서울에서 지위를 악착같이 다투고, 명예를 후안무치하게 조작하는 무리의 잘못을 간접으로나마 규탄했다고 할 수 있다. 서로 다르다는 사실이 차등의 분쟁이 아닌 대등의 화합을 하도록 촉구한다는 것을 깨달았다고 할 수 있다.

이 둘은 표리관계를 지니는 것 같아도, 많이 다르다. 앞의 말은 시제를 과거로 한 부정적 판단이다. 의의가 한정되어 있는 각론이며, 역사학의 소관이다. 뒤의 말은 미래 시제로 긍정적인 의지를 나타낸다. 타탕성이 실천하는 것만큼 열려 있는 총론이며, 철학이 맡아 관장한다.

각론보다 총론이 더 소중하다. 역사학을 과신하는 풍조를 반성하고, 철학을 살려야 한다. 부정에서 긍정으로, 과거에서 미래로 나아가야 한다. 이민구 스승을 만난 덕분에 이런 생각까지 한다.

〈治畦〉

治畦方丈內
種菜不種他
雜下數品成
所蒔亦無多
荊芥饒療風
紫蘇其性和
舍彼藜莧輩
敢溷封植科
青青接岸芳
露氣蒙煙蘿
春夏資飯食
鼎肉奚但過
今晨秋靄足
徐步散沈痾
惡草翳嘉蔬
滋蔓被陵阿
培栽與傾覆
貴賤誠等差
寧忘去根計
勿使緣南坡
悠然算物理
此又見偏頗
人情每自私
生殺意則那

園場已荒落
霜雪詎幾何
長者愧乘時
安用苦相苛
抛鋤置隴畔
萬事一長歌

〈밭을 가꾸며〉

가꾸는 밭 사방 한 발 남짓,
나물 말고는 심지 못하네.
이것저것 몇 종류 심고,
모종낼 것 많지 않다.
형개는 중풍에 좋고,
자소는 성질이 온화하다.
저 명아주나 비름은 버려두리라,
감히 북돋아 기르는 데 끼이겠나.
푸르고 푸른 언덕 꽃과 이어지고
이슬 기운이 안개 낀 담쟁이 덮는다.
봄 여름에 찬거리 장만하며,
솥의 고기를 어찌 지나치겠나?
오늘 새벽 가을 안개 짙어,
천천히 걸으며 고질병 달랜다.
고약한 잡초가 맛난 나물 덮어
언덕까지 수북하게 자랐구나.
나물은 북돋고 잡초는 뒤엎으니,

귀천이 진실로 다르구나.
어찌 뿌리 뽑을 생각 잊으랴,
남쪽 언덕으로 뻗어가게 말아야지.
조용히 사물의 이치 헤아려보니,
여기서도 치우침을 볼 수 있다.
인정은 늘 자기 이익만 생각하고
죽이고 살리니 그 마음이 어떤가?
정원이 이미 황량해져,
서리와 눈이 얼마나 남았는가?
슬기로운 사람 기회 타면 부끄러워,
어찌 서로 모질게 괴롭히겠나?
밭두둑에 호미를 놓아두고,
만사를 긴 노래로 부른다.

밭에 갖가지 작물을 가꾸고 살아가니 흐뭇하다. 만생대등을 알뜰하게
체험하는 소득이 있는 것을 감사하게 여긴다. 그러면서 사람이 모자라는
것이 아닌지 반성한다.

〈時物〉

隴麥黃猶綠
山櫻白又紅
歊林風色外
細礀雨聲中
遂性偕群物
忘形獨老翁

君看新乳燕
不戀舊巢空

〈시절 풍물〉

밭두둑 보리 누런 가운데 푸르고,
산 앵두는 희고 또 붉구나.
비스듬한 숲의 풍경 밖에서
가느다란 계곡물에 빗소리 들린다.
성품 따라 만물이 어울리는데,
형체 잊고 홀로 늙을 것인가?
그대는 보았는가, 제비의 어린 새끼도
비어 있는 옛 둥지를 그리워하지 않는 것을.

앞의 넉 줄에서는 누구나 알 수 있는 말을 쉽게 하다가, 뒤의 넉 줄은 아주 달라진다. 지금까지 아무도 말하지 못했다고 생각되는 획기적인 각성을, 해독하기 어려운 언사를 기이하게 늘어놓는 방식으로 충격을 주면서 알린다. 많은 고심이 있었음을 이해해야 한다. 면밀하게 분석해야 연결과 이해가 가능하다.

"遂性偕群物, 성품 따라 만물이 어울린다"에서, 만물은 특성이 각기 달라 서로 필요로 하는 대등관계를 밀접하게 가진다고 했다. 이것이 존재하는 모든 것이 생동하는 양상이라고 할 수 있다. 그런데 담벼락같이 고정된 형체라고 오해하면 잘못이다. 그런 것은 잊을 만하다고 여겨 잊고 홀로 외롭게 늙어가는 처량한 작태를 두고, "忘形獨老翁, 형체 잊고 홀로 늙을 것인가?"라고 했다.

제비의 어린 새끼도 자기가 떠난 뒤에 비어 있는 옛 둥지를 그리워하지 않는데, 식견이 출중하다고 자부하면서 낡은 관념을 간직하고 있으니 어리석다고 나무랐다. 사람은 만물대등에 참여할 자격이 모자라지 않는가 하는 반성을 다시 하면서, 그 이유가 각성 부족이라고 했다. 이 모두가 자책이어서 잘못이 시정될 수 있다. 만물대등이 회복된다. 이런 희망을 가지도록 했다.

위의 여러 시는 구체적인 사연이 각기 다르면서, 크게 보면 일제히 같은 말을 한다. 가까운 사람들과 농사를 지으며 만인대등의 노동을 함께 하니 즐겁다. 날고 뛰며 노래하는 금수, 푸르고 싱싱하게 약동하는 산천과의 만생·만물대등을 공감하고 체득하니 더욱 기쁘다. 이렇게 말한다.

동참하지 못하는 낙오자들의 자존심을 상하지 않게 하려고, 말을 전연하지 않고 알려주는 것이 더 긴요하다. 헛된 우월감을 뽐내려고 사람이 다른 모든 것들과, 잘났다는 녀석이 자기네를 못난이들과 극도로 분리시켜 스스로 만들어낸 지옥에서 벗어나라고 한다. 암흑과 고통에서 벗어나 광명과 환희를 되찾으라고 한다.

〈布穀〉

春至布穀鳴
飛下柔桑林
翩然自何來
應節吐佳音
農月紀嘉候
勸彼耕者心
服耒遍四海
俶載通古今
城烏啼半夜

水鶴警秋陰
感時協人功
不如此微禽

〈뻐꾸기〉

봄 되니 뻐꾸기 울다가
내려온다, 여린 뽕나무 숲으로.
훨훨 어디선가 오는 것이
절기에 응해 고운 소리 토해낸다.
농사 달 좋은 날씨 알려주어,
밭을 갈 마음 생기게 한다.
쟁기질은 온 세상에서 하고,
농사일 시작 예나 지금이나 같다.
성안 까마귀 한밤중에 울고,
물가의 황새 흐린 가을을 알리지만,
시절 알아 사람의 일 도와주는 것이
이 새만은 못하구나.

뻐꾸기가 "포곡포곡" 우는 소리를 "布穀"이라고 적고, "곡식 씨를 뿌려라"고 한다고 알아들었다. 이런 관습을 따르면서, 까마귀나 황새도 사람을 도와주지만, 뻐꾸기의 도움이 가장 크다고 여긴다. 계절이 오고 날씨가 좋아진 것을 알려주고, 농사를 시작하라고 한다.

만생대등의 혜택을 갖가지로 받고 있어 고마운 줄 알아야 한다. 사람은 차등 최상의 靈長이라면서 다른 생물을 멸시하는 것이 당연하다는 헛소리는 거두어들여야 한다. 어느 성현도 따를 수 없는, 가장 소중한 가르침을 봄이 오는 밭에서 받아야 한다.

〈雙鳧〉

池上雙鳧靜
安閑得自饒
立多依翠渚
意不在靑霄
脛短趨常緩
毛輕刷易漂
應知漢太史
春日候歸朝

〈오리 한 쌍〉

고요한 못 위의 오리 한 쌍
편안함과 한가로움 저절로 넉넉.
비췻빛 물가에 오래 서 있고,
푸른 하늘에 관심 없구나.
다리 짧아 달리기 늘 느려도,
깃털 가벼워 쉽게 떠다닌다.
마땅히 알아야겠다, 한나라 태사가
봄날의 복귀를 기다린 것을.

　　오리가 쌍을 이루어 안정과 활기를 갖춘다. 단점을 장점으로 이용하는
지혜의 모범을 보여준다. 사람이 더 낫다고 하는 헛소리는 그만해야 한

다. 사람은 결함이 많아 오리를 힘써 따라야 한다.

　마지막 두 줄에서는 홀로면 불행하고 쌍이어야 행복한 만생의 이치를 오리가 잘 보여준다고 하려고, 고사를 하나 들었다. 한나라 太史 司馬遷이 전한 바에 의하면, 흉노에 억류된 蘇武와 李陵 가운데 소무만 돌아가게 되어 "雙鳧俱北飛 一鳧獨南翔"(오리 한 쌍이 북으로 날아왔다가, 한 마리만 홀로 남으로 날아가네)라는 시를 지었다고 한다. 쌍이 남녀만이 아니고, 동지이기도 한다.

〈放鷖〉

　　　爾性愛閒曠
　　　逍遙嘉樹林
　　　曹遊隨動止
　　　豐草在所尋
　　　野老候時育
　　　得之山谷陰
　　　携來作庭玩
　　　慰我獨行吟
　　　厖茸一尺姿
　　　驚躍不可禁
　　　編籬防外逸
　　　食以苹與芩
　　　調馴及成長
　　　若會人意深
　　　雖蒙豢養恩
　　　且免豺虎侵

終多儔侶感
未輟呦呦音
躑躅枝撐內
顧慕靡自任
徇物俗士懷
惻隱君子心
眇質經久狎
忍汝充炰燖
奈何黃拘絆
區區取荒禽
今晨命豎奚
放置淸溪潯
脫然恣敖嬉
藪澤莽幽森
出處愼虞羅
獵夫昧原箴
吾方墮網罟
六年彌陸沈
茅簷纏百慮
鬱鬱傷危襟

〈고라니를 놓아준다〉

너는 한적하고 넓은 곳 좋아하고,
좋은 숲에서 거닐고 다니지.
무리지어 다니며 함께 움직이고 멈추며,

무성한 풀 있는 곳 찾아다니는구나.
들노인이 자라나는 때를 노리다가
깊숙한 산골 그늘에서 잡았다.
데려다 정원의 볼거리 삼으니,
홀로 읊조리던 나에게 위로가 된다.
탈 난 버섯 같은 한 자의 몸'
놀라 날뛰니 막을 길 없구나.
울타리 둘러 나가지 못하게 하고,
쑥과 덩굴풀 뜯어다 먹였다.
잘 길들여 성장하게 하면,
내 깊은 뜻을 알리라고 여겼다.
비록 길러 주는 은혜 입고,
승냥이나 범에게 먹히는 신세 면했으나,
끝내 무리를 그리는 생각이 많아
그치지 않고 울고 우는 소리를 낸다.
우리 안에서 발을 굴러대고,
그리워하는 마음 가누지 못한다.
물욕 따름은 속물 선비의 헤아림이고,
측은하게 여김은 군자의 마음이다.
나와 오래 다정하게 지냈으니,
차마 너를 굽고 삶을 수 있겠는가?
어찌 속박된 처지에 있으면서,
구차하게 짐승을 함부로 죽이겠는가.
오늘 새벽에 아이에게 시켜
맑은 물가에서 풀어주게 했다.
날아갈 듯 마음껏 기뻐하며

습지 지나 깊은 숲으로 사라지는구나.

나다닐 때 그물 조심해라.

사냥꾼은 근본 도리 알지 못한다.

나는 지금 그물에 떨어져,

육 년이나 변방에서 잠겨 지낸다.

초가집 처마에 온갖 근심 서려

우울하고 답답한 마음으로 아파하노라.

이 시는 뿌리 깊은 잘못을 준엄하게 꾸짖는다. 고라니를 잡아 기르며 벗을 삼고 위안을 얻으려고 하는 것은 잘못이다. 고라니는 감금 상태에서 벗어나 숲으로 돌아가, 동류와 어울리는 기쁨을 누리고자 한다.

귀양살이를 하며 속박을 한탄하는 처지에 있으면서, 자기와 사로잡힌 고라니가 대등하다고 여기지 않는다. 자유가 자기에게는 있어야 하고, 고라니에게는 필요하지 않다고 한다. 모진 박해를 당해서 원망의 대상인 차등론을 자기는 버리지 않고 지니고, 가련한 피해자에게 갑질을 심하게 하게 하면서 혜택을 베푼다고 여기는 착각을 용서할 수 없다.

이것이 인생이나 사회의 실상이다. 분노하고 투쟁해도 아직 달라지지 않았다. 자연계·생물계·인간계 순서로 정의가 높고 낮다. 그 반대로 말하는 거짓말이 종교·교육·학문·정치를 모두 점거하고 인간에게 족쇄를 채워, 바이러스나 돌멩이를 따를 수 없게 한다. 이런 끔찍한 사태를 그냥 두고 볼 수 없다.

위의 여러 시에서, 날고 뛰며 노래하는 금수와 만생대등을 공감하고 체득하면 얼마나 즐거운지 말했다. 아는 사람은 말할 필요가 없이 잘 알고 있는 사실을 분명하게 부각시키려고, 특징이 뚜렷한 본보기를 여럿 들었다. 봄이 온 소리를 들려주는 뻐꾸기, 즐겁게 노니는 오리 한 쌍, 사람에게 사로잡힌 고라니까지도 각기 다른 상황에서 자기 방식대로 이룩하는 삶이 다른 어느 것보다 소중하다고 한다.

차이점의 거리가 각성의 높이이게 했다. 저마다의 특성을 간직하고 때때로 사람에게 다가와, 대등을 각성하게 하는 스승이고자 한다. 사람인 우리는 이미 무엇을 많이 알고 있다는 착각을 버려야 한다. 어느 스승이라도 친근한 벗으로 삼고 뒤처진 공부를 열심히 해야 한다.

4

成大中(1732-1809)은 서얼 신분이어서, 능력이 뛰어나도 현달할 수 없었다. 저작에 힘써 〈青城集〉과 〈青城雜記〉를 남겼다. 〈青城集〉에서는 시 몇 편으로 자기가 어떻게 살아가는지 조심스럽게 말했다.

〈自警 兼示子才〉

有守身長穩
無求體自寬
若要完氣節
先學耐飢寒
布褐輕堪着
藜羹淡可餐
平生安樂法
留待後人看

〈스스로 경계하며, 아울러 아이들에게 보여준다〉

있다는 것은 몸을 오래 숨김이고.

없다는 것은 너그러움 구하기이다.
절기가 온전해야 한다고 하려면,
주리고 추운 것부터 익혀야 한다.
갈옷은 가벼우므로 입기 쉽고,
나물국은 담담해 먹기 좋구나.
평생 편안하게 지내는 이 방법
뒷사람이 알아주리라고 기대한다.

"有守身長穩 無求體自寬"이라고 한 첫 대목의 대구는, 짜임새가 교묘하고 뜻이 깊다. 오래 은거하고 '있고', 마음을 너그럽게 먹어야 한다는 생각마저 '없다'는 것을 有無라고 하는 글자를 앞세워 말했다. "守"와 "求", "身"과 "體", "長"과 "自", "隱"과 "寬"이 같고 다르다고 하면서, 대등생극을 암시한 발상이 기발하다.

다음 대목에서는 긴장을 풀고 말을 쉽게 했다. 절기가 온전해야 한다고 요구하며 불만을 토로하지 말고, 어떤 경우에도 적응할 수 있도록 해야 한다. 갈옷은 가벼우며 입기 쉽고, 나물국은 담담해 먹기 좋아 더 바랄 것이 없다. 이렇게 생각하고 평생 편안하게 지내는 방법을 터득하고 실행하는 것을, 당대에는 이상하게 여기더라도 뒷사람은 온전하게 알아주리라고 기대한다고 했다.

〈縣齋述意〉

世路元非窄
人心枉自畛
願居昭曠界
長作逸休身

不憾天奚厭
無求道益親
只須敦素履
保我太和春

〈고을의 재실에서 뜻한 바를 말한다〉

세상 길이 원래 좁지는 않은데,
사람은 마음을 심하게 구부린다.
밝고 넓은 영역에서 살기 바라고,
오랫 동안 몸 편하게 쉬고 싶어진다.
하늘이 어떻게 누른다고 원망하지 않고,
도리와 더욱 친해질 생각도 버리리라.
다만 늘 하듯이 착실하게 걸으며,
봄날의 큰 조화 내게 이루리라.

어느 고을의 재실에 들렀다가, 뜻한 바가 있어 말한다고 했다. 일상적
인 상황에서 비범한 발상을 얻어, 짜임새를 잘 갖추어 나타냈다. 응축한
생각을 풀어내려면, 한 대목씩 순서대로 이해하는 것이 좋다,

1·2행: 고난은 밖에 어디 있지 않고, 사람 마음이 좁아 스스로 만들어
낸다. 自害를 중단해야 한다. 3·4행: 밝고 넓게 열린 곳에서 편안하게
살고 싶다고 작정하면 바라는 대로 된다. 마음을 열면 세상이 열린다. 처
음에는 이처럼 어렵게 말하다가, 자리가 잡히면 순탄한 길로 간다.

5·6행: 하늘에 대해 불만을 가지고 원망하거나, 마땅한 도리를 더욱
분명하게 밝히겠다고 하는 것은 과분하고 무용한 노력이다. 대단한 탐구
를 해서 높은 경지에 이르렀다고 평가되기를 바라는 차등론의 사고를 버

려야 한다. 7·8행: 헛된 생각을 버리고 일상생활을 충실하게 이어 나가
면, 봄날같이 따뜻한 천지의 거대한 조화가 내게서 이루어진다. 대등론이
얼마나 큰 행복을 보장하는지 조금 말했다.

〈漫吟〉

杖屨悠然趁野芳
澗磎幽草夕陰長
樹深自貯清凉意
花老方聞郁烈香
邂逅田翁諮雨旱
招呼社友展碁觴
後人記我平生事
山北山南第一狂

〈함부로 읊는다〉

짝지와 짚신 의지하고 천천히 들 내음 따르니,
골짜기 냇물 그윽한 풀에 저녁 그늘 길구나.
숲은 깊어 맑고 시원한 뜻 스스로 간직하고,
꽃이 늙어 이제는 더욱 짙은 향기 들리게 한다.
늙은 농부 만나 비 오고 가문 날씨 물어보고,
사귀는 벗들 불러 모아 바둑과 술 즐기며 논다.
뒷사람이 내가 평생 한 일 기록하려고 하면,
산 북쪽과 남쪽의 으뜸 미치광이라고 하라.

이 시도 한 대목씩 순서대로 이해하는 것이 좋다. 1·2행: 인간 세상의 물건은 최소한 필요한 것만 가지고 자연으로 간다. 흔히 할 수 있는 말이다. 3·4행: 깊은 숲이나 늙은 꽃이 자기와 같아, 맑고 시원한 뜻과 짙은 향기를 지니고 있다. "향기가 들리게 한다"고 해서 자기가 쓴 글을 읽히도록 내놓는다고 알린다. 만물대등을 조금 알아차리게 한다. 5·6행: 자기는 혼자가 아니고, 주위의 師友와 함께 살아간다. 늙은 농부에게 배울 것을 배우고, 벗들이 있어 함께 즐겁게 논다. 만인대등도 함께 말한다.

7·8행: 예상하지 못한 전환이다. 산 북쪽과 남쪽 경계가 없이 다 다닌다고 했다. 그 모든 곳에서 자기가 으뜸 미치광이라고 한 것은 설명이 부족한 비약이어서 충격이 더 크다. 〈靑城雜記〉를 샅샅이 뒤져 읽으면 "과연 그렇구나"라고 할 수 있다.

〈靑城雜記〉에는 예상하지 못한 기이한 말을 한 대목이 적지 않다. 그 가운데 셋을 든다. 앞의 글은 이어져 있어 서로 돕는데, 이것들은 아주 딴판이다. 그러면서 깊은 연관이 있다.

一人內外祖　始則二人　至曾祖爲四　至高祖爲八　若至十世, 則內外祖總爲五百一十有二人　若至二十世　則內外祖總爲五十二萬四千二百八十有八人　祖多於孫信矣

한 사람의 內祖와 外祖가 처음에는 두 사람이다. 증조에 이르면 넷이 되고, 고조에 이르면 여덟이 된다. 10대조로 올라가면 내외조가 총 512인이 되며, 20대조로 올라가면 총 52만 4288인이 된다. 조부가 손자보다 많다는 말이 참으로 옳다.

李忠武公舜臣　始除湖南左水使　倭警方急　禦之在水　而海防險阨　莫之悉也　公乃日聚浦氓　男女於庭　夕入晨出　捆屨績麻　恣其所爲　而夜輒犒

以酒餐　公便衣狎嬉　誘使之言　浦民始甚畏懾　久益馴習　相與笑謔　所語
皆漁採所踐歷也　曰某港水洄　入必船覆　某灘石匿　冒必舟碎　公一一記之
翌朝躬出視之　遠則褊裨往察其地　果然　及與倭戰　輒引舟回避　誘納之險
倭船無不立碎　不勞戰而勝也

　충무공 이순신이 처음 호남좌수사에 제수되었을 때, 왜적이 침입한
다고 다급하게 전해왔다. 왜적을 막는 것은 바다에 달려 있는데, 공은
바다를 방비하는 요해처를 알지 못했다. 그래서 공은 날마다 포구의
남녀 백성들을 좌수영 뜰에 모아놓고 저녁부터 새벽까지 짚신도 삼고
길쌈도 하는 등 하고 싶은 대로 하게 하면서 밤만 되면 술과 음식으
로 대접했다. 공은 평복 차림으로 그들과 격의 없이 즐기면서 대화를
이끌었다. 포구의 백성들이 처음에는 매우 두려워하다가, 시간이 지날
수록 친숙해져 함께 웃으면서 농담까지 하게 되었다. 그들의 대화 내
용은 모두 고기 잡고 조개 캐면서 지나다닌 곳에 관한 것들이었다.
"어느 항구는 물이 소용돌이쳐서 들어가면 반드시 배가 뒤집힌다."
"어느 여울은 암초가 숨어 있어 그쪽으로 가면 반드시 배가 부서진
다." 이런 말을 공이 일일이 기록했다가, 다음 날 아침 몸소 나가 살
피고, 거리가 먼 곳은 휘하 장수를 보내 살펴보게 했다. 과연 그랬다.
마침내 왜군과 전투를 하게 되자 번번이 배를 끌고 후퇴해 적들을 험
지로 유인했다. 그때마다 왜선이 여지없이 부서져 힘들여 싸우지 않고
도 승리했다.

　俚語之妙者　無不合韻　蜻蛉蜻蛉　往彼則死　來此則生　此直無理俚謠
而亦諧於韻　如所謂三　尺髯食令監　看新月坐自夕　坐雀必帶鏃　皆成韻語
似此類者甚多。

속담 가운데 절묘한 것들은 모두 가락이 착착 맞는다. "잠자리야 잠자리야, 저리 가면 죽고 이리 오면 산단다." 이것은 다만 아무 뜻이 없이 전하는 노래인데, 역시 가락이 맞는다. 이를테면 "수염이 석 자라도 먹어야 영감이다.", "새벽달 보자고 저녁부터 기다린다.", "오래 앉아 있는 참새 화살 맞는다." 등의 속담은 모두 나무랄 데 없는 한 토막의 시구이다. 이와 비슷한 것들이 아주 많다.

이 셋을 〈조부〉·〈이순신〉·〈속담〉이라고 일컫고, 함께 고찰해보자. 〈조부〉는 아주 기발한 계산이다. 〈이순신〉은 구전의 수록이라고 생각된다. 〈속담〉에는 더 들어야 할 것이 아주 많다.

〈조부〉를 재론한다. 누가 자기 20대조라고 자랑하는 사람은 52만 이상의 다수 가운데 하나일 따름이다. 조모까지 보태면 그 수가 100만이 넘는다. 자기가 물려받은 유전자 100만 이상을 분모로 한 분자 1은 계산하면 0에 수렴된다. 엄청나게 많은 선인들의 다양하기 이를 데 없는 유전자는 차등의 서열을 가지는 것이 전연 불가능하고, 오직 대등의 관계를 가지고 서로 돕는 것을 알아야 한다.

유전학이 이루어지기 한참 전에 성대중은 사고실험이라고 할 것을 진지하고 정확하게 해서, 20대조와 자기가 한 줄로 이어져 있다고 여기는 오늘날도 하는 심한 착각을 밑둥에서부터 잘랐다. 혈통주의와 권위주의를 내세우는 차등론이 지배력을 행사하며 사고를 마비하고 상극을 확대하는 폐해를 철저하게 타파할 수 있게 했다.

〈이순신〉을 다시 보자. 이순신에 관한 지금까지의 논의는 지략이 뛰어나 승리했다고 하고, 지략의 내역을 이것저것 구체적으로 설명하는 데 그쳤다. 그처럼 뛰어난 지략을 어떻게 해서 얻었는가? 이 질문은 하지 않았다. 이 질문에 대해 어떻게 대답해야 하는가?

천품이 뛰어났기 때문이라고 하면, 질문을 무색하게 한다. 병법 공부를 많이 했다는 것이 적절한 대답일 수 없다. 성대중이 분명한 대답을 제시했다. 어부들과 친하게 지내면서 바다의 지형, 수심, 조류 등을 소상하게 안 것이 뛰어난 지략을 얻은 내력이고 그 내용임을 밝혔다. 지략이 어부들의 체험에 축적되어 있는 것을 알고 받아들였다고 했다. 글 읽는 선비의 학식보다 생산 활동에 종사하는 하층민의 체험이 더욱 타당하고 유용한 지략, 한층 높은 통찰이나 투철한 철학을 제공한다고 말했다.

이런 사실이 〈이순신〉에 관한 어느 문헌에도 전하지 않는다. 구전을 듣고 기록했다고도 할 수 있으나, 성대중이 지어낸 이야기라고 보는 것이 더 적합하다. 〈조부〉에서 한 것 같은 사고실험을 해서, 모르고 있던 내막을 명백하게 밝혔다고 보는 것이 타당하다.

오늘날의 학자들이 한다는 연구는 어떤가? 문헌증거만 일방적으로 신뢰해 식견을 옹색하게 하고, 사고실험은 자연과학의 전유물로 내주어 학문의 분열과 차등을 키운다, 사고실험을 공통된 방법으로 삼고, 통합되고 대등한 학문을 해야 한다. 성대중이 보여준 그 전례를 높이 평가하고 이어받아야 한다.

〈속담〉은 어떤가? "잠자리야 잠자리야, 저리 가면 죽고 이리 오면 산단다." 이것은 잘 날아다니는 수단을 자랑하지 말고, 살길을 찾아야 하는 목적 달성에 힘써야 한다는 말이다. "수염이 석 자라도 먹어야 영감이다"는 형식에 매이지 말고 내용을 갖추어야 한다는 말이다. 이 둘에다 "모로 가도 서울만 가면 된다"는 것을 보탤 수 있다.

"새벽달 보자고 저녁부터 기다린다.", "오래 앉은 참새 화살 맞는다"는 것은 흔히 하는 일관성 예찬이 어리석다는 말이다. "원숭이도 나무에서 떨어진다"고 해서 보수주의의 고정관념 타파를 요구한 것과 함께 평가해야 한다. 속담이 지혜의 원천임을 잘 알고 적극 활용해야 한다.

문헌에 의거하는 依樣과 결별하고, 이치를 스스로 생각하면서 난문제를 사고실험으로 해결하면 깊고 타당한 이치를 自得할 수 있다. 이 작업을

민중의 자혜를 받아들여 더 잘하려고 설화의 도움을 받고 속담의 지혜를
공유한다. 이것이 성대중의 탐구 방법이고 내용이다.

〈靑城雜記〉에서는 자기가 생각하고 깨달은 이치를 여러 가지 방식으로
정리해 놓았다. 그 가운데 높이 평가할 만한 것을 든다. 제목이 따로 없
고, 붙이지 않는다.

> 施恩於人而忘之 以天道自公也 受恩於人而不忘 以人道自敕也 大抵
> 成事 豈人力哉 市之則貪天也 報恩 人之職也 忘之則不義

남에게 은혜를 베풀고 잊으면, 天道를 따라 스스로 공평함을 이룩
한다. 남에게 은혜를 입고 잊지 않는 것은 人道를 따라 자기를 신칙
함이다. 대저 일을 이루는 것이 어찌 사람의 힘이겠는가. 이것을 가져
가면 하늘의 공을 탐내는 짓이다. 은혜에 보답하는 것은 사람의 도리
이므로, 이것을 잊으면 의롭지 못하다.

은혜를 베풀었으면 잊고, 받았으면 잊지 말아야 한다. 베푼 은혜를 잊
지 않고 기억하면, 우월감에 사로잡힌 대등론자가 될 수 있다. 받은 은혜
를 기억하지 않고 잊으면, 자기가 모자란다는 생각이 없어져 서로 도우며
사는 대등 관계에서 이탈한다.

이런 말을 天道와 人道를 들어 크게 확대했다. 일을 이루는 것은 天道
인데, 자기가 남들에게 은혜를 베푼 덕분이라고 여긴다면 참람한 착각이
다. 이런 착각을 쉽게 막으려면, 은혜 베푼 것을 잊어야 한다. 받은 은혜
를 잊지 않아야 하는 것은 人道이다. 은혜 기억했다 보답해, 人道를 버리
지 말아야 한다. 누구나 바로 알아들을 수 있는 은혜에 관한 말을 근거
로 삼고, 모호하고 난해하다고 여기는 天道와 人道를 분명하게 구분했다.
天道는 공공의 소망을 성취하는 大道이고, 人道는 사사로운 의리를 실행

하는 小道이다.

〈靑城雜記〉에 속담과 같이, 짧고 뜻 깊은 말이 많이 있어 더욱 빛난다.

　　室無藏蓄　則盜賊不至　心無忮羨　則患害不侵

집에 쌓아 놓은 재물이 없으면, 도적이 이르지 않는다. 가슴속에 시기하고 부러워하는 마음이 없으면, 재난이 침범하지 않는다.

부정문을 긍정문으로 바꾸어보자. 도적은 집에 쌓아놓은 재물 때문에 오고, 재난은 시기하고 부러워하는 마음 탓에 생긴다. 그릇된 원인을 제거하면 불행한 결과도 없다. 원인 제거가 무척 어려우므로, 작심하고 해야 한다.

　　乘則必除　屈者能伸　天下萬事　皆以此準之

번성하면 반드시 쇠퇴하고, 굽은 것은 당연히 펴질 수 있다. 천하 만사가 모두 이런 이치를 기준으로 삼는다.

이것은 지나치면 반대가 되는 역전이 반드시 일어난다는 말이다. 만물과 인생의 역전이 같은 이치이다.

　　盛者衰之候　福者禍之本　欲無衰　無處極盛　欲無禍　無求大福

융성은 쇠퇴의 조짐이고, 복은 화의 근원이다. 쇠퇴가 없기를 바란다면 극도의 융성에 안주하지 말고, 화가 없기를 바란다면 큰 복을 구하지 말아야 한다.

名譽盛者 惟斂退可以遠辱 富貴極者 惟謙恭可以免禍

명성이 자자한 자는 자신을 단속해야만 치욕을 멀리할 수 있다. 지나치게 부귀를 누리는 자는 겸손하고 공손해야 화를 면할 수 있다.

이 둘은 지나쳐서 불행하게 되지 않도록 해야 한다는 실질적인 충고이다. 차등 선호를 경계하는 뜻도 있다. 명성이나 재물이 지나칠 수 없는 대다수의 사람은 대등을 실행하고 있어 불행해지지 않는다는 말이기도 하다.

以福家稱者 便非福家 以智士稱者 便非智士

복 있는 집안이라고 일컬어지는 집안은 복 있는 집안이 아니다. 슬기로운 선비라고 일컬어지는 사람은 슬기로운 선비가 아니다.

여기서는 외형에 대한 평가는 과장되거나 조작되어 실질과 반대일 수 있는 것을 알아야 한다고 한다.

名待後日 利付他人 在世如旅 在官如賓

이름은 후일에 기대하고, 이익은 타인에게 준다. 이 세상에 여행하듯 살아가고, 벼슬을 손님인 듯이 맡는다.

이것이 무슨 말인지 깊이 생각해야 알 수 있다. 당장 높아지는 이름은 근거 없이 조작된 허명이다. 참된 이름은 업적을 정당하게 평가하는 기간이 필요해 나중에 난다. 이익을 자기가 차지하려고 하면 충돌이 일어날 따름이고, 남에게 양보하면 화합이 이루어진다. 小利를 다투지 말고, 모두 함께 유익하게 하는 大利를 이룩해야 한다.

자기가 이 세상의 항구적인 주인이고 영원한 거주자라고 착각하면, 시간 낭비나 하고 있다가 죽음이 닥치면 크게 당황한다. 여행하듯이 살아야 일정을 잘 짜서 마땅히 할 일을 하고, 때가 되면 조용히 떠나는 것이 당연하다고 여긴다.

자기가 관직의 주인이라고 여기면 어쭙잖은 폭군이 된다. 그만두어야 하는 것을 납득하지 못해 행패를 부린다. 손님처럼 머물면서 할 일을 조심스럽게 하고, 미련 없이 그만두는 것이 공직자의 마땅한 자세이다.

5

《대등생극론》을 일단 써놓고 노수신, 이민구, 성대중 등의 선인이 남긴 놀라운 한시문을 찾아 읽었다. 내가 하는 말을 이미 많이 한 것을 알고 당황하지 않으며, 당연하다고 여긴다. 대단한 스승들이 망각의 늪을 헤치고 나와 앞길을 열어준다. 고금의 일치가 타당성을 서로 입증한다. 이것은 커다란 의의를 가진다. 오늘날 철학의 활로를 열어준다.

그동안의 상황을 점검해보자. 西勢東漸의 거대한 해일을 타고 밀어닥친 서양철학이 엄청난 영향력을 행사했다. 추종을 일삼는 依樣의 위세를 조성하고 自得 학문을 질식하게 했다. 이것은 치명적인 시련이 아니다. 잠시 동안의 악몽에 지니지 않는 줄 알면 쉽게 청산할 수 있다.

앞 대목 〈시각 교정〉에서 다룬 저작들과 견주어보면, 몇백 년 전의 우리 선인들이 쓴 글 발상의 차원이 훨씬 높다. 방황하고 있는 양상과 각성을 얻은 경지 사이의 거리가 크다. 차등론에서 벗어나 대등론을 자각하고 실행하는 발상을 슬기롭게 제시했다. 이미 한 작업을 더욱 분명하게 다시 한다.

인류 공동의 소망을 성취하는 작업에서 전진을 이룩했다고 자부하는 쪽이 후퇴를 초래한 것을 확인할 수 있다. 진정한 전진이 망각되고 밀려난 것을 알아차리고 되살려, 그런 차질을 시정해야 한다. 선후 역전의 대전환을 해야 할 때가 되었다. 너무나 작아 엄청난 힘을 가지는 코로나바이러스가 선후뿐만 아닌 대소·강약·현우 전환이 일어나야 하는 시점을 명시했다.

내가 다시 하는 작업이 고금학문 합동작전임을 알고, 타당성과 유용성을 확신한다. 회의적인 반론을 불식하고, 장래를 더욱 분명하게 낙관할 수 있다. 西勢東漸을 되돌려 새로운 패권을 장악하겠다는 것은 아니다. 패권주의나 제국주의의 근거가 되는 차등론을 철저하게 불식하고, 만물·만생·만인대등생극론을 확고하게 정립해 인류를 불운에서 구출할 수 있다.

근래 몇백 년 동안 동양은 낙후한 것을 자인하고, 서양이 선진임을 알고 따르려고 많은 노력을 했다. 서양말을 열심히 공부해 실력의 척도로 삼는 것을 선행 과업으로 삼았다. 이제 그 반대가 되는 전환이 필요하다. 동양에서 새로 이룩하는 학문을 이해하기 위해 언어 습득부터 해야 한다.

동양의 선두주자 한국에서 내놓는 대등생극론이 어떤 것인가? 서양철학이 당면하고 있는 난관을 해결하고, 철학사의 새로운 가능성을 실현한다고 할 수 있는가? 내놓는 업적을 이런 의문을 가지고 읽고 이해하고 토론하려면 한국어 공부부터 열심히 해야 한다.

지금 한국어를 공부하겠다는 열기가 서양에서까지도 들불처럼 일어나고 있다. 한국어로 대중문화를 즐기고자 하는 수준을 넘어서서, 한국의 학문을 알고자 하는 움직임이 나타나도록 해야 한다. 대등생극론 정립을 알고 토론에 참여하면 대전환이 확실해진다. 그러기 위해 기본 강령을 재확인한다.

대등생극론은 대등과 생극의 이론이다. 대등은 만물·만생·만물의 상호관계이고, 생극은 그 생성작용이다. 대등을 부정하는 차등론이 횡포를 자행하고, 차등론의 대안이 평등론이라는 억지가 불행을 키우는 잘못을 대등론으로 바로잡는다. 상생과 상극이 따로 논다고 하는 착오도 시정하려고 생극론을 이룩한다. 대등생극론은 인류역사의 파행을 청산하고 정상을 회복하는 철학이다.

3-4 멀리서는

1

차등론을 나무라고 대등론을 대안으로 제시하는 것은 너무나도 당연하다. 세계 어디에서도 이런 작업을 했다. 차등론에 근거를 둔 자기중심주의의 편견을 버리고, 소중한 가치를 찾고자 하는 것이 공통된 소망이다.

제국주의 침략의 선두에 나선 유럽 열강에는 차등론만 있었던 것은 아니다. 그 잘못을 시정해야 한다는 각성자들의 반론도 찾아볼 수 있다. 증거가 되는 저작이 위험을 피하고 설득력을 높이려고, 교묘한 방법을 사용했다. 통상적인 용무가 있어 배를 타고 멀리 가다가 풍랑을 만나 표착한 미지의 세계에서, 유럽의 차등론을 부끄럽게 하는 대등론의 소중한 가치를 발견하고 놀랐다고 했다.

영국인 토마스 모어(Thomas More)의 《유토피아》(*Utopia*, 1516)가 그 선두에 조심스럽게 나섰다. 세상이 어떻게 달라져야 하는지 생각한 바를 상상여행 기록으로 나타내고, 라틴어를 사용해 독자를 널리 구했다. 외교관의 임무를 띠고 네덜란드에 파견되었을 때 어느 나라에도 소속되지 않은 라파엘이라는 사람에게 들은 말을 글로 옮겼다고 하고서도, 무척 조심스러운 태도를 보였다.

‘유토피아’란 ‘없는 곳’이라는 뜻이다. 없는 곳에 관한 말이니 사실이 아니다. 그렇게 변명할 수 있는 방어선을 치고서 자기 나름대로의 이상향을 설계했다. 유토피아의 사람들은 서로 다른 종교를 믿으며, 그것 때문에 충돌을 일으키지 않는다고 했다. 기독교를 믿든 거부하든 자유라고 했다. 유토피아에는 사유재산이 없어 불평등과 갈등이 생기지 않는다고 했다. 이에 관해 한 말을 영어 번역에서 옮긴다.

유토피아에서는 돈과 돈을 벌려는 열망이 동시에 사라졌기 때문에 그 외 많은 사회문제가 해결되고 많은 범죄가 사라졌습니다. 금전 사용의 종말은 매일처럼 처벌해도 발생하는 온갖 범죄 행위, 곧 사기, 절도, 강도, 언쟁, 난동, 쟁의, 반란, 살인, 배신, 독살 등의 종말을 의미함이 분명하기 때문입니다. 그리고 돈이 폐지되는 즉시 공포, 긴장, 불안, 과로 같은 것들이 모두 사라집니다.

이 모든 말이 유럽이 잘못되고 있다고 하는 통렬한 비판이다. 금전을 숭상하는 빈부 차등론이 분열과 갈등을 초래해 약자는 물론 강자도 불행하게 하는 잘못을 철저하게 바로잡아야 한다고 했다. 없는 곳의 없는 일을 전하니, 문자 그대로 타당한가 시비하지 말고 숨은 의미를 알아차려야 한다.

2

《유토피아》는 유럽 각국에서 널리 읽히고 깊은 공감을 얻어, 그 비슷한 작품을 라틴어로 쓰는 것이 한 시대의 유행이 되었다. 여러 나라에서 나온 유사한 작품 가운데 이탈리아인 토마소 캄파넬라(Tomaso Campanella)의 《태양의 도시》(*Civitas Solis*, 1623)를 특히 주목할 만하다.

캄페넬라는 기독교 성직자이면서 갈릴레오를 숭배하고 학문의 자유를 염원한 사람이다. 자기 고장인 남부 이탈리아를 스페인의 지배에서 해방시키는 투쟁에 참가했다가 잡혀서 오랫동안 감옥살이를 했다. 옥중에서 《태양의 도시》를 써서 이상적인 사회에 대한 소망을 나타냈다. 처음에는 이탈리아어로 썼다가 라틴어로 옮긴 사본을 몇 개 만들었는데, 그 가운데 하나가 밖으로 유출되어 독일에서 출판되었다.

기사와 선장 두 인물이 등장해 문답한 방식으로 책을 썼다. 기사는 순례자보호기사단의 단장이고, 선장은 콜럼부스를 인도했던 사람이라고 했다. 항해 도중에 있었던 일을 이야기해 달라고 하는 기사의 요청을 받아들여, 선장이 "태양의 도시"라는 곳에 표착해서 보고들은 바를 말했다. 그곳은 철학자인 '태양'이 '권력'·'지혜'·'사랑'을 뜻하는 세 사람의 보좌를 받아 다스린다고 했다. 정의로운 질서에 따라 움직여, 누구나 공익을 위해 일하며 필요한 대로 소비할 따름이고 사유재산이라고는 없다고 했다.

영국인 헨리 네빌(Henry Neville)의 《파인 섬》(*The Isle of Pines*, 1668)도 함께 고찰할 만하다. 이것은 영어로 써서 저자를 밝히지 않고 출판한 책인데, 불어, 이탈리아어, 독일어, 네덜란드어 번역이 이어서 나왔다. 암스테르담을 출발해 아프리카 마다카스카르 근처를 항해하던 네덜란드 선원이 미지의 세계에 이르러 뜻밖의 경험을 한 바를 런던에 있는 친구에게 편지로 알리는 형식으로 썼다.

솔라모나(Solamona)라는 나라가 있는 섬에 표착해 숨겨둔 비밀을 알았다고 했다. 파인(Pine)이라는 사람을 만나 할아버지가 그 섬에서 별세계를 개척할 때부터 있었던 일을 들어서 알고 있는 대로 전한 내용이라고 했다. 그곳은 자연의 풍요로움을 제한 없이 누려 사회조직이 필요하지 않고, 성행위가 자유롭게 이루어져, 그 때문에 생기는 갈등이 없다고 했다.

3

조나단 스위프트(Jonathan Swift, 1667－1745)의 《걸리버 여행기》(*Gulliver's Travels*, 1726)도 보자. 걸리버는 대인국, 소인국, 말[馬] 나라 등에 가서 기상천외의 경험을 했다고 했다. 기발한 설정으로 차등론의 편견을 철저하게 파괴했다.

자기가 크다고 으스대다가, 대인국에 가면 아주 작은 것을 알게 된다. 작아서 부끄럽다고 하는 사람이 소인국에 가면 거인이다. 용모를 자랑한다면, 말의 형상을 한 짐승 같은 사람들이 당당하게 사는 나라에 가봐야 한다. 이렇게 말해, 자기중심의 가치관을 버리고, 어떤 선입견에서도 벗어나도록 했다. 차등론을 버리고 대등론을 실행해, 평화롭고 행복하게 사는 길이 무엇인가 심각하게 생각했다고 했다.

한 대목을 자세하게 살펴보자. 말 나라에 가니, 그곳의 언어를 가르쳐주려고 애쓰더라고 했다. 우리와 같은 사람만 언어가 있어 우월하다는 것이 부당한 편견임을 알려주었다. 스승이라고 할 수 있는 분의 친절과 열성이 각별해 감동하게 했다. 인간 세상의 교사를 부끄럽게 했다.

더욱 놀랄 만한 경험은 다음과 같이 말한 데 있다. 오묘한 경지에 이른 원문을 직접 음미해야, 무엇을 말하는지 정확하게 알아차릴 수 있다. 아동용 축약 번역본을 읽고, 안다고 하지 말아야 한다.

My master heard me with great appearances of uneasiness in his countenance; because doubting, or not believing, are so little known in this country, that the inhabitants cannot tell how to behave themselves under such circumstances. And I remember, in frequent discourses with my master concerning the nature of manhood in other parts of the world, having occasion to talk of lying and false representation, it was with much difficulty that he comprehended what I meant, although he had otherwise a most acute judgment.

나의 스승은 불안한 기색을 보이며 내 말을 들었다. 의심이나 불신이 알려지지 않아 그 나라 사람들은 어떻게 대응해야 하는지 알지 못하기 때문이다. 스승과 함께 다른 세계의 인간에 대해 자주 이야기하면서 알게 된 사실을 기억한다. 분별력이 탁월한 분은 기만 또는 허위 진술은 무엇인지는 이해하지 못했다.

미시적인 고찰로 거시적인 논의를 하는 슬기로움이 대단하다. 말 나라 언어를 가르쳐주는 스승이 인간의 의심, 기만이나 하위 진술이 무엇인지 이해하지 못했다는 사실을 들어, 잘났다고 자부하는 사람들의 허점을 명백하게 했다. 진실이 무엇인지 심각하게 생각하게 했다. 크기나 모습과는 무관하게 어디 사는 어떤 사람도, 각자의 가치관도 모두 대등하다고 했다.

4

불국에서는 볼태르(Voltaire, 1694-1778)가 《캉디드 또는 낙관주의자》(*Candide ou l'optimiste*, 1759)라고 하는 기이한 책을 내놓았다. 자기가 지은 책은 아니라고 했다. 서문에서 다음과 같이 말했다.

Traduit de l'allemand de M. le docteur RALPH.
Avec les additions qu'on a trouvées dans la poche du
docteur lorsqu'il mourut à Minden l'an de grâce 1759.

랄프 박사가 남긴 독일어 책의 번역이다.
박사가 은혜의 해 1759년에 민덴에서 죽었을 때
주머니에서 잡동사니와 함께 발견된 것이다.

이것은 지어낸 말이다. 자기가 저자라고 사실대로 말하면 무사하지 않으므로 은폐 작전을 썼다. 배를 타고 멀리 가다가 풍랑을 만나 표착한 미지의 세계를 말하는 방법이 너무 자주 사용해 효력이 줄어들었다고 생각하고, 다른 대책을 찾았다. '가장 단순한 성격'(l'esprit le plus simple)을 지녀 이름이 '純眞兒'(Candide)인 소년이 우연한 기회에 세계 각처를 돌아다니며 별별 이상한 경험을 한다고 했다. 어떤 일이 있었다고 했는지, 둘을 든다. 원문을 읽어야 실감이 난다.

"Quoi ! vous n'avez point de moines qui enseignent, qui disputent, qui gouvernent, qui cabalent, et qui font brûler les gens qui ne sont pas de leur avis ?"

"Il faudrait que nous fussions fous, dit le vieillard, nous sommes tous ici du même avis, et nous n'entendons pas ce que vous voulez dire avec vos moines."

"무어라고! 당신네들에게는 권력을 휘두르고, 음모를 꾸미며, 자기네 의견과 조금이라도 어긋나는 사람은 불로 태워 죽이는 신부들이 없다는 말입니까?"

"미치지 않고서야 그럴 수 있겠습니까." 그 노인은 말했다. "여기서 우리는 모두 같은 생각을 하고 있습니다. 당신네 나라의 신부에 관한 여러 이야기는 들어본 적이 없습니다."

기독교의 그런 횡포는 너무나도 부당하다. 불국뿐만 아니라 유럽 전체의 큰 치욕이다. 크게 분노해야 할 일이지만, 당연하다고 여겨야 했다. 발설이 허용되지 않는 말을 털어놓기 위해 가상의 여행기가 필요했다.

Partout les faibles ont enexécration les puissants devant lesquels ils rampent, et les puissants les traitent comme des troupeaux don't on vend la laine et la chair. Un million d'assassins enrégimentés, courant d'un bout de l'Europe à l'autre, exerce le meurtre et le brigandage avec discipline pour gagner son pain, parce qu'il n'a pas de métier plus honnête,

약자는 강자를 증오하면서 강자에게 아부하고, 강자는 약자를 양인 듯이 잡아 털과 고기를 파는 사태가 도처에서 벌어지고 있다. 유럽의 끝에서 다른 끝까지 백만이나 되는 살인자 부대가 편성되어, 정직한 직업을 갖고 있지 못하니 남에게서 먹을 것을 빼앗으려고, 훈련받은 대로 살인과 약탈을 자행한다.

불국이나 유럽의 다른 나라는 모든 것이 훌륭하게 보이지만, 하는 짓이 이렇다고 했다. 강자의 횡포로 약자는 살 수 없게 하는 참상을 세계로 확대하려고, 백만 대군을 보내 살인과 약탈을 대규모로 자행한다고 했다. 아주 먼 곳으로 가니 인류 본연의 대등론을 잃지 않아 행복하게 살아가는 사람들이 아직 있어, 선진이라고 자랑하는 차등론의 이념이 얼마나 잘못되고 창피스러운지 분명하게 깨달았다고 했다.

3-5 우리 주위의 모범

1 논의의 내력

차등론의 환상에 사로잡혀, 추종자가 되지 말아야 한다. 자기가 지닌 약점이 대등론의 가치를 입증해준다는 것을 깨달으면, 진실하고 보람되게 살 수 있다. 남들은 기피하는 일을 끈덕지게 해서 널리 도움을 줄 수 있다.

이렇게 하는 모범을 보여주는 사람들이 예전이나 먼 곳에만 있지 않아, 오늘날 우리 주위에서도 흔히 보인다. 가까이서 알고 있는 바를 직접 말하면 정실이 개재되어 편파적인 판단을 한다는 의혹을 살 수 있어, 보도된 자료를 이용한다. 《서울신문》의 2016년도 〈한길 큰길 그가 말하다〉 기획 연재에서 소개한 네 사람을 든다.

법의학자 강신몽은 이종 아우이다. 사물놀이 명인 김덕수는 국악예술학교에서 가르친 제자이다. 옥수수 박사 김순권은 만난 적 없으나, 대구의 지인들이 전하는 소식을 많이 들어 친구처럼 생각된다. 프로바둑 기사 서봉수는 화면에서 자주 보기만 했다. 친소 관계가 다르지만, 같은 거리를 둔다. 알고 있는 사실을 직접 말하지 않고, 신문 기사를 이용해 공신력을 높인다.

넷이 하는 작업은 아주 다르다. 조금도 겹치지 않고, 아주 멀리서 서로 돕는다. 수직의 관계는 없고, 수평의 관계만 있다. 이것이 차등론이나 평등론과는 아주 다른, 대등론의 진면목이다.

2 법의학자 강신몽

―많은 사람들이 "하고 많은 의학 분야 중에 왜 하필 이쪽을 택했느냐"

고 묻는다. 사실 원래 내가 하고 싶었던 것은 외과 의사였다. 그 목표가 갑자기 법의학으로 바뀐 것은 1980년 강원도 철원에서 그 뜨겁던 여름을 보내고서였다.

－1979년 10·26사태 이후 정권을 잡은 신군부는 이듬해 8월 군부대에 '삼청교육대'를 설치했다. 당시 나는 철원 육군 6사단에서 군의관 3년차를 보내고 있었다. 정보가 극도로 통제됐던 그때, 우리 부대에서 어떤 일이 벌어지는지를 정확히 알기는 어려웠는데 한 가지 분명한 것은 삼청교육대가 우리 부대에도 있었고 그곳에서 사람들이 하나둘 죽어나가기 시작했다는 사실이었다.

－삼청교육대 희생자들은 우리 의무대로 보내졌다. 의학적 사인은 분명했지만, 그들이 어디에서 뭘 하다가 어떤 상황에서 죽었는지는 알 도리가 없었다. 누구에게 물어볼 분위기도 아니었고, 누군가 먼저 나서 말해 줄 상황도 아니었다. 전국에 내려진 삼엄한 비상계엄령 속에 그들의 가족들에게는 사망했다는 사실만 통보됐다. 억울한 죽음이 있어서는 안 되겠다는 생각이 들었다. 나의 능력을 그쪽에서 발휘해 볼 방도는 없을까.

－1981년 제대와 동시에 법의학교실 문국진 교수님의 제자로 들어갔다. '법의학의 살아 있는 역사'로 불리는 문 교수님은 1970년 국립과학수사연구소 법의학과장을 마치고 고려대로 옮겨 법의학을 가르치고 계셨다. 법의학을 하겠다고 하니까 사방에서 말렸다. 지금도 법의학을 배우거나 연구하는 사람이 전국에 통틀어 40명 정도밖에 되지 않는 것이 현실이고 보면 당시 세간의 싸늘한 시선을 능히 짐작할 수 있다.

－1989년 국과수에 의무기좌(5급 기술직) 신분으로 들어가 1999년 가톨릭대학으로 옮기기까지 10여 년을 근무했다. 국과수 근무의 전반부는 우리나라 민주화의 격변기였다. 집회와 시위 등 시국 관련한 사망 사건이 발생하면 우리는 숨 막힐 정도로 무거운 주목을 사방에서 받았다. 밖에서는 우리가 정권에 유리한 결론을 낼 거란 의혹의 시선을 보냈고, 안에서

는 이런저런 압력이 이만저만이 아니었다. 하지만 내 평생 순수한 법의학적 소견 외에는 어떠한 것도 결론에 반영하지 않았다고 자신한다. 그럼에도 불구하고 안팎의 불신을 피해 갈 수는 없었다. 1991년 5월 시위 도중 사망한 성균관대 김귀정씨 사건 때는 부검을 하러 가다가 중간에 되돌아오기도 했다. "정부 측인 국과수는 믿을 수 없다"는 주장이 거세지면서 대학병원에서 부검을 하게 되었기 때문이다.

—정부 측에서 냉랭한 시선을 보낸 적도 여러 번 있었다. 1993년 6월 발생한 '김춘도 순경 사망 사건' 때였다. 서울 연신내에서 한총련 대학생 시위를 진압하다가 사망한 김 순경의 부검을 국과수 법의학과장으로서 내가 담당했다. "학생들이 발로 차고 각목으로 때렸다"는 동료 경찰들의 진술과 "김순경에 대한 폭력은 없었다"는 학생 측 진술이 엇갈리면서 부검 결과가 정국의 판도를 가를 만큼 중대한 변수가 됐다. 부검을 마친 뒤 나는 직접 기자들 앞에 섰다. "돌이나 각목에 맞은 흔적은 없었습니다." 그에 따른 후폭풍에 대해서는 굳이 자세히 말할 필요가 없을 것 같다.

—요즘은 법의학에 대한 사람들의 기대감이 어느 때보다 커졌다. 그만큼 법의학에 대한 오해도 늘었다. 법의학을 주제로 한 방송물들이 많이 나왔는데, 나는 관심 갖고 보다가 금세 포기했다. 드라마에서처럼 술술 풀리고 결론이 명확한 경우는 법의학 현장에서는 좀체 찾기 어렵다. 결국 우리는 부검과 다양한 과학수사 기법을 통해 '가능성이 높다' 또는 '가능성이 낮다' 정도만을 이야기할 수 있다. 내가 지은 책('타살의 흔적' '죽음의 해석' 등)을 읽은 친구들은 한결같이 "왜 네 책에는 결론이 없냐. 이럴 수도 있고 저럴 수도 있다고만 해서야 무슨 재미로 책을 읽겠냐"고 말한다.

—은퇴한 뒤에는 '이태원 살인 사건'이나 '치과 의사 모녀 살인 사건' 등 법의학적으로 크게 논란이 됐던 사건들에 대해 책을 집필할 생각이다. 그런 혼란스러운 상황에서 법의학자나 법과학자가 어떤 자세를 취해야 하

는가에 대해 법의학자들 간에 진지한 논의를 끌어냈으면 하는 바람에서다. 법의학을 나름대로 꽤 한다고 했지만 우리의 역할에 대한 고민은 여전하다.

3 사물놀이 명인 김덕수

－"왜 아이를 광대로 키우려고 하세요. 그냥 보통 아이들처럼 살아가도록 해주자고요." 1957년 가을 추석날 밤, 어머니와 아버지는 잠들어 있는 내 옆에서 대판 싸움을 벌이셨다. 할아버지의 대를 이어 남사당 예인이셨던 아버지는 자식들 중 한 명에게 '가업'을 물려주려 하셨고, 그 대상을 당신과 가장 닮아 있던 나로 점찍으셨다. 그 계획을 두고 아버지 편을 드는 사람은 집안에 아무도 없었지만, 그 고집을 꺾을 수 있는 사람 또한 아무도 없었다.

－추석 다음날 아침, 나는 아버지 손을 잡고 대전의 집을 나서 조치원 난장으로 향했다. 남사당 공연에서 고깔 쓰고 무동 타며 꼭대기에서 재주 부리는 꼬마인 '새미'가 나의 첫 역할이었다. 전날 딱 2시간 연습한 게 전부였다. 다섯 살 아들이 당신 곁을 떠나 광대의 길로 떠나는 것을 어머니는 차마 바라보지 못하시다 대문을 막 나서는 순간 달려와 목도리를 정성껏 둘러주셨다. 어른이 될 때까지 모든 기억을 가져갈 수 있는 나이가 아니었지만 집을 떠나는, 좀더 정확히는 엄마를 떠나는 데 대한 두려움과 더 큰 세상 속으로 나아간다는 설렘 같은 것이 교차하며 마음이 요동쳤던 것만큼은 또렷이 머리에 남아 있다.

－6·25 전쟁이 한창이던 1952년 아홉 남매 중 여섯 번째이자 아들로는 둘째로 태어난 나는 집안 대대로 내려오는 끼와 신명을 형제들 중에 가장 뚜렷하게 물려받았다. 어머니께서 과일 등을 파는 잡화상을 하셨는데 네 살 때부터 "사과가 싸요, 싸"하는 식으로 춤을 추며 큰소리로 호객

을 해서 동네에서 일찌감치 유명했다고 한다. 그래서 아버지의 동료 남사당 어른들이 "덕수를 제대로 한번 키워보자"고 말들을 많이 하셨는데, 내가 1957년 추석 직후 갑자기 조치원 난장에서 데뷔하게 된 것도 명절을 쇠러 집에 오셨던 아저씨들이 아버지 옆에서 부채질을 한 결과였다.

 —남사당의 일과는 고됐다. 아침에 해 뜰 때 의상을 입으면 한밤중이 돼야 일이 파했다. 하지만 나는 힘든 줄을 몰랐다. 하루 종일 장구와 상모 같은 것들을 갖고 놀았는데 그저 좋을 뿐이었다. 누구에게 레슨을 받은 것도 아니고 보고 듣고 만진 것들이 모두 내 머릿속에서 융합돼 몸으로 말로 발현이 됐다. 얼마 후 나는 가(歌)·무(舞)·악(樂)·극(劇)에다 '살판'이나 '땅재주'로 불린 곡예까지 통달하는 지경에 이르렀다.

 —어려서 내가 유명해진 직접적 계기는 일곱 살 때인 1959년 9월 동대문운동장에서 열린 전국농악경연대회에서 대통령상을 받으면서부터였다. 당시에는 전국 팔도 대표들이 면 단위부터 예선을 거쳐 군 대표, 도 대표가 돼서 실력을 겨뤘는데 해마다 출전을 했다. 보통은 대전이 속한 충남 대표로 출전했지만, 경기 대표로 나간 적도 있었다. 그때는 도민증이란 게 있어서 그걸로 어느 도 출신인지를 확인했는데 어느 해 우승에 목이 마른 경기도 수뇌부에서 "충남의 김덕수에게 경기도민증을 줘서 우리 팀에 합류시키라"는 지시를 내렸다. 그들의 삼고초려에 못 이겨 그해 경기 대표 완장을 찼다. 물론 두둑이 용돈을 벌었다.

 —"나도 다른 애들처럼 엄마가 싸주는 도시락 갖고 평범하게 학교 다닐 거예요." 1965년 친구들이 다들 중학교에 들어갈 때 나는 재수를 시작했다. 지역 명문인 대전중학교에 꼭 가고 싶었다. 초등학교는 6년 동안 전체 출석 일수가 300일도 안될 정도로 다니는 둥 마는 둥 했는데, 이젠 그 생활에서 벗어나고 싶었다. 아버지는 초등학생 아들이 학교 교육을 너무 못 받는 게 걱정스러워 국어책이나 산수책을 들고 나를 틈틈이 지도했지만, 그걸로 대전중 입시를 통과하기는 역부족이었다.

-하지만 '엄마의 도시락'은 내 팔자가 아니었던 모양이다. 집에서 중학교 시험 준비를 하고 얼마 지나지 않은 그해 4월 말 어느 날 저녁 아버지가 나를 부르셨다. "서울 남산에 있는 국악예술학교(현재 국립전통예술중고) 교장 선생님을 만났다. 너 입학하면 정말 잘 키워주시겠단다."

-국악예술학교 입학과 동시에 재일교포 위문과 같은 해외 공연이 시작됐다. 초등학교 때까지는 국내를 유랑했지만, 중학교 때부터는 외국을 돌았다. 학교 소속으로도 나갔고 한국민속가무악예술단이나 리틀엔젤스 소속으로도 나갔다. 그중에서도 리틀엔젤스는 지도자 겸 단원으로 들어갔다. 나이가 많았지만, 무대에서는 어린이처럼 보였기 때문에 가능한 일이었다. 당시에는 그 또래가 만져보기 어려울 만큼 큰 액수를 월급으로 받았다. 리틀엔젤스의 경우 월 300달러를 줬다. 1960년대 중반 가치로 엄청난 금액이었다. 간장 한 통이 30원이던 때였다.

-해외 공연이 마냥 즐겁기만 한 것은 아니었다. 그 시절 한국은 다른 나라에서 보기엔 '전쟁의 나라', '고아의 나라'였다. 공연장이라고 해서 그런 정서가 별반 다를 게 없었다. 그들에게 뭔가를 보여주기 위해 어린 나이에 더 이를 악물고 열심히 했다. 1968년 멕시코 올림픽에 즈음해 국립민속예술단이 결성된 후부터는 해외 공연이 더욱 늘었다. 국제 박람회나 해외 한국상품 전시회 등을 위해 일본이나 미국은 물론이고 아프리카, 중동, 중남미까지 각지를 누볐다.

-국악인 박귀희 선생님이 한국민속가무예술단 단장직을 나에게 물려주셨다. 우리 예술단 10명이 오대양 육대주를 돌며 무용, 연주, 농악 등 전통공연을 했다. 일본 도쿄, 오사카, 나고야 등지에서 2년여에 걸쳐 춘향전, 심청전 등 뮤지컬 공연도 했다. 나는 단장으로서 연출도 함께 맡았다. 우리 고전 스토리를 바탕으로 대본을 만들되 노래와 춤은 일본과 합작으로 구성했다. 우리 쪽에서는 영화배우 최은희씨와 김희갑씨 등이 공연에 참여했다. 하지만, 시간이 흐르면서 우리 전통예술에 위기가 찾아왔다. 서

커스 등 다양한 외국문화와 TV 방송 프로그램, 스포츠 등이 확산되면서 과거에 비해 상품성이 크게 떨어진 것이다. 어르신 세대들이 갖은 노력을 했지만 대세를 돌이키기는 힘들었다.

─이러다가는 안 되겠다는 생각이 들었다. 새로운 뭔가가 필요했다. 그래서 만들어낸 것이 사물놀이였다. 국악예술학교 2년 후배인 김용배(꽹과리)와 최태현(징), 이종대(북)와 뜻을 모았다. 그때까지 꽹과리, 장구, 북, 징의 4가지 필수 전통예술 타악기를 뜻하는 '사물악기'나 이를 다루는 사람을 뜻하는 '사물잽이' 같은 말은 있었지만, '사물놀이'라는 명칭은 없었다. 우리 넷은 1978년 2월 공간사랑 공연장에서 웃다리 풍물가락으로 첫 연주를 했다. 미친 듯이 신명 나게 소리를 만들어냈다. 사람들의 반응은 반반으로 갈렸다. "놀랍다"라는 찬사와 "이단이다"라는 비난이 함께 쏟아졌다. 어느덧 사물놀이가 탄생한 지 곧 40주년이다. 그동안의 공연 횟수는 국내외 5500회에 이른다.

─요즘은 많은 시간을 전공 교재 만들기에 쏟아붓고 있다. 공연은 일회성에 그치지만 교육은 길이 남기 때문이다. 이론적인 것을 정립하는 게 지금의 나의 의무라고 생각한다. 하지만 지금도 연평균 70회 정도는 공연을 하고 있다. 내년은 나의 남사당패 데뷔 60년이다. 한국예술종합학교 연희과 신설 20년이 되는 해이기도 하다. 한국에서 가장 천시받던 연희를 아름다운 신명으로 체계적으로 가르칠 수 있도록 연희과를 만들었고, 그 결과 세계로 도약할 수 있는 훌륭한 전통예술 인재 양성의 기반이 되고 있다는 데 더없는 보람을 느낀다.

4 옥수수 박사 김순권

─나는 해방을 몇 달 앞둔 1945년 4월 5일 경남 울주군 강동면 신명리에서 막내로 태어났다. 딸 여섯을 낳고서 얻은 아들이었다. 읍내에 가

려면 서너 시간은 걸어야 했던 오지였다. 아버지는 여덟 마지기 땅에 논 농사를 지으셨다. 멸치잡이 배 한 척도 있었다. 못 사는 편은 아니었지만, 식구가 많아 늘 배를 곯았다.

  -은행원을 최고의 직업이라 여기고 명문인 부산상고에 도전했지만 낙방했다. 1년 동안 아버지 밑에서 농사를 배웠다. 돌이켜보면 일종의 '선행학습'이었다. 이듬해 울산농고에 들어갔다. 삽질, 김매기는 내가 일등이었다. 졸업할 때 실습상을 받았는데 부상이 삽이었다. 평생 옥수수밭에서 일할 운명은 그때 결정된 게 아니었을까.

  -고등학교 2학년 때 태풍이 고향 집을 덮쳤다. 아버지가 피해 복구 과정에서 교통사고를 당하셨다. 병원비를 대려고 논을 팔았다. 대학 진학은 무리였다. 아버지를 대신해 돈을 벌어야 했다. 농협 입사 시험을 쳤지만 떨어지고 말았다. 내 인생의 두 번째 낙방이었다. 실의에 빠져 있는데, 경북대 농과대학에 가면 장학금을 주고 졸업 후 독일 유학도 보내준다는 말을 듣게 됐다.

  -10대1의 경쟁을 뚫고 경북대 농대에 합격한 나는 공부벌레로 살았다. 강의를 듣거나 아르바이트하는 시간 외에, 도서관 의자에서 엉덩이를 떼지 않았다. 서울대 대학원에 진학해 농업경제학 교수가 되려고 했다. 시험을 잘 본 것 같았는데, 합격자 명단에 내 이름이 없었다. 세 번째 낙방이었다.

  -공무원 시험을 치르고 농촌진흥청에 들어갔다. 매일 오전 5시 30분에 출근해 통행금지 예비 사이렌이 울리는 밤 11시 30분에 연구실을 나섰다. '제2의 우장춘'인 육종학자가 되겠다는 각오로 하루 18시간을 일하고 공부했다. 하지만, 배움의 허기는 가시지 않았다. 미국 유학이 가고 싶었다. 가난한 공무원에겐 자비 유학은 상상도 못할 일이었다. 국비 장학생이 되어야 했다. 서울대 문턱보다 높다는 하와이 동서문화센터(EWC)의 미국 유학 장학생 17명 중 한 명으로 선발됐다.

―하와이대에서 옥수수 육종학을 시작했다. '옥수수를 잘만 개량하면 막대한 수확량을 올려 인류의 식량 문제를 해결할 수 있다.' 이렇게 생각하고, 뙤약볕 아래 실습장에서 생옥수수로 끼니를 때우며 연구를 거듭했다. 다들 '옥수수에 미친 남자'(crazy corn man)라고 수군거렸다.

―미국 교수들은 "옥수수 교배 올림픽이 있다면 김순권이 단연 금메달감"이라고 나를 치켜세웠다. 옥수수 교잡종을 만들려면 암수를 접붙여야 한다. 옥수숫대 위에 달린 수술에선 100만~200만개의 미세한 꽃가루가 떨어진다. 눈병이 생기기 쉬우니 자주 씻어내야 한다. 눈이 큰 미국인들은 이걸 불편해했는데, 나는 눈이 작아서 고통을 느끼지 못했다.

―3년 3개월 만에 석·박사 학위를 손에 쥐었다. 박사과정 동안 20차례 옥수수를 재배하며 쓴 논문들을 세계농업학회지 등에 7차례 실었다. 단숨에 전 세계 옥수수 학계의 스타가 됐다. 미국의 종자회사가 농촌진흥청 월급의 20배였던 3000달러를 제의해 왔다. 하지만 나는 솔깃한 제의를 귓등으로도 듣지 않았다. 내 손으로 만들어낸 옥수수를 우리 땅에 하루라도 빨리 심고 싶었기 때문이었다.

―1979년 강원 홍천, 평창, 영월의 시험 재배장에 '수원 19호', '수원 20호', '수원 21호'의 종자가 뿌려졌다. 얼마 후 미국에서나 볼 수 있었던 씨알 굵은 옥수수가 주렁주렁 달렸다. 대성공이었다. 그런데 암초가 등장했다. "미국과 국제기구가 자네가 개발한 '수원' 시리즈는 한국 땅에서 성공할 수 없다고 했다네. 수고했지만 종자는 창고에 쌓아 두고 연구나 좀 더 해 보게." 농진청 선배의 말이었다. 옥수수 종자를 팔기 위한 미국의 로비가 뻔했다. "이 종자가 실패하면 10년 동안 감옥에 가 있겠습니다." 나는 단호하게 말했다. 우여곡절 끝에 강원도 농가에 당초 계획의 절반인 8만t을 나눠 주기로 했다. 그런데 이번에는 농민들이 옥수수를 땅에 심으려 하지 않았다. "농사 망하면 당신이 책임질 거요?" 격한 삿대질이 돌아왔다. 농가를 일일이 찾아다니며 설득했다.

―그해 강원도에는 바람이 심해 곳곳에서 흉작이 났는데 이게 좋은 기회가 됐다. 수원 19호는 전혀 넘어지지 않았고 전체 포기의 95%에 잘생긴 옥수수가 달렸다. 수원 품종을 심은 농민들은 수입이 전년보다 3배 이상 올랐다. 누가 이 종자를 못 심게 했느냐며 관련자가 처벌까지 받았다. "미국이 55년에 걸쳐 만든 옥수수 교잡종을 5년 만에 이뤄냈다.", "한국 옥수수 농사의 새로운 시대가 열렸다." 찬사가 이어졌다. 그때부터였다. 내 이름 앞에 '옥수수 박사'가 붙은 것은.

―그 즈음부터 국제열대농업연구소(IITA)에서 줄기차게 나에게 팩스를 보내왔다. 비영리 농업연구센터인 IITA는 나이지리아 이바단에 1000㏊ 규모의 농장을 운영하며 아프리카 기아 해결을 연구하고 있었다. 한국형 교잡형 옥수수를 개발한 나더러 5억 명 아프리카 인구의 식량문제를 해결해 달라고 요청했다. 1979년 8월 이바단에 도착했다. 2년 만에 옥수수 암이라고 부르는 위축 바이러스에 강한 신품종을 개발하자, 나이지리아 정부가 후원자로 나섰다. "5년 동안 250만 달러를 줄 테니 나이지리아에 맞는 옥수수를 개발해 달라"고 요청했다. 500개의 종자를 만들어 7개 지역 옥수수밭에서 시험 재배했다. 최종 배양된 종자는 기존 옥수수보다 수확량이 배가 많았다. 해마다 100t에 가까운 옥수수를 미국에서 수입했던 나이지리아는 생산량이 300만t 이상 늘어 옥수수 완전 자급을 이뤘다. 대통령이 내 손을 잡고 고마워했다.

―아프리카에서 보낸 17년 동안 나는 아홉 번이나 말라리아에 걸렸다. 위험한 고열에 시달린 게 여섯 번, 죽기 직전 위급한 상황이 세 번이었다. 고열에 혼수상태를 지속하다 3일 만에 정신을 차린 적도 있었다. 그런 모습들이 현지 사람들에게 감동을 주었는지 나는 큰 업적을 남긴 사람에게 주는 명예추장에 두 번이나 추대됐다. 외국인 중에 명예추장이 된 사람은 통틀어 50명 정도밖에 없는데, 외국인으로 두 번이나 명예추장이 된 사람은 내가 처음이었다. 나는 가난한 사람들을 배불리 먹이는 사람이

란 뜻의 '마이에군', 아내는 황금의 어머니라는 뜻의 '예예니우라'로 불렸다. 나이지리아 정부는 50코보(약 50원)짜리 동전에 오동통한 옥수수 이삭을 새겨 넣었다. 내가 개발한 '오바슈퍼 1호'였다.

−IITA의 책임연구원으로 귀한 인재 대접을 받았다. 높은 연봉과 안정된 생활이 보장된 자리였다. 우리 연구팀이 1986년 농업부문 노벨상으로 불리는 벨기에 국제농업연구대상을 받은 뒤 몸값이 더 올라갔다. 그런데 마음 한쪽이 편치 않았다. 1994년 북한에 엄청난 수해가 닥쳤다. 어릴 적 배고픔을 겪어 본 나는 마음의 동요가 심했다. 북에 언니와 오빠를 둔 아내는 더욱 가슴 아파했다.

−1995년 경북대에서 나에게 교수직을 제안했다. 귀국과 동시에 북한 식량 문제를 도울 방법을 연구하기 시작했다. 경북대 농대 소유의 1.7㏊(약 5000평) 규모 옥수수 농장에서 북한 토양에 적합한 슈퍼 옥수수 종자를 시험 재배하며 때를 기다렸다. 북한 당국은 공식 초청장을 5차례나 보내 나에게 방북을 요청했다. 우리 정부는 허락하지 않았다. 결국 1998년 1월 방북 승인이 떨어졌다.

−북한 현지 사정은 심각했다. 비료가 부족하고 과학 영농이 안 돼 농작물이 병충해에 약했다. 북한 농업위원회 간부들은 슈퍼 강냉이를 개발해 달라고 애원했다. 나는 망가진 옥수수밭을 살리기 위해 콩과 돌려짓기를 하고 대홍단(옛 개마고원) 등 고산지에는 저온작물인 감자를 심도록 했다. 이렇게 하니 평균 30% 이상 식량 증산이 이뤄졌다. 내가 개발한 수원 19호를 북한 농민은 '강냉이 19호' 또는 '강 19호'로 불렀다. 지금까지 59회를 북에 다녀왔다. 옥수수 사업은 북의 기아 해결과 남북 화해에 중요한 역할을 했다고 생각한다. 북한은 2003년 이후에는 나의 방북을 받아들이지 않고 있다. 그 사이 중국, 몽골, 베트남, 라오스, 동티모르 등지에 슈퍼 옥수수를 보급했다.

−옥수수가 신기한 것은 종자 1개가 세상을 바꾸기 때문이다. 옥수수

한 알을 심으면 1200알이 나온다. 내가 직접 만진 옥수수는 하루 수천, 46년이 지났으니 줄잡아 수십억 개다. 앞으로 얼마나 많은 옥수수가 내 손을 거치게 될까. 앞으로도 계속 옥수수밭에서 땀 흘려 일할 수 있기를 바랄 뿐이다.

5 프로바둑 기사 서봉수

이름난 마라톤 선수에 황영조와 이봉주가 있다. 1970년생 동갑이다. 황영조는 1992 바르셀로나 올림픽에서 금메달을 따고 자취를 감추었다. 이봉주는 1996 애틀랜타 올림픽의 은메달에서 더 나아가려고 계속 뛰었다. 2009년 전국체전 마라톤 대회에서, 41번째 완주를 우승으로 마무리한 것을 은퇴경기로 했다. 비범한 황영조보다 노력하는 이봉주가, 예사 사람들과 같다고 할 수 있어 호감을 더 가지게 한다.

이름난 프로바둑 기사에 조훈현과 서봉수가 있다. 1953년생 동갑이다. 세계프로바둑선수권대회에서 조훈현은 1989년에, 서봉수는 1992년에 우승했다. 다른 성적에서도 조훈현이 앞서고, 서봉수가 뒤따랐다. 조훈현은 찬사를 독점하고, 서봉수는 분투하는 모습을 보여준다. 비범한 선수보다 노력하는 선수가 예사 사람들과 같다고 할 수 있어 호감을 더 가지게 한다는 말을 조훈현과 서봉수를 두고서도 할 수 있다.

조훈현에게 찬사를 보내는 보도, 기사, 영상물 등은 넘치게 많다.《서울신문》기자가 그런 것을 더 보태 뒷북을 치지 않고, 뒤에 가려져 있는 서봉수를 찾아가 숨겨두었던 말을 들은 것은 깊은 배려에서 나온 슬기로운 선택이다. 표리에 다 관심을 가지고, 이면의 진실을 찾아 알려주는 것이 소중한 임무라고 여겨 가상하다. 서봉수가 자기를 낮추며 한 말을 받아 적은 기사를 간추려 옮긴다.

– 다들 먹고살기 어려운 시절이었다. 어머니는 바둑은 그만두고 공부

를 하라고 하셨다. 그런데 머리가 나빠 공부를 잘못했다. 나중에 뭐 먹고 살지 걱정도 됐다.

─바둑을 정식으로 선생한테 배운 것은 아니고, 유명하다는 책 몇 권 본 게 전부였다. 거의 독학으로, 실전을 통해 익혔다. 어떤 분들은 '된장 바둑'이라고 부른다. 나는 '고추장 바둑'이라는 말이 마음에 든다. 당시에는 우승 타이틀은 일본 유학파가 차지했다. 일본이 세계 바둑 최강국이었으니까. 나라고 일본 유학을 가고 싶지 않았겠나. 가려고 하다가 잘 안 됐다. 고등학생 때 바둑 국가대표로 뽑혀 대만에 가게 되었다. 자동차도 타기 어려운 시대에 비행기를 타고, 거기다 우승하기까지 했다. 그때부터 어머니도 인정해주었다.

─1970년 입단을 하고, 1년 8개월 만에 조남철 8단을 이기고 명인전 우승을 차지했다. 하늘 같은 선배들을 이긴다는 것은 상상도 못했다. 배운다는 생각으로 대회에 참가했다. 그래도 젊다 보니 겁 없던 시절이었고 패기가 넘쳤다. 뜻밖에 우승까지 하고 보니, 지금도 내 별칭이 '서 명인'이다. 입단에서 첫 우승까지 1년 8개월 걸렸다는데, 아직까지 이 기록을 깬 후배가 없다. 새파란 2단짜리가 최고수를 이겨 난리가 났다. 그 소식이 신문 1면에 날 정도였다. 순수한 국내파라고 응원을 더 해주었다. 반일감정이 지금보다 훨씬 더 심하던 시절이었다. 얼마 있다가 조훈현 9단이 일본 유학 마치고 귀국해, 국수전에서 우승했다. 그때부터 15년 가량을 '조 국수와 서 명인 시대'라고 했다.

─ 그렇게 말했지만, 사실은 조 국수 독주 시대였다. 조 국수와 결승전만도 150번 넘게 한 것 같다. 처음에는 서로 이겼다 졌다 했는데, 나중에는 많이 졌다. 조 국수 시대의 조연 구실을 했다고 해야 할까. 그래도 중대한 고비마다 독주를 저지하는 모습을 보여주니까, 사람들 보기에 강한 인상을 준 것 같다.

─나는 영원한 학생이다. 체력이 완전히 떨어질 때까지는 계속 바둑을

배운다. 바둑은 공부할수록 계속 실력이 는다. 내 바둑도 계속 늘고 있다. 지금도 틈날 때마다 한국기원에 와서 연수생들 틈에 껴서 공부를 한다. 모르는 게 있으면 물어본다. 나이 차이가 50년은 나는 새까만 후배들이지만 실력은 수준급이니까, 배울 게 있으면 배우는 거다.

　-사람들이 조 국수랑 나를 많이 비교하곤 했다. 그는 천재형이라면, 나는 바보형이다. 조 국수는 순발력이 뛰어나다. 계산이 엄청나게 빠르다. 나는 보통사람이므로 평범하게 꾸준하게 노력한다. 내가 농담으로 말이 "조 국수 샌드백 구실을 했다"는 것이다. 경쟁관계라고 말을 많이 하지만, 사실은 압도적인 조 국수에게 밀린다.

　-앞으로 타이틀 획득은 쉽지 않을 것이라고 본다. 시니어 쪽에서는 아직 우승 가능성이 있지만, 젊은 친구들이랑 붙어서는 이기기 힘들다. 여류기사에게도 거의 진다. 시간이 좀 더 있으면 버티겠는데, 순발력이 약해서 속기는 잘 안 된다. 지금 젊은 기사와 6시간 대결하는 것은 무리이고, 3시간 정도는 큰 실수를 하지 않고 버틸 수 있지 않을까 싶다.

　-건강하게 즐겁게 살자는 것을 목표로 한다. 즐겁게 살면서 바둑도 즐겁게 두자는 뜻에서 '樂心'을 부채에도 써놓았다. 젊어서는 승부욕이 강하다 보니 대국을 앞두고 스트레스를 많이 받았다. 대국 전날은 밥도 못 먹을 정도였다. 나이를 먹으니까 바둑을 즐기게 된다.

　두 사례가 같은 말을 한다. 황영조나 조훈현처럼 걸출한 인재의 위업은 찬탄의 대상이 되어, 차등론을 지지하게 한다. 이봉주와 서봉수의 끈덕진 노력은 수많은 범인이 재능 부족을 해결하는 공통된 방책이어서, 대등론의 타당성을 확인해준다.

4 논의의 다각화

4-1 양면 작전

사람은 추상적이고 절대적인 것을 생각해낸다. 수학이 그 좋은 본보기를 보여준다. 수학은 면적은 없고 위치만 있는 점, 폭은 없고 길이만 있는 직선, 높이는 없고 면적만 있는 면을 가정한다. 여러 변의 길이가 꼭 같은 삼각형 이상의 다각형을 생각하다가, 직선의 변이 전연 없는 원에 이른다. 이런 도형들의 관계를 다각도로 고찰한다. 2·3·4차원의 관계를 생각하며 더 복잡한 수학도 한다.

수학에서 이런 가정을 한다고 나무랄 것은 아니고, 아주 유익하다고 인정할 수 있다. 사고 훈련을 하고, 탐구 방법을 개발하고, 사람의 지적 능력이 어디까지 뻗어나는지 확인한다. 수학을 주요 교과목으로 삼고, 열심히 공부하는 것이 당연하다. 이에 대해 불만을 가지면 어리석다. 모두 헛소리라고 하면 더욱 어리석다.

그러나 가정한 것들이 실재한다고 여기면 사태가 달라진다. 추상적이고 절대적인 것들이 실제로 있다고 여기고, 아주 소중하다고 평가하는 데서 더 나아가 우상으로 삼고 숭배하기까지 하면 처음과는 아주 반대인 상황이 전개된다. 유익한 것이 해로운 것으로 돌변해 사고를 낸다. 사고에 등급이 있다.

추상적이고 절대적인 것이 구체적이고 상대적인 것을 떠나 별도로 존재한다고 여기는 것은 이원론이고 차등론이다. 타당하지 않지만, 생각에 머무르고 더 나아가지 않으면 심각한 폐해를 끼치지는 않는다. 완벽한 이상이 따로 있고, 우리가 일상적으로 경험하는 현실은 그 이상의 불완전한 모방품에 지나지 않는다고 하는 소리는 소박해서 매력이 있다. 부당하다고 비판하려고 열을 올리지 않아도 된다.

이상은 理, 현실은 氣라고 하고, 理一氣二, 理通氣局을 말하는 理氣이원론은 체계를 잘 갖춘 만큼 부적절한 영향이 크다. 理善氣惡을 거쳐 男尊女卑로 나아가 차등론의 전형적인 횡포를 자행하므로 두고 볼 수는 없다. 사태가 더 악화되면, 종교나 정치의 맹신이 나타난다.
종교에서는, 절대자가 차등의 불행에서 벗어나는 행복한 평등을 이루어준다고 하면서 [1] 절대자, [2] 절대자를 대리하는 사제자, [3] 사제자를 따르는 신자, [4] 전도의 대상인 불신자, 이 네 층위의 차등을 구분한다. 정치에서는 배타적인 타당성을 지닌 이념을 받들고 절대적인 평등을 혁명으로 실현해야 한다고 하면서, [1] 이념, [2] 이념을 실현하는 영도자, [3] 영도자를 따르는 당원, [4] 교화의 대상인 비당원, 이 네 층위의 차등을 구분한다. 양쪽이 차등론의 극대화로 치달아 횡포를 확대하는 시합을 한다. 전도의 대상인 불신자나 교화의 대상인 비당원을, 어떻게 처리하는가 하는 것이 긴요한 비교 대상이게 한다.

이런 폐해를 시정하는 것은 결코 쉬운 일이 아니다. 추상적이고 절대적인 것을 버리고 구체적이고 상대적인 것을 택해도, 이원론이 그대로 있다. 차등론의 상단을 버리고 하단을 택해 차등론을 바로잡는 것도 가능하지 않다. 차등의 상하를 뒤집어놓은 것도 차등이다. 새로운 차등이 생겨나, 문제가 그대로 있거나 악화된다. 차등론 격파에 사용된 힘이 물러나지 않고 그 뒤의 지배자가 되어 새로운 차등론을 만들어낸다. 차등론이 평등론으로 행세하는 위장술을 타파해야 하는 힘든 과제가 추가된다.

여러 난제를 대등론이 맡아 나서야 한다. 차등론에 대한 대안은 평등론이 아니고 대등론이다. 대등론은 차등론으로 되돌아가지 않는다. 이원론인 차등론은 부당하고, 일원론인 대등론이 타당하다. 이것을 알고 실행해, 이론 교체를 분명하게 해야 한다.

비판하고 시정해야 하는 장애물이 사방에 있다. 추상적이고 절대적인 논의를 설득력을 보태려고 자세하게 전개하는 형이상학, 추상적이고 절대적인 논의를 그 안에서 뒤집으려고 하는 관념변증법, 구체적이고 상대적인 논의를 대안으로 제시하는 유물변증법, 이름이 이렇게 나지 않은 것들은 더 많다. 이 모두와 각개전투를 할 필요는 없다. 총괄해 대응하고, 일관된 대안을 제시해야 한다.

추상적이고 절대적인 것과 구체적이고 상대적인 것은 차등이 아닌 대등의 관계를 가진다. 상생하며 상극하고 상극하며 상생하는 생극의 관계를 가진다. 이렇게 말하는 대등생극론이 만물·만생·만인에서 타당성을 가진다.

4-2 있고 없는 원리

있음과 없음, 생물과 무생물, 삶과 죽음의 관계를 일관되게 이해해야 한다. 소통 단절로 가중된 혼란을 수습하고, 논란이나 분쟁을 해결해 인류 역사가 불행에서 벗어나는 길을 열어야 한다. 이런 임무를 대등생극론이 맡아 나선다. 총론에서 한 작업이 미흡하다고 여기고, 새로운 시도를 한다.

여기서 있음·생물·삶이 어떻게 관련되는가 하는 의문을 일제히 해결하려고 한다. 이를 위해, 만물대등생극·만생대등생극·만인대등생극의 관련을 명시하는 이론을 정립한다. 그 요점을 간략하게 이해하게 하려고 도표로 나타내면 다음과 같다.

없음 — 있음

무생물 ⊥ 생물

죽음 ⊥ 삶

    어느 부분에 집착해 시야를 좁히지 말고, 이런 관계를 총체적으로 이해해야 한다. 수평관계와 수직관계를 함께 생각해야 한다. 수평관계인 둘은 대등하다. 둘이기도 하고 하나이기도 하다. 서로 전환될 수도 있다. 수직관계인 것들은 위의 것이 아래 것을 다음과 같이 포함한다.

없음과 있음 ⊃ 무생물과 생물 ⊃ 죽음과 삶

만물대등생극론 ⊃ 만생대등생극론 ⊃ 만인대등생극론

    생물로 있음에 대한 인식이나 의식이 삶이므로, 삶이 생물에 포함된다. 생물은 있음에 포함된다. 죽음은 그 상위의 무생물이 되고, 다시 그 상위의 없음이 된다. 없음과 있음의 한 양상이 무생물과 생물이고, 무생물과 생물의 한 양상이 죽음과 삶이다. 이런 명백한 사실 이해에 혼란이 없어야 한다. 서양철학 특히 현상학이 부분을 전체로 착각해 의식을 흐리게 하는 잘못에 말려들지 않아야 한다.

    대등생극론은 철학의 영역을 축소하지 않고 최대한 확대해, 모든 논의를 포괄한다. 철학은 영역이나 방법이 특수해 소중하다는 망상을 그 자체로 타파하고, 다른 여러 학문과의 연결을 들어 더욱 분명하게 청산한다. 철학사의 커다란 전환을 이룩한다. 이것은 근대에서 다음 시대로 나아가는 인류문명의 전환이다.

    대등생극론이라는 총론은 달관하는 통찰을 갖춘다. 이것이 만물·만생·

만인대등론으로 나누어지고, 그 하위 영역으로 다시 나누어지면서 각론이 자세해지고, 철학에서 개별학문으로 나아간다. 개별학문은 명칭이나 내용이 다양하다. 무한한 가능성이 열려 있어, 무한한 논의가 필요하다.

선후를 가릴 줄 아는 데서 슬기로움이 비롯한다. 제한된 시간에 되도록 많은 일을 해야 하므로, 전체를 달관하는 선행 작업에 우선 힘써야 한다. 개별학문은 이렇지 못해 어려움을 겪고 암초에 부딪히기도 하므로, 철학이 나서서 인도자 노릇을 해야 한다. 철학이 대전환을 해야, 부분에 집착하고 몰두해 차등론을 키우려고 하는 잘못을 해결하고 세계사의 진행을 바로잡을 수 있다.

이것이 서양에도 알려져 공감을 얻고 동행이 이루어지기까지 상당한 시간이 필요하다. 우리가 할 일에 일제히 힘써서 능력을 늘이고, 멀리까지 미치는 충격을 키워야 한다. 《대등생극론》 토론자들이 그 선두에 나서기를 바란다.

4-3 차등과 대등의 관계

차등론에서 대등론으로의 전환을 막연하게 역설하면 말을 낭비할 따름이다. 필연적인 이유를 밝혀야 한다. 차등론의 논거를 무너뜨려야 한다. 차등론에서 차등 자체로 관심을 돌려, 차등과 대등의 구조적 관련을 밝히는 작업을 해야 한다.

內外大小
安危賢愚

대등의 양상은 이 넷으로 정리해 말할 수 있다. 자기는 안을 차지하고,

상대방은 밖으로 밀어낸다. 유형 또는 무형의 위세가 자기는 크고, 상대방은 작다고 한다. 자기는 안전하게 하고, 상대방은 위태롭게 한다. 자기는 슬기롭다고 하고, 상대방은 어리석다고 한다. 이런 경우를 많이 들 수 있는데, 넷으로 줄인다. 이 넷이 전형적인 본보기라고 할 수 있기 때문이다. 어떻게 해서 전형적인 본보기인가 고찰하기 위해, 가로 [가]·[나], 세로 [a]·[b]라고 구분하는 기호를 사용한다.

[가][나]
[a]內外大小
[b]安危賢愚

[a]는 추상적 개념이고, [b]는 실질적 내용을 갖춘다. [a]에서 '內外'는 2차원, '大小'는 3차원의 차이다. [b]에서 '安危'는 객관적 사실, '賢愚'는 주관적 평가의 차이를 대표한다고 할 수 있다.

[가]와 [나]의 차이는 단순하지 않아 자세한 고찰이 필요하다. 먼저 [가]에서 든 것 둘가운데 '內外'를 살펴보자. '內外'의 차등은 위치를 옮기면 반대가 된다. 지구는 공 모양을 하고 있어, 표면에는 중심이 없다. 누구든지 자기가 있는 곳이 중심이고, 안쪽이라고 생각할 수 있다.

다음에 '安危'를 살펴보자. '安危'는 절대적이지 않고 상대적이다. 안전하다고 자부하는 것이 다른 면에서는 위험하고, 위험하다고 경고하는 것이 다른 면에서는 안전할 수 있다. 갖가지 자연재해를 피해 안전하게 살고 있다고 하면, 누적된 공해나 스트레스가 인공재해를 일으켜 생명을 위협할 수 있다. 양쪽의 위협에서 다 벗어나 전적으로 안전하려면 저승에 가야 한다.

[나]에서 든 것 둘 가운데 '大小'를 살펴보자. '大小'가 절대적이지 않고 상대적인 것은 더욱 명백해 긴 논증이 필요하지 않다. 한쪽이 크면

다른 쪽은 작다. 외연이 크면 내포는 작은 것이 당연하다. 우주 공간이 크므로 밀도는 낮고, 지구는 작으므로 밀도가 높다. 원자는 가장 작아 응결력이 가장 크다.

'賢愚'는 어떤가? 글이냐, 삶이냐 하는 데 따라서 달라진다. 글 공부를 잘해서 '賢'이라고 하는 슬기로움을 얻었으면, 삶 공부는 모자라 '愚'라고 하는 어리석은 상태에 머무르지 않을 수 없다. 이와는 반대로, 삶 공부를 잘해서 '賢'이라고 하는 슬기로움을 얻었으면, 글 공부는 모자라 '愚'라고 하는 어리석은 상태에 머무르지 않을 수 없다. 양쪽 다 '賢'이기를 기대하지 말아야 한다. 양쪽 다 '愚'일 수는 없으니 낙담하지 말아야 한다.

[가]는 조건이 달라지면 차등이 반대로 될 수 있다. 차등론이 부당하고 대등론이 정당하다고 해야 하는 소극적인 논거를 제공한다. [나]는 그 자체로 차등의 역전을 내포하고 있다. 차등론이 부당하고 대등론이 정당하다고 해야 하는 적극적인 논거를 제공한다.

서두에서 몇 가지 사태가 심각해, 깊이 우려하지 않을 수 없게 한다고 했다. 大中小의 본보기, 강대국의 패권 다툼, 여야의 극한 대립, 학교 폭력을 들었다. 이 셋의 공통적인 이유가 되는 차등론을 대등론으로 바꾸어, 심각한 사태를 해결하고 우려에서 벗어나는 방법을 말해보자.

강대국의 패권 다툼을 두고 첫째 할 일은 '內外'의 중심 이동이다. 강대국 중심의 '內外'를 내 중심으로 바꾸어 동심원을 다시 그리는 것이다. 그 다음에 할 일은 '大小' 역전의 원리에 따라 '國大學小 國小學大'를 말하는 것이다. '學小'는 패권주의를 옹호하는 차등론이고, '學大'는 그것을 철폐하는 대등론이다.

여야의 극한 대립은 '安危'와 '賢愚'를 함께 들어 논의하는 것이 적절하다. 자기 쪽이 '安'을 확보하려고 상대방을 '危'에 빠트리는 술책이 '賢'이라고 생각하지만, 사실은 '愚'이다. 바라는 성과에 이르지 못하고 역전을 거듭해, '安'은 없어지고 '危'만 가중된다. 국민은 '危'의 책임이 적은 쪽을 선택하기 어려워 정치를 온통 불신하게 된다.

그러면 어떻게 해야 하는가? 긴 논의는 생략하고, 필요한 처방을 간명하게 내놓는다. 정치는 차등론을 본질로 하지만, 대등론에 근접해야 한다. 여야가 다르기 때문에 서로 필요로 한다고 인정해야 한다. 피차 도움이 되는 싸움을 해야 한다.

학교 폭력은 '大小'와 '賢愚'의 관점에서 검토할 필요가 있다. 가해자는 가진 것이 많아 '大'임을 과시하려고 하지만 그렇지 못해 '小'인 상대방을 괴롭혀 피해자를 만든다. 이렇게 하는 것이 '賢'이라고 여기고, 피해자의 '愚'를 조롱하면서, 차등론의 위세를 확대한다. 그러다가 피해자와 대등의 식을 가진 다수가 '大小'나 '賢愚'의 차등을 역전시킨다. 대등의 유대에서 제외된 외톨이는 살아갈 수 없게 된다.

이렇게 하는 효과가 당장 나타나지 않더라도, 방향을 바꾸면 희망이 있다. 논박할 수 없는 논리를 갖추면 힘이 생긴다. 필연을 인식하면 실행을 위한 구체적인 노력을 어렵지 않게 할 수 있다. 철학이 이런 일을 맡아, 실천을 위한 설계를 한다.

위에서 한 논의 가운데 강대국의 패권 다툼이 가장 크고 중요해, 한층 구체적인 검토를 한다. 지금 세상이 시끄럽다. "미국과 중국이 패권 경쟁을 하니, 어느 쪽을 따라야 할 것인가?" 문제는 이렇게 한꺼번에 제기하고, 대답은 갈라서 한다.

[가] 지는 쪽을 따르지 말고, 이기는 쪽을 따라야 한다. [나] 손해가 되는 쪽을 따르지 말고, 이익이 되는 쪽을 따라야 한다. [다] 그른 쪽을 따르지 말고, 옳은 쪽을 따라야 한다. 이 가운데 어느 것을 선택할 것인가? 이런 논란에 휘말려 들고 있다. 사태가 심각하다.

[가]는 비겁하고 기회주의적 선택이어서, 나라의 품격을 낮춘다. [나]는 슬기롭다고 할 수 있으나, 떳떳하지 못하다. 군사 안보에서는 미국을 따라야 하지만, 중국과의 경제적 관계도 소중하다. 이런 소리나 하면서 우

유부단한 태도를 계속 보이면 체면이 말이 아니다. [다]는 말썽을 만들어 낸다. 중국의 공산·전체주의를 따르지 말고, 미국의 자유·민주주의를 따라야 한다. 서방 제국주의의 상속자 미국을 따르지 말고, 오랜 내력을 가진 동방의 자존심을 되살리는 중국을 따라야 한다. 이런 저질의 주장이 충돌해 분열을 공연히 확대한다.

그러면 어떻게 해야 하는가? 문제 제기를 잘못해 쭈그러든 것을 알아차리고, 창조주권을 드높이는 질문을 다시 해야 한다. "미국과 중국의 패권 경쟁을 어떻게 끝낼 수 있으며, 이를 위해서 우리는 무엇을 해야 하는가?" 이 문제를 제기하고 해결하려고 노력해야 나라의 체면을 살리고 품격을 높인다. 국민은 떳떳하고 슬기롭다고 할 수 있다. 방향 전환을 학계에서 주도해, 패권주의의 잘못을 바로잡는 철학을 제시해야 한다.

미국과 중국을 둘보다 더 큰 힘으로 굴복시키자는 망상을 하는 것은 아니다. 힘이 아닌 힘을 찾아, 패권주의를 평화주의로 끝내야 한다. 패권주의는 차등론의 확대판이다. 평화주의는 대등론에 근거를 둔다. 상극의 투쟁은 상극이 상생인 생극론으로 해결해야 한다. 대등론과 생극론을 함께 갖춘 철학이 대등생극론이다. 대등생극론은 패권주의 경쟁의 장래를 예견하고, 해결 방안을 제시한다.

패권주의는 극단으로 치닫다가 공멸하는 길로 들어선다. 싸움이 격화되어 둘 다 상처를 입고, 무리한 모험으로 자해를 확대하는 것이 공멸의 내부적 이유이다. 패권주의 경쟁은 누가 희생자를 더 많이 내고, 희생의 양상을 한층 처참하게 하는가 하는 경쟁이다. 그 때문에 피해자들이 일제히 반발하고 분발하게 한다. 마침내 선후 역전이 일어나, 강약 역전으로 진행된다. 이것이 패권주의 공멸의 외부적 이유이다.

사람이 하는 활동은 물질적인 것과 정신적인 것으로 나누어져 있다. 군사·정치·경제·예술·철학 가운데, 앞의 것일수록 더욱 물질적이고, 뒤의 것일수록 더욱 정신적이다. 패권주의 차등론은 앞의 영역을 키우려고 뒤의 영역은 쪼그라들게 한다. 패권주의를 퇴치하는 대등론은 뒤의 영역에서 일어선다.

앞의 영역에서는 우리 한국이 미국이나 중국보다 많이 모자란다. 군사력을 더 키워 그 둘 다 물리치거나, 제3의 강자가 되는 것은 가능하지 않고 생각할 필요도 없다. 미국이나 중국에서는 쪼그라들어 있는 뒤의 영역에서 활력을 얻어, 차등론을 넘어서는 대등론을 이룩해야 한다. 이미 하고 있는 일을 더 잘해야 한다.

예술을 보자. 한국에서 생겨난 한류예술이 미국도 중국도 뒤흔든다. 미국이나 중국의 예술은 나라의 크기에 걸맞게 대단한 듯하지만, 갖가지 차등론에 오염되어 순수성을 잃었다. 대등의식을 일깨워주지 않아 감동이 없다. 한류예술이 다가가 점화하니, 오염이나 상실이 치유되어 예술 본래의 생명을 되찾는다. 그 때문에 환호성을 지른다.

미국과 중국의 철학은 어떤가? 미국은 서방철학의 오랜 전통에다 실용주의라는 싸구려 페인트를 칠하고, 중국은 동방철학의 빛나는 유산에다 공산주의에서 가져온 족쇄를 채웠다. 차등론을 위해 봉사하려고 그런 저속한 조처를 해서, 철학을 초라하게 만들고 거의 마비되게 했다.

이제 철학의 대안도 제시해, 깊은 작용을 하게 해야 한다. 대등생극론이 철학을 되살려 심각한 질환을 치료하려고 나선다. 이것이 '國大學小 國小學大'의 핵심을 이룬다.

미국과 중국만 잘못된 싸움을 하는 것은 아니다. 자기 쪽은 상생으로 나아가, 축복받을 평등과 평화를 실현해 전적으로 정당하다. 상대방은 상극으로 치달아, 저주스러운 차등과 투쟁을 획책해 전적으로 부당하다. 이런 주장을 앞세워 서로 헐뜯고 공격하는 소용돌이가 크게 확대되고 있다.

특수성을 중요시해 개별 사례에 각기 접근하면, 어느 한쪽의 주장에 휘둘려 논리를 상실하고 판단력이 마비된다. 자기 쪽의 차등론은 평등론이라고 하는 어용학문이나 하고 만다. 그렇지 않으려고 하면, 험악한 비난을 듣거나 모진 탄압을 받을 수 있다.

그 모든 잘못을 대등생극론이 바로잡는다. 어째서 그럴 수 있는가? 이에 대해 몇 단계 대답을 한다. 개별적인 사안을 각기 다루는 근접전을 하다가 상처를 입지 않고, 모든 경우에 두루 적용되는 원칙론을 분명하게 해서 설득력을 높인다. 물리적 수단에 전연 의지하지 않는 설득력으로 마음을 움직이는 범위를 극단론자들에게까지 확대한다.

자기는 차등론을 평등론으로 해결하고 상대방은 차등론을 확대한다고 하는 말을 서로 하면서 다투는 사태를, 차등론의 대안이 평등론이 아닌 대등론임을 밝혀 해결한다. 자기는 상생, 상대방은 상극으로 나아간다는 비방전을, 상생이 상극이고 상극이 상생인 생극론에 입각해 원천적으로 해소한다. 만인대등생극은 만생대등생극에 근거를 두고, 만생대등생극은 만물대등생극에 근거를 두는 것을 분명하게 한다. 어떤 폭력도 이 모두를 무너뜨릴 수 없다.

대등생극론 철학이 한류예술과 상승작용을 하면서 인류 역사의 위기를 해결할 것이다. 낙관적인 기대를 가지고 성실하게 노력하자. 대등생극론이라고 하는 작은 씨앗이 부지런한 동학들 덕분에 세계인의 거목으로 자라날 것이다.

4-4 비교론 확대

1

차등론과 대등론은 단일한 이론으로 설명할 수 있는 차이점만 지니지는 않는다. 차등론과 대등론에 관한 비교고찰을 완결하는 철학을 내놓을 수 있다고 여기지 말아야 한다. 철학이 자폐증에 걸린 것을 자만해도 되는 이유라고 하는 착각을 깨면서, 차등론과 대등론 비교를 여러 측면에서 참신하게 해야 한다.

독자가 보고 놀라는 것을 즐거워하려고 하는 것은 아니다. 대등론의 폭을 넓히고 효용을 키우는 데 반드시 필요한 작업을 한다. 차등론이 틀에 박혀 있는 것을 권위라고 여기는 것을 우습게 여기고, 대등론은 파격을 대안으로 삼는다. 다면적인 사고를 유연하게, 기발하게 하는 것을 사명으로 한다.

철학은 獨存이나 獨尊을 택하면 망한다. 고갈된 사고를 난삽한 말로 나타내는 위장술이 자멸을 초래한다. 경계를 헐고 밖으로 나와, 여러 벗들과 어울려야 숨통이 터지고, 생기를 얻는다. 다른 분야에서 하는 말로 철학을 하는 것이, 풍부한 내용을 갖추고 설득력을 높이는 슬기로운 방법이다.

2

영어는 주어에서 'I'(나)를, 서술어로 'have'(가지다)를 애용한다. 한국어에서는 'I' 대신에 '우리'(we)를, 'have' 대신에 '이다'(be)를 자주 사용한다. 이것이 두드러진 차이점이다.

실제로 하는 말을 들어보자. 영어에서는 "I have a dream", 한국에서는 "우리는 꿈꾼다"고 한다. 이렇게 말하는 것이 둘 다 자연스럽고, 정확하게 이해된다. 'dream'은 물건이 아닌데 어떻게 가지는가? 잠은 각기 혼자 자는데, '꿈'을 어떻게 여럿이 함께 꾸는가? 이렇게 따지고 들지 말아야 한다. 'dream'이나 '꿈'은 바라는 것을 뜻한다. 바라는 것이 있다는 말을 서로 다른 언어 관습에 따라 한다.

이 두 말은 서로 번역할 수 없다. "I have a dream"을 "나는 하나의 꿈을 가진다."라고, "우리는 꿈꾼다"를 "We dream"이라고 하면, 둘 다 말이 되다가 만다. 문법에는 맞지만, 의미가 어긋난다. "I have a dream"의 'a dream'은 자기만의 특별한 하나이다. "우리는 꿈꾼다"의 '꿈'은 누구나 공유할 수 있는 것이다. 이런 의미가 번역하면 없어진다.

"I have a dream"은 "나는 아직 용납되지 않는 특별한 소망을 확신한다고 말해 남들보다 앞서 나간다", "우리는 꿈꾼다"는 "우리는 어떤 결속력을 가지고, 아직은 몽롱하지만 장차 확실하게 될 무엇을 함께 바란다"고 풀이할 수 있는 뜻을 함축하고 있다. 함축하는 뜻에 사고의 차이가 있다. 이에 관한 고찰에서 논의가 진전된다.

"I have a dream"은 자기가 타인과 다르고 특출하다는 차등론을 말한다. "우리는 꿈꾼다"는 타인을 배제하지 않으며, 누구나 함께 꿈꿀 수 있다고 하는 대등론을 나타낸다. 이런 사실에 근거를 두고, 미국인은 차등론자이고 한국인은 대등론자라고 할 수 있는가? 논의를 확대해, 서양인은 차등론자이고 동양인은 대등론자라고 할 수 있는가? 이런 의문이 생긴다.

이에 대해 "그렇다"고 간단하게 대답하기 어렵다. "I have a dream"은 고독에서 벗어나 해야 할 일을 하겠다는 소리일 수 있다. 차등론을 부정하는 대등론의 실현을 간절하게 바란다는 말일 수 있다. "우리는 꿈꾼다"는 차등론의 질서가 회복되고, 다시 온전해지기를 바란다는 말일 수 있다. 차등론의 상위로 올라가 패권주의 소망을 이루고 싶다는 소리일 수도 있다.

'I'는 차등론, '우리'는 대등론의 어법임을 부인할 수 없으나, 지향하는 바는 다를 수 있다. 차등론의 어법을 사용해도 대등론자일 수 있고, 대등론의 어법으로 차등론을 말할 수도 있다. 그러나 어법과 지향이 다른 것은 상례일 수는 없으며, 예외라고 해야 한다. 예외를 증거로 들어 상례를 부정할 수는 없다. 이런 사실을 근거로 비교평가를 다음과 같이 진전시킬 수 있다.

미국이나 서양의 대등론자는 한국이나 동양의 대등론자보다 더 훌륭하다. 그렇지만 난관이 많아 굴절되기 쉽다. 한국이나 동양의 차등론자는 미국이나 서양의 차등론자보다 더 나쁘다. 그 반면에 극단적인 억압은 하지 않아 피해를 덜 끼친다.

3

홍재성, 〈서로가 서로를 배려해야 한다〉는 글이 있다. (《대한민국학술원통신》 제360호, 2023년 7월 1일자) '상호성'(reciprocity)을 나타내는 '서로'라는 말이 긴요한 구실을 하는 것이 한국어의 특징이라고 했다. 그 논지를 받아들이면서 조금 다른 논의를 전개한다.

그 글에서는 한국어와 유사한 사례를 멀리 있고 잘 알려지지 않은 언어 몇 가지에서 조금 들었다. 나는 유럽의 언어 영어·불어·독어와의 비교론을 전개하고자 한다. '상호성'을 '대등'이라고 고쳐 논의한다. 언어학에서 철학으로 나아간다.

'서로'는 영어에서 'mutual'·'reciprocal', 불어에서는 'mutuel'·'réciproque'이다. 형용사를 부사로 만들 수 있다. 독어에도 'mutual'이 있으나 차용어이고, 자주 쓰이지 않는다. 'reciprocal'에 해당하는 말은 없다. 그 대신 'einander'라는 말을 애용한다.

영·불·독어의 이런 말과 '서로'의 두드러진 차이점은 둘이다. 첫째 '서로'는 부사이기만 하고 형용사는 아니다. 이것은 한국어의 형용사는 서술어이기 때문에 생긴 차이점이다. 둘째 '서로'는 부사이면서 명사이기도 한 점이 특이하다. 이것은 중요한 의의가 있다.
'서로'가 명사인 예를 들어보자.

(가) 서로의 행복

(나) 서로가 힘을 합친다.
(다) 서로가 서로를 사랑한다.

(가)는 '우리의 행복'과 다르다. 두 사람이 대등한 관계를 가지고 행복을 함께 누린다는 말이다. '서로'가 행복을 누리는 주체이면서 이유인 이중의 의미를 지니고 있다.

(나)도 '우리가 힘을 합친다'와 다르다. 힘을 합치는 주체와 힘의 원천을 함께 말한다.

(다)도 '우리가 우리를 사랑한다'는 것 이상의 말을 한다. 사랑의 주체가 대등한 관계를 가지므로 각별하게 대등한 사랑을 주고 누린다고 한다. 대등한 화합이나 결속이 극치에 이른 것을 말한다.

(가)·(나)·(다)에서 하고자 하는 말은 인류 공통의 소망이다. 그러나 'mutual'이 명사일 수 없는 말에서는 분명하게 나타내기 어렵다, 한국어 '서로'는 부사이기만 하지 않고 명사이기도 하고, 주어로도 목적어로도 쓰여 할 말을 제대로 한다. 자리를 바꾸기도 하고, 상대방을 위해 자기를 부정하기도 하면서, 도울 것을 돕고, 줄 것을 준다. 둘이 하나가 될 수 있다고 여겨 '서로'가 복수가 아닌 단수이다.

독일어의 'einander'는 한쪽과 다른 쪽이 독립되어 있으면서 관련을 가진다는 말이다. 관련을 가지는 상황이나 양상을 말해주는 많은 복합어가 있다. 'aneinander', 'aufeinander', 'ineinander', 'miteinander', 'untereinander', 'durcheinander', 'voneinander', 'voreinander', 'nacheinander,' 'gegeneinander', 'zueinander', 'übereinander' 등이다. 어느 경우이든 'ein'과 'ander'가 엄연히 구별되는 별개이고, 계속 둘이며 하나가 될 수 없다. 자리를 바꾸거나, 상대방을 위해 자기를 부정하지 않아, 평등할 수는 있어도 대등할 수는 없다.

이런 것들을 분별해 설명하는 것은 부질없는 일이다. 말이 아무리 많아도 각론을 다 갖출 수 없다. 분별해 쓰려고 하면 공연한 수고나 한다. 각론보다 총론이 더 소중하다. 각론은 과학이라고 하면 잘못된 말이다, 총론이라야 철학이라고 하는 말은 타당하다. '서로'가 총론 구실을 충실하게 해서, 대등론이 철학이게 한다.

4

"일본은 어떻게 해서 근대화에 성공했는가?" 이런 논의를 아직도 한다. 이 제목은 "조선은 어떻게 해서 근대화에 실패하고 일본의 식민지가 되었는가?" 하는 질문을 내포하고 있다. 질문에 대한 대답을 다음과 같이 하는 논자가, 목에 힘을 주고 국민을 가르치려고 한다.

儒學을 조선은 보편성을 존중하며 공부했으나, 일본은 자기네 것으로 만들어 특수하게 했다. 孔子나 孟子가 일본을 침공하면 싸워서 물리치는 것이 일본의 유학자가 할 일이라고 했다. 조선에서는 유학만 했으나, 일본은 일본 정신을 칭송하는 國學도 했다. 국학이 유학과 함께 정신력을 길러, 일본은 국가의 근대화에 성공할 수 있었다. 조선은 이렇게 하지 못해 뒤떨어진 탓에, 일본의 식민지가 되었다.

일본은 근대화에 성공해 조선을 식민지로 한 것은 부정할 수 없는 사실이므로 딴소리를 할 필요가 없다. 그러나 그 이유를 위와 같이 말한 것은 적절하지 않다. 儒學은 보편적인 사상이므로, 자기 것으로 특수화하려고 하지 말아야 한다. 보편성을 보완하고 혁신하려고 노력해야 한다. 孔子나 孟子가 일본을 침공하면 일본유학으로 싸워서 물리쳐야 한다는 것은 사상을 특수성 대결의 수단으로 여기는 短見이며, 철학의 빈곤을 초래한다. 일본 정신을 칭송하는 國學은 철학의 빈곤이 더 심해지게 한다.

근대화는 유럽에서 영국이 보여준 선례에 따라, 중세 보편주의의 후진이 근대 'nationalism'의 선진이 되는 역전으로 이루어졌다. 이 경우에는

'nationalism'을 '국가주의'라고 하는 것이 적합하다. 근대 국가주의는 차등론을 기본 원리로 하므로, 철학이 빈곤해 군사력 강화를 제어하지 않는 것이 유리한 조건이라고 할 수 있다. 부국강병은 말로 하는 것이 아니므로, 공리공론을 일삼는 풍조가 없는 나라라야 잘할 수 있다.

그러나 이제 시대가 달라졌다. 근대가 종말에 이르러, 선진과 후진의 역전이 다시 일어나고 있다. 차등론에 근거를 두고, 자국의 특수성을 우월의 증거라고 우기는 철학의 빈곤은 다음 시대로 나아가는 창조력을 심각하게 제어한다. 중세 보편주의에 대한 부정이 부정되고, 차등론의 과오를 대등론으로 시정하는 대전환이 일어나고 있다. 공리공론이라고 지탄해 온 것이 대단한 가치를 가진다.

근대를 지배하는 군사력 대신에, 근대를 넘어서서 다음 시대를 창조하는 철학이 가장 소중해졌다. 아주 실질적인 논의를 해보자. 손재주를 자랑하는 절묘한 기술을 밀어내고, 두뇌에서 행하는 파격적인 창조가 엄청난 힘을 가지게 되었다. 이것이 철학의 효용을 입증한다. 철학의 빈곤을 자랑으로 삼는 시대인 근대를 청산하게 한다.

5

근대에도 철학이 없지는 않다. 철학은 유럽 원산의 지식이라고 하고, 다른 곳들은 이것을 수입하라고 해서, 철학의 본질인 주체적 창조력을 제거하고 있다. 이런 잘못을 바로잡는 데 우리가 앞서야 한다. 의식을 혼미하게 하고, 철학을 죽이는 직접적인 장애물은 지식 자랑이다. "아는 것은 힘이다." 이렇게 해온 말을 고쳐야 한다. "아는 것은 짐이다." 이렇게 말해야 한다. 시대가 달라졌기 때문이다.

전에는 지식을 극소수의 특권층이 독점하고 통제하면서, 유식을 자랑했다. 글을 아는 사람이 많지 않고, 몇 종류 되지 않는 책이 희귀하고 고가

였다. 교육이 제한되고, 책을 읽어야 알 것을 알 수 있는 기회도 균등하지 않았다. 누구나 교육을 받고 책을 읽고, 알 것을 알아야 한다고 오랫동안 투쟁했다. 종교의 교리나 관념적인 사고가 아닌 실용지식이 실질적인 가치를 가진다고 역설했다. 그러다가 마침내 지식의 총량이 국력이라고 하게 되었다.

세상이 너무 달라져, 지금은 지식이 넘친다. 누구나 교육을 받고 글을 안다. 책이 감당하기 어렵도록 많아졌다. 인터넷이라는 것이 생겨나, 지식이 어마어마하게 많이 집성되어 있고 폭발적으로 늘어난다. 사람이 만든 지식이 사람을 잡아먹게 생겼다. 이것은 전 세계에 닥친 공동의 위기이다. 쓰레기가 늘어나 지구를 파괴하는 것만 걱정하면 어리석다.

조금 전에 두드리니, '지식'이라는 것이 114,000,000건 올라 있다. 숫자가 너무 많아 읽기 어렵다. 1억 1천 4백만인가? '지식'을 '정보'라고 하는 것이 예사여서, '정보'는 어떤가 알아보니, 971,000,000건 올라 있다. 9억이 넘는다는 말이다. 너무 많아 감당할 수 없다. 그 모두가 어느 나라의 것이 아니고, 국제적으로 개방되어 있다. 각기 다른 언어를 사용하는 지식이나 정보가 서로 번역되어 거대한 규모의 소통이 이루어진다.

이렇게 많은 지식을 가져와 머리에 넣으면 특권층의 위세를 갖추고 유식을 자랑할 수 있는 것은 아니다. 어리석다는 말만 듣는다. 지식의 총량이 국력이라고 하는 말이 전연 타당하지 않다. 지식은 힘이 아니고 짐이다. 너무나도 무겁고 심각하고 위험한 짐이다.

짐이 많으면 운신에 지장이 있어 자기 생각을 하기 어렵다. 아무것이나 짊어지지 않고 아주 요긴한 것만 엄격하게 선별해 이용해야 한다. 선별을 하려면 감식하는 안목이 있어야 한다. 그 안목은 비판능력에서 생긴다. 비판능력은 깨달음을 얻어야 생기고, 깨달음은 문제의식을 공유하는 사람들이 열띤 토론을 해야 다져진다.

어느 대학이 시민을 위해서 하는 학술 모임에 초청되어 가서 발표를 하고 "아는 것은 짐이다"라는 말을 새삼스럽게 힘주어 했다. 그 모임을 주도하는 원로교수가 지난 40년 동안 무엇을 했으며, 앞으로 무엇을 할 것인지 밝힌 기조발표에 서양인 인명과 학설이 거듭 등장했다. 지난 일은 어떻게 수 없지만, 앞일을 걱정해주는 것이 당연하다고 여겨 한 마디 하지 않을 수 없었다. "연로하신 분이 그렇게 많은 짐을 지고 어디로 가시렵니까?"

그 행사에서 네 사람이 발표를 했다. 다른 세 사람은 기존의 지식을 정리하고 음미하는 말을 했다. 다른 데서 여러 번 발표했으리라고 생각되는 내용이다. 선별과 논의가 있어, 지식의 짐을 지는 요령을 어느 정도 알려주었다고 평가할 수 있다. 나는 지금까지 어디에도 없고, 누구도 말하지 않은 새로운 착상을 발표했다. 새로운 착상을 얻은 요령도 알려주려고 했다.

철학은 이치의 근본을 따지는 작업이어서 학문을 한다면 누구나 해야 한다. 철학 전공자들은 남의 철학을 지식으로 삼는 철학알기를 위해 일생을 바치고, 자기 철학을 스스로 하는 철학하기는 내세에나 하려고 하는가 하고 물었다. 철학알기에 머무르는 것은 너무 아는 탓이다. 짐을 내려놓고 적당하게 무식해야 자기 생각을 할 수 있다.

짐을 내려놓고 무식해지기를 바란다면, 가장 무식하다는 사람들이 하는 옛날이야기를 들어보자. 거기 놀라운 철학이 있는 것을 발견하고 보고하는 발표를 했다. 문학에서 철학읽기는 철학알기를 그만두고 철학하기로 나아가는 지름길을 알려준다고 했다. 이렇게 말하는 것을 발표의 주제로 삼고, 좋은 본보기를 들어 설득력을 갖추려고 했다.

시민을 위해서 하는 학술 모임을 계속 여는 것은 아주 좋은 일이다. 대학이 담장을 허물고 세상을 위해 널리 기여하는 선구적인 활동이다. 나를 불러 발표를 시킨 배려에 칭송만으로는 보답하기 어려워, 획기적인 발전을 가져올 제안을 과감하게 한다.

이제부터는 철학알기는 내려놓고, 철학하기를 들어 올리는 것이 좋겠다. 이 시대의 문제와 해결 방안에 관해 깨달아 안 바를 발표하고, 치열한 토론을 하기 바란다. 합의를 기대하지 말고 백가쟁명을 해야 얻을 것이 늘어난다. 일반 시민도 질문이 아닌 토론을 해야 하고, 발표자로 나서야 한다. 철학알기의 짐을 지지 않고 있어, 철학하기를 더 잘할 수 있게 해야 한다.

사람은 누구나 철학하기의 주체로서 대등한 자격과 능력을 가졌다. 이 말의 타당성이 다각도로 입증되기를 기대한다. 예상을 넘어서는 결과를 얻어 함께 깨어나, 더 좋은 세상을 만들기 위해 힘을 합치기를 바란다.

6

중국에 가서 근무하게 된 한국 사람들이 자식을 보내는 학교 선택은 형편에 따라 각기 다르다. 여유가 많이 있으면, 국제 영어학교를 찾는다. 여유가 조금 있으면, 중국어로 가르치지만 선발과 학비가 특수한 학교를 선호한다. 형편이 어려우면 가까이 있는 예사 학교, 잘 났다는 사람들이 똥통학교라고 빈정대는 학교를 만족스럽게 여겨야 한다.

결과는 어떤가? 영어학교에서 공부한 아이는 영어도 중국어도 서툴러 어려움을 겪고, 친구가 없는 외톨이이다. 여유가 많은 행운이 돌이킬 수 없는 불운을 만들어낸다. 특수학교 학생들은 서로 경쟁자이기만 해서 깊이 사귀지 않는다. 그 때문에 학교에서 배운 중국어만 알고, 인간관계가 협소하다. 행운이 적어 불운도 적은 것을 위안으로 삼을 것인가?

똥통학교라고 하는 학교의 아이들은 공부를 팽개치고 놀기만 하면서, 누구든지 아무 차별 없이 끼워준다. 그 덕분에 전교생을 가까운 친구로 삼고, 살아 있는 중국어를 중국인과 다름없이 한다. 중국에서 활동이나 사업을 하려고 하면 반드시 필요한 능력을 갖춘다. 똥통학교가 가장 명문이고, 노는 것이 아주 좋은 공부인 역설을 입증한다.

　미국에 이민 간 두 부부의 처지가 반대로 된 것도 말해야 한다. A 부부는 영문과 출신이어서 영어를 잘해, 집에서도 영어를 써서 아이가 영어를 빨리 잘 배우도록 했다. 아이가 한국어는 모르고, 영어는 완벽해 성공이 기대되었다. B 부부는 제대로 배운 적이 없는 탓에 영어가 모자라, 집에서 아이와 함께 한국어로 말했다. 아이는 영어를 밖에서만 배우니 진도가 늦는 것 같았으나, 조금 지나니 문제가 없어져 안심했다.
　영어를 잘하는 A 부부의 아이가 명문대에서 순수한 영문학을 전공해 어렵다는 박사학위를 당당하게 취득하고 대학교수가 되려고 하니, 물었다. "Asian American Literature를 강의할 수 있는가?", "Asian languages 가운데 몇 개를 할 수 있는가?" 두 질문에 대해 다 "no"라고 하니, 길이 열리지 않았다. 한국어는 물론 중국어나 일본어까지 알고, 아시아계 미국인의 문학을 그 문화적 원천과 관련시켜 연구하고 강의하면 크게 활약할 수 있는 것을 몰랐다.
　B 부부의 아이는 한국어를 잘하는 것이 평가되어 길이 쉽게 열렸다. 대학을 졸업하자 바로 한국에도 진출해 있는 다국적 기업에 취직했다. 한국과 관련된 업무를 잘 처리하고, 한국 출장에서 탁월한 능력을 발휘해 칭송을 받았다. 일찍 승진을 하고, 연봉이 파격적으로 올랐다. 중국인과 결혼해 중국어도 익힌 것도 평가되어, 마침내 그 회사 아시아 부서 책임자가 되었다.

　이 두 사례는 많이 다른 것 같지만, 분명한 공통점이 있다. 부모의 유능이 무능으로 역전되고, 자식의 불운이 행운으로 역전된다. 이런 역전이 당연하다고 알려주는 소중한 사례이다. 생각을 깨우쳐주어 고맙다고 해야 한다.
　영어는 최상의 언어이므로, 노력을 집중해 습득하려면 다른 언어는 버

려도 된다. 이런 차등론을, 유능한 부모가 자식에게 전수하고 실행하도록
했다. 어느 언어라도 소중하므로, 쉽게 습득할 수 있는 것은 놓치지 말고
함께 이용하면 유익하다. 무능한 부모는 의식하지도 의도하지도 않으면서
이런 대등론 쪽으로 기울어져, 자식에게 행운을 가져다주었다.

　미국에 이민 가서 모국어는 버리고 영어 습득에 노력을 집중한 결과는
기대에 미치지 못한다. 중국에 머물면서 중국어는 무시하고 영어 습득에
노력을 집중한 결과는 비참하다. 두 경우는 차이가 있어도, 영어는 최상
의 언어라는 차등론을 함께 부정한다. 언어에 우열이 있다고 하는 것은
최악의 차등론이다. 이론과 실제 양면에서 허위임이 명백하게 입증되었다.

　모국어는 철저하게 습득하기 가장 쉬우므로, 포기하면 어리석다. 우선
적으로 확보해야 하는 최상의 언어 자산이다. 거기다가 미국에서는 영어
를, 중국에서는 중국어를 추가하는 것이 자연스럽고 당연하다. 양쪽 언어
가 평화롭게 공존하며 서로 돕도록 해야 한다.

　모든 언어는 대등생극의 관계를 가진다. 누구나 하나만인 모국어를 창
조적 사고의 근거로 삼고, 그 나름대로 소중한 문화를 이어받으며 이룩한
다. 모국어가 탄탄하면, 더 습득하는 언어와 상생의 관계를 가지고 창조
를 확대한다. 모국어가 부실한 상태에서 다른 언어와 만나면, 상극의 관
계가 생겨나 혼란을 일으킨다.

4-5 우열은 반대로 된다

1

　식물은 한자리에 줄곧 머물러 있다. 씨앗이 이동해 새로운 거처를 마련
하기나 한다. 동물은 자기가 주체 노릇을 하면서 계속 움직이며 이동한

다. 이동은 이동하는 거리에서 단·중·장거리 이동이 있고, 이동이 지속되는 시간에서 단·중·장시간 이동도 있다.

단거리·단시간 이동은 일상생활 자체이다. 일상생활의 이동은 각자가 하면서 서로 협조한다, 중거리·중시간 이동은 여행이다. 여행은 개인 또는 단체가 한다. 장시간·장거리 이동은 이주이다. 이주는 가족이 하거나, 가족보다 더 큰 집단을 이루어 한다.

동물의 경우에는 일상생활의 이동, 여행, 이주, 이 셋이 나누기 어렵게 이어져 있다. 사람은 이 셋이 별개라고 하고, 준비물이나 이동 수단을 상이하게 갖춘다. 모든 이동은 변화를 가져오므로 행운과 불운이 엇갈린다. 사람이 별난 방식으로 남다르게 하는 이주에서는 그 엇갈림이 심하다. 불운이 행운이고, 불운이 행운인 역전이 일어나, 대등생극론으로 고찰해야 하는 과제가 된다.

사람은 이주를 왜 하고, 어떻게 하는가? 몇 가지로 정리해 말할 수 있다. [가] 자연환경, [나] 경제이득, [라] 정치상황이 이유가 되어, [1] '스스로' 또는 [2] '마지못해' 이주한다. 양쪽을 함께 고려하면, [가1] 자연환경이 이유가 되어 스스로 이주하기, [가2] 자연환경이 이유가 되어 마지못해 이주하기, [나1] 경제이득이 이유가 되어 스스로 이주하기, [나2] 경제이득이 이유가 되어 마지못해 이주하기, (다1) 정치상황이 이유가 되어 스스로 이주하기, [다2] 정치상황이 이유가 되어 마지못해 이주하기, 이 여섯 경우가 있다.

[가1] 자연환경이 이유가 되어 스스로 이주하기는, 지금의 인류가 아프리카 안에서, 다시 아프리카를 나와서 살기 좋은 곳을 찾아 시작되었다. 얼어붙은 베링해를 건너 미주대륙 끝까지 가기도 했다. 뗏목이나 배를 타고 대양을 건너기도 했다. 미리 알지 못하고 옮겨가, 행운과 불운이 엇갈린 것이 차등이면서 대등하다.

[가2] 자연환경이 이유가 되어 마지못해 이주하기는 일단 이주한 곳에

서 불운을 만난 탓에 다시 하지 않을 수 없는 2차 이주이다. 추위가 격심한 극지나 수목이 자라지 않는 사막에 이른 것도 불운이지만, 참고 견디며 적응할 수 있었다. 화산이 폭발하거나, 지진이 일어나고 해일이 닥치는 재난은 크나큰 불운이어서, 황급하게 대피하지 않을 수 없다. 악이 받쳐 안전한 곳에 사는 사람들을 해친다면 불운이 확대된다. 그 때문에 분발해 어려움을 서로 보살펴주는 사회를 만들면 불운이 행운이 된다.

유럽인과 미주인의 행불행을 비교해보자. 미주대륙의 원주민을 미주인이라고 하자. 아프리카에서 나와, 유럽인은 가까운 데서 살 만한 곳을 마련하는 행운을 누렸다. 미주인은 아시아 북쪽에서 헤매다가 멀리 미주로 갔으니 아주 불운했다. 현지 사정이 행불행을 역전시켰다. 유럽은 땅이 좁고 토질이 나빠, 행운이 불운이었다. 미주대륙은 넓고 비옥해, 불운이 행운이었다. 풀이 잘 자라 아주 많은 들소로부터 살아가는 데 필요한 거의 모든 것을 얻어, 더 바랄 것이 없었다. 땅은 어머니와 같다고 여겨, 누가 차지하고 자기의 소유물로 하겠다고 하는 하는 것을 전연 이해하지 못하고 도저히 용납할 수 없었다.

불운이 분발을 초래해 악독하게 된 유럽인이 고약한 무기를 가지고 쳐들어가, 미주인을 죽이고 그 땅을 차지하고 부를 누려, 불운을 행운으로 바꾸어놓았다. 이런 행운은 오래가지 못하고, 불운으로 역전된다. 남들에게서 빼앗은 부를 마음껏 자랑하면서 화석연료를 엄청나게 사용해 자멸하고 있다. 얼마 남지 않은 미주인마저 불운을 행운이게 하지 못하고, 없어질 염려가 있다. 인류가 멸망하면 더 잘살 것 같은 다른 동물도 멸망에서 벗어나지 못하리라고 생각되니 더욱 통탄스럽다.

한국인과 일본인의 행불행도 비교 대상이다. 한국인은 길을 덜 가고, 비옥하고 안전한 땅을 얻었다. 알지 못하고 행운을 얻었다. 일본인은 더 가는 수고를 하고, 척박하고 위험한 곳에 이르렀다. 화산, 지진, 해일, 태풍 등의 재난이 아주 많은 불운을 예상하지 못하고 만났다. 일본인에게는

[가2] 자연환경이 이유가 되어 마지못해 이주해야 하는 사태가 자주 벌어진다. 그 때문에 분발해 부국강병의 길로 나아간 것은 불운이 행운이라고 할 만하다. 일본인 탓에 한국인의 행운은 불운이 되었다. 일본인이 편안하게 살고 있는 한국인을 침략해 쫓아내고 땅을 차지하려고 했다. 그 때문에 한국인은 [다2] 정치상황이 이유가 되어 마지못해 이주하는 고난을 겪게 되었다.

일본인에게 수모를 겪고 한국인이 깨어나, 일본을 앞서는 경쟁력을 보이기 시작한다. 불운이 행운이게 하는 역전을 창조한다. 이것이 지금의 상황이다. 이 경우에는 행불행이나 선후진이 차등이 아닌 대등을 보여준다고 서로 인정하고, 어려움을 서로 보살펴주는 사회를 함께 만들 수 있다. 인류의 멸망을 막기 위해 같이 노력할 수 있다.

2

실감이 더한 본보기를 들어, 바이킹(Viking) 이야기를 해보자. 바이킹은 유럽인 가운데서도 가장 횡포했다. 어느 곳이든지 닥치는 대로 침공해 살육을 일삼고 약탈을 자행했다. 대서양을 자기 집 마당처럼 드나들고 지중해까지 진출했다. 빛나는 승리에는 실패도 따랐다.

그린란드까지 가서 정복지를 마련한 바이킹이 모두 얼어 죽은 것이 대표적인 실패 사례였다. 싸움의 상대가 추위여서 아무리 용맹해도 이길 수 없었다고 할 것은 아니다. 그린란드의 원주민 이누이트(Inuit, 에스키모)는 추위를 슬기롭게 견디며 잘 살아왔다. 바이킹보다 더 용맹해서가 아니고, 용맹하지 않기 때문이다.

바이킹이 패배한 이유는 바로 용맹에 있었다. 용맹을 대단하게 여기는 문명이 패배의 근본적인 이유를 제공했다. 이누이트와 바이킹을 비교하면서 이에 관해 고찰하면 많은 것을 얻을 수 있다. 상극과 상생, 차등과 대등에 관한 논의를 확대하고 심화할 수 있다.

이누이트는 언제부터, 왜 그린란드에 살게 되었는지 모른다. 문자를 사용하지 않아 역사 기록이 없기 때문이다. 바이킹은 변방을 고향으로 했어도, 유럽인이고 역사 기록이 있었다. 985년에 바이킹의 배 25척이 노르웨이에서 그린란드로 갔다. 그 가운데 14척만 무사히 도착했으니, 대단한 모험이었다. 그런데도 그 뒤 10년 동안 이주단이 세 번이나 더 갔다. 한창 때에는 인구가 5천 내지 1만이나 되었다.

유럽에는 살 곳이 없어서 거기까지 간 것은 아니다. 모험하고 개척하는 정신이 남다르다고 뽐내다가 무리를 했다. 마침 기후가 온난할 때여서, 유럽에서와 같은 방식으로 생활을 할 수 있었던 것이 화근이었다. 유럽문명이 우월하다는 확신에 사로잡혀 현지 적응에 실패했다. 유럽인이 그 뒤에 세계 도처에서 보여준 착오를 극명한 형태로 예고했다.

육식을 하고 털옷을 입으려고 기른 가축이, 얼마 되지 않은 풀을 먹어치워 토양이 손상되었다. 집을 짓고 살면서 난방을 하느라고 나무를 베어, 나중에는 배를 수리하거나 만들 수 없게 되었다. 뻐드렁니가 상아와 같은 것이어서 유럽에다 갖다 팔려고, 바다코끼리를 너무 많이 잡았다. 신분과 빈부의 차이가 거기 가서도 해소되지 않았다. 위기가 닥치자 유력한 쪽은 살아남으려고 무력한 쪽을 괴롭혔다.

1300년 무렵부터는 날씨가 추워져 유럽인의 생활 방식을 버리고 이누이트처럼 살아가야 했는데, 위기를 알아차리지 못하고 그대로 버티다가 참혹하게 되었다. 1420년쯤에는 소빙기가 절정에 이르러 그린란드와 노르웨이 사이의 바다에 빙하가 많이 떠돌아 항해가 위험해졌다. 나무가 없어져 배를 만들지 못하는 형편에 그런 사태까지 생겨 밖으로 나가지 못했다. 노르웨이 쪽에서 그린란드로 가는 배도 없어졌다.

외부와 단절된 채 바이킹의 후예들은 그린란드의 추위와 싸우다가 모두 죽었다. 그 시기가 1500년이 되기 전이라고 추정된다. 1721년에 개신교를 전도하려는 선교사가 노르웨이에서 그린란드로 가서 보니, 전도의 대상이 될 사람이 다 없어졌다. 요즈음은 고고학자들이 가서 사라진 사람들이 남긴 유적을 조사한다.

그러는 동안에도 이누이트는 위험에 노출되지 않고, 자기네 삶을 안전하게 유지했다. 유럽인이 아닌 북극인의 지혜를 간직했기 때문이다. 모험하고 정복하지 않고 자연을 존중하면서 그 일부가 되어 최소한의 혜택만 누린 것이 놀라운 지혜이다.

집은 얼음으로 지었다. 자연적으로 번식해 수가 늘어나는 바다표범을 필요한 만큼만 잡아 생활에 필요한 모든 것을 해결했다. 그 고기를 먹고, 그 가죽을 입고, 그 기름으로 난방과 조명을 했다. 그 가죽과 뼈로 썰매와 배를 만들었다. 가축은 썰매를 끄는 개만 사육하고, 사람이 먹는 것을 먹였다. 판매용 생산은 하지 않아, 자연이 생멸하는 질서에 손상을 끼치지 않았다. 누구나 자기 삶을 스스로 영위해 신분이나 재산의 차등이 있을 수 없었다. 사회적 갈등을 모르고 편안하게 살았다.

1911년에 영국인 스코트(Scott)와 노르웨이인 아문젠(Amunsen)이 남극 탐험에서 경쟁한 것도 함께 이야기할 필요가 있다. 스코트는 문명인답게 모직 방한복을 입고, 최첨단의 기술을 자랑하는 설상차를 몰고 갔다. 아문젠은 이누이트를 본받아, 바다표범 가죽옷을 입고, 개가 끄는 썰매를 타고 갔다. 스코트 일행은 다 얼어 죽었다. 아문젠 탐험대는 남극의 극점까지 가고 무사히 돌아오다가, 스코트 쪽의 참상을 발견하고 시신을 확인했다.

유럽인은 문명인이어서 우월하고 이누이트는 야만인이라 열등하다고 하면 전연 부당하다. 둘 다 자기 나름대로 살아가는 것만 비교하면, 양쪽이 대등하고 우열은 없다. 살아가는 방식이 자연과 가지는 관계가 다른 것도 말해야 하므로 다음 단계의 비교가 필요하다.

유럽인은 자연을 정복하고, 이누이트는 자연에 순응한다. 자연을 정복하는 기술은 선진이고, 자연에 순응하는 관습은 후진이라고 여기는 것은 피상적인 견해이다. 그 이면의 진실이 판단을 역전시킨다. 선진의 기술은 차등 만들기를 능사로 삼고 자연을 파괴해 위험을 자초한다. 후진의 관습이라는 것은 대등 지키기에 힘쓰면서 자연을 존중해 삶을 편안하게 한다. 선진이 후진이고, 후진이 선진이다.

오늘날의 그린란드는 어떤가? 바이킹의 실패가 유럽인의 성공으로 둔갑해, 괴이한 사태가 벌어지고 있다. 이누이트가 문명이라는 괴물에게 사로잡혀, 비만에 시달리고 전에 없던 많은 병을 앓는다. 유럽인이 이기고, 이누이트는 졌다고 할 것은 아니다. 빙하가 녹아 지구 전체의 위기, 온 인류의 참사가 생겨나고 있다. 유럽인의 승리는 더 큰 패배를 가져온다.

3

바이킹과 이누이트가 그린란드에서 가진 관계는 문명인과 원주민이 지구 전체에서 가진 관계의 작은 부분의 하나이다. 바이킹이 이누이트를 정복하지는 않았으니, 그리 심각한 것은 아니다. 시야를 넓혀 그 뒤에 세계 도처에서 전개된 침략과 항거의 처절한 역사를 잠깐 살펴보자. 다루는 범위를 넓혀 예고편을 늘인다.

바이킹 시대보다 기술이 월등하게 발전한 후대의 문명인은 지구 전체를 싸돌아다니면서, 어디 사는 어느 원주민이든 가리지 않고 침략하고 지배했다. 그것은 거대한 규모의 도둑질이며, 죄질이 아주 나쁘다. 도둑은 우월하고 주인은 열등해 도둑질이 정당하다는 전대미문의 궤변을 늘어놓으면서 강탈과 살육을 자행했으므로, 엄중하게 문책하지 않을 수 없다.

근대 유럽의 대표적인 철학자 헤겔(Hegel)은 《역사철학》이라는 거창한 책을 써서 세계사를 함부로 논단했다. 역사 발전은 아시아에서 시작되었지만, 서유럽에서만 이루어졌다. 가장 뒤떨어진 "아프리카인은 감성에 머물리, 스스로 발전하는 것은 절대로 불가능하다.” 유럽인은 이런 주장에 힘입어 우월한 인종이라는 확신을 가지고 세계 어느 곳이든지 서슴지 않고 침략하면서 아프리카는 가장 만만하게 여겼다.

그런데 이게 어쩐 일인가? 세계 최강임을 자랑하는 영국군이 남아프리카를 차지하려고 들어가다가, 뜻밖의 사태를 만났다. 1879년의 일이다. 줄루(Zulu)의 통치자 샤카(Shaka)가 이끄는 군대가 길을 막고 괴멸적인 패배를 안겨주었다. 어째서 그랬던가? 그 이유를 영국인은 모르고, 줄루인은 알았다. 그 일을 두고 줄루인이 지어 부른 노래가 모여 서사시를 이루었다. 줄루 시인 쿠네네(Mazisi Kunene)가 영어로 번역해 〈황제 샤카 위대한 분〉(Emperor Shaka the Great)이라고 했다. 거기서 샤카가 다음과 같이 말했다고 한다.

형제들이여, 이제는 돌아다닐 필요가 없다.
어디를 가든지 우리가 만나는 사람은 모두
우리의 주장이 정당하다는 것을 인정한다.
줄루의 힘은 이제 정복에서 생겨나지 않고,
모두 한 나라 사람이라는 결속에서 생긴다.

정당한 방어를 하는 용사들이 자진해 결속한다는 말이다. 부당한 침략에 동원된 군인들이 의식의 분열로 혼란을 겪는 것과 아주 다르다. 차등론을 격파하고 대등론을 실현하는 방법이 무엇인지 밝힌 철학이다. 아프리카인을 폄하한 헤겔의 변증법보다 훨씬 앞섰다.

키플링(Kipling, 1865-1936)과 타고르(Tagore, 1861-1941)는 동시대의 문인이다. 타고르는 인도인이고 키플링은 영국인이지만, 둘 다 인도에서 나고 자랐다. 키플링은 1907년에, 타고르는 1913년에 노벨문학상을 받았다. 둘이 같기만 한 것은 아니다. 사회경제적 발전이 문학의 수준도 결정한다면, 키프링과 타고르는 우열이 분명하다. 세계 최선진국 영국의 문학은 널리 모범이 되는 가치를 지니고, 낙후한 식민지 인도의 문학은 창피스러운 것이 당연하다고 해야 한다.

과연 그런가? 실상은 정반대이다. 키플링은 〈백인의 책무〉("The white man's burden")라는 시에서 백인이 식민지통치를 하는 수고가 자랑스럽다고 했다. 널리 알려진 〈정글 북〉(Jungle Book)은 늑대에게 양육된 아이가 나중에 동물 사냥꾼이 된 이야기이다. 타고르는 자기를 버리고 어떤 차별도 넘어서서 모두 하나가 되자고 하는 연작시 〈바치는 노래〉(Gitanjali)를 지극한 정성을 바쳐 지었다. 〈고라〉(Gora)라는 소설에서는, 피부색이나 처지는 달라도 백인도 인도인도 다 같은 사람이므로, 모든 인류를 자유롭게 하기 위해 함께 나서자고 했다.

우리는 제국주의 침략을 받고, 어떻게 했는가? 이광수는 〈민족개조론〉에서 민족성이 열악한 것을 인정해야 한다고 하고, "문명한 생활을 경영할 만한 실력을 가지게 되도록" 민족을 개조해야 한다고 했다. 한용운은 〈조선독립이유서〉에서 이와 다른 말을 했다. "自族이 他族의 간섭을 받지 않으려 함은 인류 공통의 본성이다"고 하고, "자족이 스스로 자족의 自存性을 억제코자 하여도 불가능이다"고 했다. 민족개조론은 문명을, 민족자존론은 자유를 가장 소중하게 여겨야 한다고 했다.

나는 《창조주권론》에서 말했다. 일본이 脫亞入歐의 슬기로운 방법으로 힘을 키워, 衛正斥邪의 헛된 꿈에 사로잡혀 뒤떨어진 이 나라를 식민지로 삼았다고 하는 시대는 갔다. 시대가 달라지니 선진이 후진이 되고, 후진이 선진이 된다. 유럽 주도의 근대가 끝나가고 있어, 탈아입구는 함께 몰락하겠다는 말이 되었다. 우리 한국이 다음 시대로의 전환을 선도할 수 있으리라고 하는 국내외의 기대를, 위정척사의 전통이 있어 실현할 수 있다.

위정척사의 '正'은 동아시아문명의 가치이고, '邪'는 근대 유럽문명권의 침략 행위이다. 동아시아문명의 가치를 옹호하고 계승해, 근대 유럽문명권의 침략을 종식시키고 인류가 평화롭게 살면서 함께 행복을 누리는 다음 시대를 이룩하기 위해 노력하는 것이 너무나도 당연하다. 탈아입구는 쓰레기통에 버리고, 위정척사를 새로운 기치로 삼아야 한다.

위정척사가 한국이 잘났다고 뽐내는 민족주의 노선이 아님을 분명하게 해야 한다. 동아시아문명의 가치를 일본을 포함한 동아시아 다른 나라도 함께 물려받았는데 잊고 있다는 사실을 깨우쳐주고, 동지를 모아야 한다. 다른 여러 문명도 그 나름대로의 장점을 가지고 근대 유럽문명권의 침략 행위를 종식시키기 위한 연합전선 구축을 위해 큰 기여를 할 수 있다. 중세문명에 참여하지 못하고 고대나 원시 상태에 있는 쪽은 인류가 이른 시기에 얻은 지혜를 잘 간직하고 있다. 유대를 최대한 넓혀, 위정척사를 세계사를 재창조하는 공동의 노선으로 삼아야 한다.

유럽문명권의 세계 침략은 차등론을 근거로 한다. 이에 대한 항거는 어디서 일어나든 대등론 실현을 공동의 목표로 한다. 차등론은 상극을 키우고, 대등론은 상생을 넓힌다. 상극 키우기가 선진이고 상생 넓히기는 후진이라는 주장은 역사의 역전으로 부정되었다. 근대를 넘어선 다음 시대에는 차등을 대등으로 감싸고, 상극의 잘못을 상생으로 바로잡으리라.

4-6 모두 스승이다

1

목줄을 달고 주인에게 이끌려가던 강아지가 어느 곳에 멈추어 서서 코를 실룩거리면서 여기저기 냄새를 맡느라고 정신이 없다. 그것을 보고 나는 말했다. "무엇이 그렇게 궁금한가? 호기심이 놀랄 만하구나."

이 말을 하고 문득 생각하니, 나도 그 강아지와 다를 바 없다. 호기심에 들떠 무엇이든지 알아내려고 한다. 아주 어린 시절을 생각해보자. 몇 살 때인가 세상이 온통 무지개가 엇갈리는 빛으로 찬란했던 것을 기억한다. 보는 것마다 신기하고, 무엇인지 알고 싶었다. 알면 알수록 더 알고 싶었다.

그때의 호기심을 여든이 넘은 지금까지 간직하면서 창조 행위를 예술에서도 하고 학문에서도 한다. 창조란 다름이 아니고, 호기심을 충족시키려고 하는 행위이다. 호기심은 충족시키면 더 커져, 창조를 마무리하지 못하고 계속해서 한다. 힘이 줄어드는 것을 무릅쓰고 더욱 세차게 일한다. 호기심이 무엇인지 밝혀 논하려고 이 글을 쓰는 것도 그 가운데 하나이다.

호기심은 창조의 출발점이기만 하지 않고 동력이기도 하다. 호기심이 없으면 창조를 시작할 수 없다. 호기심이 줄어들면 동력이 모자라 창조 활동이 줄어들고, 질이 저하된다. 이미 대단한 경지에 이르렀다고 자부하는 것은, 호기심을 고갈시켜 창조를 망치는 자살 행위이다. 호기심이 넘치는 강아지를 본받고, 어린 시절로 되돌아가야 망친 것이 다시 살아난다.

호기심이 바로 창조가 되는 것은 아니다. 호기심이 창조주권을 자극해 발현하도록 해야 한다. 호기심과 창조주권이 합작해 무엇을 지어낸다. 이것은 내부의 창조이다. 내부의 창조를 밖으로 드러내, 누구든지 감지할 수 있는 형체를 갖추도록 하면 외부의 창조가 이루어진다. 이것을 토론거리로 삼는 사람들이, 타당하고 유용하다고 인정하면 창조의 의의가 입증된다.

강아지나 어린아이는 호기심이 많고 자기 나름대로 창조주권이 있어, 호기심과 창조주권이 합작해 내부의 창조를 한다. 내부의 창조는 꿈으로 나타난다. 개꿈도 꿈이다. 어린 시절에는 꿈이 많았다고 한다. 내부의 창조가 밖으로 드러나 형체를 갖추는 과정을 거치지 않아, 강아지는 창조의 업적이 없다. 어린아이는 조금 자라면 놀라운 그림을 그린다.

내부의 창조를 밖으로 드러내 형체를 갖추도록 하는 것은 예술이기도 하고 학문이기도 하다. 예술은 저절로 진행되는 일차적인 창조이고, 학문은 한다고 의식하면서 하는 이차적 창조라고 특징을 구분해 말할 수 있다. 이것이 무슨 말인지 풀어 밝히고자 한다. 학문의 경우를 먼저 들고, 이와 견주어 예술이 무엇인지 조금 자세하게 말하고자 한다.

학문에서는 호기심과 창조주권이 합작해 무엇을 지어내는 작업이 어떻게 이루어지는가? 두 단계로 이루어지는 것이 확인된다. 막연히 궁금하게 여기고 알고 싶어 하는 호기심이, 알 수 있게 하는 능력인 창조주권과 만나 문제의식으로 탈바꿈한다. 문제의식이란 범위를 축소해 분명해진 의문이고, 개인의 관심사이기만 하지 않고 역사적이고 사회적인 의의를 지닌다.

문제의식이 자리를 잡으면, 다음 단계로 들어선다. 창조주권이 앞으로 나와 모색하고 토론하는 과정을 안팎으로 거치면서 해답을 깨달아 얻는다. 어딘지 모르는 곳으로 혼자 기어다니기만 하던 유충이 성충이 되어 날개를 퍼덕이면서 날아오른 것 같은 변화를 한다. 다른 성충과의 관계를 가지고 공동의 삶을 이룩하면서 주어진 기간 동안에 할 일을 하려고 한다.

예술에서는 호기심이 창조주권과 만나 무엇을 지어내는 작업이 한 단계로 진행된다. 유충이 다른 것으로 탈바꿈하지 않고 그냥 자라면서 조금씩 변하는 곤충과 같은 과정을 거친다고도 할 수 있다. 그 이유는 문제의식이 드러나지 않고 잠재되어 있다가 나중에 나타나기 때문이다. 문제의식이 드러나면 무엇을 지어낸다고 의식하면서 지어내는데, 문제의식이 잠재되어 있으므로 의식하지 않고 하는 일차적인 창조를 한다.

"우물 속에는 달이 밝고 구름이 흐르며 하늘이 펼치고 파아란 바람이 불고 추억처럼 사나이가 있습니다." 윤동주의 〈자화상〉 말미이다. 우물 속에 무엇이 있는가? 이런 호기심을 가지고 여러 가지 아름다운 상상을 형상화하기만 해도 창조가 제대로 이루어진다. 우물 속에 왜 내가 있는가? 왜 추억처럼 있는가? 상상의 형상화에서 문제의식이 잠재되어 있는 것이 드러난다. 직접 말하는 것이 전연 없으면서, 시대 상황이나 역사의 시련에 대한 각성을 일깨워주고 "어떻게 해야 하는가?" 깊이 탄식하게 한다.

"귀신도 쓸쓸하여 살지 않는 한 모퉁이, 도채비꽃이 낮에도 혼자 무서워 파랗게 질렸다." 정지용의 〈백록담〉 한 대목이다. 현란한 색채를 자랑하는 언어 마술사의 재주가 놀라워 감탄하게 하는 너무나도 잘 그린 그림이지만, 마음을 움직이는 좋은 그림은 아니다. 호기심이 무엇인지 의심스럽고, 문제의식이 숨어 있지도 않다. 의문이 없으면 행복한가, 감각에 탐닉해 생각을 좁히도록 하는 것이 시인이 할 일인가, 심각하게 따지지 않을 수 없다.

호기심이 창조의 시발점인 것은 예술과 학문에서 다르지 않다. 학문에서는 호기심이 문제의식으로 탈바꿈해서 창조주권 발현을 인도하고, 예술에서는 호기심이 창조주권과 직접 만나 이룩한 형상물에서 창조주권이 나타나는 것은 절차의 차이이다. 호기심이 창조주권을 자극해 문제의식을 정립하고 해명하는 창조를 하는 것은 다르지 않다.

호기심이 지속되는 예술과 학문은 서로 가까워져 둘 다 살아난다. 생동하는 문제의식이, 드러나지 않고 드러나고 하는 차이가 있으나 깨달음을 가져오는 것은 같기 때문이다. 호기심은 강아지나 어린아이 수준의 저급한 정신이라고 여기면, 예술과 학문은 호기심을 잃고 서로 멀어져 둘 다 죽는다.

2

진달래는 봄이면 근처의 산에서 볼 수 있다. 숲 사이의 좁은 길을 한참 올라가면, 언제 피었는지 모를 진달래가 여기저기서 없는 듯이 옅은 분홍색 꽃을 살포시 내민다. 그 자리가 어딘지 몰라 다시 찾아가기 어렵다.

철쭉은 마을 안 일정한 자리에 빽빽하게 모여 있으며, 해마다 5월 1일쯤 되면 일제히 놀랄 만큼 짙은 꽃망울을 불꽃처럼 마구 터뜨린다. 빨강,

노랑, 보라, 진홍, 자주, 군청… 짙은 색깔은 무엇이든 있는 대로 다 쏟아
부으며 천지를 진동한다. 이 소식을 널리 알리는 축제를 쿵쾅거리며 열
고, 엄청나게 많은 구경꾼이 몰려들어 혼 빠지기 시합을 한다.

진달래를 두고 한 말은 너무나도 범속한 사실이어서 화제에 올릴 만한
것이 아니다. 철쭉은 어떤가 알아보니 관심을 가질 것이 생긴다. 진달래
와 철쭉은 비슷한 꽃인데, 이렇게 다르다니! 충격을 주는 사실을 발견하
고, 어떤 이유가 있어 이렇게 되었는지 캐묻지 않을 수 없다. 잘되고 못
된 것을 가리는 데까지 나아가게 된다.

지금 한 말은 학문연구의 진행순서를 일러준다. 사실판단을 먼저 하고,
사실판단을 근거로 인과판단을 하고, 앞의 둘을 아울러 가치판단을 하는
것이 당연한 순서임을 알리려고 진달래와 철쭉을 예증으로 들었다. 어느
하나만 다루면 사실판단이 흐릿하고 다음 단계로 나아갈 수 없는 결함을
양자 비교로 시정해야 한다.

둘의 비교보다 넷의 비교는 더욱 분명하고 풍부한 결과를 가져온다. 고
양이와 개의 비교를 추가하면, 사실판단에서 인과판단을 거쳐 가치판단으
로 나아가는 작업이 더 잘 이루어진다. 논의를 면밀하게 하기 위해서, 대
조가 되는 사실을 둘로 구분해 말한다.

고양이는 스스로 들에서 살기도 하고, 사람의 보살핌을 받으면서 집에
서 살기도 한다. 집에서 살아도 사람을 따르지 않고 동반외출을 거부한
다. 개는 사람의 보살핌을 받고 집에서 살면서 사람을 충실하게 따르고,
산책시켜주기를 열망한다. 부득이한 경우에는 들개가 되어 예측 불허의
피해를 끼친다.

고양이에게는 없는 목줄이 개에게는 있다. 이것은 고양이는 당당하고,
개는 비굴해서 생긴 차이이다. 고양이는 육식만 해서 식용이 아니다. 개
는 잡식이어서 식용이 된다. 고양이는 자기 삶의 주인인 점에서 사람과
대등하다. 개는 사람에게 종속되어, 사람이 공연히 우쭐대게 만든다. 자기

혼자 망하지 않고 사람까지 망친다.

고양이는 크기가 일정하다. 큰 것과 작은 것의 키 차이가 평균 길이를 넘어서지 않는다. 개도 전에 시골에 있던 것들은 모두 이런 특징을 가진 중개이고, 황구를 대표로 삼았다. 요즘 도시에서 볼 수 있는 개는 너무 크거나 너무 작다. 큰 것과 작은 것의 키 차이가 평균 길이의 몇 갑절이다. 모두 식용에는 적합하지 않은 犬이어서, 狗와는 거의 다른 종이 되었다. 너무 큰 猛犬과 너무 작은 愛犬만 남아, 이 둘이 한 종인지 더욱 의심스럽다.

진달래와 철쭉의 차이에다 고양이와 개의 차이, 개들끼리의 차이를 보태니, 사실판단이 아주 분명하고 풍부해졌으므로, 그런 일이 왜 생겼는지 밝히는 인과판단으로 나아가는 것이 당연한 순서이다. 진달래와 철쭉, 고양이와 개는 원래 차이가 있었는데, 사람이 자연의 차이를, 인위적으로 확대해 극단화한 결과가 철쭉이나 개에서 집중적으로 나타났다. 정상에서 벗어난 비정상이 철쭉이나 개의 존재 이유인 것처럼 되었다. 철쭉은 꽃을 지나치게 피워 민망하다.

개를 너무 큰 맹견과 너무 작은 애견만 남도록 무리하게 조작한 것은 사람의 만행이 어느 정도인지 가장 잘 말해준다. 맹견은 자기 먹이를 구하지도 않으면서, 맹수와의 싸움에 목숨을 바쳐야 한다. 애견은 무리하게 축소되어 병투성이인 몸으로 아양을 떨어야 살 수 있다고 여긴다. 식용이 되는 것은 면해 다행이라고 할지 모르나, 소나 돼지는 개처럼 비굴하게 살지 않는다.

인과판단에서 이미 가치판단으로 넘어와 있으므로, 필요한 논의를 앞당기자. 사람은 철쭉이나 개를 자기 마음대로 조작해, 인간 중심의 우월주의 차등론을 자연에서까지 관철시키려고 한다. 천지만물에 우열이 없고, 초목이나 짐승도 사람과 대등하게 삶을 누리면서 즐거워하는 것을 알아야 한다. 이런 깨달음을 사람만 갖추었다고 여기면 이것 또한 차등론이다.

고명한 스승을 찾아 멀리 가려고 하지 말고, 진달래나 고양이를 모시고 도를 닦자. 자세를 낮추고 마음을 비우면 한 소식 들려온다는 것은 공연한 수작이다. 도는 어디서 오는 것이 아니다. 진달래나 고양이처럼 사는 것이 득도이다.

3

소나무·비둘기·전설·서정은 각기 다르지만, 같은 점도 있어 함께 거론한다. 소나무와 비둘기는 자연이고, 전설과 서정은 문화이다. 자연과 문화는 존재하는 것이라는 공통점이 있다. 존재하는 것은 인식이 가능하며, 인식 방법을 찾게 한다.

소나무·비둘기·전설·서정을 어떻게 인식할 것인가 하는 문제는 여럿이면서 하나로 연결된다. 사실 발견에서 문제의 해결에까지 이르는 작업을 어떻게 할 것인지, 네 경우가 각기 그리고 함께 기여한다. 그 결과를 견주어보고 공통점을 찾으면, 학문 방법론을 가다듬을 수 있다.

소나무·비둘기·전설·서정을, 밖에서 시작해 안으로 들어가는 순서로 들었다. 밖에 있는 것은 모습이 분명해 알아보기 쉽고, 안으로 들어가 찾는 것은 정체가 모호해 이해하기 어렵다. 분명한 것을 알아보는 방법을 가져와 모호한 정체를 밝히는 원리를 찾는 데 활용한다. 자연을 거울로 삼고 사람의 모습을 비추어보는 것이 기이하지만 당연하다.

소나무는 햇빛만 있으면 어떤 박토에서도 잘 자란다. 소나무가 살 만한 곳을 넓히면 참나무가 등장한다. 참나무가 넓은 잎으로 짙은 그늘을 만들어, 어린 소나무는 죽는다. 이것은 충격을 주는 발견이다. 발견에서 의문이 생긴다. 그래도 소나무가 없어지지 않고 참나무와 균형을 이루고 있는 이유는 무엇인가? 참나무가 소나무를 해치기만 하지 않고, 도와주는 것도 있지 않은가? 의문은 확대된다. 소나무와 참나무는 상극이기만 하고 상생은 아닌가? 이에 대한 대답은 얻지 못하고 있다.

비둘기와 까치는 둘 다 가까이서 자주 볼 수 있으면서, 여러모로 다르다. 비둘기는 땅에서 걷고, 까치는 공중에서 날아다닌다. 비둘기는 무리를 짓고, 까치는 각기 산다. 비둘기는 새끼를 기르는 곳을 알 수 없고, 까치는 둥지를 짓는다. 이런 것들은 산발적 발견이어서 의문으로 삼지 않고 그냥 지나칠 수 있다. 비둘기는 색깔과 무늬가 각기 다르고, 까치는 사복이 아닌 흑백의 제복을 평생 입고 있는 듯이 모두 같은 모습인 것은 무슨 까닭인가? 이것은 집약된 의문이어서 명확한 해답을 얻고 싶다.

비둘기는 더러 잡아먹고, 까치는 전연 식용으로 하지 않는다. 비둘기는 기르다가 놓아주고 편지를 전하는 데 이용하기도 하는데, 까치는 잡아두지 않는다. 왜 그런가? 이런 것은 확대된 의문이어서, 비둘기와 까치의 비교만으로 해결할 수 없고 자연과 인간의 얽힘에 관한 깊은 논의가 필요하다.

전설과 민담이 어떻게 다른지 알 만한 사람은 다 안다. 둘 다 많이 듣고 말한 체험을 근거로 삼아 알기는 알지만 막연하게 알아, 여러 말을 하는 것은 부질없는 짓이고 노력의 낭비이다. 둘의 차이를 명확하게 규정하는, 말은 줄이고 포괄의 범위는 넓히는 이론이 필요하다. 차이는 공통점을 매개로 삼아 밝혀야 한다.

전설과 민담은 자아와 세계의 대결인 서사문학이라는 공통점이 있다. 그러면서 전설은 세계의 우위를 전제로 하고, 민담은 자아의 우위를 전제로 해서 생극의 관계를 가진다. 아무리 위대한 영웅이라도 패배하게 마련이고, 어떤 못난이도 행운의 주인공이 될 수 있다는 것을 알려주어, 차등이 허상이고 대등이 진실이라고 한다.

서정과 교술은 너무나도 모호해 명명을 하기 전에는 있는 줄도 모른다. 개별적인 작품이 무수히 많은 것을 알지만 그 총체는 무엇인지 생각하지 못하고 있었다. 서정이라는 말은 전부터 있었으나, 교술은 새로 지어낸

용어이다. 서정과 교술을 함께 일컬으면서 서로 견주어보자, 모호하던 총체가 드러나기 시작한다.

서정이 무엇이고 교술은 무엇인지 길게 말하는 것은 공연한 수고이다. 학문은 이론을 정립하는 작업이어야 한다. 이론은 최소한의 말로 최대한의 적용 범위를 확보하는 것을 목표로 삼는다. 서정은 세계의 자아화이고, 교술은 자아의 세계화이다. 그래서 둘은 생극의 관계를 가진다. 이 이론으로 모든 의문이 풀린다.

소나무·비둘기·전설·서정에 관한 위의 논의는 공통점이 있다. 어느 경우든, 충격을 주는 사실을 발견하고, 어떤 문제가 있는지 알고 해결하고자 한다. 이것은 문제의식이다. 문제의식을 해결하려고 서로 관련된 두 대상을 비교해 고찰한다. 이것은 좋은 방법이다. 얻은 결과를 확대하고 일반화하려고 한다. 이것은 이론 정립이다.

소나무·비둘기·전설·서정에서 이룩한 논의를 모으면 천지만물에 관한 일반론이 된다. 이런 작업을 각기 하고, 얻은 것을 자기 나름대로 명명할 수 있다. 내가 한 작업의 성과를, 나는 생극론이고 대등론이라고 말한다. 이것은 나의 사유재산이면서 만인의 공유재산이다.

이름은 내놓는 순간 진부해지는 것을 소나무·비둘기·전설·서정이 막아 준다. 총론은 각론이어야 생생한 내용을 확보한다. 각론은 총론이어야 사실에 관한 통찰일 수 있다. 소나무·비둘기·전설·서정은 여럿이면서 하나이고, 하나이면서 여럿이다.

4

서울 강남의 서초구에 살다가 20여 년 전에 경기도 군포시 산본 수리산 자락으로 이사를 했다. 서울의 집값은 그사이에 거의 열 배 가까이 오르고 이곳은 별 변동이 없어, 교환가치를 들어 말하면 재산이 거의 10

분의 1로 줄었다. 폭삭 망했다고 할 수 있다.

사용가치는 정반대이다. 수리산은 가치를 평가한다면, 열 배 오른 서울 집값의 열 배 이상 된다. 그런데도 재산세를 한 푼도 내지 않고, 너무나도 많은 것을 얻는다. 수리산 덕분에 건강이 좋아진 것은 분명하고, 수명 연장이 예상된다고 말할 수도 있다. 이런 혜택을 수치로 나타낼 수 없다.

직접적인 득실을 계산하려고 이 글을 쓰는 것은 아니다. 수리산에서 자연이 얼마나 고마운지 헤아려 더욱 소중한 소득을 말하고자 하는 것이다. 자연은 추상적인 개념이어서 탁상공론도 가능하므로 밀어두고, 산천초목이라는 말을 사용하자. 나날이 눈으로 보고 마음을 주고받는 산이나 물, 풀이나 나무를 산천초목이라고 하고 논의를 시작한다.

산천초목 덕분에 사람이 살아간다. 이 사실을 나날이 확인하는 쪽과 외면하고 살아가는 쪽은 엄청난 차이가 있다. 반드시 알아야 할 이 사실은 외면하면서 다른 무엇을 아주 많이 안다고 하는 것은 당착이고 기만이다. 이런 당착이나 기만을 행세거리로 삼는 사기꾼들이 학자로 행세하면서 惑世誣民을 일삼는 것을 용서할 수 없다. 싸워서 물리치지 않을 수 없다. 학계에서 작은 싸움을 하다가 말만 많아지는 것을 피한다. 산천에서 큰 싸움을 해서 승리를 확고하게 한다.

산천초목 덕분에 사람이 살아간다고 하는 이유를 우선 대강 말해보자. 산천에서 살아갈 수 있는 공간을 얻는다. 초목이 가까이 있어야 좋은 터전이다. 산천에서 자라는 초목이 만들어낸 식품을 먹고, 내뿜는 산소를 호흡하고 산다. 동물성 식품도 그 연원을 따지면 초목이 만들었다. 산소의 농도가 공기의 질을 결정한다.

산천초목의 은혜를 생각하고 감사하게 여기는 것이 너무나도 당연한데, 전연 반대가 되는 방향으로 나아가면서 잘난 체해온 과오가 덕지덕지 쌓여 있다. 신·사람·짐승·초목·산천, 이 순서로 열거한 앞의 것들이 한 단계씩 더 우월해 뒤의 열등한 것들에 대한 지배권을 행사할 수 있다고 해왔다. 사람은 신이 자기 모습을 닮게 창조했으므로, 짐승 이하의 것들에 대한 지배권을 가진다고 했다. 사람은 머리를 위에 두고, 짐승은 머리와 몸통이 가로로 이어지고, 초목은 머리인 뿌리를 아래에 두어, 正生·橫生·逆生의 차등이 있다고 한 것은 더욱 교묘한 기만이다.

이런 것은 모두 차등론의 사고이다. 차등론을 제시하고 교묘하게 합리화하는 것을 종교나 철학의 임무라고 여기고, 자랑스럽다는 업적을 다투어 제시했다. 이에 대한 분노가 산천초목과 만나면 걷잡을 수 없이 끓어오른다. 분노는 문제를 분명하게 의식하지 못하고 해결책을 찾지 않고 있는 내 자신에 대한 자책이기도 하다.

이렇게 생각하니, 수리산이 나를 꾸짖는 것 같다. 귀를 기울이니 분명한 소리가 들려온다. 연구실이나 교실에서 난제를 모호하게 만들어 해결한 척하는 술책을 단호하게 버리라고, 준열하게 꾸짖는다. 가장 훌륭한 스승을 만나, 사람다운 사람이 되고 학문다운 학문을 한다.

들뜬 상태에서는 좋은 해결책을 찾지 못한다. 분노와 자책을 안에다 간직하고 산을 오르내리자. 만나는 기간이 오래 되면, 산천초목이 베푸는 조용한 가르침을 받아들여 분노가 지혜로 바뀐다. 차등론을 어떻게 논파하고, 무엇을 타당한 대안으로 제시할 수 있는지 알게 된다.

차등론을 부정하는 대안이 평등론이라고 할 것은 아니다. 신·사람·짐승·초목·산천은 우열이 없고 평등하다고 한다면, 이것은 그냥 해보는 헛된 수작에 지나지 않는다. 존재하는 모든 것은 평등하다는 말로 차등을 일거에 부정하는 것은 차등론이 천지만물의 보편적 원리라고 하는 것보다 더 심한 억설이다. 평등론을 물리치고, 대등론이 나서야 한다. 신은 확인할 수 있는 실체가 아니므로 거론하지 말아야 하고, 인지 가능한 분명한 사실을 들어 논의를 다시 해야 한다.

[가] 사람·짐승·초목·산천, 이 순서로 앞의 것이 뒤의 것을 지배하며 침해하고 있다. [나] 산천·초목·짐승·사람, 이 순서로 앞의 것은 스스로

존재하는 자립성을 더 갖추고, 뒤의 것은 앞의 것에 기대는 의존성이 한층 두드러진다. [가]에서 우월한 만큼 [나]에서 열등하고, [나]에서 우월한 만큼 [가]에서 열등해, 사람·짐승·초목·산천 또는 산천·초목·짐승·사람은 서로 대등하다. 차등론은 부당하고, 평등론은 허황하며, 대등론이 타당하다.

우리 선인들은 차등론을 부정하고 대등론을 이룩하고자 하는 노력을 해왔다. 洪大容은 짐승에게는 짐승의 예의가, 초목에는 초목의 예의가 있다고 했다. 朴趾源은 삶을 누리는 것이 선이고, 삶을 해치는 것은 악이라고 했다. 짐승은 배가 고파야 살생을 하고 동족은 해치지 않는데, 사람은 배가 불러도 동족까지 살해해 가장 악하다고 했다.

삶을 누리는 것이 선이라는 사상을 이어받아 초목을 다시 살펴보자. 초목은 자기 삶을 누리고 있어 선할 뿐만 아니라, 동물이나 사람이 삶을 누릴 수 있게 해주어 더욱 선하다. 초목이 광합성으로 먹거리를 제공하는 덕분에 동물이 살고 사람도 산다. 사람의 과학이 아무리 발달해도 초목처럼 광합성을 하지는 못한다. 절대적인 한계가 있다.

초목이 탄소를 흡입하고 산소를 내는 덕분에 짐승이나 사람이 호흡을 한다. 요즘처럼 공해가 심할 때에는, 얼마나 많은 초목이 어느 정도의 산소를 공급하는가가 사람의 생사와 관련된다. 초목은 배설을 해서 공기를 더럽히지 않고, 죽어 썩어가도 악취를 풍기지 않는다. 초목이 자연경관을 시원스럽게 펼쳐놓아 사람의 마음이 편안하게 한다. 초목은 사람이 생존할 수 있게 하는 엄청난 혜택을 베푼다. 초목은 위대하다. 위대하다고 아무리 칭송해도 지나치지 않다.

위대하다는 것이 무엇인가? 사람은 초목을 지배하므로 위대하다는 착각을 버리고, 초목이 사람을 살 수 있게 하는 것이 진정으로 위대한 줄 알아야 한다. 지배하는 자는 위대하다고 하는 것은 차등론의 사고이다. 차등론을 버리고 대등론으로 나아가야 한다. 사람과 초목의 관계를 살피면 대등론이 한층 분명해진다. 대등론 정립에서 커다란 진전이 이루어진다.

초목과 사람은 각기 자기 삶을 누리고 있어 대등하다. 이것이 일차적 대등이다. 사람은 초목을 지배하지만, 초목은 사람이 살 수 있게 한다. 각기 잘난 것이 반대로 엇갈린다. 이것은 이차적인 대등이다. 두 가지 대등이 대등론의 타당성과 유용성을 입증한다.

대등은 천지만물의 이치이고, 사람이 실행해야 할 도리이다. 초목과 나날이 만나 존경심을 확인하면, 차등론에 휘감겨 생겨난 번민에서 벗어나 대등론이 가져다주는 해방을 누린다. 초목이 위대한 스승인 줄 알아 따르고 배우면 고귀한 깨달음을 얻는다.

초목 스승은 말을 하지 않는다. 존재하는 것 자체가 말이다. 이 말을 알아듣고 따르고 옮기면 창조주권을 가장 높은 수준으로 발현할 수 있다. 바라는 것은 하나도 없이 넓게 베풀기만 하는 경지에 이를 수 있다. 오늘도 수리산을 오르내리면서 이런 생각을 한다.

초목이 자라는 터전인 산에 대해서 더 할 말이 있다. 산은 거대한 자태로 우리를 보살펴준다. 산을 매개로 해서, 우리 선인들의 발상과 표현을 이어받는다. 오랫동안 산수화를 그리면서, 수리산이 융통자재하게 변신하는 모습에 매혹되어, 수리산이 되고자 한다. 이것이 각성의 방법, 득도의 길이다.

5 대등예술철학

5-1 서두의 논의

왜 예술철학을 다른 것들보다 먼저 말하는가? 대등생극론 철학은 예술의 언어인 達觀언어를 사용해 예술과 불가분의 관계이기 때문이다. 이에 관해 총론에서 이미 말한 것을 자세하게 고찰한다. 출발점으로 돌아가 따질 것을 더 따진다.

[가] '철학'은 '필로소피'의 번역어이다. [나] '필로소피'의 정통적인 계승자인 본바닥의 철학을 따라야, 우리도 철학을 한다. [다] 철학은 수입학이어야 하고, 창조학일 수 없다.

이 세 가지 명제는 사실의 차원에서, 인과관계를 가지고 논리적으로 타당하다. 당위의 차원에서는, [나]가 부당하고 [다]는 더욱 부당하다. [다]를 [-다] "철학을 수입학이 아닌 창조학으로 해야 한다"로 바꾸어야 한다.

[-다]가 어떻게 해야 가능한가? [가]·[나]·[다]의 인과관계를 부인할 것인가? 이것은 힘들다. 사실과 당위는 별개라고 할 것인가? 이것은 억지이다. 철학은 가망이 없다고 여겨 포기하고, 그 대신 다른 학문을 할 것인가? 이것은 가능할 수 없다.

포괄적이고 총체적인 논의를 하는 학문을 해야 기존의 철학을 대신할 수 있는데, 무어라고 일컬어야 하는가? 이름을 짓는 데서부터 난관이 생긴다. 이름을 잘 지어도 통용되지 않으면 소용없다. 철학의 자리를 차지할 것이라고 기대하는 것은 무리이다.

그러면 어떻게 해야 하는가? [가]를 고치는 것이 최상의 방책이다. '철학'은 '필로소피'의 번역어이기 이전에, 오랜 내력이 있는 '哲人之學'이다. 서쪽에서는 '필로소피'를 할 때, 동쪽에서는 '哲人之學'을 했다. 이 전례를 알고 이어받으면 위의 세 명제가 달라진다.

[-가] '철학'은 오랜 내력이 있는 '哲人之學'의 준말이다. [-나] 그 전통을 이어받으면 철학을 잘할 수 있다. [-다] 철학을 수입학이 아닌 창조학으로 해야 하는 것이 당연하다. 이렇게 말하는 것은 사실에 근거를 둔 당위여서 전적으로 타당하다.

'哲人'이라는 말은 〈詩經〉에서 유래했다. 어리석은 사람 '愚人'과 다른 슬기로운 사람이라는 뜻이다. '哲人達觀'이라고 해온 '達觀'을 살리는 철학을 해야 한다. '達觀'이 무엇인지 여러 사람이 한 말 가운데 崔漢綺가 "일에 따라 미루어 헤아림에 人·物·氣가 참여하지 않음이 없으면, 이것을 달관이라고 한다"(從事而推測 人物與氣 無不參商 是謂達觀矣)고 한 것이 가장 긴요하다.

'推測'이라고 한 '미루어 헤아림'은 이치 탐구이다. '物'은 동식물이다. 말을 간추려 다시 하면, "만인·만생·만물에 두루 타당하게 헤아린 이치가 달관이다"라고 했다. '달관'이라고 한 것이 바로 철학이다. 철학의 정의가 이보다 다 나아질 수 있겠는가?

분명하게 다시 말한다. '철학'은 '필로소피'의 번역어가 아니고, '달관철학'의 약칭이다. '필로소피'의 번역어인 철학은 '번역철학'이라고 지칭하면 혼동이나 혼란이 생기지 않아 좋지만, 구별하는 것이 능사가 아니다. 달관철학의 약칭인 철학에 모든 철학이 포용되기를 기대한다.

수입학의 시대를 청산하고, 이제 창조학을 본격적으로 시작한다. 주체적이고 보편적인 창조학으로 세계학문의 바람직한 진로를 제시한다. '필로소피'에서 유래한 철학의 잘못을 바로잡는 것이 긴요한 과제로 이에 포함된다.

달관철학은 그 자체의 이치를 따지는 총론이기도 하고, 어느 것을 대상으로 한 각론이기도 하다. 각론의 하나가 예술철학이다. 예술철학은 역사철학·법철학·교육철학·종교철학과 대등한 위치에서 각기 자기 영역의 작업을 하면서 서로 밀접한 관련을 가진다.

이 가운데 역사철학·법철학·교육철학은 용어가 확립되어 있다. 예술철학과 종교철학이라는 말은 생소하다. 미학이나 예술학이라는 말을 버리고 예술철학이라고 한다. 종교학이라고 하면 된다고 여기는데, 종교철학이라는 새로운 말을 만든다. 그 이유를 밝히고 동의를 얻어야 한다.

미학은 철학의 한 분야이다. 총론의 일부이고, 각론으로 독립하지는 않고 있다. 예술학은 여러 예술을 총괄해 고찰하는 독자적인 학문이고, 철학의 각론은 아니다. 그 중간에서 둘의 편향성의 함께 시정하고, 예술을 관장하는 철학 각론이 있어야 하므로, 이것을 예술철학이라고 일컫고 필요한 논의를 한다.

철학과 예술철학은, 총론과 각론의 관계를 논의하는 시발이고 표준이 된다. 철학 총론은 달관언어를 갖추고 이루어진다. 달관언어 예술철학이라는 각론에서 진면목을 드러내며 구체화해 쉽게 감지할 수 있다. 이런 이유에서 양쪽이 하나이면서 둘이고, 둘이면서 하나이다.

각론의 분야가 달라지는 경우에도, 같은 원리를 구현하는 달관언어 같은 매개자가 있다. 그것이 무엇인지 찾아내기 아주 어려우므로 서두르지는 말아야 한다. 문제의식을 간직하고 꾸준히 탐색하는 것이 마땅하다. 이 말을 역사철학 이하의 논의를 위한 서론으로 삼을 수 있다.

5-2 달관언어 재론

1

달관언어가 무엇이지 힘써 밝혔으나 아직 모자란다. 깊이 있는 재론이 필요하다. 이것이 예술철학을 구체화하는 서두의 작업으로 삼아야 한다.

옛사람들이 "철인은 달관한다"고 한 말을 다시 든다. 이런 생각을 이으면, 철학은 달관하는 학문이고, 철학에서 하는 말은 달관언어이다. 철학은 달관언어를, 과학은 수리언어를 선택해, 일상언어의 가변적이고 유동적인 물결에 휩쓸리지 않고 이치를 탐구할 수 있는 발판으로 삼는다.

달관은 〈老子〉에서 "天網恢恢 疎而不失"(73장)이라고 한 데에서 유래했다고도 할 수 있다. 반대말을 "地筌狹狹 密而多失"이라고 해놓고, 양쪽이 학문하는 자세나 방법에 관해 어떻게 말하는지 비교해보자. "하늘 그물은 넓고 넓어 성글어도 잃는 것이 없다"는 달관이 무엇인지 알려준다. "땅 통발은 좁고 좁아 빽빽해도 잃는 것이 많다"는 천착의 실상을 보여준다.

옛적에는 달관을 소중하게 여겼는데, 오늘날 학문한다는 사람들은 천착에 몰두한다. 천착을 더욱 정밀하게 하려고, 안팎으로 애쓴다. 안으로는 철학의 소중한 유산은 버리고 고증학의 말폐를 계속 보여준다. 밖으로는 서양의 수리언어를 높이 평가해 추종하려고 한다. 이 두 가지 이유가 겹쳐, 학문을 왜소하고 빈약하게 한다.

수리언어는 일상언어와 결별하고, 독자적인 영역을 구축한다. 애써 탐구해 찾아낸 논리를 엄정하게 전개한다. 그 방식을 수학에서 가져온다. 수리언어는 일상언어와 거리가 아주 멀어, 극소수의 전문가만 이해하고 평가할 수 있다. 서양철학은 이런 수리언어를 추종하다가, 논의가 너무 복잡하고 난해하게 되었다. 궁벽해지고 길을 잃었다.

철학은 언어를 정확하게 사용해 사고를 엄밀하게 해야 한다는 주장은 두 가지 잘못이 있다. 수리언어를 추종하다가 위에서 든 결함이 생긴 것만이 아니다. 과학을 본떠서 정확하고 엄밀한 사고를 하려고 하니 외연이 줄어들어, 포괄적이고 총체적인 학문이어야 하는 철학의 본분을 저버린다. 과학을 추종하느라고 이상한 소리를 하고 다니는 것을 철학으로 인정할 수 없다.

동쪽에서는 '有無相生'(老子), '和而不同'(孔子), '物物相依'(徐敬德), '一本萬殊'(任聖周), '人與物均'(洪大容), '虎性亦善'(朴趾源), '推氣測理'(崔漢綺), 이런 달관언어로 철학을 했다. 달관언어는 요약이면서 상징이다. 거론하는 사실을 모두 축소해 포괄하니 요약이고, 다른 경우에도 적용될 수 있는 다양한 의미를 함께 지니고 있으니 상징이다.

달관언어를 시어와 비교해보자. '詩語'를 한글로 적어도 잘 알 수 있게 하고, 다른 두 언어와 글자 수가 같게 '시문언어'라고 하자. 수리언어·달관언어·시문언어는 다음과 같은 관계를 가진다.

요약　　　　　　　상징

수리언어------달관언어------시문언어

수리언어는 요약이다. 시문언어는 상징이다. 달관언어는 요약이면서 상징이다. 수리언어는 과학, 시문언어는 문학, 달관언어는 철학의 언어이다. 어느 언어를 사용하는가에 따라 소속이 결정된다.

시문언어는 문학의 갈래에 따라 다르다. 철학에서 사용하는 달관언어와의 거리가 교술시는 더 가깝고, 서정시는 더 멀다. 교술시는 철학이기도 하고 문학이기도 한 중간물일 수 있다.

달관언어는 求道언어이기도 하다. 불교에서는 도를 닦아 얻은 것이 있으면, '四大無主', '放下一念', '浮雲空來', '騎牛覓牛' 등으로 나타낸다. 이런 것도 달관언어여서, 요약이면서 상징이다.

　　　2

서양에는 병법이랄 것이 없었다. 전쟁 이야기의 으뜸 고전 〈일리아드〉를 보자. 날이 새면 출근하듯 전투를 시작하고, 저물면 퇴근하듯 전투를 그만둔다. 힘으로 밀어붙이는 것 이외의 다른 전투는 없다. 强勝弱敗의 순리만 있고, 强敗弱勝의 역전은 없다.

이쪽의 〈三國志演義〉는 이와 아주 다르다. 강패약승의 역전을 흥밋거리로 한다. 온갖 기발한 병법이 그 비결임을 알면, 이해의 차원이 높아진다. 이야기만 그런 것이 아니다. 실제의 병법은 더욱 놀랄 만하다. 36계라고 하는 것을 빼어난 전술로 삼았다. 그 가운데 몇 개를 든다. 이제는 생소하게 되어, 풀이가 필요하다.

‘瞞天過海’(만천과해, 하늘을 속이고 바다를 지나간다.) ‘聲東擊西’(성동격서, 서쪽에서 소리치고, 동쪽을 공격한다.) ‘無中有生’(무중유생, 없는 가운데서 있는 것이 생긴다.) ‘笑裏藏刀’(소리장도, 웃음 뒤에 칼을 감춘다.), ‘欲擒姑縱’(욕금고종, 사로잡고 싶으면 잠시 놓아준다.) ‘指桑罵槐’(지상매괴, 뽕나무를 가리키며 회화나무를 나무란다.) 이런 것이 모두 달관언어이다. 요약이면서 상징이다. 실제 전투에서 있던 사실을 요약하고, 다른 전투뿐만 아닌 사람이 하는 다양한 활동에도, 더 나아가 천지만물에도 적용되는 발언을 한다.

이런 병법은 따르면 이기고 무시하면 지는 지침이다. 아주 길게 해야 할 말을 최대한 간추려, 충격을 받으면서 수용하고 결코 잊을 수 없게 한다. 요약과 상징이 왜 필요한지, 왜 둘이 함께 필요한지, 왜 둘이 하나인지, 대단한 설득력을 가지고 알려준다.

3

달관언어 철학은 가는 길을 바로 찾을 수 있게 한다. 그런데도 한가한 소리를 대강 하는 듯한 거동을 보이는 것은, 병법에서 쓰는 작전이다. 특히 사로잡고 싶으면 잠시 놓아주어[欲擒姑縱], 없는 가운데서 있는 것이 생기게[無中有生] 하겠다는 작전이다. 한발 물러서서, 무리를 줄이고 일이 쉽게 되도록 한다.

달관언어는 ‘佛眼豚目’, ‘馬耳東風’, ‘발 없는 말이 천리를 간다.’, ‘가지 많은 나무 바람 잘 날 없다’는 것들이다. 이런 말이 속담에도 얼마든지 있다. 속담은 사람이 누구나 달관언어를 알고 활용하는 철학자임을 말해준다. 철학이 어디 따로 있지 않다.

그뿐만 아니다. 나는 오랜 전통을 이어, '山山水水', '風彈心琴', '至窮至福', '迷悟不二', 이런 화제를 내 건 그림을 그린다. 달관철학이 천지만물의 공통된 이치인 것을 갖가지 그림을 그려 보여준다.

달관언어는 구도, 병법, 속담, 화제 등에서도 널리 사용한다. 이것들이 달관언어를 차용해 철학 흉내를 내는 것은 아니다. 달관언어를 사용하는 철학은 철학이라고 인정되는 범위를 넘어서서 어디서나 있다. 그런 본원철학을 근거로 철학논술이 이루어진다. 모든 사람이 일상적으로 하는 철학을 어느 누가 맡아 정리한다.

철학의 달관언어를 새삼스럽게 들먹이는 것은 무슨 까닭인가? 사용하는 언어가 잘못되어, 철학을 망치는 것을 안타깝게 여기기 때문이다. 망가지는 것이 잘된다고 착각해, 남의 장단에 춤을 추느라고 차질이 더 심해진다.

'識字憂患'이고, '빈 수레가 요란하다'. 유식이 무식이고, 무식이 유식인 줄 알아야 한다. 이런 차질에서 벗어나려면, 근본으로 돌아가야 한다.

5-3 자유천지

1

예술은 대등의 영역을 확대해 마음껏 뛰어놀게 한다. 이것을 자유천지를 만든다고도 할 수 있다. 자유천지가 무엇인지 탈춤을 본보기로 들어 말해보자. 탈춤은 모든 사람이 누구나 대등한 자격으로 참여하는 대동놀이이고, 특정인물 몇이 탈을 쓰고 등장해 다투는 탈놀이를 이따금 한다. 극중장소를 따로 설정하지 않고 공연장소가 극중장소여서, 연극이 현실과 직결되어 있다. 탈놀이가 진행되는 동안에는 관중이 된 대동놀이 참여자들이 탈놀이에 직접 개입한다. 대등창작의 원리가 이런 방식으로 구현된다.

대등창작은 누구나 자기의 신명을 풀고 창조주권을 발현하도록 해서 즐겁다고 하고 말 것은 아니다. 차등을 제거하고 대등을 실현하기 위한 투쟁인 것을 또한 높이 평가해야 한다. 노장-목중 과장에서 관념의 차등을, 양반-말뚝이 과장에서 신분의 차등을, 영감-할미 과장에서 남녀의 차등을 공격해 뒤집어엎는 것이 대등창작의 원리를 알뜰하게 실현하면서 이루어졌다.

지금은 이런 대등창작을 밀어내고 차등창작이 득세했다. 극작·연출·공연·관람이 담당자나 작업 순서에서 엄격하게 구분되고, 앞의 것이 뒤의 것 위에서 군림하는 차등창작이 세계를 휩쓸어 예술사의 위기가 조성되었다. 기이한 재주를 자랑하는 전문가가 횡포를 자행하고, 최하위의 관람자 신세로 전락한 대다수의 사람들은 창조주권이 유린된다. 극작·연출·공연·관람이 하나인 대등창작의 원리를 재현하는 투쟁을 일제히 일으켜야 한다.

마당놀이니 마당극이니 하는 것들이 탈춤을 이어받는다고 하는데 많이 모자란다. 소재주의나 국수주의에 사로잡혀 있으면서 과도한 자부심을 가진다. 대등창작의 원리를 실현하는 것이 어떤 의의를 가지는지 알지 못하고, 차등창작의 관습에 편승해 시류를 따르는 주장을 전달하려고 한다. 나라 안의 어떤 문제를 해결하려고 하는 근시안적인 관심을 넘어서서 세계예술사를 바로잡기 위해 나서야 한다.

2

화려한 경력을 자랑하는 저명한 물리학자가 엄숙한 어조로 진행하는 뜻밖의 강연을 들었다. 미국에서는 히피들이 쏟아낸 기발한 착상이 도화선이 되어 4차 산업혁명이 일어난다고 했다. 히피는 찢어진 옷으로 몸을 가까스로 가리고 마리화나를 피우면서, 가망 없는 노숙자처럼 몰려다니는 젊은이들이다. 이 말을 듣고 놀라, "히피가 없으면 안 되니, 열심히 배우고 따라야 하겠구나." 이렇게 외칠 것인가?

일본의 탈춤 '노오'[能]는 움직임이 거의 없는 것을 자랑으로 삼는다. 이에 관해 심오한 연구를 하는 최고의 전문가가 한국에 와서 한국의 탈춤을 보고, 동작이 너무나도 활달해 감당하기 어려운 충격을 받았다고 하는 말을 직접 들었다. 탈꾼과 구경꾼이 함께 어울려 춤추면서 즐거움을 나누는 것이 더욱 놀랍다는 말은 미처 하지 않았다.

일제가 금지한 이래로 오래 중단되었던 탈춤 공연을 다시 할 때, 구경꾼들이 전에 하던 대로 덩실덩실 춤을 추면서 앞으로 나아갔다. 경비하는 순경이 난동이라고 여기고 주저앉히느라고 진땀을 빼던 광경이 오래 기억된다. 자칭 우국지사가 한둘이 아니어서 훈계하는 말을 자주 듣는다. "일본인은 조용한데 한국인이 시끄러운 것은, 민족성이 나쁘거나 민도가 낮은 탓이니 깊이 반성해야 한다."

일본의 전통의상 '키모노'[着物]는 그런대로 화려했다. 그대로 두면 강성대국이 되는 데 지장이 있다고 여긴 그 나라 군국주의 정부가, 국민을 군인처럼 훈련시키려고 학생에게 교복을 입히기로 했다. 脫亞入歐의 정신에 맞게 교복도 수입하는 것이 당연했다. 가서 찾아보니 수입할 만한 교복이 없어, 군복을 가져왔다. 남학생들에게는 육군 군복을, 여학생들에게는 해군 군복을 입히자, 일본제국이 열강의 선두에 설 것 같았다.

광복을 이룩했으니 새출발을 하자고 함께 다짐하면서, 교복은 일제의 잔재 청산에 포함시키지 않고 신주처럼 모시는 교육자들이 적지 않다. 일제의 사범교육을 철저하게 받아 학생을 혹독하게 다루는 교장이 교복의 바지 주머니를 없애, 추워도 손을 넣지 못하게 한 것으로 명성을 떨쳤다. 일본에서 초등학생들에게 겨울에도 짧은 바지를 입혀 독종을 양성하는 것보다 한 수 더 뜨는 조처는 하지 않아 유감이라고 할 것인가?

초등학교 교사가 내게 물었다. "장난을 치면서 수업을 방해하는 학생을 어떻게 해야 하는가?" 난감할 것 같은 질문에 쉽게 대답했다. 장난은 창조주권의 기발한 발현이다. 장난을 치지 못하게 엄하게 꾸짖고, 창조력을 기르는 교육을 주어진 진도에 따라 진행하는 것은 축구 선수가 자살골 넣기를 자기 임무라고 여기는 착각과 그리 다르지 않다. 목중 무리의 놀림을 받는 노장이 되어주면 선생 노릇을 잘한다.

히피 노릇을 하는 것과 탈춤 공연은 무엇이 같고 다른가? 공인된 질서를 무너뜨리는 파격적이고 기발한 행동을 하는 것은 같다. 그러면서 히피는 부정을 일삼고, 탈춤은 혁신을 한다. 히피의 무리는 개개인이 평등을 산발적으로 추구하고, 탈춤에서는 신명풀이를 함께 하면서 대등을 다진다. 히피 짓은 진원지에서 퍼져 나가는 유행이고, 탈춤의 신명풀이는 인류 공통의 창조주권을 발현하고 진작시키는 본보기이다.

히피가 4차 산업혁명의 도화선을 마련했다고 하니, 탈춤은 타오르는 불길이 인류를 태우지 않고 따뜻하게 감싸도록 해야 한다. 불길이 인류를 태운다고 하는 것은 놀라운 기술 혁신이 돈에 대한 욕구를 더욱 자극해, 창조와 수용의 차등, 부유와 빈곤의 차등을 획기적으로 키운다는 말이다. 불길이 인류를 따뜻하게 한다는 것은 이런 차등을 철폐하고 대등을 이룩해 누구나 창조에 동참하고 혜택을 누린다는 말이다.

히피는 미국이 강대국 노릇을 하는 것이 창피하다고 여겨 저주하고 방해했다. 뜻한 바와 결과는 정반대가 되었다. 미국이 4차 산업혁명의 선도자로 나서서 새로운 패권을 장악하도록 했다. 무력시위를 직접 않고서도, 제조업 쇠퇴 때문에 주저앉지도 않고, 세계제패를 더욱 확고하게 하는 전에 없던 기발한 방법을 제공한다.

코로나바이러스 역병이 세계 전역으로 확대되자, 세계제패의 패권이 허망하다는 것이 드러났다. 미국이 감염자나 사망자에서 으뜸인 것을 막는데 4차 산업혁명의 역량이 아무 소용이 없는 줄 알게 되었다. 돈이 많고 힘이 세면 질병이 물러나는 것은 아니다. 덩치가 엄청난 인간의 좁은 소견을, 작고 작아 보이지 않는 바이러스가 마음껏 비웃는 꼴이 되었다.

한국이 이 역병에 슬기롭게 대처하는 것을 이상하게 여기고 무슨 이유인지 알고 싶어 한다. 이에 대해 별별 소리를 다 하는데, 나는 분명하게 말한다. 공동의 신명풀이로 다져온 대등의식이 그 비결이다. 사재기를 일삼고 항거를 하거나 폭동을 일으키면서, 자기의 평등을 최대한 확보하려고 하지 않는 것을 보라. 아무리 모자라는 사람이라도 공동체를 위해 남들과 대등한 기여를 하고자 하니 놀랍지 않은가? 신명풀이를 함께 하면서 다져온 대등의식이 위기를 맞이해 생생하게 살아난다.

히피는 전연 할 수 없는 대역사를 하고 있으니, 그쪽을 부러워하지 말아야 한다. 일본 방식으로 국민을 훈련하고 규제하면 역효과만 나는 것도 분명하게 알아야 한다. 4차 산업혁명이 지상의 목표인 시대는 가고 있어, 새로운 역사를 창조하기 시작해야 한다. 이렇게 하는 데 우리가 앞서라고, 이유는 잘 모르면서 온 세계가 기대하고 있다.

잘 사는 것은 산업 덕분이라고 한다면, 이제 5차 산업혁명을 시작할 때이다. 5차 산업은 산업이 아닌 산업이어야 한다. 차등을 확대하지 않고 대등을 이룩하는 더욱 놀라운 혁명이어야 한다. 이에 관해 투철한 자각을 하고, 할 일을 해야 한다. 공동의 목표를 정하고, 중지를 모으자.

3

한국의 대중 공연예술이 세계에 널리 진출해 큰 인기를 얻고 있다. 이것을 '韓流'라고 하는 중국의 명명이 'Korean Wave'라는 영어 번역과 함께 일제히 통용된다. 이에 대한 해명이 예술철학의 임무이다. 대등예술철학이라야 이 임무를 타당하게 수행한다.

한류가 어떤 것인지 잘 알려져 있으므로 개략을 조금 소개하는 서론은 필요하지 않다. 각국의 현장을 찾아다니면서 신문 기사 같은 글을 많이 쓰면 실상 파악이 진전되지만, 논의를 정리해 일반론을 이룩하기는 어렵다. 한류가 왜 환영을 받는지 구체적으로 밝히려면, 공연예술을 고찰하는 적절한 방법이 없는 난관을 해결하고 엄청난 노력을 해야 한다. 둘 다 실현 가능한가, 어느 정도 확실한 결과를 얻을 수 있을까 의문이다.

그러면 어떻게 해야 하는가? 한류가 왜 일어나고 환영을 받는가? 이런 총체적인 문제를 제기하고 포괄적인 대답을 하는 것이 가능하고 유익한 방법이다. 이에 대해 몇 가지 대답을 할 수 있다. [가] 한국정부가 정책을 잘 세우고 실행한 덕분이다. [나] 기획사나 연기자들이 각별한 노력을 한 결과이다. [다] 공연 내용에서 민족문화의 우수성을 보여주기 때문이다.

이런 대답은 모두 큰 약점이 있다. [가]는 일본에서 흔히 하는 말이고, 사실이 아니다. 한국정부는 한류를 위한 정책이랄 것이 없고, 한류 인기에 편승해 생색을 내려고 한다. 아는 것이 없어, 더 개입하면 손상을 끼친다. [나]의 노력은 예술 기획사나 연기자가 일제히 하고, 자본을 넉넉히 투입할 수 있으면 더욱 철저하게 한다. 유능한 인재를 세계 전역에서 선발할 수도 있다. 이런 경쟁에서 한국이 결정적으로 앞섰다고 하는 것은 타당한 해명이 아니다.

[다]는 정답에 가까운 것 같지만. 의문의 여지가 있고 반론이 가능하다. 공연 내용이 전통과 이어지는 것만이 아니고, 밖에서 받아들인 것이 오히려 더 많다. 팝송이라고 일제히 일컫는 세계 각국 대중공연물의 혼성모방이라고 할 수 있는 것을 가지고 널리 인기를 끄니 납득하기 어렵다. 이런 줄 몰라 속고 있는 멍청이가 아주 많다고 할 수는 없다.

[라] 한류는 신명풀이를 하게 하기 때문에 일어난다는 해답을 추가해, 정답임을 입증한다. 신명은 인류 공유의 아주 소중한 자산이고, 그냥 가두어두지 말고 풀어내야 하는 것이 어느 누구든 같다. 신명을 풀어내는

방법으로 공연예술이 크게 기여한다. 이것이 모든 의문을 해결하는 결정적인 열쇠이다.

그런데 정치 억압, 종교 관념, 금전 이익 등이 작용해 신명을 억압하고 풀어내지 못하게 막는 불행이 세계 도처에서 나타났다. 그 때문에 공연예술이 신명풀이와 멀어졌다. 한국은 그런 불행을 적게 겪었다. 위에서 오는 그런 억압은 상대적으로 적고 이에 맞서는 하층의 활력은 상대적으로 커서, 탈춤 같은 신명풀이 대등공연예술을 온전하게 이어왔다. 공연자들이, 공연자와 구경꾼이 대등한 관계를 가지고, 상생이 상극이고 상극이 상생인 생극을 공동의 창조물로 만들어낸다.

그 구체적인 내역이 아닌 기본 원리를 오늘날 노래하고 춤추면서 생동하게 재현해 모여든 사람 모두 열광하게 한다. 누구나 억눌리고 비틀어진 자기 신명을, 동참자들과의 대등을 확인하면서 함께 풀어내 즐거움의 점정에 이른다. 이 신명풀이는 한국산 수입품이 결코 아니고, 누구나 자기 자신에게서 살려내는 공동의 보물이다. 엄청나게 많은 신명 보물이 모이고 하나가 되어, 차등의 시대를 청산하고 대등의 사대를 이룩하는 세계사 대전환을 이룩하는 동력이 된다.

5-4 각성의 과정

1

예술철학은 밖에 있는 이치가 아니다. 설명하면 되는 대상이 아니다. 내 안에서 얻는 깨달음이어야 한다. 각성의 과정을 거쳐 스스로 얻고 실행해야 한다. 이것을 남에게 시키지 말고 자기가 해야 한다. 나는 어떻게 했는지, 2023년 6월 부산대학에서 열린 민족미학연구소의 학술회의에서 발표한 원고를 옮긴다. 이 책의 다른 대목과 중복된 말이 있어도 그대로 둔다.

1958년 대학 진학할 때 불문학을 전공으로 택했다. 문학창작을 잘하려면 불문학 공부를 하는 것이 좋다고 판단했기 때문이다. 불문학 공부는 그림을 그리는 데도 많이 도움이 되리라고 여겼다. 불어를 익혀 작품을 읽는 것이 즐거웠다. 날개가 생겨 날아오르는 것 같았다. 영어와 독어 독서도 곁들여 더욱 자랑스러웠다.

1960년 4.19가 일어날 때 3학년이었다. 시위대 선두에 서서 경무대까지 갔다. 내 하숙방에서 모의가 있었다고 알려진 것이 사실이다. 거사 당일 아침에 강의를 듣고 있다가, 연락이 오자 일어나서 학생들에게 함께 나가자고 했다.

경무대 앞에서 경찰이 발포할 때 총에 맞아서 쓰러지는 사람들을 보면서 나도 모르게 땅에 엎드렸다가 가까스로 물러났다. 시청 앞까지 오니 시위 군중이 엄청나게 늘어나고, 천지가 뒤집어지는 듯한 광경이 벌어졌다. 아침에 나설 때는 생각하지 못한 결과였다.

거사가 성공해, 역사의 대전환이 진행되는 놀라운 경험을 했다. 미래를 바람직하게 창조해야 하는 사명감을 느꼈다. 그때의 과제를 안고 지금도 분투한다.

2

4.19는 농촌운동으로 이어졌다. 대학생들이 농촌으로 가서 노력 봉사를 해서 어려움을 덜어주면서 농민의 처지를 이해해 공감을 다지고, 농민이 각성해 항거를 일으키도록 하려고 했다. 5.16 이후에는 학교에서 인정하는 공식 기구 향토개척단을 만들어 농촌운동을 지속시키면서, 온건 노선을 표방해 충돌을 줄이고 기반을 넓혀갔다.

1963년 11월 19일 서울대학교 문리과대학 교정에서 서울대학교 향토개척단이 주최한 '鄕土意識 招魂굿'이 열렸다. 내가 제안해서 하게 된 행사이다. 풍물치고 굿을 하면서 탈춤을 추는 최초의 대학 축제를 만들어, 농촌운동이 민족운동으로 발전하도록 촉구하고자 했다.

행사는 세 부분으로 이루어졌다. 첫 순서로 농촌을 걱정하는 교수들의 강연을 들었다. 그다음에는 내가 창작한 "신판 광대놀이" 〈원귀 마당쇠〉를 공연했다. 연극이 끝난 뒤에 모두 밖으로 나가 "나가자 역사야"라는 구호를 내걸고 한바탕 놀이를 벌였다. 1 향토의식 소생굿, 2 사대주의 살풀이, 3 난장판 민속놀이, 4 조국발전 다짐굿을 했다. 풍물을 치고 뛰놀면서 격문을 읽고 구호를 외쳤다.

〈원귀 마당쇠〉는 내가 직접 등사판에 긁어서 찍어냈다. 고맙게도 그것을 아직까지 간직한 분이 있어 복사본을 받을 수 있었다. 컴퓨터에 입력한 것도 함께 보내주었다. 홈페이지에 올려놓아 누구나 볼 수 있게 한다음,《탈춤의 원리 신명풀이》(2006)에 수록하고,《조동일 창작집》(2009)에 다시 내놓았다.

〈원귀 마당쇠〉는 탈을 쓰고 춤을 추면서 공연하는 연극이었다. 새로운 탈춤의 시초라고 할 수 있다. 김천흥 선생에게 탈춤 동작을 배웠다. 탈은 탈춤에서 쓰는 것들을 본떠서 내가 만들었다. 탈춤의 원리를 이어받아, 등장인물이 관중과 대화를 나누도록 했다.

마당극은 아니고, 서울대학교 문리과대학 강당의 실내 무대에서 공연했다. 막이 열리면 무덤이 몇 개 있고, 무덤을 열고서 원귀 마당쇠가, 이어서 변학도가 나타나도록 했다. 얼마 뒤에 팔뚝이·찔둑이·꺽달이라는 원귀도 나타났다. 마당극으로 공연하면 분위기가 너무 산만해 관심을 모을 수 없고, 원귀가 갑자기 출현하는 극적 장면을 만들기 어렵다고 판단해 실내로 들어갔다. 현대극과 탈춤을 합친 방식이 되었다.

〈흥부전〉을 개작해 만든 두 번째 작품은 지금 문예진흥원 건물인 서울대학교 본관 앞에서 공연하고 계단을 이용했다. 그것이 최초의 마당극이라고 할 수 있다. 주연을 맡았던 이영윤이 그것을 다시 공연하다가 화를 입기까지 했다.

〈원귀 마당쇠〉의 한 대목을 보자.

변학도: (무덤 B의 뚜껑을 활짝 열고 튀어나와서) 네 이놈! (벼락같이 호령을 한다) 네 이놈! 천하에 이렇게 무엄한 놈이 어디에 있느냐! 이놈을 그저! 이 죽일 놈아! 네 모가지가 열 개라도 너는 살지 못할 것이다! 이놈을 그저! (화를 참지 못하고 씩씩거린다.) 이 개돼지보다 못한 놈아! 눈이 있거든, 내가 누군지 똑똑히 보아라!

마당쇠: (변학도를 보고 좋아서 어쩔 줄 모른다.) 허허! 이런 일도 있어!

변학도: (씩씩거리며) 이놈아! 내가 너희 고을 부사 변학도란 말이다. 이 무엄한 놈아! 네가 아무리 상놈이라고 하더라도 나를 못 알아보다니!

마당쇠: 못 알아볼 리가 있어. 너를 지금까지 찾아다녔는데! (좋아서) 바로 여기 있었구나. 몇 천 년 몇 만 년 살 것 같더니. 너도 결국 죽고 말았구먼. 헤헤, 나와 꼭 같은 신세가 되었단 말이여. 헤헤.

변학도 : (더욱 화가 나서) 무엇이 어쩌고 어째?

마당쇠 : 하여간 잘 만난 거여!

마당쇠의 항변을 변학도는 막아내지 못했다. 그 대목에서 탈춤과 민요에서 가져온 많은 자료를 활용했다. 팔뚝이·찔뚝이·꺽달이까지 가세해 더욱 불리하게 되자, 변학도는 마침내 자기 잘못을 시인했다. 벌로 곤장 백만 대를 맞아야 한다고 하고, 자손이 뉘우쳐서 이제는 잘못하지 않으면 감형을 한다고 했다.

초혼굿이니 귀신을 불러내서 하지 못하고 있던 말을 하게 해야 했다. 이렇게 생각하고 단숨에 써내려갔는데, 나중에 다시 보니 몇 가지 원리가 있다. 시대 설정에서 과거와 현재, 수법에서 탈춤과 현대극, 내용에서 환상과 현실, 인간관계에서 싸움과 화합이 둘이면서 하나이고 하나이면서 둘이라고 할 수 있다. 한풀이가 신명풀이인 원리를 그런 방식으로 나타냈다고 할 수 있다. 지금 전개하고 있는 생극론과 같은 생각을 일찍부터 간직하고 있었다.

3

불문과 대학원에 진학했다가, 국문학과로 옮기기로 했다. 대학원 국문과로 전과할 수 있는지, 입학할 수 있는지 알아보니, 둘 다 불가하다고 했다. 국문과 3학년에 학사편입을 하는 것은 가능해 1964년에 그렇게 하고, 1966년에 졸업했다.

1966년 국문과 대학원 석사과정에 입학하고, 1968년에 석사학위를 받고 졸업했다. 1968년에 국문과 대학원 박사과정에 입학하고, 1971년에 수료했으며, 1976년에 박사학위를 받았다. 1958년부터 1968년까지 10년간 서울대학에서 공부했다. 그 기간이 1971년까지는 13년, 1976년까지는 18년이다. 국내 유학을 오래 하면서 많은 것을 깨달았다.

왜 불문학에서 국문학으로 갔는가? 이에 대해 한마디로 대답하면, 시대가 달라졌기 때문이다. 4.19에 주동자로 참여하고, 생각이 달라졌다. 서구를 따르려고 불문학을 공부하는 시대는 가고, 국문학에서 지침을 얻어 우리 역사를 스스로 창조해야 하는 단계에 이르렀다고 판단했다.

이 판단이 옳다고 거듭 확인한다. 서구중심주의 극복의 세계사적 과제 해결에 동아시아문명의 핵심을 민족문화에서 재창조해온 우리가 적극적으로 기여할 수 있다. 이런 생각을 가지고 오늘날까지 학문을 하고 있다.

문학창작을 하려고 불문과에 갔다가, 창작을 잘하려면 비평의 안목이 있어야 하고, 비평은 연구를 근거로 해야 한다는 것을 알았다. 불문학을 활용하는 비평은 빗나가고, 불문학 연구를 뜻한 대로 하는 것은 유학을 해도 가능하지 않다. 그러면 어떻게 해야 하는가?

국문학을 연구해 비평의 원리를 찾고, 창작의 지침을 얻어야 한다. 국문학을 연구하면서 이런 생각을 더욱 분명하게 해야 한다. 문학 연구에서 철학 전통 재창조로 나아가 더 큰 일을 해야 한다. 이렇게 다짐하고 분투해왔다.

불문과 대학원을 더 다니는 것이 무의미하다고 여겨 휴학하고, 서울대학 도서관에서 날마다 책을 읽었다. 학문의 분야나 언어의 경계를 넘어서서 끝없이 헤매고 다녔다. 경성제대 시절에 구입해놓고 아무도 보지 않아, 책장이 붙어 있는 수많은 불어책을 처음 열어 보았다. 그 가운데 불국 공산당에서 낸 공산주의 서적 총서도 포함되어 있었다. 열람 불가가 4.19를 계기로 몇 년 동안 풀렸다.

그쪽을 종착점으로 여기지 않고 탐색을 계속하다가, 송석하의 《한국민속고》를 발견하고 탄성을 내질렀다. 거기 수록되어 있는 봉산탈춤 대본을 읽고 놀라운 발견을 했다. 마침 그 무렵에 봉산탈춤을 되살리는 공연을 해서 현장의 감격까지 누릴 수 있었다. "국문과에 가서 이런 것을 공부하자!" 결단을 내렸다.

탈춤 공연만 보고 있지 않고, 민요 현지조사를 하려고 나섰다. 성능이 미흡한 녹음기를 가까스로 구해, 몇몇 벗과 함께 방을 빌려 밥을 해서 먹으면서 방랑자가 되었다. 충북 보은에서 강원도 영월까지 가면서 민요가 무엇인지 체험했다. 그 다음에는 경북 영양으로 가서 오래 잊고 있던 고향의 소리를 듣고 큰 감동을 받았다.

상징주의를 거쳐 초현실주의를 기웃거리던 불문학 공부를 멈추고 대전환을 하겠다는 결심을 현지에서 굳혔다. "공부하려고 고향을 떠났는데, 공부란 다름이 아니라 고향으로 돌아오기 위한 힘든 과정이다." 그때의 각성을 이런 말로 나타낸 적이 있다.

4

그때는 졸업논문을 아주 소중하게 여겼다. 대단한 논문을 쓰겠다고 작정하고, 〈탈춤 발생고〉를 200자 원고지 1,000장 정도의 분량으로 완성했다. 다른 논문 둘과 대응되는 관계를 가지고 넘어서려고 했다. 하나는 나의 불문과 졸업논문 〈현대시의 존재론적 모험〉이다. 또 하나는 김동욱 선생의 〈판소리 발생고〉이다. 그 두 논문은 방황의 산물이지만, 〈탈춤 발생고〉는 각성의 결과라고 여겼다.

현대시의 존재론적 모험을 밝히려는 모험은 엉성하게 진행되어 타당성이 의심스러웠다. 멀리 있어 알기 어려운 유럽의 현대시에서 직접 체험할 수 있는 우리 탈춤으로 방향을 돌려, 이용 가능한 모든 자료를 동원해 확실한 결과를 얻었다고 여겼다. 논문의 분량을 갑절로 늘인 것도 알리고 싶은 사실이다. 두 논문 다 계명대학 도서관 동일문고에 보관되어 있다. 찾아내 비교고찰을 하는 호사가가 있기를 기대한다.

판소리의 발생을 밝히려는 논문은 광대의 행적에 관한 문헌기록을 찾다가 자료 열거에 그쳤다고 마음속으로 나무랐다. 탈춤 발생은 문헌이 아닌 민속에서 찾아야 한다고 하고, 농악대가 풍년이 되도록 하는 굿, 풍농굿이라고 할 수 있는 것이 그 기원이라고 했다. 이것은 고대 그리스연극에서 잘 밝혀진 세계 공통의 사실이다. 차이점은 탈춤이 희극으로 성장한 데 있다. 이에 관한 논의를 〈가면극의 희극적 갈등〉이라는 석사논문에서 본격적으로 전개했다. 탈춤 연구를 그 뒤에 다각도로 더 하고 《탈춤의 원리, 신명풀이》에서 집성했다.

《탈춤의 역사와 원리》(1975) 머리말에서 말했다.

탈춤은 역사를 잃어버렸기에 찾아내야 한다. 과거의 추론을 따르지 말고 뒤집어 보면서 새로운 발견을 해야 한다. 발견해야 할 것은 탈춤은 민중과 함께 성장하고 민중의식을 특히 잘 나타냈다는 사실이다. 누구나 쉽게 해온 말을 작품 내외의 증거를 들어 입증하는 데 힘을 기울인다. 그래야 탈춤이 소중하다고 하는 주장의 가장 중요한 근거를 제시할 수 있다.

탈춤의 민중의식은 갈등구조를 갖추어 구현되어 있다. 특성 있는 갈등구조를 극 내부에서 갖추는 데 그치지 않고 극과 관중과의 관계에도 주목할 만한 원리가 있다. 그런 점을 제대로 밝혀내야 탈춤이 오늘날 다시 살아나야 할 이유를 납득할 수 있게 해명하고, 바람직한 계승 방향을 말할 수 있다.

《카타르시스·라사·신명풀이》(1997) 서장에서 말했다.

1970년대 이후 20여 년 동안, 대학에서 탈춤에 대한 관심이 크게 일어났다. 학생들이 탈춤을 배워 공연하고, 탈춤을 새롭게 만든 마당극을 공연하는 데 대단한 열의를 가져, 대학가를 뒤흔들어 놓았다. 그것은 탈춤의 재생을 위해 크게 다행스러운 일일 뿐만 아니라, 잊히고 짓밟힌 민중예술을 되찾아 계승해서 문화제국주의를 극복하고자 하는 제3세계문화운동의 모범사례로서 높이 평가할 만하다. 그러나 운동이 거센 만큼 이룬 성과도 대단한 것은 아니었다. 탈춤에 대한 애착을 행동으로 나타내면서 군사 통치에 대해 정치적인 불만을 터뜨리는 데 그쳤으며, 문화창조의 방향을 바꾸어놓지는 못했다.

탈춤에 열을 올린 그 많은 대학생 가운데 탈춤의 원리와 그 계승 방향에 대해서 깊이 있는 연구를 계속한 사람은 없다. 그 때문에 탈춤의 원리에 대한 연구가 계속되지 못하고, 탈춤을 오늘날의 연극으로 계승하는 방향이 올바르게 설정될 수 없다. 마당극 운동이 제대로 될 수 없었던 이유도 거기 있다. 마당극은 정치적인 억압에 대해서 항거하는 민중운동으로서는 커다란 의의가 있지만, 예술운동으로서 평가할 만한 성과는 이룩하지 못했다. 예술로 형상화하지 않은 직설법을 남용해서 탈춤에 대한 오해나 불신을 자아내게 하는 역기능을 수행하기까지 했다.

탈춤이나 판소리를 제대로 이어받기 위해서 노력한 경우에도, 현장의 작업은 몸으로 때우면 된다고 믿고 예술적인 원리를 탐구하는 이론 정립은 경시해서 차질을 빚어냈다. 그래서 기존의 학계와 연극계는 타격을 받지 않았다. 마당극운동을 해서 군사통치를 무너뜨리는 데는 상당한 기여를 했지만, 문화를 혁신하고, 사고를 개조하는 성과를 거두지는 못했다.

지금은 대학가를 뒤흔들던 마당극의 열기가 퇴조되면서, 탈춤을 소중하게 여겨야 할 이유가 달라지고 있다. 우리 사회 안에서 군사통치냐 민주화냐 하고 싸우던 시기의 과업은 거의 끝나고, 국제화라는 이름의 개방의 시대를 맞이해서 밖으로부터 도전이 거세져 새로운 긴장을 조성하고 있다. 영화전쟁이 洋擾처럼 닥쳐와도` 굴복하지 않으려면 영화를 살려 세계로 진출할 수 있는 길이 무엇인가 진지하게 물어야 한다.

우리 영화를 살리는 지혜를 탈춤에서 찾아야 한다. 그런데 탈춤마저 위협받고 있다. 포스트모더니즘이라는 것이 유령처럼 다가와 학문하는 사고를 혼란하게 하는 책동을 갖가지로 자행하더니, 마침내 탈춤을 무력화하려고 하는 데까지 이르렀다. 그래서 위기를 절감하고, 떨쳐나서지 않을 수 없다.

지금의 위기에 대처해서 탈춤을 옹호하고 민족문화를 재평가하는 작업은 누가 하든 반드시 해야 한다. 그러나 그렇게 하는 방향과 방법이 문제이다. 싸움에 이기는 최상의 길은, 화해를 부정하고 싸움을 일으킨 상대방의 도발이 원천적으로 부당하다는 것을 입증하는 것이다. 이런 작업을 하는 이론을 세계적인 범위에서 정립해서 세계사의 방향을 다시 설정해야 침략주의의 논거를 무력화하고, 인류 공동의 이상을 재확인할 수 있다. 탈춤을 떠나 다른 영역의 연구를 하는 동안에 그렇게 할 수 있는 철학인 생극론을 마련하는 데 이르렀으므로, 이제 탈춤을 둘러싼 논란에 관해서도 그전보다 훨씬 확대된 시야에서 더욱 진전된 작업을 할 수 있다.

남들의 철학을 함부로 가져와서 겁을 주면서 자기 생각을 하지 못하게 하는 횡포와 맞서기 위해서 나는 내 철학을 가져야 하고, 철학의 복권을 이룩해야 한다. 위에서 승패를 뒤집어놓는 대신에 승패가 있을 수 없다는 데 이르는 싸움의 방식에 관해서 말하고, 변증법을 받아들여 넘어서는 길이 거기 있다고 했는데, 그것이 바로 생극론의 핵심 내용이다.

싸움거리가 있으면 어떻게 싸워야 하고, 싸움의 결과 무엇을 얻어야 하는가 생각하지 않을 수 없어 누구든지 철학을 한다. 변증법은 싸움의 본질과 해결방식에 대해서 지금까지 나온 어떤 철학보다 더욱 설득력 있는 대답을 마련해서 커다란 영향력을 행사해왔다. 그런데 나는 변증법은 맞으면서 또한 틀렸다고 하면서, 변증법의 발전형태이면서 또한 변증법에 대한 대안인 생극론을 내놓는다.

변증법은 싸움이 싸움이라고 하는 점에서는 전적으로 맞고, 싸움이 화합이고 화합이 싸움인 줄 모르는 점에서는 전적으로 틀렸다. 싸움과 화합은 둘이 아니고 하나이고, 하나가 아니고 둘이다. 생성과 극복 또한 둘이 아니고 하나이며, 하나가 아니고 둘이다. 바로 그 점을 풀어 밝히는 철학을 마련해서 연극의 문제를 다루고자 하며, 연극의 문제를 다루어 그 철학을 더욱 발전시키고자 한다.

5

《국문학의 자각 확대》(2022)에서 말했다.

'카타르시스'·'라사'·'신명풀이'가 연극의 세 가지 원리라고 나는 말해왔다. 이 셋을 비교해 고찰하는 작업을 《카타르시스·라사·신명풀이》(1997)

라는 책에서 하고, 그 전문을 재수록 한 《탈춤의 원리 신명풀이》(2006)
에서 더 많은 논의를 했다. 여기서 기존의 성과를 간추리면서 새로운 견
해를 보탠다. 생극론 탐구가 더욱 진전되고, 대등론과 창조주권론이 추가
되면서 연극에 관한 논의에서도 새로운 지평이 열린다.

한국 연극의 주류를 이루는 탈춤은 '카타르시스' 연극과 아주 거리가
멀다. '카타르시스' 연극을 연극의 전범이라고 여기고, 탈춤은 정상에서
벗어났다고 나무라는 것은 잘못이다. '라사' 연극과 비교를 한다면 수준
미달이라고 할 수 있으나, 이것 또한 빗나간 견해이다. 탈춤은 '카타르시
스' 연극이나 '라사' 연극과 다른 또 하나의 연극이다.

'카타르시스'나 '라사'와 구별되는 탈춤의 원리는 무엇이라고 해야 하는
가? 나는 이 문제를 처음 제기하고, 탈춤의 원리는 '신명풀이'라고 하는
해답을 말했다. 이것은 어떤 이론의 도움을 받지 않고, 탈춤에서 직접 발
견한 사실이다. 탈춤 공연은 '신명풀이'이고, 탈춤은 '신명풀이'를 원리로
하는 연극이라고 하는 증거를 탈춤이 제공한다.

'신명풀이'에는 혼자서 하는 것도 있고, 여럿이 함께 하는 것도 있다.
여럿이 함께 '신명풀이'를 하는 것을 대동놀이 또는 대방놀이라고 한다.
대동놀이는 일반적으로 하는 말이고, 대방놀이는 탈춤 대사에서 흔히 볼
수 있는 말이다. 대방놀이라는 용어를 사용하면서 논의를 진행한다.

탈춤은 대방놀이다. 대방놀이의 전형적인 모습을 보여준다. 먼저 하는
앞놀이와 나중에 하는 뒷놀이에서는, 구경꾼과 공연자가 구별 없이 같은
자격으로 신명풀이를 하면서 어울려 논다. 중간에 하는 탈놀이에서는 공
연자와 구경꾼이 구별되기도 하고, 공연자가 구경꾼이며 구경꾼이 공연자
이기도 하다.

'카타르시스' 연극은 상극, '라사' 연극은 상생에 치우쳐 있다. '신명풀
이' 연극은 상극이 상생이고 상생이 상극이라고 하는 생극의 연극이다.
상극·상생·생극을 각기 구현하고 있어, '카타르시스'·'라사'·'신명풀이'가

연극의 세 가지 기본 원리를 이룬다.

탈춤이 어떤 연극인지 간략하게 말해보자. 모든 사람이 누구나 대등한 자격으로 참여하는 대동놀이를 진행하면서, 등장인물들이 탈을 쓰고 등장해 다투는 탈놀이를 이따금 한다. 극중장소를 따로 설정하지 않고 공연장소가 극중장소여서, 연극이 현실과 직결되어 있다. 탈놀이가 진행되는 동안에는 관중이 된 대동놀이 참여자들이 탈놀이에 직접 개입한다. 대등창작의 원리가 이런 방식으로 구현된다.

대등창작은 누구나 자기의 신명을 풀고 창조주권을 발현하도록 해서 즐겁다고 하고 말 것은 아니다. 차등을 제거하고 대등을 실현하기 위한 투쟁인 것을 또한 높이 평가해야 한다. 노장-목중 과장에서 관념의 차등을, 양반-말뚝이 과장에서 신분의 차등을, 영감-할미 과장에서 남녀의 차등을 공격해 뒤집어엎는 것이 대등창작의 원리를 알뜰하게 실현하면서 이루어졌다.

지금은 이런 대등창작을 밀어내고 차등창작이 득세했다. 극작·연출·공연·관람이 담당자나 작업 순서에서 엄격하게 구분되고, 앞의 것이 뒤의 것 위에서 군림하는 차등창작이 세계를 휩쓸어 예술사의 위기가 조성되었다. 기이한 재주를 자랑하는 전문가가 횡포를 자행하고, 최하위의 관람자 신세로 전락한 대다수의 사람들은 창조주권이 유린된다. 극작·연출·공연·관람이 하나인 대등창작의 원리를 재현하는 투쟁을 일제히 일으켜야 한다.

마당놀이니 마당극이니 하는 것들이 탈춤을 이어받는다고 하는데 많이 모자란다. 소재주의나 국수주의에 사로잡혀 있으면서 과도한 자부심을 가진다. 대등창작의 원리를 실현하는 것이 어떤 의의를 가지는지 알지 못하고, 차등창작의 관습에 편승해 시류를 따르는 주장을 전달하려고 한다. 나라 안의 어떤 문제를 해결하려고 하는 근시안적인 관심을 넘어서서 세계예술사를 바로잡기 위해 나서야 한다.

6 대등역사철학

6-1 대등의 사례

1

대등의 사례를 찾아 고찰해야 역사 이해를 잘할 수 있다. 이 일을 어떻게 할 것인가? 자문자답에서 좋은 결과를 얻고 실행해야 한다.

먼저 주목할 만한 공통점이 있으며 차이점이 서로 호응해 대등 관계를 가지는 짝을 발견한다. 다음에 상호조명으로 양쪽의 특성을 확인하고, 그 총체가 어떤 의의를 가지는가도 파악한다. 대등 관계를 가지는 양쪽의 범위가 크고 거리가 먼 것만큼 연구 성과가 확대된다.

이런 본보기를 동남아시아와 동아시아로 한다. 동남아시아와 동아시아는 거시에서 미시까지 여러 층위의 비교에서 상호조명을 할 수 있다. 둘의 상극과 상생, 차등과 대등, 역사의 선후 역전을 다각도로 확인할 수 있다. 이 작업은 둘에 대한 이해를 각기 심화하고, 문명사에서 인류사로 나아가는 길을 열어주는 양면의 기여를 한다.

동남아시아와 견주어 동아시아를 더 잘 알고자 작업을, 속에 들어 있어 미지수가 적다고 여기는 동아시아에서 시작한다. 먼저 위치를 비교해보자. 동아시아는 아시아 북동쪽, 태평양 서쪽 연안에 있다. 외부와의 왕래가 그리 많지 않은 곳에, 닫혀 있는 것이 특징이다. 동남아시아는 아시아의 남서쪽, 태평양과 인도양 사이에 있다. 동서의 왕래와 교역이 빈번하게 이루어져온 곳에, 열려 있는 것이 특징이다.

기후와 산물은 어떤가? 동아시아는 열대에서 한대까지의 기후, 사막과 평야, 내륙과 해안의 자연이 많이 다르고, 산업에서 차이가 크다. 사람 살기에 적합하고 문명 발전에 유리한 곳과 그렇지 않은 곳이 확연하게 구분된다. 흉풍의 차등이 심하다. 동남아시아는 열대의 자연이 보존되어 있으며, 자원이 풍요롭고 농사가 잘된다. 쌀을 많이 생산하고 해산물이 풍부해, 식생활이 넉넉하다. 젓갈 간장으로 간을 맞춘 쌀국수를 즐겨 먹는다. 사람 살기에 적합한 곳이고, 문명 발전에 유리한 조건을 갖추었다. 풍요를 대등하게 누릴 수 있다.

국가끼리의 관계를 보자. 동아시아는 대륙을 차지하고 있는 중국, 그 주위의 한국과 월남, 바다 건너 일본이 상당한 차등을 보여준다. 그 때문에 분란이 격심하다. 세계대전이 일어날 위험을 안고 있다. 동남아시아는 대륙과 연결된 육지부와 여기저기 흩어진 도서부가 대등한 비중을 가지고 다양성을 보여준다. 위험이 있다면 동아시아에서 내려오는 것이다. 동남아시아 자체에는 큰 시빗거리가 없어 평화롭다.

침공과 이주를 보자. 동아시아 각국이 동남아시아를 침공하고 지배하려고 했다. 중국의 남진이 계속되었고, 화교가 대거 내려와서 큰 세력을 형성하고 있다. 몽골이 거대한 힘으로 쳐들어온 적 있다. 일본은 동남아시아 여러 나라를 점령하고 통치했다. 동남아시아가 동아시아를 침공하고 지배하려고 한 적은 없다. 오늘날에는 동남아시아 여성들이 결혼을 위해 동아시아로 오기나 한다. 동아시아는 공세, 동남아시아는 수세를 지닌다.

오늘날의 형편은 어떤가? 동아시아는 나라의 크기나 이념이 너무 달라 대등한 화합을 하기 어렵다. 동아시아연합은 실현 가능성이 의심스러운 이상이다. 분열이 가속되고 있는 것이 지금의 형편이다. 동남아시아는 크고 작은 나라 사이의 간격이 그리 심각하지 않아, 패권주의를 경계하지 않고 서로 협력할 수 있다. '아세안'이라고 약칭되는 동남아시아국가연합(ASEAN, Association of Southeast Asian Nations)을 이루어 10개국이 동반자 관계를 가진다. 이념의 차이를 넘어서서 화합하는 모범을 보이고 있다.

총괄해서 말하면, 동아시아는 강하고, 동남아시아는 약하다. 강한 것이 자랑스럽고, 약한 것은 부끄럽다고 할 것인가? 강한 것은 차등이나 분란에서 이루어졌으므로 부끄럽게 여기고, 약한 것은 대등이나 평화를 지키려다가 겪은 희생이므로 자랑스럽다고 해야 한다. 동아시아는 분쟁이 가장 심한 지역이어서 세계대전이 일어날 위험이 있으므로, 동남아시아 연합기구 아세안이 커다란 영향력을 행사하고 좋은 모범을 보이는 것이 마땅하다.

강한 힘으로 공세를 가하는 쪽은 선진이고, 약해서 수세에 있는 쪽은 후진인가? 제국주의 침략의 시대인 근대가 종말에 이르고, 다음 시대가 시작되어야 하므로 선후가 역전된다. 강한 힘으로 공세를 가하는 쪽은 제국주의와 운명을 같이하고, 약해서 수세에 있는 쪽이, 차등의 시대는 가고 대등의 시대가 온다고 하면서 앞으로 나서는 것이 당연하다.

2

동아시아는 한문을 공동문어로 하고, 유교와 대승불교를 보편종교로 하는 단일문명이다. 라틴어를 공동문어로 하고 기독교를 보편종교로 하는 서부유럽과, 단일문명이라는 점에서 대등하다. 동남아시아는 이와 상당히 다르다. 무엇이 어떻게 다른지 고찰하고자 한다.

동아시아는 문명권의 중심부·중간부·주변부가 차례대로 배열되어 있다. 중국은 중심부, 한국은 중간부, 일본은 주변부이다. 동남아시아는 이렇지 않다. 문명권의 중심부가 권역 밖의 인도인 것이 아주 특이하다. 동남아시아의 육지부는 중간부이고, 도서부는 주변부라고 할 수 있다.

중심부가 권역 안에 있어야 문명권일 수 있다고 한다면, 동남아시아는 문명권이 아니고 지역이라고 해야 한다. 문명권이 아닌 지역의 좋은 본보기는 오세아니아이다. 동남아시아를 오세아니아와 대등한 성격의 지역이라고 하기는 어렵다. 역사적 유래를 공유하는 내적 동질성이 많아, 동남아시아는 지역이면서 문명권이기도 한 이중의 성격을 지니고 있다. 문명권에 동아시아와 같은 정형도 있고, 동남아시아와 같은 변형도 있다고 하는 것이 적절하다. 동아시아와 동남아시아의 비교는 문명의 정형과 변형의 비교여서 소중한 의의가 있다.

동아시아는 공동문어가 한문 하나이다. 이것이 정형문명의 특징이다. 동남아시아는 공동문어가 단일하지 않고, 산스크리트였다가 팔리어로 바뀌고, 아랍어가 다시 등장했다. 이것은 변형문명의 특징이다. 공동문어의 교체는 보편종교의 교체, 주도 민족의 교체와 맞물려 일어났다. 이에 따라서 시대구분을 명확하게 할 수 있다.

시대	공동문어	보편종교	주도민족
중세전기	산스크리트	대승불교	크메르
중세후기	팔리어	상좌불교	미얀마, 타이
중세에서 근대로의 이행기	아랍어	이슬람	말레이

이 표에 나타난 사실을 동아시아와 비교해보자. 중세전기가 대승불교의 시대인 것은 동아시아와 같다. 그 시기에는 동남아시아의 산스크리트와 동아시아의 한문이 공동문어로서 대등한 기능을 했다. 공동문어로 표기된 보편종교의 경전, 그 사상을 표현하는 문학이 문명권 전체가 하나이게 하는 중세 보편주의를 분명하게 했다.

중세전기가 중세후기로 바뀐 것은 동아시아와 동남아시아 양쪽에서 일어난 공통된 변화이다. 더 나아가서 다른 여러 문명권에서도 일제히 나타난 세계사의 전환이다. 이렇게 말하는 것이 타당한지 검증하려면, 동아시아와 동남아시아의 중세후기를 비교고찰해 중세후기의 보편적 특성을 밝혀내야 한다.

동남아시아 중세전기와 중세후기의 차이점은 위의 표에 명백하게 나타나 있다. 동아시아에서는 중세후기에 이르러 무엇이 달라졌는지 불분명하다. 명백한 쪽과의 비교를 통해 불분명한 것을 밝히는 것이 적절한 방법이다. 비교 고찰을 해야 할 항목을 든다. 지루하게 생각되어도 필요한 논의를 다 갖춘다.

[가] 동남아시아에서 공동문어가 산스크리트에서 팔리어로 바뀐 것에 상응하는 어떤 변화가 동아시아에서 일어났는가? [나] 동남아시아에서 보편종교가 대승불교에서 상좌불교로 바뀐 것에 상응하는 어떤 변화가 동아시아에서 일어났는가? [다] 동남아시아에서 주도 민족이 크메르에서 미얀마나 타이로 바뀐 것에 상응하는 어떤 변화가 동아시아에서 일어났는가?

이런 의문에 대해 납득할 만한 대답을 하면, 동아시아사와 동남아시아의 공통된 시대 구분이 가능하다. 그 결과는 세계사의 새로운 이해에 크게 기여한다. 납득할 만한 대답을 여기서 간단하게 할 수는 없다. 논의 방향을 예상하고, 힘써 다루어야 할 과제를 찾는 것은 가능하다.

동아시아에서 일어난 중세후기의 변화를 대강 말해보자. [가] 공동문어는 교체되지 않았으나, 민족문학이 일어나 공동문어의 위세가 줄어들었다. [나] 대승불교를 밀어내고 신유학이 새로운 시대의 이념으로 등장했다. [다] 문명권 중간부인 한국이 문명 혁신을 선도했다. 이 가운데 [나]에 특히 중요한 문제가 있다. 상좌불교와 신유학은 어떤 공통점이 있어 중세후기를 이룩하는 과업을 함께 수행했는가?

동남아시아와 동아시아의 중세에서 근대로의 이행기는 공통점을 찾기 어렵고 차이점만 큰 것 같지만, 자세하게 살펴보면 그렇지 않다. 아랍어를 공동문어로 한 이슬람이 멀리서 밀어닥친 것과 상응하는 변화가 동아시아에서는 나타나지 않았다고 말하고 말 것은 아니다. 안에서 요망되는 문명 전환을 외부의 충격이 촉진한 것이 서로 다르지 않았다고 보면, 비교 고찰이 필요하고 가능하다.

동아시아와 동남아시아의 역사는 공통된 과정을 거쳐 전개되었으면서,

주목할 만한 차이점도 있다. 동남아시아 역사는 동아시아 역사보다 다양
성과 역동성을 더 많이 갖추었다. 정치력이나 경제력의 차등보다, 다양성
이나 역동성에서 이루어지는 대등이 더욱 소중하다.

   3

   동아시아와 동남아시아는 중세전기에, 다른 어느 문명권의 보편종교보
다 더욱 자랑스럽다고 할 수 있는 대승불교를 공유하고 있었다. 대승불교
는 문명의 중심지 인도에서 선진이라고 자부하면서 출현했다. 재래의 불
교가 출가자를 위한 작은 수레 小乘이라고 나무라고, 중생을 널리 제도하
는 큰 수레 大乘의 불교를 이룩한다고 했다. 인도에서 가져온 대승불교가
동아시아와 동남아시아를 함께 선진이게 했다.

   대승불교는 불교 전용의 언어 팔리(Pali)로 대강의 내용만 적은 재래의
경전과는 다른 새로운 경전을, 힌두교에서 격조 높게 가다듬은 문명어 산
스크리트를 사용해 마련했다. 그 결과 대승불교는 철학과 문학에서도 대
단한 경지에 이르렀다. 나가르주나(Nagarjuna, 龍樹)가 심오한 이치를 논
의한 철학시 〈中道에 관한 시〉(Madhyamakakarika, 中論)가 놀라웠다. 아
스바고사(Asvaghosa, 馬鳴)의 〈붓다차리타〉(Buddhacarita, 佛所行讚)는 불
타의 생애와 성불의 의의를 격조 높은 서사시로 노래한 대단한 작품이다.
이런 것들을 받아들여 동아시아도 동남아시아도 높은 수준의 문명을 자랑
했다.

   대승불교는 신앙의 대상인 시각적 조형물을 엄청나게 만드는 것을 또
한 자랑으로 삼았다. 동아시아와 동남아시아 양쪽에서 장대한 불상을 만
들고, 부처가 자기네 제왕의 모습을 하고 있도록 한 것도 다르지 않았다.
중국 雲崗이나 龍門의 석불을 보면 규모나 수법이 놀랍고, 앙코르 와트
(Angkor Wat)라고 하는 크메르의 사원은 정교하고 화려함이 더욱 압도

적이어서 찬탄을 쏟아놓지 않을 수 없다.

산스크리트 경전을 동아시아에서는 한문 번역으로, 동남아시아에서는 원문 그대로 이해한 것은 달랐다. 동아시아의 대승불교는 불경 한역에서 도가사상을 수용하고, 신앙의 기반을 넓히면서 재래의 신앙과 섞였다. 산스크리트 경전을 번역하지 않고 받아들인 동남아시아의 대승불교는 힌두교와의 관련을 그대로 가져와 정착시켰다. 앙코르 와트의 조형물에서는 힌두교가 불교보다 더욱 돋보인다.

그 화려한 시대가 계속 이어지지 않고, 어느 시점에서 끝났다. 대승불교를 버리는 변화가 양쪽에서 함께 일어나 중세전기에서 중세후기로의 이행이 나란히 진행되었다. 대승불교를 버리고 대안으로 삼은 새로운 이념이 동남아시아에서는 上座(Theravada)불교이고, 동아시아에서는 신유학이었다. 상좌불교는 소승이라는 이유로 대승불교가 배격하던 원래의 불교이다. 스리랑카에 보존된 것을 동남아시아로 가져오는 데 미얀마와 타이가 앞섰다. 신유학은 대승불교 이전의 유학을, 대승불교와 경쟁할 만한 철학을 갖추어 재현한 것이다.

상좌불교와 신유학은 상당한 정도의 공통점을 가지고 중세후기를 이룩하는 사명을 함께 수행했다. 이에 관해 명백한 자료를 들어 실증적 고찰을 하는 것은 가능하지 않다. 거시적인 안목에서 그 내역을 정리해보자. 첫째 공통점은 대승불교가 선진이라고 자부하면서 후진이라고 폄하한 원래의 이념이 후진이 선진이 되는 역전을 거쳐, 대승불교를 후진이라고 나무라고 밀어낸 것이다. 둘째 공통점은 허황된 상상을 멀리하고 현실을 중요시하며, 일상생활에서 나날이 필요로 하는 사고나 행동의 지침을 제공한 것이다. 셋째 공통점은 대제국의 제왕이 부처와 대등하다고 하는 주장을 거부하고, 일반 백성과 가까운 관계를 가진 지배층이 자기네 입지를 유리하게 하고 옹호하는 사고를 알뜰하게 마련한 것이다.

첫째 공통점은 역사의 선후 역전의 일반적인 원리를 함께 보여주는 것이다. 둘째 공통점은 신유학에서 명백하게 나타나는 것을 단서로 삼아 상좌불교를 고찰하면 확인된다. 셋째 공통점은 동남아시아에서 나타난 민족 교체, 동아시아에서는 계급 교체로 나타난 것이 다르지 않다고 하면서 상호조명을 하면 이해가 심화된다. 이 둘 다 만만한 일이 아니므로 항목을 나누어 다시 고찰한다.

중세후기로의 전환은 어느 문명권에서나 일어나, 긴요한 연구 과제이다. 어느 문명권에 국한된 산발적인 고찰을 하는 수준을 넘어서서 안목을 넓혀야 한다. 동아시아와 동남아시아의 중세후기 비교연구를 더욱 진전시켜 세계사 이해의 심화에 크게 기여하는 것이 마땅하다.

4

신유학이나 상좌불교는 현실을 존중하고, 일상생활에서 나날이 필요로 하는 사고나 행동의 지침을 제공한다. 이것을 "일상적 현실이 소중하다"는 것으로 간추려 말할 수 있다. 신유학은 철학으로, 상좌불교는 종교로 거의 같은 말을 했다. 이에 대한 고찰이 중세후기에 대한 이해를 심화한다.

대승불교에 대한 반론을, 신유학은 '理'와 '氣'라는 용어를 사용해 전개했다. 나가르주나(龍樹)가 〈중도에 관한 시〉에서, 〈중론〉이라는 한역을 들어 말하면 "非實非非實 是名諸佛法"(실체도 아니고 실체 아님도 아닌 이것을 여러 부처의 가르침이라고 한다)이라고 한 말은, '기'를 무시하고 '이'를 잘못 파악한 허황한 소리라고 나무랐다. 실체가 있는가 있지 않는가 하는 것이 문제가 아니고, 실체라는 것이 무엇인지 문제이다. 논의의 방향을 이렇게 바꾸고, 신유학의 주역 朱熹는 다음과 같이 말했다.

"天下未有無理之氣 亦未有無氣之理"(천하에 '이'가 없는 '기'가 없으며, 또한 '기'가 없는 '이'도 없다)라고 하고, "理形而上者 氣形而下者"('이'는 형이상이고, '기'는 형이하이다)라고 했다. 이것은 '이'와 '기'는 하나이면서

둘이고 둘이면서 하나라는 말이다. '이'는 所以然이므로 '기'와 하나이고,
所當然이므로 '기'와 둘이다. 현실과 이상, 현상과 당위의 관계를 명확하
게 해서 천지만물에 대한 사실차원의 이해에 힘쓰면 인륜도덕의 근거와
지향점을 분명하게 해서 천인합일의 질서를 이룩하자고 했다.

　상좌불교는 이런 철학을 갖추려고 하지는 않았다. 우파니샤드를 근거로
펼치는 브라만교의 관념적 사고의 거창한 세계를 망상이라고 규정해 배격
하고, 삶의 실상을 직시하는 것이 깨달음이라고 하면서 불교가 시작된 그
원래의 모습을 이어받는 것이 마땅하다고 했다. 일상적 현실이 소중하다
는 것을 직접 말하면서, 비유를 사용하는 문학적 표현이나 갖추어 이해하
기 쉽게 하고자 했다.

　주희는 라마누자(Ramanuja), 가잘리(Ghazali), 아퀴나스(Thomas Aquinas)
가 힌두교·이슬람·기독교를 혁신한 것과 상통하는 작업을 하면서, 중세후
기를 일제히 이룩하는 거대한 공사를 함께 했다. 동남아시아에는 동급의
철학자가 없었다. 상좌불교는 대승불교를 밀어내기만 하고, 대승불교의 철
학을 혁신할 역량은 모자랐다. 팔리어가 불교의 언어이기만 하고 철학을
갖추지 못한 약점을 시정하지 못했다. 새 시대 창조에 활용할 만한 발상
의 전통이 동남아시아 각국에 있었던가 하는 것도 의문이다. 상좌불교의
발상을 교술시로나 나타내려고 했으며, 서정시는 모자랐다.

　〈담마파다〉(Dhammapada, 法句經)는 경전이라고 하는 교술시이다. 일
상적 현실을 소중하게 여기고 올바르게 살아가는 지혜를, 적절한 표현을
갖추어 나타내고 있어 친근하게 여기고 읽고 욀 수 있다. 나가르주나(龍
樹)와 아주 다른 방향으로 나아가고 있어, 반론 구실을 했다고 할 수 있
다. 〈法句經〉이라고 하는 한역본의 한 대목을 든다.

　　우리 삶은 마음에서 만들어지고,
　　우리는 생각하는 대로 나아간다.

나쁜 생각에는 고통이 따르나니,

수레 끄는 소를 바퀴가 따르듯이.

이런 것이 좋은 시이기는 해도 철학은 아니다. 동남아시아는 중세후기
로의 전환을 다른 어느 곳보다 분명하게 했으면서, 새로운 철학을 갖추어
내실을 다지지는 못했다. 동아시아에서는 한문을 공동문어로 한 유학을
계속 이어나가 시대 변화가 뚜렷하지 않은 것 같지만, 자세하게 살피면
철학 혁신을 몇 단계 했다.

'이'와 '기'는 하나이면서 둘이고 둘이면서 하나라고 하는 중세후기 철
학을, '기'는 하나이면서 둘이고 둘이면서 하나라고 하는 다음 시대의 철
학으로 바꾸어놓은 것이 획기적인 진전이다. '기'는 하나가 둘이어서 상극
하고, 둘이 하나여서 상생한다는 생극론이 중세에서 근대로의 이행기 철
학으로서 대단한 의의를 가졌으며, 근대를 넘어서서 다음 시대로 나아가
는 지표이기도 하다. 동남아시아는 이런 전통이 없어 동아시아와의 동행
이 절실히 요망된다. 아시아가 하나이게 하는 방향으로 나아가야 한다.

5

중세후기로의 전환의 지표가 되는 신유학이나 상좌불교는 "일상적 현실
이 소중하다"고 한 공통점이 있다고 했다. 이런 사고를 문학에서 나타내
는 데 가장 적합한 갈래가 교술시이다. "일상적 현실"을 가르치고 서술하
는 교술의 내용으로 삼고, 그것이 "소중하다"고 하는 깨달음을 얻는 감격
은 시로 나타냈다.

중세후기로의 전환은 중세전기 동안에 위세를 떨친 문명권의 중심부가
아닌, 새로운 각성의 주역인 중간부가 앞서서 이룩했다. 중심부가 공동문
어 숭상에 안주하고 있을 때, 중간부는 민족어 글쓰기를 새롭게 갖추어

중심부와 경쟁하고자 했다. 그렇게 하는 데 아주 효과적인 방법이 민족어 교술시를 지어 "일상적 현실이 소중하다"고 하는 것이었다. 주변부는 민족어문학을 소중하게 여기면서도, 민족어 교술시를 지어 중심부와 사상 논쟁을 하려고 하지는 않았다.

한국문학사에 歌辭라고 하는 교술시가 등장한 이유와 그 구실을 밝힌 이런 연구의 타당성을 월남의 경우와 비교해 확인할 수 있다. 월남에는 한문학에서 용어를 가져와 賦(phu)라고 하는 민족어 교술시가 있으며, 갈래의 특징이나 작품의 내용이 한국의 가사와 거의 같다. 월남어를 한자를 이용해 표기하는 어려움 때문에 작자가 식자층으로 한정된 것은 다르다.

동남아시아는 어떤가? 민족어 교술시가 아주 많으며, 민족어문학의 가장 소중한 영역으로 삼았다. 서정시는 들어 논할 만한 것이 없고, 산문은 발달하지 않았다. 이런 특성이 나타난 이유는, 이미 고찰한 〈담마파다〉에서 좋은 본보기를 볼 수 있듯이, 새로운 공동문어 팔리어 경전에 교술시라고 할 것들이 많이 있었던 데서 찾을 수 있다. 그런 것들의 번역에서 민족어 교술시가 쉽게 이루어졌다.

버마는 중세후기로 나아가는 시대 변화를 선도하고 더 나아가려고 하지 않았다. 상좌불교를 받아들이고 팔리어 고전 번역에서 앞선 것을 자랑하면서, 번역을 창작으로 바꾸어놓는 그 다음 단계의 작업에는 관심이 없었다. 이것은 엄청나게 많은 불탑과 불상을 세워 중세전기와 물량으로 경쟁하려고 하다가, 새 시대 창조를 위한 동력을 상실한 결과라고 할 수 있다.

타이는 시대 전환에 버마의 추종자로 참여해 한 발 뒤떨어졌다. 후진인 처지를 선진으로 역전시키려고, 버마가 하지 않는 일을 열심히 하고 큰 의의를 부여했다. 그것이 바로 민족어 교술시 창조이다. 민족어 서사시에서 대단한 업적을 이룩해 타이가 동남아시아 중세후기 문명 건설을 주도

했다.

타이에서는 〈담마파다〉 못지않게 훌륭한 교술시를 지었다고 자랑한다. 〈루앙임금의 격언집〉(Suphasit Phraruang)이라는 것이, 타이 문자를 창제한 람캉행 대왕이 그 문자를 이용해 창작한 최초의 타이문학 작품이라고 한다. 불교교리를 논하거나 정치에 관해서 알리는 말을 산문으로 쓰고, 그 내용을 간추린 격언은 시로 지어 누구나 외기 쉽게 했다. 그 가운데 대인관계에 관한 교훈을 말한 것들이 특히 흥미롭다.

  왕족에게는 화를 내지 말고,
  친구를 이용하지 말라.
  잘못하는 사람에게는 충고를 하고,
  잘하는 사람은 칭찬하라.

이처럼 단순한 말을 서로 연결시켜 시를 만들었으니 실망스러울 수 있다. 그러나 다시 생각하면 모든 일이 자명하지는 않다. 왕족에게 화를 내면 해를 입고, 친구를 이용하는 것은 배신인 줄 알아야 비로소 이해가 되는 말이다.

한국에서 민족어 교술시인 가사를 많이 지으면서 다채로운 논의를 전개해도 문명권 중심부 중국은 전연 영향을 받지 않았다. 민족어문학을 일으키려고 하지 않고, 일상생활에 깊은 관심을 가진 교술시가 필요하다고 여기지도 않았다. 타이와 크메르문학의 관계는 그렇지 않았다. 타이문학에서 일어난 변화를 크메르에서 받아들였다.

신참자 타이가 크메르를 밀어내고 넓은 땅을 차지하자, 크메르는 중세전기에 누리던 영광에 미련을 가지지 않고 시대 변화에 적응했다. 산스크리트를 버리고 팔리어를 공동문어로 받아들이고 대승불교 대신에 상좌불교를 신앙하면서 중세후기 국가로 다시 태어나고자 했다. 민족어 교술시

창작에 동참한 것도 이런 변신이었다.

타이에서 민족어 교술시의 명작을 위대한 제왕이 창작했다고 하는 데 맞서서, 크메르에서는 한층 뛰어난 작품을 더욱 대단한 제왕이 창작했다고 하지 않았다. 타이와는 다른 길로 가는 것이 적절하고 타이에 대한 반론이 될 수 있었다. 타이는 위로 갔으나 크메르는 아래로 가서, 누군지 모를 일반 민중이 지은 교술시를 소중하게 여긴다.

〈세 가지 행실〉(Crap trineti)이라는 것을 보자. 이세상에서 망하는, 건강을 상하게 하는, 저세상에 가서 망하는 방법이 각기 셋씩 있다고 했다. 첫째 것을 든다.

> 이 세상에서 망하는 방법은 셋이다.
> 추잡하고 험악한 말 함부로 한다.
> 억지 수작을 하면서 잘난 체한다.
> 노인을 보고서도 공경하지 않는다.

누구나 예사로 할 수 있는 말을 해서 마음을 비우도록 한다. 타이의 제왕보다 크메르의 백성이 더욱 슬기로운 것을 알려준다. 대제국 크메르가 타이 때문에 쭈그러든 것이 패배만이 아니다. 승세를 타고 거만하게 된 타이를 무색하게 하는 낮은 목소리를 들려주면서, 후진이 새로운 선진일 수 있다고 했다.

6

중세후기로 넘어올 때 동남아시아에서는 주도권을 행사하는 민족이 달라지고, 동아시아에서는 역사 창조를 선도하는 계급이 교체되었다. 신흥하는 민족이나 계급이 기득권 세력을 물리치려고 새로운 역사를 창조하려고 사상을 혁신한 것이 크게 보면 거의 같다. 그러면서   민족 교체와 계급 교체는 상당한 차이가 있다.

중세전기에 동남아시아 육지부의 대부분을 크메르(Khmer) 제국이 지배하고, 그 서북쪽에 몬(Mon)족의 나라 드바라바티(Dvaravati)가, 그 동쪽에는 참파(Champa) 왕국이 있었다. 그 모두가 산스크리트를 공동문어로 하고, 힌두교와 구별되지 않은 대승불교를 보편종교로 한 단일 문명권을 이루고 있었다. 그 중심에 자리를 잡은 크메르가 수준 높은 산스크리트로 국가의 위업을 자랑하는 비를 도처에 세운 것이 앙코르 와트의 사원과 함께 가장 자랑스러운 유물이다.

그러다가 11세기 이후에 새로운 사태가 벌어졌다. 북쪽에서 내려온 버마인이 몬족을 밀어내고 파간(Pagan) 왕조를 창건했다. 버마는 오늘날 미얀마라고 하는 나라의 지배민족이고, 과거에는 나라 이름이었다. 그 뒤를 이어 타이인도 남쪽으로 내려와 수코타이(Sukhotai)를 도읍으로 하는 거대한 나라를 세우고, 크메르를 축소시켰다. 남진하는 월남은 더욱 강성해진 힘으로 오랫동안 경쟁 관계에 있던 참파(Champa)를 멸망시켰다. 북쪽에서 남쪽으로 온 세력이 기존의 질서를 크게 파괴한 것은 동아시아의 팽창이거나 그 여파였다.

구분해서 말한다면, 월남의 남진은 동아시아의 팽창이고, 버마인이나 타이인의 남진은 동아시아 팽창의 여파이다. 월남인은 한문을 공동문어로 하고 대승불교와 유교를 보편종교로 한 동아시아문명을 남쪽으로까지 이식했다. 버마인과 타이인은 변변한 것을 가져오지 못해 새 시대의 지표를 현지에서 스스로 마련해야 했다.

산스크리트를 공동문어로 하고, 힌두교와 구별되지 않는 대승불교를 보편종교로 하는 기존의 문명을 밀어내고 제시할 대안을 팔리어를 공동문어로 하는 상좌불교에서 찾았다. 이것은 적절한 선택이며, 중세후기의 시대정신을 분명하게 하는 의의가 있었다. 버마와 타이는 후진이 선진이 되어 크게 팽창하면서, 기존의 세력을 세차게 밀어냈다.

타이의 공격을 받고 크게 위축된 크메르는, 타이가 새로운 선진임을 인정하고 타이를 본떠서 대승불교와 산스크리트를 버리고 상좌불교와 팔리어를 받아들였다. 사상의 우열 역전을 인정하고, 중세후기로의 전환에 동참해 뒤떨어지지 않으려고 한 노력이다.

그러나 변화가 그 정도에서 그쳤다. 상좌불교는 철학이 모자라고 다시 혁신하는 움직임이 일어나지 않아, 중세에서 근대로의 이행기로 나아가기는 어려웠다. 이런 약점을 민족 교체로 해결할 수는 없었다. 계급 교체가 필요한데, 가능하지 않았다.

동남아시아에서는 민족을 교체하는 싸움이 격화되어, 계급 교체를 하기는 어려운 조건을 만들었다. 버마인은 몽골인의 침공으로 나라를 잃었다가 가까스로 다시 마련했다. 타이인의 도전에 반격하는 전쟁에서 승리해, 타이인이 나라를 잃게 했다. 타이의 고도는 아직도 폐허로 남아 있다. 승리한 버마는 영국의 식민지가 되고, 패배한 타이는 새로운 세력이 나라를 다시 일으켜 신흥하는 기운을 지녔다. 제국주의 침략을 견디면서도 주권을 지켰다.

버마는 침략자를 몰아내는 해방투쟁의 주역이던 군부가 아직도 큰 힘을 가지고 있다. 나라를 좌우하면서 반론을 억누른다. 선진이 후진이 되어 미래를 어둡게 한다. 타이는 주권을 지킨 국왕의 계승자들이 국민의 존경을 받으면서 차등의 질서를 굳건하게 하고 있다. 이것도 선진이 후진이 되고, 행운이 불운이 된 본보기이다. 누가 억압에서 벗어나 민주화를 이룩하는 데 앞장서는가 하는 것이 이제부터의 경쟁이다. 경쟁의 주역은 군부나 국왕에 항거하는 민중이다.

동아시아도 중국에서는 민족 교체가 일어나 遼, 金, 元, 淸 등의 나라가 등장했으나, 문명의 동질성이 유지되고 내부의 혁신이 가능했다. 권력을 독점한 대지주의 횡포를 제어하는 중소지주 지식인이 등장해 새로운 철학을 제시하는 방향으로 나아갔다. 사대부라고 일컬어진 이런 지식인이 신유학을 이룩한 것이 계급 교체로 새 시대를 창조한 좋은 본보기가 된다. 동남아시아는 물론 아랍 세계나 유럽에서도 동아시아의 사대부에 견줄 만한 새 시대 이념 창조자가 뚜렷한 모습을 갖추고 등장하지 않았다.

동아시아에서는 여건이 좋아서 할 일을 한 것은 아니다. 北宋은 遼와 金에 밀려 어려움을 겪으면서, 필요한 전환을 상당한 정도로 진행했다. 북송의 뒤를 힘겹게 이은 南宋은 원元의 침공으로 멸망해 참담하게 되었으나, 문명은 파괴되지 않고 지속되었다. 北·南宋의 신유학을 원나라에서 가져온 한국이, 고려후기에서 조선전기까지 미진한 작업을 맡아 본격적으로 진행하면서 사대부의 신유학이 중세후기를 창조하는 이념임을 분명하게 했다.

7

역사가 있으니 역사를 기록하는 역사서가 있다. 이렇게 단순하게 생각하지 말아야 한다. 역사가 무엇이며 어떻게 기록하는가 하는 것이 심각한 사안이고, 이에 관한 견해가 문명권에 따라 달랐던 사실을 주목해야 한다.

역사서는 문명의 특성을 말해주는 징표이다. 역사서가 서로 달랐던 사실을 출발점으로 삼고, 문명 비교론을 심화할 수 있다. 동남아시아의 역사서는 어땠는지 밝히면, 외면에서 내면으로 들어가는 통로를 발견할 수 있다.

산스크리트·힌두교문명권에는 통상적인 의미의 역사서가 없었다. 엄청나게 긴 劫(겁, kalpa)을 인식의 단위로 삼고, 우주의 역사를 생각했다. 우주의 원리와 내 마음속의 진정한 자아가 둘이 아니라고 하고, 그 사이에 문명이나 국가의 역사가 끼어들어 혼란을 일으키지 않기를 바랐다. 무한한 신화의식이 유한한 역사의식을 무의미하게 했다.

한문·유교문명권에서는 이른 시기의 신화의식을, 역사의식이 성장하면서 청산했다. 허황한 상상은 버리고, 있는 그대로의 사실을 기록하는 역사서를 아주 소중하게 여겼다. 가치관에 관한 논란을 역사의 교훈이라는 관점에서 진행해야 타당성을 가진다고 했다. 이런 역사서를 수준 높게 갖춘 나라라야 문명을 공유한다고 인정했다.

동남아시아는 산스크리트·힌두교문명을 받아들인 중세전기 동안에, 무한한 신화의식에만 관심을 가지고 유한한 역사는 돌보지 않았다. 각자 자기 나름대로의 역사서를 이룩하려고 노력하지 않은 것이 당연했다. 보편적인 것만 소중하다고 여기고 특수성에는 관심을 가지지 않아야, 수준 높은 문명국이라고 여겼다.

월남은 한문·유교문명권의 일원이어서 그쪽과 다른 방향으로 나아갔다. 《大越史記》에서 자국의 역사를 서술했으며, 가치관에 관한 논란을 사실에 근거를 두고 전개하고, 역사의 교훈을 찾아 미래를 설계하는 것이 마땅하다고 했다. 동남아시아 다른 곳들의 신화의식과 월남의 역사의식은 서로 무관하게 지나지 않고, 직접 만나 충돌했다. 한문·유교문명권의 월남이 산스크리트·힌두교문명권의 참파와 싸워 이겼다.

월남과 참파의 싸움에서 동아시아의 역사의식이 동남아시아의 신화의식보다 더 큰 힘을 가지고 승패 결정에 관여했다고 볼 수 있다. 선진과 후진이 분명하게 구분되어, 동남아시아 전역이 위기에 빠졌다고 할 수 있다. 그러다가 동남아시아 다른 곳들은 팔리어·상좌불교를 받아들여 중세후기로 들어서자, 새로운 사태가 전개되었다.

팔리어·상좌불교문명을 이어온 스리랑카는 '밤사'(vamsa)라는 것을 거듭 이룩했다. '계보'라는 의미를 지닌 '밤사'는 통상적인 의미의 역사서를 넘어선 역사서이다. 산문이 아닌 율문으로, 우주·문명·국가의 내력을 이어서 다루었다. 신화의식과 역사의식을 합쳐, 종교사이면서 정치사이다. 이런 것을 동남아시아 각국에서 받아들여 자국의 역사를 첨부하다가 스스로 힘써 서술하는 데까지 이르러, 월남과의 선후가 역전되었다.

이러한 사실은 두 가지 의문을 가지게 한다. 산스크리트·힌두교문명권에는 없는 역사서를 왜 팔리어·상좌불교문명권에서는 갖추었는가? 이것이 첫째 의문이다. 동남아시아의 '밤사'가 월남의 한문·유교문명권 역사서보다 무엇이 나아, 선후의 역전이라고 하는가? 이것이 둘째 의문이다.

첫째 의문을 풀어보자. 힌두교나, 힌두교와 연합한 대승불교는 위를 치어다보면서 영원한 것을 추구하지만, 상좌불교는 삶의 실상에 관심을 가졌다. 스리랑카는 상좌불교를 이어오는 나라라는 자부심을, 역사서를 불경처럼 써서 나타내고 싶었다. 이 둘이 하나가 되어 '밤사'를 산출했다.

둘째 의문도 풀어보자. 한문·유교문명권 역사서는 정치사이기만 하고 불교사는 전연 취급하지 않아 편협하고, 사실 기술에서도 결격 사유가 있다. 우주사와 분리된 문명사를 국가사의 관점에서 이해하고, 신화의식과 역사의식이 별개라고 한 것도 문제이다. 오늘날의 역사학 특히 실증사학에서 더욱 심해지는 이런 결함을 시정할 수 있는 대안을 갖추고 있어, '밤사'는 더욱 선진이다.

동남아시아의 각국 '밤사'의 한 본보기로서 타이의 《참다데비밤사》(*Camdadevivamsa*)를 들어보자. 서두에서 석가가 타이까지 와서 불법을 전했다고 하면서 불교사를 총괄하고 타이의 불교사를 서술한 내용이다. 실증사학에서 보면 말도 되지 않지만, 신화의식과 역사의식이 하나이게 해서 역사의 총체를 이해하는 길을 열었다고 하면 평가가 달라진다. 그런 '밤사'를 팔리어로 서술하다가, 일상적인 관심사를 대폭 받아들일 때에는 자국어를 사용했다.

아랍어·이슬람문명권은 문명사를 총체적으로 이룩하고 세계사로 나아가 역사학에서 가장 앞섰으나, 그 작업에 아주 변방인 동남아시아는 동참하지 못했다. 그 대신 역사이기도 하고 이야기이기도 한 '히카야트'(hikayat)라는 것을 쉽게 가져와 다채롭게 활용하면서, 구두어로 개작하고 창작했다. 《말레이 역사》(*Sejarah Melayu*)라는 것은 말레이어로 쓴 이야기 역사여서, 흥미를 제공하고 상상력을 개발한다.

6-2 불운과 행운

1

대등의 사례는 사실 지체이기만 하지 않고 평가를 수반한다. 불운이라고도 하고 행운이라고도 한다. 이런 평가는 상대적이고 가변적이다. 관점을 바꾸면, 불운이 행운이기도 하고 행운이 불운이기도 하다. 시대가 달라지면, 불운이 행운으로, 행운은 불운으로 바뀌기도 한다. 이에 대한 고찰을 해서, 사실의 역사를 넘어서서 의식의 역사나 가치의 역사를 해명해애 한다.

임진왜란이 이런 작업을 필요로 하는 문제를 많이 제기한다. 그 가운데 하나를 들어 논의를 구체화하기로 한다. 일본군이 스스로 귀화해 조선인이 되기도 하고, 조선인은 일본으로 납치되었다가 가까스로 돌아오기도 했다. 그래서 불운과 행운이 엇갈리고 교체된 양상을 고찰한다.

임진왜란 때 조선에 싸우러 왔다가 항복한 일본군을 降倭라고 했다. 그 수가 만 명 이상 된 것으로 추산된다. 거의 다 일본보다 더 좋다고 여긴 나라 조선의 백성으로 살기를 바라고 귀화했다. 조선군에 편입되어 각자의 장기를 발휘하면서 큰 활약을 했다.

沙也加(사야가)라는 항왜는 지휘관급의 무장이었다. 항복해 귀화하고 왜군을 친 전공이 뛰어나, 金忠善이라는 성명과 함께 정2품 사대부의 지위를 받았다. 임진왜란 이후에도 여러 차례 출전해 국은에 보답하고, 많은 노력을 해서 문화적 귀화도 훌륭하게 이룩했다. 한시, 가사, 시조 등을 지어 생애가 기구해 얻은 깨달음을 독특한 어조로 술회한 작품이, 한국문학사에 새로운 색채를 보탰다.

〈慕夏堂述懷〉라고 한 가사를 보자. "어와 이내 생애 흉험도 할세이고"라고 말을 꺼내고, "넓으나 넓은 천하 어이 하여 마다하고, 南蠻 左袵鄕(좌임향) 鴃舌風(격설풍)에서 생장"한 것이 한탄스럽다고 했다. 일본은 "남쪽 오랑캐 오른쪽 섶을 왼쪽 섶 위로 여미는 방식으로 옷을 입는 고장"이고, "알아들을 수 없는 말을 지껄이는 풍속"을 간직하고 있다고 폄하했다. 아주 유식한 문구를 사용해, 노력해 습득한 능력을 과시하고자 했다.

야만과 문명을 유교의 이상을 갖추었는가 하는 것으로 구분하고, 야만국 일본을 버리고 문명국 조선을 택했다고 했다. "中夏의 좋은 문물 一見 願일러니", 조선에 와서 보니 "東魯至治 여기로다, 小中夏 거룩할사"라고 칭송했다. 유교의 이상을 조선이 모범이 되게 갖추고 있는 것을 높이 평가했다.

이것을 몇 가지 다른 말로 풀이할 수 있다. 조선 사대부가 자부심을 가지는 근거가 타당하다고 확인하고, 자기가 조선의 사대부로 변신한 것이 자랑스럽다고 했다. 유교의 이상을 존숭한다는 慕夏를 강조해 귀화의 명문을 분명하게 하고, 文班의 지체를 얻어 누리려고 했다. 이 모든 노력이 기대하는 결과를 가져왔다. 〈慕夏堂集〉이라는 문집을 남긴 데 위에서 든 가사와 함께 창작한 시조도 남겼다.

임진왜란 이후에 여진족과 싸우러 가서 지은 시조를 보자. "이 몸이 長城 되어 萬里邊塞 칼을 베고 누었으니, 鳳凰城 山海關은 말발의 티끌이요, 십만 胡兵馬는 칼끝의 풀잎이라"라고 했다. 여진족의 거처를 넘어서서 중국 대륙 저 먼 곳까지 만만하게 여기고 내려다본다고 했다. 기개가 대단하고, 발상이 놀랍다.

일본인이 조선인으로 완전하게 변신한 것이 놀랍다. 그 이유가 조선이 훌륭한 나라라는 데 있는 것만은 아니다. 충성의 대상을 완전하게 바꿀 수 있는, 일본인의 비상한 능력을 간과하지 말아야 한다. 일본으로 간 조선인은 고국을 잊지 않은 것과 아주 달랐다.

　임진왜란 때 일본군은 조선인을 10만 명쯤 납치해 갔다. 도공, 각수 등 여러 분야의 기술자 대다수이고, 더러는 문사도 있었다. 문사는 일본의 문화 수준을 높이는 데 필요한 전문인이었다. 납치된 문사 가운데 가장 뛰어난 이는 姜沆이었다.

　강항은 문과에 급제하고 관직이 형조좌랑에까지 이르렀으며, 성리학 공부가 상당한 수준이었다. 일본에서 무사히 귀환해 견문한 바를 적은 〈看羊錄〉을 남겼다. 일본의 무장이 조선에 귀화해 金忠善이 된 것과 조선의 문사 姜沆이 납치되어 일본에 간 것이 좋은 대조가 된다. 〈看羊錄〉 한 대목에서 다음과 같이 말한 것이 김충선이 지은 시문과 아주 다르다.

　賊魁 秀吉이 죽자, 북쪽 교외에 매장하고, 그 위에다 황금전을 짓고, 倭僧 南化가 큰 글씨를 써서 그 문에 새겼다. "大明日本振一世 豪開太平路 海濶山高"(크고 밝은 일본이여 한 세상 호기를 떨쳐라. 태평의 길 열어 놓아, 바다 넓고 산 높도다.) 나는 나가 노닐다가 붓에다 먹을 찍어 그 옆에 이런 시를 썼다.

　半世經營土一坏
　十層金殿謾崔嵬
　彈丸亦落他人手
　何事靑丘捲土來

　반세상 경영이 남은 것은 한줌 흙뿐이다.
　십층 황금전은 부질없이 높다랗구나.

조그마한 땅이 또한 다른 손에 떨어지는데,
무슨 일로 청구에 거듭 쳐들어왔던가?”

金忠善은 뛰어난 용력으로 무공을 세워 조선의 국은에 보답했다. 姜沆은 깊은 학식으로 일본에 문화적 감화를 주어, 본의 아니게 밥을 얻어먹게 된 값을 치렀다. 일본에도 훌륭한 사람이 있다고 하면서 舜首座(순슈소)라는 승려와 가까이 지내고, 학식과 인품을 평가해 더 높아지도록 했다. 우월감을 가지고 가르치려고 하지 않고, 대등한 위치에서 깊이 교류하면서 함께 공부하자고 했다.

“자못 총명하여 고문을 이해해 어느 글이라도 통하지 못하는 것이 없었다.”“성품이 굳세어 왜인에게 용납되지 못했다. 內府 家康이 훌륭한 인재란 말을 듣고 倭京에다 집을 지어 주고 해마다 쌀을 2천 석씩을 주었으나, 그 집을 버리고 살지 않고, 주는 곡식을 마다했다.”이렇게 적고, 舜首座가 한 말을 다음과 같이 옮겼다.

일본의 生民이 지치고 시든 것이 이때보다 더 심한 적은 없다. 조선이 만약 중국 군사와 함께 일어나서 백성을 조문하고 죄 있는 자를 토벌하되, 먼저 항복한 왜인 및 통역으로 하여금 倭諺으로 방을 내걸어, 백성의 水火의 급함을 구제한다는 뜻을 보이며, 군사가 지나가는 곳마다 추호도 백성을 침범하지 않는다면, 白河關까지도 갈 수 있다. 만약 왜인이 조선 사람을 죽이고 약탈하던 그 수단을 이쪽에다 바꾸어 쓴다면 비록 대마도 하나도 건지지 못한다.

舜首座는 조선의 유교 의식에 대해 거듭 묻고, “애석하게도 나는 중국에서 나지 못하고 또 조선에서도 나지 못하고, 일본에서도 이런 시대에 태어났단 말인가?”라고 했다. 일본은 임진왜란 때 납치한 유학자를 통해서 조선의 성리학을 받아들였다. 이렇게 말할 수 있는 사실을 강황은 조심스럽게, 일본의 체면을 존중하면서 말했다.

姜沆은 舜首座가 힘을 써주어 무사히 귀국했다. 舜首座는 승려 노릇을 그만두고 藤原惺窩(후지와라 세이카)라는 유학자가 되어 일본 성리학을 주도했다. 다음과 같은 말을 남겨, 동아시아의 이상을 함께 지니는 문명권의 영역을 확인했다.

> 理之在也　與天之無不幬　似地之無不載　此邦亦然　朝鮮亦然　安南亦然 中國亦然
>
> 理가 있다는 것은 하늘이 덮지 않은 것이 없고, 땅이 싣지 않은 것이 없음과 같다. 이 나라도 그렇고, 조선도 그렇고, 安南도 그렇고, 중국도 그렇다.

安南을 잊지 않고 중국을 맨 나중에 든 것을 주목해야 한다. 대등론을 분명하게 하는 논의이다. 姜沆을 포함한 조선의 성리학자들의 생각을 넘어섰다.

2

명나라와 청나라가 패권 경쟁을 시작하는 것을 보고, 조선의 군주 광해군은 어느 편도 아닌 중립의 제삼자이고자 했다. 인조반정을 일으켜 광해군을 축출하고 인조를 국왕으로 추대한 서인정권은 명나라 편에서 청나라와 맞서다가 병자호란의 참변을 당했다. 남한산성이 포위되어 있는 극단적인 상황에서도, 청나라와의 화친을 거부하는 斥和派의 강경한 주장이 주도권을 잡았다. 그 결과 인조가 항복의 예식을 거행해야 하는 치욕이 벌어졌다.

그 뒤에 청나라를 쳐서 원수를 갚겠다고 하는 北伐을 추진하면서, 방해가 되는 생각은 하지 못하게 엄하게 단속했다. 이에 대한 반발이 없을 수 없어, 청나라에서 배울 것은 배워야 한다는 北學이 나타났다. 北伐과 北學은 차등론을 근거로 하는 것이 같으면서, 중국과의 우열을 무력으로 뒤집어야 하는가 학습으로 좁혀야 하는가를 두고 논란을 벌였다.

北伐은 가능하지 않고, 北學은 타당하지 않다. 그러면 어떻게 해야 하는가? 大小나 強弱은 표리가 역전되어 전환이 이루어진다. 國大學小이고 國小學大이다. 勢強智弱이고 勢弱智強이다. 北學을 한다고 한 洪大容이나 朴趾源의 氣철학은 중국보다 앞서서 새 시대를 창조하는 지침을 제시했다. 崔漢綺는 무명의 시정인인 처지에 머물러 자세를 더 낮춘 덕분에 더욱 획기적인 성취를 할 수 있었다.

나는 國小學大나 勢弱智強을 이룩한 나라에 태어난 행운을 누리며, 學大나 智強의 유산을 물려받아 고금합작의 창조학을 한다. 동아시아 어디에도 없는 《동아시아문명론》을 쓰고, 대등생극론을 정립하고 있다. 《동아시아문명론》은 일본·중국·월남어로 번역되었다. 대등생극론은 온 세계로 나아가 난제 해결을 감당하며, 다음 시대 창조에 기여하고자 한다.

중국은 國大學小이고 勢強智弱인 쪽이다. 오래전부터 그랬던 것이 청나라 때 분명하게 되었다. 청나라는 조선의 항복을 받고 더 나아가 명나라를 멸망시키고 중국 대륙의 새 주인이 되었다. 그 여세를 몰아 주위의 여러 나라나 민족을 복속시켜 지배 영역을 크게 넓혔다. 이것은 자랑할 것이 아니고 실수이다. 세계사에 전례가 없는 대실수여서 國大學小나 勢強智弱의 규모를 최대한 키웠다.

그것이 실수라고 하는 이유는 우선 대제국을 만들어 자기네 민족국가를 말살한 데 있다. 청나라를 세운 만주족이 중원을 차지하려고 내려가지 않고 고토를 지켰으면, 민족국가를 오늘날까지 이어왔을 것이다. 명나라의 뒤를 이은 나라가 여럿일 수 있다. 티베트나 위구르는 물론 다른 여러 민족도 독립국가를 이루어왔을 것이다. 유럽처럼 나누어진 여러 나라가 생극의 관계를 가져, 상극이 큰 만큼 상생도 클 수 있다.

청나라를 세운 만주족은 적은 인구를 데리고 남쪽으로 내려가 고토를 비웠으므로, 후일 중국의 지배민족 漢族이 차지했다. 만주족은 안에서 漢族의 안전을 보장해주고, 밖으로는 정복전쟁을 계속하는 동안에 힘을 탕진했다. 국정수행을 위해 끌어들이지 않을 수 없는 漢族에게 동화되어 민족어를 잃고 다른 문화적 특색도 상실했다. 그래서 민족이 소멸했다. 強大가 지나쳐 자살이 되고 말았다.

너무 큰 나라를 다스리려고 하니 극단적인 방법을 무리하게 사용해야 했다. 권력이 절대적인 가치를 가진다고 하는 정치적 차등론을 극대화하고, 대등론이 반론을 제기하지 못하도록 철저하게 탄압했다. 학문의 자유를 없애 창조학이 자라나지 못했다. 그 때문에 한국과의 선후 역전이 이루어졌다. 理철학을 선도하던 중국이, 氣철학의 발전에서는 한국 뒤로 처진 것이 역전의 명백한 증거이다.

청나라의 대실수를 청산하지 않고, 중화인민공화국이 고스란히 물려받았다. 대단한 영광의 이면에 심각한 파탄이 있다. 권력의 절대적 가치가 새로운 이념이 되어 더욱 빛난다. 공산당의 최고지도자가 위대하다고 더욱 높이 받들고, 누구나 그 지도를 받아야 한다. 국가 설계를 최고지도자가 독점적인 권위를 가지고 주도해 추진하고, 공산당에서 세부까지 완성한다.

철학자라도 간섭이나 시비는 하지 말고, 설계도 대로 집을 짓는 데 필요한 일꾼 노릇이나 해야 한다. 설계가 잘되었다고 선전하는 말을 그럴듯하게 하면 할 일을 한다. 아니면 철학사와는 다른 철학자료사를 써서 건축 자재 공급에 기여하면 살아갈 수 있다. 철학 창조가 기능하지 않아 희망이 없다.

전국을 '和諧'라는 말로 도배를 했다. 두 글자는 같은 뜻이다. "孔子는

'和而不同'이고 했는데 '不同'은 어디 갔는가?"《동아시아문명론》에서 이렇게 한 말을 중국어 번역에서는 삭제했다. 《中華文學通史》를 써서, 수많은 소수민족이 중원의 정권에 충성하고 대단결에 적극 기여했다고, 사실과 다른 말을 했다.

소수민족 자치구나 각 省이 독립한다면, 모두 함께 살아난다. 각기 자기 말을 공용어로 하고, 서로 대등한 관계에서 생극의 창조를 위한 경쟁·토론·합작을 할 수 있다. 나라가 너무 커서 생기는 폐해에서 벗어날 수 있다.

3

申采浩는 망명지 중국에서 쓴 〈조선혁명선언〉(1923)에서 "일본 강도 정치하에서 문화운동을 부르짖는 자는 누구이냐?"고 하고, "종족 보존도 의문이거든, 하물며 문화 발전의 가능이 있으랴"하고 반문했다. "검열, 압수 모든 압박중에", "강도의 비위를 거슬리지 아니할 만한 언론이나 주장하며, 이것을 문화발전의 과정으로 본다 하면, 그 문화발전이 도리어 조선의 불행인가 하노라"고 했다. 문화발전은 불가능하니, 헛된 기대를 걸지 말라고 했다.

문화발전을 말하기 전에 조선의 문화 수준이 어느 정도인가 하는 것이 문제였다. 일제는 조선인은 미개하고 문화 수준이 낮아, 일본의 식민지가 되어 교화를 받는 것이 당연하다고 했다. 이런 논설을 펴고 조선인 교화를 주도한 주역이 高橋亨(타카하시 토루)였다.

高橋亨은 동경제국대학 한문과를 졸업하고, 대한제국 시대에 와서 우리말을 익혀 언어 학습(〈韓語文典〉), 설화(〈朝鮮の物語集〉), 속담(〈朝鮮の俚諺集〉)에 관한 책을 냈다. 조선 교화에 관한 논문(〈朝鮮の教化と教政〉)을 써서 1919년에 박사학위를 받았다. 경성제국대학 창립위원회 간사로 활동

하다가, 1926년 대학이 설립될 때 조선문학 교수가 되었다. 조선문학에 대한 본격적인 이해를 할 능력은 없어 설화나 속담 정도의 자료나 가볍게 다루면서, 조선은 민족성이 열악하고 문화가 저급하다고 하는 강의를 하고 글을 썼다.

경성제국대학 조선문학 강의가 그뿐일 수는 없어, '鮮式漢文'이라는 과목을 개설하고 한학자 鄭萬朝를 초빙했다. 정만조는 한문으로 집필한 강의교재 〈朝鮮詩文變遷〉에서 "爲詩文 必本乎經學"(시문이 이루어지려면 반드시 경학에 근본을 두어야 한다)고 했다. 중국에서 이루어진 전범을 충실하게 따른 작품이라야 가치를 인정할 수 있다고 했다.

한문학은 중국문학이고, 사대주의의 산물이라고 여기게 하는 논거를 대학에서 분명하게 제공했다. 문단에서는 모든 고전문학을 일거에 매도하고, 신문학을 해야 한다고 했다. 신문학은 자생일 수는 없고 이식이어야 한다면서, 서양문학의 일본어 번역을 다시 번역하는 것 같은 작품이 크게 행세했다. 민족성이 열악하니 개조해야 한다는 주장이 그런 풍조와 함께 나타났다.

조선어로 창작한 조선문학은 수준 이하여서 볼 만한 것이 없으니, 조선은 열등하다. 이렇게 생각하도록 한 것이 식민지통치의 교활한 술책이 여러 면에서 작용한 결과이다. 조선문학은 버리고 일본문학을 애독하는 것이 당연하다고 여기도록 만들어, 식민지통치가 마음속까지 들어가 확고하게 자리 잡으려고 했다. 심각한 위기가 조성되었다.

이에 대해 어떻게 대처해야 했던가? 강도 일본이 한 짓이니 무장투쟁으로 맞서 싸워야 하는 것은 아니다. 일제에 대해 비난을 퍼부으며 말로 공격하는 것도 적절한 방법이 아니다. 민족정신을 잊지 말아야 한다고 훈계를 일삼으면 효과는 없고 반발을 산다.

일본은 강도만이 아니고 사기꾼이기도 하다. 강도가 강제로 하도록 하는 짓을, 사기꾼은 피해자가 자발적으로 하도록 유도한다. 사기꾼을 퇴치하고 정신을 차리려면, 신채호가 매도한 문화발전을 높은 수준으로 해야 한다. 일본과의 선후 역전을 이룩해야 한다.

조선은 열등하지 않다. 조선문학은 훌륭하다. 누가 보아도 이렇다고 인정할 수 있는 확실한 증거를 제시하면 사기꾼의 책동은 무효가 된다. 그 증거로 만주에서 울리는 광복군 노래 못지 않게, 국내에서 검열을 받고 출판한 시집 金素月의 《진달래꽃》(1925)과 韓龍雲의 《님의 沈默》(1926)이 더 큰 기여를 했다.

두 시집은 절실한 느낌이 미묘하게 울리는 음악이면서 깊은 깨달음을 되새기는 철학이어서, 서정시의 극치를 보여준다. 전통과 깊이 연결되어 이루어진 새로운 창조로 신문학의 자생을 입증한다. 시대의 고민에 온몸으로 대처하는 진지한 자세를 보여주어 민족의 공감을 오래 확보한다. 그러면서 단조와 장조, 소박과 심오, 감성과 사변의 차이가 상보적인 관계를 가진다.

이런 노래가 당대의 특정 개인이 남다른 개성으로 창작한 것이 아니다. 연원이 오랜 민족의 역량을 발휘해 이루어졌다. 전통이 재창조되어온 내력을 보면, 장래의 변혁을 예상할 수 있다. 이런 말을 분명한 증거를 갖추어 해야 한다.

趙潤濟가 그 과업을 맡아 《朝鮮詩歌史綱》을 1937년에 내놓았다. 선행 연구가 거의 없는 형편이어서, 자료 수집에서 체계적인 논의까지 모든 일을 혼자 맡아 엄청난 수고를 했다. 모두 470면에 이르는 대저이다. 1935년에 탈고했으나 맡아주는 곳이 없어 출판이 지연되었다. 自序에서 출간 연도를 '丁丑'이라고 해서 '昭和 12년'을 피했다. 어려운 여건에서 무척 힘든 일을 한 것을 알아야 한다.

사실을 밝히려고 진력하면서, 사실을 넘어서는 역사의 의의를 명백하게 했다. "장래의 힘찬 건설은 반드시 그 과거의 역사를 배경으로 하지 않으면 아니 될 것을 안다." "역사는 편편 고기록의 단순한 나열이 아니고,

장래로는 새것을 생산할 생명을 가진 것"이다. 自序에서 이렇게 말했다.

이 발언은 표리 양면의 의미를 가진다. 표면에서는 보편적인 원리를 말해 타당성을 확보하고, 검열의 칼날이 범접할 수 없게 했다. 이면에서는 민족 해방과 국가 건설을 힘차게 추진하는 저력을 어떻게 확보해야 하는지 알리고, 절망에서 벗어나야 한다고 했다. 강압을 유연하게 막고, 무력을 각성으로 물리치는 문화투쟁을 높은 성과가 따르게 진행했다.

《朝鮮詩歌史綱》에다 시가 이외의 문학을 보태 문학사를 총괄해 서술하는 작업을 일제 통치가 극악하게 된 시간에 은밀하게 진행하다가, 광복을 이룩하자 본격적으로 추진해《國文學史》(1949)를 내놓았다. 이 책 전후에 문학사가 여럿 나와 국문학 연구와 교육이 활성화된 것 같았으나, 많은 문제가 남아 있었다.

나는 조윤제 학문의 의의를 확대하고, 결함은 시정하려고 노력해《한국문학통사》 전6권(1982-2005)을 내놓았다. 조윤제는 국문문학만 다루었는데, 나는 구비문학·한문학·국문문학의 상관관계를 고찰했다. 조윤제는 총체를 하나로 파악하는 민족사관을 내놓았는데, 나는 둘이 상생이기도 하고 상극이기도 한 관계를 가진다는 생극론을 정립하면서 문학과 철학을 근접시킨다. 조윤제는 한국문학만 고찰했는데, 나는 일반 이론 확대와 비교연구를 통해 동아시아문학사로, 다시 세계문학사로 나아간다.

자국문학사 서술은 일본이 먼저 시작하고 작업 분량이 대단하지만, 이론은 수입학에 의존해 쇄신이 가능하지 않고 침체를 초래하고 있다. 한국은 식민지통치가 조성한 악조건 때문에 작업의 시작이 늦었으나, 조윤제가 시도한 창조학을 조동일이 더욱 발전시켜 세계적인 범위에서 문학사 일반이론을 혁신한 성과를 내놓는다. 문학사에 관한 광범위의 비교고찰인《문학사는 어디로》(2015)를 이룩하는 데까지 나아갔다.

일본은 수입학에 힘쓰고 미시적 고증을 장기로 한다. 한국은 창조학을 지향하며 거시적 이론을 갖추려고 한다. 근대 동안에는 일본이 이룬 성과가 크게 앞서고, 한국에서 하려고 하는 작업은 초라한 후진이었다. 그런데 이제 선후 역전이 일어난다. 수입학의 원본이 생기를 잃고, 새로운 시대를 창조하는 방향을 제시하는 임무가 넘어와 창조학이 분발하게 한다.

《한일 학문의 역전》(2023)에서 이런 사실을 알리고, 유럽중심주의의 차등론을 타파하고 인류가 모두 함께 대등의 행복을 누리도록 하는 데 한국과 일본이 긴밀하게 협조하자고 했다. 일본이 강도 노릇을 하고 우리가 그 피해자라고 해서 적대감만 가져야 하는 것은 아니다. 맞불을 질러 이기려고 하지 말고, 불을 끄는 물이 되어 도움을 주는 것을 가장 큰 승리로 해야 한다. 미래를 바람직하게 창조하는 지침이 되는 철학 대등생극론이 동아시아가 세계에 내놓는 선물임을 확인해 공동의 연고를 가지고 함께 관리해야 한다고 했다.

순국선열의 희생이 헛되지 않게 하려고 하면 일본보다 훨씬 좋은 나라를 만들어야 한다. 이에 관해 申采浩도 딴말을 하지 않을 것이다. 좋은 나라를 만들기 위한 학문을 하는 것이 선결 과제이다. 원색적인 투쟁에 방해가 된다고 여기는 학문은 모두 친일파 매국노가 하는 소리라고 매도하는 허무주의자의 자살폭탄이 생길까 염려한다.

상극이 크면 상생도 크다. 이 이치의 타당성을 가장 큰 범위에서 입증하는 학문을 하는 것이 바람직하다. 그 혜택을 받도록 하는 범위에서 어떤 원수도 제외할 것이 아니다. 일본이 먼저 달라져 세계가 달라지도록 하는 데 힘을 보태는 동반자가 되기를 바란다.

이렇게 해야 일본이 진정으로 반성할 수 있다. 脫亞入毆로 우월론을 갖추려고 한 것이 출발부터 잘못된 것을 알아차리고 철저한 반성을 할 수 있다. 일본을 겁박해 반성하도록 하는 것과는 아주 다르다. 겁박하면 반발이나 하고, 반성은 하지 않는다. 내심의 차등론을 대등론으로 바꾸어 놓을 수 있게 해야 한다.

제국주의의 악행은 일본만 저지른 것이 아닌 세계사의 수치이다. 일본

이 차등론을 버리고 대등론에 입각해 반성하고 잘못을 바로잡는 데 앞서
면 세계사의 역전이 쉽게 이루어진다. 일본이 이렇게 깨닫도록 도와주는
연구를 충분한 설득력을 갖추어야 한다.

4

박섭, 《식민지의 경제 변동: 한국과 인도》(2001)는 역사 이해를 쇄신
한다. 세계사로 나아가는 길을 열어준다. 역사철학을 바르게 정립하는 논
거를 제공한다. 먼저 사실을 제시했다. 한국은 식민지 시대인 1913-38년
에 공업 성장률이 7.1%로 높았지만, 인도의 성장률은 4.0%로서 한국과
비교하면 낮았다고 했다. 그러면서 경제의 성격이 문제라고 했다. 양적인
비교보다 질적인 비교가 더욱 소중하다는 것을 보여주었다.

인도에서는 식민지 시대 경제가 인도의 경제였다. 그 때문에 독립 후에
경제 파탄을 겪지 않았다. 인도의 강철 생산량은 1937년에 90만 톤,
1947년에 127만 톤, 1949년에 137만 톤, 1955년에 173만 톤이었다. 식
민지 시대 한국 경제는 일본 경제의 일부였다. 공업생산이 독립 후에 크
게 감소했다. 공업생산지수가 1939년을 100으로 할 때 1946년에는 25에
지나지 않았다. 다시 100을 넘어선 것은 1956년의 일이었다고 했다.

인도의 총독은 행정권만 가지고, 입법권은 인도의회가 맡았다. 인도인
기업가가 지원하는 국민의회가 의회 내에서 다수당이 되자 정책적 지원을
받을 수 있었다. 그 세력이 축적한 경험을 활용해 독립 후의 인도를 이
끌었다. 그 점이 우리와 많이 달랐다.

일본의 총독은 행정권과 입법권을 함께 행사했다. 조선에는 의회가 없
고, 조선인은 참정권을 행사하지 못했다. 기업인들은 통치에 예속되기만
했으므로, 독립 후에 민주주의를 실현할 정치세력이 성장할 수 없었다.
그런 이유에서 민주주의는 민중운동이 성장함으로써 비로소 가능하게 되

었다고 했다.

식민지통치 기간에 경제성장이 있었다는 것을 사실로 입증했다. 그러나 그것이 한국인을 위한 것이 아니었음을 또한 입증했다. 경제 성장이 일본을 위한 것이었음을 총독 정치의 특성과 관련시켜 해명했다. 교육의 특징도 아울러 고찰했다. 조선인이 조선인임을 잊고 일본인이 되게 하는 교육을 실시했으나, 일본어를 읽고 쓸 수 있는 조선인은 1930년에 8.6%, 1940년에는 16%였다.

많은 사실을 밝혀 논한 공적이 있으면서, 과거의 상태와 비교하는 데 소홀했다. 식민지 이전 시대에 대한 이해와 고찰이 불충분한 것이 결함이라고 하지 않을 수 없다. 인도의 경우는 이미 연구된 바를 더러 이용했으나, 한국 쪽은 아주 허술해 비교에 허점이 있다. 과거사는 무시하고 근대만 논하니 깊이 있는 고찰이 이루어지지 않았다.

식민지로의 전환을 마련한 토지조사사업에 대한 고찰과 비교가 너무 소홀한 것도 문제점이다. 차이점을 말하는 데 치중하고 공통점을 대강 넘겼다. 경작자의 권익을 부정하는 토지 소유권 확립이 어떤 의미를 가지는지 기본 성격에 관해서는 고찰하지 않았다. 그것이 식민지통치자가 수입을 늘이는 방책으로 필요했고 목적 달성에 차질이 생기자 수정했다는 측면에서만 고찰했다. 토지조사사업 비교론을 본격적으로 발전시켜야 한다.

그 과제를 독립운동사의 전개와 관련시켜 더욱 철저하고 풍부하게 다루어야 한다. 지금 당장 들 수 있는 일거리만 해도 아주 많다. 인도에서는 합법적인 운동, 비폭력의 투쟁이 가능했지만, 한국은 그럴 수 없었던 이유를 밝혀 논해야 한다. 우파와 좌파의 노선 대립이 달랐던 점도 고찰해야 한다.

인도의 독립운동사는 많은 연구를 간명하게 정리해 쉽게 읽을 수 있는 것들이 나와 있고, 교재로도 쓰인다. 사실을 존중하고 영국의 통치에 대해서도 객관적인 서술을 하고 있다. 아래의 여러 책은 2002년 2월에 인도에 갔을 때 캘커타대학 근처의 고서점에서 샀다. 흔히 볼 수 있는 것들이어서 쉽게 구했다.

박섭의 위의 책에서는 그런 것들을 하나도 참고로 하지 않았다. 중등학교 교재는 무시해도 된다 하겠지만, 전문연구서이고 대학 교재로 사용하는 것은 그럴 수 없다. 영국의 식민지통치를 아주 잘 분석한 성과가 있는 것을 참고서적에서 제외한 것은 이해하기 어렵다.

데사이, 《인도민족주의의 사회적 배경》(A. R. Desai, *Social Background of Indian Nationalism*, Bombay: Popular Prakashan, 1948, Fifth edition 1976)은 인도가 독립한 그다음 해에 나온 책인데 내용이 알차다. 인도민족주의 운동의 사회적 배경에 대한 구체적인 연구가 이미 많이 축적되어 그럴 수 있었다고 생각된다. 연구한 결과를 정리해 알기 쉽게 서술했다. 거듭 출판되어 널리 읽혔다. 제5판 머리말에서 대학 교재로 널리 사용된다고 했다.

영국 통치 시기 인도에서 일어난 변화는 영국 자본주의의 이익을 취한 것이지만, 의도한 바와는 다르게 새로운 길을 열어주는 질적 변화를 인도에 가져다주었다고 했다. 그런 사실을 사적 유물론의 사관에 입각해서 고찰한다고 했다. 각 장 말미에서 영국이 끼친 피해를 극복하고 인도사회가 정상적인 발전을 이룩하려면 어떻게 해야 하는지 방향 제시를 했다. 우리 경우에는 같은 수준의 연구 성과가 아직도 없다.

농업의 변화를 고찰하면서 인도 전통사회에서는 귀족이 토지를 소유한 지주가 아니고 세금 수취자에 지나지 않았다는 사실부터 말했다. 토지는 사실상 마을 공동체의 소유였다. 영국이 토지 사유제를 도입했다. 세금 수취 담당자를 지주로 하거나, 자영농이 토지를 소유하게 했다. 그 둘 다 절반 정도의 비중을 가졌다. 토지를 사고팔게 했다. 세금을 현금으로 내도록 해서 농산물을 상품화했다.

그 결과 공동체가 무력하게 되어 전통적인 농촌이 파괴되었다. 세금이 과도해 농민이 가난해졌다. 빚을 많이 지게 되고 고리대금업이 성행했다. 농업에 종사하지 않은 지주가 늘어났다. 투자도 기술 혁신도 없어 농업 생산은 줄어들었다. 그것은 서양에서 이루어진 농업의 자본주의화와는 정반대가 되는 변화였다.

인도의 수공업을 파괴하고 산업화를 시작하면서 영국 자본주의의 인도 침략은 본격화되었다. 산업화는 농업생산물 일차 가공업에 치중하고, 중공업이 없어 기형적이었다. 원자재를 실어 나르기 위해 건설한 철도가 지역의 폐쇄성을 넘어서서 사람들이 오고가게 하고, 인도 전체의 민족주의가 태동할 수 있게 했다.

영국이 근대교육을 실시한 이유를 들었다. 행정기구와 기업경영에 보조원이 필요했다. 영국문화를 세계화해서 우월감을 과시하려고 했다. 교육을 시키면 순응하리라고 생각했다. 그런 교육에 대한 비판도 들었다. 기술교육은 도외시했다. 학비가 너무 비싸 가난한 사람은 배울 수 없었다. 인도 정부의 예산 3분의 1을 군사비로 쓰고 교육에 대한 투자는 너무 적었다. 인도의 역사와 현실을 왜곡했다. 그런 교육이 많은 긍정적인 기여를 했다. 인도 민족주의가 자라나게 했다.

식민지통치의 피해와 기여는 생극의 관계를 가진다. 모든 나쁜 일에는 좋은 측면이 있다. 좋은 측면을 발전시킨다고 해서 나쁜 일이 좋아지지는 않지만 피해를 줄일 수 있다. 좋은 측면의 성격은 경우에 따라 다르다. 우리는 민족주의가 이미 있었다. 한국은 인도처럼 크고 복잡한 나라가 아니어서 철도가 없을 때에도 국내 교통이 가능했다. 일본어는 영어만큼 큰 구실을 하지 못했다.

보세, 《인도민족주의 .운동 개관》(Nemai Sadhan Bose, *The Indian Nationalist Movement*, an Outline, 1965)을 보자. 18세기까지는 상당히 발전되고 번영을 누리던 인도가 영국의 식민지통치 때문에 비참하게 되었던 사실을 서두에서 말하고, 구체적인 증거를 들어 논했다. 그런 작업을 우리도 해야 한다.

찬드라 외 공저, 《자유 투쟁》(Bipan Chandra and others, *Freedom Struggle*, 1972)은 장관이 머리말을 써서 교육부에서 관계 학자들에게 의뢰해서 공동으로 집필하게 한 중등학교 교과서임을 밝혔다. "우리 독립을 위해 희생당하고 괴로움을 겪은 몇 백만의 인도인과 그 지도자들에게 경의를 나타내기 위해 계획한 책이다"라고 했다.

본문은 사실 위주로 차분하게 서술했다. 장황한 논의를 펴서 이해하기 어렵게 하지 않고 사리를 명백하게 했다. 영국 식민지통치의 성격 변화를 사회경제사적 관점에서 설명하고 영국 자체가 달라진 양상을 중요시했다. 산업혁명 이전과 이후의 차이를 명확하게 했다. 식민지통치에는 그것대로의 모순이 있고, 모순을 해결하려고 하다가 더 큰 피해를 끼친다는 사실을 중요시하면서 사태의 진전을 설명했다.

서두의 〈영국 통치의 영향〉에서 총괄론을 폈다. 영국인이 인도에서 근대교육을 실시한 것은 식민지통치에 필요한 인력을 본국에서 데려오면 경비가 너무 많이 들기 때문이라고 했다. 원료 약탈과 제품 판매를 대량으로 하기 위해서 교통 시설에 투자하지 않을 수 없었다고 했다. 그렇게 하는 데 소요되는 경비는 인도인에게 거두어들이는 세금으로 충당했다. 인도에 수출되는 영국의 제품은 자유무역의 혜택을 누리고, 영국에 수출되는 인도의 제품에 대해서는 무거운 관세를 부과해 4백 퍼센트에 이르렀다.

19세기 후반에는 노동자와 농민의 요구가 증대되어 자본주의 사회가 무너질지도 모른다는 우려를 대외적인 팽창으로 해결하려고, 식민지통치를 확대하고 강화했다. 인도는 영국인의 우월감을 충족시켜주는 최상의 식민지였다. 인도 병사는 영국군 전투력의 주요 부분을 이루었다. 증가하는 통치비용 조달을 위해 무거운 세금을 부과해 인도가 더욱 궁핍해지므로 세원은 줄어들고 항거는 확대되는 것이 식민지통치의 기본 모순이었다. 인도는 수천 명 영국 중산층에게 일자리를 주고, 인도가 얻는 수입의 3분의 1이 그 급료로 지출되었다.

토지제도는 둘이었다. 하나는 간접 지배이다. 과거의 토지관리인이 지주가 되어 소작농이 된 경작자에게서 거두어들인 지대로 세금을 내도록 하는 방식이다. 농민이 예속민의 처지로 떨어졌다. 또 하나는 직접 지배이다. 농민이 직접 토지 소유자가 되어 세금을 내도록 하는 방식이다. 세금이 과도해 소유권을 유지하기 어려웠다. 그 어느 쪽이든 농민은 영국의 통치 때문에 큰 고통을 받았다. 농민의 궁핍이 심각해진 것을 이용해 고리대금업이 성행한 것이 영국 식민지통치가 초래한 최대의 불행이었다.

> 인도의 빈곤은 지리의 산물도 아니고, 천연자원의 결핍 탓도 아니고, 주민의 성격과 능력에 어떤 "내재적" 결함이 있기 때문도 아니다. 빈곤이 무굴시대 또는 식민지 이전 시대의 유산도 아니다. 빈곤은 지난 두 세기 역사의 산물이다. 그전에는 인도가 서부 유럽의 여러 나라보다 뒤떨어지지 않았다. (24면)

영국의 통치에 대해 폭력으로 저항하는 테러리즘이 대중을 움직일 수 없어 성공하지 못한 한계를 지적하고, 목숨을 버리고 싸운 그런 순교자들이 있어 인간의 자부심이 되살아나게 했다고 평가했다. 간디는 민중을 움직이는 힘을 가진 것이 최대의 장점이라고 했다. 우리도 독립운동사 교과서가 필요하고, 독립운동사를 교과목으로 해야 한다.

히흐스, 《인도의 자유 투쟁 1857-1947》(Peter Heehs, *India's Freedom Struggle 1857-1947*, 1988)에서는 식민지통치 후 농민의 소득이 8분의 1로 줄어든 사실을 밝혀, 농촌의 가난이 인도 전통사회의 유산이 아님을 알렸다. 우리도 밝혀야 할 사실이다.

5

우리는 독립운동사 개설서가 없다. 크게 반성하고 분발할 일이다. 다른 사례 예컨대 불국의 통치에 대한 월남 독립운동과의 비교를 힘써 해야 한다. 더 나아가서 식민지통치-민족항쟁에 대한 전반적인 비교연구가 바람직하다. 세계 전역의 식민지통치와 민족해방투쟁을 다룬 책에는 어떤 것이 있는지 살피고 논의를 계속하자.

라인하르트, 《식민지주의 소사》(Wolfgang Reinhard, *Kleine Geschichte des Kolonialismus*, 1996)라는 것이 있다. 식민지주의 개념, 경과, 결과를 정리한 간략한 개설서이다. 거점식민지·이민식민지·지배식민지를 구분했다. 지배식민지 통치자는 처음에 자유무역제국주의(Freihandelsimperialismus)였다가 나중에 고차원제국주의(Hochimperialismus)로 바뀌었다고 했다. 개념 구분에 장기가 있다. 〈식민지주의의 결산〉이라는 총괄론에서 정치, 역사와 문화, 경제 등의 측면에서 식민지주의가 어떤 특징을 가지는지 정리했다.

페로, 《식민통치의 역사》(Marc Ferro, *Histoire des colonisations*, Paris: Seuil, 1994, Colonialization, a Global History, 1997)는 좀 더 큰 책이다. 구형 식민지, 신형 식민지, 식민지화하지 않는 제국주의를 구별했다. 신형 식민지는 산업혁명과 더불어 출현했다고 했다. "지연된 탈식민지화"라는 장을 두고 미국이 식민지화하지 않는 제국주의의 주역으로 등장한 시기의 상황을 다루었다. 사건 위주의 서술이고, 구조적인 분석은 아니다. 한국은 일본이 16세기부터 침략을 시작했다고 한 번만 언급했다.

둘 다 식민지주의라는 세계사적 사건을 시작에서 결말까지 개관하고자 했다. 뒤의 책은 반식민주의가 일반화된 시대의 생각을 보여준다고 하면서 가해자에 관한 고찰에 치중하고 피해자의 사정은 중요시하지 않았다. 식민지통치를 받고 항거를 한 경험이 피해자에게 어떤 의의를 가지는지 문제 삼는 주체적인 시각은 결여되어 있다.

가해자 쪽에서는 할 수 없는 연구를 우리가 해야 한다. 우리 자신에 대한 의문을 풀기 위해 비교연구의 범위를 세계 전역으로 확대해야 하고, 피해자의 일반론을 정립해야 한다. 그렇게 하려면 피해자들끼리의 국제적인 교류와 협력이 절실하게 요망된다.

키어난, 《인류의 주인, 제국주의 시대 유럽인이 다른 문명에 대해서 보여준 태도》(Victor Kiernan, *The Lord of Human Kind, European Attitudes to Other Cultures in the Imperial Age*, 1995)라는 것도 있다. 저자는 영국의 마르크스주의 사학자라는 사람이다. 1969년에 낸 책의 신판이다. 제국주의의 식민지지배를 문화의식의 측면에서 고찰했다. 인도, 아시아 다른 곳들, 이슬람세계, 극동, 아프리카, 남태평양, 라틴아메리카에 관한 논의를 두루 갖추었다. 취급의 범위에서 한 시대의 모습을 총괄한 세계사라고 자부할 만하다. 그러나 너무 많은 것을 다루어 내실이 부족하다.

극동 편 〈한국, 티베트, 샴〉이라고 한 곳에서 한국에 관해서도 반 면 정도 언급했다. 일본의 식민지가 된 사실을 들고, 서양인의 인상기를 몇 개 인용했다. "자연이 놀랄 만큼 아름답다"는 말도 있고, "세계에서 가장 더럽고 가장 혐오스러운 나라"라는 대목도 보인다.

세계 질서를 수립하고 문명을 전해준다고 자부하면서 유럽인이 인종에는 우열이 있다고 하고 다른 사람들을 무시한 수많은 사례를 들었다. 잘못을 비판한다고 말을 앞세웠지만, 많은 사례를 열거하는 데 힘쓰고 비판적인 논의를 전개하지 않았다. 반론을 펴지 않았으며, 피지배민족이 발언할 기회를 주지도 않았다. 인도를 다룰 때 간디도 네루도 등장시키지 않고, 영국인들이 하는 말만 들려주었다. 식민지통치의 역사이기만 하고 독립운동사는 아니다. 사태의 양면 가운데 한 면만 취급했다.

신판 서문을 길게 썼다. 그 사이에 사정이 달라져 해방전쟁이 치열하게 전개되고, 서양인에게 배운 고문이 널리 자행되고, 신생독립국의 독재자들이 무기를 다수 수입하고, 소수민족이 억압받는 등의 바람직하지 않은 사태가 벌어진다고 했다. 어디서든지 비관적인 상황이 벌어지고 있으나, 서양은 달라져서 사회정의, 인권 차별 철폐, 국제 친선 실현을 선도하고 있다는 말로 끝을 맺었다. 식민지통치를 하면서 문명을 전파한다고 할 때와 생각이 달라지지 않았다. 제3세계는 잘못되고 있는 사례만 들어 절망이 지배한다고 하고, 제1세계는 잘되고 있는 측면만 들어 인류의 희망이라고 한다.

레 탄 코이, 《교육과 문명, 현대세계의 출현》(Lê Thành Khôi, *Éducation et Civilizations, genèse du monde contemporain*, 2001)은 우리가 할 만한 일을 다른 누가 한 것이라고 할 수 있다. 불국 소르본느대학 비교교육학 교수이고, 유네스코 자문위원인 월남인 학자가 탈식민지화의 문제를 자기 전공의 관점에서 고찰했다. 유럽문명권 중심주의에서 벗어나는 새로운 방향을 제시하고자 했다.

제1부에서 근대화가 이루어지고 시민의 시대가 시작되면서 교육이 어떻게 달라졌는가 말하고, 20세기의 교육을 위한 공산주의 경험과 자본주의 국가의 사정을 고찰했다. 제2부에서는 식민지지배에서 벗어나 민족해방을 이룩하면서 근대 교육이 세계 도처에서 이루어진 과정을 아메리카와 카리브해 연안, 아프리카, 아시아에서 이루어진 과정을 고찰하고, 민족문화 부흥운동의 양상을 특별히 주목하고, 교육 발전의 과제를 논했다.

민족문화 부흥운동을 통해 민족의식을 각성하는 양상을 널리 비교해 고찰 것이 소중한 내용이다. 그 부분이 〈이슬람 문예부흥〉, 〈중부 및 동부 아시아의 각성〉, 〈검은 아프리카의 전진〉, 〈주체성을 찾는 라틴아메리카〉로 이루어졌다. 두 번째 절에 〈유교에서 마르크스주의로〉, 〈인도적인 것의 분열〉, 〈불교와 혁신〉이 있다. 월남의 경우를 자세하게 다루고, 한국에 관한 고찰에 상당한 비중을 두고 했다.

그러나 근대 이전의 교육은 다루지 않고 모든 것이 근대에서 시작되었다고 했다. 근대의 가치를 지나치게 평가하는 근대주의를 기본관점으로 삼아 비교고찰이 균형을 상실하고, 잘못 진행되게 했다. 유럽이 아닌 곳에서 유럽의 식민지가 되기 전에 어떤 교육이 어떻게 실시되었는지 말하지 않아 논의가 출발점에서부터 빗나갔다.

민족문화를 부흥하고 민족의식을 고양하고 주체성을 찾는 교육이 서양의 지배에 대한 반발이라고 이해하는 데 그치고, 자기 전통을 어떻게 찾는지 논의하는 내용이 빈약하다. 인도인은 박티(bhakti)의 전통에 대해서 스스로 많이 말하니 소개했을 따름이고, 다른 문명이나 나라의 경우에는 그런 논의가 없다. 근대는 민족주의의 시대이므로 자기 것이 소중하다고 하기만 하고, 그 이상 나가지 못했다. 인류의 이상을 실현하는 보편주의를 발견하고 육성하는 데 유럽 밖의 다른 여러 문명이 어떤 기여를 하고 있으며 해야 하는가 하는 더 큰 문제를 제대로 다룬 성과가 없다.

사태 추이의 경과를 자세하게 말하려고 사실을 열거하는 데 치중해 교육에 관한 검토가 심화되지 못한 것도 결함이다. 교육의 기본방향 또는 교육철학에 관한 논의가 불충분하다. 타이에서 이루어진 불교교육철학을 소개로 본문 서술을 마치면서 그것이 비인간적인 근대화 사조를 뒤집을 수 있을까 하는 의문을 제기했다. 새로운 천년을 전망한다는 마무리 말에서 모방이 아닌 창조에 대한 막연한 기대를 말하는 데 그쳤다.

자기 사상을 창조한 성과가 있어야 그런 한계를 넘어설 수 있다. 유럽 밖의 다른 문명이 인류의 미래를 위해 어떤 적극적인 기여를 할 수 있는가 하는 질문에 대답하는 사상 창조를 실제로 하지 않고, 근대화와 전통, 모방과 창조의 관계를 논해서는 설득력이 없다. 창조학 제1방향은 창조학 제2방향을 필연적으로 요청한다.

6

할 일을 더 말한다. 민족해방투쟁의 세계사를 연구하는 것이 우리 학계가 감당해야 할 세계학의 커다란 과제이다. 식민지통치에서 신음한 제3세계 나라들 가운데 연구할 수 있는 여건이 가장 좋은 편이므로 세계 도처의 동지들을 위해 봉사해야 한다.

이 작업은 넓이와 깊이를 제대로 갖추어야 한다. 넓이를 확보하기 위해서는 비교연구를 최대한 확대해야 한다. 깊이는 더 진전된 창조학에서 하는 이론 정립의 과제이다. 그 둘은 서로 필요로 하고, 다 갖추어야 어느 쪽이든지 온전하다. 면밀한 계획을 세우고 힘써 실현해야 한다.

이 작업은 가해자가 할 수는 없으며, 피해자가 하는 것이 당연하다. 피해자가 분발해 세계사의 불행을 정리하고 다음 시대로 나아가는 지침을 마련해야 한다. 그렇게 해서 학문의 역사를 바꾸어놓고, 후진이 선진임을 입증해야 한다.

지금 논의되고 있는 문명의 충돌은 유럽문명권의 세계 제패를 지속시키려고 하는 전략이다. 인류가 이룩한 여러 문명은 직접적인 교섭이 제한되어 있는 기간 동안에도 동일한 이상을 추구해왔다는 사실을 밝혀 반론의 근거로 삼아야 한다. 근대에 이룩된 차등을 시정하고 대등의 관계를 다시 이룩하는 지침을 마련해야 문명의 충돌을 문명의 화합으로 바꾸어놓을 수 있다.

문명의 충돌과 세계화는 상반된 것 같지만 표리를 이루고 있다. 문명과 국가의 범위를 넘어서서 지구상의 모든 지역을 경제, 정보, 문화를 단일화하겠다는 세계화는 미국이 앞장서서 유럽문명권의 주도권을 확고하게 하겠다는 주장이라고 보아도 잘못이 없다. 문명권의 충돌에서 유럽문명권의 승리를 관철시키자는 전략을 세계화라는 이름으로 일컬어 반론 제기가 어렵게 한다고 해도 좋다.

그렇다고 해서 세계화를 거부하고 저지할 수는 없다. 이미 상당한 정도로 진행되었으며 대단한 힘을 가진다. 국경을 봉쇄하고 고립되고자 하는 나라는 더 큰 피해를 입는다. 세계화라는 명분은 그 자체로 잘못이 아니므로 거부하지 말고 잘못된 세계화를 바람직한 세계화로 바꾸어놓기 위해 분투해야 한다.

한국은 현재의 세계화로 상당한 피해를 보면서 더러 이득을 얻는다. 이득에 현혹되어 기존의 논의를 추종하면서 부유한 선진산업국 말석이라도 얻게 된다는 환상을 가지지 말아야 한다. 가난하고 발전되지 못한 나라의 선두에 서서 피해자의 처지를 대변하면서 세계화를 바람직하게 바꾸어놓는 방안을 제시해야 한다. 산업·경제·정치에서는 그렇게 하지 못한다고 물러나 있는 잘못을 문화·학문·사상에서 맡아 앞서나가야 한다.

이렇게 하려면 문명의 충돌에 대한 대안을 화합에서 찾는 작업을 설득력 있게 전개해야 한다. 잘못을 그 자체로 시비하고, 말을 잘 지어내 수습책을 제시하면 되는 것은 아니다. 대안으로 제시하는 세계적인 경쟁력을 가지고 남들을 설득할 수 있어야 한다. 그러자면 특별한 비방이 있어야 한다. 고금합작이 좋은 방안이다. 우리 선인들이 이룩한 화합의 사상을 그 원천으로 삼아 오늘의 세계문제를 푸는 탁월한 발상을 마련하는 것이 바람직하다.

7

그 일을 맡는 한국학은 곧 세계학이다. 한국학이 세계 전체의 범위에서 학문의 발전을 새롭게 하고 인류의 미래를 바람직하게 설계하는 일반이론 정립의 출발점이면서 도달점인 학문이 한국학이어야 한다. 이런 방향으로 나아가야 한다.

《세계문학사의 전개》에 이르는 일련의 저서에서 나는 한국학이 곧 세계학일 수 있게 하려고 했다. 생극론을 기본원리로 해서 세계문학사에 대한 새로운 이해를 이룩한 것을 핵심 작업으로 삼아, 유럽문명권중심주의의 잘못을 시정하면서 근대를 넘어서서 다음 시대로 나아가는 방향을 찾았다. 그 과업의 의의와 방향에 관해 서장 말미에서 다음과 같이 말했다. 세계문학은 개별적인 문학의 집합체라고 여기면 세계문학사는 성립되지 않는다. 세계문학은 온 세계에서 이루어진 문학의 총체이면서 그 구성요소가 각기 독자성을 가진다. 세계문학사 전개의 어느 국면을 밝힐 수 있는 소중한 증거를 지금까지 흔히 무시해온 문학에서 발견할 수 있다. 세계문학사 전개의 보편적인 양상을 선명하게 구현한 사례를 널리 찾아내, 통일성과 다양성을 함께 확인하는 것이 긴요한 과제이다.

세계문학사를 민족문학사끼리의 각축장으로 여기는 관습을 청산하고, 그 상위영역으로 관심을 돌려야 한다. 민족문학사의 상위영역인 문명권문학사에서는 다수의 민족문학이 하나이면서 여럿이고, 문명권문학사의 상위영역인 세계문학사에서는 다수의 문명권문학이 하나이면서 여럿인 다층적인 구조를 밝혀내야 한다. 문명권 밖의 문학은 문명권 안의 문학과의 비교를 통해서 성격과 위치를 파악할 수 있다.

문학은 문명권·민족·계급·개인의 차원에서 서로 다르면서 같고 같으면서 다르며, 싸우면서 화합하고 화합하면서 싸운다. 같은 것과 다른 것을 서로 매개로 삼아 확인하면서, 화합과 싸움이 하나이면서 둘이고 둘이면서 하나임을 밝혀내야 한다. 표면상의 승리가 이면에서는 패배일 수 있고, 싸우는 쌍방이 화합을 이루는 공동 창조의 작업을 함께 수행하기도 한다. 그래서 변화가 생기고 발전이 이루어진다. 모든 것이 다 그런 보편적인 이치를 문학에서 특히 선명하게 파악할 수 있다.

그 모든 현상을 다 파악하는 작업은 영원히 계속되어야 할 탐구의 과제여서, 세계문학사를 한 번 써서 감당할 수는 없다. 이 책에서 진행하는 작업은 그 일부에 지나지 않으며, 차등의 관점을 버리고 세계문학사의 전개를 대등의 관점에서 이해하는 것을 가장 긴요한 과제로 삼는다. 수나 힘의 우세 때문에 문학의 승패가 결정되지 않고, 문학은 표면의 승패를 역전시키는 기능을 수행하면서 다음 시대 창조의 방향을 제시한다고, 사실 차원에서 밝혀 논해야 한다.

역사가 시작된 이래로 줄곧 있어온 우세집단과 열세집단, 중심부와 변방, 다수민족과 소수민족 사이의 불평등, 근대 이후 세계를 제패한 유럽 열강과 그 피해지역의 불행한 관계에 대해서 반론을 제기하는 것이 문학의 사명이다. 정치나 경제에서의 우위가 사상과 의식에서는 역전된다는 것을 보여준다. 표리의 역전이 선후의 역전으로 바뀐다. 이렇게 말할 수 있는 결과를 구체적인 증거를 갖추어 제시해야 한다.

지금 말할 수 있는 원리에서 사실 입증으로 나아가면 할 일을 다 하는 것은 아니고, 그 둘을 합치는 더 큰 작업을 해야 한다. 과거와 현재를 연결시키는 데서 더 나아가, 미래를 예견해야 한다. 세계 어디에서 사는 사람들이라도 역사를 창조하면서 세계사 발전에 동참해온 과정을 밝혀내는 새로운 역사철학을 정립해야 한다. 오늘날 세력을 떨치고 있는 세계체제론의 일방적인 주장에서 벗어나 자본주의 세계체제의 주변부에서 다음 시대 창조를 선도할 수 있다는 것을 입증해야 한다.

경제성장에 의한 빈곤 해결, 정치적 자유의 확대와 신장뿐만 아니라, 내심의 표현을 함께 즐기는 행위에서 얻는 자기만족의 고조, 세계인식의 역동적인 경험 축적 또한 역사발전이다. 그 가운데 어느 한쪽의 일방적인 발전은 다른 쪽의 후퇴를 가져온다. 외면의 발전을 지나치게 추구하면서 남들과의 경쟁에서 승리하는 것을 능사로 삼는 쪽은 내면이 황폐화되어 세계사의 장래를 암담하게 만드는 데 가담한다.

피해자가 된 쪽은 인간의 존엄성과 문화의 주체성을 지키기 위한 힘든 노력을 하면서 평화의 이상을 더욱 고양시켜 인류의 지혜를 향상하는 데 기여한다. 그 가치를 스스로 인식하면 세계를 변혁하고 재창조할 수 있는 활력을 얻는다. 가해에 반드시 수반되는 자해행위는 스스로 알아차리지 못해 계속 키우다가 회복되기 어려운 지경에 이르러 자멸의 원인이 된다. 그렇게 해서 승리가 패배이고, 패배가 승리이게 하는 커다란 전환이 이루어진다.

그것이 바로 陽이 극에 이르면 陰이 시작되는 이치이다. 정치나 경제의 위력을 자랑하는 강자가 세계를 유린하는 이면에서, 패배가 승리이고, 갈등이 조화임을 입증하는 문화의 반격이 진행되어 후진이 선진이게 하는 것이 지금의 상황이다. 양기의 강성함을 다투어 예찬하는 다른 여러 학문과 결별하고, 음기의 성장을 주목하고 평가하는 더욱 중요한 일을 문학사학에서 감당한다.

구비문학보다 기록문학이, 필사본보다는 인쇄본이, 기증용의 인쇄본보다는 영리적인 출판물이 전달의 범위가 넓다는 점에서는 발전된 문학이다. 그러나 그런 발전의 이면에 창조자와 향유자 사이의 거리가 멀어져서 공감의 밀도가 흐려지는 퇴보가 있다. 중세국가의 지배민족이 기록문학을 확립하고, 근대화를 먼저 달성한 사회에서 영리적 인쇄본 기록문학 발전을 선도한 것은 평가할 만한 일이지만, 그 때문에 상실된 가치도 지적해서 말해야 한다. 지배민족의 기록문학에 구비문학으로 대응하는 소수민족, 근대화의 중심권에서 밀어닥치는 출판물의 일방적 우세에 구비문학의 가치를 다시 입증하는 창조활동으로 맞서는 제3세계작가는 후진이 선진임을 입증한다.

역사를 이해하는 관점을 중세의 순환론에서 근대의 발전론으로 바꾸어 놓아 오랜 논란이 해결된 것은 아니다. 순환론과 발전론은 둘 다 한쪽에 치우쳐 있어 잘못되었다. 순환이 발전이고, 발전이 순환임이 진실이다. 발전은 순환을 갖추면서 이룩해야 한다. 순환은 발전을 동반해야 의의가 입증된다. 중세의 순환론과 근대의 발전론을 하나로 합칠 수 있어야 역사를 실상대로 인식하고 올바르게 창조할 수 있다.

순환을 배제하고 일방적으로 추진하는 발전은 지속적인 의의를 스스로 부인하는 위태로운 모험이다. 발전을 거부하고 순환에만 집착하면 침체에 빠지고 생기를 잃어 수호해야 할 가치가 무엇인지 모호하게 된다. 그 양극단에서 벗어나 음양의 화합과 투쟁이 생성과 극복으로 나타나는 양면이 둘이면서 하나이고, 하나이면서 둘임을 밝혀, 순환이 발전이고 발전이 순환임을 분명하게 해야 한다.

문학사의 시대구분은 문명권문학과 민족문학과, 중심부의 문학과 주변부의 문학, 외면의 역사와 내면의 역사, 역사의 발전과 순환의 상관관계를 명시하면서 이루어져야 한다. 그 양상이 민족문학사마다, 문명권문학사마다 다르다는 것을 말해주는 개별작업보다는, 민족문학사끼리, 문명권문학사끼리 같다는 것을 말하는 통괄작업이 지금은 더욱 긴요하다. 통괄 이해에 먼저 힘쓰면서 그 성과에 힘입어 차이점도 밝혀내는 것이 마땅한 방법이다.

시대구분을 하기 위해서는 명확한 데서 불명확한 데로, 단순한 데서 복잡한 데로, 문학만의 현상에서 문학과 다른 것들이 서로 얽혀 있는 현상으로 나아가는 것이 그 반대의 경우보다 유리하고 유익하다. 사회적 토대의 역사를 먼저 밝혀야 그 상부구조에 해당하는 문학의 역사에서도 시대구분을 할 수 있다는 주장은 인정할 만한 결과를 이룩하지 못하고, 불필요한 서론만 연장시키는 폐단을 자아냈다. 문학사에서 사회사로 나아가는 일은 문학사학에서 하고, 사회에서 문학으로 나아가는 일은 사회사학에서 해서 장차 그 둘이 하나가 되기를 기약하는 것이 마땅하다.

자기 시대에 이르러 역사가 완결되었다고 한 과거의 모든 착각은 허위로 판명되었다. 근대가 문학사의 도달점이라는 생각을 버리고, 역사가 끝났다고 하는 따위의 허언에 현혹되지 말고, 다음 시대를 예견하고 창조하는 방안을 마련해야 한다. 현재에서 미래로 나아가기 위해서는 과거에서 현재까지의 변화과정에 대한 탐구가 반드시 필요하다.

근대를 이룩하면서 중세를 부정하고 고대를 계승한 것이 당연한 일이 었듯이, 근대를 극복하기 위해서는 중세를 긍정하고 계승해야 한다. 중세의 신분차별을 시정하고 한 민족 공동체의 구성원은 원칙적으로 평등하다고 한 근대의 공적은 평가해야 한다. 그러나 그 때문에, 중세의 이상이었던 보편주의를 부정하는 배타적 민족주의를 내세워 침략과 억압을 일삼는 근대의 과오를 용납할 수는 없다.

근대를 극복하기 위해서 고대 또는 원시 시기의 문학 또한 다시 활용할 필요가 있다. 기존의 강자를 무너뜨리고 새로운 역사를 창조한 고대영웅서사시 주인공의 투지는, 그런 서사시를 아직까지 구전하고 있는 집단의 짓밟힌 주체성을 고양시키는 발판이 되고, 더 나아가 오늘날의 세계체제 전체를 뒤집어놓을 수 있게 하는 의지의 표상이기도 하므로 널리 받아들일 만하다. 원시서사시에서 제시한 사람과 다른 생물, 생명체와 무생물 사이의 화합은, 오직 투쟁만 소중하다고 여기는 근대인의 가해와 자해를 치유하는 지혜의 원천으로 삼을 수 있다.

고대에는 뒤떨어진 민족이 중세를 만드는 데 앞섰다. 이슬람교를 창건한 아라비아 사람들이 그렇게 했다. 중세의 열등생이 근대화를 선도했다. 영국인과 일본인이 그 본보기를 보여주었다. 과거의 사실에 대한 인식을 미래의 설계에 응용해서, 근대를 극복하고 다음 시대를 만드는 작업에서도 후진이 선진일 수 있는 원리를 정립하고, 실제 작업에서 입증하는 것이 세계문학사 서술에 부과된 과제이다.

8

그 모든 작업을 하는 원리는 동아시아 철학의 가장 소중한 유산을 재창조한 생극론이다. 조화로운 생성 과정인 상생과 모순을 투쟁으로 해결하는 극복의 과정인 상극이 둘이 아니고 하나라고 하는 것이 그 기본명제이다. 그렇게 해서 제1세계 세계문학사의 기본전제를 마련한 헤겔의 관념변증법, 제2세계 세계문학사 서술의 지침이 된 마르크스의 유물변증법에 대한 대안을 제시한다. 그 둘이 상극에 의한 발전을 일방적으로 강조한 데 맞서서 상극이 상생이고 상생이 상극이며, 발전이 순환이고 순환이 발전임을 밝혀 막힌 길을 활짝 연다.

이제 동아시아가 선두에 나서서 다른 곳을 이끌어야 하는 것은 아니다. 유럽문명권의 독주 때문에 빚어진 불행한 역사를 청산하고 다음 시대를 열기 위해서 일제히 노력하는 데 동아시아도 다른 여러 문명권과 함께 적극 기여하는 것이 마땅하고, 한국에서도 할 일을 해야 한다. 나는 내가 할 수 있는 범위 안에서 그 임무의 일단을 수행하면서, 주위의 다른 사람, 이웃 나라 학자, 다른 문명권의 학계의 분발을 촉구한다.

생극론은 내가 맡아서 새롭게 활용하고 있으나 지적 소유권을 주장할 수 없는 우리 모두의 공유물이다. 동아시아 학자들만 그 지분을 가진 것도 아니다. 말이 달라 용어는 같지 않아도 기본적으로 같은 발상을 하는 동지들이 세계 도처에 있다고 믿는다. 이 책을 내놓으면서 모두 힘을 합쳐 세계사 전환의 거대한 과업을 담당하자고 널리 제안한다.

주체적이면서 세계적인 학문을 할 수 있는가 하는 어리석은 질문은 그만 하자. 그런 학문을 실제로 한 지 오래되고 축적된 업적이 상당하다. 가능성을 의심하면서 공연한 걱정을 할 단계는 아니다. 걱정하는 사람이 선두에 서 있다는 착각은 버려라. 계속 혼자 나아갈 수 없어 동지를 널리 구하니 주저하지 말고 참여하기 바란다.

한국인이 세 가지 엄청난 차등론의 도전을 감당해야 하는 불운은 행운이어서, 크게 진전된 대등론 역사철학을 제시한다. 중국의 차등론 압력을 거부하고 학업에 열중하고 사고의 수준을 높이면서 대응해, 동아시아문명의 보편적 가치를 입증하고 확대한다. 일본의 침략에 맞서서 민족의 역량을 고양시켜, 전세계 모든 피지배민족 동지들이 희망을 가지는 세계사의 전환을 선도한다.

유럽문명권의 패권주의 차등론을 반면교사로 삼고, 온 인류가 대등한 자격을 가지고 다음 시대로 나아가는 지표를 제시한다. 이 모든 논의가 아직 미흡하다. 총론과 각론 양면에서 더 해야 할 일이 아주 많다. 대등론 역사철학을 더욱 분명하고 역동적이게 하는 공동의 노력이 절실하게 요망된다.

6-3 선후 역전

1

대등 관계에 있는 쌍방은 정태적인 상태에서 서로 작용하기만 하는 것은 아니다. 관점에 따라 또는 시대가 달라지면, 행운이 불운이 되고, 불운이 행운이 되는 것만도 아니다. 선진이 후진이 되고 후진이 선진이 되는 선후 역전을 빚어내는 것이 더욱 주목해야 할 사실이다.

대등은 고정되어 있지 않고, 지나치면 뒤집어져 大小, 強弱, 優劣, 賢愚 등의 역전에 이른다. 역사학은 이 모두를 先後 역전으로 총괄해 이해하고 논의한다. 선후 역전이 역사의 핵심이다. 모든 사실이나 생각을 이것을 집약해 고찰해야 역사학의 임무를 제대로 수행한다.이를 위한 이론을 정립하는 것이 대등역사철학이 힘써 할 일이다.

좋은 본보기를 들어 논의를 시작하려고, 《삼국사기》를 보자. 이른 시기 신라사와 고구려사를 아주 다르게 말했다. 이것은 저자의 창작일 수 없고, 두 나라가 각기 서술한 자국사를 받아들여 편록한 결과이다. 역사의 실상과 이해가 합쳐진 역사관의 상이한 출발을 선명하게 보여주어, 역사철학에서 고찰해야 하는 핵심 과제가 된다.

신라는 이질적인 주민이 함께 이룩했다. "고조선의 유민이 와서 산골짜기에 나누어져 살며 육촌을 이루었다." "중국에서 진나라가 일으킨 난리를 피해 동쪽으로 오는 사람이 많았다." 국사를 맡은 주요 인물 "瓠公은 원래 왜인이었다." "고구려가 낙랑을 멸망시키자 그 나라 사람 5천이 와서 육부에 나누어져 살았다." 국가나 국민의 다원적인 구성체임을 밝힌 것은 어느 한쪽이 지배력을 행사하지 않고 모두 대등한 관계를 가졌기 때문이다. 이것은 사람이 사는 자연스러운 모습이고 원리이다.

고구려에는 이런 말이 없다. 건국한 곳에 여러 갈래의 선주민이 있었을 것이다. "고조선의 유민"이나 "중국에서 진나라가 일으킨 난리를 피해 동쪽으로 오는 사람이" 신라보다 훨씬 많았을 것이다. 이런 사실을 외면하거나 무시한 것은 그 모두 고구려인이 아니었기 때문이다. 고구려는 배타적 정복국가로 시작되었다. 그 주역은 시조의 혈통을 이은 고구려 왕족이다.

신라의 처음 세 군주는 赫居世居西干·南解次次雄·儒理尼師今이라고 했다. 그 뒤에 이사금이 열다섯 더 있었다. 訥祇麻立干이 등장하고, 마립간이 셋 더 있었다. 혁거세·남해·유리·눌지는 이름이다. 왕의 이름에다 여러 고유어 존칭을 붙여, 백성들과의 동질성을 확인하고, 친근감을 키웠다. 바다 건너 외래인 昔脫解가 儒理尼師今 다음의 尼師今이 되고, 味鄒尼師今은 金씨여서, 朴昔金 세 성이 왕위를 주고 받는 나라가 되었다. 이런 일이 다른 어디에도 더 없다.

고구려에서는 최초의 군주 셋을 東明聖王·琉璃明王·大武神王이라고 했다. '東明'은 이름인 '朱蒙'을 다르게 일컬은 존칭이다. '琉璃'는 '類利' '孺留'라고도 적은 이름이다. '大武'는 '위대한 무력'을 뜻하는 한자어이다. 이름은 '無恤'이라고 했다. 세 호칭은 유래가 달라도, 뒤에 '聖王'·'明王'·'神王'이라는 말을 붙인 것은 일관성이 있다. 성스럽고·밝고·신이하다고 하는 칭송을 차례대로 했다. 그런 위업을 고구려에서만 이룩한다고 자부했다.

왕은 절대적인 권력을 휘둘러 자기 아들마저 견디기 어렵게 했다. 琉璃明王의 아들 解明, 武神王의 아들 好童이 나라를 위해 공을 세우려고 했으면서 부왕의 부당한 질책을 받고 자결한 사건이 이어져 나타난 것이 그 때문이라고 생각된다. 백성에 대한 침해는 그 정도가 아니었을 것인데, 기록되지 않고 있다가 이따금 문제가 되었다.

제4대 慕本王은 "사람 됨됨이 사납고 어질지 못하며 국사에 힘쓰지 않았으므로 백성들이 원망했다." 그 뒤에 "날로 포학해져 앉을 때에는 항상 사람을 밑에 깔았고, 누울 때에는 사람을 베개 삼았다. 사람이 혹 움직이면 용서하지 않고 죽였다. 신하로서 간하는 자가 있으면 활을 당겨 그를 쏘았다." 신하가 왕을 죽이고, "지금 왕의 행실이 잔학해 사람을 죽이니 백성의 원수로다"라고 했다.

제5대 太祖大王은 나라를 새로 일으켜 '태조'라고 하고, '대왕'이라고 칭송되었다. 무척 오래 살고 많은 일을 했다. 사람됨은 "놀고 즐기기나 하고, 도리가 없다"고 했다. 그 아들 제6대 次大王은 "용맹스럽고 씩씩하며 위엄이 있으나, 어질고 자비로움이 적었다" "도리가 없어 신하나 백성이 가까이하지 않았다"고 하고, 마침내 "국민이 참지 못하고 왕을 죽였다"고 했다.

신라는 그렇지 않았다. 제3대 儒理尼師今이 나라 안을 순행하다가 한 할멈이 굶주리고 얼어서 죽어가고 있는 것을 보고 말했다. "내가 미미한 몸으로 왕위에 있으면서 백성을 능히 기르지 못하여 늙은이와 어린아이로 하여금 이 지경에까지 이르게 했으니, 이는 나의 죄이다. (왕이) 옷을 벗어서 덮어주고 밥을 주어 먹도록 했다. 그리고 담당 관청에 명해 곳곳에 있는 홀아비와 홀어미, 부모 없는 아이, 자식 없는 늙은이와 늙고 병들어 스스로 살아갈 수 없는 사람을 위문하고 양식을 나누어 주어서 부양하게 했다. 그러자 이웃 나라의 백성들이 소문을 듣고 옮겨 오는 자가 많았다. 그 해에 백성의 풍속이 즐겁고 편안해 비로소 〈兜率歌〉를 지었다. 이것이 歌樂의 시초이다." 이렇게 기록되어 있다.

여기서 이웃 나라 사람들이 신라로 온 이유를 알 수 있다. 자기 나라에서 살기 어려워 무턱대고 신라로 향한 것은 아니다. 신라는 백성이 잘살도록 하는 것을 알고 찾아왔다. 백성이 잘살도록 하는 民本은, 고대와는 다른 새로운 시대 중세를 이룩하는 결정적인 힘을 가진다. 고대의 차등론은 대단할 수 있는 민력을 줄여 자멸하고, 대등론을 구현하는 중세의 민본은 모자라는 민력을 늘여 경쟁력을 가졌다. 영토 확장보다 주민 확보가 승패를 결정짓는 더 큰 이유였다.

또 하나 획기적인 변화는 제22대 智證麻立干 3년(502년)에는 殉葬을 금지한 것이다. 순장을 하는 시대는 고대이고, 하지 않게 된 시대가 중세이다. 고대에는 차등론을 지배 이념으로 하다가, 차등론을 버리고 대등론으로 나아가고자 하면서 중세로의 전환이 이루어졌다. 나라를 처음 세우던 시기 고대에는 후진이던 신라가 이렇게 하는 데 앞서서 중세의 선진이 되었다.

고구려가 신라를 아우르지 못하고, 신라가 고구려를 아우른 것은 고대의 선후를 역전시켜 중세를 이룩하는 데 신라가 앞섰기 때문이다. 고구려는 고대의 차등론을 경쟁력으로 삼고 중세국가를 강성하게 키우려고 하는 모순이 있었다. 신라는 그 전 단계의 대등론을 버리지 않고 이어 고대에는 후진의 상태에 머물렀다. 어려움을 겪은 탓에 정신을 더 차리고 축적한 역량으로, 고대에서 중세로 나아가는 선후 역전을 남들보다 앞서 역동적으로 이룩했다.

그 덕분에 삼국을 통일한 것만 아니다. 강역이 줄어든 것을 한탄하고 있으면 어리석다. 동시대 원근 어느 나라보다도 월등한 수준의 문화를 이룩해, 오늘의 재창조를 위해 아주 소중한 유산을 남긴 것을 알아야 한다. 石窟庵佛像, 聖德大王神鍾, 元曉의 철학, 이런 것들이 더욱 오묘한 원리를 알려주어 세계가 한 집이게 한다.

차등론에서 대등론으로 이행하는 방향을 설정하면, 선후·강약·현우 역전이 이루어진다. 이것이 대등생극론 역사철학의 핵심 명제임을 《삼국사기》를 읽으면서 고구려와 신라의 역사를 비교해 고찰하면 쉽게 알 수 있다. 대등생극론이라는 책을 새삼스럽게 써서 새롭게 말하고자 하는 각성이 2천 년에 이미 있었다.

2

스페인과 네덜란드, 러시아와 핀란드, 영국과 아일랜드, 일본과 한국, 이 네 쌍의 나라는 모두 식민지통치의 가해자와 피해자이다. 강성한 가해자의 지배를 견디지 못하고, 미약한 피해자가 독립을 쟁취한 것이 같다. 비교고찰을 하면서 우리의 경우에 대한 새로운 인식을 할 필요가 있다.

미약한 피해자가 강성한 가해자를 물리치는 것은 불가능하게 보이는데, 단련을 받고 분발해 가능하게 만들었다. 더 나아가, 선진이 후진이 되고, 후진이 선진이 되는 역전이 일어났다. 피해자였다가 독립한 새로운 나라는 크게 분발해 경제 발전에서 앞서고, 더 좋은 사회를 만들고, 학문 발전의 새로운 길을 연다.

스페인은 보수주의 차등론에 사로잡혀 내려가고, 네덜란드는 반대가 되는 길을 택해 일어섰다. 혁명을 거치지 않고도 시민사회의 순조로운 발전을 이룩했으며, 종교의 자유를 보장하는 데 앞섰다. 스페인에서 이교도이고 탐욕스러운 자산가라는 이유에서 추방한 유태인들이 네덜란드로 가서 경제성장에 크게 기여했다. 네덜란드는 기독교 선교를 하지 않아, 세계 어디서도 경계의 대상이 되지 않고 장사를 할 수 있었다. 일체의 특권을 폐지하고, 널리 개방된 대등사회를 만들어 진취적인 성장을 했다. 오늘날도 외국인이 차별을 받지 않고 편안하게 살고 활동할 수 있는 나라이다. 유럽 중앙의 작은 나라임을 이점으로 삼고, 국가를 넘어선 유럽의 이상을 추구한다.

러시아는 전체주의의 폭압을 형태를 바꾸어 계속하고, 핀란드는 패권주의를 청산한 대등사회의 좋은 본보기를 보이면서 누구나 행복을 누릴 수 있게 한다. 독립을 하자 대학에 세계 최초로 민속학과를 설립하고, 세계적인 범위에서 민속학을 연구하도록 지원한 것을 높이 평가할 만하다. 지진아가 없이 모든 학생이 창조력을 발현하게 하는 교육을 이론과 실천 양면에서 잘하고 있다. 세계 도처에서 핀란드의 교육을 본받으려고 하지만, 심성을 따르지 못해 성과가 없다.

영국은 폐쇄되고 고립된 나라이기를 고집하면서 우월감을 유지하려고 하지만, 아일랜드는 국가의 장벽을 최대한 낮추어 경제발전을 가속화하고 있다. 영국이 폐쇄적일수록 아일랜드는 개방적이어서, 영국이 망하는 것만큼 아일랜드는 흥한다. 거대 다국적 기업의 유럽 총본사가 속속 아일랜드로 모여든다. 아일랜드에는 인종 차별이 없어 누구나 편안하게 살 수 있다. 아일랜드 문예부흥이 식민지통치의 모든 피해자에게 큰 감명을 주었다. 문학 유산을 과장해 열거하는 경쟁에서 벗어나, 문학사를 의식 각성의 역사로 서술하는 본보기를 보인 것이 높이 평가되고 널리 영향을 끼친다.

일본은 萬世一系의 신성혈통을 이어온다는 天皇을 받드는 신성국가라고 하면서, 차등론을 질서의 근본으로 삼는다. 침략전쟁을 자행한 전체주의에 대해 계속 미련을 가진다. 조직의 일원이 되어 질서를 지키고 주어진 임무를 거의 기계적으로 수행하는 것을 소중하게 여긴다. 한국은 차등론을 부정하는 대등론으로 사회를 구성하고, 민주화를 소중한 가치로 삼는다. 누구나 자기주장을 과감하게 펴서 조성하는 역동적인 기풍을 발전의 동력으로 한다. 일본은 유럽문명권 학문을 받아들이는 수입학에 매달리고, 한국은 수입학을 넘어서서 창조학을 하려고 분투한다.

스페인과 네덜란드, 러시아와 핀란드, 영국과 아일랜드, 일본과 한국,

이 네 쌍의 나라를 비교해 고찰한 결과를 가지고 일반론을 정립할 수 있다. 가해는 가해자의 영광이고 피해자의 치욕이라고 할 것은 아니다. 가해가 영광이라고 여기는 것이 자해이다. 그 때문에 패권주의를 확대하고, 차등론의 폐해를 키운다. 보수주의에 사로잡혀 혁신의 기회를 잃는다. 가해를 당한 것이 피해자의 치욕이라고 하고 말 것도 아니다. 그 덕분에 피해자는 분발해 선후나 우열을 역전시킨다.

외래 통치자의 가해는 불운이 아니고 행운이다. 그 덕분에 패권주의를 부정하는, 지극히 어려운 각성을 얻을 수 있다. 차등론을 청산하고 대등론을 실현하는, 인류의 오랜 소망을 실현할 수 있다. 이 얼마나 큰 영광인가? 감격하지 않을 수 없다.

3

가해는 행운이고, 피해는 불운인가? 아니다. 가해는 불운이고, 피해는 행운이라는 역설이 타당하다. 언제나 그런 것은 아니다. 경우에 따라 달라진다.

가해자는 가해가 불운임을 알아차리고 반성하고 차단하면 불운이 줄어든다. 피해자는 피해가 행운인 줄 알지 못하고 불운이라고 여기기만 하면 행운이 달아난다. 피해를 가해로 되돌려 복수를 하려고 하거나, 상대방을 피해자로 만들어 분풀이를 하려고 하면, 피해가 행운일 수 없고 더 심한 피해가 되어 회복할 수 없는 상처를 남긴다.

피해를 당한 불운에서 벗어나려고 가해자의 위치에 올라서려고 하는 것은 아주 어리석다. 우리도 아득한 옛적에는 국력이 크게 강성해 많은 나라 여러 민족을 쳐서 무찌르고 대제국을 세웠다고 하는 주장을 흔히 듣는데, 이것은 누구든지 힘이 있으면 가해자가 될 수 있다는 말이다. 우리가 당한 가해를 나무랄 수 있는 논거를 상실한다.

더 심각한 자해 행위도 있다. 피해가 행운인 것을 부정해, 피해의 고통을 무효로 돌린다. 해방을 위해 목숨을 바친 선열들의 죽음을 헛되게 한다. 실행이 가능하지 않은 대외적 패권주의를 우상으로 삼아 의식이 황폐하게 한다. 차등론을 더욱 확대해 기형적인 사고가 만연한 사회를 만든다.

한국이 통일을 이룩하면 명실상부한 강성대국이 되어 국력을 뽐낼 수 있으리라고 하는 말을 자주 듣는다. 이것은 커다란 망상이고, 심각한 착각이다. 강성대국이 되어 국력을 뽐내려면 만만하게 생각되는 나라를 쳐서 괴롭혀야 하는데, 아무리 둘러보아도 그럴 나라가 없다. 가해자에게 복수를 하려고 하면 피해가 행운인 것을 다 까먹고, 가해를 변변하게 하지도 못하고 가해가 행운이 아니고 불운인 횡액이나 잔뜩 뒤집어쓴다.

네덜란드, 핀란드, 아일랜드는 작은 나라인 것이 큰 행운이다. 주위의 다른 나라를 쳐서 가해자가 되고자 하는 충동을 가질 수 없어 타락하지 않는다. 네덜란드가 인도네시아를 식민지로 삼고 가해자 노릇을 한 것은 변명의 여지가 없는 잘못이지만, 경과를 조금 설명할 필요가 있다.

네덜란드 사람들은 기독교 선교를 하지 않고 장사만 해서, 의심을 사지 않는 덕분에 어디서든지 환영받았다. 쇄국정책을 하는 일본도 네덜란드 사람들은 와서 머무르고 장사를 하는 것은 허용했다. 인도네시아 여러 곳들과도 그런 관계를 가지려고 하다가 사정이 달라졌다. 영국이 인도를, 불국이 인도차이나를 온통 차지해 식민지로 삼자, 네덜란드는 인도네시아에서 하는 교역을 보호하려고 그 전역을 식민지로 했다.

네덜란드는 일탈을 했지만, 핀란드나 아일랜드는 다른 나라를 침략해 식민지로 삼은 적이 없다. 식민지통치를 당하고 있어 그럴 수밖에 없었으며, 독립을 해도 식민지를 강탈할 힘이 없었다. 한국도 이와 같은 나라이다. 과거의 역사에서도 다른 나라를 침공한 사실이 없다. 이것을 부끄러워하지 말고, 자랑스럽게 여겨야 한다. 패권주의를 부인하고, 모든 나라가 대등한 관계에서 화합하자고 하는 자격이 있고, 사명을 자각해야 한다.

핀란드나 아일랜드와 이 자격과 사명을 공유하고 함께 행사하는 것이 바람직하다.

한국은 면적은 작지만 인구는 비교적 많은 것이 조금 문제가 된다. 이 점은 핀란드나 아일랜드와 동지가 되기 어려운 결격 사유일 수 있으므로, 내세우지 않도록 조심해야 한다. 큰 나라라고 자처하는 허위의식을 버리고, 작은 나라임을 자임하는 겸손한 태도를 지녀야 한다. 중국이나 일본은 물론 월남과 견주어도 한국은 인구가 모자라는 나라이다. 동아시아의 가장 작은 나라여서, 유럽의 작은 나라 핀란드나 아일랜드와 동지가 될 수 있다고 여기고, 딴 소리를 하지 말아야 한다.

네덜란드, 핀란드, 아일랜드가 독립 후에 가해자보다 앞서는 문화의 발전을 이룩한 것을 알고 한국을 되돌아보아야 한다. 대중가요, 방송극 등의 공연예술이 세계를 흔들고 있는 것을 대강 알고 자랑으로 삼기나 해서는 많이 부족하다. 문화의 저력이 무엇이고, 어떻게 발현되어야 하는지 깊이 고찰해야 한다. 일본과의 선후가 역전되는 심층의 이유를 알아야 한다. 그것을 밝혀 논하는 학문을 해서 세계에 내놓아, 각성 확대에 기여해야 한다.

지금부터 하는 작업에서 일본과 한국 비교를 먼저 하는 것은 사실 파악이 쉽기 때문이다. 고립된 사실을 파악하기나 하지 말고, 그 보편적 의의를 알아야 한다. 네덜란드·핀란드·아일랜드가 가해자와의 선후 역전을 이룩하기 위해 어떤 노력을 했는지 알고 비교고찰의 범위를 넓혀야 알 것을 제대로 안다. 되돌아오기 위해 멀리까지 간다.

4

지금 일본은 내려가고, 한국이 올라가고 있다고 한다. 일본의 무역 보복이 실패로 돌아가고, 우리 쪽의 선도 기업이 새로운 기술을 개발해 시장에 적극 진출하는 것이 구체적인 증거라고 한다. 이것은 근시안적 견해이다. 역전이 일어나는 이유와 의의를 더 크게 살펴야 한다.

일본이 내려가는 것은 선진이 후진이기 때문이다. 유럽문명권을 따르면서 수입한 기술을 가다듬는 선진의 수월성이 과감한 시도를 막아 앞으로 더 나아가지 못하게 한다. 모든 것을 잘했다고 여기고 있었던 탓에 다시 시작할 수 없다. 급격하게 변하는 세상에서 정지해 있으려고 하니, 선진이 후진이 되어 뒤떨어진다.

한국이 올라가는 것은 후진이 선진이기 때문이다. 후진인 것을 장점으로 삼고 전례가 없는 시도를 하려고 생각을 연다. 잃을 것이 없어 과감하게 나아가는 창조력이 발현된다. 이룬 것이 적다고 여겨 이루어야 할 것이 많다. 이룬 것이 많다고 자랑한다면, 이루어야 할 것이 줄어들고 창조력이 감퇴된다. 선진이 후진이 되어 더 나아가지 못한다.

세계사를 크게 살피면, 유럽문명권은 선진이 후진이어서 뒤로 물러나고, 다른 여러 문명권은 후진인 곳들이 선진이 되어 앞으로 나아간다. 脫亞入歐를 택한 일본은 유럽문명권과 선진이 후진이 되는 전환을 함께 겪고 뒤로 물러난다. 우리는 동아시아의 후진이 이제 선진이어서 앞으로 나아가는 본보기를 보인다. 일본과는 다른 길로 가야 하는 것이 당연하다.

선진이 후진이 되고, 후진이 선진이 되는 양상과 그 이유를 기술 개발이나 산업 발전에서 논의할 필요가 있으나, 학문이 더 좋은 증거를 제공한다. 기술이나 산업은 기존의 기반을 이용하면서 점진적으로 발전시키지 않을 수 없다. 자본이 없으면 동력을 상실한다. 학문은 기반이나 자본이 없어도 이미 지니고 있는 역량을 발휘해 선후 역전을 과감하게 이룩할 수 있다.

기술이나 산업이 먼저 발전해 학문을 이끌어야 한다는 것은 그릇된 생각이고, 성과가 나타나려면 많이 기다려야 한다. 기대가 이루어지지 않을 수 있다. 학문이 먼저 깨어나 기술이나 산업을 이끄는 것이 당연한 순서이고, 여건을 무시한 비약이 가능해 기대하는 성과를 거둘 수 있다. 기술이나 산업이 뒤떨어진 곳일수록 학문을 제대로 할 수 있는 역량인 창조력을 더 잘 갖추고 있는 것이 오히려 당연한 일이다.

전투를 할 때 적의 강점을 부럽게 여기고 정면 승부를 하는 것은 어리석다. 약점을 공격하는 작전을 감행해 강점이 소용없게 만들어야 한다. 유럽문명권은 기술이나 산업에 강점이 있으면서, 대등의식을 상실하고 창조력을 왜곡하는 약점이 있다. 선진의 약점이 후진의 강점이어서, 강약 또는 선후 역전이 가능하다. 이런 방향으로 나아가 세계의 학문을 혁신하고 세계사의 진로를 바로잡아야 한다.

유럽문명권은 근대에 이르러 학문 발전을 선도해 자랑스러운 업적을 이룩했으나, 기술이나 산업에서 이익을 얻는 쪽에 치우치는 편향성을 지녔다. 차등론을 합리화하는 방향으로 치닫는 것은 더 큰 잘못이다. 성공이 실패이고 선진이 후진인 것을 알아차리고 방향을 돌려야 한다. 학문 분야를 세분하고 각기 그것대로 독자적인 방법을 갖추려고 한 폐단을 통합학문의 총체적 관점을 갖추어 시정해야 한다. 차등론에 사로잡혀 유럽중심주의에 치우친 잘못을 바로잡고 세계 전역을 대등하게 포괄하는 진정으로 보편적인 학문을 이룩해야 한다.

일본은 유럽문명권의 편향성을 따르면서 극단화하기까지 했다. 세분화된 영역에서 미세한 사실을 밝히는 현미경 학문을 하는 것을 자랑으로 삼았다. 유럽중심주의를 숭앙하면서 받아들이는 수입학에 힘쓰면서 일본의 특수성에 관한 탐구를 보태면 할 일을 다 하는 것으로 여겼다. 믿고 따르던 선진이 후진이 되는 대전환이 일어나자 난감해진 것을 알아차리지 못한다.

일본이 하는 대로 학문을 하는 것은 동반자살이다. 일본은 철학하기는 버려두고 철학알기에만 머물러 크고 중요한 문제를 스스로 제기하고 해결할 수 없는 것이 가장 큰 결함임을 알아차리고, 한국은 슬기로운 결단을 내려 반대 방향으로 나아가야 한다. 통합학문을 가능하게 하는 총체적 관점의 철학을 적극 계승하고 오늘날의 정황에 맞게 재창조해, 거시적 관점을 갖춘 망원경 학문을 할 수 있어야 한다. 유럽문명권이 주도한 근대학문을 넘어서서 다음 시대 학문을 하는 길을 열어야 한다.

근대의 척도로 판정하면 아직 중세에 머물러 후진이기만 한 것 같은 총체적 관점으로 이성 위의 통찰력을 제시하는 선진의 학문을 해야 한다. 그 요체가 생극론이고 대등론이다. 천지만물의 근본 이치인 생극론이 사람들 사이의 관계에서는 대등론이다. 생극론을 본체로 삼고 대등론을 활용으로 삼아 이론과 실천을 함께 혁신해야 한다.

5

한일 역전은 경제의 수치에서 구체적으로 확인된다. 이명찬은 《한일역전》에서, 1965년 수교할 때 일본의 경쟁력은 한국의 30배였다고 했다. 그 뒤 일본은 발전이 정체되고, 한국은 비약적인 발전을 했다. 지금은 한국이 앞서고 있다.

그 이유가 무엇인가? 선진이 후진이 되고 후진이 선진이 되는 것이 당연하다. 가해자는 망하고 피해자가 일어나는 것이 어디서나 볼 수 있는 변화이다. 이렇게 말하고 말 것은 아니다. 역전의 구체적인 이유를 좁혀서 말해야 한다. 경제 발전은 기술 혁신에서 이루어졌다. 기술 혁신은 사회적 조건의 산물이고 정신 자세의 표출이다. 창조적 사고에서 시작되는 역동적 모험이 다각도로 이루어져 경제 발전이라는 가시적인 결과를 가져온다.

일본인은 조직 속에 매몰되어 개인이 창조력을 가지지 못한다. 완성도 향상에 집착하고, 다시 시작하는 모험을 기피한다. 모험은 군사적인 모험만 하다가, 이제는 할 수 없게 되어 활력이 없다. 일본은 위계질서를 존중하면서 명령을 받드는 차등사회이고, 누구나 자기 창조주권을 발현할 수 있는 대등사회는 아니다. 위계질서가 고착화되고, 명령이 달라지지 않아 차등사회를 불편하게 여기지 않고 잘 적응하면서 살아간다. 일상적이고 사소한 관심사에 매몰되어 의식이 왜소해진다. 거시적인 인식을 하지 못한다.

작은 일에 미시적으로 집착하고, 치밀 정확한 것만 소중하게 여긴다. 거시적이고 역동적인 안목을 가지고 전체를 휘어잡아 창조활동을 하지는 못한다. 철학을 지식이라고 여기고 철학알기에만 힘쓴다. 유럽문명권 철학을 지나치게 존중하고, 철학을 스스로 할 수 있는 가능성을 인정하지 않는다. 경험적이고 개별적인 인식을 총괄하는 이론이 있을 수 없다.

수입학에 매달리고 창조학을 하지 못한다. 일본의 철학은 수입 가공품인 것이 당연하다고 한다. "노예의 학문"이라고 질타해도 달라지는 것이 없다. 무엇을 수입하는가 하는 것보다 얼마나 충실하게 수입하는가 하는 데 관심을 가진다. 어느 하나라도 완벽하게 이해하고 재현하는 데 온갖 노력을 다 바치면서 쾌감을 누린다.

유럽문명권을 배우고 따라 같아지는 것을 목표로 하다가 몰락을 더 심하게 겪는다. 그곳보다 앞질러 나가 새로운 시대를 여는 것이 불가능하다. 유럽문명권에 대해서는 열등감을, 동아시아 이웃에 대해서는 우월감을 가지는 불균형을 시정하지 못한다. "우리 일본은"을 말하는 데 머무르고, "무릇 사람은"이라고 하면서 시작하는 논의는 없다. 일본의 특수성에 대해 열등감과 우월감을 가지기나 하고, 세계적인 보편성이나 인류문명에 대한 관심은 없다.

한국인은 어떻게 하는가? 일본의 약점을 선망의 대상으로 삼고 배우고 따르려고 하면 역전이 일어나지 않는다. 일본과 같아지지 못하는 것이 한국의 잘못이라고 하면, 일본의 약점이 약점 아닌 것이 되고, 한국은 가망 없는 나라가 되는 치명적 약점을 지니게 된다. 식민지통치에 동조하는 극소수는 이런 생각을 가지고 지속적인 영향력을 행사했다.

일본의 약점이 약점인 줄 알지만 한국이 해야 할 일은 알지 못하고 대응되는 노력을 하지 않으면, 한국은 한국대로 약점을 지녀 피장파장인 관계가 된다. 각기 자기 약점을 지니고 평행선을 달려 역전이 일어나지 않는다. 식민지통치에 반발하고, 수난에 분개하는 한국인이 대다수여서 이런 정도의 타협을 거부한다. 적극적으로 맞서는 대책을 찾으려고 한다.

일본이 하는 것과 반대로 하면 한국의 길이 열려, 역전 가능성이 생긴다. 한국의 길이 조상 전래의 특성과 능력을 살리고, 동아시아문명의 소중한 유산을 계승해 더욱 분명하게 하는 데 있는 줄 알면, 역전이 진행된다. 유럽중심주의를 시정하고 근대를 넘어서서 다음 시대로 나아가는 세계사의 대전환을 선도하려고 하면, 역전이 이루어진다.

그 지침이 되는 철학이 변증법을 넘어서는 생극론이고, 차등론을 시정하는 대등론이다. 대등론을 누구나 지니고 있는 창조주권론 발현으로 실현하는 방안이, 이 전후의 논의에서 다각도로 제시된다.

6

자본주의가 발달하면서 우파와 좌파의 대립이 나타났다. 자본주의를 우파는 옹호하고, 좌파는 비판한다. 이렇게 해서 벌어진 싸움이 현대사의 중심을 이룬다. 이에 대해 고찰하지 않고 역사에 대해 무어라고 말하는 것은 책임 회피이다.

좌우의 싸움을 사실의 차원에서 구체적으로 말하는 것은 여기서 할 일이 아니다. 그럴 겨를이 없을 뿐만 아니라, 사실 열거에 그치면 알 것을 알지 못한다. 싸움의 원리를 밝히는 것이 긴요한 과업이다. 싸움의 원리를 알면, 싸움이 바람직하게 진행되는 방향을 찾고 해결의 전망을 세울 수도 있다.

싸움의 원리는 무엇인가? 싸움은 강약 대결이라고 여기는 상식은 넘어서야 한다. 유물론에 근거를 두고 변증법적 투쟁을 말하는 이론은 타당성을 확보하고 있는 것 같지만, 강약으로 싸움을 결판내야 한다는 것은 종래의 주장과 다르지 않다. 강약 대결은 그대로 진행되지 않고 굴절되므로 관점을 바꾸어야 한다. 의도한 바와는 반대가 되는 결과가 나타나서 강약이나 선후가 역전되는 것이 예사이다. 변증법과는 다른 생극론에 근거를 두고, 좌우의 싸움에 대한 이해를 타당하게 해야 한다.

서론을 더 늘이지 않고, 실제의 사태를 검토하기로 한다. 우파의 전위부대인 극우파는 어디서나 자본주의 수호를 성스러운 사명으로 삼고, 극단적인 좌파 공산주의를 강압적인 방법으로 박멸해야 한다고 한다. 히틀러의 파시즘이 가장 강경하게 나서서, 지금도 흠모하고 추종하는 사람들이 있다. 그러나 유럽에서 공산주의가 물러나게 한 것은 파시즘이 아니고, 공산주의 동조세력 같이 보이는 사회민주주의이다.

파시즘은 횡포와 억압을 자행해, 격렬한 저항을 불러일으켰다. 목숨을 걸고 싸우는 사람들 선두에 공산주의자들이 서서, 공산주의에 대한 평가와 신뢰를 높였다. 파시즘을 물리치는 공동전선에 참여해 소련이 거대한 세력으로 성장했다. 파시즘은 공산주의의 득세를 초래하고 패퇴되었다. 그래서 공산주의 세상이 된 것은 아니다.

공산주의를 막으려면 자본주의의 약점을 보완해야 한다. 이렇게 판단하고 공산주의와의 경쟁을 평화적으로 하면서, 복지사회 실현에서 한 걸음 더 나아가고자 하는 사회민주주의가 성장해 공산주의를 무색하고 무력하게 만들었다. 공산주의 동독이 사회민주주의 서독과 복지 경쟁을 하다가 패배하고 무너진 것이 구체적이고 명백한 본보기이다. 의도와 결과가 반대로 나타났다.

일본의 군국주의 침략세력도 파시즘의 광기를 지니고 횡포를 자행했다. 조선을 강점하고, 중국을 침략하면서 공산주의를 박멸하는 성스러운 사명을 수행한다고 했다. 이에 대해 격렬하게 저항하면서, 공산주의가 고립에서 벗어나 지지를 받고 승세를 얻었다. 동아시아 공산주의는 일본 파시즘의 만행 덕분에 급격하게 성장했다.

중국에서 일어난 변화를 살펴보자. 일본의 침략이, 蔣介石의 정규군 공격을 견디지 못하고 멀리 밀려나 소수만 남은 중국공산당의 유격대 紅軍이 항일전의 용사로 평가되어 재기 할 수 있게 했다. 일본군에게 패퇴한 만주의 군벌 張學良이 蔣介石을 감금하고 공산군과의 싸움을 그만두고 항일전쟁에 함께 나서야 한다고 한 것이, 널리 알려진 바와 같이 결정적인 전기가 되었다. 일본군은 의도한 것과 정반대로, 중국의 공산군을 키우는 결과를 초래했다.

중국공산당은 항일전 승리의 여세를 몰아 내전에서 이기고, 중화인민공화국을 당당하게 이룩했다. 일본의 침략이 없었다면 가능하지 않은 결과이다. 毛澤東은 1972년 9월 27일 일본 수상 田中角榮(다나카 가쿠에이)을 만났을 때 이렇게 말했다고 한다. "중국공산당은 일본에 감사해야 합니다. 일본이 중국을 침략하지 않았다면, 우리는 정권을 획득할 수 없었습니다."

중국 공산당은 좌경모험주의를 두 번 극복하고 승리를 거둔 것을 자주 자랑한다. 도시폭동을 일으켰다가 괴멸된 패배를 반성하고 농촌으로 물러나 회생의 길을 찾았다. 농민을 주역으로 하는 유격대를 조직하고 거점을 확보했다. 쫓기고 있는 紅軍을 동원해 도시를 공격하자는 모험주의의 유혹을 물리치고, 멀리 물러나 세력을 키우고 때를 기다리기로 했다. 이 두 차례의 전환을 모택동이 주도해 슬기로움을 입증했다고 한다.

중화인민공화국을 만들자 모택동은 승리에 들뜨고 자만에 빠져 좌경모험주의의 과오를 걷잡을 수 없이 빚어냈다. 사회주의 단계를 단축하고 일거에 공산주의에 진입하겠다면서 대약진운동을 일으켜 기아가 만연되는 참상을 빚어냈다. 당내의 우파를 제거하고 권력을 되찾으려고 문화대혁명을 일으켜 허무주의적 파괴력의 횡포를 거대한 규모로 빚어냈다. 그 폐해를 시정해야 하는 아주 힘든 과제를 남겼다.

모택동이 세상을 떠나자, 모택동의 과오를 우회적으로 비판하면서 鄧小平이 앞장서서 개혁개방을 하고 시장경제를 선택했다. 생산이 획기적으로 늘어나 기아에서 벗어나고, 국력이 급격하게 향상되었다. 그 반면에 경제성장의 혜택을 일부만 누려 빈부의 격차가 심각해졌다. 시장경제는 무어라고 말하든 자본주의로 나아간다. 공산주의 혁명을 하느라고 엄청난 희생을 치르고 자본주의로 되돌아가는 것이 온당한가 하는 의문을 심각하게 자아낸다.

시장경제를 발전시켜 풍요로운 사회를 만들려고 하다가, 공산주의를 위태롭게 한다. 통제를 강화해 위험을 제거하려고 하면 내부가 약화되어, 공산주의를 대외적으로 옹호할 수 있는 경쟁력을 상실한다. 의도가 정당하면 기대하는 결과를 얻는다고 여기는 것은 잘못이다.

이것은 뜻밖의 사태가 아니고, 당연한 일이다. 생극론의 역사철학은 선후 역전의 원리를 알리면서 이렇게 말한다. 유물변증법은 공식에서 어긋난 뜻밖의 사태는 예견하지 못해 대처할 방법이 없다. 앞으로 우리 문제를 논의할 때에도 두 이론의 차이를 잘 알고, 판단을 명확하게 하는 쪽을 택해야 한다.

두 관점이 승패를 나누는 것은 아니다. 유물변증법은 독선적인 타당성을 주장하지만, 생극론은 그렇지 않다. 상극이 상생이고 상생이 상극임을 분명히 하면서, 상극에 치우친 유물변증법을 포용하고 편향성을 시정한다.

7

중국인과 불국인을 한자리에서 만나, 두 나라 사람이 사는 형편을 비교하는 데 참여했다. 예상하지 못한 말이 나와 왜 그런가 생각하다가, 이 글을 쓰는 단서를 얻었다. 사소한 것 같은 사실에서 출발해 역사의 거대한 움직임을 이해하는 데 이른다.

불국인은 말했다. 파리 시내의 집은 대부분 나라의 집이고. 주민이 세를 내고 산다. 몇 년에 한 번씩 집세를 다시 정한다. 집세를 소득이 높고 가족이 적으면 많게, 소득이 낮고 가족이 많으면 적게 한다. 대학생은 등록금을 내지 않고 숙식비를 장학금으로 받아, 대학교육까지 사실상 무료이다. 나라에서 제공하는 집에서 살고, 무료교육을 받는 것은 사회주의이다. 불국은 사회주의 나라이다.

불국은 오랜 기간 동안 의회민주주의 방식의 개선을 거쳐 사회주의를 점진적으로 실현했다. 이런 사회주의는 사회민주주의이다. 중국은 사회주의를 위해 폭력혁명을 했다. 이것은 혁명사회주의라고 하자. 사회주의의 하위 개념에 사회민주주의도 혁명사회주의도 있다고 하면 구분이 분명해진다. 하위 개념이 공유하고 있는 사회주의의 공통된 특징이 더욱 소중하다.

중국은 사회주의의 이상을 일거에 실현한다고 널리 자랑해 세계의 이목을 집중시켰다. 소련을 대신해 전 세계 사회주의 혁명의 선두에 섰다고 자부했다. 천안문에 붙인 구호 "世界人民大團結萬歲"가 그런 말이다. 불국에도 중국혁명 예찬론자들이 있어 자기 나라 사회주의가 철저하지 못하다고 질타하고 과격한 시위를 벌였다.

그런 중국이 달라졌다. 자기 집을 사서 살아야 하고, 대학생이 등록금과 기숙사 숙식비를 부담해야 하는 변화가 일어났다. 개혁개방을 거쳐 시장경제를 한다고 하면서, 사회주의와 거리가 멀어지고 있다. 중국에서 하고 있는 시장경제는 누가 무어라고 하든 사실상 자본주의이다. 사회주의 혁명을 하느라고 엄청난 희생을 치르고 자본주의로 되돌아가고 있다. 그래서 혼란이 심하고 차질이 많다. 중국의 대학교수는 사회주의 월급을 받고, 자식을 위해 자본주의 학비를 부담해야 하므로 견딜 수 없다고 한다.

불국은 자본주의에서 사회주의로, 중국은 사회주의에서 자본주의로 나아가 양쪽 모두 역행을 하고 있다. 이것은 얼마나 이상한 일인가? 우연한 착오나 실수인가? 납득하기 어려워도 어쩔 수 없는 추세인가? 아니면 역사 변화의 필연적인 과정이고, 그럴 만한 이유가 알고 보면 분명해지는가?

나라에서 제공하는 집에서 살고, 무료교육을 받는 사회주의는 훌륭하다. 인류의 이상이라고 하는 데 반론을 제기할 수 없다. 그러나 달성 방법이 문제이다. 무산계급 폭력혁명을 하고, 무산계급 독재를 통해 목표를 달성해야 한다고 공산주의자들은 주장한다.

공산주의 폭력혁명을 하지 않고 의회민주주의 방식으로 사회주의를 실현하는 것이, 이런 의미의 사회민주주의가 더 좋은 대안이라고 할 수 있다. 이것은 오랜 기간 동안 전연 타당성이 없었었다. 공산주의 투쟁이 고조되어 큰 위협을 받게 되자, 자본주의가 사회민주주의를 받아들이며 변신해 자구책을 마련하게 되었다. 소수의 공상에 지나지 않던 사회민주주의가 다수의 선택을 받고 마침내 실현되었다.

공산주의는 자본주의의 산물이고, 사회민주주의는 공산주의의 산물이다. 자본주의의 모순이 공산주의를 낳았다. 공산주의의 위협이 사회민주주의를 키웠다. 지금 중국에서 일어나는 변화를 보면, 자본주의는 공산주의의 불가피한 변모라는 말까지 보탤 수 있다. 공산주의가 자본주의와 맞서는 경쟁력을 가지려고, 고유한 특성을 잃고 시장경제라고 일컬어지는 자본주의로 변모하고 있다.

이런 관계를 무엇이라고 규정해 일반화할 것인가? 역사가 맞물리는 생극 관계라고 하는 것이 적절하다. [가]가 강성하면, [-가]인 [나]가 나타나 이와 맞선다. [가]와 [나]는 싸움에서 이기기 위해 상대방의 장점을 수용해, [가]는 [-가]인 [나]처럼 되고, [나]는 [-나]인 [가]처럼 된다. 상극이 상생을 낳아 쌍방이 가까워지고, 상생이 상극을 초래해 쌍방이 멀어진다. 이것이 역사의 실상임을 생극론의 역사철학에서 밝혀 논한다. 유물변증법이 승패를 일방적으로 논단하는 편향성을 바로잡고, 생극론은 싸우고 있는 쌍방이 상대방을 배우고 따라 함께 승리할 수 있다고 한다. 통일의 철학은 생극론이다.

8

1945년에 일본을 패망시키고, 북쪽에 온 소련군과 남쪽에 온 미군은 성격이 달랐다. 소련군은 해방군이고, 미군은 점령군이었다. 이렇게 말하는 것은 친소 진영의 일방적인 주장이라고 친미 진영에서 나무라, 갑론을박의 싸움이 아직까지 계속되고 있다.

싸움을 끝내려면, 논란을 타당하게 전개하는 원칙과 방법을 정해야 한다. 자기 쪽을 유리하게 하려고 부분적인 논거를 이용해 상대방을 공격하지 말고, 이용한 가능한 정보를 모두 갖추고 객관·전면·총체적인 논의를 하는 것이 전반적인 원칙이다. 먼저 사실판단을 분명하게 하고, 그렇게 된 이유를 밝히는 인과판단으로 나아가고, 그 결과를 이용해 가치판단에 이르러야 하는 것이 실질적인 방법이다.

사실판단부터 하자. 소련군은 해방군이고, 미군은 점령군이었다는 것이 사실이다. 양쪽 군대가 스스로 자기 임무를 그렇게 규정한 문건이 있다. 미군은 일본의 일부가 된 조선을 점령하러 왔다고 했다. 소련군은 조선인민을 해방시키려고 왔다고 했다.

그 이유는 무엇인가? 미군은 전투병이기만 하고, 소련군은 혁명군이었기 때문이다. 전투병은 점령을 목표로 삼는 것이 당연하고, 그 이상의 임무는 없었다. 소련군이 해방이라고 표방하는 것이 사실은 혁명이다. 공산주의자가 말하는 해방은 어디서든 기존 지배의 파괴에 그치지 않고, 정당하다고 하는 체제의 건설로까지 나아간다. 소련군은 소련 혁명의 재현을 목표로 하고 진주했다.

인과판단을 보완한다. 미군은 전투병이므로 정치적 역량이 없고, 정치적 고려를 하지 않았다. 점령 과업을 차질 없이 수행하는 데 필요하면, 일본인 관리나 친일파의 도움이라도 얻어야 했다. 소련군은 혁명군이므로, 공산주의 이념에 투철한 정치장교가 전투 지휘관보다 더 큰 권한을 가졌다. 사전 정보를 확보하고 정치적 역량을 발휘해, 정해놓은 목표를 달성하고자 했다.

공산주의는 국제주의이고, 소련의 공산주의는 조선의 공산주의와 연관되어 있었다. 소련군은 국내외 조선인 공산주의자들의 조력을 확보해, 일본인 관리나 친일파를 이용하지 않고도 사태를 파악하고 수습할 수 있었다. 일본의 잔재 청산을 분명하게 표방해 광범위한 지지를 얻고, 가지고 온 복안을 실현했다.

인과판단을 이렇게 한 성과를 이용해 가치판단을 해보자. 미군은 점령군이므로 조선의 장래에 대해 어떤 복안이나 각본이 없는 것이 당연했다. 그 때문에 걷잡을 수 없는 혼란이 벌어져 진통을 겪었다. 이것이 불운이라고 할 것인가? 아니다. 오히려 행운이었다.

남쪽은 혼란과 진통을 하나씩 스스로 해결하면서 점점 좋은 나라를 스스로 만들어 오늘에 이르렀다. 그 과정에서도 불운이 행운인 반전이 계속 일어났다. 시위를 하다가 죽고 다친 참사가 헛되지 않았다. 악덕이 비난의 대상인 기업들이 돈을 벌려고 노력한 결과가, 남부럽게 잘살게 하는 나라를 만드는 것으로 나타났다.

대통령 선거를 거듭 다시 해서 국정의 방향을 재조절하려고 한다. 국회에서 무슨 말이라도 하는 것이 더욱 확대되어, 대선 예비후보들이 극단적인 주장까지 함부로 하면서 나라를 뒤집을 것 같다. 대혼란이 일어나는 불운이 행운이 되어 나라의 수준을 높이리라고 믿는다.

소련군은 해방군이고 혁명군이므로 북쪽에서는 혼란을 용납하지 하지 않고, 장래 설계를 명백하게 했다. 이런 행운은 불운라고 하지 않을 수 없다. 조선에서 어떤 세력이 어떤 나라를 만들어 해방을 확고하게 해야 하는지, 이 과업을 누가 수령이 되어 진행해야 하는지 미리 결정해 집행했다. 그 결과가 오늘날까지 이어진다. 소련에서는 공산주의가 무너져도, 이미 마련된 체제가 흔들리지 않고 더욱 견고하다고 한다.

북쪽에서는 모든 것이 완벽하다고 한다. 결함이 전연 없는 최고 존엄이 절대적으로 타당한 교시를 관철시켜 모든 인민을 잘살게 하려고, 정치국 회의를 소집해 과오가 있는 간부들을 엄중하게 질책한다. 남쪽의 국회나, 대통령 선거가 아주 혼란스러운 것과 너무 다르다.

시작이 좋으면 다 좋다. 시작이 좋다고 스스로 말하면, 그대로 인정해 주어야 한다. 이런 낡은 견해를 타파하는 혁신론이 이미 몇 백 년 전에 이루어졌다. 좋고 나쁜 것은 시작이 아닌 결과를 보고 판단해야 한다고 했다. 말이 아닌 실상을 판단의 근거로 삼아야 한다. 시작은 아직 실상이 없어 말을 잘하면 설득력이 있다. 결과는 누구나 다 아는 실상이므로 말로 바꿀 수 없다.

시작이 좋은데 결과가 나쁜 것은, 좋다는 시작이 사실은 나빴기 때문이라고 하고 말 수 없다. 시작이 좋다고 자부하면 자만에 빠져 뒤로 밀려난다. 시작이 잘못되어 진통을 겪는다고 고민하면, 불운이 행운이 되고, 후진이 선진이 되는 역전이 일어난다. 선후 역전은 역사의 원리이고, 만물의 이치이다. 지금은 이 점을 밝혀 논하는 철학, 생극론을 분명하게 갖추는 데까지 이르렀다. 생극론이 통일의 철학이다.

9

북쪽은 해방군의 도움으로 정권의 안정을 얻고, 국가 건설을 바람직하게 하는 과업을 착실하게 추진했다. 전란으로 피폐해진 상황에서도 기본 방향이 흔들리지 않았다. 점령군은 설계도를 가지고 오지 않아, 남쪽은 나라를 어떻게 만들어나가는지 몰라 혼란을 겪었다. 북쪽에서 바람직하게 수행하는 과업을 무시하면 체제 보존이 위태롭게 된다는 것을 알고 서둘렀다.

구체적인 사실을 들어 말해보자. 북쪽에서 하는 토지개혁을 남쪽에서 받아들였다. 북쪽은 무상몰수 무상분배이고, 남쪽은 유상몰수 유상분배이니 북쪽에서 하는 대로 따른 것은 아니지만, 토지개혁을 북쪽에서 하지 않았으면 남쪽에서 하지 않았을 것이다. 무상과 유상의 차이는 그리 크지 않고, 화폐가치 하락으로 무의미하게 되었다.

토지는 농사를 직접 짓는 사람만 가진다고 하는 耕者有田이 개혁의 핵심 원칙이다. 이것은 자본주의와 배치되는데, 토지개혁을 하면서 분명하게 하고 아직도 살아 있다. 토지개혁은 역전되지 않았고, 소작료를 거두는 지주는 지금도 허용되지 않는다. 그 덕분에 대한민국은 다른 모든 자본주의 국가와 다르다. 후진국 상태에 머무르는 자본주의 국가 대다수가 지주의 횡포 때문에 소작인이 시달려 사회 통합이 되지 않고 국가 발전이 정체된 병폐를 보이는데, 대한민국은 그런 질곡에서 멀찍이 벗어났다.

이승만 대통령은 조봉암에게 농림부장관의 직책을 맡겨, 토지개혁을 추진하도록 했다. 이것은 이승만의 치적 가운데 가장 빛난다. 공산주의자였던 조봉암은 토지개혁에 대해 잘 알고 훌륭하게 추진했다. 토지개혁을 한 시기는 전쟁 직전이었다. 기회를 놓쳤거나 토지개혁을 할 생각이 없는데 전쟁이 일어났으면, 북쪽 군대가 점령지에서 토지개혁부터 해서 농민이 모두 그쪽 편이 되었을 것이다. 이런 사태를 미리 막아 조봉암은 대한민국을 반석 위에 올려놓는 공적을 세웠는데도, 이승만과 맞서서 대통령 출마를 하다가 북쪽의 간첩이라는 이유로 처형되었다.

북쪽에서 하는 일을 본받아 남쪽이 분발해 이룩한 두 번째 처사는 의료보험이다. 그전에는 돈이 없으면 병원에 가지 못했다. 돈이 있어 병원에 가도 의사는 돈 많이 버는 사람 특유의 거만을 떨면서 다급한 환자를 오래 기다리게 하고 불친절하게 대했다. 어려서 겪은 이런 경험이 누적되어 나는 병원과 의사에 호감을 가지지 못한다. 국민 의료보험을 실시하려고 하자 의사들이 거세게 반대했다. 정부는 북쪽과 체제 경쟁을 하려면 의료보험 도입이 반드시 필요하다고 완강하게 주장하고 막무가내로 추진했다. 그 주역이 누군지 알지 못해 칭송하지 못하는 것이 서운하다.

북쪽의 의료제도에 대해서 설명하지는 않았다. 설명을 하면 고무찬양의 이적행위가 될 판이었으니, 의료보험을 추진하는 공무원들도 알지 못했을 것 같다. 사회주의 의료에 대한 상식적인 이해로 미루어 짐작하면, 북쪽에서는 누구나 무료진료를 받을 것이다. 남쪽의 국민 의료보험에는 자기 부담이 있어 무료는 아니지만, 토지개혁의 무상과 유상의 경우처럼 이것 또한 크게 문제되지 않는다.

국민 의료보험은 사회주의 제도이다. 미국 같은 데서 볼 수 있는 자본주의 방식의 영리 의료보험을 받아들여, 여유가 있는 사람은 돈을 더 내고 혜택도 더 받도록 하자는 주장이 완강해도 정부가 움직이지 않는다. 체재 경쟁을 그만둘 수 없기 때문이다. 미국에서는 오바마 대통령이 앞장서서 아무리 노력해도 국민 의료보험을 만들어내지 못하는 것은 체재 경쟁이 눈앞에 닥치지 않은 탓이다. 국민 의료보험을 유럽 각국에서는 실시한다는 사실이 미국을 바꾸어놓을 만한 힘을 지니지는 못한다.

북쪽에서 하는 일을 본받아 남쪽이 분발한 세 번째 사업은 민족문화 유산 계승이다. 북쪽에서 사회과학원에 고전연구소를 만들어 한문 고전을 국역하고. 김일성대학 한문학과에서 필요한 인재를 양성하는 동안, 남쪽에서는 손을 놓고 있었다. 대학교수가 부담이 과중한 강의나 감당할 따름이고, 시간 부족으로 연구는 하기 어려웠다. 연구를 위한 기관과 인력이라고는 없었다. 한글 전용을 한다면서 한문 교육을 질타하고, 영어를 배워 남들을 열심히 따라가면 후진 상태에서 벗어날 수 있다고 여겼다.

북쪽에서 내놓은 업적은 알지 못하게 막는 것을 능사로 삼았으나 조금씩 알려졌다. 한문학을 포함한 고전문학 작품을 현대화해 출판했다. 《조선왕조실록》 전문을 국역하고. 놀랍게도 《대장경》까지 옮겼다. 외국 것 번안이 아닌 독자적인 백과사전을 만들기 시작했다. 이런 성과는 북쪽에 대한 비난을 무색하게 하고, 남쪽의 자부심에 금이 가게 했다. 창피한 줄 알면 개선의 여지가 있다.

정부 고위 당국자는 알 것은 알았는지 생각을 바꾸었다. '대북한경쟁사업'이라는 말을 하면서 정신을 차리기 어렵게 다그쳤다. 《조선왕조실록》 번역은 분량이나 내용을 보아 상징적인 의미가 크므로 서둘러 해야 했다. 사회과학원 고전연구실에 상응하는 기구는 따로 만들지 않고, 여기저기 예산을 지원해 원고료를 주고 일을 시키도록 하는 방식을 택했다. 월급이 아닌 날품으로 생산 물량을 늘였다.

백과사전도 심각한 충격을 주어 《민족문화대백과사전》을 무리하게 서둘러 만들도록 해서 차질을 빚어내다가, 1991년에 가까스로 전28권으로 완성해 체면을 세우게 되었다. 북쪽의 백과사전은 1972년에 3권으로, 1984년에 6권으로, 2001년에 30권으로 나왔다. 단계적으로 확대하느라고 진행이 느린 북쪽의 백과사전 편찬이 자극을 주어 남쪽의 백과사전이 일거에 거질로 이루어지게 했다.

남쪽의 《대장경》 번역은 불교계에서 했다. 고전작품 현대화 출판은 지원이 없어 잘되지 않고 있다. 고려대학교 민족문화연구원에서 대규모로 시작했다가 힘이 부족해 중단했다. '대북한경쟁사업'에 포함되지 않는 것은 지원하지 않고 못하게 막기까지 했다. 자료 현지조사를 해서 《한국구비문학대계》를 내는 사업은 북쪽에서 먼저 하지 않은 불운 탓에 예산 낭비의 표본이라는 질타를 당했다.

북쪽은 선진이라는 자부심을 분명하게 하고 남쪽을 멸시하기만 했다. 유물변증법의 탁월성을 논리의 근거로 삼고 조금도 흔들리지 않았다. 남쪽은 후진임을 말하지 못하게 하는 가운데 사실상 인정하고 선진을 따르

려고 했다. 그 덕분에 후진이 선진이게 하는 전환을 이룩하는 결과를 얻
었다.

10

남쪽이 토지개혁, 의료보험, 민족문화 정리를 뒤늦게 해서 북쪽을 따라
가는 동안, 북쪽은 저만치 앞서 나갔는가? 아니다. 선진이 후진이 되는
변화를 보여주었다. 세 영역 모두 바람직하지 않은 방향으로 변질되어 뒤
떨어졌다. 남쪽이 후진이 선진이 되게 하도록 하는 자극을 주고, 북쪽은
아무런 자극이 없어 분발하지 못하고 뒤로 물러났다,

북쪽에서는 토지개혁을 해서 농민들에게 나누어준 토지를 합쳐서 협동
농장을 만들었다. 협동농장이 사회주의를 실현하는 발전된 제도임을 확신
하고, 생산을 획기적으로 늘려 참여하는 농민들을 행복하게 하고 사회 전
체를 풍요롭게 하리라고 기대했다. 그러나 기대한 대로 되지 않고, 반대
의 결과가 나타났다.

무엇이 문제인지 중국의 경우를 들어 확인해보자. 중국에서 협동농장을
해체하고 토지를 농민들에게 나누어주었더니 생산량이 갑자기 늘어 식량
부족을 해결했다. 북쪽에서는 조그만 텃밭을 하나씩 분배하는 데 그쳤으
나, 자기 농사는 아주 열심히 지어 장마당에 내다 팔 농작물을 길러낸다.

북쪽의 의료제도는 널리 모범이 될 만큼 훌륭하다고 해도, 의료의 질이
문제이다. 시설이 부족하고 약품이 모자라며, 기술이 뒤떨어진 것을 해결
하지 못한다. 그런 형편이 이따금 화면을 통해 알려져 가슴 아프게 한다.
최고위층은 병 치료를 위해 외국으로 가기도 하고, 외국 의사를 부르기도
한다.

민족문화 정리 사업은 계속해서 하는지 의문이다. 책 출판이 아주 줄어
든 것을 확인하고 저작 위축을 염려한다. 벌써 20여 년 지난 일이다. 일

본 동경에 있는 북쪽 책을 파는 서점을 찾아갔더니 진열한 책이 몇 종 되지 않았다. 왜 그런가 하고 물으니 종이가 없어 책을 찍어내지 못한다고 했다. 그 사이에 사정이 호전되었다고 생각하지 않는다.

남쪽은 아직 많은 결함이 있다. 대학까지 무료 교육을 실시하는 것은 요원한 일이고, 사립학교 재단의 횡포를 제어하지 못하고 있다. 다른 여러 면에서는 남북의 격차가 많이 벌어져 이제 북쪽에서 남쪽을 따를 때가 되었다. 농업 생산을 늘리기 위해 토지제도를 바꾸어야 한다. 의료의 질을 높여야 한다. 연구를 활발하게 해서 성과를 발표할 수 있도록 하고, 출판 여건을 개선해야 한다.

그 밖에도 해야 할 일이 많이 있다. 남쪽이 북쪽을 따른 것처럼, 북쪽에서 남쪽을 따라야 할 때가 되었다. 그런데 문제는 경제 능력이다. 경제 능력이 나아지지 않고 퇴보하기까지 하니 무엇이든 제대로 할 수 없다.

월남공산당 서기장이 한국에 와서 한 말을 기억할 필요가 있다. 자기는 어린 나이에 조국 해방 투쟁에 나서서 무수한 고난을 겪고 이제 노인이 되어 공산당 서기장의 지위에 올라 모든 사업을 총괄하게 되었다고 했다. 혁명정신과 투쟁경험을 살려 나라가 잘되게 하려고 하는데 경제 형편을 개선하는 것은 뜻대로 되지 않아, 한국은 어떻게 하는지 알아보려고 찾아와 공장 견학을 하겠다고 했다.

위험을 무릅쓰고 탈출하는 사람들이 늘어나 북쪽의 형편이 어떤지 짐작하게 한다. 북쪽 학자들과 중국 심양에서 전통민요에 관한 학술회의를 할 때 나는 나이가 많아 남쪽 단장이 되었다. 북쪽 단장과 한참 이야기를 나누다가 나이를 물어보고 깜짝 놀랐다. 나보다 훨씬 연상으로 보여서 노쇠했다고 여겼는데, 아홉 살이나 적었다.

북쪽 대학에 유학을 하고 다시 남쪽에 와서 내 지도를 받은 중국 한족 학생이 말했다. 북쪽 대학 교수들이 명절 때면 쌀이 좀 있으면 좋겠다고 넌지시 이르더라고. 중국 위안화가 있으면 외화 상점에 가서 쌀을 사다주면 좋겠다는 말이다. 창피스러워 나는 얼굴을 들지 못했다.

남쪽은 앞서고 있다고 자만하지 말아야 한다. 북쪽을 비교 대상으로 삼아 우월감에 도취되지 말고, 아직 많이 부족한 것을 인정하고, 결함을 시정하려고 꾸준히 노력해야 한다. 자만하면 약점을 고칠 기회가 없어져 반드시 타락한다. 부동산을 비롯해 종교나 교육까지 포함한 많은 것을 투기 대상으로 삼고 거품처럼 부풀어진 화폐 액수를 국민소득이라고 여기는 것은 선진이 후진이게 하는 치명적인 질병이다. 복지국가를 만든다고 말하면서 임기응변의 대책이나 내놓는다.

북쪽에서 오는 사람들을 따뜻하게 맞이하고 차별 없이 대우해야, 장차 북쪽의 모든 주민과 화합할 수 있다. 통일을 바람직하게 이룩할 수 있다. 우리 민족만 소중한 것은 아니다. 계속 늘어나는 외국인 노동자도 공동체의 구성원으로 받아들여 정당하게 대우해야 한다. 사람은 누구나 사람답게 살면서 행복을 추구할 수 있는 권리를 대등하게 지녔다고 인정하고 이 권리를 행사할 수 있게 도와주는 보편적 인도주의가 최상의 미덕이다.

통일의 철학인 생극론을 이렇게 구현해야 한다. 말을 앞세우지 말고 실행을 해야 한다. 의도가 좋다고 선전하지 말고 결과에 감복하게 해야 한다.

6-4 한국·동아시아·세계문명

머리말

2024년 11월 15일 경희대학교에서 열리는 〈한국문명론: 인류문명의 새로운 패러다임에 대한 탐구〉 학술대회 참가 요청을 받았다. 원고 100매 내외를 제출하고, 50분에 발표하라고 했다. 두 요구를 다 살리려고, 시간을 지켜 발표할 분량의 본문을 쓰고, 토론용 보충논의를 여럿 곁들였다.

발표 시간을 30분으로 줄이라고 해서, 여섯 단락으로 요약하다가 논의가 조금더 나아갔다. 그것을 다시 줄여 명제 셋을 만들고, 발표 시간이 거의 없어질 경우에 대비했다. 예기하지 못한 일이 일어나 상황이 아무리 악화되어도, 원망하는 말은 하지 않고 슬기롭게 대처하려고 했다.

열기를 띠고 진행된 행사가 내실이랄 것을 얼마나 갖추었는지 의심스럽다. 그 이유는 발언의 질과 양이 반비례하도록 한 데 있다고 할 수 있다. 한가한 잡담은 장황하게 하도록 내버려두고, 핵심이 되는 논의는 시간 부족으로 하기 어렵게 했다. 상대할 선수가 없어 경기 진행이 불가능하게 하고, 관중의 참견만 너무 시끄러웠다고 하면 더 적절한 말이다. 보충논의를 이용하는 토론은 더욱 불가능했다.

그 때문에 받은 고통은 더욱 분발하라는 충고로 여겨, 고맙다고 할 수 있다. "좋은 모임을 만들어주어 감사한다"고 한 것이 빈말이 아니다. 낭비한 시간은 보상받을 길이 없다고 원망하지 않는다. 그 덕분에 다음 날 새벽 일찍 작심하고 일어나, 못다 한 말을 토해내 부기에다 적는다. 보충논의도 하나 추가한다.

요약

[1] 문화는 말로 이루어지지만, 문명은 글이 있어야 한다. 글은 문자만이 아니고, 일관성 있는 논의여야 한다. 이런 문명이 역사의 주역임을 바로 알아, 패권주의 사관을 버리고 문명사관을 갖추어야 한다. 차등론이 부당한 줄 알고, 대등론으로 나아가야 한다.

[2] 천지만물의 이치 논의가 차등론에 머무르는 문명은 고대에 머무르다가 사라지고, 대등론을 지향한다고 인정해야 중세문명으로 이어졌다. 문명이 되다가 만 유적들은 물론, 고대문명이라고 할 수 있는 것들까지도

세계 도처에서 계속 발견되지만, 그 때문에 중세 이후의 문명사가 수정되어야 하는 것은 아니다.

[3] 諸子百家의 저작에 漢譯 佛經이 추가되어, 儒·佛敎를 보편종교로, 한문을 공동문어로 하는 동아시아문명의 원천이 이루어졌다. 절대적인 규범이 없으며, 보편종교가 복합되어 있고 비정통의 사상도 이어져, 한문문명은 다른 중세문명 산스크리트·아랍어·라틴어문명보다 더욱 다채롭고 유동적이다. 민족문화와의 공존을 폭넓게 허용한다.

[4] 그런 원천을 가져와, 중국을 중심부로 하는 동아시아 중세문명이 성립되도록 하는 작업을 중간부 한국이 선도해, 주변부 일본도 분발하게 했다. 중국에 전례가 없는 廣開土大王陵碑 이래의 여러 국가 칭송 금석문에서, 한문이 공동문어이게 했다. 불교 정착이 교리의 통합론적 재정비에까지 이르게 하고, 유학 경전을 민족 구어로 풀이하고, 한자로 민족어 시 창작물을 표기하는 등으로 동아시아문명이 다층구조를 잘 갖추게 한 성과가 풍부하다. 동아시아문명이 한국의 민족문화와 융합된 덕분에 활력을 키우고 더 빛나, 한국문명이기도 했다.

[5] 그 뒤에 한편으로는 민족문자 訓民正音을 모범이 되게 창제해 일으킨 국문문학이 한문학과 대등하게 성장했다. 다른 한편에서는 儒家 철학의 핵심인 理氣 논란을 치열하게 전개하다가, 차등 이원론 청산 작업을 하층 주도의 역동적 창조력을 수용하며 추진해 대등 일원론 氣철학을 적극적으로 정립했다. 현실을 실상대로 인식하고 타당하게 개조하는 의식 각성을 동아시아 다른 나라들보다 철저하게 갖추었다. 양쪽의 노력이 합쳐지면, 의식 혁신이 선행하는 방식으로 근대화를 이룩할 수 있었을 것이다. 이 단계에서는 한국문명이 동아시아문명을 재창조해, 보편적인 가치를 확대했다.

[6] 산업혁명에서 얻은 힘으로 유럽문명이 세계를 제패하고, 평등론을 실현하는 문명개화를 전파한다면서 지배자와 피지배자의 차등론을 고착시

키는 배신을 했다. 이제 근대의 억지가 막판에 이르러 선후 역전을 예감할 수 있게 되자, 그쪽은 대처 방안을 잃고 의식의 파탄을 보여주고 있다. 정신을 차리고, 다음 시대를 바람직하게 이룩하기 위해 함께 힘쓰자고 하자. 그 원리나 지침은 氣철학을 민족 구어로 재창조해, 대등론을 생극으로 실행하자고 하는 대등생극론이다. 그 핵심은 만인·만생·만물대등생극의 연속 해명과 실현이다. 한국문명이 이런 작업으로 세계문명을 살려내야 할 때가 되었다.

대등생극론이 나서서, 역사철학을 바로잡고 문명의 문법 탐구에 힘쓰자. 이렇게 제안하며 세 명제를 내놓는다.

[명제 1] 만물이나 만생이 다 그렇듯이, 만인이 하는 노력의 총화인 문명도 서로 대등생극의 관계를 가지고 선후 역전을 이룩하는 것을 기본원리로 한다.

[명제 2] 한국은 중국과 대등생극의 관계를 가지고 동아시아문명의 형성과 진전을 위해 함께 힘쓰다가, 선후 역전을 이룩하고 쇄신에 앞서왔다.

[명제 3] 한국이 선도하는 새로운 동아시아문명이 근대의 지배자 유럽문명과 대등생극의 관계를 가지고 선후 역전을 이룩한다. 인류문명을 파탄의 위기에서 구출하고, 대등생극론의 원리에 따라 바람직하게 재창조해 근대 극복의 다음 시대로 나아가는 설계를 한다.

1 무엇을 할 것인가?

사람이 잘살려고 이룩한 가치관 및 그 실현방법을 문화라고도 하고 문명이라고도 한다. 둘이 어떻게 다른가에 관한 수많은 이론을 검토하고, 헤아리기 어려운 사례를 고찰하면, 분량이 늘어나는 것만큼 논의가 모호해진다.

복잡한 문제에 쉽게 접근하고, 난해한 논의를 쉽게 전개하는 길을 찾는다. 반드시 필요한 일반론을 갖추어 근거로 삼고, 연구 현황을 헤치고 들어가 시비를 가린다. 그릇된 논의가 빚어낸 착오를 바로잡고, 부당한 주장을 시정하는 대안을 제시한다.

문명이 무엇인지 분명하게 정의해, 수많은 논란을 해결하고자 한다. 한국·동아시아·세계문명의 관련을 논의하면서, 한국의 기여와 사명을 확인하는 것을 특히 긴요한 작업으로 한다. 세계문명의 진로를 제시하는 데까지 이르고자 한다.

말의 쓰임새를 들어, 차이점을 규정하는 것이 적절한 방법이다. 문화는 한국문화라고 하고, 문명은 세계문명이라고 하는 것이 적합하다. 한국문명과 세계문화를 말한다면, 분별이 어긋나 혼란이 생긴다. 문화는 작고 특수하며, 문명은 크고 보편적이다.

한국과 세계 사이의 동아시아는 어떤가? 동아시아문화도 말할 수 있고, 동아시아문명도 말할 수 있다. 동아시아문화는 친근함을 확인하려고 하는 대내적 인식이다. 동아시아문명은 다른 문명과의 관계를 의식하고 하는 대외적 확인이다.

둘을 합쳐 다시 말해보자. 문화는 작고 특수한 것의 대내적 인식이다. 문명은 크고 보편적인 것의 대외적 확인이다. 문화는 각기 다른 것이 당연하지만, 문명은 범위를 넓혀 통합되는 것이 바람직하다.

한국문화도 문화이기만 하지 않고 문명이기도 하다. 크고 보편적인 의의가 있는 것을 찾아 한국문명을 말하고, 한국문명이 동아시아문명이고 세계문명이라고 하는 것이 바람직하다. 이 작업은 개념론의 차원에서 언어유희로 하지 말고, 실질적인 의의가 있는 논의를 해야 한다.

2 관점 시정

"반도사관을 넘어서서, 대륙사관으로 나아가야 한다." 이런 말이 자주 들려 정신이 혼미하게, 논의가 빗나가게 한다. 검토의 대상으로 삼고, 시비를 가리지 않을 수 없다.

"반도사관을 넘어서"야 한다는 것은 반도는 열등하다고 전제하고 하는 말이다. 이런 생각은 예전부터 우리 스스로 한 것이 아니다. 일본이 식민지통치를 하면서 우리 민족을 낮추어보려고 半島人(한토우진)이라고 일컬은 데서 유래했다.

半島는 문자 그대로 도서의 절반 등급이다. 대륙도 아니고 도서도 아니어서 정체가 모호하다. 반도인은 양쪽의 세력에 휘둘리지 않을 수 없으며, 자기 주견이 없는 기회주의자가 되고 만다. 이런 말을 일본 식민사관의 기초로 삼았다. 유래를 모르고 되풀이하면 무식꾼이고, 알고 따르면 매국노이다.

반도사관을 버리고 대륙사관으로 나아가면, 질곡에서 벗어나는 것은 아니다. 대륙사관이라는 것도 일본의 조작물이다. 일본은 위대한 神國이어서 더 부러워할 것이 없다는 자랑은 허세였다. 영특하다고 자부하는 일본인은 생존 위협을 당하며 섬에 갇혀 지내야 하는 것이 싫어, 대륙 진출의 꿈을 키워왔다. 대륙사관을 조작해 실현 가능한 이념이라고 여기고, 침략이 聖戰이라고 했다.

우리는 사정이 다르다. 자연재해가 적고 생물종이 다양해, 질 좋은 물산이 풍부한 곳에 자리를 잡은 행운을 누리며 잘 살았다. 험한 고생을 공연히 하며 춥고 황량한 땅을 싸워서 빼앗을 필요가 없었다. 인구 비례 군인 수가 가장 적어 일차 생산자 농민이 수탈을 적게 당했다. 뜻하지 않은 봉변을 당해 관군이 무너지면, 의병이 일어났다.

대륙사관을 일본은 버려야 하지만, 우리는 새삼스럽게 가져야 한다. 대륙 장악을 일본이 하면 죄악이지만, 우리가 하면 영광이기 때문이다. 이중의 잣대를 가지고, 이런 헛소리를 하지 말아야 한다. 일본을 추종하는 방식으로 일본에게 이기려고 하면 어리석다. 항일투쟁을 이렇게 하면, 공격이 되돌아와 자해가 심각해진다.

이 정도로 논의를 마치지 말고, 반론을 확대해 일반론을 갖추어야 한다. 먼저 다른 반도는 어떤지 살펴볼 필요가 있다. 캄차카반도, 말레이반도, 아라비아반도, 발칸반도, 이탈리아반도, 이베리아반도 등에서 이루어진 역사에 공통점이 발견되지 않는다. 반도사관이라는 말이 성립될 근거가 없다.

반도는 불행한 곳이라고 말할 것도 아니다. 반대의 평가도 할 수 있다. 반도는 대륙과 연결되어 있으며 삼면이 바다여서, 양쪽의 이점을 겸비하고 있다. 대륙문명과 해양문명을 합쳐서 함께 이룩할 수 있다. 그 덕분에 이탈리아는 유럽대륙과 지중해 양쪽을 제패하는 로마제국을 건설했으며, 지금도 잘나간다.

반도사관도 대륙사관도 부당하다고 하고, 이런 사실을 있는 그대로 파악하면 할 일을 다 하는 것은 아니다. 사실에 매여 사관은 무용하다고 여기고 부정하면, 可視만 인정하고 巨視를 잃어 학문을 포기하게 된다. 무엇이든 하나하나 끝없이 길게 말해야 하고, 총괄은 불가능하다. 세계사는 거짓말이라고만 여긴다.

대륙·반도·도서의 구분은 부적절하므로 더욱 타당한 것으로 바꾸어놓고, 거시의 통찰을 가능하게 하는 사관을 마련해야 학문을 제대로 할 수 있다. 전환을 적절하게 하려면, 몇 가지 지표를 갖추어야 한다. 무용사관에서 문명사관으로, 민족사관에서 보편사관으로, 차등사관에서 대등사관으로 나아가야 한다. 이 작업을 우리가 모범이 되게 수행해 일본이 따르지 않을 수 없게 도와주는 것이 최상의 항일이다. 원수를 은혜로 갚자.

여럿을 합쳐 말해보자. 자기 민족이 우월하다고 하는 언설은 보편성이 결여되어 있어 학문이라고 할 수 없다. 힘을 자랑하며 실지회복을 하자고 외치는 주장, 彼惡과 我善을 극단적으로 구분하는 억설, 이런 선동이 학문으로 행세하지 못하게 힘을 모아 막아야 한다.

먼저 동아시아문명을, 더 나아가 세계문명을, 비교고찰을 갖추어 거시적으로 파악하는 작업을 대등론의 견지에서 수행해야 한다. 식민지 시대 제국주의 학문의 오류를 철저히 시정하고 보편타당한 대안을 제시해야 한다. 이 작업을 국내외의 동참자를 계속 확대하면서 힘써 해야 한다.

대륙·반도·도서를 대치하는 개념은, 문명의 중심부·중간부·주변부이다. 동아시아한문문명권에서는 중국이 중심부, 한국이 중간부, 일본이 주변부이다. 다른 문명권에도 중심부·중간부·주변부가 있다. 이것들의 우열은 고정되어 있지 않고, 경우에 따라 달라진다.

공동문어문학을 일으킨 순서를 보자. 중심부 중국이 선진이어서 우월하고, 중간부 한국이 그다음이며, 주변부 일본은 후진이어서 열등하다. 민족어문학의 성장은 이와 반대이다. 주변부 일본이 선진이어서 우월하고, 중간부 한국이 그다음이며, 중심부 중국은 후진이어서 열등하다. 양쪽을 함께 고려하면 서로 대등하다.

중심부에서 일으킨 고대문명이 중세문명으로 나아가려면, 중간부가 참여해 보편적인 가치를 인정하고 새롭게 다시 구현해야 한다. 이에 주변부까지 동조하게 되어야, 중세문명의 판도가 일단 완성된다. 공동문명을 혁신하고 향상하는 재창조는 중간부에서 주도한다. 주변부도 자기 임무를 수행해, 중세를 버리고 근대를 이룩할 수 있다.

중심부·중간부·주변부의 구분은 모든 문명권에 다 있다. 두드러진 본보기를 골라 표를 그려 정리한다.

	중심부	중간부	주변부
한문문명권	중국 중원	한국	일본
산스크리트문명권	인도 중원	남인도 타밀	인도네시아
아랍어문명권	아랍	페르시아	스와힐리
라틴어문명권	이태리	불국	영국

산스크리트문명권의 중간부 남인도 타밀은 독립국이 아니지만, 문명 재창조의 업적이 뛰어나다. 주변부는 스와힐리만 해안이고, 다른 곳들은 모두 섬이다. 어느 정도의 필연성이 있다. 주변부가 중세를 버리고 근대를 이룩하는 작업을 영국과 일본이 함께 선도했다. 인도네시아나 스와힐리는 식민지가 되어 기회를 놓쳤다.

근대에는 문명권문명이 세계문명으로 통합되어, 중심부·중간부·주변부의 관계가 달라졌다. 근대 형성을 선도한 라틴어문명권이 중심부를 차지했다. 한문문명권은 중간부가 되었다. 그 주변부 일본은 중심부로 이동한다고 했다. 산스크리트문명권이나 아랍어문명권은 주변부에 머물러야 했다.

이렇게 이루어진 세계문명의 차등 구조가 침략을 합리화하고 억압과 고통을 초래해 세계사의 위기를 조성했다. 지나치면 뒤집어지는 것이 당연하다. 이제 근대가 종말에 이르고 다음 시대를 이룩해야 할 때가 되어, 선후 역전이 일어나고 있다.

근대 형성의 선도자 영국과 일본의 하강은 막을 수 없다. 일본과 한국의 선후·우열·강약 역전이 세계사적 의의를 가진다. 중간부가 차등과 침략의 시대를 청산하고 대등생극론을 실현하는 새로운 창조를 선도하는 것이 당연하게 된다.

문명사를 위한 한국의 기여는 둘로 요약된다. 하나는 중심부에서 일으킨 고대문명이 중세문명으로 나아갈 수 있게 참여해, 보편적인 가치를 인정하고 다시 구현한 것이다. 이것은 동아시아문명을 위한 기여이다.

또 하나는 근대가 종말에 이르고 다음 시대를 이룩해야 할 때가 되어, 차등과 침략의 시대 근대를 청산하고 다음 시대로 나아가며, 대등생극론을 실현하는 새로운 창조를 선도하는 것이다. 이것은 세계문명을 위한 기여이다. 지금 하고 있는 작업이다.

3 동아시아문명을 위한 기여

　문화와 문명을 구별하는 수많은 징표 가운데, 말과 글이 가장 분명하다. 문화는 말로, 문명은 글로 이루어진다고 하면, 복잡한 시비가 일단 분명해진다. 글로 문서 작성, 역사 기록, 사상 표현 등을 한 증거가 있으면, 문명으로 인정할 만한 필요조건을 갖추었다. 표현한 사상이 천지만물의 보편적인 원리에 관한 것이어야 충분조건까지 구비해 온전한 문명이다.

　이런 문명이 여러 대륙 여기저기 나타난 시기가 고대이다. 그 주역은 원시 시대 말문화의 대등론을 고대 글문명의 차등론으로 바꾸어놓았다. 자기중심주의 사고방식을 가지고, 안팎의 다른 집단을 멸시했다. 이것은 발전이기만 하지 않고, 후퇴이기도 했다. 후퇴를 그냥둘 수 없어, 중세로의 전환이 필요했다. 자기중심주의가 마땅하지 못해, 보편주의로 바꾸어놓아야 했다.

　문명은 다양하게 지칭된다. 지역(메소포타미아문명), 자연물(나일강문명), 국가(잉카문명), 종교(이슬람문명), 글(한문문명) 등을 징표로 한다. 그 어느 하나로 통일할 필요는 없다. 여러 징표 가운데 변별력이 큰 것을 수시로 선택하면 된다. 특징 발견을 선결 과제로 삼고, 체계화로 나아가야 한다. 사실을 되도록 포괄적으로 집약해, 수많은 논란을 명확하게 해결하는 이론을 정립해야 한다.

　고대문명은 [가] 그 자체로 끝난 것도 있고, [나] 중세문명과 관련을 가진 것도 있다. 그 관련이 간접적인 [나1]도, 직접적인 [나2]도 있다. 잉카문명이나 인더스문명은 [가]이다. 나

　일강문명이나 메소포타미아문명은 [나1]이어서, 그리스·로마문명, 기독교문명, 이슬람문명 등의 성립을 촉진했다. 간지스문명이나 황하문명은 [나2]여서, 중세의 산스크리트문명과 한문문명으로 이어졌다.

　중세문명은 글이 공동문어이고, 사상이 보편주의여야 한다. 고대 자기

중심주의와는 다른 중세 보편주의를 유교, 힌두교, 불교, 기독교, 이슬람 등의 보편종교를 근거로 이룩했다. 그 교리를 기록하는 한문, 산스크리트, 라틴어, 아랍어 등이 공동문어가 되었다. 이렇게 해서 큰 문명권 넷이 일제히 자리 잡은 시기가 중세이다.

이것을 근거로 삼고 시대구분의 방법을 정비한다. 기존의 갖가지 방법이 빚어낸 혼선, 특히 사회경제사의 시대구분에서 생긴 심각한 차질을 청산하는 명백한 대안을 제시한다. 공동문어의 시대가 중세이고, 그 이전은 고대, 그 이후는 근대라고 하면, 구름이 걷히고 시야가 열린다. 동쪽 일본에서 서쪽 모로코까지, 북쪽 아이슬란드에서 남쪽 마다카스카르까지 천년 이상, 공동문어를 보편종교의 경전어로 삼은 시대가 중세라고 분명하게 말할 수 있다.

어느 중세문명이든 시공의 변이가 있다. 공간적으로는 중심부·중간부·주변부가 구분되고, 시간적으로는 전기·중기·근대로의 이행기의 변천이 있었다. 전기에는 중심부의 우위가 분명하고, 후기에는 중간부가 올라서고, 근대로의 이행기에는 주변부가 깨어났다.

이에 대해 자세하게 논의하면 문명의 세계사가 알차게 이루어진다. 나는 그 작업의 일단을 《공동문어문학과 민족어문학》에서 확고하게 했다. 그 성과를 바탕으로 삼고, 《세계문학사의 전개》를 이룩했다. 여기서는 요점만 들고 재론한다.

한국문화와 동아시아문명은 어떤 관계인가? 이에 대해 고찰하는 것이 더욱 긴요한 과제이다. 이것을 두고 오래 고심하면서 얻은 성과가 있어 가져온다. 《한국문학통사》, 《동아시아문학사 비교론》, 《하나이면서 여럿인 동아시아문학》, 《동아시아문명론》 등에서 이미 한 작업을 필요한 만큼 압축해 가져와 보완한다. 그 덕분에 어려운 과제를 쉽게 감당할 수 있다. 뒤의 세 책은 일본어로, 마지막 한 책은 중국어와 월남어로도 번역되었다.

동아시아의 중심부는 중국이고, 중간부는 한국이고, 주변부는 일본이다.

南詔나 월남도 중간부이다. 琉球도 주변부이다. 중국에 흡수된 여러 나라
도 생각해야 한다. 이처럼 많은 나라의 공유물인 동아시아문명을 중국문
명이라고 하는 것은 부당하다. 차등론의 그런 잘못을 대등론으로 시정해
야 한다.

중심부·중간부·주변부의 생극 관계를, 중국·한국·일본이 특히 선명하
게 보여주었다. 이것을 논거로 삼아, 논의를 여러 문명으로 확대하고, 세
계적인 범위의 일반론을 이룩할 수 있다. 유럽의 경우를 문명사 이해의
규범으로 삼고, 정형과 변형, 정상과 비정상을 판정해온 과오를 청산할
수 있다.

중심부 중국이 고대문명을 이어받아 이룩한 중세문명을 중간부에 전해
준 것이 주변부까지 이르러, 동아시아문명권이 이루어졌다. 이 모두 중심
부의 공적이라고 하는 것은 잘못이다. 중간부 한국은 물론 주변부 일본도
동아시아문명 형성에 능동적인 기여를 한 것을 알고 평가해야 한다.

고대문명에서 중세문명으로의 전환은 중간부의 참여 덕분이다. 공동의
문명이 각자의 문화와 만나 생동하게 하는 작업을 중간부가 선도하고 주
변부가 뒤따랐다. 공동 문명의 보편성 못지않게 각자 문화의 특수성도 소
중하다는 것은 주변부가 앞서서 알려주었다.

중심부 중국은 공동문어문학의 본고장임을 자랑하지만, 민족어문학의
성장은 가장 뒤떨어졌다. 주변부 일본은 공동문어문학이 초라한 반면에,
민족어문학은 일찍부터 대단한 경지에 이르렀다. 중간부 한국에서는 공동
문어문학과 민족어문학이 대등생극의 관계를 밀접하게 가지고 함께 성장
했다. 시야를 확대하면, 중심부 중국과 주변부 일본의 양극도 대등한 관
계를 가지고 생극한다.

이런 논의를 한국문화와 동아시아문명의 관계에서 구체적으로 해보자.
전체의 경과를 서술하려고 하면 품을 많이 들여 혼란을 일으키고, 달관언
어의 이로움을 저버린다. 잘 알려진 몇몇 예증을 재론해 새로운 이론을

분명하게 한다.

고조선의 '弘益人間'은 천지만물의 원리를 다 말하지는 않았으나. 보편성을 지닌 발상이라고 할 수 있다. 고대를 넘어서서 중세까지 나아가는 문명의 원천일 수 있었을 것 같으나, 글을 갖추지 못해 퍼져나가지도 이어지지도 못했다. 그 기풍이 생활문화에 남아 있다고 할 수 있으나 입증이 쉽지 않다.

앞으로 나아가려면 한문을 받아들여야 했다. 한문을 받아들이기만 해서 중국문명을 연장시킨 것은 아니다. 한문을 공동문어로 사용해, 중국문명을 동아시아문명으로 확대하고 개조했다. 동아시아문명이 여러 나라, 많은 민족의 공동작이고 공유물임을 구체적으로 입증할 수 있다.

그 작업에서 고구려가 앞선 것을 〈廣開土大王陵碑〉가 말해준다. 시조 鄒牟의 위업을 광개토대왕이 되살리고 키워, "國富民殷 五穀豊熟"의 이상을 실현했다는 예찬을 한문으로 적은 것이 획기적인 처사이다. 한문이 공동문어이게 하고, 민족문화의 역량으로 동아시아문명이 다채롭고 생동하게 했다. 그 뒤에 南詔의 〈德化碑〉를 좋은 본보기로 하는 그 후속 작업이 여러 나라에서 이루어졌다.

신라에서 元曉와 薛聰 부자가 한 일은 더욱 명백하다. 원효는 "不羈"하고, "角乘初開三昧軸 舞壺終掛萬街風"이라고 했다.(《삼국유사》) "不羈"는 "매이지 않는다"는 말이다. "角乘初開三昧軸"은 "소를 타고 뿔 사이에 종이를 얹어, 〈金剛三昧經〉 두루마리를 처음 열고 풀이하는 글을 썼다"고 풀이할 수 있다. "舞壺終掛萬街風"은 "흔들고 춤추는 표주박을 만인의 거리에 매달아, 새로운 풍류를 일으켰다"는 뜻으로 이해할 수 있다. 설총은 "性明銳 生知道術 以方言讀九經"(《삼국사기》), "訓解六經文學"(《삼국유사》)이라고 했다. "性明銳 生知道術"은 "성품이 영민해, 태어나자 도리와 학술을 알았다"는 뜻이다. "以方言讀九經"은 "方言으로 九經을 읽었다", "訓解六經文學"은 "六經文學을 풀이해 이해했다"는 것이다.

민족문화의 역량으로 동아시아문명이 다채롭고 생동하게 하고, 동아시아문명의 수준에 맞게 민족문화를 향상한 것을 확인할 수 있다. "不羈"나 "性明銳 生知道術"은 무엇을 본뜨지 않고, 스스로 창조를 하는 역량이다. "角乘初開三昧軸"과 "讀九經" 또는 "解六經文學"에서는 그 역량으로 동아시아문명을 다채롭고 생동하게 한 것이 확인된다. "舞壺終掛萬街風"과 "以方言讀" 또는 "訓解"에서는 동아시아문명과 대등한 수준으로 민족문화를 고양시켰다.

이에 대한 해석과 평가를 거듭할 수 있다. 구체적으로 지적하면, 아버지와 아들이 불교와 유교에서 한 작업이 外儒內佛의 유불문명을 분명하게 정비했다. 이것은 동아시아를 위해 대단한 기여를 했다. 일반화해서 재론한다면, 문명과 문화가 밀접한 관계를 대등하게 가지고 상극이 상생이게 했다. 이것은 세계적인 의의를 가진다.

문화의 측면을 더 살피자. "以方言讀" 또는 "訓解"가 말에 그칠 수 없어, 적는 글이 필요했다. 한자를 이용해 독해 방법을 표기하는 口訣을 마련했다. 한자를 이용해 스스로 하는 말을 적는 鄕札도 이룩해 鄕歌 표기를 남겼다. 이런 작업이 일제히 이루어져, 일본은 假名과 和歌, 월남은 字喃과 國音詩, 南詔는 白文과 白文詩를 내놓았다.

이 모든 글은 한자를 직접 이용하므로, 자기 말과 들어맞지 않고 익히기도 어려운 이중의 난점이 있다. 한국에서만 해결책을 찾아, 訓民正音이라는 소리글자, 지금은 한글이라고 하는 것을 만들었다. 이것이 동아시아문명을 더욱 다채롭게 하고. 한국문명을 이룩하는 바탕이 되었다.

4 전환을 주도한 작업

동아시아문명의 정통사상은, 理學이라고 하는 理氣二元論 철학을 근간으로 했다. 이에 대한 반론이 氣學 또는 氣一元論으로 나타났다. 理學이 대등론을 부정하는 차등론의 작업을 확고하게 한 위업을 밑에서 뒤집어, 차등론을 부정하는 대등론의 역전을 氣學이 성취했다.

밑에서 뒤집었다고 하는 것은 민족문화의 저류에 근거를 두었다는 말이다. 그 증거인 구비전승이 일찍 기록에 오른 것도 있어 충격을 준다. 《삼국유사》의 〈蛇福不言〉 대목을 보자. "寡女 不夫而孕", "과부가 지아비 없이 잉태한 자식"이어서 가장 미천하고, "至年十二歲 不語亦不起", "나이 열둘이 될 때까지 말을 못하고, 일어서지도 않았다"고 할 만큼 못난 아이 蛇福이, 당대의 석학 元曉더러 "詞煩", "말이 번다하다"고 나무랐다. 말이 많아 진실과 멀어지는 것을 경계한 것만이 아니다. 못나고 잘난 것을 구분하고 차별하는 과오를 시정하고, 진정한 대등이 어떤 것인지 알려주었다.

대등의 진실이 차등론을 거부하는 氣學의 근거이다. 하층에서 民草가 이어오던 그런 氣學의 발상이 李奎報가 "物自生自化"라고 할 때 표면에 나타났다. 차등론의 이치를 잘 가다듬은 理學이 들어와 자리를 잡고 위세를 떨치자, 氣學의 반론이 본격적으로 등장했다. 이미 지닌 사고를 철학의 용어와 논리를 갖추어 가다듬는 글을 써냈다.

그 선두에 선 徐敬德이 16세기에 이미 말했다. "虛卽氣也 虛本無窮 氣亦無窮 氣之源 其初一也", "虛가 바로 氣이다. 虛는 본디 끝이 없고, 氣도 또한 끝이 없다. 氣의 기원은 원래 하나이다". "一不得不生二 二自能生克 生則克 克則生", "하나가 둘을 낳지 않을 수 없고, 둘은 스스로 능히 生克한다. 生하면 克하고, 克하면 生한다." 이런 말에 氣學의 원리가 일단 다 들어 있고, 氣學이 生克論으로 나아가야 할 방향도 제시되었다.

그 뒤 17세기부터 19세기까지 氣學이 동아시아 거의 전역에 등장해 理學을 종식시키는 문명 전환을 주창했다. 중국의 王夫之나 일본의 安藤昌益의 활약을 평가해야 한다. 유구의 蔡溫이나 월남의 黎貴惇도 함께 고찰할 수 있다. 한국에서는 任聖周·洪大容·朴趾源·崔漢綺가 이어서 나와,

氣學을 다양하고 세차게 발전시켜 대전환을 주도했다.

그 도달점을 보여준 崔漢綺는 〈物我互觀〉에서 말했다. "天者積氣之統名 心者推測之總名 以我心比乎天 則範圍相準 以推測比于積氣 則規模相倣 是故大而容天地萬物 密而透金石毫髮." 번역하면 이런 말이다. "天이라는 것은 積氣를 총괄한 이름이다. 心이라는 것은 推測을 총괄한 이름이다. 내 心을 天과 견주면 範圍가 相準하다. 推測을 積氣와 견주면, 規模가 相倣하다. 그러므로 장대하면 天地萬物을 용납하고, 정밀하면 金石毫髮도 뚫는다." 天氣라고 하는 氣의 총체와 사람이 推氣測理하는 능력은 대등하다고 했다. 사람의 능력은 아주 큰 것도, 무척 작은 것도 알아낼 수 있다고 했다.

天에 대한 숭앙을 보편적 원리의 근거로 삼는 잘못을 청산하고, 만물의 크기와 인류의 슬기가 대등하다고 했다. 이것은 획기적인 의의를 가진, 문명 전환의 논리이다. 한국문명이 동아시아문명을 재창조하고 세계문명을 쇄신해, 다음 시대를 이룩할 수 있는 설계도를 작성했다고 할 수 있다.

유럽문명권은 산업혁명에서 얻은 근대의 힘으로 침략을 일삼고, 식민지를 만들고 통치해 세계사의 진행을 그릇되게 했다. 이에 편승한 일본이 한국을 식민지로 삼고, 의식의 교란을 일으켰다. 서양 근대문명을 수입해 추종하면서, 다른 한편으로는 일본의 고유문화를 신비화해 숭앙했다.

식민지 한국은 일본의 서양 추종을 추종하기도 하고, 일본의 고유문화 숭앙을 한국의 고유문화 숭앙으로 대치하려고 하기도 했다. 그 어느 쪽이든 정신을 혼미하게 하는 것이 그리 다르지 않았다. 그 때문에 崔漢綺까지 이른 氣學을 망각했다. 한국문명이 동아시아문명을 재창조하고 세계문명을 쇄신할 수 있게 하는 설계도가 폐기되게 했다.

정신을 차렸다는 사람들은 근대 지향의 實學을 평가해 위안을 얻고자 했다. 서양 근대와의 간격을 줄이려고, 먼저 일본 근대를 바짝 따르려고 했다. 그런데 이제 시대가 아주 달라졌다. 간격 줄이기가 무의미해진 것을 알고 근본적인 반성을 해야 한다. 선후 역전이 일어나는 것이 당연하게 되었다.

5 세계문명을 살리는 임무

근대화로 치달은 역사의 행보는 목표에 이르자 동력을 잃었다. 이상이라던 것이 폐해로 바뀌어, 상승의 선도자가 먼저 하강한다. 그 증후가 나타나 일본이 어려움을 겪는 것을 본다. 시야를 넓히면, 일본이 모범으로 삼고 추종을 일삼던 유럽이 길을 잃고 헤매고 있는 것도 확인된다. 이에 관해 누구나 흔히 하는 말을 옮겨놓는 것은 아니다. 분명한 증거를 들어 명확한 진단을 하는 작업을 내 스스로 한다.

2024년 5월 불국 파리의 대형서점에서 철학 신간 일곱 권을 사와 읽어보니, 자기 말을 한 것은 둘이다. 하나는 사람들끼리의 경쟁이 극도에 이르러 일상적 개인의 파시즘이 창궐하고 있다고 개탄했다. (Éric Sadin, *L'ére de l'individu tyran, la fin d'un monde commun*, 2020) 또 하나는 만남의 철학을 제시한다고 하고, 모든 만남에 최상의 찬사를 바쳤다. (Charles Pépin, *La rencontre, une philosophie*, 2021)

구제 불능의 비관론도, 터무니없는 낙관론도 철학이기를 포기했다. 철학은 유럽문명의 산물로 인정해 힘써 모방하고 이식해야 한다는 주장을 무효로 만든다. 공백이 생긴 것이 어쩔 수 없다고 여기고, 방관하고 침묵하지 말아야 한다. 한국·동아시아철학이 나서서 세계철학을 살려, 인류가 희망을 가지고 다음 시대로 나아가도록 해야 한다.

유럽이나 그 추종자 일본의 몰락은 근대의 종말을 말해줄 따름이다. 이제 선진이 후진이 되고, 후진이 선진이 되는 대역전이 일어나 세계문명의 위기를 극복하고, 근대 다음의 시대를 슬기롭게 창조해야 한다. 이 과업을 맡아 수행하기 위해 우리가 분발해야 한다.

구체적인 작업을 제시한다. 崔漢綺까지의 氣學을 망각에서 찾아내고, 미래를 위한 설계도 폐기한 것을 되살려 오늘날의 요청에 잘 부응할 수 있게 가다듬어야 한다. 한문으로 하던 철학창조를, 한국문명을 이룩하는 바탕인 한글로 옮겨와 더욱 생동하게 해야 한다. 이런 요청을 실현해 대등생극론을 이룩한다.

대등생극론은 대등론과 생극론으로 이루어져 있다. 둘 다 인류 공유의 마음가짐이고 생활태도이므로 새삼스럽게 말할 필요가 없다고 하겠으나, 다른 데서는 차등론이나 평등론의 그릇된 철학이 심한 횡포를 자행한 탓에 많이 마멸되었다. 한국은 반격의 진원지가 될 수 있는 조건을 갖춘 데에다 각별한 노력을 보탰다.

민간전승이 자위권을 행사한 구비철학을 氣學으로 가다듬어, 하나인 氣가 둘로 나누어진 陰陽이 대등한 관계에서 생극한다고 했다. 이 철학을 대등생극론으로 재창조해, 가깝고 먼 임무를 수행한다. 현실 문제를 해결하는 구체적인 임무를 수행하고, 한국·동아시아·세계문명을 하나로 하고 미래를 바람직하게 창조하는 지침을 제시한다.

오랜 차등론을 철폐해도 남아 있는 종교와 정치의 본질인 차등론을, 창조주권의 대등한 발현을 일상화해 최대한 봉쇄한다. 평등론을 폭력혁명으로 실현하고자 해서 생긴 새로운 차등론을 해결하는 대등론의 대안을 제시한다. 생극론은 형이상학적 상생론의 허위, 상극에 치우친 변증법의 과오, 이 둘을 함께 바로잡는다.

계급모순을 상극의 투쟁으로 해결해야 한다는 강령을 민족모순이나 문명모순에도 적용해 세계사를 파국으로 몰아가는 사태를 상극이 상생이게 하는 생극론으로 해결하고자 한다. 기독교문명과 이슬람문명의 충돌이, 어떻게 하면 파국으로 치닫지 않고 화합하는 쪽으로 방향을 돌릴 수 있는가? 이 물음을 받아들이고, 한국·동아시아의 유불문명이 앞으로 나서야 한다.

유교와 불교의 상극이 상생이게 한 것이 획기적인 의의를 가진다. 유불문명을 이룩한 경험과 공적으로 중재자 자격을 얻어, 충돌을 줄이는 활동을 실질적으로 할 수 있다. 더 나아가 유불문명이 대등생극론으로 나아가 인류의 미래를 바람직하게 창조하는 세계문명을 이룩하는 거대한 과업에 기독교문명과 이슬람문명도 종교의 독선을 줄이고 철학의 지혜를 늘여 동참하도록 권유할 수 있다. 이것이 부당하다는 반론을 어느 누가 제기할 수 있는가?

거기까지 나아가려면 먼저 할 일이 있다. 대등생극론이 국내에 잘 알려져 한국문명의 진로를 말해준다고 인정하도록 해야 한다. 이웃 여러 나라도 공유해 동아시아문명을 새롭게 창조해 인류를 위기에서 구출하는 사명을 함께 수행해야 한다. 이 작업을 대등한 위치에서 생극의 토론과 합작을 하면서 진행하는 범위가 세계 전역으로 확대되어야 한다.

6 소통 방법

"이 작업을 대등한 위치에서 생극의 토론과 합작을 하면서 진행하는 범위가 세계 전역으로 확대되어야 한다." 이렇게 말하면, "어떤 언어를 사용하는가?"하는 의문이 제기된다. "문명은 글로 이루어진다고 했는데, 한국문명에서 동아시아문명·세계문명으로 나아가게 하는 글이 있는가?" 이것은 더욱 심각한 의문이다.

이제는 말이 녹음되어 거듭 들을 수 있고 멀리까지 전달되어, 글 노릇을 한다. 이런 소통을 크게 넓히는 방법을 셋 든다. [가] 세계적인 범위의 교통어인 영어를 매개로 한다. [나] 한국어를 어디서든지 배워 함께 사용하게 되기를 기대한다. [다] 각기 자기 말을 하고, 통번역으로 서로 이해한다.

[가]가 차등론의 관습을 연장시켜 대등론으로 나아가지 못하게 하고, 한국·동아시아문명의 진면목을 훼손하지 않도록 하려면, 어떻게 해야 하는지 고민해야 한다. [나]가 잘 진행되어, 한국문명의 창조물을 원문으로 서로 대등하게 이해하고 생극의 토론을 할 수 있는 사람들이 세계 도처에서 늘어나기를 바란다. 이 때문에 우월감을 가져 대등을 해치는 것을 극력 경계해야 한다. [다]를 불편이나 차질을 줄이고 원활하게 해주는 인공지능의 활약을 기대한다.

"문명은 글로 이루어진다"고 한 명제에서 '글'이 의미하는 것이 확대되는 사태도 말해야 한다. 할리우드영화가 이렇게 한 것이 널리 알려지고 많은 영향을 끼쳐, 미국문화가 미국문명이게 한다. 지금 세계를 뒤흔들고 있는 韓流 공연도 같은 이유에서 한국문화가 한국문명이게 할 수 있다. 이 둘 다 "문명은 글로 이루어진다"는 명제를 취소하게 하지 않는다. '글'이 의미가 '광범위한 소통 방법'으로 확대되는 것을 공인한다.

이것이 세계 공통의 추세여서 문명의 양상이 온통 달라지게 한다. 대등생극론은 이런 전환을 적극적으로 실현해, 글로 쓴 저작만이 아니다. 다음과 같은 소통 방법을 대등하게 갖춘다.

철학 - 詩 - 노래 - 춤

오른쪽 방향으로, 철학에서 시작해 춤 쪽으로 나아가 신체 활동을 늘이는 것은 의도적인 노력의 과정이다. 왼쪽 방향으로, 춤에서 시작해 철학 쪽으로 들어와 사고 수준을 높이는 것은 자연적인 이행의 단계이다. 이것은 다음의 네 단계를 거친다.

제1 춤의 단계: 누구나 대등하게 자기 신명을 풀며 상극이 상생이게 하는 춤을 함께 춘다.

제2 노래의 단계: 춤추면서 부르는 노래의 가락을 휘어잡다가, 그 말의 뜻을 알려고 한국어 공부를 즐겨 한다.

제3 詩의 단계: 한국어 공부를 더하고 한국학에 들어서서, 대등의 길을 말하는 시를 찾아 읽고 자기 말로 다시 짓는 기쁨을 누린다.

제4 철학의 단계: 그 詩의 근원이 되는 대등생극론 철학 저작을 원문으로 이해하고 토론에 참여하며, 새로운 언술로 재창조하는 도반의 경지에 이른다.

道班은 진리를 함께 탐구하고 실행하는 동지이다. 절대자를 받드는 종교의 사제자와 달리, 주체성을 가지고 각자 독자적인 탐구를 하며 서로 돕는다. 대등생극론의 도반이 가깝고 먼 데서 계속 늘어나, 한국문명이 동아시아문명이고 세계문명이게 할 것을 기대한다.

7 보충논의

이상의 논의가 소략하고 미흡하므로 보충 설명을 하는 각론이 필요하다. 각론은 각기 독립되어 있고, 순서가 없다. 길이나 서술 방법이 일정하지 않다.

[1] 문명론 전개의 추이를 살피지 않아, 여기서 시도한다. 먼저 브로델, 《문명의 문법》(Ferdinand Braudel, *Grammaire des civilizations*, 1987)을 보자. 이름이 높은데, 실상은 엉성하다.

세계를 유럽문명과 다른 여러 문명으로 양분했다. 유럽문명의 동질성은 새로운 관점에서 자세하게 고찰하고, 다른 여러 문명에 관해서는 낡은 견해나 부당한 선입견을 열거했다. 모든 문명의 보편적인 특징이나 의의에는 관심을 가지지 않았다. 편향성이 심각하고, 수준이 낮다고 하지 않을 수 없다.

헌팅턴, 《문명의 충돌》(Samuel P. Huntington, *The Clash of Civilizations and the Remaking of World Order*, 1996)에서는, 국제정치학자의 대결전략이 문명론을 왜곡하고 변조했다. 자기편은 단결해야 하므로, 유럽문명과 미국문명은 둘이 아니고 하나라고 했다. 적은 분열시켜야 하므로, 동아시아문명과 일본문명은 하나가 아니고 둘이라고 했다. 추어주어 망하게 하는 술책이 적중해, 일본이 나날이 쇠퇴하고 있다.

　일본문명은 동아시아문명과 구별되는 독자적인 문명이라고, 일본에서는 작전과 다른 自尊을 위해 주장해왔다. 伊東俊太郎, 《比較文明》(1985)에서 그 근거를 분명하게 하려고 했는데, 납득하기 어렵다. 神道는 세계종교가 아니다. 천지만물의 보편적 이론을 말하는 철학을 일본에서는 추구하지 않는다. 일본문화가 아무리 대단하다고 생각되어도, 문명이라고 말할 수는 없다. 착각이 일본을 비참하게 만든다.

　한국에는 다음과 같은 문명론 詩가 있었다. (陳灌, 〈奉使入金〉)

　　　西華已蕭索
　　　北寨尙昏蒙
　　　坐待文明旦
　　　天東日欲紅

　　　서쪽 중국 이미 삭막해지고,
　　　북쪽 진지는 아직 몽매하다.
　　　앉아서 문명의 새벽을 기다리니,
　　　하늘 동쪽 해가 붉으려 하네.

　이 시는 '文明'이 서양말 'civilization'의 번역어로 쓰려고 지어낸 것이 아니고, '文' 글을 '明' 밝게 하는 이상을 일컫는 오랜 용어임을 말해준다. 동아시아의 文明이 위태롭게 된 시대상황을 개탄하고, 당시 한국의 고려가 각별한 노력을 해야 한다고 다짐했다. 한국이 글 밝히기에 앞장서서 동아시아문명의 빛이 멀리까지 이르도록 한다는 발상의 전례를 보여주었다.

구체적인 내용을 살펴보자. 서쪽 중국은 강남으로 쫓겨 간 南宋이다. 전날의 영광을 잃고 무력하게 되었다. 북쪽 진지는 北宋을 멸망시키고 그 자리를 차지한 金나라를 말한다. 진지를 쌓아 군사력이나 자랑하고, 지적 수준은 낮다고 했다. 그래서 남북 모두 어둠에 잠긴 것을 개탄했다.

동아시아문명이 위기에 이르렀으므로 소생하도록 해야 하고, 그 사명을 동쪽의 고려가 맡아야 한다고 다짐했다. 천지만물의 보편적 이론을 다시 이룩하는 것이 핵심 과업이다. 이를 위해 그 뒤 오랫동안 치열하게 탐구하고, 힘들여 저술했다.

그 결과가 동아시아문명 혁신에서 더 나아가 한국문명 창조에까지 이르렀다. 한국문명은 한국을 빛내자는 것이 아니고, 인류를 위한 봉사를 사명으로 한다. 이를 위해 대등생극론을 제시하기만 하지 않고, 실행을 더욱 소중하게 여긴다.

"서쪽은 이미 삭막해지고, 북쪽은 아직 몽매하다." 이것이 지금 다시 해야 할 말이다. 그러나 다른 쪽을 낮추어보는 차등론은 버려야 한다. 모두 함께 깨어나 서로 존중하며 생극의 관계를 가지는, 대등생극의 세계문명을 이룩해야 한다.

[2] 고대문명은 인더스문명이나 잉카문명까지도 글이 있고, 천지만물의 보편적 이론을 나타낸 것으로 인정된다. 어떤 문명이 새로 발견되었다고 하면서, 글은 보이지 않고, 천지만물의 보편적 이론을 구현한 증거는 없다면, 고대문명이라고 알려진 것들과 동급이라고 할 수 없다. 문명이 되다가 만 유적이 상당히 많아, 앞으로도 계속 발견되리라고 생각된다.

흉노는 엄청난 강성제국이었으나, 글이 없어 문명을 창조하지는 못했다.

몽골제국은 신구의 문자로 문서 작성, 역사 기록, 사상 표현을 다 했으나, 천지만물의 보편적 이론은 제시하지 못해, 기존 여러 문명의 교류나 융합에 기여하기나 했다. 그 이유를 밝히려면 깊은 통찰이 있어야 한다.

[3] 천지만물 이론은 어디서나 구전한다. 세계 도처의 암각화는 글자가 될 수 있다. 이 둘이 만나 천지만물 이론이 글자로 기록되는 것은 저절로 되지 않는다. 강력한 정치 권력이 출현해야 가능하다.

권력 정상의 통치자는 두 가지 기록이 필요해, 글자를 만들도록 했다. "천지만물 = 자국 = 통치자"라고 요약할 수 있는 이론을 이룩하고 흔들리지 않도록 기록해, 지배를 합리화하고 공고하게 하고자 했다. 자기 명령을 기록으로 전달해, 차질이나 변조가 없이 집행되도록 하려고 했다.

권력을 과신하고 이런 짓을 무리하게 하면, 결과가 뜻한 것과 반대로 된다. 천지만물 이론이 왜곡되어 타당성을 상실하고, 억지 명령을 남발해 파탄을 초래한다. 그래서 문명이 형성되다가 와해된다. 시도하지 않은 것처럼 된다. 이것은 종말이 아니고, 반전이 일어나기도 했다.

권력자의 독선이나 허위를 외면해 제어하고, 천지만물의 진정한 이론을 추구하는 반체제 지식인들이 나타났다. 諸子百家, 沙門, 예언자, 소피스트 등으로 지칭되는 이들이 각기 다른 곳에서 서로 상통하는 활동을 했다. 고대문명을 수준 높게 되살리는 말을 하고 다닌 것이 기록되어 길이 칭송된다.

그 가운데 하나가 선발되어 정통 노릇을 하며, 중세 보편주의 문명의 영역을 넓히고, 내용을 다졌다. 오늘날에는 중세보편주의의 단일 가치관을 버리고, 근대 민족주의의의 편협에서도 벗어나, 고대의 諸子百家, 沙門, 예언자, 소피스트 등과 두루 만난다. 각기 지닌 지혜를 얻어 합치고자 한다.

[4] 오랫동안 중국은 선진이고 한국은 후진이라고, 중국인도 한국인도

생각했다. 이것이 잘못된 선입견이고 사실이 아님이 밝혀지는 사태가 거푸 일어났다. 중국 사신이 한국에 와서 선후가 역전되어 있는 것을 발견하고 그 충격을 기록에 남겼다. 하나는 북송 사신 徐兢의 〈高麗圖經〉이고, 또 하나는 명나라 사신 董越의 〈朝鮮賦〉이다.

〈高麗圖經〉에서 말했다. 한국인은 목욕과 세탁을 자주 하고, 중국인의 더러움을 비웃는다. 수도에서 보니 "장서가 수만 권에 이르고," 민간인 마을에도 도서관이 있다고 들었다고 했다. "하급 군졸이나 어린아이들까지도 선생을 따르면서 공부하기를 놀기보다 더 열심히 한다." 학구열이 중국보다 앞서는 것을 알고 놀랐다고 고백했다.

〈朝鮮賦〉에서는 한국이 중국보다 나은 점을 여럿 들었다. 처음 둘은 "형벌에 宮刑이 없다", "어려서 다친 사람만 내시로 써서, 내시가 아주 적다"는 것이다. 생식기를 제거하는 그 참혹한 형벌이 중국에는 흔하고 한국에는 없는 것은 큰 차이점이다. 중국에는 내시가 많아 국정을 농단하는데, 한국은 그렇지 않은 것이 이와 연관된다고 했다.

그다음에 한 말은 더 주목할 만하다. "가장 칭송할 만한 일은 팔십 노인이 있으면 남자든 여자든 궁중에 모시고, 왕과 왕비가 잔치를 베풀고 은공을 치하한다." "비록 노복이라도 삼년상을 지내게 한다." "대대로 양반이라도 떳떳하지 못한 행실을 하면 나라 사람들이 모두 배척한다." 이런 일이 중국에는 없다고 했다.

文과 禮를 아울러, 文을 익히고 禮를 실현하는 것은 동아시아문명의 이상이다. 이 이상이 중국이 아닌 한국에서 이루어졌다고 위의 두 글이 입증했다. 아직 미비한 동아시아문명을 중국에서 가져와 한국에서 완성하고, 세련되게 했다는 말이기도 하다.

오늘날 한국에는 이런 사실을 몰라 무시하고, 동아시아문명은 중국의 소유물이므로 되돌려주어야 한다는 주장이 있다. 그러면 너무 가난해 그냥 살아갈 수 없으니, 서양으로 동냥을 다니자고 하기도 한다. 동아시아문명보다 선행해 상위인 민족고유문명의 유산이 잘 찾아보면 아직 남아 있으니, 희망을 잃지 말고 자부심을 가지자는 말도 들린다.

모두 오판이다. 동아시아문명은 동아시아 각국의 공유물이다. 완성과 향상을 위해 한국인이 각별하게 기여했다. 지금은 그 성과를 가지고 세계로 나아가, 더욱 빛내고 있다. 더 멀리서 찾아온 사람들이 한국은 예상 이상이라고, 徐兢이나 董越보다 더 놀라는 이유가 마련되어 있다.

[5] 고조선 시대에 加臨土 문자가 있었다고 하는데, 타당성이 입증되지 않는다. 일본의 神代 문자란 것은 금석문 자료가 상당한 정도로 있지만 조작이라고 여긴다. 둘 다 한글 자모와 아주 흡사한 점을 증거로 들어 그 원형이라고 하는 주장이 불신을 키운다. 문자를 만드는 수고만 하고 적극적으로 사용하지 않은 것은 있을 수 없는 일이다. 문서 작성, 역사 기록, 사상 표현 등을 한 증거가 깡그리 없어졌다고 하는 말은 억지이다.

訓民正音이라고 일컫은 글자를 발음 표기를 잘하도록 창조한 것이 획기적인 의의가 있다고 더 역설하지 않아도 된다. 그 쓰임새의 변천을 살피는 것이 더욱 긴요한 과제이다. 오랫동안 한자를 보조하던 한글이, 이제는 어문생활의 주역으로 등장해 한자를 조연으로 삼게 되었다. 한글로 문서 작성, 역사 기록, 사상 표현을 하게 된 것이 한국문명이 진전되게 하는 필요조건이다.

보태야 할 충분조건은 독자적인 노력으로 천지만물의 보편적 이론을 재정립하는 것이다. 徐敬德의 "天聖不到"의 氣學 논술에서 비롯한 이 작업이, 訓民正音 창제와 대등한 의의가 있다. 그 뒤에 任聖周, 洪大容, 朴趾源, 崔漢綺 등이 氣學을 더욱 넓고 깊게 전개해 동아시아문명을 재창조했으며, 동아시아 다른 여러 나라에서 이에 동조해 보편적인 가치가 확인되고 확대되었다.

양쪽의 성취를 합치는 작업을 지금 해야 한다. 한글이 주역으로 등장해 한자를 조연협력자로 삼고, 氣學을 오늘날의 요구에 맞게 발전시켜 천지만물의 보편적인 원리를 새롭게 밝혀야 한다. 이렇게 하면, 한국문명이 결격 사유 없이 성장하고 창조력을 키워, 동아시아문명의 쇄신을 완수하고, 세계문명을 파탄에서 구출할 수 있다. 대등생극론이 과업 수행의 주역으로 등장한다.

조연인 한자가 '對等生克論'이라고 하고, 주역인 한글은 '대등생극론'이라고 하는 것이 오래 누적된 시비를 모두 종식시키려고 다시 정립한 천지만물의 보편적 이론이다. 이것은 세 겹으로 이루어져 있다. 萬物대등생극 위에 萬生대등생극이, 그 위에 萬人대등생극이 있다. 이렇게 말하는 데 포괄되지 않는 학문이 없고, 해결되지 않을 문제가 없다.

[6] 우리 선조는 옛적에 천하를 호령하는 강성제국을 아주 넓게 만들었다. 그 영광을 재현하기 위해, 고토를 회복해야 한다. 이렇게 주장하는 사람들이 들으라고, 다른 나라 이야기를 한다.

몽골이 유라시아대륙의 대부분을 차지했던 것은 반론의 여지가 없는 분명한 사실이다. 그 고토를 회복하겠다고 하는 것이 당연한가? 이것은 역량이 모자라 실현 가능성이 전연 없는 헛소리이지만, 반발을 일으키는 부작용은 심각하게 된다. 동서를 연결하고 여러 문명을 소통시킨 공적은 망각되고, 살육을 일삼은 만행에 대한 분노를 새삼스럽게 일으킨다. 오늘날의 몽골이 국제적인 유대에서 제외되도록 하는 피해를 초래한다.

리투아니아, 폴란드, 헝가리, 불가리아 등은 모두 한때 강성제국이어서 중동부 유럽의 대부분을 지배한 것이 분명한 사실이다. 어느 시기의 과거를 재현해 고토회복의 염원을 실현하겠다고 제각기 나서면, 어떻게 되겠는가? 끝없는 충돌만 있고, 해결은 없다. 전쟁을 해도 분쟁 종식이 불가능하다.

그러면 어떻게 해야 하는가? 대답이 쉽게 나온다. 국경의 장벽을 낮추면 된다. 국가의 좁은 마당 밖 문명 공유의 광장으로 나가면, 자유롭게 뛰놀 수 있다. 문명공동체를 넓혀, 교류와 화합에 적극 힘쓰는 것이 누적된 문제를 해결하는 선진의 대로이다.

이렇게 나아가는 순서를 잘 잡아야 한다. 정치를 앞세워야 한다는 구태의연한 사고방식에 사로잡혀 장애를 키우지 말아야 한다. 경제적인 관련을 긴밀하게 하는 노력을 다각도로 해야 하는 것이 당연하다.

이보다 선결과제가 있다. 대등생극의 의식을 공유하며 서로 가까워지고 피차의 구분을 넘어서도록 해야 한다. 학문에서 그 설계도를 작성하고, 교육이나 예술과 함께 힘써 시공해야 한다.

[7] 이집트의 경우를 보자. 고대문명이 글까지 갖추고 대단한 수준에 이른 것은 논란의 여지가 없는 사실이다. 그런데 이슬람 중세문명을 크게 환영하며 받아들여 말까지 바꾸고, 고대의 글은 읽을 수도 없게 되었다.

유럽의 침공과 지배에서 벗어나 주권을 찾고 새로운 국가를 건설하면서, 노선 설정에 관한 논란이 일어났다. 외래문명인 이슬람을 청산하고 고유한 고대문명의 영광을 재현하는 것이 마땅하다는 주장이 한때 힘을 얻다가 폐기되었다. 재생 불가능한 과거에 헛되게 집착해 실질적 성과가 없는 노력으로 힘을 낭비해, 이집트를 더욱 무력하게 하기 때문이라고 할 수 있다.

실상을 바로 알아야 한다. 고대문명은 유물로만 남아 있다. 유물이 찬란하다고 감탄하다가 환상에 사로잡혀 현실을 오판한다. 지배자 파라오 혼자 위대하다고 하는 고대문명에서 벗어나, 알라를 섬기면 누구나 훌륭하다고 하는 이슬람 중세문명에 참여한 것이 대단한 발전이다. 역행하겠다면 어리석다. 유럽과의 문명 대결을 고대문명을 이어받아 하려고 하면 패배를 자초한다. 이슬람은 기독교보다 여러모로 훌륭하고, 국제적인 유대를 보장해 승리할 수 있게 한다.

천년 이상 힘써 키운 이슬람문명을 주체성과 창조력의 근거로 삼고, 유럽문명과의 대결을, 현대문명을 바람직하게 이룩하면서 해야 한다. 이것이 명분과 실리 양면에서 타당성이 분명한 노선이다. 합의가 분명하게 이루어져, 정권이 몇 번 교체되어도 달라지지 않는다.

이런 생각에 잘못이 있는가? 이집트의 고대문명·중세문명·현대문명의 관계론은 특수한가 보편적인가? 우리의 경우와 얼마나 다르고 같은가?

[8] 북유럽은 천지만물의 원리를 말하는 신화가 뚜렷하고, 룬(run)이라는 문자도 있었다. 그런 역량으로 보편적인 의의가 있는 문명을 이룩하려고 하는데, 기독교-라틴어문명이 들어왔다. 이것은 도전이면서 기회였다. 어느 쪽인가는 경우에 따라 달랐다.

주변부는 이것을 도전으로 여겼다. 아이슬란드와 노르웨이가 앞장서고 스웨덴이 뒤따르면서, 독자적인 역사를 룬은 버리고 라틴어 문자를 차용해 민족어로 썼다. 덴마크는 좋은 기회를 이용해, 기독교-라틴어문명의 중간부가 되는 다른 길을 택했다. 민족어 대신 라틴어를 사용하고, 자국 역사의 전개를 기독교와 연결시켜 서술했다.

삭소 그라마티쿠스(Saxo Gramaticus)가 13세기 초에 《덴마크의 위업》(*Gesta Danorum*)을 쓴 것이 그런 업적이다. 저자는 기독교 성직자이고, 이름 앞의 '그라마티구스'는 문법학자라는 말이다. 북방 이웃 여러 나라 역사가들은 갖추지 못한 라틴어 구사력을 보여주고, 야만의 역사에 문명의 역사로 대응하고자 했다. 덴마크인은 야만스러운 무용을 자랑으로 삼지 않고, 문명 발전에 기여한다고 했다.

덴마크인은 기독교가 들어오기 전에 이미 8백년의 역사를 이룩했다고 했다. 로마의 역사와 덴마크의 역사가 함께 시작되고 나란히 전개되면서, '로마의 평화'(Pax Romana)와 대등한 '덴마크의 평화'(Pax Danica)를 자기 나라가 중심이 되어 이룩한 것이 자랑스럽다고 했다. 기독교가 덴마크에 들어온 것은 덴마크인이 뛰어나기 때문이라고 했다. 기독교가 덴마크 인의 우월감을 더욱 높인다고 했다. 민족문화의 역량으로 기독교-라틴어 문명을 더욱 발전시킨다고 했다.

이런 전통이 있어 덴마크는 작지만 널리 모범이 되는 나라이다. 노선 선택의 혼란을 겪지 않고 사회가 안정되어, 유럽을 빛내고 인류에게 유익한 창조활동을 착실하게 한다. 닐스 보어(Niels Bohr)가 양자역학을 창안해 현대물리학 발전을 주도한 것이 좋은 본보기이다.

북유럽의 용사 바이킹이 용맹을 떨쳐 유럽을 넘어서까지 곳곳에 정복지를 만드는 데 덴마크도 참여했다. 이런 과거를 자랑스럽게 생각하지 않는다. 위세의 증거로 남은 그린란드가 최대의 자치권을 행사하도록 한다. 독일에게 남쪽 국토 일부를 빼앗긴 것도 잊고, 고토회복을 염원하지 않는다.

패권주의를 버리고, 주어진 조건에서 행복을 누리며 잘 산다. 인류에게 안데르센(Andersen) 동화, 레고(Lego) 장난감을 선물해, 어린 시절로 되돌아가자고 한다. 세계대전을 두 번이나 일으킨 이웃의 강성대국 독일을 부끄럽게 한다.

논의 확장을 위해, 자료를 보탠다. 유네스코 산하 기구인 철학 및 인문학 국제 이사회(The International Council for Philosophy and Human Sciences) 학술회의가 2023년 일본에서 열렸을 때 가서, 덴마크 교수(Tim Jensen, University of Southern Denmark)의 좋은 발표를 들었다. 제목은 번다해 옮기지 않고 요지만 든다.

국가에 따라 다른 종교를 신앙하면서, 서로 배타적인 관계를 가지지 말아야 한다. 세계 각국의 모든 대학 종교학과에서 여러 종교에 대한 '과학적'(scientific) 연구를 해야 한다. 그 결과를 가지고 모든 공교육 기관에서 학생들이 종교에 편견 없는 이해를 하도록 가르쳐야 한다. 이런 방법으로 개방적·다원적·민주적인 사회를 세계 모든 곳에서 이룩해야 한다고 했다.

타당한 주장이다. 덴마크는 국민 75.8%가 기독교(74.3%가 덴마크기독
교), 19.1%가 무종교, 4.4%가 이슬람인데, 종교 대등을 말하니 훌륭하다.
그렇지만 상극을 심각하게 겪지 않아 상생이 공상이다. '과학적' 연구를
문제 해결의 방법으로 삼자고 하는 것은 식견 부족의 단견이다. 대등생극
론을 갖추어야, 유럽문명을 넘어서서 세계문명을 쇄신할 수 있다.

7 대등법철학

7-1 이른 시기에

이른 시기에 있었던 사례가 필요하니, 시간을 거슬러 멀리 가자. 역사
의 한 장면이 눈앞에 전개된다. 이것으로 앞으로 무엇을 찾아 어떤 논의
를 하는지 알리는 예고편을 삼을 수 있다. 이렇게 말하고, 다음과 같은
이야기를 했다.

중국 옛적의 秦始皇은 어떤 짓을 했는가 보자. 李斯를 재상으로 등용
해 法家의 통치를 했다. 가혹한 법을 엄격하게 집행해 절대적 복종을 요
구했다. 법가에 대한 반대를 봉쇄하려고, 책을 불태우고 선비를 땅에 묻
는 焚書坑儒를 단행했다. 공포정치의 극치를 보여준 것이, 절대적인 권력
을 누리고자 하는 후대의 통치자들을 끝없이 매혹시킨다.
법치를 엄격하게 하면 나라를 바로잡는다고 하는 주장은 표방한 것과는
반대가 되는 결과를 가져왔다. 엄청나게 커진 권력이 연쇄적인 횡포를 부
려, 정의는 물론 인정까지 여지없이 짓밟는 사태가 벌어졌다. 이사는 동
문수학한 경쟁자 韓非를 투옥하고 살해했다. 이사 자신은 득세한 환관 趙
高의 모함을 받고 옥에 갇혀, 고문을 이겨내지 못해 날조된 죄를 시인하

고 삼족이 멸족되는 처지가 되었다. 억지 권력은 억지의 정도가 더 심한 권력 때문에 작살이 나게 되어 있다는 사실을 일찍 입증했다,

진시황은 육국을 통일한 공적을 자랑하다가 자멸을 초래했다. 엄청난 횡포를 저지르고, 사치 또한 극도에 이르러 나라를 유지하지 못했다. 불로초와 불사약을 먹고 영세불멸의 권력을 휘두르려고 하던 욕망이 무너지고, 지존의 정상도 만백성과 다름없이 숨을 거둔다는 사실이 입증되자 도처에서 반란이 일어났다.

項羽와 劉邦이 패권을 다투다가, 유방이 이겨 한나라가 몇 백 년 통일 제국을 이어나갔다. 항우가 강성함을 자랑하는 데 맞서, 유방은 융통성 있는 대응으로 거듭되는 위기를 극복하고 최후의 승리를 얻어냈다. 유능이 무능이고, 무능이 유능이라는 교훈을 남겼다.

진시황은 어마어마하게 크고 화려한 阿房宮을 지었다. 유방이 먼저 거기까지 갔으나 부러워하기만 하고 물러났다. 나중에 도착한 항우는 아방궁에 불을 질렀다. 항우가 과거 청산을 확실하게 한 것은 칭송의 대상이 되고, 유방의 미적거림은 시빗거리일 수 있다. 司馬遷은《史記》에서 유방의 거동을 다음과 같이 묘사했다. '패공'은 유방의 호칭이다.

패공은 咸陽에 入城했다. 이윽고 성안의 궁궐에 들어가 휴식을 취하려고 하자, 樊噲와 張良이 간했다. 창고에 있는 진나라의 귀중한 보물이나 재물을 봉하고, 군대가 물러나 霸上이라는 곳에 주둔하도록 했다. 이어 여러 현의 노인과 유력인사들을 불러놓고 말했다.

"여러분은 진나라의 가혹한 법 때문에 오랫동안 고통을 당해 왔습니다. 왕실을 비방하는 사람들은 멸족을 당하고, 서로 모여 말을 나눈 사람들은 죽임을 당하여 거리에 내던져졌습니다.

나는 여러분에게 '살인자는 죽이고, 남을 상하게 하거나 남의 물건을 훔친 자는 법에 따라 처벌한다'는 내용의 約法 셋만 약속합니다.

나머지 진나라의 모든 법은 폐지하겠습니다. 모든 관리와 백성들이 예전처럼 안전하게 살 수 있게 할 것입니다.”

“함양성 안의 궁궐”은 아방궁이다. 호화로움을 자랑하는 곳이다. 유방은 거기 들어가서 휴식을 취하고 싶다고 했다. 부러운 마음이 생기고, 차지하고 싶기도 했을 것이다. 이런 느낌을 감지한 번쾌와 장량이 궁에 들어가지 말라고 간했다. 호화로움을 탐내면 진시황을 나무랄 자격이 없다고 했을 것이다. 유방은 말을 알아들었다. 진나라의 보물을 자기가 차지하지 않고 봉해 두었다. 장차 백성을 위해 사용하겠다는 말이다. 궁중에는 들어가지도 않고, 민가마저 피해 근처의 다른 곳으로 물러나 야영을 했다.

백성들의 대표를 불러서 한 말은, 진시황이 李斯의 건의를 받아들여 실시한 법가 통치의 악행에서 벗어나 누구나 편안하게 살 수 있게 하겠다는 것이다. 진나라의 번다한 법은 모두 통제를 위한 악법이므로 폐지하고, 약법삼장이라고 한 최소한의 법만 시행하겠다고 했다. 孔子의 가르침을 이어받아, 儒家의 이상인 民本 정치를 시작했다고 두고두고 평가되는 치적을 이루었다. 그 때문에 한나라는 수백 년의 수명을 누리고도 비난의 대상이 되지 않는다. 번쾌와 장량은 어떤 사람이어서 유방을 바르게 인도했는가? 번쾌는 유방을 충실하게 따르면서 용맹을 발휘한 무장이다. 학식이 없는 덕분에, 만백성의 순수한 마음을 잃지 않았다. 장량은 老子에게서 비롯된 道家의 학문을 은밀하게 익히고 있다가, 진시황의 만행을 두고 볼 수 없어 유방을 도우러 나섰다. 유방이 항우에게도 이겨 천하를 통일하자, 홀연 자취를 감추었다.

법가의 절대적 엄벌주의는 차등론의 폐해를 극대화한다. 이에 대한 가장 분명한 반론인 도가의 대등론은 저류로나 이어지고 목소리가 너무 미약하다. 둘 사이의 중간인 유가가 정신을 차려, 차등론으로 기울어지지 않고 대등론 실현에 기여하기를 바란다. 차선책을 실현 가능한 최선책으로 하지 않을 수 없다. 이렇게 해야 하는 것이 오늘날까지도 달라지지 않는다.

7-2 법의 효용과 확장

1

법철학의 쟁점은 오래 전부터 명백하다. 법을 잘 만들고 엄정하게 집행하면 질서를 확립한다. 이런 주장을 분명하게 하는 法家가 득세했다. 道家는 이와 반대가 되는 대등론을 말했다 "法令滋彰 盜賊多有"(법령이 늘어나고 분명해지면, 도적이 많아진다)고 하고, "無爲而民自化"(無爲면 民이 스스로 변화한다.)(〈道德經〉 57장)고 했다. 법이 필요하지 않다는 말이다. 儒家는 그 중간에서 법이 필요하기는 하지만 과신하지 말고, 禮가 더 큰 일을 하도록 해야 한다고 했다.

그런 생각이 "道之以政 齊之以刑 民免而無恥 道之以德 齊之以禮 有恥且格"(政으로 이끌고, 刑으로 가지런하게 하면, 民이 免하기나 하고 恥는 없다, 德으로 이끌고 禮로 가지런하게 하면 恥와 格이 있다.)(〈論語〉〈爲政〉)고 한 데 잘 나타나 있다. '道'는 이끈다는 뜻이다. '齊'는 가지런하게 한다는 뜻이다. '之'는 '民을 미리 일컬은 대명사이다. '政'은 정치이고, '刑'은 형벌이다. '免'은 벗어난다는 말이다. '恥'는 부끄러움이다. '格'은 품격이 높은 경지이다.

鄭道傳은 말했다. (〈朝鮮經國典〉 憲典 摠序) "天地之於萬物 生之以春 肅之以秋 聖人之於萬民 愛之以仁 威之以刑 蓋其肅之也 所以復其原也 其威之也 所以竝其生也 秋在天地爲義氣 而刑爲秋官 其用一也"(천지는 만물을 봄이면 살리고, 가을이면 가다듬는다. 성인은 만민을 仁으로 사랑하고 형

벌로 위엄을 보인다. 대개 가다듬는 것은 그 근본을 회복하기 위함이다. 위엄을 보이는 것은 삶을 가지런하게 하려고 하기 위함이다. 가을이 천지에서 義氣를 행하는 것과 형벌 담당자를 秋官이라고 하는 것은 그 쓰임새가 같다.) 봄과 가을, 살리기와 가다듬기, 사랑하기와 위엄 보이기는 상보적인 관계를 가진다고 하고, 가을, 가다듬기, 위엄 보이기 쪽의 임무를 형벌이 담당한다고 했다.

그 둘은 그냥 상보적이거나 대등하지 않고, 백성을 살리고 사랑하는 정치를 보좌하기 위해서 형벌이 필요하다고 다시 말했다. "聖人之制刑也 非欲恃此以爲治 輔治而已 辟以止辟 刑期無刑"(성인이 형벌을 제정한 것은 이것을 믿고 정치를 하려 함이 아니다. 이것은 정치를 보좌할 따름이다. 액막이로 액막이가 중단되게 한다. 형벌은 형벌이 없어지기를 기대한다.) 형벌로 통치를 하는 法家의 폭압은 부당하다고 하고, 형벌은 통치를 보조할 따름이다. 액막이를 하면 액이 생기지 않아 액막이가 중단되듯이, 형벌은 범죄가 없어져서 형벌이 없어지게 되는 것을 기대한다. 이렇게 말해 형벌은 없어지는 것을 이상으로 한다고 했다.

법은 형벌만이 아니고, 그 이상의 것이다. 모든 행위의 규범이다. 법을 잘 만들고 엄정하게 집행하면 질서를 확립한다. 법을 과신하지 말고, 禮가 더 큰일을 하도록 해야 살기 좋은 세상이 된다. 이런 생각을 李瀷이 분명하게 했다.(〈星湖僿說〉 人事門 〈率禮定名〉)

"法者本乎禮 率禮而之制 違則有刑 是謂之法 不本其禮 法爲虛設 禮者正名爲主也"(法이란 것은 禮에 근본을 둔다. 禮에 따라 制를 정하고 어기면 刑이 있는, 이것을 法이라고 일컫는다. 禮에 근본을 두지 않으면 法이 虛設이다. 禮라는 것은 正名을 으뜸으로 한다.) 이렇게 말했다. '制'는 실정법에 의거해 만든 제도이다. 이것으로 법이 구현되고 실행된다. '虛設'은 잘못 설정되어 효력을 상실한다는 말이다.

오늘날에는 으뜸가는 법인 헌법과 합치되지 않은 법은 효력을 상실한다고 헌법재판소에서 판정한다. 전에는 禮에 근본을 두지 않은 법은 무효라고 제도화되지 않은 공론이 판정했다. 禮는 헌법처럼 규정되고 개정되지 않는 무형의 전제여서, 법의 근거가 되고, 법의 타당을 판정하는 척도가 되었다.

禮는 논란의 여지가 없이 자명하다고 인정해야 효력을 가지지만, 논란의 대상이 된다. 위의 인용문에서는 "禮라는 것은 正名을 으뜸으로 한다"고 했다. 正名은 "君君 臣臣 父父 子子"(임금은 임금답고, 신하는 신하답고, 아비는 아비답고, 아들은 아들답다)(〈論語〉〈顔淵〉)라고 하듯이, 상하의 위상을 분명하게 하는 말이 실상과 부합되는 것이다. 이런 차등론에 반대하고, 대등론은 "四海之內 皆兄弟"(四海 안은 모두 형제)(〈論語〉〈顔淵〉)라는 생각을 잇는다. 사방의 바다인 四海 안은 사람이 사는 모든 영역이어서, 이 말은 모든 사람은 형제와 같다는 것이다. 모든 사람이 형제처럼 살아가는 대등의식이 더욱 소중하고 근원적인 禮이다. 이런 禮를 대등예의라고 하자.

법은 대등예의에 근거를 두어야 정당하고, 대등예의와 합치되지 않으면 효력을 상실한다, 대등예의는 그 자체로 자연법이다. 이것을 불문법 또는 관습법이라고도 할 수 있다. 운용의 편의를 위해 자연법의 일부를 일정한 합의 절차를 거쳐 실정법 또는 성문법으로 구체화해 명시한다. 실정법에 있기 마련인 미비점을 자연법으로 해결해야 한다.

2

대등생극론의 법철학은 "四海之內 皆兄弟"라고 한 만인대등을 확인하고 보장하는 것만이 아니다. 洪大容이 "羣行呴哺 禽獸之禮義也 叢苞條暢 草木之禮義也"(무리를 짓고 불러 먹이는 것은 금수의 예의이고, 떨기로 나서 가지가 뻗는 것은 초목의 예의이다.)(〈毉山問答〉)라고 한 지론을 재확인하고, 만생대등도 소중하게 여기고 침해되지 않도록 해야 한다. 이런 철학을 법으로 구현하고자 한다.

　사람은 이 지구의 주인이 아니고 신참자이다. 수많은 생물이 각기 자기 삶을 누리고 있는 곳에 뒤늦게 나타나, 살아도 좋다는 허락을 받은 것을 감사해야 한다. 다른 능력은 아주 부족한 것을 인정하고, 직립보행을 하며 손을 움직이며 두뇌를 많이 쓰는 얼마 되지 않는 장기를 남용해 다른 생물의 삶을 함부로 침해하지 말아야 한다.

　사는 데 필요한 것들을 다른 생물들에게서 받는 대가를 어떤 방법이든 사용해 충분히 지불하기 위해 노력해야 한다. 사람은 우월하다는 차등론을 버리고, 모든 생물은 대등하다는 만생대등론을 분명하게 해야 그 지침을 마련한다. 이런 철학을 다각도로 가다듬어야 한다. 대등철학·대등예술철학·대등교육철학·대등법철학을 함께 정립하면서 유기적인 관련과 공통된 내용을 갖추어야 한다.

　어느 경우에나 상승이 아닌 확대를 중요시해야 하는 것이 아주 긴요하다. 확대를 상하 차등의 영향·간섭·정복·지배에서 성취하고자 하는 것은 전연 아니다. 그런 것들을 타파하고, 관심·이해·소통·친분의 확대에 힘써야 한다. 이런 수직이 아닌 수평의 확대에서 대등론의 원리가 실현된다.

　이 모두를 지구 전역에서 공동작업을 하면서 함께 정립해야 한다. 이렇게 하면 타당성이 쉽게 입증되고, 실행이 바로 이루어질 수 있다. 그 설계도를 만드는 것이 지금 당장 해야 할 일이다.

　만인대등을 위해 〈노동법〉을 소중하게 여기고, 내용을 온전하게 해야 한다. 만생대등을 위해 〈동물보호법〉이나 〈환경보호법〉을 잘 갖추어야 한다. 사람뿐만 아니라 다른 동물도, 식물이나 미생물도 삶을 누릴 권리가 있는 것을 인정하고, 침해하지 않도록 하는 내용을 갖춘 법을 만들고, 기대하는 효과가 발생하도록 해야 한다. 더 나아가서 만물대등에 관한 법도 있어야 하는지 논의할 필요가 있다.

그러나 법 만능을 경계해야 한다. "법 없어도 살 사람"이라는 말이 있었던 것을 기억하고 재평가해야 한다. 법 없어도 살 사람은 법을 무시하고 남을 괴롭히는 사람과는 반대로, 법이 없어도 남에게 피해를 끼치지 않고 살 사람이다. 이런 사람이 늘어나 법의 규제가 줄어들수록 세상이 좋아진다. 국민소득 향상에 목을 매지 말고, 訟事나 교도소 재소자가 얼마나 적은가 하는 것을 선진화 평가의 척도로 삼아야 한다.

이렇게 되도록 하는 비결은 대등론의 사고를 일반화하는 데 있다. 철학과 교육이 앞서서 분투한 성과가 있으면, 법학이 뒤따를 수 있다. 대등생극론의 예술·교육철학이 잘 이루어져 효력이 발생하면, 대등생극론의 법철학이 동반자로 나설 수 있다. 실정법의 영역이나 효용을 되도록 축소하는 것을 구체적인 과업으로 삼고 분투해야 한다.

3

대한민국학술원에서 〈문명의 위기와 인문학의 사명〉이라는 발표를 할 때, 토론자 한송엽 (자연 3분과) 회원이 다음과 같이 말했다.

문명의 위기를 극복하기 위하여 '對等生克論'에 입각한 해결책을 찾아야 한다는 발제자의 주장에 대하여 본 토론자는 적극적으로 찬성한다. 필자는 여기서 '만인대등생극론' 사례를 하나 소개한다. 독일 헌법 1조는 "인간 존엄성은 침해되지 아니한다."로 시작된다. 따라서 학교 교육에서 가장 중요한 교육 목표가 "존엄 교육"이다. 즉 존엄에 대한 감수성을 기르는 교육을 가장 중시하고 있다. 나의 존엄성을 자각하고 남의 존엄성을 존중하는 것을 가르치고 배운다. 이것은 相生이다. "만인은 대등"하다는 뜻과 상통한다. 이에 반하여 우리나라의 교육은 학생을 경제발전에 필요한 "인적 자원"으로 양성하는 것이 목표이다. 좋은 직장에 들어가려고 치열한 경쟁을 해야 하기 때문에 이 것은 相克에 해당된다. 따라서 우리는 우리 교육에 있어서 相克의 원인을 찾아서 학생들이 서로 相生하는 관계로 회복되도록 우리 교육의 대전환이 이루어지도록 하여야 한다.

이에 대해 나는 말했다. 대한민국헌법에서 "제10조 모든 국민은 인간으로서의 존엄과 가치를 가지며, 행복을 추구할 권리를 가진다. 국가는 개인이 가지는 불가침의 기본적 인권을 확인하고 이를 보장할 의무를 진다. 제11조 모든 국민은 법 앞에 평등하다. 누구든지 성별·종교 또는 사회적 신분에 의하여 정치적·경제적·사회적·문화적 생활의 모든 영역에 있어서 차별을 받지 아니한다."고 한 것을 개정해야 한다.

"모든 사람은 대등하며, 각기 다른 것을 서로 존중해야 한다. 사람과 다른 생물이나 자연물의 관계도 이와 같다. 대한민국은 전면적인 대등을 인정하고 보장할 의무를 진다." 이렇게 개정해야 한다. 이에 따라 교육도 달라져야 한다.

4

언어 문제를, 관련이 적을 것 같은 법철학에서 특히 중요시해서 논의한다. 앞에서 이렇게 한 말을 되풀이한다. 법의 효용과 확장은 언어 문제를 분명하게 처리하는 데서 구체화된다는 말을 추가한다. 이 두 명제를 하나로 연결시키는 중대 과업을 위해 한참 애써야 한다.

법에서 사용하는 법률언어는 특이한 언어이다. 뜻이 여럿이 아니고 하나여야 한다는 정확성이 수리언어와 같고, 누구나 이해하는 대중성을 필수로 하는 것은 일상언어와 다르지 않다. 다른 언어는 삶의 방편인데, 법률언어는 삶의 규범이다. 우월한 위치에서 위세를 떨칠 수 있다. 인권 보호의 대가를 너무 많이 요구해 인권을 유린할 수 있다.

법률언어 전문가인 법조인은 공인된 특권을 가지고, 무지하고 무력한 일반인을 다스린다. 군인이 늘어나면 세금 부담을 각오해야 하듯이, 법조인이 많은 나라의 일반인은 다른 지출을 줄여야 한다. 법과대학에 입학에 첫 강의를 들은 친구가 "법학은 밥학이다"라는 말을 듣고 충격을 받았다고 했다. 밥을 마련하는 방법이 손은 움직이지 않고 말을 하는 것이다. 법률언어의 정확성은 흔들리게 마련이어서 생겨나는 다툼에 참여해 얻어내는 수익을, 풍성한 밥거리로 삼는다.

법률언어는 대등하지 않다. 헌법·법률·시행령·조례가 상하 차등의 관계를 가진다. 1심·2심·3심의 재판은 한 단계씩 올라가며, 상명하복을 어길 수 없게 한다. 유권적 해석의 타당성 독점이, 일반적인 토론에서 도출되는 결론과 다르다. 이를 위한 점검이나 감독을 끝없이 하면서 말을 낭비한다.

법학은 이런 법률을 위해 봉사하는 학문이다. 법학은 난공불락이지만, 법철학은 고칠 수 있다. 법학을 위한 철학이 아닌, 법학에 대한 철학일 수 있다. "법학은 밥학이다"이라는 명제를 상론하는 법학은 없으나 법철학은 이것을 주요 일거리로 삼는다.

대등생극법철학은 법조인의 이권을 문제 삼고 축소를 요구한다. 상하의 차등은 반대이기도 하다는 것을 밝혀 권위의 횡포가 설 자리를 잃게 한다. 대등론 실행으로 법률이 관장해야 하는 다툼이 줄어들게 한다. 법률언어는 절대적인 정확성을 지녀야 한다는 차등론을 타파하고, 토론하고 합의해 인정하는 의미가 더 소중하다고 하는 대등론을 대안으로 제시한다. 목표 달성을 위한 노력을 다각도로 한다.

토론과 합의는 의식하지 않고 저절로 이루어져야 진정한 의의를 가진다. "법 없어도 살 사람"이 아주 많아 이룩한 태평성대 재현이 몽상이 아닌 현실이게 하는 데 기여하고자 한다. 대등생극법철학이 단독으로 나서지 않고, 대등생극예술·역사·교육·종교와 동행해야 이것이 가능하다. 상위의 법조인을 위한 법철학을 버리고, 하위의 피해자를 위한 법철학을 모색하면서 전환을 시도한다.

7-3 검열권과 저작권

1

검열권과 저작권은 서로 맞서는 권리이다. 저작권이 있어, 검열권이 생겼다. 검열권은 저작권을 침해하려고 하고, 저작권은 검열권을 부정하려고 한다. 둘을 각기 고찰하지 말고, 둘의 생극관계를 깊이 있게 해명해야 한다.

저작권은 사람이면 누구나 지니고 있는 창조주권을 발현해 저작을 할 수 있는 권한이고, 또한 그 결과 이루어지는 저작물의 소유권이다. 앞의 것은 1차적 저작권, 뒤의 것은 2차적 저작권이라고 할 수 있다. 이런 용어를 여기서 처음 사용한다.

2차적 저작권은 타인의 사용을 허락하고 대가를 받을 수 있다. 그 때문에 복잡한 분쟁이 있다. 저작권법이라는 법이 이 분쟁을 조정한다. 저작권에 대한 고찰은 저작권법의 범위를 넘어서서 1차적 저작권까지 포괄해야 한다. 1·2차 저작권을 통괄해 고찰해야 실정법 상위의 법철학으로 나아간다.

검열권은 저작권을 대상으로 하고, 저작권 행사를 제약하는 권한이다. 국가 또는 공공기관이 지니고 행사는 공권력의 하나이다. 종교 교단도 검열권을 행사할 때에는 공공기관이라고 자임하므로, 이에 대한 비판이 있다. 검열권은 저작권이 질서를 어지럽히고 정당한 가치관을 침해하지 않도록 감시하고 처벌하기 위해 행사한다고 하는데, 타당성 여부가 시비의 대상이다.

저작권과 검열권의 다툼이 여러 단계로 전개되었다. 이에 관한 고찰에서 법철학과 역사철학이 만난다. 오늘날에는 저작권은 적극 보호하고, 검열권 행사는 최소한으로 축소한다고 대다수의 국가에서 표방한다. 저작권 침해를 막는 저작권법은 있는 것이 당연하다고 여겨 다투어 만들어 내놓는다. 저작권 보호와 검열권 축소 정도를 선진화의 징표로 한다.

그러나 선진화되었다고 하는 곳에서도, 저작권 보호가 온전하지 못한 것이 예사이다. 출판업자의 저작권 침해가 계속 자행된다. 저작권의 표절 또는 도용은 더욱 심각한 피해를 끼친다. 물질적 피해는 배상으로, 정신적 피해는 징벌로 해결해도, 문제가 다 해결되지 않는다. 불신이 사회 곳곳에 남아 있다. 한국이 아직 이런 나라인 것을 부끄럽게 여긴다. 정상화에 기여하기를 바라면서 이하의 논의를 자세하게 한다.

검열권은 한 국가에 국한되고, 저작권은 국제적으로 인정·존중·보호된다. 이 때문에 일어나는 분쟁이, 세계화의 진행과 더불어 확대된다. 저작권 도용 또는 표절의 주체가 사실상 국가일 때에는, 법원의 판결로 다툼을 해결하지 못하고 직접적인 충돌을 불러올 수 있다. 이런 위기가 조성되어, 저작권법이 가장 중요한 법이게 한다. 그런데도 우리 법학계에서는 저작권법에 대해 적극적인 관심을 보이지 않으니, 개탄하지 않을 수 없다.

대한민국학술원에서 회원의 저작권을 보호해야 하는 사태가 벌어진 적이 있었다. 10여 명이 한 분과를 이루는 법학자들 가운데 저작권 전공자는 없다고 하는 데 그치지 않고, 저작권에 대해서는 아무도 모른다고 했다. 내가 나서서, 저작권 침해를 당하지 않으려고 애쓰며, 보잘것없는 지식을 활용해야 했다. 이 글을 쓰는 것은 연속되는 작업이다. 임무가 크다고 여기고 최선을 다하려고 글을 줄이지 않는다.

2

저작권도 검열권도 헌법에 근거를 두어야 한다. 지금의 대한민국 헌법은 제21·22조에서 이와 관련된 규정을 하고 있다. 무엇이 문제인가 지적하고, 해결책을 제시하기로 한다.

대한민국헌법 제21조는 다음과 같다.

> (1) 모든 국민은 언론·출판의 자유와 집회·결사의 자유를 가진다.
> (2) 언론·출판에 대한 허가나 검열과 집회·결사에 대한 허가는 인정되지 아니한다.
> (3) 통신·방송의 시설기준과 신문의 기능을 보장하기 위하여 필요한 사항은 법률로 정한다.
> (4) 언론·출판은 타인의 명예나 권리 또는 공중도덕이나 사회윤리를 침해하여서는 아니 된다. 언론·출판이 타인의 명예나 권리를 침해한 때에는 피해자는 이에 대한 피해의 배상을 청구할 수 있다.

대한민국헌법 제22조는 다음과 같다.

> (1) 모든 국민은 학문과 예술의 자유를 가진다.
> (2) 저작자·발명가·과학기술자와 예술가의 권리는 법률로써 보호한다.

저작권에 대한 이해가 불분명하다. 여러 사례를 열거하기만 하고, 총괄하는 개념이 없다. 무엇을 창조해 표출할 수 있는 권리 및 그 결과에 대한 소유권을 모두 저작권이라고 해야 한다. 저작권은 창조주권에 근거를 둔다고 해야 한다.

저작권에 대한 검열권은 부정된다. 예외적인 경우가 있을 수 있다. 이 두 말을 아우르는 총칙을 분명하게 갖추어야 한다. 앞의 총칙부터 들어야 한다. 뒤의 예외는 인정되는 조건을 명시해야 한다. "타인의 명예나 권리 또는 공중도덕이나 사회윤리를 침해하여서는 아니 된다"고 한 것은 무책임한 열거이다. "또는" 이전과 이후가 상치되어 다툼이 심해지고, 노력과 비용을 낭비하게 한다.

두 조문을 다음과 같이 개정해야 한다. 개별적인 사례를 들지 말고 포괄적인 개념을 갖추어, 말은 줄이고, 뜻을 명확하게 해야 한다. 그래도 필요한 상론은 저작권법의 소관으로 해야 한다.

대한민국헌법 제21조: 모든 사람은 창조주권에 근거를 둔 저작권을 지니고, 자유롭게 발현한다. 대한민국은 이를 인정하고, 보호할 책임이 있다.

대한민국헌법 제22조: 저작권에 대한 검열권은 인정되지 아니한다. 다만 저작권 행사가 공공복리를 현저하게 침해하는 명백한 증거가 있으면, 형법에 의거해 금지할 수 있다.

저작권법 위반에 대한 처벌은 저작권법의 소관으로 하지 않고, 형법에 의거하도록 해야 한다. 중복을 피하고 형량 시비를 막아야 하기 때문이다. 검열권의 부당한 행사는 직권 남용 및 배임으로 처벌해야 한다. 표절은 절도와 사기, 공공질서 위반 등의 죄를 함께 지었다고 처벌해야 한다.

저작권법에서 해야 할 일도 명시한다. 저작권은 누구나 저작을 할 수 있는 1차적인 권한과 그 결과인 저작물에 관한 2차적인 권한을 포괄한다고 명시해야 한다. 1차적 저작권은 자유권이고, 2차적 저작권은 물권이지만, 둘은 분리되지 않으므로 함께 파악하고 보호해야 한다고 해야 한다.

3

검열권의 내력을 알아보자. 고대에는 통치권을 총체적으로 행사하는 데 검열권이라고 할 것이 포함되었다. 중세가 되면 종교 교단이 큰 힘을 가지고 이념 문제를 관장해, 일반 통치권에서 검열권을 분리시켜 행사했다.

검열권을 행사하는 양상은 종교에 따라 달랐다. 불교는 外道를 설득의 대상으로 삼았으며, 비난하지 않았다. 힌두교도 외부의 비난을 막는 검열이나 재판을 하지 않았다. 이슬람은 정치적 적대관계가 아닌 異敎徒가 특별한 세금을 내도록 하고 안전을 보장했다. 힌두교와 이슬람의 충돌이 격화된 것은 식민지통치자 영국의 정치적 책동이 개재했기 때문이다.

유교는 무속과 불교를 배척했으나, 살육을 일삼지는 않았다. 내부에서 정통이 아닌 이단을 가려내 비판해도 가해는 하지 않았다. 정통인 理學을 부정하고 氣學을 이룩한 徐敬德(1489-1546)을, 국가에서 비판하면서 존숭한 것이 좋은 본보기이다. 斯文亂賊을 처단한다고 한 것은 정치 싸움을 위한 구실일 따름이었다.

이상의 여러 경우에는 검열권 행사가 소극적이었다. 그러나 기독교는 달랐다. 검열권을 적극적으로 휘둘러 재판과 처형을 스스로 담당했다. 魔女 재판과 처형이 가장 큰 충격을 준다. 실상을 알아보면, 대개 과부이고 부유한 여성을, 마녀라는 의심이나 소문을 이유로 고문을 시작해 죄를 고백하든 고백하지 않든 생명을 앗았다. 소요된 비용을 부담해야 한다면서 재산을 압수했다. 희생자 수가 50만에 이르는 것으로 추산된다.

魔男은 말조차 없다. 남성은 지체가 높다고 인정하여, 검열권 행사의 방식이 달랐다. 의심이나 소문이 아닌 구체적 언행에서 증거를 잡아 재판하고 처형하는 것이 예사였으므로, 피해자의 이름이 알려져 동정하고 존경할 수 있다. 이런 사례를 몇 개 든다.

徐敬德과 동시대의 돌레(Dolet, 1509-1546)나 세르베투스(Servetus, 1509

또는 1511 - 1553)는 만물의 이치를 스스로 탐구한 것이 죄가 되어, 목숨을 내놓아야 했다. 조금 뒤의 브루노(Bruno, 1548-1600)는 지동설을 말해 화형을 당한 것으로 알려졌는데, 우주는 무한하다고 한 것이 더 큰 죄였다고 교단에서 해명한다. 갈릴레이(Gallileo, 1564 - 1642)는 지동설 주장을 재판 도중에 취소해 가까스로 살아나오면서, "그래도 지구는 돈다"고 했다고 한다.

1521년에 불국 국왕 프랑소와 1세는 파리대학 신학부의 허가가 없는 책은 출판을 금지한다고 했다. 이것은 왕권이 강해져, 시대가 달라지기 시작한 것을 말한다. 교단에서 판결하고 집행하다가, 소관이 분리되었다. 판결은 교회에서, 집행은 국가에서 하게 되었다.

그러다가 검열권 부당 사용의 기본 이유가 종교의 교리를 어기는 것에서 정치의 질서를 파괴하는 것으로 바뀌어, 또 한 번의 변화가 시작되었다. 불국 혁명이 가까워온 시기에는 국가가 경찰을 시켜 검열권을 직접 행사한 사례가 아주 많다. (주명철, 《바스티유의 금서》, 1990에서 이에 관해 고찰했다.) 그 때문에 체제를 전복하는 혁명이 필요했다.

혁명을 하고, 불국은 명실상부한 세속국가가 되었다. 검열권을 교회는 배제하고, 국가가 단독으로 행사하게 되었다. 저작권 부당 행사의 사유가 종교에서 정치로 이행하더니 다시 도덕으로 나아갔다. 이것이 근대국가의 모형으로 인정되고 평가되어 전 세계에 이식되었다.

국가가 도덕에 대한 검열권을 행사해 유죄판결을 한 사례에, 가장 높이 평가되는 문학작품이 포함되었다. 보들래르(Baudelaire)의 《악의 꽃들》(*Les fleures du mal*)이나 프로베르(Flaubert)의 《보바리 부인》(*Madame Bovary*)이 그런 경우여서, 논란이 계속된다. 이를 두고 여러 말을 한다. 검열권은 근본적으로 부당하고, 부당하게 행사된다고 하기도 한다. 명작으로 평가되려면 검열권 때문에 상처를 입어야 한다고 하기도 한다.

《처벌된 책 100권, 세계문학 검열사》(Nicholas J. Karolides et al., *100*

Banned Books, Censorship Histories of World Literature, New York: Checkmark Books, 1999)라는 것이 있다. 모두 나쁜 책이어서, 검열권이 정당하다. 모두 좋은 책이어서, 검열권이 부당하다. 앞의 말은 적게, 뒤의 말은 크게 들린다.

4

유럽 열강이 세계 도처에서 식민지통치를 할 때, 국가의 검열권 행사를 이식했다. 일본은 식민지 조선에서 그 전례를 정도 이상으로 철저하게 따라, 검열권에 의한 저작권 침해의 극한을 보여주었다. 그래도 저작권이 죽지 않고, 가능한 투쟁을 슬기롭게 했다. 둘의 맞물림을 알아야 한다.

일제는 검열권을 정당하게 행사한다고 했다. 1907년의 光武新聞紙法, 1909년의 出版法 및 거기 부수되는 규칙을 근거로 한다고 하고, 이 모두 적법한 절차를 거쳐 제정한 실정법이라고 했다. 1936년의 不穩文書臨時取締法, 1938년의 國家動員法, 1941년의 國防保安法 등을 추가한 것은 부득이한 조처라고 했다. 이 모든 것은 조선이 자진해 일본과 합방했다고 하는 것과 같은 허위이다.

〈朝鮮出版警察概要〉라는 것을 계속 내서 검열 상황을 공개했다. 1929년의 경우를 들어보면, 검열 신청 927건 가운데 25종이 취하되고, 27종이 불허됐다고 했다. 취하를 한 이유는 불허가 예상되었기 때문이다. 검열은 경찰서 도서과라는 곳에서 담당했다. 그 방식에 원고·교정쇄·납본 검열이 있었다. 판정 결과는 "출판 가, 부분 삭제, 출판 불가"로 나타났다. 교정쇄를 검열해 부분 삭제를 명한 것이 특이하다. 趙明熙가 1928년에 낸 소설집 《낙동강》은 그 좋은 본보기를 보여준다. 교정쇄 검열에서 삭제된 대목이 너무 많아 읽기 어렵다.

沈薰은 1933년에 《그날이 오면》이라는 시집을 내려고 원고 검열을 신청했다가 반 이상이 삭제되어 출판을 포기했다. 심훈은 1936년에 세상을 떠났으나, 그 시집 원고가 남아 있어 광복 후 1949년에 출간되었다. 시집 제목으로 한 시에서 "그날이 오면, 그날이 오며는 삼각산이 일어나 더덩실 춤이라도 추고"라고 했다. "그날"이 조국 광복이 이루어지는 날이라는 말은 전연 없으나, 누구나 알 수 있다.

검열 문제를 글을 써서 거론하는 것은 불가능했다. 검열에 통과될 수 없기 때문이었다. 그런데 《朝光》 1937년 10월호에 실려 있는, 李箕永의 〈돈〉이라는 단편소설은 금단의 벽을 넘었다. 검열 때문에 얼마나 고통을 받는지 교묘한 방법으로 말했다.

작품의 주인공인 작가는 가난에 시달리다 죽은 아이를 장사 지낼 돈을 마련하기 위해 단편소설을 한 편 써서 잡지사에 보냈다. 검열에 통과되어야 원고료를 줄 수 있다고 해서 기다리고 있는 긴박한 상황이 지속되다가, 마침내 아이의 시체를 자기가 짊어지고 나서는 처참한 광경이 작품의 결말이다. 그런 사정을 다룬 작품을 검열에 통과될 수 있게 써서 부당한 억압에 대해 무언의 항거를 했다.

강경애 〈어둠〉이 검열에 걸리지 않고, 《女性》 1937년 1·2월호에 발표될 수 있었던 것은 기적 같은 일이다. 놀라운 내용을 지녔으면서 숨길 것을 숨기는 수법이 비상해 그럴 수 있었다. 어느 간호사가 개인으로서 겪는 시련을 다루는 것같이 하고서, 민족항쟁의 크나큰 과제를 숨겨 나타냈다.

함께 근무하는 병원의 의사가 주인공의 정조를 유린하고 다른 여자와 약혼을 해도 항변을 하지 못했다. 어머니를 만나러 잠시 병원에서 빠져나가면서 들키지 않을까 마음 졸였다. 어머니에게 전하려는 소식은 차마 말하지 못하고 급히 돌아가 수술을 거들다가 미치고 말았다. 그것이 표면에 나타난 사건이다.

이면의 사태는 숨겨둔 기억 속에 간직되어 있고, 내적 독백의 형태로 전개되었다. 기미년 "토벌란"에 아버지를 잃고, 다시 오빠가 잡혀 들어가더니 사형 선고를 받았다. 자기가 당한 정조 유린과 오빠에게 내린 사형 선고는 누구에게 털어놓고 말할 수도 없는 너무나 원통한 일인 점에서 서로 호응되고, 개인의 시련이 민족의 수난과 깊이 연결되었다.

　　우리가 사형언도를 받은 것은 신문지상으로 벌써 알았겠구나. 하지만 봐라. 우리는 죽지 않는다. 언제든지 나가서 어머니와 너를 만날 날이 있을 터이니, 그때를 기다려라. 어머니께는 당분간 숨겨다오.

오빠는 편지에서 이렇게 말했다. "우리"라고 했으니 사형 언도를 받은 사람이 혼자만은 아니다. 오빠가 무슨 일을 하다가 사형 선고를 받았는지 한마디도 하지 않았으나, 주의해서 읽는 독자라면 생략된 부분을 알아낼 수 있다. 사형수가 감옥 밖 혈육의 용기를 북돋워주면서 희망을 가지라고 한 것은 그 자체로는 납득할 수 없어, 개인의 생사를 떠나서 민족해방투쟁 승리의 당위성을 말한 것으로 이해하도록 한다.

蔡萬植은 〈天下泰平春〉을 《朝光》 1938년 1월호에서 9월호까지 연재했다. 향교의 掌儀를 했다고 크게 행세하는, 지주이고 고리대금업자인 윤장의 영감 집에서 하루 동안 일어난 일을 이것저것 다루었다. 검열에서 탈잡아 삭제할 말은 한마디도 하지 않으면서 일제와 함께 망해야 할 세력을 통렬하게 비판했다. 표리부동의 구조가 절묘하다.

그 영감이 대단하다고 계속 추어주고 하는 짓이 볼 만하다고 너스레를 떨면서, 인색한 습성, 재산의 내력, 일제에 의존하고자 하는 의식, 허망한 꿈을 여지없이 야유했다. 출처가 확실하지 않은 돈을 모았던 아버지가 "불한당 화적"에게 죽은 기억이 생생했다. 일본 사람들이 들어와 "천하태평"을 누리게 해준 데 대해 진심으로 감사했다. 경찰서 무도장을 짓는 데 아낌없이 기부했다. 중일전쟁이 일어난 것을 보고 행실 나쁜 청국을 혼내

주니 잘하는 일이라 했다. 모두 말과 뜻이 정반대이다.

양반을 사고, 족보에 도금을 한 것으로도 미흡해 손자 종수와 종학이 군수나 경찰서장을 해서 가문을 더욱 빛낼 것을 기대하고 공부를 시켰다. 경찰서장감으로 지목하고 잔뜩 기대를 걸고 있는 종학이 "사상관계로 경시청에 피검"되었다는 전보가 동경에서 날아왔다. 가장 큰 소망이 무너지고, 아버지 대부터 원수로 여긴 "불한당"이 집안에 들어오는 파멸이 닥쳤다. 그 충격을 만리장성으로도 지키지 못하고 진시황의 나라가 망한 데다 견주었다.

식민통치가 아니라도 억압을 통치의 수단으로 삼는 정권은 검열을 철저하게 한다. 세계 도처에 있는 그런 지배체제 가운데 하나가 칠레의 군사독재 정권이어서, 거세게 일어나는 항거에 작가들도 적극 참여했다. 국내에 머물러 싸우지 못하는 작가는 망명을 택할 수밖에 없었다. 도르프만(Dorfman)은 칠레를 떠나 떠돌아다니다가 미국을 망명지로 삼았다. 영어로 옮겨 발표한 단편집의 한 작품 〈독자〉(Reader)에서 자기 나라의 검열문제를 다루었다. (Ariel Dorfman, *My House Is on Fire: Short Stories*, New York: Viking, 1990, 아리엘 도르프만, 한기욱 역, 《우리 집에 불났어》, 1998)

작품의 주인공은 검열관이다. 검열에서 통과시켜 출판하도록 한 책이 한 번도 다시 문제가 되지 않을 정도로 맡은 일을 철저하게 해서 '교황'이란 별명이 붙은 사람이다. 그런데 어느 가상적인 독재정권이 무너지는 과정을 그린 작품을 검열하다가, 자기와 너무나도 흡사한 작품 속의 검열관이 항거의 진영에 가담하는 변모를 보인다고 한 것을 보고 충격을 받았다. 처음에는 아버지가 하는 일에 불만을 품은 자기 아들이 쓰지 않았는지 의심했다. 작가가 누군지 알아내고서 도와주고 싶은 마음이 생겼다.

작가를 직접 찾아가 자기는 출판사에서 온 사람이라고 하면서 작품의 표현을 조금 누그러뜨리면 좋겠다고 제안했다. 그랬더니 작가는 작품 속에서 잡혀 고문을 당하는 인물이 고문관을 "속이고 헷갈리게 할 작정이지만, 자신의 인간적 존엄성을 잃지 않으려"고 한다고 했다. 지혜 겨룸 상위에서 한 이 말을 듣고 감동을 받아, 자기도 모르게 마음이 움직였다. "무조건 인가"로 판정해 아무 문제도 없이 출판할 수 있게 하고서 자취를 감추었다. 실제의 검열관이 작품 속의 검열관처럼 독재를 지켜야 하는 직분을 버리고 독재를 무너뜨리는 쪽에 가담했다는 것이 결말이다.

용기가 있고 여건이 어느 정도 갖추어지면 지하출판을 할 수도 있다. 독일 점령하의 유럽 특히 불국에서는 지하출판이 활발하게 이루어져 베르코르(Vercors)의 《바다의 침묵》(*Le silence de la mer*) 같은 작품이 나와 큰 호응을 얻었다. 그러나 대부분의 경우에 지하출판물은 대단한 작품이 아니며 널리 보급되지 못한다.

5

공산당이 집권한 사회주의 국가에서는 작가가 하는 일을 크게 평가한다면서 창작 방향을 정해주었다. 월급을 주어 생활이 안정되게 하면서 검열을 제도화했다. 자기검열이 정착되어 말썽이 일어나지 않게, 검열이 없는 듯이 보이게 했다.

독일민주공화국(Deutsche Demokratische Republik, 약칭 DDR), 일명 동독의 경우를 보자. 사회주의 국가의 모범으로 평가되던 나라에서는 검열제도도 잘 정착되어 문제를 일으키지 않는 것 같았다. 공식적인 검열 이전의 자기검열을 누구나 으레 하고 있어 갈등이 노출되지 않았다.

그러나 이 모두가 표면의 평화일 따름이었다. 검열에 대한 불만이 내재되어 있다가 삼엄한 경계를 뚫고 표면으로 올라왔다. 1987년의 작가대회에서 크리스토프 하인(Christoph Hein)이 한 다음과 같은 발언이 기록되어 있다. 소중한 자료여서 원문을 그대로 옮기고, 이해하기 쉽게 번역한다.

Der Zensur ist volksfeindlich. Sie ist ein Vergehen an der so oft genannten und gerühmten Weisheit des Volkes. Die Leser unserer Bücher sind soverän genug, selbst erteilen zu können. Die Vorstellung, ein Beamter könne daüber entscheiden, was einem Volks zumutbar und was ihm unbekömmlich sei, verrät nur die Anmassung, den Übermut der Ämter. (Wofgang Beutin et al. *Deutsche Litertatur-Geshichte*, Stuttgart: J. B. Metzlersche, 1989, s., 438)

검열은 민중을 거역한다. 자주 일컬어 잘 알려져 있는 민중의 식견과 어긋난 짓을 한다. 우리 책의 독자들은 아주 당당하며, 스스로 판단할 수 있는 능력을 충분히 갖추고 있다. 어느 공무원이 민중에게 유익한 것과 해로운 것을 분별할 수 있다고 하는 주장은, 관료적인 독선을 노출할 따름이다.

자유를 내세워 체제를 부정하는 말은 하지 않았다. 민중의 슬기로운 판단을 신뢰하고, 공연히 간섭하지 말아야 한다고 했다. 관료적 독선이 검열을 담당하는 공무원 실수인 듯이 말했다. 목소리를 낮추어 충돌을 줄이려 했어도, 핵심은 분명하다.

이것이 검열을 가장 정확하고, 설득력 있게 비판한 말이다. 잘 기억하고, 널리 활용할 필요가 있다. 그렇다. 민중의 슬기가 모든 판별의 근거이다. 나는 이것을 누구나 대등하게 지니고 발현하는 창조주권이라고 한다. 창조주권에서 저작권이 생겨난다고 한다.

검열에 대한 비판을 사회주의 국가인 동독에서 이렇게 한 것은 예사로운 일이 아니다. 동독이 대단한 나라임을 말해준다. 그러나 비판을 해도 달라지는 것은 없다. 정답이 분명해, 논쟁은 허용되지 않는다. 사회주의 국가는 모두 동일한 제도로 검열을 실시한다. 여러 나라의 사례를 들지 않아도 된다고 생각한다. 정도의 차이는 그리 큰 문제가 아니다.

사회주의 국가의 작가는 생계가 보장되어 있는 대가로 마음이 편하지 않으니, 잘 견뎌야 한다. 공장에서 물건을 만들 듯이, 규격화된 작품을 생산해야 한다. 체제가 달라져야 한다고 말해 화를 자초하지 말아야 한다. 자기 길을 은밀하게 찾는 것이 현명하다.

6

저작권의 문제를 소설의 경우를 들어, 구체적으로 고찰해보자. 소설은 작자가 저작권을 행사해 수익을 얻어야 하는 것이 다른 여러 문학 갈래와 다른 특징이다. 이럴 수 있는 여건이 유럽보다 동아시아에서 먼저 조성되어, 동아시아소설이 앞서 나갔다.

저렴한 가격으로 좋은 종이를 만드는 것이 동아시아에서는 가능했다. 문자 해득률에서도 동아시아 특히 한국과 일본은 뛰어났다. 상업도시의 성장이 중국과 일본에서 대단한 수준으로 이루어졌다. 그 모든 요인이 겹쳐, 책이 동아시아에서는 많이, 유럽에서는 적게 팔렸다. 중세에서 근대로의 이행기에는 동아시아소설이 유럽소설보다 앞서 발전하고 대작으로 늘어난 것이 당연한 일이다.

대작의 예로 든 것들 가운데 《玩月會盟宴》은 필사본 대여업자가 유통시킨 소설이다. 독자를 계속 확보하는 데 유리하도록 아주 길어져, 오늘날의 단행본으로 12권이나 된다. (김진세 현대역, 《완월회맹연》, 서울대학교출판부, 1987~1994) 중국의 《紅樓夢》이나 일본의 《南總里見八犬傳》은 목판으로 출판했는데 대단한 분량이며, 판매에 성공해 높은 평가를 얻었다. 산업혁명 이전 단계 유럽의 활자인쇄로는 그런 대작을 찍어내기 어려웠고, 무리해 찍어낸다면 지나치게 고가여서 대중성이 없었다.

근대로의 이행기소설을 동아시아에서는 목판본으로, 유럽에서는 활판본으로 출판했다. 동아시아는 목판인쇄의 오랜 전통이 있고 활판인쇄도 유럽보다 먼저 창안한 인쇄문명의 선진지역인데, 소설은 목판인쇄로만 출판했다. 유럽에서는 목판인쇄를 하지 못해 15세기 중엽에 활판인쇄를 시작하면서 인쇄본 출판이 가능하게 되었다.

두 가지 인쇄 가운데 활판인쇄가 앞선 기술이라고 생각하기 쉬우나 그렇지 않았다. 목판은 견고해 한 번 판각해놓으면 인건비를 적게 지출하고 많은 책을 찍을 수 있지만, 동력을 사용하지 않고 수공업 방식으로 하는 활판인쇄는 상당한 수준의 고급 기술자가 거듭 조판해서 교정을 다시 보아야 인쇄 부수를 늘여나갈 수 있었다. 그 점을 중국에서 활동하던 유럽인 기독교 선교사가 잘 지적해서 "중국의 인쇄술은 간편해서 대단히 많은 책을 찍어내서 우스울 만큼 싼값으로 판다"고 했다. 오늘날의 연구에서는 양자의 차이를 다각도로 검토해 목판인쇄의 경쟁력을 더욱 명확하게 입증했다.

《南總里見八犬傳》을 일본어로 지은 瀧澤馬琴은 그 작품 각 권에 한문 서문을 두어 독자에게 하고 싶은 말을 전했다. 그 한 대목에서 소설은 파는 사람이나, 글씨를 쓰고, 그림을 그리고, 판각하고, 인쇄하고, 제본하는 사람들이 모두 衣食을 해결하도록 하는 혜택을 베푼다고 했다. 그러니 자기가 소설을 써서 살아가는 것이 당연하다고 여겼다. 다른 작품의 서문에서는 "빠른 것을 원하고, 졸렬한 것은 혐의로 여기지 않아" 작품을 빨리 쓰라고 다그친다고 출판업자를 나무랐다.

(瀧澤馬琴, 〈皿皿鄕談序〉, 《皿皿鄕談》, 東京: 攝陽群玉堂, 1813, 이 원전에서 직접 찾아낸 소중한 자료이므로 전후의 원문을 든다. "所著之書 年年數種 筆不停綴 稿不暇易 而其謀利者 亦愛其速 而不嫌其拙 彼則獲其利 猶有餘贏 予則有虛聞 竟無寸功 雖自知其非 勢不得已 如此書 構思僅數日 彌速滋拙 然書賈猶遲之 而誅求太急")

瀧澤馬琴에 이르기까지 동아시아 작가는 원고료에 해당하는 보수를 더러 받았으며, 작품 판매 부수에 따른 인세는 없었다. 인세 제도는 유럽에서 생겼다. 그 이유는 유럽에서 하던 활판인쇄의 특성에서 찾을 수 있다. 동아시아의 목판인쇄는 판목을 가지지 않은 출판인이 경쟁자로 나설 수 없었으나, 활판인쇄를 하는 쪽에서는 사정이 달랐다.

유럽에서는 책을 많이 찍으려면 조판을 새로 해야 하므로, 다른 출판인이 자기 나름대로 조판을 해서 찍어내도 수지를 맞출 수 있다. 먼저 출판한 사람의 출판 독점권을 보호해야 한다는 요구가 강력하게 등장해 법의 보호를 얻어냈다. 출판권을 다른 출판인에게 양도하거나 대여할 때 대가를 받은 것이 인세의 기원이다. 책의 저자에게도 분배되는 것이 있어야 한다는 주장이 그 뒤에 대두해 저자의 저작권 사용료가 또 하나의 인세로 인정되게 되었다.

유럽에서 출판권이 인정된 최초의 사례는 15세기 이탈리아 베네치아에서 있었다. 출판권이 저자의 권리는 아니었다. 인쇄업자가 특정 서적 제작과 판매에서 독점적인 권리를 가져 마땅하다고 인정했다.

그런 조처가 16세기 이후에는 다른 나라에서도 받아들여지고, 위반자에게 벌금을 부과하는 근거가 되었다. 출판에 따르는 분쟁을 해결하는 법을 명확한 내용을 갖추어 제정한 것은 1709년에 영국에서 처음 있었던 일이다. "저자 또는 저자에게서 권리를 산 사람에게 언급된 기간 동안 출판되는 책의 복제권을 부여해 학문을 진작하기 위한" 법이라는 긴 제목을 붙였다. (Colin Clair, *A History of Printing in Britain*, New York: Oxford University Press, 1966, 170-172면)

법에서 저자의 저작권과 출판인의 복제권이 구별되었다. 두 권리는 차등이 있었다. 복제권자의 요구에 의해 복제권 보호를 위해 법을 제정했으며, 저작권자는 권리 옹호를 위해 나서지 못했다. 복제권은 저작권보다 더욱 적극적으로, 철저하게 보호하는 것이 당연하다고 여겼다. 저작권법이라고 하는 것이 실제로는 복제권 보호법이었다. 출판인이 저작자보다 더 큰 이득을 얻어 출판업의 획기적인 발전이 이루어졌다.

지금까지 말한 것은 영국의 저작권법이다. 불국의 경우는 달랐다. 불국에서는 영국보다는 뒤져 1791년에 1차로, 1793년에 2차로 저작권법을 제정했지만, 저자의 권리를 보호하는 것을 기본 취지로 삼았다. 저자의 권익을 불국 혁명에서 선언한 인권 보호의 차원에서 인정하고 침해하지 못하게 하는 것이 불국 저작권법의 특징이다. 연극 공연의 대본을 먼저 보호하고 출판물로 대상을 확대했다. 영국은 출판업자의 나라라면, 불국은 저자의 나라이다.

두 가지 저작권법의 차이가 오늘날도 분명하다. 영미에서는 복제권을 앞세우고 저작권은 뒤로 돌린다. 저작권 사용료 지불이 이익금 분배에 포함된다고 간주해 후불로 하고 이익이 있을 때만 실시한다. 불국에서는 저작권이 복제권보다 우선한다. 저작권 사용료가 출판 경비의 일부라고 간주해 출판 계약을 할 때 일차로, 출판이 이루어질 때 이차로 손익과는 관계없이 지불한다.

한국은 일본을 거쳐 불국의 저작권법을 받아들였다. 발행 부수를 속이지 못하게 하게, 저자가 날인한 印紙를 책마다 첨부하는 것이 그래서 생긴 관행이다. 그런데 근래에는 영미의 저작권법이 선진이므로 따라야 한다고 하면서, 인세를 이익이 있을 때 지불하는 방향으로 나아간다.

이익 계산은 발행 부수만 헤아려 할 수 없으므로, 印紙 첨부가 무의미해졌다. 저자는 손익 계산에 관여하지 못해 인세를 주는 대로 받을 수밖에 없는 형편이다. 출판업자의 횡포를 확인할 수 없고, 제어하는 것은 더욱 어렵다. 출판에서도 공정거래를 감시하는 제도가 있어야 한다.

7

영국소설의 창시자라고 하는 리차드슨(Samuel Richardson)은 작가이기 전에 출판업자였다. 미천한 처지에서 자수성가해, 인쇄소에서 일하는 직공 노릇을 하면서 기술을 배워서 인쇄소를 차렸다. 자기 작품 《패밀라》(*Pamela*)를 1740년에 내자 베스트셀러가 되었다. 두 번째 소설 《클라리사》(*Clarissa*)는 일곱 권이나 되는 호화판으로 출판했는데, 또한 판매에 성공했다. 출판업자의 수입에다 작가로서 번 돈을 보태 세상을 떠날 때에 많은 재산을 남겼다. (John Brewer, *The Pleasures of the Imagination, English Culture in the Eighteenth Century*, 1997, 125–129면)

독일의 경우에는 인쇄·출판업의 발전이 더디었을 뿐만 아니라, 복제권도 저작권도 보호받지 못했다. 침해자와 대항하는 유일한 방법은 책을 값싸게 내는 것이었다. 1794년에 이르러서 프러시아에서 최초의 저작권법을 제정했으나 독일 전역에 통용되지 못했다. 불법 출판이 성행해 출판인과 저자가 함께 손해를 보는 사태가 계속되었다.

괴테(Goethe)는 그런 상황에서 작가 노릇을 하면서 자기 작품을 지키기 위해서 애썼다. 그러면서 작품 출판과 관련된 말을 많이 남겼다. 그런 자료를 이용해 괴테와 출판업자 사이의 관계를 자세하게 다룬 연구서를 출판인이 써내 문학 출판의 역사를 자세하게 살피는 데 크게 기여한다. (Siegfried Unseld, *Goethe und seiner Verleger*, 1993)

첫 작품은 자비로 출판하고, 저자 이름을 밝히지 않았다. 《젊은 베르터의 고뇌》(*Die Leiden des jungen Werters*)는 1774년이라고 밝혀진 시기에 출판인이 맡아서 냈으나, 이것 또한 출판인의 요청에 따라 저자 이름을 없앴다. 다른 여러 면에서도 정상적인 출판은 아니었다. 뜻밖에 호응이 좋았어도 약속한 인세를 제대로 받지 못하고, 오히려 저작권 침해를 거듭 당하는 수난을 겪었다.

괴테가 저작권을 지키도록 하는 데 독자의 성원이 큰 힘이 되었다. 익명으로 나온 갖가지 판본의 《젊은 베르터의 고뇌》를 읽고 감동을 받아 저자가 누구인가 알고 싶어 하는 독자들이 구두로 교환한 정보 덕분에 괴테라는 작가가 전면에 나서지 않을 수 없게 되었다. 저자의 이름을 내세워야 책이 더 잘 팔린다는 것을 알아차리고서 출판인들은 익명 출판의 관례를 시정했다.

괴테는 그 뒤에도 작품을 쓰는 것 못지않게 저자의 권리를 확보하기 위해 수고하다가 마침내 뜻한 바를 이루었다. 한 출판사와 인세 계약을 하고 원고를 넘기는 관례를 확립하고, 불법 재출판을 막기 위해 계약한 출판사와 함께 노력했다. 여러 출판사의 능력과 신용을 시험하다가, 코타(Johann Friedrich Cotta)라는 출판인과 오랜 동반자 관계를 가졌다.

코타는 괴테의 교정을 거친 결정판 전집을 내놓고 "민족의 기념비"를 이룩했다고 자부했다. 괴테는 저자와 출판인 사이의 균형이 소중하다고 했다. 그러나 양쪽의 생각을 하나로 모은 저작권법이 독일에서는 괴테 사후 한참 뒤에 이루어졌다. 1901년에 제정된 "문학과 음악의 저작권에 관한 법"이 온전한 내용을 갖춘 법이었다.

작품을 써서 영리적인 출판을 하는 것이 일반화하면서 출판인과의 거래가 작가로서는 큰 일거리였다. 저작권이 법으로 보호된다고 해서 작가가 작품을 써서 생활할 수 있게 된 것은 아니다. 출판인이 신용을 지키지 않을 수도 있고, 책이 팔리지 않아 고통을 겪을 수도 있다. 작품을 출판해 성공한 작가도 있고 실패한 작가도 있었다. 괴테의 성공과 스탕달(Stendhal)의 실패가 좋은 대조를 이룬다.

스탕달은 저작권을 복제권보다 더욱 존중하는 법이 제정되어 있는 좋은 조건에서 작품 활동을 했지만, 책이 팔리지 않아 수입을 확보할 수 없었다. 괴테와 출판인의 관계를 자세하게 다룬 책이 있듯이, 스탕달이 평생 동안 작가 노릇을 하면서 돈을 얼마나 벌어 어떻게 썼는지 구체적으로 밝힌 연구서도 있어 그 내막을 알 수 있다. (Lilly R. Felberg, *Stendhal et la question d'argent au cours de sa vie*, 1975)

스탕달의 불운은 자기 나라 불국이 출판업의 선진국이었다는 사실과 관련되었다. 불국은 독일보다 출판업이 더 발달되어 흥미로운 읽을거리라야 잘 팔렸다. 저작자의 권리를 더욱 중요시하는 법이 출판인에 대한 저작자의 우위를 보장해줄 수 있는 실질적인 힘은 없었다. 불국혁명의 이상을 내세워 자본주의 횡포를 제어하는 것은 불가능했다. 괴테를 독일민족의 자랑으로 받드는 것과 같은 일이 불국에서는 있을 수 없었다. 스탕달은 그런 작가가 되려고 생각하지도 않았다.

글을 써서 먹고살면서 좋은 작품을 내놓기 위해서 스탕달은 작전이 필요했다. 세 가지 글을 구별해서 쓰는 것이 구체적인 전술이었다. 팔리는 글은 주문을 받는 대로 써주고 원고료를 받았다. 자기 생각과 독자의 요구를 근접시켜 쓴 주저는 인세 계약을 하고 출판했다. 자기 뜻대로 다져서 쓴 글은 자비출판도 할 수 없어 유고로 남긴다고 했다.

1830년에 낸 대표작 《적과 흑》(*Le rouge et le noir*)은 두 번째 부류에 속하는 것이다. 인세 계약을 했으나, 기대하던 수입을 얻지 못했다. 계약서에서 인세 "5백 프랑은 원고를 넘길 때, 5백 프랑은 3개월 어음으로, 5백 프랑은 6개월 어음으로 지불한다"고 했다. 그런데 잘 팔리지 않는다는 이유로 계약이 이행되지 않아 6백 프랑만 받고 말았다. 자기가 독신으로 살아가도 한 해 동안 1천 2백 프랑이 있어야 한다고 했으니, 그 작품을 써서 반년 생활비를 버는 데 그쳤다.

불국 작가는 누구나 스탕달처럼 힘들게 살았던 것은 아니다. 위고(Victor Hugo)는 독자의 호응이 대단한 작품을 내놓아 돈을 벌면서 존경도 받았다. 1828년 한 해 동안의 수입이 7천 2백 프랑이나 되었다고 한다. 뒤마(Alexandre Dumas père)는 이야기 공장이라고 할 것을 차리고 흥미 본위의 작품을 대량생산해 치부했다.

  그 뒤의 작가들은 처지의 차이가 더 벌어졌다. 이해되지 못하는 작품을 써서 스탕달보다 더 불우해지기도 하고, 뒤마의 전례를 훨씬 넘어서는 베스트셀러를 내놓아 출판시장을 석권하기도 했다. 시메농(Georges Simenon)은 400종 이상의 장편소설을 비롯한 엄청난 작품이 대단한 인기를 얻어 모두 5억 부나 팔렸다.

8

  유럽에서 저작권을 보호하는 제도가 법제화되던 시기에 산업혁명이 일어나 인쇄기술을 혁신했다. 활자인쇄의 수공업적인 방법을 버리고 동력을 사용하는 활판인쇄 공장이 출현해 능률이 크게 향상되었다. 조판을 다시 하지 않고 저렴한 가격으로 대량 인쇄를 할 수 있게 되었다. 책값이 싸지고, 수송 방법이 발달하고, 구매력과 지식을 가진 독자가 확대되는 등의 이유가 겹쳐 영리적 유통이 확고하게 자리 잡고 이익을 남기는 시기에 들어섰다. 그 덕분에 중세에서 근대로의 이행기소설과는 다른 근대소설이 이루어졌다.

  서적 유통업이 국경 너머로 확대되면서 저작권이 국제적으로 통용되어야 한다는 주장을 채택한 1886년의 베른협약이 이루어졌다. 1908년에 "문학과 예술의 저작권을 보장하는 베른협약 개정"이 베를린에서 이루어졌다. 그 협약에 세계 모든 나라가 가입해 지금은 저작권이 세계 전역에서 보호되고 있다.

  유럽에서 이루어진 저작권 보호 제도와 동력을 이용한 활판인쇄 방법이 세계 도처로 전파되었다. 동아시아에서도 오랜 전통을 가진 목판인쇄가 경쟁력을 상실한 것을 알아차리고 유럽 방식의 활판인쇄를 하기 시작하면서 저작권법도 채택했다. 중세에서 근대로의 이행기에는 앞서 나가던 동아시아가 후진 유럽이 분발해 근대로의 진입을 앞당기는 비약을 이룩하자 밀렸다. 이것은 선진이 후진이 되고, 후진이 선진이 되는 본보기이다.

동아시아를 위시한 여러 곳에서 특별한 노력을 하지 않고 동력화한 활판인쇄와 저작권 보호의 제도를 유럽에서 받아들여 문학을 근대화할 수 있게 된 것은 다행이라고 할 수 있다. 그러나 선물을 받으면 준 쪽과 대등하게 되는 것은 아니다. 같은 제도가 다른 형태로 나타나기도 하고, 여건의 미비 때문에 변질되기도 했다. 더구나 근대는 유럽문명권이 세계를 제패한 시대여서 다른 모든 곳은 불행을 겪어야 했다. 유럽에서 받아들인 근대문학의 제도를 각기 자기 형편에 맞게 받아들여 유럽에 대항하는 데 이용해야 하는 어려운 과제가 제기되었다.

동아시아 각국은 19세기까지 형편이 서로 비슷하고 중세에서 근대로의 이행기소설을 함께 발전시키다가, 20세기에 들어서자 여러 길로 갈라섰다. 중국은 유럽 열강의 압력을 이기지 못하는 반식민지 상태에 있다가 일본의 침략을 받고, 일본은 유럽의 방식대로 근대화하고, 한국은 그렇지 못해 일본의 식민지가 되었다. 그러면서 문학을 하는 여건에는 상당한 공통점이 있었다. 소설 출판의 오랜 역사가 있었어도 새로운 제도를 쉽사리 정착시켜 근대소설을 창작하지 못하고, 많은 차질을 겪어야 하는 점이 서로 같았다. 전작소설을 출판해서 받는 인세로 작가가 살아갈 수 있는 여건이 마련되지 않아, 다른 방법을 찾아야 했다.

동아시아 세 나라에서 모두 정기간행물소설이 대안으로 등장했다. 소설을 정기간행물에 게재하는 것은 유럽에서 소설 발표의 부차적인 방식에 지나지 않았는데, 동아시아에서는 크게 애용되어 전작소설 출판 부진의 공백을 메웠다. 그런데도 동아시아의 정기간행물 출판인은 작품에 대한 권리를 주장하지 않는 점이 유럽과 다르다. 출판권이 저작권보다 선행했던 유럽에서는 게재한 작품에 대해서 정기간행물 출판인이 지속적인 권리를 가지지만, 동아시아에서는 저작의 권리만 존중한다.

정기간행물소설 가운데 중국에서는 잡지소설이 우세했다. 작품을 잡지에 발표하기만 해서 중편이나 쓰고 장편에는 손대지 못했으며, 소설보다 잡문을 더 많이 남긴 魯迅이 최고의 작가라고 한다. 사회운동에 헌신하는 사람들이 수지 타산을 무시하고 발행하기 때문에 원고료 지불 능력이 없는 잡지에다 운동을 이끌어나가는 글을 써서 그렇게 평가되었다. 글을 써서 주장한 바를 보면 근대의 선두주자이지만, 작가 노릇을 하는 방식에서는 중세를 연속시켰다.

국민당과 공산당의 투쟁이 전개되고, 항일전쟁의 노선을 두고서도 뜨거운 논쟁이 벌어진 것이 문학의 체질을 특이하게 형성하는 데 또한 큰 작용을 했다. 그 뒤의 작가들도 본명이 아닌 필명을 사용하면서, 작품 창작보다 시사평론을 쓰는 데 더욱 힘썼다. 국민당과의 투쟁에서 승리한 공산당은 사회주의 체제의 문학 제도를 채택해, 작가는 국가에서 주는 봉급을 받고 국가가 요구하는 글을 쓰고 검열을 거쳐야 출판하도록 했다.

그래서 좋은 작품이 나오기 어려웠다. 최고의 작품이라고 칭송된 趙樹理의 〈三里灣〉마저도 완벽하지는 못하다는 비판을 받았다. (金漢, 《中國當代小說史》, 1990, 김정호 역, 《중국현대소설사, 1949-1989》, 1996, 73면) 완벽한 소설을 요구하는 삼엄한 시대가 지나, 이제 방향 설정을 다시 하지 않을 수 없다.

일본과 한국은 잡지소설과 신문소설이 병행하는 형태를 취했다. 언론 통제 때문에 잡지가 중국에서만큼 적극적인 기능을 수행하지 못하고, 신문 영업은 더 잘된 것이 그 이유라고 할 수 있다. 잡지소설은 순수소설이고, 신문소설은 통속소설이라고 한 것도 두 나라에서 서로 같다. 가치의 고하가 수입과 상반되어, 신문소설을 써야 명예롭지 못하더라도 전업작가로 살아갈 수 있게 되었다.

일본의 夏目漱石(나쓰메 소세키)은 일본 최고대학 교수직을 버리고 신문사에 입사해 소설을 써서 연재하는 데 전념하는 결단을 내렸다. 한국에서 李光洙도 평생토록 신문사를 드나들면서 작가 노릇을 하고 생활비를 마련했다. 잡지소설은 작품이고 신문소설은 상품이라고 하면서, 작품에서 평가를, 상품에서 수입을 얻은 李泰俊의 양면작전이 그 나름대로 슬기로웠다고 할 수 있다.

그러면서 일본소설과 한국소설은 성향이 달랐다. 잡지소설을 보면, 일본에서는 작가 신변에서 일어나는 사소한 일을 감상적인 문체로 다루는 私小說을 소중하게 여기고, 한국에서는 식민지 사회의 모순을 비판하는 풍자소설을 이룩하려고 했다. 한국에서는 신문소설에서도 민족의 처지를 문제 삼고 사회비판을 감행한 것이 개인의 관심사를 상품화하는 데 치중한 일본의 경우와 상당한 차이점이 있다.

일본에서 잡지소설의 극치를 보여준 川端康成(가와바타 야스나리)은 고결한 자세를 견지하면서 뛰어난 서정적 감각을 구현했다. 여러 잡지에 거듭 실으면서 보태고 고치는 과정을 거쳐 《雪國》을 완성했다. 이룩한 수준이 대외적으로도 인정되어 노벨문학상이 수여된 것을 일본인은 거국적으로 경축할 자랑이라고 여겼다. 작가 자신은 기쁨에 동참하지 않고 자살로 삶을 끝냈다. 신문소설을 석권해 거부가 된 吉川英治(요시카와 에이지)와는 가는 길이 아주 달랐다.

한국 작가 蔡萬植은 글 품팔이를 열심히 해도 가난에서 벗어나지 못했다. 원고지를 많이 쌓아두고 싶다는 소원마저 이루지 못하고 굶어죽다시피 했다. 좌우익이 갈라질 때 그 어느 쪽에도 가담하지 않아 애도하는 동지의 행렬마저 없었다. 그러나 일제의 검열을 받으면서 업주의 수익을 늘여야 하는 이중의 고통에 항거한 신문소설 《濁流》가 민족문학의 자랑스러운 성과로 인정되어 계속 높이 평가된다.

일본에서는 잡지소설과 신문소설의 구분이 지속된다. 잡지소설이라야 최고의 문학상을 받는다. 한국에서는 잡지소설이라야 순수해서 문학적 가치가 있다는 주장이 효력을 상실하고, 신문소설에 높이 평가되는 문제작이 적지 않다고 인정되다가, 그런 것이 전작으로 출판되어 커다란 성공을

거두는 사례가 계속 늘어나고 있다. 문단 등장의 절차나 문학상보다 독자
의 호응이 더욱 중요시되는 커다란 변화를 겪고 있다.

　9

　동남아시아에서 아프리카까지 제3세계 여러 곳에는 재래의 인쇄술이
없었다. 종이 제조 방법도 알려지지 않았다. 그래서 문학작품이 짐승 가
죽이나 나뭇잎을 이용한 필사본으로 유통되거나 구전되었다. 인쇄술이 등
장하고 출판이 시작된 것은 유럽 열강의 침공을 받은 뒤의 일이다. 인쇄
술을 가져간 사람들은 기독교 선교사였다. 기독교 선교에 필요한 서적을
현지어로 옮겨 펴내는 데 그 기술을 이용했다. 그래서 시작된 불행한 역
사에 대처하는 방법이 경우에 따라 달랐다.

　유럽인의 침략에 맞서서 주권을 지킨 곳에서는 활판인쇄 기술을 스스
로 익혀 자기네 고전을 펴내는 데 썼다. 타이에서 불경을 인쇄한 것이
그 좋은 본보기이다. 토착 자본에 의한 출판업이 자라나는 곳에서는 유럽
방식의 활자본 출판으로 기존의 작품을 펴내는 것이 신작 개발보다 높은
수익을 보장하는 시기가 얼마 동안 계속되었다.

　선교사의 뒤를 이어 등장한 식민지통치자들이 출판을 직접 관장해 정
치적 통제의 수단으로 삼았다. 인도네시아를 차지한 네덜란드는 '발라이
푸스티카'(Balai Pustica)라는 국립출판사를 설립해 말레이어 또는 자바어
소설을 선별해 출판하면서, 항쟁의 문학을 억누르고 식민지통치에 순응하
는 기풍을 조성하고자 했다. 그러나 결과가 뜻하는 대로 나타나지 않았
다. 현실을 인식하고 민족의식을 고취하는 문학이 그 기회에 더욱 성장하
면서 세련된 형태를 갖추었다.

　민족어가 정립되어 있지 않은 곳에서는 현지어 출판이 식민지통치나
기독교 선교를 위해 직접 도움이 되는 것으로 한정되었다. 다른 출판물은

식민지 본국의 출판사나 그 지사에서 유럽의 언어로 낸 것뿐이었다. 아프리카 여러 나라는 독립한 뒤에도 사정이 더 호전되지 않았다. 나이지리아 같은 데서는 소규모의 출판시장이 형성되었으나 작가를 키우기에는 역부족이었다. 아체베(Chinua Achebe)는 영국에서 출판한 작품이 높이 평가되어 널리 알려졌다. 같은 경로를 거쳐 아프리카의 대표적인 작가가 된 케냐의 은구기(Ngugi wa Thiong'o)는 영어를 계속 사용할 것인가 고민하다가, 정치적인 박해를 피해 영국에 망명한 상태에서 뒤늦게 시도한 자기 언어 작품의 영역본 인세로 살아간다.

아프리카 각국에서는 독자적인 출판이 아직 자리 잡히지 않은 상황이 문학의 성장을 저해하고 있다. 아프리카의 작가는 자기 나라 문학의 발전과 출판의 발전을 함께 이룩하기 위해서 애쓰는 것보다 유럽의 출판사에서 책을 내면서 아프리카를 계속 지배하는 유럽의 작용에 대해서 반론을 제기하는 것을 더욱 보람 있다고 여겼다. 출판업이 고도로 발달된 유럽에서는 창작하지 못하는 대단한 작품, 놀라운 충격을 주는 진지한 작품을 출판업의 후진지역인 아프리카의 작가들이 내놓을 수 있는 역설적인 사태는 선진이 후진이고 후진이 선진인 당연한 현상이다.

런던의 하이네만(Heineman), 파리의 아르마땅(L'Harmattan), 프레상스 아프리켄느(Présence Africaine) 등의 출판사는 아프리카문학 출판의 세계적 중심기관 노릇을 하면서 영업실적을 올린다. 런던의 딜론(Dillon)이나 파리의 프낙(FNAC) 같은 대형서점에서는 아프리카문학을 위치가 좋은 진열대에 내놓고 대량으로 팔고 있다. 그런 곳을 드나들면 세계의 중심이 바뀌고 있다는 느낌을 받을 수 있다.

그러나 출판물의 질에서는 차별이 있는 점을 간과하지 말아야 한다. 파리의 아르마땅 출판사에서 내는 아프리카문학에 관한 책은 불국 출판업의 일반적인 수준과는 상당한 차이가 있다. 인쇄가 조잡하고 제본이 엉성해 보기에 민망하다. 작품은 많이 팔릴 것으로 보고 다시 조판을 하지만, 연구서나 비평서는 저자가 타자한 것을 그대로 복사해낸다. 소량만 출판해 재고가 생기지 않게 한다.

제3세계 여러 곳에서 소설이 어떻게 출판되고 작가가 어떻게 살아가는지 자세하게 고찰하는 것은 어려운 일이다. 자료가 부족할 뿐만 아니라 양상이 너무 복잡하다. 자세하게 다루는 것은 보류하고, 몇몇 작가의 사례를 들어 논의를 대신하는 것이 적절한 방법이다.

동남아시아 일대도 소설이 팔리지 않는 곳이다. 그 때문에 잡지에 발표되는 단편이라야 가치 있다고 여기고, 신문에 연재되거나 단행본으로 출판되는 장편은 통속물로 친다. 인구가 2억 가까이 되는 인도네시아의 경우에 보통은 3천에서 5천, 드물게는 1만 5천 부 팔리는 것을 노리고 표지나 내용을 성적 자극으로 채운 저질의 출판물을 양산한다.

작가가 어느 정도 팔리는 통속소설을 쓴다 해도 인세를 제대로 받는 것은 아니다. 저작권이 도용되고 말 수도 있다. 인도네시아 작가 로시디(Ajip Rosidi)는 〈노후를 위한 집 한 채〉(*Sebuch rumah buat haritua*)라는 작품에서 그런 사정을 다루었다. (작품 번역이 양승윤 역, 〈노후를 위한 집 한 채〉, 김영애 외, 《동남아시아문학상 수상작품집 황색승복》, 1991에 있다.)

숨도 쉬지 못할 오두막에서 여러 자식들과 함께 살아가면서, 지친 몸으로 자전거를 타고 외출하는 주인공 작가는 빈곤에서 벗어나기 위해 잘 팔리는 책을 쓰기로 작정했다. "이층으로 된 아담한 집 한 채, 차고 하나와 조그마한 승용차 한 대"를 마련할 수 있으리라고 기대했다. 그 꿈은 이루어지지 않았다.

원고를 만들어 들고 갔더니, 출판사 사장은 잘 팔릴 책이어서 많이 찍을 수 있겠다고 하고서, 저자 이름이 문제라고 했다. 본명으로 내면 작가의 명성이 실추되므로 가명으로 내는 것이 좋겠다고 하고, 사장인 자기의 이름을 사용하는 것도 바람직한 방법이라고 했다. 누구 이름으로 내든 인세는 틀림없이 지불하겠다고 했다. 그런데 책이 나온 뒤에는 사정이 아주 달라졌다. 저자 이름이 누군지 모를 사람으로 되어 있고, 자기가 쓴 원고를 많이 고쳤다. 사장을 만날 수 없었다. 원고를 도둑맞은 것을 확인하고서 아무 말도 못하고 되돌아왔다.

타이의 경우에는 사정이 더 나쁘다. 통속소설이라도 색정물은 5천, 유령이야기는 3천 부 정도 찍고, 그렇지 못한 것들은 1천 부, 심지어는 5백 부에 지나지 않는다. 그 정도 팔려서는 작가가 살아갈 수 없다. 단편소설을 잡지에 발표하고 소액의 원고료나 받는 사람들은 별도의 생업이 있다. "타이에는 아직까지 전업작가가 없다"고 하는 것이 사실이다. (Herbert P. Philips, *Modern Thai Literature with an Ethnographic nterpretation*, 1987, 20면)

그렇다고 해서 절망적인 것은 아니다. 단편소설 가운데 놀라운 작품이 적지 않다. 사회비판의 장편소설을 써내는 작가도 있다. 찻 껍찟이라는 작가가 쓴 《무지에 의한 단죄》라는 장편소설이 그런 작품이다. (찻 껍찟, 김영애 역, 《무지에 의한 단죄》, 1995) 작가는 가죽가방을 만드는 수공업을 해서 살아가는 사람이다. 그 일을 해서 번 돈으로 자기 작품을 자비로 출판해 가난한 사람들도 사 볼 수 있는 싼값으로 판다. 작품 내용은 시골 사람들의 무지와 편견 때문에 한 젊은이가 부당하게 희생되는 과정을 그린 것이다. 주인공으로 하여금 끝내 비참한 죽음을 맞이하게 한 사기꾼인 교장이 온 마을 사람들의 존경을 받고 있는 어처구니없는 현실을 고발했다.

이집트는 아랍근대문학을 주도하는 나라이다. 그 나라의 마흐푸즈(Najib Mahfouz)는 제3세계문학의 작가 가운데 우뚝하다. 카이로에서 태어나고 그곳에서 공부하고, 소설 창작에 전념해 장편소설을 계속 써냈다. 그러나 작품이 잘 팔리지 않아 창작만으로는 생계를 해결하지 못했다. 그 이유가 평가를 받지 못한 데 있는 것은 아니다. 당대 최고의 작가라고 알려진 뒤에도 사태가 호전되지 않았다. 독자가 부족하고, 구매력이 없으며, 출판이 발달되지 않은 조건을 혼자 힘으로 어떻게 할 수 없었다.

마흐푸즈는 어떤 전업작가도 따르기 어려울 정도로 많은 작품을 당대 최고의 수준으로 내놓으면서도 생계를 위해 평생 공무원 노릇을 해야 했다. 퇴근 후에 작품을 쓰는 생활을 계속하면서 자유롭게 되고자 하는 희망을 버리지 않았으나, 그렇게 되지 못했다. 잘 팔리는 책을 쓰려고 하지 않고 자기가 할 일을 묵묵하게 수행했다. 푸념을 늘어놓는 잡문은 쓰지 않고 소설 창작에 전념했다.

사회비판의 문제의식을 계속 가다듬었다. 역사를 되돌아보고 사회를 문제 삼고, 정치를 비판하며, 자기 주변 사람들의 어리석음을 준열하게 나무랐다. 생계를 위해 날마다 애쓰는 예사 사람들의 낮은 위치에서 무엇이 진실인가 가려냈다. 권력을 잡고, 돈을 벌고, 명성을 얻었다고 하는 무리의 사기행각이나 허위의식을 한 치의 양보도 없이 비판했다. 《거울들》(al-Miraya)을 한 본보기로 들면, 때가 조금도 끼어 있지 않은 맑디맑은 시선으로 세상의 허물을 있는 그대로 보여준다. (송경숙 역, 《도적과 개들》, 1986에 〈쉰 다섯 개의 거울〉이라는 이름으로 번역되어 있다.)

정년퇴임을 하고서나 고된 근무에서 해방되고, 노벨문학상을 받아 가난을 면했다. 아랍어로만 쓴 작품의 외국어로 된 번역본이 널리 알려지고 높이 평가되어, 1988년에 노벨문학상을 받았다. 마흐푸즈에게 노벨문학상을 준 것은 노벨문학상의 영광이며, 마흐푸즈의 영광이라고 할 것은 아니다.

10

저작권법 제7조

다음 각 호의 어느 하나에 해당하는 것은 이 법에 의한 보호를 받지 못한다.

1. 헌법·법률·조약·명령·조례 및 규칙
2. 국가 또는 지방자치단체의 고시·공고·훈령 그 밖에 이와 유사한 것
3. 법원의 판결·결정·명령 및 심판이나 행정심판절차 그 밖에 이와 유사한 절차에 의한 의결·결정 등
4. 국가 또는 지방자치단체가 작성한 것으로서 제1호 내지 제3호에 규정된 것의 편집물 또는 번역물
5. 사실의 전달에 불과한 시사보도

이런 것들은 누구에게나 필요하고, 공공의 이익을 증진하는 기능을 직접 수행하므로 다른 저작권과 구분되어야 한다. "이 법에 의한 보호를 받지 못한다"는 것은 소극적 표현이어서 적절하지 않다. "저작권 사용료를 요구하지 않는다"고 하는 적극적 표현으로 바꾸는 것이 마땅하다. 저작물을 산출한 국가 또는 공공기관이 충분한 재원을 확보하고 있어 영업이 필요하지 않기 때문에 저작물 사용료를 요구하지 않는다.

개인 또는 법인의 저작물이라도 누구에게나 필요하고, 공공의 이익을 증진하는 기능을 직접 수행하는 것은 저작권 사용료를 요구하지 않아야 하는가? 그런 기능 수행에 차질이 없어야 하므로, 이 주장은 정당하다. 충분한 재원을 확보하고 있어 영업이 필요하지 않다고 할 수 없으므로, 이 주장은 부당하다.

두 주장 가운데 어느 하나를 선택하는 것은 가능하지 않고, 필요하지도 않다. 저작권을 구현하고 있는 저작물에 양면이 있어, 각기 다른 기능을 하는 것을 분명하게 하면 난문제가 해결된다. 저작물의 구체적인 외형은 반드시 소정의 사용료를 지불하고 가져가야 한다. 저작물의 추상적인 내용은 사용료를 지불하지 않고 누구나 자유롭게 가져갈 수 있다. 추상적인 내용은 직접 가져갈 수 없다. 반드시 자기 나름대로 변형시켜 재창조해야

가져가는 것이 있다. 자유롭게 가져간다는 것이 이 말이다.

구체적인 외형을 소정의 사용료를 지불하고 가져가면 수익이 있다. 추상적인 내용을 자유롭게 가져가 변형시켜 재창조하면 보람이 있다. '수익〉보람'인 저작물은 상품이고, '수익〈보람'인 저작물은 축복이다. 보람이나 축복이 아주 커지면, 저작권이 만인 공유가 되고 소멸한다. '수익〉보람'의 상품으로 차등 경쟁을 하다가, '수익〈보람'의 축복을 대등하게 향유하게 된다.

이런 변화는 저절로 이루어지지만, 국가 또는 공공기관이 저작권자에게 응분의 시상을 충분하게 하는 방식으로 참여해 촉진하는 것이 바람직하다. 잘 팔리는 저작물과 훌륭한 저작물 사이의 거리가 큰 경우에는, 반드시 이 방법이 필요하다. '수익〈 보람'의 축복을 위해 진지하게 노력하려고 하지 않고, '수익〉보람'의 상품을 만드는 쪽으로 달려가 유능한 인재들이 경박하게 되는 것을 주위에서 자주 보고 이런 생각을 더욱 절실하게 한다.

대등생극론을 본보기로 들어 말해보자. 《대등생극론》, 《대등의 길》, 《한일관계의 대등생극》 등의 책에 써놓은 말은 구체적인 외형이다. 구체적인 외형은 다양하다. 잡다하다는 말이 더 정확할 수 있다. 그 모두에 대해 저자가 저작권을 가진다. 한 부분이라도 그대로 가져가 자기가 썼다고 하면 표절이 되어 법의 제재를 받는다.

그 여러 책에서 말한 대등생극의 원리는 추상적인 내용이다. 추상적인 내용은 하나이면서 여럿이다. 體는 하나이고, 用은 여럿이다. 하나인 體는 만인 공유여야 한다. 책의 저자가 저작권을 행사하면서 다른 사람은 같은 생각을 하지 못하게 막으면, 보편적 의의가 훼손되고, 진정한 가치가 부정된다. 여럿인 用은 누구든지 자기 나름대로, 국면에 따라 얼마든지 다른 양상으로 다시 마련할 수 있다. 그것들의 구체적 외형에 대해서는 창안자가 각기 저작권을 가진다.

주체나 내용에서 만인대등생극의 저작권이라야, 보편적 의의와 진정한 가치를 가진다. 이것은 만생대등생극이나 만물대등생극의 저작권과 서로 대등하고, 별개의 것이 아니다. 식물은 햇빛과 물을 가지고 광합성을 해서, 생명체가 필요로 하는 자양분을 만들어낸다. 태양은 빛과 열을 제공해 생명이 존재할 수 있게 한다. 모든 천체는 引力으로 서로 연결되어 회전 운동을 하므로, 흩어지지 않는다. 원자는 陽의 핵 주위의 陰의 전자가 도는 구조를 가지고 만물을 이룬다.

이처럼 한 단계씩 더욱 근원적인 저작권이 있다. 근원적인 저작권은 너무나도 당연하다고 여기고, 평가하지 않는다. 감사하게 여기며 대가를 지불하려고 하지 않는다. 더욱 근원적이면 인식이 그만큼 흐려진다. 사람이 지니고 행사하는 저작권도 이런 경지에 다가가는 것을 이상으로 삼는다. 근원적인 혜택을 인식하지 못할 만큼 크게 이룩하기를 바란다.

11

인쇄매체나 공연매체와 상이한 전파매체가 등장해 저작권 문제가 아주 달라졌다. 이런 사태는 두 차례 이루어졌다. 20세기에 라디오나 텔레비전 방송 이용이 일반화되었다. 21세기에 들어서니 컴퓨터의 인터넷이나 유튜브가 대단한 활약을 하며, 앞의 것의 우세를 압도한다. 앞의 것은 조금, 뒤의 것은 전면적으로 거론하면서 저작권 문제에 대한 새로운 논의를 한다.

공공기관의 저작물은 세금으로 제작해 납세자가 모두 저작권자이므로, 이용료를 지불하지 않아도 된다고 할 수 있다. 개인 또는 법인의 저작물을 이용료 없이 공개해 널리 제공하는 것은 과시이기도 하고 봉사이기도 하다. 광고 수입 분배에 참여하고자 하는 경우에는 투자이기도 하다.

개인 또는 법인의 저작물 제공은 과시이기도 하고 봉사이기도 한 양면이 있는 것을 분명하게 다시 말하고, 바람직하게 조절하는 방법을 찾는다. 과시는 저작물의 가치를 높이 평가해달라고, 자기가 나서서 요구하는 술수이다. 차등론을 근거로 한다. 봉사는 저작물의 가치를 수용자들이 실현하도록 도와주고, 자기는 물러나는 처신이다. 대등론을 실행한다. 과시를 줄이고 봉사를 늘여, 차등론의 잘못을 대등론으로 시정해야 세상이 흐려지지 않고 맑아진다.

광고라는 것도 저작물의 하나이면서 아주 특이하다. 그 자체의 주체적인 의의는 없는 것으로 하고, 상품 판매 촉진을 위해 봉사하는 바람잡이 노릇만 한다. 진실을 있는 그대로 알려줄 가능성이 적어, 의심의 대상이 된다. 저작물이 광고판에서 이용되면서, 광고와는 판이하게 진실한 가치가 있다고 하는 것이 어느 정도 타당한지 의문일 수 있다.

광고 수입이 대폭 늘어나면, 조금만 나누어주어도 저작물 제작 소요 경비를 제하고 상당한 수익이 생겨 전업으로 삼을 만한 투자이다. 이런 계산이 극소수의 경우에나 적중하고, 대부분 어긋나 실패한다. 이런 엄연한 현실이 무시된다. 구독자가 엄청나면 광고 수입이 엄청나, 나에게 분배되는 액수도 엄청나리라. 이 따위 환상이 마법의 춤을 추어, 보여주는 저작물이 더욱 기괴하게 되고 피해를 끼치는 정도와 폭이 커진다.

유튜브를 만들어 온 세계로 뻗어난 사이버 공간에 깔고, 이용자 모두의 돈을 끌어모으는 거대한 마왕은 물론 그 하수인들도 몸을 숨기고 있어 보이지 않는다. 징기스칸보다도 월등하게 위대한 정복·지배자가 있다고 생각되지 않게 한다. 그 마왕을 찾아내 퇴치하는 것은 가능하지 않다. 유튜브 같은 규모의 거대한 놀이터를 다시 만들어 대전환을 이룩한다고 호기롭게 나서면, 찾아오는 사람들이 너무 적어 투자금만 날리고 말 것이다.

그러면 어떻게 해야 하는가? 개인 또는 법인의 저작물이 대단한 가치를 가지고 사회교육에 크게 기여하면, 국가나 공공기관에서 공식적인 평가를 하고 포상을 충분하게 하는 것이 마땅하다. 이렇게 하면 직접적인 효과를 기대할 수 있다. 우선 광고 수입 분배를 기대하고 기괴하고 유해

한 저작물을 올리는 경쟁을 줄인다. 수준 높고 유익한 학문 또는 문화 활동을 하는 전문가들이 자영업자가 되어 살아갈 수 있게 한다. 좋은 직종이 늘어나고, 창조적 역량이 사회 전체에 파급되게 한다. 대단한 가치를 가지고 사회교육에 크게 기여하는 저작물을 인터넷에만 올려도 이 혜택을 누릴 수 있게 해야 한다.

학문의 자영업자를 자영학자라고 줄여 말한다. 어디 소속된 학자의 연구와 자영학자의 연구, 학교교육과 사회교육이 차등이 아닌 대등의 관계를 가지고, 장벽을 헐고 서로 교류하며 합작하도록 해야 한다. 이럴 수 있게 하는 지원이 필요하다. 학문 자영학자의 연구나 사회교육을 위한 공공의 시설과 지원을 넉넉히 갖추어야 한다.

자영학자는 혼자 행복을 누리지 않는다. 당면한 심각한 문제를 해결한다. 탁월한 연구를 할 수 있는 후진이 고질적인 장벽 탓에 대학에 진출하지 못하는 불행, 진학할 학생이 줄어드는 탓에 대학이 위축되고 교수를 감원해야 하는 사태, 이 둘 다를 없애 세상이 좋아지게 한다.

그뿐만 아니다. 공부를 더 하려고 대학원을 찾아가 가짜 박사 제조 전문가인 지도교수에게 걸려들어 부당한 갑질만 당하는 사태, 수준 높은 평생교육을 간절하게 바라는 수많은 사람에게 교양강좌라는 거창한 이름을 내걸고 하는 잡담이나 들으라고 하는 잘못도 시정한다. 세상이 더 좋아지게 한다.

온 사회가 만족스러운 평생교육의 전당이게 한다. 누구나 원하면, 평생 대학생일 수 있게 한다. 특정 대학에 입학하지 않아도 되니, 입시 경쟁이 없어진다. 그보다 더 큰 행복을 말해본다. 자영학자 가운데 최고의 석학이 흔히 있어, 대학에서는 들을 수 없는 최고의 강의를, 누구든지 수강할 수 있다. 자격 취득의 절차를 거치거나 대가를 지불하는 것은 전연 요구하지 않는다.

과제를 제출하고 직접 만나 토론을 하면, 성적이 기재된 수강증을 받을 수 있다. 이런 수강증을 필요한 수만큼 모으면 박사과정을 수료한 것으로 인정한다. 수강하고 좋은 성적을 얻은 자영학자 가운데 어느 누구를 합의해 의해 지도교수로 정하고, 지도를 받아 논문을 써내면 박사가 될 수 있다. 박사는 자영학자로 나설 만하다고 인정한다.

이런 나라가 있는가? 없다. 없으니 우리가 먼저 만들자. 지금까지 생각해보지도 못한 이상국가를 만들어, 세계사의 진로를 제시하자. 역사철학에서도 교육철학에서도 할 말을 아울러 함께 한다.

7-4 표절 범죄

1

역사는 좋은 일뿐만 아니라 나쁜 일도 기록해야 한다. 우월한 지위를 이용해 표절을 일삼아온 더러운 내력도 찾아 그 역사를 서술해야 한다. 창피스러운 내막을 낱낱이 뒤져, 검사가 공소장을 쓰듯이 까발려야 한다. 오랜 시간이 지난 다음에라도 가해자를 징치하고 피해자를 위로해야 한다. 학문의 가치를 온전하게 해야 한다.

이 일을 제대로 하려면 많은 시간과 노력이 필요하다. 여기서 기막힌 사례 몇 가지를 들어 관심을 촉구하고자 한다. 이용하는 자료는 내가 직접 알고 있는 것들이다. 개인적인 관계가 있기 때문에 실명을 공개하지는 않으니 양해해주기 바란다. 어느 누구를 탓하려는 것이 아니고 전형적인 사례를 들고자 한다. 세 사례가 세 유형이라고 할 수 있다.

오래 전의 일이다. 학계를 주름 잡는 거두 A 교수의 제자에 석사를 갓 한 B가 있었다. B는 생업에 종사하는 시간을 쪼개 고전 명작 하나를 가까스로 주해했다. A에게 가져가 보이고, 서문을 써달라고 했다. A는 두고 가라고 하더니, 얼마 뒤에 그 책을 자기 이름으로 냈다. B는 아무 항변도 하지 못하고, 아주 가까운 사람에게나 서러운 사정을 하소연하기나 했다. 그 말을 나도 전해 들어, 증언을 남겨야 할 책임을 느낀다.

그 뒤에 있었던 일이다. 대단한 대학의 대단한 교수 C가 고전소설의 새로운 작품을 대거 발견했다고 신문에 크게 보도되었으나, 사실은 책 근처에도 가지 않았다. 모두 내가 한 작업이고, 다른 제자들 몇도 나중에 참여했다. 이제 마무리를 하자고 하면서, 네 제자에게 작품 한 편씩을 논하는 논문을 50매씩 써오면 학과 논문집에 내겠다고 했다.

50매는 너무 작다고 생각하면서 그대로 했다. 뒷 소식이 없어 궁금하게 생각하고 있는데, 그 논문 네 편을 연속시킨 긴 논문이 C의 이름으로 다른 간행물에 발표되었다. 왜 그렇게 했는지 아무 설명도 없었다. 네 제자 모두 아무 질문도 하지 않았다. 그런 일이 있었던 것을 잊고 살려고 한다. 나는 잊을 수 없어, 여기 기록한다.

다시 그 뒤에 있었던 일이다. D는 학계의 중진이고 학회의 이사인 저명 교수였다. E는 다른 대학의 초년병 교수였다. D가 학회지에 발표한 논문이 자기 논문의 표절이라고 E가 신문사에 알려 물의가 일어났다. 진상을 알아보고 사태를 수습하기 위해 학회 이사회가 열렸다. 최연소 이사인 나도 참석했다. 이사회에서 D가 말했다. 학생이 학기말 과제로 낸 논문을 자기 이름으로 발표했다고 하고, 그 학생이 표절한 것을 알지 못했다고 했다.

이 말을 들은 학회 이사들은 이구동성으로 교수가 학생의 논문을 자기 이름으로 발표하는 것은 있을 수 있는 일이므로, 나무랄 수 없다고 했다. D는 잘못이 없는데, 공연히 곤욕을 치른다고 모두들 동정하고 위로했다. E는 문제가 된 사실을 학회에 통보하지 않고 신문에 먼저 터뜨려 학회의 명예를 훼손한 잘못이 있으니 용서할 수 없다고 했다. 학회에서 제명하는 징계를 해야 한다고 했다.

나는 E를 제명하면 학회에서 탈퇴하고 학회를 새로 조직하겠다고 선언하려고 했다. 학회 간사가 회원 명부를 들추어보더니, E는 학회에 가입한 사실이 없다고 했다. E를 징계할 수 없게 되어 이사회가 싱겁게 끝났다. 나는 준비한 발언을 하지 않았다. 이 일에 관한 증언을 남기리라고 마음속으로 다짐했다.

위에서 든 세 사례의 피해자들은 가해를 이겨내고 자기 학문을 했다. 불운이 불운으로 끝난 사람들이 더 많을 것을 생각하면 가슴이 아프다. 가해자의 횡포에 희생되어 학문을 포기하고 침을 뱉으며 물러난 패배자들을 위로하고 싶다. 정의가 무엇인지 밝히고 싶다.

말만 이렇게 하고, 구체적인 사정을 알지 못해 표절 내력 서술에 포함시키지도 못하니 한탄스럽다. 지금의 사례를 들지 못하는 잘못도 용서를 구한다. 나의 잘못을 꾸짖으며, 아주 억울한 피해자들이 숨은 내막을 스스로 술회하기를 기다린다. 표절의 더러운 내력을 책으로 쓰려면 공동작업을 해야 한다.

우월한 지위를 이용해 표절을 일삼는 것은 대한민국을 창피스럽게 하는 흑막이고 질병이다. 우월한 지위를 이용해 성희롱을 하는 것보다 더욱 잘못된 줄 알아야 한다. 삼청교육대나 형제복지원보다 피해를 끼치는 범위가 더 넓다. 잘못을 바로 알고 철저하게 바로잡아야 한다.

대한민국이 남들이 부러워하는 나라가 되었다고 자신 있게 말하려면, 시급하게 해야 할 일이 많다. 죄악의 근원인 표절을 청산하는 것이 그 가운데 으뜸이라고 할 수 있다. 이에 관해 전연 모르는 사람에게 국정을 맡기지 말아야 한다.

2

주요 공직을 맡을 후보자가 가짜 박사임이 드러났다고 이따금 크게 보도

한다. 드러난 것만 문제로 삼지 말고, 가짜 박사를 아주 없애야 한다. 사실만 보고 개탄하지 말고, 원인을 진단하고 해결책을 찾아야 한다.

가짜라는 것은 남의 논문을 표절했다는 말이다. 이것은 물건을 훔친 것과 같은 절도 행위이다. 연구 윤리에 문제가 있다고 여기지 말고, 형사범으로 다스려야 한다. 절도죄는 윤리적 검토의 대상이 아니며, 물건을 잃어버린 사람의 의사와 상관없이 처벌한다.

박사학위는 대학교수 면허증이다. 가짜 박사는 거짓되게 취득한 운전면허보다 더 큰 해악을 끼친다. 운전면허는 부정으로 발급해 교통사고가 빈발하게 하지 않으면서, 박사학위는 가짜로 취득할 수 있게 방치하는 것은 크게 잘못되었다. 깊이 반성하고 반드시 바로잡아야 한다.

가짜 박사가 있는 것만 문제가 아니다. 박사학위의 수준이 낮은 것도 크게 염려해야 한다. 박사학위의 수준은 국가의 수준 평가에서 중요한 의의를 가진다. 가짜 박사가 흔하고, 가짜는 아니라고 하는 박사라도 평가할 만한 가치가 모자라는 것이 예사인 나라는 너무나도 부끄러운 후진국이다. 이제 우리가 선진국으로 나아간다는 기대를 무참하게 짓밟는 폭거를 막아야 한다.

그러면 어떻게 해야 하는가? 표절은 반드시 처벌을 해야 하는 것을 다시 말한다. 박사 논문 표절은 다른 표절보다 더욱 엄하게 다스려야 한다. 표절 여부를 박사학위를 준 대학에 맡겨 조사하게 하지 말고, 사법기관에서 판정하고 기소를 해야 한다. 당사자는 절도 및 사기 죄, 논문 지도교수도 그 방조죄에 해당하는 죄로 처벌해야 한다.

지도교수가 논문의 표절을 알아차리지 못할 수 있다. 수준 높은 논문을 쓰도록 하기에는 역부족일 수도 있다. 이런 이유에서 본의 아니게 피해자가 되는 것을 막아야 하는가? 아니다. 무자격자는 박사 논문 지도를 하지 못하게 하는 것을 근본적인 해결책으로 삼아야 한다.

독일에서 하빌리타찌온(Habilitation)이라는 이름으로 정착시킨 박사지도교수 자격 검증 제도를, 일본이나 중국에 이르기까지 세계 대다수의 나라에서 채택하고 있는 것을 알아야 한다. 이 제도를 받아들이지 않은 것은 건국 과정에서 창졸간에 저지른 실수이다. 운전면허 제도는 만들지 않고 교통사고가 너무 많다고 나무라는 것과 다를 바 없다.

여러 외국의 전례를 참고해 어떻게 해야 할 것인지 말한다. 어느 특정 대학 교수들만 박사논문을 지도하도록 하지는 말아야 한다. 세상에서 말하는 대학의 등급과 교수의 능력은 상관이 없다. 몇몇 대학이 박사학위 수여를 독점하면 질이 더욱 저하된다. 어느 대학에 재직하고 있든 능력 뛰어나고 의욕이 남다른 교수는, 일정한 검증을 거쳐 박사지도교수가 될 수 있어야 한다. 선의의 경쟁이 발전을 가져온다.

연구 업적과 연구 능력이 탁월해야 박사지도교수가 될 수 있게 한다. 박사지도교수가 되고자 해서 검증을 신청하려면, 대표적인 업적을 교육부에 제출하도록 한다. 심사를 별도의심사위원회를 필요한 대로 구성해서 할 수 있으나, 대한민국학술원에 일괄 의뢰하는 것이 효율적인 방법이다.

박사지도교수는 지도학생 선발권을 가지도록 한다. 박사지도교수가 없으면 박사과정 학생을 모집할 수 없게 하는 것이 당연하다. 박사과정 강의나 박사논문 심사는 박사지도교수들끼리 협의해, 대학의 범위를 넘어서서 전국적으로 하는 것이 바람직하다. 이렇게 하면, 특정 대학의 패권주의가 사라지고, 대학의 등급이 없어지도록 하는 전기도 마련할 수 있다.

가짜 박사를 없애야 나라가 제대로 된다. 박사학위의 수준 향상을 선진화의 필수 과제로 삼아야 한다. 학문 수입국에서 수출국으로 나아가야 한다. 이렇게 하기 위해 특단의 노력을 해야 하는 중대한 고비에 이르렀다.

3

논문이 가짜라는 것은 남의 논문을 표절을 했다는 말이다. 표절은 절도와 같으므로, 윤리에 문제가 있다고 여기지 말아야 한다. 절도뿐만 아니라 표절도 당한 사람이 민사소송으로 손해 배상을 청구할 사안도 아니다. 둘 다, 당한 사람의 의사와는 관계없이 형사처벌을 해야 하는 임무를 국가가 지고 있다.

절도와 표절은 같기만 한 것이 아니다. 절도보다 표절이 더 해롭다. 절도의 피해는 당한 사람에게 국한되지만, 표절은 당한 사람뿐만 아니라 불특정 다수에게 예상하기 어려운 피해를 끼친다. 표절로 학자 자격을 얻은 가짜가 진짜로 행세하면서 학문을 망치고 가치관을 교란하는 것은 사기 행각이다. 크게 우려하지 않을 수 없는 사회악이다.

논문이란 지위 획득을 위한 필요악이라고 여긴다. 표절을 잘하면 높이 올라간다. 수단 방법을 가리지 않고 경쟁에서 이기도록 부추긴다. 창조력을 마비시켜, 후진국에서 벗어나지 못하게 한다. 정의롭고 공정하고 정당한 사회를 만들고자 하는 모든 노력에 흙탕물을 끼얹는다. 이런 짓을 잘하는 자들이 학계를 호령하고, 대학을 지배하고, 좋은 자리를 차지하고 정치를 하기까지 한다.

논문 표절은 부당한 이익을 노리고 유해식품을 판매하거나 환경을 오염시키는 것보다 죄질이 더 나쁘다. 유해식품이나 환경오염을 막으려고 적발하고 처벌하는 것은 국가의 의무라고 여겨 해당 부서에서 열심히 노력한다. 논문 표절은 방치하고 있고, 해당 부서가 어딘지도 모른다. 대통령 출마자들의 현란한 공약에 이에 관한 말은 전연 없다. 국민이 깨어나서 저항권을 행사해야 한다.

잘못을 지적하면서 개탄만 할 것은 아니다. 어떻게 해야 하는지 실현 가능한 대책을 제시하기로 한다. 이미 말한 것까지 포함해 종합 대책을 내놓고 싶지만, 더 많은 시간과 지면이 필요하다. 시급하다고 생각되는 것 셋을 먼저 말하고, 보충 논의를 한 가지 한다.

정부에 논문 표절을 조사하고 처벌하는 기구를 두어야 한다. 전문성을 생각하면 교육부에 두어야 할 것 같지만, 교육부는 전문성이 의심스럽다. 일을 맡고는 여러 가지 핑계를 대면서 진행을 방해할 염려가 있다. 수사 능력을 갖추어야 하므로, 이 일을 경찰에 맡겨야 한다. 사이버범죄 수사 대와 상통하는 일을 한다고 여기면 된다. 전문성이 모자라면 자문을 받아 보완해야 한다.

제일 먼저 할 일은 석·박사논문 대필업자를 수사하는 것이다. 논문 대 필업자들이 적지 않게 있다는 것이 공공연한 비밀이고, 석사논문은 얼마, 박사논문은 얼마라는 말까지 떠돌아다니고 있어, 적발하기 어렵지 않다. 하나도 남기지 말고 엄격하게 처벌해야 한다. 대필업자가 써준 논문을 이 용한 사람도 찾아내 함께 처벌해야 한다. 대필업자에게는 표절의 죄를 묻 고, 논문을 받아 이용한 사람은 사기죄로 다스려야 한다. 필요하면 특별 법을 만들어야 한다.

다음에는 선생이 제자의 논문을 표절하는 것을 적발하고 수사하는 데 힘써야 한다. 스승의 날에 제자가 선생에게 꽃 한 송이 바치지도 못하게 하는 고도의 윤리 의식을 자랑하는 이 나라에서, 선생이 제자의 논문을 가로채 자기 것이라고 하는 부끄럽기 이를 데 없는 관행이 음지에서 이 어지고 있다. 이런 갑질을 잘해 교육도 학문도 망치는 범죄자들이 대단한 영향력을 행사하고 높은 자리에 올라가 나라를 망친다.

남의 논문을 표절해 자기의 학위 논문으로 하는 가짜 박사가 선진국에는 없는가? 이 문제는 미처 다루지 못해 논의를 보완한다. 어떤 선진국에도 가짜 박사가 있을 수 있다. 지도교수나 심사위원들이 모르는 내용으로 논 문을 쓰면 가짜인지 알 수 없다. 외국에서 한국학에 관해 쓴 박사논문에 는 국내의 기존 업적을 표절한 가짜가 적지 않다. 가짜 논문을 쓰는 풍 조를 수출하는 부끄러운 짓을 한다.

외국 박사는 귀국 후에 논문을 제출해 등록을 하는 제도가 있었는데, 계속 시행하는 것이 마땅하다. 박사 논문이 한국학에 관한 것이면, 국내의 논문을 표절했는지 검사하는 절차가 필요하다. 표절이 밝혀지면, 그 학위를 인정하지 않아야 한다. 이런 조처를 외국에 유학 가는 사람들에게 널리 알려 표절을 미연에 방지해야 한다.

7-5 저작권의 향방

옛사람의 글을 둘 들어, 마무리에 이용한다. 지금까지의 방황을 청산하는 계기로 삼는다. 근본으로 회귀하기를 바라는 마음을 나타낸다.

日月星辰　天之文也　山川草木　地之文也　詩書禮樂　人之文也　然天以氣　地以形　而人則以道　故曰文者　載道之器　言人文也　得其道　詩書禮樂之敎　明於天下　順三光之行　理萬物之宜　文之盛至此極矣（鄭道傳,《三峯集》卷3,〈陶隱文集序〉）

日月星辰은 天之文이고, 山川草木은 地之文이며, 詩書禮樂은 人之文이다. 그런데 天은 氣로, 地는 形으로, 人은 道로（文을）이룬다. 이런 까닭에 文은 載道之器라고 한다. 人文을 말로 하며 그 道를 얻으면, 詩書禮樂의 가르침이 천하에서 밝아, 三光(日·月·星)의 운행을 따르고, 萬物의 마땅함을 이치로 삼는다. 文의 성대함이 이에 극치에 이른다.

天地之廣大也　萬物無不覆載　四時之運行也　萬物無不生育　聖人之制作也　萬物無不欣覩焉　信乎聖人之制作　猶天地與四時也（徐居正,〈經國大典序〉）

천지는 광대해 만물을 싣지 않는 것이 없다. 四時가 운행하면서 만물을 생육하지 않음이 없다. 성인이 (法을) 제정하면서 즐겁게 살펴보지 않은 萬物은 없다. 진실로 성인의 (法) 제정은 천지나 四時와 같다.

무엇을 말했는지 간추려보자. 앞의 글에서는 하늘·땅·사람이 저작권을 지니고 행사하는, 天之文·地之文·人之文이 동질성을 지니고 대등하다고 했다. 뒤의 글에서는 천지가 만물을 싣고, 四時가 만물을 생육하는 것을 살펴보고 본받아, 성인이 法을 제정했다고 했다.

文과 法은 천지만물의 이치를 함께 구현하고 있어 같기만 한 것은 아니다. 文은 天地와 함께 빛난다고 하고, 法은 성인이 제정했다고 한 데 있는 차이점을 드러내보자. 사람이 지니고 행사하는 저작권은 그 자체로 지극히 소중하다. 법률은 그 일부를 聖人이 구체화해서 凡人이 따르도록 하는 것이다. 오늘날에는 聖人 대신 의회가 법률을 제정한다. 의회가 성인보다 더 훌륭하다고 하기는 어렵다.

그 자체로 지극히 소중한 저작권을 법률로 규정하고 보호해야 한다는 생각에는 무리가 있다. 법률은 많이 모자라기 때문이다. 저작권에 관한 법철학적 논의만 미흡한 것은 아니다. 법철학은 독자적인 영역과 의의가 있다고 여기지 말아야 한다. 미비점을 알아차리고 보완해야 하는 것을 인정하고, 대등생극철학의 총론으로 돌아가야 한다.

저작권의 공유와 소멸은 이름이 없어야 한다는 無名論과 같은 이치이다. 저작권에 관한 법철학적 논의에서는 감당할 수 없다. 대등생극철학의 총론으로 돌아가야 막힌 길이 열린다. 위의 그 둘이 그 방향을 제시한다.

위에서 든 것 같은 생각을 되살리는 근본 회귀는 오늘날의 실증적인 법학과 전연 맞지 않는다고 할 수 있다. 이런 사실을 무시하고 몽상에 사로잡히자는 것은 아니다. 법철학은 법학의 스승이므로, 다른 말을 한다. 제자가 입신출세에 현혹되어 진정한 가치를 잊지 말라고 당부한다. 법학

으로 배를 불리려고 하지만 말고, 마음의 양식이 더 소중한 줄 알아야
한다.

천지만물의 이치를 구현한 법은 마음의 양식만이 아니고, 각성의 지침
이어서 더욱 소중하다. 그쪽으로 되돌아가는 근본 회귀가 가능하지 않아
도, 왜 필요한지 알아야 한다고 한다. 상실한 유산을 이어받으려고 노력
해야 한다고 일러준다. 천지만물의 이치를 직접 이해하기 어려우므로, 대
등생극론이라고 알기 쉽게 풀이해 다시 말한다.

대등생극법철학은 대등생극론 총론을 실행하는 각론의 하나이다. 대등
생극을 법률의 영역에서 실행해, 차등론을 청산하고, 상극으로 치닫는 잘
못을 바로잡는 작업을 구체적으로 진행한다. 누구나 잘 알고, 일상생활의
지침으로 삼아야 한다.

8 대등교육철학

8-1 잘못된 교육

1

지금 행세하고 있는 차등론은 경쟁에서 이기는 것을 공부의 목표로 삼
도록 한다. 승리자는 자만심을 가지고 우쭐대며 패배자를 얕보게 한다.
패배자는 그 때문에 열등의식에 사로잡힌다. 패배자의 열등의식뿐만 아니
라 승리자의 자만심 또한 자기 가능성을 스스로 말살하는 자살 행위이다.
대등론의 가치를 훼손하고 파괴해, 삶이 투쟁이고 세상이 지옥이게 한다.

이런 근본적인 문제는 덮어두고, 엉뚱한 짓만 한다. 명문대 입시 경쟁을 공정하게 해서 불평이나 불만이 없도록 하는 것을 국정 수행의 우선 과제로 삼고, 대통령이 진두에서 지휘한다. 사교육을 막고 공교육만으로 입시 경쟁을 공정하게 하도록 하는 비방을 알고 실현해 그 칭송이 대통령에게 돌아오게 하려고 간절하게 희구하고, 엄중하게 지시한다. 교육학의 자칭 선두주자들은 평가의 공정성 확보에 관한 연구에 진력해 이에 호응하려고 한다. 여러 대통령이 거듭 실패한 전례를 무시하고, 새로운 대통령은 항상 성공을 다짐한다.

무엇이 문제인지 다시 더욱 분명하게 말한다. 치열한 경쟁을 당당하게 물리치고 명문 정상의 대학에 입학한 승리자는 일생의 목표를 달성했다고 자만하고, 이것이 당연하다고 다른 사람들이 인정한다. 대단한 인재가 되어 엄청난 과업을 수행해 혜택을 널리 베푸리라는 기대를 모으기까지 한다. 이것은 허상이고, 허위이다. 교육의 심각한 위기를 알지 못하게 하는 가림막이다.

승리자의 자만심은 모든 가능성을 파괴한다. 일생의 목표를 달성했으니 더 노력하지 않아도 된다고 한다. 공부란 높은 경쟁에 이기기 위한 필요악이라고 여겨 이미 써먹었으니 더 돌아볼 필요가 없다고 버린다. 증세가 악화되면, 자만심이 오만이 되어 사람됨을 스스로 훼손하고, 장래를 기대하는 것이 망상이게 한다.

2

그 실상에 관한 내 체험을 말하기 전에 다른 분의 것을 먼저 들 수 있어 다행이다. 〈나는 왜 이 길을, 서울대 교수를 버리고 무대로, 연광철 베이스〉라는 글이 있다. (〈월간 독자 Reader〉라는 잡지 2023년 6월호) 세계를 무대로 활동하는 성악가가 서울대학 교수를 6년 하다가 그만둔 이유를 말했다. 요긴한 대목을 든다.

교육자로서 저는 학생들에게 가르쳐줘야 할 것을 쏟아붓고 싶은 심
정인데 애네들은 이미 '너무 잘하는 서울대생인데 뭐 굳이…' 하면서
받아들이지 않으려는 느낌을 받았어요.

그래서 어떤 애들한테는 심지어 "너한테 진실을 말할까? 아니면 거
짓말을 하고 그냥 4년을 보낼까?" 물어봤어요. "진실을 말해주세요"
해서. "너 노래하지 마라" 했더니 상처받아요. "내가 어떻게 서울대에
들어왔는데. 교수가 나더러 그만두라고 하나" 얘기하고 다니죠.

나는 아주 다른 분야 국문학을 가르쳤는데, 같은 느낌을 계속 받았다.
국문과 대학원생도 다르지 않았다. 전교생이 같은 병을 앓고 있다고 할
수 있다. 그러면서 병인 줄 모른다. 알려주는 것이 급선무이다. 어느 해
전교 신입생에게 강연을 하라고 해서, 작심하고 독한 말을 했다.

여러분의 입학은 올림픽선수촌에 입촌한 것과 같다. 올림픽에 출전
해 금메달을 따기 위한 훈련을 해야 한다. 선수촌에 입촌해 일생의
목표를 달성했다고 여기고 안심하니 얼마나 한심한가?

중학교 때쯤 공부에는 희망을 가지지 않고 운동을 열심히 하기로
작정하고, 바로 그날 올림픽 금메달을 목표로 정한 친구들이 있었을
것이다. 너희들이 내심 얕잡아본 그 친구들은 올림픽 금메달을 목표로
했는데, 너희들은 올림픽 선수촌 입촌을 목표로 한 것을 부끄럽게 여
겨야 한다.

크게 반성하고 세계적인 학문 선수와 시합을 해서 이길 준비를 해
야 한다. 운동선수는 경기장에서 만나지만 학문 선수는 책에 있다. 운
동선수는 산 사람만이지만, 학문 선수는 죽어도 현역이다. 세계적인

학문 선수와 시합해서 이기려고 하지 않고 숭배하고 추종하려고만 하면 어리석다.

할 일을 하지 않고 자리만 차지하고 있으면, 이승에서는 무사할지 몰라도 저승에 가면 염라대왕이 용서하지 않을 것이다. 지옥의 형벌이 두려우면 당장 자퇴하라. 자퇴하지 않으려면 학문의 올림픽에 나가 세계적인 학문 선수와 겨룰 준비를 하라.

이렇게 열을 올리면서 필요 이상 과격한 말을 해도 효력이 나타나지 않았다. 올림픽 선수촌에 입촌해 일생의 목표를 달성해 족보에 올릴 만한 영광을 얻었다는 무리가 대다수여서 馬耳東風이다. 조금 나은 녀석들은 세계적인 학문 선수들이 누구인가 알아보고 숭배하고 추종하는 것을 자랑하고, 평생의 먹거리로 삼으려고 한다.

주입교육은 추종자를 양성한다. 창조교육을 해야 선도자가 나타날 수 있다. 추종자가 되는가 선도자가 되는가는 개인의 차원을 넘어서서 나라의 운명과 직결되는 문제이다. 후진국에서 중진국으로 나아가는 발전은 선진국 추종자가 담당할 수 있었다. 이제 중진국을 넘어서서 선진국이 되어야 하는 단계에 이르렀으므로 앞길을 개척하는 선도자가 있어야 한다. 어느 선진국과도 경쟁해 앞설 수 있는 능력을 가진 각계의 선도자들이 나라를 이끌어야 한다.

과학 연구를 위해 막대한 투자를 해도 기대하는 성과가 나타나지 않는다고 야단이다. 그 이유는 선도자연구는 하지 않고 추종자연구만 하는 데 있다. 주입교육에서 기른 추종 능력이 빼어나 유학 가서 박사학위를 취득하고 교수가 된 사람들이 대학을 지배하다시피 하고 있다. 남들이 이미 한 연구에 한몫 끼어, 그쪽에서 알아준다는 학술지에 많은 논문을 발표하고 인용빈도수가 높다고 자랑하기나 하고 선도자가 되어 앞질러 나갈 생각은 하지 않는다.

과학 연구를 추종자 수준에서 하는 것은 그대로 두고 창조경제를 해야 한다고 역설하는 것은 무리이다. 창조경제는 하라고 지시하면 할 수 있는 것은 아니다. 창조경제를 하기 싫어서 하지 않는 사람은 없다. 할 수 없는 일을 하라는 것은 면피용 정책에 지나지 않는다. 면피용 정책을 간판 바꾸어 다시 실시하면서 사태를 더욱 악화시킨다.

이에 대한 비판에 열을 올리고, 방향 전환을 역설해도 반응이 없었다. 혼자 힘으로 학생들이 달라지게 할 수는 없었다. 실망하지 않고 다른 길을 찾았다. 연구와 저술을 더 열심히 하는 시간을 확보하려고 했다. 서울대학을 떠나기로 하고, 구직광고를 언론에 냈다. 연구에 전념하는 연구교수 자리를 주면 어디든지 가겠다고 했다. 그런 자리는 없었다. 당시까지는 국법이 허용하지 않았다, 성악가는 서울대학을 떠나 무대로 가면 되지만, 학자는 가르치면서 벌어먹어야 했다. 연구교수 자리가 내 주장이 어느 정도 힘을 보태 그 뒤에 생겼으나, 아직 강의교수보다 하위직이라고 여겨진다.

서울대학을 열 개 만들자는 말이 있는데, 망상에 근거를 둔다. 추종을 잘하는 서울대학이 절대적으로 우월하다고 전제하는 우상숭배 차등론, 복제를 잘하면 하나가 꼭 같은 여럿이 될 수 있다고 믿는 기계조작 방식의 평등론, 이 둘의 심각한 오류로 나라를 망치려고 하니 경계하고 규탄해야 한다. 대학은 각기 달라 대등하고, 저마다의 수월성을 발현하며 서로 도와주어야 한다.

3

정년퇴임을 하고 20년 가까운 기간 동안 모든 시간을 연구에 바치는 연구교수가 되어, 입시경쟁을 비롯한 교육의 거의 모든 차질이 차등론 때문에 생긴 것을 분명하게 밝히고, 대등론의 교육철학을 대안으로 제시한다. 대등생극론 철학을 이룩하는 데 이르러, 오랜 문제를 새롭게 고찰하고 해결한다.

처음으로 돌아가 가장 요긴한 말을 다시 하자. 차등론의 경쟁이 가져오는 승리자의 자만심과 패배자의 열등의식은 둘 다 자기 능력을 마멸시켜 함께 해롭다. 차등론을 대등론으로 바꾸어 승리자도 패배자도 없다고 해야, 각기 지니고 있는 상이한 능력을 발현할 수 있다. 그래서 서로 도울 수 있게 된다.

이런 혁신은 생각하지 않고, 입시 경쟁을 공정하게 해서 불평이나 불만이 없도록 하려고 한다. 이것은 아주 어리석은 짓이고, 나라가 뒤로 가게 한다. 역대 대통령이 후퇴 경쟁을 하면서 선진화를 부르짖는다. 좌우가 다르다고 하는 것은 득표용 허언이다. 정도의 차이를 가리지 않고 일괄해 나무라지 않을 수 없다.

이런 사태를 그냥 두고볼 수 없어, 개혁의 기본 이론인 이 책 《대등생극론》을 서둘러 내놓는다. 모든 문제를 총괄해 고찰하고 해결하자고 하면서, 교육 혁신을 긴요한 과제로 포함시킨다. 그 전부를 이해하고 토론하기 바란다.

8-2 시정 방향

1

제주대학에서 〈이론 만들기의 사례와 방법〉이라는 특강을 하면서 대등생극론을 말하니 별도의 요청이 있었다. 대등교육에 대해서 발표를 해달라고 했다. 그때 작성한 발표요지를 옮겨 적는다.

사람은 혼자 살지 않는다. 함께 사는 관계를 이룬다. 차등, 평등, 대등의 관계가 있다. 이 셋은 공통점보다 차이점이 더 크다.

차등은 질서를 위해 필요하다고 하지만, 상위자가 횡포를 저질러 하위자의 반발을 산다. 평등은 이루어질 수 없는 희망이므로, 기대가 어그러져 불평이 생기게 마련이다. 대등은 누구나 모자라는 것을 인정하고, 서로 도우며 함께 사는 즐거움을 누리게 한다.

孔子는 小人은 同而不和하고, 君子는 和而不同한다고 했다. 차등은 그 어느 쪽에도 해당되지 않는다. 평등은 同而不和로 나아가 모든 사람을 소인으로 만든다. 대등은 和而不同이므로 누구나 군자가 되게 한다.

생극론의 견지에서 말하면 분별이 더욱 명확해진다. 차등에서는 상생이라고 하는 것이 상극으로 판명된다. 평등은 상생의 이상과 상극의 현실이 따로 놀게 한다. 대등은 相生이 상극이고 상극이 상생인 생극의 관계이다.

우리 전통사회는 표면에 官民, 班常, 남녀의 차등이, 이면에 대등의 공동체가 있었다. 신명풀이를 함께 하는 굿놀이로 생극의 대등의식을 분명하게 하고, 공동체의 결속을 다졌다. 그 주역이 하층민인 것을 주목하고 평가해야 한다.

근래에는 서양문명이 밀어닥쳐 차등을 파괴하고 평등을 이룩하라고 요구하면서 피해를 끼친다. 서양이 선진이니 뒤따라야 한다는 새로운 차등을 만들어 낸다. 대등은 낙후의 증거로 여기고 말살하는 것이 더욱 심각한 사태이다.

이런 사태에 대처하기 위해 차등의 전통을 재평가하는 것은 부당하다. 대등의 유산을 이어받고 확대해야 한다. 갖가지 차등을 모두 청산하고 평등의 환상에서 벗어나, 대등 生克의 시대를 이룩하는 세계사의 전환을 선도해야 하는 의무가 있다.

교육이 아주 달라져야 희망이 이루어진다. 生克의 대등의식을 체득하도록 하는 것이 기본 방향이다. 이를 위한 구체적인 방안을 몇 개 제시하고 토론을 기대한다. 현장 시험을 거쳐야 토론이 크게 진척된다.

교과서를 없애고, 학생이 스스로 학습 자료를 찾는다. 학생이 문제를 제시하고 해결을 모색하는 발표를 하고, 열띤 토론을 한다. 서로 다른 학생들이 모임을 만들어 대등문화 참여조사를 한다.

2

《창조하는 학문의 길》에서 교육을 바로잡는 방안을 몇 가지 구체적으로 제시했다. 조금 간추리며 옮긴다. 국사교과서를 국정으로 해야 한다는 정책이 발표되어 논의가 분분할 때, 나는 《국사교과서 논란 넘어서기》라는 책을 써서 문제를 근본적으로 검토했다. 역사는 사실이다. 사실을 가르쳐주면 역사교육에서 할 일은 다 한다. 이렇게 단언해도 되는가? 이렇게 묻고 대답했다.

사실은 인식해야 확인되는데, 인식 방법이 항상 문제이다. 사실은 무한한데 거론할 수 있는 것은 얼마 되지 않아 또한 선별에 문제가 있다. 일방적으로 인식하고 선별한 사실을 제시하고 절대적이니 시비하지 말라고 하는 것은 전체주의의 횡포이다. 사실 인식의 방법을 선별 기준과 관련시켜 말하는 것이 역사 이해의 온당한 방향이고 역사교육의 과제이다. 인식 방법과 선별 기준에는 가치관이 개입된다. 사실을 인식하고 선별하면서 가치관을 문제 삼는 것이 공부의 내용이고 목표이기도 하다.

현실 문제를 인식하고 해결하는 훈련을 하는 것이 교육이다. 이런 훈련은 현실을 직접 상대하지 않고 역사를 다루면서 하는 것이 마땅하다. 역사에서 제기된 문제는 오늘날 현실에서 직접 체험하는 것들보다 오히려 더욱 심각했다. 수많은 사람의 생사와 관련된 시련이 적지 않았다. 그런데 오늘날 우리는 한 걸음 물러나 자초지종을 다 알고 재검토한다. 이에 관한 논란을 학생들과 함께 하는 것이 최상의 교육이다.

역사에 관한 논란으로 키운 능력은 학문을 연구하고, 과학을 발전시키고, 국정을 수행하고, 기업을 경영하는 등의 모든 영역에서 절대적으로 필요하다. 이런 교육은 하지 않으려고 하고, 올바른 역사의식을 가르치겠다고 한다. 가르쳐주는 대로 따르라고 하면서, 오늘날의 정치적 조작에서 필요한 주장을 역사의 이름을 도용해 분식하고 합리화하려고 한다. 武勇사관으로 애국주의를 고취하면 역사교육에서 할 일을 다 한다고 하면서 국민을 우매하게 만들어 다스리기 좋게 하고자 한다.

역사 공부는 문제 발견에서 시작된다. 학생들이 스스로 문제를 발견하고, 자료를 찾아 공부해 자기 견해를 발표하고 토론하는 것이 마땅하다. 여러 학생이 각기 다른 주장을 펴서 상극을 확대해야 상생이 커진다. 학생들이 발견해야 하는 문제를 미리 말하는 것은 월권이지만, 예시가 필요해 몇 가지를 든다.

檀君의 나라를 箕子가 망쳤는가, 발전시켰는가?
위치가 한쪽에 치우치고, 터전이 협소하고, 발전이 뒤떨어지고, 가야보다도 열세였던 신라가 삼국 통일의 능력을 어떻게 해서 얻었는가?
삼국 통일과 후삼국 통일은 어떻게 다른가?
고려의 무신란은 역사를 파괴했는가, 쇄신했는가?
鄭夢周와 鄭道傳의 차이를 어떻게 이해하고 평가해야 하는가?
임진왜란에 참전하고 중국과 일본은 왕조가 교체되었는데, 본바닥의 조선왕조는 지속된 이유와 결과가 무엇인가?
洪景來亂이 성공했다고 하면, 나라가 어떻게 되었겠는가?

이보다 더 좋은 문제를 학생들이 스스로 제기하고 토론하는 것이 최상의 교육이다. 교사는 사회자 노릇을 하면서 이따금 토론에 참여할 수 있다. 결론을 내릴 권한은 없다. 결론은 학생들 소관이다. 앎은 스스로 얻는다고 한 데서, 하는 것 없이 하는 무위교육이 최상의 교육이라고 했다.

무위교육은 방관하기만 하면 되는 소극적인 교육이 아니다. 학생들이 스스로 문제를 제기하고 토론하도록 도와주는 적극적인 교육이다.

국사교과서를 국정으로 하려고 하는 정권이 바로 그것이 붕괴의 시발점이 되어 무너지고 등장한 다음 정권은 국사교과서를 검인정으로 하는 종래의 제도를 유지하겠다고 했다. 그 때문에 논란은 잠잠해졌으나 문제가 해결된 것은 아니다.

현실문제를 인식하고 해결하는 훈련을 하는 것이 교육이다. 이렇게 설정하는 목표를 국사교과서를 검인정으로 하면 달성할 수 있는 것은 아니다. 검인정교과서는 국정교과서를 다원화한 것에 지나지 않는다. 다원화로 현실 문제에 대한 논란이 이루어지게 되는 것은 아니다. 검인정 교과서 가운데 어느 하나를 채택해 수업을 하면 학생들이 문제를 발견하고 토론할 수 없게 하는 것이 국정교과서와 그리 다르지 않다.

교과서를 없애는 것이 적극적인 대책이다. 교과서를 없애다니 무슨 해괴한 소리인가 하고 나무라는 말을 들을 수 있으므로, 안심시키기 위해 외국의 선례를 든다. 불국에서는 불문학사를 고등학교의 교과목으로 하고, 교과서는 없이 여러 책을 읽고 비교하면서 학생과 교사가 논란을 벌이는 공부를 한다. 이런 수업을 어떻게 할 것인가 하는 것이 고민거리이므로 교사들이 모여 대책을 강구하고 방법을 찾은 책이 여럿 있다. 이런 내용을 길게 소개할 겨를이 없으므로 《문학사는 어디로》에서 고찰한 것을 참고하기 바란다.

불국에서 하는 대로 하자는 것은 아니다. 더 나은 방법을 찾고자 한다. 학습 내용과 관련되었다고 인정된 책을 여럿 읽고 공부를 하는 데서 더 나아가 학생들이 어떤 자료라도 구해 읽고 토론할 문제와 필요한 지식을 찾게 하는 것이 좋다. 무슨 자료라도 읽으면 공부를 망친다고 우려할 수 있으므로, 범위를 정하는 대책이 필요하다.

하나는 적극적인 대책이다. 제3강에서 국회에서 강연하면서 제안했다고 한 것을 다시 말한다.《한국고전 100선》같은 책을 대학 연구소에 의뢰해 복수로 만들어내고 국사 교과서를 대신하는 참고서적으로 한다. 다 읽어야 한다면 부작용이 생긴다. 읽고 싶은 것을 읽고 공부하라고 하면 된다.

또 하나는 소극적인 대책이다. 출판되어 판매되는 서적 가운데 국사 공부의 참고서가 될 만한 것을 어떤 절차를 거쳐 선정하고 책에다 표시한다. 선정하는 책은 많을수록 좋다. 해롭지 않은 것은 다 좋다고 한다. 선정된 책은 학교도서관이나 공공도서관 어느 곳에도 다 비치한다. 이렇게 하면 양서 출판이 활발하고 풍성해진다.

지금까지 말한 것은 교과 교육과 독서 교육을 구분하지 않고 합치자는 것이다. 교과의 영역을 구분하지 않고 통합하는 작업도 함께 해야 한다. 국사를 한국문학사나 한국철학사와 함께 공부할 수 있다.《한국고전 100선》을 이런 경우에 이용한다. 국사를 동아시아사나 세계사와 관련시켜 이해할 수도 있다. 국사를 사회학이나 경제학과 나란히 공부할 수도 있다. 이 밖의 다른 조합도 얼마든지 가능하다. 공부의 영역이나 범위를 학생이 스스로 정하도록 한다.

이런 교육을 점차 다른 분야까지 확대하는 것이 바람직하다. 조사하고 체험하는 교육도 해야 한다. 교육의 방법을 계속 새롭게 하고, 이렇게 하는 데 학생들이 자발적으로, 적극적으로 참여하도록 한다. 무엇이든지 창조주권을 발현해 만들어나가는 것이 가장 큰 교육이다. 이렇게 하면 사교육이 끼어들지 못하고, 교육이 정상화된다

문제를 찾아서 토론하는 교육, 조사하고 체험하는 교육을 하면서 대학입시는 구태의연한 방식으로 치르면 모든 노력이 헛된다. 학생들이 학교교육을 외면하고 대학입시 경쟁에서 유리한 위치를 차지하려고 사교육에 매달리게 된다.

3

구태의연한 대학입시를 철폐해야 교육이 정상화된다. 수학능력시험을 없애는 것이 가장 큰 과제이다. 대안이 무엇인가 하고 성급하게 물을 것을 예상하고, 심층면접 구술고사라는 대답을 제시하고, 둘을 비교해 고찰한다.

수학능력시험   심층면접

------->I   I------->

수학능력시험에서는 도달점을 정해놓고 도달점에 얼마나 가까이 갔는지 측정한다. 고등학교에서 공부한 내용 가운데 가장 요긴한 것을 간추려 도달점으로 한다. 도달점이 너무 멀면 성적이 나빠질 수 있으니, 가까이 당겨놓고 완전하게 도달한 만점자가 나오기를 기대한다. 도달점을 뛰어넘을 수는 없으니 만점 이상의 점수는 없다. 만점자가 늘어나 모든 응시자가 만점을 받는 것이 최대의 목표이다.

심층면접에서는 도달점이 아닌 출발점을 정해놓는다. 고등학교에서 공부한 기본 수준을 출발점으로 하고, 각자의 창조주권이 발현해 거기서 얼마나 더 나아갈 수 있는지 알아본다. 한계는 무한하다. 출제를 하고 질문을 하는 교수가 생각한 것이 한계가 아니다. 그것을 넘어서서 얼마든지 더 나아갈 수 있다. 나는 어떻게 했는지 예를 들어 말한다. 문제를 여럿 만들어 놓고 응시자가 뽑아 대답하게 했다.

문제 하나를 든다. "2와 둘은 어떻게 다른가?" 이에 대한 대답은 미리 예상할 수 없고, 아주 다양하다. 창조력을 발휘하면 계속 더 찾아내며 앞으로 나아가 출제자를 무색하게 할 수 있다. 구체적인 내역을 별도의 항목에서 상론한다.

8-3 대등교육의 실제

1

대등교육을 하려면 교육이 이루어지는 원리를 바로 알아야 한다. 이에 관해서도 〈창조주권론〉에서 이미 말했으므로 조금 간추려 옮긴다.

이제부터 논의하는 '앎'은 교육과 학문을 하나로 합친 말이다. 교육과 학문은 둘인데, 함께 논의하기 위해 합쳐서 말하는 것은 아니다. 교육과 학문은 '앎'이라는 점에서 하나이다. 세상에 태어나서 무엇을 처음 아는 것부터 대학자가 엄청난 이치를 알아내는 것까지 모두 일관된 작업이고 공통된 원리가 있다.

교육에 관해서 흔히 하는 말이 있다. 주입식 교육을 하지 말고 산파술 교육을 해야 한다고 한다. 소크라테스가 일찍이 시범을 보인 산파술교육은, 선생이 학생에게 계속 감당하기 어려운 질문을 해서 학생이 자기가 무지한 것을 알아차리고 지혜를 받아들이도록 하는 것이라고 한다. 이것은 여러모로 잘못되었다.

선생이 공연히 질문을 해서 학생이 스스로 하려고 하는 공부를 방해하지 말아야 한다. 무지를 알아차리도록 하는 것은 잘못이고, 창조주권을 알아차리도록 해야 한다. 지혜를 밖에서 받아들이도록 하는 것도 잘못이고, 창조주권을 발현해 지혜를 스스로 마련해야 한다. 선생은 누구이고 학생은 누구인가? 선생이 학생을 가르칠 수 있는가? 선생과 학생의 구분이 필요한가? 이런 것이 모두 의문이다.

이런 의문이 이어지는 것은 선생이 학생을 잘못 가르치는 탓이다. 산파술교육이라는 것도 잘못 가르치는 방법의 하나이다. 잘 가르치는 좋은 교육이 있는가? 산파술교육보다 더 나쁜 교육을 먼저 말해보자. 선생은 할 수 없거나 하지 않은 일을 학생에게 일방적으로 요구하는 훈계교육은 가장 나쁘다. 이와는 반대가 되는 좋은 교육은 어떻게 해야 하는가? 산파술 교육의 결함까지 시정하려면 어떻게 해야 하는가?

시범교육을 대안으로 제시할 수 있다. 선생이 자기의 창조주권을 성실하고 철저하게 발현해 창조의 성과를 이룩하는 시범을 보이고, 학생도 해보라는 것이다. 가능성을 신뢰하고 용기를 가지고 해보라는 것이다. 40년이 넘는 기간 동안 교단에 서서 이 방법으로 교육을 하려고 수고한 것을 대견하게 여기면서, 너무 엄격하고 지나치게 큰 부담을 준 것을 반성하고 있다. 앞뒤 말이 맞지 않은 것은 생각이 모자라기 때문이다.

학사에서 박사까지의 지도교수로 모신 장덕순 선생은 "無爲之敎를 크나큰 가르침으로 삼아 天稟이 自發하게 했다"고 묘비에 썼다. 무위지교는 가르치지 않으면서 가르친다는 뜻이다. 어떻게 했다는 말인가? 훈계교육, 산파술교육, 시범교육 따위가 범접하지 못하게 막아주고, 마음껏 뛰어놀 수 있게 했다. 무슨 말을 해도 다 받아주었다. 좌우 눈치를 보지 않고 과감한 시도를 마음 편하게 하고 있는 것이 그 덕분이다.

70대까지는 내가 장덕순 선생보다 더 잘 가르쳤다고 착각하다가, 80이 넘어서야 많이 모자라는 것을 깨닫기 시작했다. '앎'은 스스로 얻는 것인데, 나는 공연히 땀 흘려 수고하면서 간섭했다. 그대로 내버려둔 선생의 가르침을 되새기면서 어린아이로 되돌아가 새 출발을 하는 시점을 좀 더 앞당긴다. 창조주권론을 전개하는 방송을 하고 책을 내는 것이 그 덕분이다. 이 대목의 글을 쓰게 된 것이 새삼스럽게 신통하다.

선생이 아닌 선생이, 하지 않으면서 하는 교육이라야 '앎'을 스스로 얻는 것을 방해하지 않고, 마음 놓고 할 수 있는 푸근한 자리를 마련해준다. 이렇게 하는 것은 너무나도 당연해 이름이 없어야 하지만, 구태여 있어야 한다면 무위교육이라고 하겠다. 족보가 있어야 존재를 인정하겠다고 우기면, 老子를 연원으로 삼는다고 말해둔다.

2

　재능이 뛰어난 사람을 영재라고 하면서 대단하게 여긴다. 영재를 찾아
내 특별한 교육을 해야 한다고 한다. 이것은 잘못된 생각이다. 잘못된 생
각에 근거를 둔 영재론이 창조주권론을 전개하지 못하게 방해하고 있으므
로, 철저하게 따져 물리쳐야 한다.

　영재가 따로 있는 것은 아니다. 사람은 누구나 창조주권을 지니고 있
다. 창조주권을 찾아내 발현하는 사람은 누구나 영재이다. 창조주권의 능
력은 오묘하고 다양해서 지능검사 같은 방법으로 측정하기 어렵다. 기성
세대의 낡은 사고방식으로 아직 나타나지 않은 미지의 능력을 함부로 판
정하지 말아야 한다.

　어린아이가 영문자, 구구단, 천자문 같은 것들을 줄줄 외는 것이 영재
의 증거라고 여기고 자랑한다. 옛적에는 아이가 공부를 기대 이상으로 잘
하면 가르침을 중단했다. 才勝은 곧 薄德이라고 여겼기 때문이다. 재주가
뛰어나면 사람됨이 모자라게 마련이므로, 재주를 눌러 함부로 날리지 못
하게 했다. 외기를 잘하는 誦才를 뽐내는 것을 특히 경계했다.

　才와 상반되는 德이 도덕적으로 훌륭하다는 것만은 아니다. 창조주권이
온전하게 발현해 전인적인 창조력을 보여주면서 종합적인 판단을 바람직
하게 해야 하는 것까지 말한다. 才를 숭상하고 송재를 뽐내는 것은 편벽
된 선택과 오만한 태도로 말썽을 일으키는 일탈행위이다. 종합적이고 전
인적인 창조력을 손상시키고, 창조주권이 온전하기 어렵게 한다.

　朴趾源은 열다섯 살이 될 때까지 글을 배우지 못했다고 한다. 서당에
입학하자 바로 쫓겨났다는 말일 것이다. 나이가 들어서 글공부를 시작하
고 몇 해만에 대문장가가 되었다. 오래 눌러두어 오염되지 않고 손상을
면한 창조주권이 탈출구를 찾지 못하고 있다가 폭발했다고 할 수 있다.

　날리는 재주를 경계하는 전통은 일제강점기에 이르자 단절되고, 재주가

뛰어난 사람을 영재니 천재니 하면서 대단하게 여기는 일본의 풍조가 수입되었다. 일본인은 一刀兩斷의 장기를 유감없이 발휘해, 천황과 천민의 거리 만한 것이 천재와 둔재 사이에도 있다고 한다. 차등론을 이처럼 극도로 가다듬어 누구나 창조주권을 대등하게 갖추고 있는 원천적 진실을 깡그리 부인하면서, 복종과 모방을 일삼는 것을 자랑한다. 이런 배경을 가진 것은 생각하지 않고, 일본인의 천재론을 식민지통치를 받는 기간 동안 받아들여, 우리에게 유리하게 적용하려고 했다. 조선에도 천재가 있으니 기죽지 말자고 하고, 삼대 천재가 누구누구라고 하는 말을 자주 했다. 일제의 통치에서 벗어나자 천재 칭송이 슬그머니 사라졌다. 누구누구가 천재라는 말을 다시 들을 수 없게 되었다. 그 대신 어린 영재라는 말을 자주 한다. 천재론이 영재론으로 교체되어, 천재 예찬 대신 영재 육성을 말한다. 어린 영재를 찾아내 특별히 교육하는 비방을 미국에서 직수입해 왔다고 한다. 이렇게 하는 데서 뒤떨어지지 않아야 한다고 다그친다. 영재 교육을 위한 국가 시책을 빨리 세워 후진 상태를 청산해야 한다고 적극 주장한다.

어려서 송재가 뛰어난 아이를 영재라고 하면서 특별한 방법으로 가르쳐 그 능력을 더욱 키워야 한다고 한다. 송재가 뛰어나면 무슨 소용이 있는가? 사전을 다 외면 글을 잘 읽고 쓸 수 있는 것은 아니다. 기억의 부담에서 벗어나 자유로워진 머리를 창조하는 사고에 더욱 적극적으로 활용하는 것이 마땅하다. 인터넷에 들어 있는 엄청나게 많은 정보를 쉽게 꺼낼 수 있고, 인공지능이 엄청난 능력을 가졌다고 하는 오늘날 송재를 평가하는 것은 정도가 심한 시대착오이다.

송재가 조금 보이면 영재라고 추켜세우고 사방 자랑하면서 더 많은 것을 외게 하는 것은 부끄럽기 이를 데 없는 추태이다. 자만심을 한껏 키워, 스스로 묻고 깨달아 창조력을 기르는 것을 방해한다. 영재로 지목된 아이는 부모의 허영 탓에 곧 평균 이하, 때로는 바보가 된다. 부모가 자기 아이를 죽이는 데 학교가 가세하고 나라가 뒤를 보아주어 참사를 확대하지 말아야 한다.

영재는 조기교육을 해야 한다고 한다. 조기교육은 식물을 조기재배하면 일찍 시들어버리는 것과 같다. 마라톤 경기를 백 미터 달리기의 속도로 시작하는 것과도 같다. 뛰어난 재주를 가속적으로 키운다면서, 창조주권을 손상하기나 한다. 열다섯에 대학에 입학해 스무 살에 박사 학위를 취득하고는 바보가 되어 주저앉으면 오히려 다행이다. 가속을 붙여 계속 치달으면, 완성도가 모자라는 실패작만 남기고 힘을 탕진해 일찍 세상을 떠나게 된다.

영재 교육을 한다고 법석을 떨면서 특별히 선발된 아이를 희생자로 만드는 것만 문제가 아니다. 영재가 아닌 대부분의 학생은 적당히 가르치면 된다고 여기는 더 큰 잘못을 저지를 수 있다. 영재가 따로 없다고 분명하게 해야 한다. 누구든지 자기 취향에 따라 자발적으로 공부하면서 창조주권을 발현하면 모르고 있던 능력이 발견되고 발전된다. 지금 말하고 있는 창조주권론에서 허위가 아닌 진실을 발견하고, 절망을 넘어서는 희망을 찾자.

영재는 따로 있지 않다. 누구나 영재일 수 있다. 창조주권이 능력을 보장한다. 그 능력을 스스로 발견하고 실현하는 결단을 내리는 사람은 모두 영재이다. 말만 이렇게 하면 되는 것은 아니다. 이렇게 될 수 없게 하는 두 가지 장애를 물리쳐야 한다. 영재가 따로 있고 자기는 해당되지 않는다는 망상을 물리쳐야 한다. 남이 자기 능력을 알아내고 발현하도록 이끌어주기를 기대하는 잘못을 단호하게 척결해야 한다.

능력의 차이는 타고난다는 말을 자주 듣는다. 이것은 창조주권이 사람마다 다르다는 말인데, 과연 그런가? 창조주권이 양이나 질에서 차이가 없다고 말해주는 아주 분명한 증거는 언어능력이다. 사람은 누구나 말을 배워서 한다. 이 엄청난 일을 아주 쉽게 한다. 말을 알고 하도록 하는 모국어의 어법을 터득해 간직하고 활용하는 점에서 모든 사람은 대등하다.

모든 언어는 각기 그 나름대로의 특징을 지니고 있다. 어떤 면에서 단순하면 다른 면에서는 복잡하다. 어떤 면에서 투박하면 다른 면에서는 세련되어 있다. 어느 하나를 기준으로 우열을 말하는 것은 타당하지 않다. 모든 언어는 각양각색이어서 대등하다.

3

모국어를 공유하는 사람들 가운데 누구의 문법은 복잡하고 세련되어 있으며, 누구의 문법은 단순하고 투박한 것도 아니다. 복잡하고 세련되어 있는가, 단순하고 투박한가 하는 것은 공통된 문법을 상이하게 활용해서 하는 말이나 글에서 나타나는 양상이다. 이것은 지체나 학식에 따라 결정되지 않는다.

입담 좋은 이야기꾼이 넋을 잃게 하는 말솜씨를 자랑하고, 고관대작은 몇 마디 투박한 호령이나 한다. 글을 쓸 때에는 사정이 좀 달라져 많이 배우면 수식이 번다해지는데, 朴趾源은 그런 것이 모두 쓰레기라고 나무랐다. 기와나 자갈같이 질박하면서 진실한 수작을 소중하게 여겨야 한다고 했다.

이런 사실을 근거로 창조주권에 대한 이해를 넓힐 수 있다. 모국어를 말하는 문법처럼 공통되게 지니고 있는 창조주권을 어느 정도 어떻게 발현하는가는 사람마다 다를 수 있다. 잘못된 교육을 받고 주어진 규범을 따르느라고 창조주권이 손상되어 힘을 쓰지 못하게 될 수도 있다. 스스로 결단을 내려 창조주권을 넉넉하게 살리고 다양하게 활용할 수도 있다.

누구는 농사를 잘 짓고 누구는 학문을 잘하는 각양각색의 활동이 창조주권의 대등한 발현이다. 이에 관해 金樂行이 한 말을 들어보자. "쌓인 물화가 곳간에 가득한 것은 힘써 물건을 만들거나 장사를 한 공적이다.

밖에 곡식을 가득 쌓아놓은 것은 농사일을 게을리 하지 않았기 때문이다. 어째서 선비는 공부를 하지 않아 속이 텅텅 비어 있는가?"(〈自警箴〉)

물건을 만들고 장사를 하고 농사를 짓는 사람들은 부지런하게 일하는데, 선비는 게으름을 피우면서 잘난 체해도 되느냐 하고 나무랐다. 공부를 하지 않아 속이 텅텅 비어 있는 것을 부끄럽게 여겨야 한다. 면학을 당부하면서 흔히 하는 말이 아니고, 더 깊은 뜻이 있다.

선비는 물건을 만들고 장사를 하고 농사를 짓는 사람들을 천하다고 여기지 말아야 한다. 부지런하게 일하는 것을 높이 평가하고 본받아야 한다. 선비는 지체가 높아 놀고먹을 수 있는 특권이 있다는 착각을 시정해야 한다. 누구나 노동을 해야 하는 의무가 있다.

선비가 하는 공부도 위신장식이나 파적거리가 아닌 노동이어야 하고, 공부해 얻은 지식은 생산물이어야 한다. 만들어 파는 다른 물건이나 농작물이 널리 쓰이는 데 참여해 누린 혜택에 유용성이 큰 지식을 생산해 보답해야 한다. 사람들이 서로 다른 일을 하는 것은 각기 다른 능력을 발휘해 서로 돕고자 하는 협동이다.

지체 높은 선비 權韠은 자기와는 정반대의 최하층 천민의 삶을 노래하는 시조를 지었다. "이리 좋은 마음 남의 말을 듣고 고칠손가?/ 패랭이 기울여 쓰고 오락가락 綠水靑山間에/ 세상에 호화롭게 지내는 분네는 웃지 마오, 이 狂生."

패랭이를 기울여 쓴 것은 보는 사람들을 웃기려고 이상하게 꾸민 거동이다. 녹수청산은 물도 푸르고 산도 푸른 실제의 장소일 수도 있다. 노래를 부르는 사설일 수도 있다. 놀이에서 보여주는 장면일 수도 있다. 그 어느 쪽이든지 녹수청산 사이에 놀이를 하니 너무 즐거워, 좋다는 말이 절로 나온다. 스스로 좋아서 광대 노릇을 한다. 얕잡아보고 험담이나 한다고 그만둘 수 없다.

광대는 賤生이어서, 모욕을 견디면서 재주를 보인다. 광대는 천생이기

만 하지 않고 狂生이기도 하다. 광대 노릇은 미쳐서 하는 짓이라 너무나
도 즐겁고 한없이 신명난다. 미치게 좋아하는 것 없이 살아서 무엇을 하
는가? 호화롭게 지낸다고 거들먹거리기나 하는 것은 허깨비 노릇이다. 이
런 말을 하면서, 자기 삶은 따분하다고 여기고 광대처럼 떠돌아다니기를
염원했는가? 천대받고 사는 처지를 이해하고 포용해 커다란 화합을 이룩
하려고 했는가? 두 생각을 함께 했다고 보는 것이 타당하리라.

창조주권이 같으면 발현하는 양상도 같아야 한다고 하는 평등론은 잘
못되었다. 평등론의 잘못을 대등론으로 바로잡아야 한다. 창조주권을 각양
각색으로 발현해 서로 돕고 사는 것이 마땅하다. 누구나 같은 정도로 창
조주권을 지니고, 이렇게 하는 의무도 대등하게 지니고 있다. 평등론은
경쟁을 부추기고, 대등론은 협동을 가져온다.

사람이 누구나 창조주권을 대등하게 지니고 있는 가장 분명한 증거는
말을 하는 것이다. 돌을 지날 무렵 걸음마를 떼놓으면서 말을 하기 시작
한다. 너댓 살 되면 말을 거의 완벽하게 한다. 말을 하는 원리를 잘 알
고, 들어본 적 없는 말을 만들어내서 하기도 한다. 이보다 더 놀라운 일
이 있는가? 이에 관해 많은 탐구를 했으나 아직 미흡하다.

그릇된 이치를 바로잡고자 하는 학문능력 또한 누구나 타고난 창조주
권이다. 이런 잠재적인 능력이 발현해 학문을 실제로 하는가는 주어진 환
경과 깊은 관련이 있다. 학문을 이미 하고 있는 교사를 만나 자기 능력
을 개발하다가, 학문을 잘못하는 반면교사 덕분에 비약을 이룩한다.

예술은 어떤가? 사람은 누구나 예술의 창조주권을 지니고 태어난 예술
가이며, 능력의 우열을 말할 수 없다. 구석기 시대의 동굴벽화가 오늘날
사람들이 따르기 어려운 생동감을 지닌다. 어린아이가 처음 그리는 그림
이 자기를 무색하게 하는 줄 알고, 피카소는 어린아이처럼 그리려고 평생
을 노력했다고 한다. 언어는 사라지고 없고, 학문은 이름이 거창해 판단
을 흐리게 하지만, 미술은 창조주권을 타고났다는 사실을 명백하게 입증

한다.

그림을 창조주권만으로 그리는 것은 아니고, 다른 사람들의 그림을 보고 자기 그림을 그리게 되는 것이 언어 습득과 다르지 않다. 이런 원칙에서 벗어나 실수를 하지 않도록 주의해야 한다. 그림을 그릴 줄 모른다고 여기고 자초지종 가르쳐달라고 하면, 미술교사는 자기처럼 그리라고 하는 것이 예사이다. 추종이나 모방은 창조주권을 손상시킨다.

그림은 배우지 말고 스스로 그려야 한다. 닮게 그리는 기술은 사진이 생겨나 앗아갔으니, 타고난 창조주권을 안심하고 발현하면 된다. 반면교사를 만나 넘어서야 그림다운 그림을 그린다. 학력이니 경력이니 계보니 유파니 평가니 하는 등의 방해꾼이 끼어들지 못하게 막아야 진정으로 가치 있는 창작을 할 수 있다.

4

음악이나 문학은 어떤가? 여럿이 함께 일하면서 노동요를 익혀 부르는 데서 음악이나 문학이 시작되었다. 북을 치고 피리를 부는 것도 보고 들은 대로 하면 된다. 이야기를 듣고 자기 말로 다시 해서 옮기는 것도 자연스러운 과정이다. 학교에서 음악이나 문학을 가르치게 되면서 왜곡이나 변질이 일어난다. 학습문법이 본원문법을 교란하는 것보다 더욱 심각한 사태가 벌어진다.

　　서산에 돋은볕 서고 구름은 늦으로 낸다
　　비 뒤 묵은 풀이 뉘 밭이 짙었는고
　　두어라 차례 지은 일이니 매는 대로 매오리라

魏伯珪가 지은 이런 시조가 있다. "돋은볕"은 아침에 해가 솟을 때의 볕이다. 그런 것이 서산에 서면 구름은 늦이, 예상 시간보다 늦게 모습을 드러낸다고 했다. 비가 온 뒤 묵은 풀이 누구의 밭에서 짙었는가 물었다. 어떻게 하겠나, 차례를 정해놓은 일이니, 밭을 매는 대로 매리라고 했다.

알기 쉽게 더 풀이해보자. 아침 해 뜰 때의 찬란한 볕이 저녁 서산에서 보인다. 구름은 이미 알고 있는 시간보다 늦게, 같은 모습을 다시 나타낸다. 기상 관측이 아주 정확해 조금 달라지는 것을 알아낸다. 비 온 뒤에 풀이 길어진 밭이 보이는데, 누구의 밭인가? 내 밭도 같은 상태일 것이 아닌가? 하나를 보면 다른 것도 안다.

농민은 일을 마치고 돌아올 때에도 쉬지 않는다. 오랜 경험과 지식을 살려, 하늘을 쳐다보고 기상을 관측한다. 관측한 바에 따라 농사를 예견하고 준비하고 실행한다. 작은 변화까지 민감하게 감지하고 어떻게 대처할 것인가 안다. 학교에 가서 교육을 받지 않았어도, 이론과 실천을 겸비한 노련한 학자이다. 방해가 되는 교육을 받지 않은 덕분에, 훼손되지 않은 창조주권을 온전하게 발현해 자연의 움직임을 밀착해서 파악하는 학문을 한다고 하는 것이 더 적절한 말이다.

글공부를 자랑으로 삼던 선비가 농민과 함께 살면서 학식을 쇄신하고, 농민의 내심을 그대로 전하는 노래를 이렇게 지었다. 학문하고 예술하는 능력을, 원래 하나였던 상태로 되돌아가면 다시 살려낼 수 있다고 알려준다. 오늘날의 우리는 어디로 되돌아갈 것인가?

5

이제 교육을 어떻게 할 것인가? 이 문제를 다시 생각해보자. 단일 기준을 선택해 우열 평가를 엄정하게 하고, 상극의 경쟁을 공정하게 하도록 할 것인가?

아니다. 각기 다른 능력이 소중하다고 인정해 더욱 성장하도록 하며,

상극이 상생이고 상생이 상극인 생극을 체득하고 실현하게 해야 한다. 차등론 교육철학은 부당하고, 대등론 교육철학은 정당하다.

교육이 잘못되고 있는 더 큰 이유는 둘이다. 기능이나 전수하려고 한다. 수입학에 머무른다. 기능이나 전수하려고 하면, 인공지능에게 휘둘린다. 수입학에 머무르면, 후진의 처지에서 벗어나지 못하고 선진국이 될 수 없다.

두 가지 잘못을 한꺼번에 시정하는 방안은 창조라는 말 하나로 요약된다. 창조 능력을 기르고 발현하는 교육을, 빈말로만 하지 말고 실제로 해야 한다. 그래야 인공지능을 뜻하는 대로 활용하며, 세계사의 발전을 선도할 수 있다.

창조 교육을 어떻게 해야 하는가? 이 의문에 대답하는 것이 가장 긴요한 과제이다. 남들의 학설이나 열거하려고 하지 말고, 자기가 찾은 대답을 분명하게 말하고 실행해야 한다. 필요성을 역설하면 되는 것은 결코 아니다. 설명을 잘해도 기대하는 효과가 나타나지는 않는다.

설명이 아닌 훈련을 해야 한다. 전투력을 기르려면 군사훈련을 해야 하는 것과 같다. 훈련은 실전처럼, 실전은 훈련처럼 해야 한다는 말이 창조훈련에서도 타당하다. 창조 훈련이 실제의 창조이게 해야 한다.

두 훈련은 차이점이 더 크다. 군사훈련은 만들어놓은 각본대로, 지휘관의 명령에 따라 해야 한다. 창조훈련은 각자 자기 각본을 만드는 작업이고, 교사는 가르치려고 하지 말고 모범을 보여야 한다. 군사훈련 방법은 이미 있는 것을 개선하면 되고, 창조훈련은 방법을 지어내는 데서부터 시작된다.

창조훈련 방법을 어떻게 지어낼 것인가? 본보기를 하나 구체적으로 제시해 토론을 촉발하고 창조를 유도하기로 한다. 본보기를 넘어서는 더 좋은 방법이 다채롭게 생겨날 수 있는 계기를 만든다. 불필요한 서론을 줄이고, 본론에 바로 들어간다.

　창조훈련은 오직 발표와 토론으로 한다. 참가자 모두 순차적으로 발표하고, 매번 적극적으로 토론한다. 교사는 발표를 처음, 토론을 나중에 한다. 서기 한 사람을 순서대로 정해 앞 시간의 발표와 토론을 정리하는 글을 써서 다음 시간에 배부한다. 학기말에는 공동작업과 자기 작업의 관계를 논의하는 보고서를 써서 교환한다.

　이 작업을 점차 수준을 높이면서 세 단계로 해야, 무리가 적고 성과가 크다. 1단계에서는 공동으로 선정한 긴요한 자료를 각기 검토해 발표한다. 2단계에서는 각자 자기 나름대로 긴요하다고 판단해 선택한 자료에 대한 소견을 발표한다. 3단계에서는 그동안 논의한 문제를 해결하는 자기의 소견만 가다듬어 발표한다.

　교육을 어떻게 할 것인가? 가장 타당한 단일 기준을 선택해 우열 평가를 엄정하게 하고, 상극의 경쟁을 공정하게 하도록 할 것인가?

　아니다. 각기 다른 능력이 소중하다고 인정해 더욱 성장하도록 하며, 상극이 상생이고 상생이 상극인 생극을 체득하고 실현하게 해야 한다. 차등론 교육철학은 부당하고, 대등론 교육철학은 정당하다.

　　　6

　교육은 학교교육만이 아니다. 학교교육이 평생교육으로 이어져야 한다. 사회교육이 더 중요한 교육이다. 사회교육과 평생교육을 합친 사회평생교육으로 교육을 키우고 교육의 기여를 확대해야 한다.

　이에 관해 고찰하기 위해 먼저 외국의 선례를 살펴보자. 불국은 정규 대학 밖에 더 좋은 대학이 있다. 정규 대학의 교수는 강의를 필수로 하고 연구는 선택이다. 대학 밖의 대학은 강의는 선택으로 하고 연구를 필수로 한다. 불국이 학문의 여러 분야에서 탁월한 업적을 내고, 특히 인문학문의 발전을 주도하는 것은 남다른 제도가 있기 때문이다.

그 혜택이 사회 전역에 바로 미친다. 좋은 책과 잘 팔리는 책의 근접 정도가 그 나라의 문화 수준이라고 할 수 있다. 불국의 문화 수준은 특히 높다고 할 수 있다. 신작 철학서가 잘 팔린다. 내용이 훌륭할 뿐만 아니라, 여러 형태의 공개강의로 널리 알려져 긴요한 관심사가 되기 때문이다. 철학자가 인기인이다.

이런 사정은 일본과 아주 다르다. 일본은 출판이나 독서의 열기가 대단한 나라이지만, 잘 팔리는 책과 좋은 책의 거리가 아주 멀다. 좋은 책이 있는가도 의문이다. 자기 말을 하는 신작 철학서는 나오지 않는 것 같다. 남의 철학에 대해서 잘 안다는 논저는 극소수의 전문가에게나 필요하다.

한국은 어떤가? 아직 유동적이다. 일본의 전례를 따르지 말고, 불국처럼 되기를 바라는 것이 마땅하다. 이렇게 역설만 하지 말고, 사회 제도가 달라지도록 해야 한다. 불국의 경우를 더 고찰해 지침을 얻고자 한다.

불국의 고등연구학교(École Pratique des Hautes Études)는 대학원대학이고, 연구기관이다. 근래에는 사회학문 분야(École Pratique des Hautes Études en Sciences Sociales)가 독립해서 둘이 되었다. 이곳 교수들은 자기 연구로 학문 발전에 기여하면서 극소수의 대학원 학생들을 지도한다. 양쪽 다 한국학 과정도 있어 파리에 간 기회에 각기 한 차례씩 특강을 한 적이 있다.

'콜레주 드 프랑스'(Collège de France)는 이름을 직역하면 '불국 대학'이지만, 대학이 아닌 대학이다. 입학하고 졸업하는 학생은 없고, 공개강의만 하는 곳이다. 대통령에게 직속된 기구이고, 교수 대우가 일반대학보다 월등하다. 불국 학자들은 누구나 선망하는 자리이다. 정원은 학문의 모든 분야를 포괄하면서 52명이다. 분야 안배는 하지 않고 능력과 업적을 보고 선발한다.

공개강의에서 같은 내용을 두 번 다룰 수 없고, 진행하고 있는 새로운 연구만 내용으로 삼아야 한다. 연구 결과를 출판해야 하는 임무는 없다.

공개강의는 누구나 들을 수 있으나, 현직 교수 청강생이 가장 많다. 새로운 연구를 하지 않고 자리를 지킬 수 없고, 교수들이 몰려들어 들을 만한 공개강의를 하지 않으면 체면이 서지 않는다.

그곳 교수로 선발된 석학들이 불국은 물론 세계학문의 발전을 선도해 왔다. (Georges Dumézil, Fernand Blaudel, Étienne Gilson, Maurice Merlaeau-Ponty, Claude Lévi-Strausse, Raymond Aron, Michel Foucault, Roland Barthes, Pierre Bourdieux 등이다.) 듀메질은 인도·유러피안 신화에 대해 방대하고 치밀한 연구를 했다. 레비-스토로스는 구조주의 인류학에 대한 자기 학설을 정립하고 발표하고 발전시켰다. 푸코는 여러 학문을 통해 전혀 새로운 연구를 개척했다. 바르트도 기발한 착상을 전개했다. 그런 성과가 그 나라의 수준을 높이고 정신문화 수출을 늘렸다.

국립과학연구센터(Centre Nationale de la Recherche Scientifique, CNRS)라는 거대한 연구기관도 있다. 이 기관에 소속된 1만 4천여 명 이상의 학자들이 다른 부담 없이 연구에 전념한다. 한국학 전공자가 4명 있다가 근래 줄어들었다. 적절한 후보가 없기 때문이다. 안타까운 일이다. 소속 연구원 월급을 받을 따름이고 출근하지는 않는다. 출근할 건물도 없다. 부대비용은 아끼고 인건비만 지출해 투자 효율을 극대화한다. 월급은 일반대학 교수들과 동일하다. 대학 강의도 맡고 대학에서 보직도 할 수 있으나, 추가 보수는 없다.

연구조직이 있기는 하지만, 누구나 자기 연구를 한다. 공동연구를 싫어하고 개인연구를 선호하는 기질에 맞게 연구를 한다. 연구원은 상하관계가 없고 누구나 대등하다. 아무 구속도 없지만, 연말에는 무엇을 어떻게 연구했는지 자세하게 보고해야 한다. 연구 업적을 평가해 재임용이 결정되는데, 탈락하는 경우는 드물다.

그밖에도 여러 연구기관이 있으나 특별하게 소개할 것은 불국극동학원(École Française d'Éxtême Orient)이다. 이것은 동아시아를 연구하는 기관인데 소속 연구원들이 자기가 전공하는 나라에 가서 평생 살면서 연구해도 된다. 업적을 내는 것 외의 다른 임무는 없다. 그래서 지역 연구를 심도 있게 한다.

1995년에 한국지부를 개설하는 행사를 할 때 나는 사회를 맡아 많은 것을 알 수 있었다. 그때 확인한 바로는, 소속 연구원은 43명이고, 외국 상주자가 모두 39명이다. 상주하는 나라별로 정리해보자. 캄보디아 5, 타이 5, 월남 3, 인도 3, 중국 3, 일본 3, 인도네시아 2, 한국 1, 대만 1, 미얀마 1, 라오스 1, 싱가포르 1이다. 동아시아 전역에 고루 분포되어 있다. 한국에는 한 사람 부셰(Daniel Bouchez)가 왔는데, 국립과학연구센터 연구원과 겸직이고 본국에 할 일이 많아 오래 있지 못하고 돌아갔다.

불국의 학문은 잘되고 있는가? 앞으로 무엇을 어떻게 해야 하는가? 이런 의문에 대답하기 위한 자기 점검을 50인의 석학이 힘을 기울려 하고, 《연구의 장래가 무엇인가?》라는 제목을 붙인 책을 냈다. (*Quel avenir pour la recherche?*, 2003)

무엇이 문제라고 했는지 알아보자. 불국은 지금까지 한 것처럼 기초학문에 힘쓰면서, 탁월한 연구(recherche brillant)로 세계학문 발전을 선도하는 노력을 계속해서 해야 한다고 했디. 범속한 연구(recherche médiocre)의 논문을 미국의 풍조를 따라 양산하지 말아야 한다고 했다.

불국에는 탁월한 학자들이 있어 새로운 학문을 개척해왔다. 이것은 불국의 능력일 뿐만 아니라, 인류의 자랑이다. 그 성과를 미국에서 수입해 가공한 것을 다른 여러 나라에서 다시 수입하는 데 한국도 한몫 끼고 있다.

7

우리는 언제까지나 수입학에 머무를 수 없다. 창조학으로 나아가기 위해서 우리를 포함한 다른 모든 나라도 불국 학문과 같은 자세를 지니고 능력을 키워야 한다. 불국의 경우를 잘 알고, 우리에게 맞는 제도를 만들어야 한다. 지금처럼 모든 교수가 강연도 연구도 다 잘하라고 하면 둘 다 잘하지 못한다.

이제부터는 학교교육만 교육이라고 하지 말고, 평생교육을 더욱 중요시해야 한다. 누구나 평생교육을 위한 공개강의를 들으면서 하고 싶은 공부를 할 수 있게 해야 문화복지국가를 이룩할 수 있다. 문화복지국가는 문화 향유의 차등을 없애는 데서 더 나아가, 누구나 창조주권을 나날이 새롭게 발현하는 즐거움을 누려 행복하게 한다.

실질적인 혜택이 무엇인지 말해보자. 형편이 되지 않아 진학하지 못했거나 입시에 실패했어도 어렵지 않게 재기할 수 있다. 학벌 자랑이 무의미해져 입시경쟁이 완화된다. 악덕 사학이나 마음에 들지 않는 교육의 횡포에서 벗어날 수 있다. 노동시간이 줄어들어 남는 시간을 아주 효과적으로 이용할 수 있다. 인생 이모작 이상을 쉽게 할 수 있다. 수명이 길어져도 무료하지 않고 알차게 살아갈 수 있다.

새로운 교육을 기존의 교육부에 맡길 수 없다. 설계와 시공을 참신하게 하는 별도의 기구가 있어야 하므로 평생교육원이라고 하고, 현재의 평생교육평가원을 흡수한다. 평생교육원을 학술총괄기구 산하에 두어 일반직의 침투를 막고, 새로운 강의를 최고 수준으로 개설할 수 있는 능력을 갖추도록 한다. 책임자는 탁월한 학자여야 하고, 실무자는 교육 전문직이어야 한다. 이 기구에서 당장 해야 할 일을 예시하면 다음과 같다.

전국 모든 공개강의를 온라인과 오프라인 양쪽의 것 모두 일제히 조사해 연결망을 만든다. 방송통신대학의 강의, 대학이나 공공기관에서 하는 각종 문화강좌, 사설단체나 개인이 하는 공개강의, 개인이 유투브에서 하는 강의를 모두 포함한다. 인터넷에 올라 있는 연결망을 이용해 모든 공개강의를 점검하고, 필요한 것을 찾아낼 수 있게 한다.

공개강의의 수준을 향상하고 내용을 충실하게 하기 위해 새로운 강의를 개설한다. 불국에서 하듯이, 석학으로 평가되는 교수가 새롭게 하고 있는 연구를 공개하고, 관련된 연구에 종사하는 학자들과 토론한다. 강의를 하는 교수는 우선 학술원 회원 가운데 지원자로 하고, 갓 정년퇴임을 한 석학을 초빙한다.

공개강의를 점검하고 평가하고, 우수한 것은 학사급, 석사급, 박사급이라고 지정한다. 학점은행 제도를 채택해, 해당 등급의 강의를 수강하고 취득한 학점을 모아 학위를 받을 수 있도록 한다. 위에서 말한 새로운 강의는 당연히 박사급이다. 개인이 유튜브에서 하는 강의에도 박사급이 있을 수 있다. 이 제도로 대학원 교육의 내실을 보충한다.

좋은 강의를 선정해 재정 지원을 한다. 학위 취득에 이용할 수 있는 강의는 이에 당연히 포함시키고, 그렇지 않은 것들이라도 평가를 얻으면 지원한다. 이를 위해 많은 예산을 확보하는 것이 좋다. 공개강좌 수강자에게는 어떤 부담도 주지 않고 혜택만 베풀어 물질적인 면에서도 복지이게 한다.

지금까지의 복지는 물질의 결핍을 보완해주는 것이었다. 물질의 결핍을 보완하면 행복해지는 것은 아니다. 물질보다 정신의 결핍이 더 심각한 문제다. 지금까지 말한 평생교육을 위한 공개강의는, 정신의 결핍을 느끼지 않고 창조주권을 대등하게 발현해 행복을 누리는 데 크게 도움이 된다.

지금 평생교육 열의가 대단하고, 공개강의도 많이 한다. 유튜브 방송에서 하는 강의는 더욱 엄청나다. 그러나 수가 질을 따르지 못한다. 풍요 속의 빈곤이 심각하다. 강의는 잡담을 하듯이 하면 되고, 학문이라는 것은 알기 자랑이라고 여기도록 한다. 다른 기준은 있을 수 없고, 인기가 평가의 척도이다. 이런 기풍이 전염병처럼 만연해, 문화 수준을 낮추고 정신을 혼미하게 한다.

대전환이 이루어져야 한다. 혼미한 정신을 바로잡고, 깊이 잠든 창조주권을 깨우쳐주는 강의, 다음 시대로 나아가는 세계학문을 선도하는 연구를 직접 만나 사회 전체가 달라지도록 해야 한다. 위에서 고찰한 불국의 경우보다 더 좋은 제도를 만들어, 정부 예산을 한층 효율적으로 사용하도록 하는 지혜를 발휘해야 한다.

이렇게 하면서 특히 유의해야 할 목표를 둘 든다. 대학 밖에서 누구나 최상의 평생교육을 받고, 학위 취득도 가능하게 해서, 대학입시 경쟁이 무의미해지도록 해야 한다. 교수로 채용되는 절차를 거치지 않고, 자유롭게 하는 공개강의가 질적으로 평가되어 학문자영업자로 살아갈 수 있는 길을 열어줘야 한다.

8-4 언어교육

1

모든 것은 서로 소통한다. 소통하지 않고 고립되어 있는 것은 없다. 소통의 방식은 경우에 따라 다르다. 다른 소통 방식과 비교해 언어 소통을 고찰하고자 한다.

소통 방식이 경우에 따라 다른 양상을 대강 말해보자. 萬物은 引力으로 소통한다. 萬生은 인력 소통이 미흡해, 냄새 소통을 추가한다. 냄새를 독자적인 소통 방식으로 한다. 萬人은 인력이나 냄새 소통이 미흡해, 言語 소통을 추가한다. 언어를 독자적인 소통 방식으로 한다.

인력은 물리 현상이다. 단일한 특성의 물리 현상이 우주와 더불어 생겨나고 없어질 따름이고, 부분적인 생멸이나 변이는 없다. 냄새는 화학 성분이다. 상이하게 조립한 화학 성분이 변별력을 가지고 소통을 구체화한다. 언어는 물리 현상인 소리를 입에서 천차만별로 만들어 소통하는 독특한 방식이다. 소통 범위가 소리와 의미의 연결구조 공유자로 한정된다.

2

냄새는 만생이 아닌 만물에도 있어 무엇을 감지할 수 있게 하지만, 이 것은 소통이 아니다. 소통은 일방통행일 수 없고, 주고받는 방식으로 이 루어져야 한다. 만생이 냄새로 소통한다는 것은 특정의 냄새를 이용해 필 요한 정보를 서로 전달한다는 말이다. 만생은 모습을 보여주는 것으로도, 몸짓으로도, 소리로도 소통하지만, 이런 것들은 범위가 한정되어 있다. 냄 새 소통은 그렇지 않고, 만생이 모두 참여하는 고유하고 항구적인 소통 방식이다. 만생의 공용어라고 할 수 있다.

어느 식물학자가 하는 말을 들었다. 잡초를 밟으면 일어난다고 하는 것 은 문학적 상상이다. 잡초는 밟혀 쓰러진 상태에서 살아간다. 공연히 일 어나느라고 에너지를 낭비하지 않는다. 위신 같은 것은 없다. 저항 운운 하면 우습다. "풀이 일어난다"고 하는 것은 풀더러 사람이 시키는 대로 하라고 하는 월권이고 모독이다. 언어 소통의 범위가 한정되어 있는 덕분 에 말썽이 되지 않는다. 이제부터 인력·냄새·언어를 비교해 고찰하면서, 인간중심주의에 사로잡히지 않겠다고 다짐하려고 이 말을 한다.

만생의 공용어인 냄새를, 만인도 상당한 정도로 이용한다. 동질과 이질, 친애와 반감은 냄새로 표현하고 감지한다. 생각이 더 복잡해 언어를 만들 어야 했고, 언어를 사용해 생각이 더 복잡해졌다. 만인은 만물에는 없고, 만생에는 어느 정도 있는지 의문인 창조주권을 지니고 발현한다.

이것이 행운이라고만 할 수 없고, 그 반대인 불운도 있다. 언어 소통은 힘들여 향상해야 하는 능력이어서, 낙오자의 고난도 있게 마련이다. 생각 이 복잡해지니, 번뇌망상도 늘어난다. 치매에 걸리거나 자살하는 불운이 다른 동물에게는 드물고 인간에게는 흔하다.

3

뒤力은 배워서 알고 실행해야 하는 것이 전연 아니다. 냄새를 만들어내 소통하는 작업도 학습이 필요하지 않다. 아주 오랜 시간 동안의 갖가지 시도 가운데 최적의 것을 선택한 진화가 이미 이루어져 유전되고 있다. 자기 나름대로 최적의 냄새를 제조하는 비방을 물려받아, 학습 과정을 거치지 않고 바로 실현한다.

언어는 어떤가? 언어를 습득할 수 있는 능력은 인간의 유전자에 각인되어 있어, 누구나 동일하게 지니고 태어난다. 그 능력을 발현해 언어를 실제로 습득하려면, 따를 수 있는 모범이 있어야 한다. 침팬지는 언어 습득 능력을 갖추고 있지 않아, 친절하게 가르쳐주어도 말을 하지 못한다. 늑대에게 양육되었다는 이른바 늑대아이는 따를 수 있는 모범이 없어 말을 배우지 못했다.

언어를 습득할 수 있는 능력을, 따를 수 있는 모범이 갖추어져 있는 조건에서 발현하면 언어 공부가 끝나는 것은 아니다. 말 공부는 그렇게 해서 저절로 이루어지는 것을 다듬어야 한다. 자득하기 어려운 규범까지 따르고, 특수한 습성을 줄여 소통의 범위를 넓히도록 힘써야 한다.

글 공부는 스스로 하는 것을 능사로 삼지 말고 배움을 추가해야 진전이 순조롭다. 언어를 스스로 습득하는 능력은 한 가지 말을 익혀 모국어로 삼는 데서만 온전하게 발현된다. 외국어는 인위적인 노력을 하는 다른 방법을 택해, 글부터 공부해야 한다.

언어가 무엇인지 밝히는 작업은 언어학에서 하고, 그 근거는 언어철학에서 찾는다. 언어를 어떻게 다듬고 공부할 것인가 하는 문제는 언어교육학에서 맡아야 한다. 언어교육학은 교육학의 한 분야이고 교육철학을 가다듬어야 잘할 수 있다.

이 두 길 가운데 여기서는 교육철학 쪽을 택해 앞으로 나아간다. 언어

철학이라는 항목을 신설해 논의의 폭을 넓히지 않고, 언어교육 문제를 심각하게 고찰해 교육철학에 더 무거운 짐을 지운다. 이것은 새로운 부담을 주자는 것이 아니고, 직무유기를 알아차리고 시정하자는 제안이다.

교과목을 들어 말해보자. 초등교육에서는 국어가, 중등교육에서는 국어·영어·수학이 가장 중한 교과목이다. 교육 문제의 중심은 언어교육의 문제라고 할 수 있다. 국어와 영어를 잘해 좋은 점수를 얻고, 진학을 잘하려고 피나는 경쟁을 하면서 언어교육의 근본문제에는 관심을 가지지 않는다. 맡아서 연구하고 해결책을 내놓는 사람이 없어 소식을 얻어듣지도 못한다.

언어교육 탐구와 실행에 차질이 있어 교육에 질병이 생겼다고 할 수 있다. 대증요법으로 고통을 줄이려고 하지 말아야 한다. 철저하게 진단하고 근본적으로 치유하는 방안을 대등생극론에서 맡아 제시하고자 한다.

4

언어교육을 어떻게 해야 하는가? 이 문제는 모국어교육과 외국어교육을 나누어 고찰할 필요가 있다. 모국어는 타고난 능력을 발현해 스스로 습득하고, 외국어는 배워야 알 수 있기 때문이다. 모국어는 말을 온전하게 익힌 다음에 글을 배우는 것이 당연한 순서이다. 외국어는 그 반대여서, 글을 알면서 배워야 말이 온전해질 수 있다.

그 이유가 무엇인가? 유전자에 각인되어 타고나는 언어 습득 능력은 어느 한 언어를 모국어로 삼도록 한정되어 있다. 그렇게 되는 기간이 초등학교를 졸업할 때까지이다. 어느 언어를 모국어로 삼는가는 환경에 따라 결정된다. 가까이 지내는 사람이 사용하는 말을 스스로 익히는 쪽으로 언어 습득 능력이 발현되어, 그것을 모국어로 삼는다.

가까이 지내는 사람이 사용하는 말이 둘 이상일 때에는 치열한 경쟁을 하다가 우세한 쪽이 모국어로 정착된다. 이렇게 되는 과정에 차질이 있으면, 정신적 상처를 받고, 모국어로 선택된 언어가 다소 불구인 상태로 머물 수 있다. 경쟁에서 탈락한 언어는 외국어로 공부해 정상적으로 구사할 수 있지만, 모국어에 남아 있는 결함은 치유하기 힘들다. 인지하지 못하고 살아가 폐해가 심각할 수 있다.

모국어교육은 자기 스스로 하는 자기교육이다. 언어 습득 능력을 최대한 발현하고, 모국어가 보여주기만 하지 않고 간직하고 있기도 한 갖가지 새로운 창조의 가능성을 자기 것으로 만들어 내놓으려고 힘써야 한다. 학문을 외국어로 하면 이런 작업이 가능하지 않아, 창조학의 업적을 내놓지 못한다. 수리언어를 사용하는 학문은 이에 해당하지 않으므로 제외하고, 일상언어를 사용하는 학문은 모두 모국어라는 광물을 활용하는 정도에 따라 진전이 결정된다.

모국어의 광물은 말만이 아니고 글이 당연히 포함되고, 공동문어 글도 자기 글로 읽어 대폭 늘일 수 있다. 광석이 대단하다고 자랑하고 말면 어리석다. 캐내 광물이게 해야 소중하고, 제련해 활용하는 기술이 가치를 키운다. 이 작업을 능숙하게 하는 비결을 터득하면, 외국어로 이루어져 있는 외국의 광석도 그 나라 사람들보다 더 잘 캐내 적극 활용하는 것이 가능하다. 한국학이 동아시아학으로, 다시 세계학으로 나아가려면 이 작업이 필수인 것을 알고, 힘써 해야 한다.

모국어 자기 교육을 잘해야 만사형통이 보장된다. 이렇게 말해놓고, 잘해야 잘한다는 동어반복을 피하고, 잘못하는 것은 어떤 경우이고 무슨 까닭인가 말하기로 한다. 주위에서 하는 말이 잡탕이고 어느 하나도 온전하다 못한 나쁜 환경에 내버려져 있으면 언어 습득 능력이 손상된다. 이것이 가장 크게 우려해야 하는 사태이다.

모국어에 들어 있는 본원문법을 찾아내 정리하려고 하지 않고, 위세를 떨치는 외국어의 문법을 가져와 모국어를 그릇되게 풀이하는 억설이 장애

를 만든다, 이런 것을 학습문법으로 삼고 배우고 따르라고 하는 교사가
요구하는 모범생이 되면 글을 망쳐 말까지 이상해진다. 게으름을 피우고
공부를 열심히 않는 것이 피란 방법이다.

외국어로 쓴 글은 훌륭하다고 여기고, 모국어 글을 그 비슷하게 만들려
고 하다가 이것도 저것도 아닌 불량품이 되는 경우가 흔하다. 까다롭고
복잡한 말을 난해하게 하면서 무언지 알기 어려운 지론을 펴는 저작이 높
이 평가되는 것을 보고, 그것을 직역한 듯한 글을 써서 근접해 있다고 보
이려는 작전도 유행한다. 분개해 나무라지 말고, 무시하는 것이 마땅하다.

5

영어를 공용어로 하자는 주장이 있었다. 정부가 따르려는 조짐을 보였
다. 나는《영어를 공용어로 하자는 망상》이라는 책을 써서 잘못을 나무랐
다. "민족문화가 경쟁력이다"는 부제를 달아 대안이 무엇인지 말했다.

영어를 공용어로 하면 영어가 모국어 노릇도 하게 되는 것은 아니다.
아주 이질적인 구두어와 공용어, 모국어와 영어가 줄곧 공존해 심각한 사
태가 벌어진다. 영어가 공용어가 된 위세를 가지고 모국어를 교란하고 창
조력을 마비하려고 해서 충돌이 일어난다. 모국어를 지키려는 쪽과 영어
애용으로 위신을 높이려는 쪽이 계급 충돌을 일으켜 사회가 분열된다.

영어는 창조력이 없다는 말이 아니다. 모국어인 영어는 그 나름대로 창
조력이 있고, 다채롭게 발현되어 왔다. 영어를 외국어로 배워 그 대열에
동참할 수는 없다. 영어를 공용어로 해도 원래의 창조력이 이식되지 않는
다. 이런 이유를 들어 영어를 거부하자는 것은 아니다. 영어를 배우고 사
용해야 한다. 세계 거의 전역에서 이렇게 하는 데 동참해야 고립에서 벗
어날 수 있다.

이런 영어는 교통어이다. 교통어는 창조어가 아니다. 유통업이 제조업

이 아닌 것과 같다. 제조업에서 만들어낸 것을 유통업에서 주고받듯이, 창조어의 생산물을 교통어에 실어 보내고 받는다. 모국어로 창조해야 다른 곳에는 없어 특별한 가치를 가지는 문화 제품이 이루어지므로 "민족문화가 경쟁력이다"라고 했다.

모국어의 창조력은 글에 있지 않고 그 이전의 말에서 이루어졌다. 무어라고 집어내 설명하기 어려운 교묘한 형태로 창조력이 비장되어 있다고 할 수 있다. 그것을 끌어내 글에 담으려고 하는 노력이 언제나 미흡하다. 지금 이 글을 쓰면서도 난관을 절감한다. 글을 이리저리 고쳐도 창조력 이전이 흡족하게 이루어지지 않는다.

외국어는 말을 충분히 배운 다음에 글을 배우지 않는다. 글을 배우면서 말도 배워야 출발점에서 헤매지 않고 앞으로 나아간다. 글을 배우면서 말도 배우니, 글 이전의 말에 교묘한 형태로 비장되어 있는 창조력이 사라지고 없다. 어떤 노력을 해도 되살릴 수 없다. 너무나도 당연한 일이므로 딴소리를 하지 말아야 한다.

한국어를 외국어로 배워 김소월의 시와 대등한 수준의 창조를 할 수는 없다. 영어를 외국어로 배워도 이와 다르지 않다. 한국어와 영어에 우열이 있는 것은 아니다. 모국어와 외국어는 어느 경우에든 우열이 있다. 누구나 자기 모국어로는 좋은 시를 지을 수 있는 것이 대등하다.

6

말과 글의 관계를 더 고찰해보자. 말을 적으면 글이 되므로 둘이 똑같다고 할 것은 아니다. 말은 사라지고 글은 남아 있는 것만이 아니고, 말은 하고 싶은 대로 하고 글은 다듬어 쓴다. 말은 일상어이고 글은 공식어이다.

서양인은 한국어를 말로 배우고, 글 읽는 능력은 아주 모자란다. 한국을 잘 안다는 말을 많이 해도, 문화의 깊이를 탐구는 독서 여행을 하려고 하지는 않는 것이 예사이다. 한국인은 그 반대여서, 글부터 배우고 말을 잘하지 못한다. 글로 하는 소통에 더욱 힘써 좋은 책을 읽고자 한다. 나는 불어 회화를 아주 서툴게 하지만, 독해는 다르다. 〈서양철학 현황 시비〉에서 말했듯이, 철학 책 일곱 권을 사와 쉽게 읽고 내 관점에서 논평했다.

영국에 처음 가서 겪은 일이다, 런던 시정을 돌아다니니, 하는 말도, 들어야 하는 말도 잘 통하지 않았다. 중1 이래로 거의 평생 동안 애써 한 영어 공부가 헛되다고 한탄하게 하는 좌절감이 생겼다. 그러나 런던대학은 다른 세상이었다. 강연도 토론도 순조롭게 진행되었다. 예상하지 않던 질문에도 당황하지 않고 적절하게 대답했다.

막연하게 알던 것이 확실해졌다. 일상어와 공식어가 다르다. 모든 언어가 이렇고, 영어는 둘이 다른 정도가 별나게 크다. 영어 일상어는 나라, 지역, 문화 수준 등에 따른 차이점이 심각하다. 별개의 언어가 되고 있다. 글을 매개로 상당한 정도 통일되어 있는 영어 공식어는, 소통의 범위가 아주 넓어 세계적인 범위의 교통어 노릇을 한다.

일상어와 공식어를 동시에 함께 공부하는 것이 최상의 방법이라고 할 수 있겠으나, 가능하지 않다. 모국어는 일상어부터 배우고 공식어로 나아가고, 외국어는 공식어부터 배우고 일상어로 나아가야 한다. 모국어는 5세까지 일상어를 스스로 자연스럽게 익힌 다음, 그것을 토대로 6세부터는 학교에서 공식어를 학습한다.

외국어는 이와 다르다. 일상어를 스스로 자연스럽게 익히는 과정을 거치지 않고, 공식어부터 공부하는 것이 어쩔 수 없고 당연하다. 그 시기를 초등학교를 졸업하고 중학생이 된 13세로 하는 것은 모국 일상어 습득이 안정기에 들어갔으므로, 언어 환경이 달라져도 혼란이 생길 염려가 없기 때문이다.

이런 이치를 모르고 외국어 조기교육을 하고, 조기 유학까지 하는 것은, 모국어 습득이 충실하게 이루어지지 못하도록 하는 방해 작용을 스스로 만들어내는 어리석은 짓이다. 외국어 일상어를 힘써 익혀 능숙하게 구사한다고 자부하면 어리석다. 대학 강연은 생각할 수도 없고, 제대로 된 영어책은 읽지 못한다.

일상어만 익히고 외국 대학에 가서 공부하는 유학생이 되면, 숙제로 부과하는 독서량을 감당하지 못해 탈락한다. 이민을 가서도 공식어를 공부하는 과정을 거치지 않으면 거의 문맹이어서 삶의 질이 아주 낮다. 수십 년 지나도, 뉴스를 잘 듣고 보지 못한다. 책 읽는 즐거움을 누릴 수 없다.

일상어는 하나가 아니다. 곳과 때에 따라 각기 달라 효용이 아주 제한되어 있다. 공식어는 공통점이 뚜렷하고, 제한은 거의 없다. 영어의 경우에는 이 둘의 차이가 별나게 크다. 영어가 외국어이면 일상어에는 관심을 가지지 않고 공식어를 공부해야 한다.

공식어에다 일상어를 보태는 것은 쉽다. 상황을 따르도록 내버려두면 된다. 일상어에다 공식어를 보태려면 중등교육의 전 과정을 거쳐야 한다. 아주 힘들어서 하지 않고 지낸다.

7

북경외국어대학 조선어과에서 강연할 때 한 말을 옮긴다. 외국어 공부는 通文을 위해 글을 배운 것과 通語를 위해 말을 배우는 것을 다 해야 한다. 通語에 치중하고 通文은 소홀하게 하니 잘못되었다. 유학생이 되어 오면 허점이 드러나 지진아가 된다.

한국의 중문학도는 通文을 소중하게 여긴다. 古文을 먼저 白話는 나중에 공부하는 것이 마땅하다고 여긴다. 중국어 말은 잘못하지만 글 공부에 힘써 중국 고금의 서적을 많이 읽는다. 국문학을 하는 나도 이렇게 한다.

중국의 문학이나 학문을 자신 있게 논의한다.

예전에 한국의 외교사절이 중국에 갈 때 인원 구성의 층위가 다채로웠던 것을 알아야 한다. 상층의 사신 일행은 중국어가 아닌 한문으로 通文하는 것을 임무로 자랑했다. 한시 酬唱에서 그 능력을 자랑스럽게 발현했다. 중층의 역관은 전문적인 능력 학습이 평가되어, 중국의 공식어로 하는 通語를 담당했다. 하층의 마부는 양국의 글을 다 모르면서, 오랜 경험으로 중국의 일상어를 직접 익혀 능숙하게 구사했다.

한국의 중문학도는 사신 수준의 通文을 희망한다. 상대편의 중국 학생들은 마부처럼 되기를 바라는 것 같다. 이것은 잘못되었다고 지적해 말하지 않을 수 없다. 학생들 탓이 아니고, 국가 시책에 근본적인 차질이 있다. 언어 실용주의라고 할 것이 심각한 폐해를 자아내고 있는 것을 확인했다. 그 때문에 학문이 황폐하게 된 것을 반면교사로 삼아야 한다. 한국의 영어 공부도 이렇게 빗나갈 수 있다.

내가 가서 하는 강연이나 강의의 말은 학생들이 알아들으면서 뜻은 몰랐다. 대학원 학생들을 상대로 문학사에 대한 특강을 하니, 중국문학사 공부가 되어 있지 않아 한국문학사에 대한 설명을 하기 어려웠다. 耶律楚材를 아무도 모른다고 하는 어처구니없는 사태에 관해 〈야율초재를 잊지 말아야〉, 《대등한 화합》에서 자세하게 고찰했다.

8

외국어는 말을 정리한 공식어를 공부해야 한다. 외국의 공식어 공부를 시간을 효율적으로 사용해 성과가 분명하게 잘하려면, 어떻게 해야 하는가? 비방이라고 할 수 있는 것을 알아냈다. 한 말로 명시하면, 모국 공식어 학습과 병행해 하면 된다.

이 비방을 구체화해 파격적인 제안을 한다, 모국어 교과서와 외국어 교과서가 하나이게 하고, 같고 다른 내용을 대등하게 지니도록 한다. 한 교사가 양쪽을 함께 가르치면 아주 좋다. 양쪽 교사가 교실에 함께 들어와 공동 수업을 토론하면서 진행하는 것이 차선책이다. 교대로 가르쳐도 효과가 있다.

모국어 교사든 외국어 교사든 어학과 문학을 분리하지 않고 함께 가르친다. [가] 서로 번역한 짧은 글, [나] 각기 썼으나 짜임새나 뜻이 비슷하고 조금 긴 글, [다] 갈래나 성격만 상통하고 내용이나 길이에는 제한 없는 글, 두 언어를 사용한 이 세 가지 글을 나란히 수록한 교재를 만든다. 어휘, 문법, 논의 전개, 특이한 표현 방법 등의 비교 고찰을 교사가 조금 하고, 학생들이 훨씬 많이 하도록 한다.

9

선택하도록 제시하는 언어 조합을 말해본다. 거론하기 쉽도록 번호를 붙인다.

[1-1] 한국어·한문
[1-2] 한국어·한문·중국어
[1-3] 한국어·한문·일본어
[1-4] 한국어·한문·중국어·일본어

[2-1] 한국어·영어
[2-2] 한국어·영어·불어
[2-3] 한국어·영어·독어
[2-4] 한국어·영어·불어·독어

이 가운데 어느 것을 선택할 것인가는 학생 각자가 자기 능력이나 취향에 맞게 스스로 결정하게 한다. 관심과 능력에 따라, 공부하는 외국어를 늘이도록 한다. 최초의 선택은 중1 때 하고, 나중에 바꿀 수 있게 한다.

최소의 선택은 [1-1] 또는 [2-1]만이다. 조금 넓히면 [1-1]과 [2-2] 또는 [2-3], 아니면 [1-2] 또는 [1-3]과 [2-1]을 선택한다. 권장하는 선택은 [1-2]와 [1-3] 가운데 하나, [2-2]와 [2-3] 가운데 하나를 아우르는 것이다. 최다의 선택은 [1-4]와 [2-4]를 아우르는 것이다.

10

최다의 선택은 학습 부담이 아주 많아, 특별한 소수자가 선택하도록 한다. 다른 능력은 평균 이하라도 언어 습득 능력은 예외적으로 뛰어난 학생들이 발견되면, 앞으로 나아가도록 허용해야 한다. 늘어난 학습 분량을 기꺼이 감당하면 장학금을 주어 치하하고 격려하는 것이 마땅하다.

위의 표에 없는 외국어도 공부할 수 있게 도와주어야 한다. 위의 [1-1] 또는 [2-2]의 의무 수행에 추가해, 월남어, 타이어, 말레이·인도네시아어, 산스크리트어, 힌디어, 페르시아어, 터키어, 아랍어, 러시아어, 이태리어, 스페인어 등 가운데 한두 개를 중고등학생일 때부터 공부하고 공인된 평가를 얻으면, 특별한 지원을 할 필요가 있다. 대학입시에서 특혜를 얻을 수 있게 하는 것도 고려할 사항이다.

외국어를 많이 알면 좋은 학자가 된다고 하는 것은 아니다. 능력과 뜻이 있으면, 학문을 잘하도록 하는 필요조건을 갖출 수 있게 국가에서 밀어주자고 하는 것이다. 이렇게 해야 학문이 선진화되고, 명실상부한 선진국을 만들 수 있는 기초공사를 한다.

외국어 공부를 항상 모국어 공부와 함께 진행해야 한다는 말을 다시 한다. 그래야 학문을 잘하는 데 필요한 충분조건까지 갖출 수 있다. 비교

고찰이 모국어가 지닌 가능성을 재평가할 수 있게 한다. 그 결과 모국어의 창조력을 최대한 발휘해 세계학문의 쇄신을 선도하는 업적을 이룩하게 한다.

8-5 대학이 살아나야

1

우리 한국은 모든 일이 잘되어 행복을 누리는 것 같다. 나날이 좋아지는 느낌이 든다. 이렇게 여기고 외국에서도 일제히 부러워한다.

그렇지만 끔찍한 불행도 있는 것을 감추지 말고 시인하자. 세계의 모든 나라 가운데, 자살율이 가장 높고, 출산율은 가장 낮다. 광명의 이면에 암흑이 있는 정도가 아니고, 천국처럼 보이는 지옥이다.

행복과 불행, 광명과 암흑, 천국과 지옥의 양면이 모두, 알고 보면 치열한 경쟁이 가져온 결과이다. 잘하는 경쟁은 행복·광명·천국으로 나아가게 하지만, 잘못하는 경쟁은 불행·암흑·지옥을 가져온다. 잘못하는 경쟁이 무엇인지 알고, 줄이거나 해결하려고 노력해야 한다.

교통지옥에 빠져 다투는 것이 가장 잘못하는 경쟁이다. 수도권의 인구 집중과 과밀이 엄청난 시간과 노력을 낭비하도록 한다. 잘못하는 경쟁이 블랙홀처럼 확대되며 잘하는 경쟁을 잡아먹어, 천국은 사라지고 지옥만 남게 한다. 지나친 긴장이 견디기 어려운 공포에 휩싸이도록 해서, 자살율은 높이고, 출산율은 낮춘다.

수도권의 교통수단 증설과 개선은 해결책이 아니고, 밀집을 부추겨 불행을 키운다. 주요기관 지방 이전은 기대하는 성과를 거두지 못하고 있다. 제2의 대도시 부산마저 위태롭다고 한다. 서울대학 같은 대학을 전국에 열 개쯤 만들면 균형 발전이 이루어진다고 하는 주장은 이중의 망상이다. 실현이 전연 불가능할 뿐만 아니라, 서울대학이 가장 좋은 대학이라고 하는 오해를 고착시켜 지방을 더욱 공허하게 하는 결과나 가져온다.

서울대학은 입학하기 가장 어려워 가장 좋은 대학인 것처럼 보인다. 이것은 잘못하는 경쟁이 초래하는 오판의 극치이다. 학생들은 교통지옥보다 더 지긋지긋한 입시경쟁에서 이겨 일생의 목표를 달성했다고 착각하고, 공부를 더 할 여력도 의욕도 없는 것이 예사이다. 정신건강에 이상이 있는 것까지 우려하지 않을 수 없다. 짐을 지지 않고, 짐이 된다.

학문 분야끼리도, 교수들도 경쟁만 하고 협력은 없다. 수입학에 앞장서 위신을 높이려 하고, 창조학을 이룩하려는 진통은 회피한다. 선진화를 말하지만 실제로 바라지 않고, 후진에 안주하는 편안을 누린다. 잘하는 경쟁의 입지를 좁히고 성과를 없애, 학문과 교육이 모두 빗나가게 한다. 나라가 불행·암흑·지옥으로 다가가 망하도록 한다.

2

대학을 살린다는 것은 학문하는 곳으로 만든다는 말이다. 학문을 수입하면 된다고 여기지 않고 스스로 창조하는 것이 대학의 사명인 줄 알고 실행해야 한다. 이 작업을 전국 어느 대학에서도 해야 한다. 이렇게 요구하면 기대하는 결과를 얻을 수 있는 것은 아니다.

수입학을 잘해 명성을 얻은 대학은 달라지지 않으려고 할 것이다. 그렇지 못해 뒤떨어졌다고 하는 대학은 달라질 수 있다. 교수가 분발에 앞설 수 있게 허용하고, 권장해야 한다. 그래서 주목할 만한 성과가 나타나면, 그 교수와 함께 소속 대학을 높이 평가하고 마땅하게 지원해야 한다.

그 교수가 무엇을 해야 하는지 말한다. 학문 창조는 어떻게 하면 할 수 있는가? 이에 대해 힘써 연구하고 강의해야 한다. "학문하는 창조력은 어떻게 발견되고, 향상되고, 구현되는가?”라고 하는 문제를 제기하고 해답을 얻는 것이 구체적인 작업이다. 강의 이름은 '학문론'이라고 하고, 이에 관해 탐구해 얻은 결과를 강의하고 토론해야 한다.

제기된 문제에 두 가지 해답이 있을 수 있다. [가] 사람은 누구나 저마다의 창조주권을 대등하게 지니고 발현한다. [나] 뛰어난 교수가 창조학의 모범을 보이며 학생을 잘 지도하면 큰 성과가 있다.

이 둘은 어떤 관계인가? [가]는 밑면이라면, [나]는 꼭짓점이다. 밑면이 있으므로, 꼭짓점이 있을 수 있다. 밑면이 아주 넓게 펼쳐져 있어, 꼭짓점은 점점 높고 좁아질 수 있다. 밑면은 모두 하나이고, 꼭짓점은 아주 많다. 밑면은 항구적이고, 꼭짓점은 가변적이다.

밑면에 머물러 있지 않고, 꼭짓점을 이룩하는 것이 바람직한 성취이다. 남들이 이미 이룩한 꼭짓점을 흉내내지 말고 자기가 다시 만들어야 한다. 그러나 꼭짓점만 소중하게 여기고 밑면은 무시하면 올라가지 못한다. 요행이 올라가도 추락한다.

사람은 밑면을 공유하고 있어 대등한 것만은 아니다. 각기 올리는 꼭짓점도 서로 대등하다. 모든 꼭짓점 위의 최고의 꼭짓점은 있을 수 없다. 꼭짓점만 소중하게 여기는 사고방식은 차등론이다. 차등론은 버리고 대등론을 실현해야 한다.

밑면이 있어 꼭짓점이 있을 수 있음을 잊지 않고 감사하게 여기는 대등론자라야, 꼭짓점 올리기에서 뜻한 바를 이룰 수 있다. 학문만큼 또는 학문보다 더 훌륭한 일의 꼭짓점이 얼마든지 더 있는 것을 알아야 한다. 이런 생각을 하고 헛된 자부심이 없어야 진실한 학문을 한다.

그 결과 다른 일을 하는 사람들에게서 받은 은혜에 부끄럽지 않게 보답할 수 있다. 겸손한 자세로 自重을 줄이는 것만큼 임무를 감당하는 능력인 荷重을 늘여야 높이 올라갈 수 있다. 사람이 하는 모든 활동인 아주 넓은 밑면에서 학문이라는 꼭짓점을 특별히 선택해서 올리려면 어떻게 해야 하는가? 이것이 구체적으로 제기되는 문제이다. 이에 대한 전문적인 식견을 오랫동안 축적했으므로, 봉사해야 하는 것이 대등의 임무라고 여기고 수고를 아끼지 않는다.

가장 긴요한 말을 먼저 한다. 탐구 의욕과 토론 열의가 각별해야 지금까지 없는 꼭짓점을 높이 올릴 수 있다. 탐구를 시작하고자 하면, 문제 발견이 선결 과제이다. 해결해야 하고 해결할 수 있는 문제 선택이 그다음에 할 일이다. 이것을 다른 말로도 할 수 있다. 없는 것 확인이 선결 과제이다. 있어야 하고 있게 할 수 있는 것 선택이 그 다음에 할 일이다.

모든 대상이나 행위에 "왜?"라는 의문을 가지면 문제를 발견한다. 학문의 창조력에 대해 의문을 가지고, 해결해야 하고, 해결할 수 있는 문제를 알아내 이 글을 쓰는 것을 본보기로 제시한다. 새로운 일거리를 자기가 만들어야 한다. 하늘을 날 듯이 멀리까지 돌아다니면서 공부를 넓게 하다가, 연구 거리를 발견하면 먹이를 낚아채는 독수리처럼 하강해야 한다.

이런 연구를 잘하는 요령을 말한다. 서로 무관하다고 여긴 것들의 상관관계를 알아차린다. 그 구조를 간파하고, 숨은 논리를 발견한다. 가시의 영역에서 벗어나, 탐색을 거시적으로도 미시적으로도 진행해 얻은 결과의 타당성을 교체해 검증한다. 사실판단을 먼저 하고, 다시 사실판단을 근거로 인과판단을 한다. 인과판단에서 더 나아가 가치판단에까지 이른다. 이 작업이 몸에 익어 능숙해지도록, 지도교수와 함께 훈련을 해야 한다.

더 생각하면 독수리 비유는 잘못되었다. 학자는 남의 생명을 희생시켜 자기 먹이로 삼지 않고, 그 반대의 노력을 해야 한다. 자기의 의욕과 열의를 불태워, 널리 도움이 되어 누구나 가져갈 정신적 먹이를 만들어내야 한다. 삶을 불행하게, 나라를 위태롭게, 인류의 멸종을 염려하게 하는 수많은 문제 해결에 기여해야 한다.

이런 학문을 스스로 하지 않고 수입해다가 쓰면 된다고 여겨왔다. 이것이 잘못인 줄 알고 이제 단호하게 바로잡아야 한다. 상품은 수출하고 학문은 수입하는 불균형을 그대로 두면, 상품 수출도 어려워져 후진국으로 되돌아간다. 수입하는 학문에 결함이 있어 크고 작은 여러 문제를 해결하지 못하고 도리어 악화를 초래하는 것을 알고 해결책을 찾아야 한다.

지금 세계사에서 선후 역전이 진행되어, 한국의 새로운 선진국으로 나서라고 한다. 근대를 극복하고 다음 시대를 바람직하게 이룩하는 본보기를 보여달라고 한다. 이런 요청을 외면하지 않고, 받아들여 실행해야 한다.

3

대학에서 창조학을 하는 혁신에 관해 그 자체로 논의하기만 하면, 이론을 위한 이론에 머물러 공허해질 수 있다. 마땅한 연구와 강의의 본보기를 들어 실감을 확보하고 설득력을 높이고자 한다. 명칭은 〈학문의 선후 역전〉이라고 하자. 이 과목에서 학문을 바로잡고 진로를 개척하는 거대한 작업을 한다.

이것은 내가 하고 싶은 강의를 말하는 예시에 지나지 않는다. 얼마든지 바꿀 수 있다. 다른 사람들은 이것을 참고로 하고 별개의 구상을 해야 한다. 같은 강의를 되풀이할 수 없고, 다시 하면 새로운 경지로 나아가야 한다. 준비를 위한 연구를 처음에도, 다시 할 때에도 여러 해 동안 해야 한다.

그 계획과 내용을 간추려 말해보자. 먼저 교수가 힘써 연구해 얻는 성과를 알리는 강의를 한다. 다음에 학생들이 자기 소견을 말하고 후속 연구를 구상하는 발표를 한다. 끝으로 종합토론을 한다. 그 순서가 다음과 같다.

　[1] 학문의 선후 역전 개관
　[2] 특정 선례에 관한 집중 고찰

[3] 새로 진행하는 역전

[4] 여러 분야에서의 재론

[5] 종합토론

　[1]에서 [3]까지는 교수가 하는 강의이다. [4]는 수강하는 학생들이 각기 하는 발표이다. 둘 다 논의를 대범하게 시작하고, 차츰 좁히며 치밀하게 한다. 거시에서 시작해 미시로 나아가는 본보기를 보인다. [5]에는 누구나 대등하게 참여해 공유의 성과를 얻는다.

　[1]은 세계적인 범위에서 진행된 산후 역전의 거시적인 개관이다. 학문이 문명이기도 하다는 포괄적인 관점에서 논의를 진행한다. 사실을 넘어선 원리 확인을 목표로 한다. 다음 두 경우가 좋은 본보기이다.

　[1-1] 고대 이집트의 다신교 – 기독교의 일신교 – 이슬람의 일신교 – 근대 유럽의 과학문명. 뒤떨어진 곳에서 발상의 전환으로 새로운 창조를 해서, 선후 역전으로 역사를 바꾸어놓았다.

　[1-2] 인도 브라만교 – 인도 불교 – 한문을 경전어로 한 북방의 대승불교 – 理氣철학. 장황하게 하던 말을 줄여, 핵심을 분명하게 하는 것이 선후 역전에 의한 역사 쇄신이다.

　[2]도 본보기를 들어 말한다. 중국의 理氣철학을 한국에서 받아들여 氣철학을 이룩한 선후 역전을 고찰하는 것이 좋은 본보기이다. 徐敬德의 노선 전환에서 崔漢綺의 결실 획득까지를 단계적으로 해명하면서, 중국과의 비교를 곁들인다.

　[3]에서는 두 가지 사례를 들어 자세하게 말할 수 있다.

　[3-1] 문학사 서술에서 일본과의 선후 역전을 한국이 성취했다. 《한국문학통사》에서 자국문학사 서술의 모범을 보였다. 이것이 유럽과의 선후 역전으로 나아간다. 그쪽에서는 기권하고 버린 세계문학사를 맡아 바람직하게 이룩한다. 《한일 학문의 역전》에서 근접된 논의를 한 근거가 《문학

사는 어디로》에 있다고 한다. 《한국문학통사》와 《세계문학사의 전개》의 상관관계에 대한 해명을 한다.

[3-2] 근대 유럽의 자랑인 평등론은 상극을 키우고, 강압적으로 실현하려고 하다가 지나친 차등론을 재현한다. 이런 잘못을 대등론으로 해결한다. 역시 발전을 변증법으로 이룩하려고 상극을 키워 피를 흘리게 한 잘못도 심각하다. 방향을 바꾸어, 상극이 상생이고 상생이 상극인 생극론으로 평화적인 향상을 이룩해야 한다. 이 둘을 합친 《대등생극론》에서 인류의 희망을 제시한다.

학생들 각자의 발표는 다음과 같이 구성한다.

[4-1] [1]의 어느 면 구체화
[4-2] [2]와 상응하는 자기 분야의 사례
[4-3] [3]에 관한 자기의 포부와 구상
[5]에 적극 참여하는 발상

이상의 내용을 한 학기 강의에서 다루는 것은 아주 벅차다. 난점을 해소하기 위해 특별한 방법을 사용한다. 문제의식을 가지고 깊이 생각할 시간을 얻고, 관련된 저작을 충분히 읽어 이해하고, 발표나 토론 준비를 충실하게 할 수 있도록, 강의를 장기간 네 학기에 걸쳐 진행하는 것이 바람직하다. 규제를 풀고, 변화를 허용해야 한다.

네 학기에 걸쳐 강의를 한다면, 어떻게 할 것인지 말한다. 제1학기에는 교수가 수강 희망 학생들을 면담한다. 강의계획을 논의하고 서로 평가한 다음, 수강신청을 하고 수락한다. 제2학기에서는 교수가 강의한다. 요지와 기본 자료를 간명하게 정리해 배부하고, 질문을 받아 보충설명을 하는 방식을 택한다. 제3학기에는 학생들이 발표를 한다. 전공의 차이가 큰 만큼 더 큰 성과를 얻는다. 제4학기에는 종합토론을 한다. 각성을 주고받으며,

각자의 학문을 서로 공유한다.

여러 교수가 각기 다르게 하는 이런 강의를 박사과정의 공동 필수로 하고, 많은 대학의 다양한 전공자들이 함께 수강하도록 하는 제도를 마련해야 한다. 그러면서 강의를 개방해, 수강자가 아니라도 참석 토론할 수 있게 한다. 온라인으로 널리 공개하는 것이 좋다. 모든 내용을 정리해 책을 출판한다. 여러 교수가 다양한 강의를 한 결과물이 학문 발전을 선도하도록 한다.

4

이제 대변동이 일어나야 한다. 명성이 낮고 뒤떨어졌다고 하는 대학 여기저기에서 사명감을 가지고 분발하는 교수들이, 위에서 본보기를 제시한 것 같은 연구와 강의를 할 것을 기대한다. 파격적인 투자를 해서 이런 변화를 촉진하면, 그 효과가 교육 전반으로, 온 사회로 파급된다. 그 결과 많은 문제를 해결할 수 있을 것이다.

허명을 누리고 있는 기존의 명문을 넘어서는 뛰어난 대학이 지방 여기저기서 새로 나타나, 수도권의 과밀 해소를 가능하게 한다. 혁신을 위한 노력이 전국적으로 이어져 박사과정 교육을 함께 개혁하고, 창조학의 역군을 박사로 배출할 수 있게 된다. 수입학을 행세거리로 삼는 잘못을 척결하고, 창조학이 일어나 할 일을 하도록 한다. 국산 박사는 저질이거나 가짜여서 버려야 하고, 교수를 채용하려면 외국 박사를 찾아야 한다는 부끄러움을 씻어내게 한다.

상극의 경쟁을 비정상적으로 하는 파탄을 바로잡고, 상생의 협력을 바람직하게 하도록 한다. 차등론을 청산하고, 그 대안인 대등론을 온전하게 실현한다. 차등론이 부추겨 잘못하는 경쟁은 불행·암흑·지옥을 가져오고, 대등론을 실현하며 잘하는 경쟁은 행복·광명·천국으로 나아가게 하는 것을 알고 방향을 바꾸게 한다.

선진국을 따르며 원망하는 시대는 끝났다. 이제 우리 한국이 새로운 선진국으로 나서사 세계사의 위기를 극복하고 인류가 희망을 가지게 해야 한다. 머리말에서 한 말을 다시 한다. K-팝이나 K-드라마보다 훨씬 더 나아간 K-학문이 있어야 한다. 이런 요청을 절실하게 받아들여, 기대 이상으로 실현해야 한다.

학문 창조의 모범을 보여 나라를 빛내는 데 그치지 않고, 인류 문명의 위기 해결에 적극적으로 기여해야 한다. 다음 시대를 바람직하게 창조할 수 있는 기본 설계를 제시해야 한다. 이것이 대학의 사명이다.

9 대등종교철학

9-1 종교의 변천

동아시아와 동남아시아는 중세전기에, 다른 어느 문명권의 보편종교보다 더욱 자랑스럽다고 할 수 있는 대승불교를 공유하고 있었다. 대승불교는 문명의 중심지 인도에서 선진이라고 자부하면서 출현했다. 재래의 불교가 출가자를 위한 작은 수레 小乘이라고 나무라고, 중생을 널리 제도하는 큰 수레 大乘의 불교를 이룩한다고 했다. 인도에서 가져온 대승불교가 동아시아와 동남아시아를 함께 선진이게 했다.

대승불교는 불교 전용의 언어 팔리(Pali)로 대강의 내용만 적은 재래의 경전과는 다른 새로운 경전을, 힌두교에서 격조 높게 가다듬은 문명어 산스크리트를 사용해 마련했다. 그 결과 대승불교는 철학과 문학에서도 대단한 경지에 이르렀다. 나가르주나(Nagarjuna, 龍樹)가 심오한 이치를 논의한 철학시 〈中道에 관한 시〉(Madhyamakakarika, 中論)가 놀라웠다. 아스바고사(Asvaghosa, 馬鳴)의 〈붓다차리타〉(Buddhacarita, 佛所行讚)는 불타의 생애와 성불의 의의를 격조 높은 서사시로 노래한 대단한 작품이다. 이런 것들을 받아들여 동아시아도 동남아시아도 높은 수준의 문명을 자랑했다.

대승불교는 신앙의 대상인 시각적 조형물을 엄청나게 만드는 것을 또한 자랑으로 삼았다. 동아시아와 동남아시아 양쪽에서 장대한 불상을 만들고, 부처가 자기네 제왕의 모습을 하고 있도록 한 것도 다르지 않았다. 중국 雲崗이나 龍門의 석불을 보면 규모나 수법이 놀랍고, 앙코르 와트(Angkor Wat)라고 하는 크메르의 사원은 정교하고 화려함이 더욱 압도적이어서 찬탄을 쏟아놓지 않을 수 없다.

산스크리트 경전을 동아시아에서는 한문 번역으로, 동남아시아에서는 원문 그대로 이해한 것은 달랐다. 동아시아의 대승불교는 불경 한역에서 도가사상을 수용하고, 신앙의 기반을 넓히면서 재래의 신앙과 섞였다. 산스크리트 경전을 번역하지 않고 받아들인 동남아시아의 대승불교는 힌두교와의 관련을 그대로 가져와 정착시켰다. 앙코르 와트의 조형물에서는 힌두교가 불교보다 더욱 돋보인다.

그 화려한 시대가 계속 이어지지 않고, 어느 시점에서 끝났다. 대승불교를 버리는 변화가 양쪽에서 함께 일어나 중세전기에서 중세후기로의 이행이 나란히 진행되었다. 대승불교를 버리고 대안으로 삼은 새로운 이념이 동남아시아에서는 上座(Theravada)불교이고, 동아시아에서는 신유학이었다. 상좌불교는 소승이라는 이유로 대승불교가 배격하던 원래의 불교이다. 스리랑카에 보존된 것을 동남아시아로 가져오는 데 미얀마와 타이가 앞섰다. 신유학은 대승불교 이전의 유학을, 대승불교와 경쟁할 만한 철학을 갖추어 재현한 것이다.

상좌불교와 신유학은 상당한 정도의 공통점을 가지고 중세후기를 이룩하는 사명을 함께 수행했다. 이에 관해 명백한 자료를 들어 실증적 고찰을 하는 것은 가능하지 않다. 거시적인 안목에서 그 내역을 정리해보자. 첫째 공통점은 대승불교가 선진이라고 자부하면서 후진이라고 폄하한 원래의 이념이 후진이 선진이 되는 역전을 거쳐, 대승불교를 후진이라고 나무라고 밀어낸 것이다. 둘째 공통점은 허황된 상상을 멀리하고 현실을 중요시하며, 일상생활에서 나날이 필요로 하는 사고나 행동의 지침을 제공한 것이다. 셋째 공통점은 대제국의 제왕이 부처와 대등하다고 하는 주장을 거부하고, 일반 백성과 가까운 관계를 가진 지배층이 자기네 입지를 유리하게 하고 옹호하는 사고를 알뜰하게 마련한 것이다.

첫째 공통점은 역사의 선후 역전의 일반적인 원리를 함께 보여주는 것이다. 둘째 공통점은 신유학에서 명백하게 나타나는 것을 단서로 삼아 상좌불교를 고찰하면 확인된다. 셋째 공통점은 동남아시아에서 나타난 민족 교체, 동아시아에서는 계급 교체로 나타난 것이 다르지 않다고 하면서 상호조명을 하면 이해가 심화된다. 이 둘 다 만만한 일이 아니므로 항목을 나누어 다시 고찰한다.

중세후기로의 전환은 어느 문명권에서나 일어나, 긴요한 연구 과제이다. 어느 문명권에 국한된 산발적인 고찰을 하는 수준을 넘어서서 안목을 넓혀야 한다. 동아시아와 동남아시아의 중세후기 비교연구를 더욱 진전시켜 세계사 이해의 심화에 크게 기여하는 것이 마땅하다.

9-2 문제의 상황

1

오늘날의 종교 상황을 보자. 보편종교 문명권이 대등한 관계를 가지던 중세가 기독교 문명권의 팽창으로 무너졌다. 근대 동안 세계를 지배하던 기독교가 지금은 쇠퇴하고 무종교인이 늘어나는데, 이슬람은 세력을 넓힌다. 기독교와 이슬람의 오랜 싸움이 우열 역전의 양상을 띠고 격화된다. 다른 종교 힌두교, 불교, 유교 등은 현상 유지를 위한 방어를 힘겹게 한다. 인류를 행복하게 한다고 각기 주장하는 종교가 근접된 거리에서 더욱 심하게 충돌해 심각한 불행을 가져온다.

유튜브 방송 〈남불문화기행〉의 한 대목에서 한 말을 옮긴다. 불국의 아랍인은 840만이나 되고, 전 인구의 12.5%이다. 유럽 각국에서 최고이며, 독일의 5.0%, 영국의 4.6%, 이탈리아의 2.6%, 스페인의 2.3%에 비해 현저하게 많다. 아랍인의 80%는 전에 식민지였던 북아프리카 출신이고, 알제리인이 43.2%, 모로코인이 27.5%, 튀니지인이 11.4%이다. 알제리 독립전쟁 때 독립을 원하지 않고 불국 편에서 싸운 알제리인 수십 만을 일거에 데리고 온 것이 특기할 사실이다. 불국의 아랍인은 불국 국적을 지니고 불국인으로 살아가지만, 이슬람교를 버리지 않고 정체성을 지킨다. 경제적으로 어려운 처지에 있고 핍박을 받는다.

《우리 문명에 대한 도전인 이슬람》(*L'islamisme, un défi pour notre civilization*)이라는 책을 발견하고, 크게 반가워 주저하지 않고 샀다. 일간지 《르 피가로》(*Le Figaro*)에서 이슬람 전문가 20인에게 질문을 해서 얻은 답변을 정리해 낸 책이다. 모두 불국인이고, 불어 저작이 소개되어 있으나, 성명을 보면 절반 가까이가 원래 아랍인이다. 책이 크고 면수가 많아 소개하기가 벅차다. 내용을 간추린 말을 곳곳에서 굵은 글씨를 내놓은 것들을 몇 개 들고 논평한다.

"이슬람은 무신론, 마니교, 유태교, 그리고 기독교의 복합이다"(L'islam est un synchrétisme d'éléments païens, manichiéens, juifs et des chrétiens.) "무신론" 이하 열거한 것들을 "기독교"까지 복수형으로 써서 잡다함을 강조했다. 이슬람이 그것의 복합이기만 하면 세계를 휩쓰는 힘을 이해할 수 없다. 그런 것들을 자극의 원천으로, 극복의 대상으로 삼아 이룩한 획기적인 창조를 평가해야 한다.

"신앙의 자유는 기본 인권이므로 이슬람의 율법을 시비해야 하리라. 이에 관한 논의가 언젠가는 우리들 사이에서 일어나야 한다."(La liberté religieuse, droit de l'homme fondamentale, devra remettre 두 cause la charia. Il va bien falloir en parler un jour entre nous.) 신앙의 자유를 내세워 이슬람율법을 시비해야 한다는 것은 신앙의 자유를 스스로 부정하는 말이다. 이에 관한 논의를 "우리들"이라고 한 기독교도 유럽인들이 해야 한다는 것은 신앙의 자유 침해이다.

종교끼리 내정 간섭은 하지 않고 서로 인정하는 것이 신앙의 자유이고, 서로 인정해 화합하는 것이 인류의 이상이다. 과거에 이슬람이 지배하는 나라에서는 기독교도가 신앙을 유지하도록 허용되고, 기독교 국가에서는 무슬림이 극도의 박해를 받은 것을 잊지 말아야 한다. 오늘날 유럽 각국은 신앙의 자유를 헌법에서 명시한 선진국임을 자부하면서 이슬람에 대한 차별과 박해를 멈추지 않고 있다. 이슬람의 반발이 정당방위임을 인정하지 않고 과격해지도록 자극한다.

"평화는 폭력이나 공포의 부재만이 아닌, 그것을 빚어내는 구조나 환경의 제거를 의미한다"(La paix ne signifie pas seulement l'absence de violence et de terreur, mais l'élimination des structures et des cadres qui y mènent.) 무슬림의 일부가 폭력을 사용하고 공포를 조성하고 있는 것을 일반화해 모두를 적대시하는 발언이다. 이슬람이 폭력을 빚어낸다는 이유에서 공포의 대상으로 삼아 제거하려는 것은 더 큰 공포를 가져오는 폭력이다. 대립 관계에 있는 한쪽이 다른 쪽을 자기가 뜻하는 대로 개조해야 평화가 온다고 하는 것은 용납할 수 없는 도발이다.

"불국에서 태어나고, 또한 대개 불국에서 태어난 부모의 자식인 불국인 상당수가 불국에 소속되었다는 느낌을 가지지 못한다."(Une partie de la population française née en France, souvent de parents eux-mémês nés en France a la sentiment de ne pas appartenir à celle-ci.) 무슬림 아랍인이 계속 이주해 불국인의 정체성이 흔들리고 있어 이런 불안감을 느낀다고 했다. 불국인의 순수성을 지키는 것은 불가능할 뿐만 아니라 무의미하다는 것을 인정하지 않는다.

더 큰 관심을 가지고 읽어야 할 글을 하나 든다. 제목이 〈그렇다, 유럽은 이슬람을 두려워한다, 이슬람은 유럽을 크게 위협하려고 한다〉(Oui, l'Europe a peur de l'islamisme, elle est prête à tout lui càéder)고 하는 것이다. 질문을 받고 응답을 한 사람 산살(Boualem Sansal)은 불국에서 불어로 소설을 써서 상을 여러 번 받은 알제리 출신 작가라고 소개되어 있다. 불어로는 간드러지게 속삭이면서 우아한 수식을 자랑하는 관습을 무시하고, 대담한 발언을 우악스럽게 했다.

아랍인이 유럽 특히 불국으로 대거 이주하는 것은 유럽인이 미주대륙으로 대거 이주한 것과 다르지 않은 세계사의 대사건이며, 그 경우에는 없던 필연성을 지닌다. 유럽인의 미주대륙 이주는 일방적인 선택이지만, 아랍인의 유럽 이주는 유럽인이 식민지를 통치를 하려 간 과거사의 당연한 역전이므로 비난의 대상이 될 수 없고 막을 방도도 없다. 이에 대해 유럽이 무력한 것이 당연하다. 유럽은 힘을 잃고 무너지고 있다.

"이슬람주의자들은 유럽 에피소드가 종말에 이르렀다고 확신한다. 저항이 끝나고, 결코 앞으로 더 나아갈 수 없다"(Les islamistes sont convaincus que l'épisode Europe tire à sa fin. Elle est arrivée au bout de sa résistance, elle n'osera jamais aller plus loin.) 이 얼마나 놀라운 말인가? 충격을 진정시키고 차근차근 뜯어보자.

"이슬람주의자들"이라고 번역한 "islamistes"는 이슬람을 신앙하는 무슬림을 지칭하는 것만은 아니다. 이슬람 신앙을 신념으로 삼고 세상을 개조하기 위해 투쟁하는 사람들이다. 무력 투쟁이 아닌 사상 투쟁으로 유럽을 개조하고자 한다. 불국에서 불어로 소설을 쓰는 알제리 출신의 작가가 이슬람주의자라고 자처하고 나서서, 이슬람주의자들의 공통된 견해를 말한다고 했다.

"유럽 에피소드"(l'épisode Europe)라는 것은 무슨 말인가? "에피소드"는 이야기의 한 토막이고 중간에 끼어든 것을 특별히 일컬을 때 쓰는 말이다. 유럽이 세계사에 끼어들어 행세를 한 것이 하나의 에피소드에 지나지 않는다고 했다. 유럽의 득세 전에는 아랍 세계가 패권을 장악하고 있었다. 대들어도 이기지 못하던 유럽이 산업혁명 이후에 침략자로 변신해 세계를 괴롭혔다. 그것이 "유럽 에피소드"라고 했다.

이백 년쯤 지나 세계사는 새로운 전환기에 들어섰다. 유럽이 물러나고 아랍 세계가 다시 대두한다고 했다. "유럽 에피소드가 종말에 이르렀다"는 것이 바로 이 말이다. 예사 사람들은 잘 모르지만, 이슬람전문가들은 이것을 확신한다고 했다. 종말에 이른 유럽은 대두하는 아랍 세계에 대해 저항하지 못하고, 더 나아갈 길이 없다고 했다.

그래서 이제 대전환이 일어난다고 했다. "유럽 이슬람주의자들"(les islamistes européens)이 예언자 무하마드가 메카에서 재래 신앙의 우상을 파괴하고 새로운 사상을 선포하는 것과 같은 과업을 수행한다고 했다. 불국에는 무슬림 공동체 구성 인원이 많아 "이슬람주의자들이 바라는 새로운 세계로 나아가는 여정을 주도한다"(un rôle central dans l'avènement du nouveau monde voulu par les islamistes)고 했다.

이렇게 생각하고 말하는 사람이 불국에서 작가로 평가되고, 신문사에서 찾아가 면담을 하고 얻은 견해를 책에 내놓았다. 그 책을 공항 편의점에서 팔고 있어 사와 읽고 이 글을 쓴다. 세상이 많이 달라졌다.

2

　기독교문명권과 이슬람문명권의 충돌로 세계사는 심각한 진통을 겪고 있다. 양쪽 다 힘을 과시하면서 싸움을 격화시키고 있을 따름이고, 충돌의 해결책은 내놓지 못하고 있다. 지금 거론하는 책은 전반적으로 기독교문명권 유럽이 겪고 있는 곤경을 말하는 데 그치고 그 이상 진전은 없다. 이슬람문명이 유럽을 위협하고 개조한다고 높이 외치는 소리에 해결을 위한 지혜는 없다. 자기 쪽이 승리한다는 자만심은 성숙된 지혜와 거리가 멀다.

　어떤 싸움이든 해결하려면 중재자가 있는 것이 유리하다. 동아시아 유교문명권은 싸우는 당사자가 아니고, 둘 가운데 어느 한쪽과 가까운 전통도 없으므로 중재자 자격이 있다. 근래 기독교문명권의 침해를 막아내지 못하고, 이슬람에 대한 이해가 많이 모자라는 결격사유를 힘들여 시정하고 당면한 위기에서 세계사를 구출하는 중재자로 나서는 것이 마땅하다. 힌두교문명과 연합할 수 있기를 바라면서 먼저 분발하지 않을 수 없다.

　유교는 종교적 독단이 가장 적은 종교이고, 이치를 그 자체로 분명하게 하는 유학이기도 해서, 그 양극단의 중간에 설 수 있다. 孔子가 말한 '和而不同'이 좋은 지침이다. 서로 다른 것을 인정해 상대방의 개조를 요구하지 않고 차이를 인정하고 존중하면서 화합하는 것이 문명의 충돌을 해결하는 유일한 방법이다. 원론만 확인하면 목적을 달성할 수 있는 것은 아니므로, 실질적인 도움이 되는 철학이 필요하다. 생극론이 그 임무를 담당한다.

　유교 또는 유학철학의 근본을 이루는 陰陽이 相克이면서 相生이고, 상생이면서 상극인 관계를 가진다는 것이 생극론의 명제이다. 상극이면서 상생이라는 것은 상극이 없어지지 않고 그 자체로 상생을 이룬다는 말이다. 문명의 충돌은 상대방과의 상극 관계를 그대로 인정하고, 양쪽을 합쳐 한층 고차원의 창조가 가능한지 모색해 상극이 상생이게 하는 방향으로 나아가 해결이 아닌 해결을 해야 한다. 기독교문명과 이슬람문명의 충돌을 생극론에 근거를 둔 이런 방안으로 해결하기 위해 분발하고 노력해야 하는 임무를 동아시아에서 자각해야 한다.

9-3 해결 가능성

1

유튜브 방송 〈이슬람문명의 이해〉 서두에서 한 말을 옮긴다. 이슬람문명 이해를 왜 말해야 하는가? 알기 때문이 아니고, 알아야 하기 때문이다. 이슬람문명을 알아야 하는 이유를 밝히려면, 우리 자신에 대한 성찰에서 시작하는 긴 논의가 필요하다. 다른 여러 문명과 구별되는 동아시아의 문명은 무어라고 해야 하는가? 동아시아문명은 유교문명이라고 하면서 세계문학사를 서술하고 세계사를 논의해왔다. 이것이 잘못임을 깨닫고, '유교문명'을 '儒佛문명'이라고 수정한다.

동아시아문명은 유교문명만이 아니고 유교와 불교가 함께 이룩한 문명임을 분명하게 확인하게 되었다. 유교와 불교는 '外儒內佛'의 관계를 가진다. 밖으로는 유교로 현실에 참여하고, 안으로는 불교로 마음을 비우면서 문명이 성장하고 사람이 성숙한다.

유교와 불교는 동아시아에서 오랫동안 상생하면서 상극했다. 시대가 달라져 동아시아가 다른 여러 문명과 만나게 되어, 이제는 상극이면서 상생인 관계를 가져야 한다. 유교는 고고하게 놀지 말고 몸을 낮추라고, 불교는 산중에 머무르지 말고 밖으로 나오라고 서로 깨우쳐주면서, 동아시아가 인류를 위해 크게 기여하자고 다짐하는 것이 마땅하다.

이런 생각을 분명하게 하는 데 도와준 은인이 있으니, 耶律楚材이다. 징기스칸이 지휘하는 몽골군이 판도를 크게 넓히면서 살육을 일삼을 때, 거란인 야율초재가 참모로 발탁되자 말했다. 사람을 약탈의 대상으로 삼고 죽이는 것보다, 살려두고 생업에 종사하게 하고 세금을 거두는 것이 더 이익이다. 利로 설득해 義를 이루도록 해서, 몽골제국이 유라시아 대륙 거의 전역에서 '몽골평화'(Pax Mongolica)라고 일컬어지는 태평성대를 이룩했다. 우리 선조 고려인이 목숨을 구하고 나라를 유지한 것이 그 덕분이라고 할 수 있다.

야율초재는 '以儒治國 以佛治心'을 신조로 삼았다. "유교로 나라를 다스리고, 불교로 마음을 다스린다"는 말이다. 나라를 바로잡고 사람을 살리기 위해 진력한 것이 안으로 佛心을 지녔기 때문이다. 나중에 부당하게 희생되어 가산 몰수를 당할 때, 축재한 사실이 전연 없이 가난하게 산 것이 밝혀졌다. 더 할 말이 많으나, 〈야율초재를 잊지 말아야 한다〉가 《대등한 화합, 동아시아문명의 심층》이라는 책에 있으니 읽어보라고 말하고 넘어간다.

야율초재를 잊지 말아야 할 이유는 시야를 넓혀서 다시 말한다. 몽골군이 살육을 일삼는 것 같은 대재앙이 다시 일어나고 있다. 여러 문명이 대등하게 공존하는 균형을 깨고, 유럽문명권이 일방적으로 팽창해 세계를 휩쓸고 있다. 가장 큰 힘이 군사력에서 경제력으로, 다시 기술력으로 이동하면서 차등이 확대되고 상극이 격심해진다.

상극에 상극으로 맞서서 불행을 해결할 수는 없다. 상극을 상생으로, 차등을 대등으로 바꾸어놓아야 위기에서 벗어나 행복을 누릴 수 있다. 이를 위해 동아시아가 분발해야 한다. 유교와 불교의 상극이 상생이게 한 창조주권을 더 크고 높게 발현해 상생을 이룩하고, 대등을 실현하기 위해 나서야 한다. 인류의 화합, 세계의 평화를 가져오는 과업을 맡아 나서야 한다.

이런 생각을 하면서 세계사가 전개되어온 판도를 멀리까지 바라보자. 동아시아의 한문·유불문명, 남·동남아시아의 산스크리트·힌두교문명, 서남아시아에서 시작된 아랍어·이슬람문명, 유럽의 라틴어·기독교문명이 펼쳐져 있는 것이 한눈에 들어온다. 이 네 문명이 상극에서 상생으로, 차등에서 대등으로 나아가도록 하려면 어떻게 해야 하는가?

유불문명이 가까이 있는 힌두교문명과 제휴하고 협력하는 것이 선결 과제이다. 제휴는 오랜 전례를 되살리면 힘들지 않게 이루어지겠으나, 그쪽은 의욕을 잃고 물러나 있어 협력해 합칠 만한 힘이 얼마나 있는지가 의문이다. 힌두교의 성자 비베카난다(Vivekananda)는 힌두교가 불교를 잃어 인도는 몰락의 길에 들어섰다고 했다. 불교를 되찾아 공유하면서 유불문명과 함께 크게 일어나자고 하는 것이 마땅하다.

기독교문명은 유불문명 가까이 다가오더니 안으로 들어와 세력을 넓히면서, 군림하고 지배하려고 한다. 대등론을 파괴하는 차등론을 제시하고, 상생을 부정하는 상극을 확대한다. 상극에 상극으로 맞서 침입자는 물러가라고 외치는 것은 해결책일 수 없고, 슬기로운 방법이 아니다. 유불문명과 기독교문명이 제휴하고 협력해 상극이 상생이게 하는 것이 장래의 소망임을 분명하게 한다.

이 소망을 달성하는 최상의 방법은 유불문명이 이슬람문명과 먼저 제휴하고 협력하는 것이다. '以夷制夷'라는 진부한 작전을 '以友得友'라는 참신한 지혜로 바꾸자. 멀리 있는 오랑캐를 불러와 가까이 있는 오랑캐를 물리치려고 하지 않고, 멀리 있는 사람을 벗으로 삼아 가까이 있는 사람이 벗이 아닐 수 없게 하는 것이다.

이슬람문명은 아직 멀리 있어 잘 모르지만, 유불문명과 차등의 관계가 아니고 대등한 협력자일 수 있다. 기독교문명과 이슬람문명이 생사를 건 싸움을 하는 것은 피차 유익하지 않고 인류의 큰 불행이라는 말을 기독교문명은, 전연 용납하지 않으므로 이슬람문명에 먼저 전하고자 한다. 양쪽이 독선을 버리고 상대방을 이해하고, 싸움을 멈추고 평화를 이룩하라고 촉구하는 중재자 노릇을 우리 유불문명에서 맡아 나선다고 우선 이슬람문명에 알리고, 이해와 협력을 구해야 한다.

이렇게 하려면 이슬람문명을 알아야 한다. 반드시 알아야 한다. 상대방을 이해하지 못하면서 우리를 이해하라고 할 수는 없다. 이슬람문명을 알기 위해 노력해온 성과가 얼마 되지 않아도 정리해 여기 제시하고, 더 넓고 깊은 탐구를 위해 함께 힘쓸 동지를 널리 구한다. 세상을 바로 알려고 하는 모든 사람이 이슬람문명의 이해에 동참할 것을 촉구한다.

나는 문학을 공부하고 있어, 이슬람문학에 대해 특별한 관심을 가진다. 이슬람문학은 인류의 지혜가 어디까지 이르는지 알려준다. 박해를 받고 항거할 때에는 더욱 깊은 공감을 자아낸다. 문학을 중심에 두고 이슬람문명을 고찰하면서, 우리 유불문명은 깨우침을 받아야 한다는 것을 절감한다.

2

《창조주권론》에서 대등종교를 말한 대목을 옮긴다. 종교란 무엇인가? 알기 어렵고, 말하기는 더 어렵다. 문화부에서 종교를 관장하지만, 너무나도 벅찬 일을 마지못해 하는 것 같다. 정부가 나서서 종교에 대해 무어라고 할 수는 없다고 한다. 종교는 인민의 아편이라면서 철권통치로 박멸하려는 시도는 실패했다. 아무 종교도 믿지 않는 비종교인이 절반이 훨씬 넘고 계속 확대되는 추세이니, 앞으로는 종교가 그리 문제되지 않을 것이라고 하는 주장도 있다.

이 정도 알고 물러나, 종교문제는 덮어둘 것은 아니다. 종교가 계속 문제이다. 종교가 무엇인지 알아야 한다. 종교가 무엇인가에 관해, 비종교인과 종교인이, 각기 다른 쪽의 신자들이 공유할 수 있는 이해가 있어야 한다. 그래야 나라가 지금보다 나아질 수 있고, 다음 시대를 더 잘 만들 수 있다. 지금까지 전개해온 대등론이 이 과제를 피할 수 없어 감히 맡아 나선다.

　종교는 사랑을 말하면서 다툼을 일으키고, 평화를 가져온다고 하면서 전쟁을 부추기는 것이 같다. 자기 종교는 선하며, 사랑을 말하며, 평화를 가져온다고 하고, 다른 종교는 악하며, 다툼을 일으키며, 전쟁을 부추긴다고 하면서 서로 다툰다. 어떻게 하면 선하며, 사랑을 말하며, 평화를 가져온다고 하는 면은 남기고, 악하며, 다툼을 일으키며, 전쟁을 부추기는 면은 없앨 수 있는가?

　이 과제를 해결하려는 시도가 몇 번 있었다. 18세기 불국의 계몽철학자 볼태르(Voltaire)는 자기 종교만 옳다고 하는 유신론(théisme), 모든 종교를 다 부인하는 무신론(athéisme)을 둘 다 넘어서서, 모든 종교는 각기 그 나름대로 타당성이 있다고 하는 理神論(déisme)을 확립해야 한다고 했다. 19세기말 인도의 성자 비베카난다는 모든 종교는 같은 목표를 향해 다른 길로 가고 있어 근본적으로 하나이므로 다투지 말아야 한다고 했다.

　나는 교조를 받들고 제도화된 기성 교단의 종교는 각기 다르게 경직되어 있지만, 민중의 여망을 받아들여 후대의 聖者(saint)가 다시 유연하게 만든 종교는 깊이 상통하는 것을, 구전을 정착시킨 聖者傳(hagiography)을 비교고찰해 입증했다. 성자의 종교로 교조의 종교를 대치하면 희망이 있다고 했다. 이렇게 하는 것이 실제로 가능하지는 않아 새로운 제안을 한다.

　종교의 교리는 신화이다. 신화는 상상의 산물이고, 상징적인 의미를 지닌다. 이 말에 동의하는 것은 그리 어렵지 않다. 이 말에 동의하면 더 나아간다. 신화가 상상의 산물이고 상징적인 의미를 지니는 것은 문학작품과 다르지 않다. 재미가 더 있거나 덜 있는, 감동의 정도가 다른 차이는 당연히 있지만, 문학작품에서 하는 말이 다르다고 심하게 다투지는 않는다. 불만이 있어도, 공존을 인정한다. 종교에서 하는 말도 문학작품처럼 상상이고 상징임을 인정하면, 모든 종교는 각기 그 나름대로의 상상이나 상징으로 사랑을 말하면서 평화를 가져오고자 하는 것이 대등하다는 데 동의할 수 있다. 이렇게 말하는 것이 대등론의 종교관이다.

한국은 다종교 사회이다. 특별한 다종교 사회이다. 부자, 형제, 부부 등 아주 가까운 사람들이 종교가 달라도 다투지 않고 지낸다. 이것은 지금까지 세계 어디에도 없던 희한한 일이다. 그 이유는 대등론의 종교관을 무어라고 말하지 않는 가운데 공유하고 있기 때문이다. 어느 종교 교단도 공식적으로 인정하지 않지만, 이것은 누구도 부인할 수 없는 사실이다. 극단주의 예외자들이 난동을 부려도 대세를 바꿀 수 없다.

잠재적으로 존재하고 작용하는 대등론의 종교관을 조심스럽게 드러내 가다듬고 세상을 더 좋게 하는 방안이라고 천명하자. 주눅이 들어 있고 역부족인 지금까지의 종교학을 대치할 새로운 종교학을 이룩하자. 이것을 대등종교학이라고 일컫기로 한다. 대등종교학을 교과목으로 삼고 학교에서 일제히 가르쳐 온 국민의 의식 수준을 획기적으로 높이자. 밖으로 널리 알려, 다음 시대로 나아가는 지표로 삼자.

치부술에서 경제학으로 나아가, 근대학문이 시작되었다. 경제학은 계급모순 진단을 맡았다. 각 종교 교리학 상위의 대등종교학을 확고하게 이룩하면, 근대를 넘어서는 다음 시대의 학문을 열 수 있다. 대등종교학은 민족모순 또는 문명모순 해결에 기여할 것으로 기대한다. 이 과업을 우리가 선도해 온 세계를 일깨워야 한다.

3

오랜 내력을 가진 기독교문명권과 이슬람문명권의 충돌은 심각하다. 양쪽 다 종교가 정치를 절대적 차등론으로 내몰기 때문이다. 이에 대해 어떻게 대처해야 하는가? 중재자가 있어야 한다. 다종교 사회인 한국이 종교의 충돌을 중재할 수 있는 자격을 가진다. 이에 대한 해명이 필요하다.

한국은 오랫동안 外儒內佛의 관계를 가지고 공존하는 儒佛문명권이다가, 근래에 여러 새로운 종교가 생겨나고 들어왔다. 신구 기독교를 받아들여 열심히 신봉하면서, 여러 변형을 산출하고 있다. 종교의 諸子百家가 화려하게 피어난다.

기독교목회자협의회에서 최근에 발표한 조사 결과를 보면, 무종교 63.4%, 불교 16.4%, 개신교 15%, 가톨릭 5.1%이다. 이슬람이 0.4%까지 늘어났다. 유교도 종교로 여기고, 무속, 천도교, 원불교, 증산교의 여러 교파 등도 있는 것을 고려해야 한다. 나라 구석구석에 갖가지 새로운 종교가 있다.

이것은 불운이 아니고 행운이다. 다종교 공존을 뚜렷하게 하는 것을 경축하자. 그 덕분에 종교의 충돌을 중재할 수 있는 자격을 가질 수 있다. 타당한 방안을 찾아 문명의 위기에서 인류를 구출해야 하는 의무를 자각해야 한다. 다종교의 충돌이 종교에 대한 보편적 이해를 필요로 하고, 가능하게 한다.

무종교인의 증가가 종교 문제 해결의 가능성을 말해준다. 종교가 없어져 종교문제도 없어질 것이라고는 기대하지 말아야 한다. 무종교인은 선수가 아니어서 심판일 수 있다. 종교에 대한 관심을 버리지 말고, 모든 종교를 대등한 거리를 가지고 이해하고 비교 평가해, 종교 충돌의 중재와 해결에 적극 기여하려고 해야 한다.

공산주의에서 강요하는 무종교는 종교의 반발을 키운다. 종교의 자유가 철저하게 보장된 곳의 무종교는 모든 종교의 장점을 살리면서 배타적 독성은 제거하는 데 적극 기여하는 작업을 대등하게 할 수 있다. 기독교문명권에서는 가능하지 않은 대등종교학을, 儒佛문명에서 무종교 사회로 나아가는 행운을 갖춘 곳에서 마땅히 이룩해야 한다.

자발적인 무종교인이 다수가 되어야, 진정으로 불편부당하고 전적으로 타당한 대등종교학을 이룩하고 무리 없이 실행할 수 있다. 우리가 이런 행운을 누리게 된 것을 알고 감격하지 않을 수 없다. 이것은 국내의 갈등을 완화하고 해결하는 데 그치지 않고 인류를 행복하게 하는 아주 훌륭한 과업이다. 이런 대등종교학을 이룩하기 위해 학문하는 역량을 최대한 동원해 적극 노력해야 한다. 이것이 다른 어느 나라보다 앞서서 세계사의 대전환을 이룩하는 길이다.

대등종교학은 단숨에 이룩하기 어려우므로, 두 가지 예비작업을 하고 도움을 받을 필요가 있다. 하나는 다종교 사회의 다른 본보기를 찾아 비교고찰을 하는 것이다. 또 하나는 모든 종교는 같거나 하나이므로 서로 다투지 말아야 한다고 주장한 선각자들을 찾아 재평가하고, 그 생각을 이어받는 것이다.

앞의 작업을 위해 몇 곳의 현지조사 연구를 구상해본다. 예루살렘에서 유태교·기독교·이슬람이 어떻게 공존하는지 알고 싶다. 발칸반도 중부 특히 사라예보 일대에는 가톨릭·동방기독교·이슬람이 대등한 비중과 밀접한 관련을 가지고 있다는 것을 구체적으로 확인하고 싶다. 이런 곳들을 더 찾아 실정을 파악하고 종교의 실상에 관한 논의를 하는 것이 좋다.

뒤의 작업을 하려고 내 나름대로 조금 노력했다. 불국의 볼태르(Voltaire)와 르낭(Renan), 인도의 카비르(Kabir)와 비베카난다(Vivekananda)를 찾아, 하는 말을 조금 듣고 대강 옮겼다. 많이 모자라는 것을 절감하고, 분발하는 연구가 있어 시야를 확대하고 논의의 수준을 높이는 업적을 내놓기를 기대한다.

이런 예비작업에서 더 나아가 모든 종교에 대한 총체적인 고찰을 대등하게 해야 한다. 종교 충돌이 가져온 인류문명의 위기를 해결하는 처방을 대등종교론이라는 이름으로 마련해야 한다. 지금 구상하고 있는 내역을 조금 말한다.

모든 종교는 차이점만 있지 않고 공통점도 있어, 어느 쪽만 정당하다고 할 수 없다. 이것을 출발점으로 한다. 종교의 경전이나 교리를 진위는 가리지 않고, 신화나 상상, 한 말로 하면 상징이라고 여겨 문학작품 읽듯이 이해하면 모두 흥미롭고 유익하다. 이것을 방법으로 한다. 이 방법이 가장 긴요하다. 모든 종교는 표면만 다르고 내면은 같아 결국 하나이다. 이것을 목표로 한다.

세 단계의 작업을 풍부한 예증을 들어 타당하게 진행해 대등종교학을 이룩해야 한다. 이것을 교육을 통해 널리 알려, 누구나 마음을 열고 생각이 달라지도록 해야 한다. 그러면 인류 화합을 이룩하고, 문명의 위기를 넘어서서 다음 시대를 바람직하게 이룩할 수 있다.

자기 종교만 가르치는 종교교육 못지않게, 종교는 취급하지 않는 비종교교육도 해롭다. 종교 충돌을 방관하는 것은 교육의 직무유기이다. 잘못을 반성하고, 대등종교론을 일제히 가르쳐야 한다. 통일된 교과서가 있어야 하는 것은 아니다. 수준을 인정할 수 있는 여러 책을 비교검토해야 한다.

어느 책이든 내용이 미비하고 문제점이 많은 것이 당연하므로, 토론으로 수업을 진행해야 한다. 기존 논의의 합의를 도출하려고 하지 말고, 더욱 진전되고 타당한 견해를 내놓아야 한다. 학생들이 각자 또는 공동으로 최상의 대등종교론을 이룩해야 한다.

이 발표에 대해 지명토론자 김호동(역사학)이 말했다. "'무종교인'의 개념을 좀 더 세분해서 보아야 할 필요가 있지 않을까 생각한다. 즉 통계상의 '무종교인'에는 '무신론자(atheists)'와 '불가지론자(agnostics)'와 '무종교자(non-religious)'가 모두 포함되기 때문이다. 이 가운데 '무신론자'는 '유신론자' 못지않게 도그마틱한 반면, '무종교자'는 종교 자체에 무관심한 부류이다. 따라서 종교간 타협을 도모하는 대등종교학을 이들에게서 희망하는 것은 어렵지 않을까?"

이에 대해 나는 말했다. 그 점에 관해 논의한 많은 전례를 찾아 고찰해야 한다. 《철학사와 문학사, 둘인가 하나인가》(2000)에서 한 말을 다시

한다. 볼태르(Voltaire)는 '理神論'(déisme)의 종교관을 내세웠다. 理神論'
은 '有神論'(théisme)도 아니고 '無神論'(athéisme)도 아니며, 그 중간이다.
'유신론'에서는 어느 특정의 신을 섬기고 다른 신은 배격한다. '무신론'에
서는 어떤 신이라도 부정하고 모든 종교를 거부한다. 볼태르는 그 둘 다
마땅하지 않다고 하고, 인류 전체가 하나의 보편적인 신을 함께 섬겨 평
화와 화합을 이룩하고, 도덕의 근거를 공통되게 마련하자고 하는 취지의
'理神論'을 주장했다.

세계 도처에 각기 그 나름대로 훌륭한 종교가 있으며 기독교는 그 가
운데 오히려 열등한 쪽이라고 하고, 기독교의 독선을 넘어서는 관용의 정
신을 가져야 역사의 발전을 이룩할 수 있다고 했다. 그런 주장을 펴다가
박해를 받아도 굽히지 않고, "파렴치를 타도하라"(ecrasez l'infâme)고 외
쳤다. 그런데도 무신론을 택하지 않고 理神論을 내세운 것은 생각을 깊게
했기 때문이다.

기독교의 독선을 물리치는 데 상극만인 무신론보다 생극의 양면을 갖
춘 理神論이 더 큰 힘을 발휘한다. 독선에 대한 최대의 위협인 관용을
대안으로 제시해 투쟁을 승리로 이끌 수 있기 때문이다. 또한 여러 문명
의 서로 다른 종교가 배타적인 자세를 버리고 서로 화합해 인류 공동의
이상을 추구하자는 것은 무신론에서는 가능하지 않고 理神論에서만 펼
수 있는 주장이다. 상생은 상극이고, 상극은 상생이어야 하는 이치가 그
렇게 구현된다.

9-4 재출발

재출발을 위해 불교의 도움을 찾는다. 《金剛般若波羅蜜經》, 약칭 《金剛
經》은 한국불교의 주류 曹溪宗의 所依經典이어서 먼저 읽을 만하다고 한

다. 분량이 많지 않아 다행이다. 가장 긴요한 말이 앞 대목의 〈大乘正宗
分第三〉에 요약되어 있다. 원문을 들고 번역한다. 정확한 논의를 위해 계
속 원문을 이용한다.

> 佛告須菩提 諸菩薩摩訶薩 應如是降伏其心 所有一切衆生之類 若卵
> 生 若胎生 若濕生 若化生 若有色 若無色 若有想 若無想 若非有想非
> 無想 我皆令入無餘涅槃而滅度之 如是滅度 無量無數無邊衆生 實無衆
> 生得滅度者 何以故 須菩提 若菩薩 有我相 人相 衆生相 壽者相 即非
> 菩薩

부처님이 수보리에게 말씀했다. 모든 보살마하살은 마땅히 이와 같
이 그 번뇌의 마음을 항복시킬 것이니라. 무릇 있는 바 모든 중생의
난생, 태생, 습생, 화생, 형상 있는 것, 형상 없는 것, 생각이 있는 것,
생각 없는 것, 생각이 있는 것도 아닌 것들을 내가 모두 다 교화해
해탈의 열반에 들게 하여 제도하노라. 이렇게 해서 한량없이 많은 중
생들을 다 제도하지만 실로 한 중생도 제도된 바가 없느니라. 왜냐하
면 수보리야, 보살이 아상·인상·중생·수자상이 있다면 이는 곧 보살
이 아니기 때문이니라.

《金剛經》과 인연이 깊다. 1960년경 대학 학사과정 학생일 때 元義範
선생의 《金剛經五家解》 강독을 수강했다. 我相·人相·衆生相·壽者相이 무
엇을 말하는지 이해할 수 없어 깊은 의문을 가지고 있었다. 선생의 강의
가 미흡한 것 같고, 五家解의 설명이 석연하지 않았다.

60년도 더 지난 지금 의문을 풀려고, 유튜브 방송에서 하는 강의를 들
어보았다. 승려 한 분은 慧라고 하는 般若波羅蜜과 相이라는 것이 어떻
게 다른지 힘써 설명했다. 慧는 충분히 검증되고 의심의 여지가 없는 앎

이고, 相은 대강 그렇다고 여기는 부정확하고 불충분한 앎이라고 했다. 이런 相을 버리고 저런 慧를 얻어야 彼岸으로 건너간다고 했다. 我相·人相·衆生相·壽者相이 각기 무엇인가. 왜 이 넷을 그 순서로 나란히 들었는가는 말하지 않았다.

또 한 승려는 我相·人相·衆生相·壽者相이 무엇인가 하는 질문을 받아 대답한다면서, 我相·人相·衆生相·壽者相이 무엇인지 알기 쉽게 설명한다고 했다. 我相은 나라는 생각이다. 人相은 사람이라는 생각이다. 衆生相은 중생이라는 생각 또는 중생이 하는 저급한 생각이다. 壽者相은 壽命에 대한 생각 또는 오래 살겠다는 생각이다. 이렇게 말했다. 설명이 그 자체로 분명한 것 같지만, 두 가지 의문을 일으켰다.

한 사람이 네 가지 생각을 한다는 말인가? 이것은 작은 의문이다. 앞에서 "一切衆生之類 若卵生 若胎生 若濕生 若化生 若有色 若無色 若有想 若無想 若非有想非無想"을 든 것과 我相·人相·衆生相·壽者相이 어떻게 연결되는가? 그 많은 것을 말하다가 말고, 한 사람의 네 가지 생각을 거론했다고 하면, 앞뒤가 어긋나지 않는가? 이것은 큰 의문이다.

근거 있는 논의를 찾아 근래 불교학의 석학이라고 하는 白龍城을 만났다. 백용성 지음, 김호귀 풀이, 《백용성의 금강경 강의》(2019)를 읽었다. 재물이나 학식이 있으면 사람들을 업신여기는 것이 我相이다. 자신이 仁義禮智를 실천한다고 혼자 人인 척하는 것이 人相이다. 좋은 것은 자기에게 돌리고 나쁜 것은 남에게 베풀면 衆生相이다. 경계를 마주하여 취사심이 있으면 壽者相이다. 人相 이하는 무슨 말인지 알 수 없고, 점점 이상해진다. 위에서 말한 두 의문을 제기하기 더 어렵다. 석학이 무지를 부추긴다.

한역 《金剛經》을 산스크리트 원문과 대조하면서 풀이하는 새로운 작업을 몇 분이 했다. 我相·人相·衆生相·壽者相에 해당하는 산스크리트 용어를 찾아내니, 모두 신조어가 아니며 사용된 전례가 外道라고 일컫던 다른 종교 문헌에서 발견된다고 한다. 기존의 용어의 새로운 활용을 고찰하려고 하니 힘이 들어, 我相·人相·衆生相·壽者相이 없어야 한다고 한 것은 外道에 휘말리지 말라고 하는 경고라고 안이하게 이해한다. 이것은 편가르기로 진위 판별을 대신한 논의이다. 我相·人相·衆生相·壽者相이 어떤 생각이어서 잘못되었는지 납득할 수 있게 밝혀야 한다.

이중표 역해, 《니까야로 읽는 금강경》(2016)은 〈금강경〉 산스크리트 원본을 세밀하게 읽고, 四相에 관한 논의를 신중하게, 알기 쉽도록 전개했다. 相의 원어는 직역하면 想이라고 했다. 無名에서 비롯한 妄想이 我想이라고, 이것을 가지면 인간으로서[人想] 생사윤회하는 중생이며[衆生想], 일정한 수명을 가지고 태어나서 살다 죽는다고[壽者想] 여긴다고 보았다. 쉽게 풀이하는 이런 말이 불교의 다른 경전에도 있어 새삼스럽지 않다고 했다. 想을 相으로 번역한 이유를 따지지 않았다. 원문에는 壽者想이 먼저이고 衆生想이 나중인 것을 지적하고, 바꾸어 번역한 이유에도 관심을 가지지 않았다. 더 큰 의문은 제기할 필요가 없다고 생각하게 했다.

허탈감이 생겨 더 찾아다니다가, 民國 黃昆山居士 著, 《金剛般若波羅蜜經分段注解》라는 것을 발견했다. "卵生是雞鴨等類 胎生是人馬牛等 濕生是在水中所生的微生蟲 化生是由變化而生的蚊螢等"이라고 한 명백한 설명에 이어서, "若有色" 이하의 것들은 天人의 여러 모습이라고 했다. 그 원문을 든다. "有色是色界天 但有色身而絶情欲的天人 無色是無色界天 惟有靈識而無色身的天人 有想是有想界天 惟有想不復有色身的天人 無想是無想諸天界 一念寂然不動的天人 非有想非無想 是非想非非想諸天界的天人"

다시 "何謂四相"이라고 하고, "四相 由我執而起 吾人一有執著 既有能執所執 能即我相 所執人相 種種分別 即衆生相 能執所執不斷 即壽者相"이라고 했다. 이 대목은 번역한다. "四相은 我執으로 말미암아 생긴다. 한 사람이 執著하는 바가 있으면, 能執도 所執도 있다. 能은 바로 我相이고, 所는 바로 人相이다. 종류마다 분별하면 바로 衆生相이다. 能執과 所執이

不斷하면 바로 壽者相이다.”무슨 말인지 알기 어렵다.

“四相空 即我執空 又名人空”, “四相은 空인데, 내가 空을 잡고, 또한 名하기를 人이 空이라고 한다.”는 말을 앞세우고 四相이 무엇인지 다시 규정한다. 그 가운데 하나만 들면, “若存我能度生之念 不能忘我者 我相也”, “(내게 능히 度生할 생각이 있어, 나를 잊을 수 없는 것이 我相이다)”라고 한다. 무슨 말인지 알 수 없다. 무슨 말인지 알 수 없다는 것을 분명하게 입증하려고, 다른 세 相에 대한 설명까지 들 필요는 없다. 모르는 것을 안다고 말하려고 하니, 말이 아주 난해해진다는 말만 하면 된다.

《五家解》에서 무어라고 했는지 다시 찾아본다. “迷人恃有財寶學問族姓 輕慢一切人 名我相”, “길 잃은 사람이 財寶·學問·族姓을 별나게 가졌다고 믿고 모든 사람을 깔보는 것을 我相이라고 일컫는다.”이것은 적절한 설명이다. 그 다음부터는 빗나갔다.

“雖行仁義禮智信 而意高自負 不行普敬 言我解行仁義禮智信 不合敬爾 名人相”, “비록 仁義禮智信을 행하고 있다고 하더라도, 뜻이 높다고 스스로 자부하고, 널리 공경하지 않고, 내가 仁義禮智信을 이해하고 실행하고 있으므로 너를 공경하는 것은 적합하지 않다고 말하면, 人相이라고 일컫는다.”이것은 납득할 수 없다. 我相과 人相의 차이를 무시한다.

“好事歸己 惡事施人 名衆生相”, “좋은 일은 자기에게, 나쁜 일은 남에게 돌리는 것을 衆生相이라고 일컫는다.”이것은 엉뚱한 말이다. “對境取捨分別 名壽者相”, “境에 대해 취사와 분별이 있는 것을 壽者相이라고 일컫는다.”이것은 이상한 소리이다.

위의 것은 凡夫의 四相이라고 하고, 修行人도 四相이 있다 하고, 설명을 다시 했다. “心有能所 輕慢衆生 名我相”, “마음에 能한 바가 있다고, 衆生을 깔보는 것을 我相이라고 일컫는다.”이것은 위에서 말한 바와 합치되고, 둘 다 타당하다. “自恃持戒 輕破戒者 名人相,”“자기는 戒를 지킨다고 자부하고, 破戒者를 가볍게 여기는 것을 人相이라고 일컫는다.”

이것 또한 我相과 구분되지 않아 부적절한 설명이다.

"順三塗苦 願生諸天 是衆生相", "三塗의 苦에 순응하며, 天에서 태어나 기를 바라는 것이 衆生相이다." 이것은 말이 된다. "心愛長年 而勤修福業 諸執不忘 是壽者相", "마음으로 연장자를 사랑하고, 福業을 부지런히 닦으면서, 집착하고 있는 모두를 잊지 않으면, 이것은 壽者相이다." 말이 왔다갔다 한다.

《五家解》에서부터 혼란과 당착이 생겼다. 我相만 어느 정도 이해하고, 人相 이하의 것들은 무엇인지 몰라 엉뚱한 소리를 했다. 一切衆生之類를 여럿으로 나누어 말한 것과 四相이 어떻게 관련되는지 생각조차 하지 않았다. 我相에 갇혀 있어 시야가 좁아지고 몽롱해진 탓이라고 할 수 있다. 그런데도 대단한 권위가 있다고 여기고 받드는 탓에, 후대의 논의가 계속 뒤틀린다. 지혜는 말뿐이고, 그 내막은 맹종이다. 사리를 널리 밝히지 않고 유심론에 치우친 종교가 따르는 신도를 우매하게 만든다.

말이 험악한 것을 시인한다. 너무나도 소중한 《金剛經》을 자기 것이라고 차지한 쪽에서 함부로 훼손하고 그릇되게 이용하는 것을 두고볼 수 없어, 분발하고 일어나 바로잡고자 하니 말을 차분하게 할 수 없다. 허위를 척결하고 진실을 밝히는 작업을 단호하고 예리하게 해야 한다. 이 일을 감히 내가 맡아, 우선 몇 가지를 분명하게 한다.

我相·人相·衆生相·壽者相이라는 말은 번역을 아주 잘해, 원어보다 훨씬 간결하고 정확하다. 원어에 끼어 있는 여러 外道의 때를 씻어내, 뜻이 명료하다. 그 이유는 둘이다. 역자 鳩摩羅什이 아주 총명해, 때가 끼어 있는 말의 정확한 뜻을, 안개에 가려 있는 산의 실제 모습을 말하듯 알려주었다. 漢文은 조어 능력이 뛰어나, 四相을 일관성과 변화를 함께 잘 갖춘 용어 我相·人相·衆生相·壽者相으로 지칭할 수 있게 했다. 순서를 바로잡아 衆生相을 먼저, 壽者相을 다음에 말한 것은 당연하다.

我相·人相·衆生相·壽者相은 오다가다 우연히 만난 뜨내기가 아니다.

셋일 수도 다섯일 수도 없고, 꼭 넷이어야 하는 필연성이 있다. 순서가 일정하고, 여러 겹 짝을 이루는 관계를 가지고 있다. 앞에서 一切衆生之類를 여럿으로 나누어 말한 것과 相이 넷이라고 한 것은 별개가 아니고, 깊은 관련이 있다. 一切衆生之類를 濟度하겠다고 하다가 문득 다른 생각이 난 탓에 말을 바꾸어, 我相·人相·衆生相·壽者相이 없어야 한다고 했다고 여기면 오해가 심하다.

我相·人相·衆生相·壽者相의 뜻을 명료하게 밝히자. 我는 나, 人은 사람, 衆生은 동물, 壽者는 수명을 지니고 사는 모든 생물이다. 衆生은 이중의 의미를 지닌다. 一切衆生之類라고 할 때에는 살아 있는 모든 것을 뜻하는 총칭이다. 壽者相과 다름없다. 我·人·衆生·壽者 순으로 열거한 衆生은 卵生·胎生·濕生·化生하는 동물이다. 이쪽이 정확하다. 我相·人相·衆生相·壽者相은 순서가 일정하다. 범위가 좁고 넓은, 거리가 가깝고 먼 관계를 가지고 배열되어 있다. 壽者相보다 더 넓고 먼 것은 없다.

我는 人에, 人은 衆生에, 衆生은 壽者에 포함된다. 人은 我＋x이다. 衆生은 人＋y이다. 壽者는 衆生＋z이다. z에 식물이나 미생물뿐만 아니라, 有色·無色·有想·無想·非有想非無想이라고 일컬은 미확인 또는 미지의 생명체까지 포함된다. 我相과 人相이, 衆生相과 壽者相이 짝을 이룬다. 我相＋人相과 衆生相＋壽者相도 짝을 이룬다. 我相＋衆生相과 人相＋壽者相 또한 짝을 이룬다.

相이라는 것은 근거가 모자라도 그렇다고 여기는 관념의 표방이며, 실상과 달라 문제가 된다. 我·人·衆生·壽者가 각별하고 우월하다고 여기는 차등론의 부당한 관념의 표방이 我相·人相·衆生相·壽者相이다. 我는 타인보다 우월하지 않고 서로 대등하다고 해야 한다. 人은 다른 동물이나 생물보다 우월하지 않고 서로 대등하다고 해야 한다. 衆生이라고 지칭하는 동물은 다른 생물보다 우월하지 않고 서로 대등하다고 해야 한다. 壽者라고 지칭하는 생물은 다른 존재 무생물보다 우월하지 않고 서로 대등하다고 해야 한다.

　대등론의 견지에서 말해보자. 我가 타인과 서로 대등한 것이 萬人對等이다. 人이 다른 동물이나 생물과 대등한 것이 萬生對等이다. 생물이 무생물과 서로 대등한 것이 萬物對等이다. 만인·민생·만물대등을 알아차리고 실행하는 것이 지혜이고, 菩薩行이고, 해탈이다.

　《金剛經》에서 이렇게 한 말을 惠能이 앞장서서 축소하고 왜곡했다. 我나 人의 수행만 생각하고, 衆生이나 壽者는 버려둔 관심의 축소는 능력 부족에 이유가 있다고 인정하고 길게 나무라지 않아도 된다. 我相·人相·衆生相·壽者相이 지칭하는 영역과 무관한 我의 마음가짐이라고 한 왜곡은 용서할 수 없다.

　《金剛經》에서 한 말은 말이 안 되므로 훌륭한 줄 알고 믿고 숭앙하라고 했다. 보편타당한 철학은 버리고 편협하며 옹졸한 종교만 남겨, 불교를 손상했다. 종잡을 수 없는 소리를 한다는 이유로 존경을 받고, 재물은 다투어 바치도록 했다. 이런 잘못이 바위처럼 굳어 쉽사리 비판할 수 없다. 바위가 물이 되어 흐르게 하려면 획기적인 대책이 있어야 한다.

　《金剛經》의 원문으로 돌아가면 획기적인 대책이 생기는 것은 아니다. "是法平等 無有高下"라고 한 말은 길을 막고 장애를 만든다. 이에 대해 하고 싶은 말을 우선 한문으로 적는다. "實相對等 有高下 而相助相生 若只平等 無有高下 萬物寂靜 相助相生 不可得成."

　높낮이가 없는 평등은 관념이다. 무엇이든 고요하게 정지되어 있다고 착각하게 한다. 실상은 그렇지 않다. 평등이 아니고 대등이어서, 높낮이가 있다. 높낮이가 있다고 나무랄 것은 아니다. 높낮이가 있어 서로 돕고 상생을 이룩한다.

　《金剛經》은 대등의 길을 열고자 하고 착오를 일으키기도 했다. 따르는 무리는 착오를 확대했다. 그렇다고 해서 나무라고 결별할 것은 아니다. 종교가 대등의 길을 열고자 한 것을 높이 평가하고, 대등종교론의 원천이나 논거로 삼아야 한다.

我相·人相·衆生相·壽者相 비판은 내가 하는 작업과 합치된다. 대등론의 근거를 분명하게 한다. 적극 이어받아 대등종교론을 더욱 알차게 하는 데 힘써야 한다.

9-5 새로운 회삼귀일

  1

崔致遠은 말했다. "國有玄妙之道 實乃合包三敎 入則孝於親 出則忠於君 魯司寇之旨也 處無爲之事 行不言之敎 周柱史之宗也 諸惡莫作 諸善奉行 筑乾太子之化也"(〈鸞郎碑序〉) 이것은 종교 아우르기의 모범을 일찍 보여준 소중한 자료이며, 지금부터 하는 모든 논의의 출발점이 된다.

번역하면서 풀이한다. 먼저 "나라에 玄妙之道가 있다"고 했다. 玄妙之道는 신라인의 玄妙한 도리이다. 스스로 이룩한 것만이 아니고, "사실은 三敎를 포함하고 있다"고 했다. 儒·道·佛敎를 세 종교라고 했다. 거론하는 순서가 후일의 〈三敎一理惀〉과 같다. 그 일관성을 주목하고 평가해야 한다.

"들어오면 어버이에게 효도를 하고, 나가면 임금에게 충성하라"는 유교는 "魯司寇"라고 한 孔子의 "旨"이다. "無爲한 事를 맡고, 不言의 敎를 행하라" 도교는 "周柱史"라고 한 老子의 "宗"이다. "갖가지 惡을 짓지 말고, 여러 善을 받들어 실행하라"는 불교는 "筑乾太子"라고 한 釋迦의 "化"이다. 말을 자꾸 바꾸는 것은 글을 잘 쓰려고 하는 수사법이 이해를 다양하게 하도록 하는 의의도 있다.

이 셋은 각기 다르지만, 대등한 위치에서 서로 보완한다. 셋이 함께 玄

妙之道를 이루었다. 받아들인 문명을 종합해 재창조하는 능력을 가지고, 개별적인 이치를 크게 아울러 하나로 상통하게 하고, 제반 실천 행위를 타당하게 하는 정신적 지침을 마련했다. 신라에서는 이런 작업을 해서 사고 수준을 크게 높인 것을 적극적으로 평가해야 한다.

이런 이상을 후대에도 이어받아 실현하려고 하면서 오늘에 이르렀다. 그러면서 차질이나 혼란이 있었다. 유교와 불교가 타당성 논란을 벌인 것이 《삼국사기》와 《삼국유사》에 나타나 있다. 요점만 들어 고찰한다.

어떤 생각을 가지고 썼는지 두 책의 저자가 스스로 밝힌 것부터 보자. 〈進三國史記表〉에서는 "君后之善惡 臣子之忠邪 人民之理亂"(군후의 선하고 악함, 신자의 충성스럽고 사특함, 인민이 다스려지고 혼란스러움)을 기록해 勸誡해야 한다고 했다. 이것이 유교사관의 핵심이다. 一然은 〈삼국유사〉〈敍〉에서 "大抵古之聖人 方其禮樂興邦 仁義說敎 則怪力亂神 所在不語"(대저 옛적의 성인이 바야흐로 예악으로 나라를 흥하게 하고, 인의로 교훈을 베풀 때 괴력이나 난신은 말하지 않았다)고 했다. 유교사관의 의의를 인정하고, 더 자세한 논의를 폈다. '善惡'·'忠邪'·'理亂'이라고 한 것들과 '禮樂'·'仁義'는 말이 달라도 뜻은 같아 '禮義'라고 통칭할 수 있다.

《삼국유사》〈敍〉 그 다음 대목에서는 말을 바꾸었다. "然而 帝王之將興也 膺符命 受圖錄 必有以異於人者"(그러나 제왕이 장차 흥하려면 부명을 받고 도록을 얻어 반드시 예사 사람들과 다름이 있었다)고 하고, "然則 三國之始祖 皆發乎神異 何足怪哉"(그러므로 삼국의 시조가 모두 신이한 데서 나온 것이 어찌 괴이하겠는가)라고 했다. 이른 시기 중국 제왕이 보인 신이한 행적은 공자 이래로 유교에서 공식적으로 인정하므로 유학자들도 존중했다. 그런데 한국에서 제왕이 일어날 때 신이함이 있는 것이 어찌 괴이하다고 할 수 있겠는가 하고 반문했다.

용어를 다시 살피자. "膺符命 受圖錄 必有以異於人者"라고 한 것을 "皆發乎神異"에서는 '神異'라고 줄여 말했다. '神異'는 '禮義'와 대비된다.

《삼국사기》는 禮義, 《삼국유사》는 神異를 기본 개념으로 역사를 이해했다고 할 수 있다. 그 두 개념으로 중국과 한국을 연결시키고 비교해 평가한 견해가 서로 달랐다. 서두에서 각기 한 말을 다룬 내용과 연결시켜 정리하면 다음과 같다.

《삼국사기》는 말한다. [가1] 예의는 중국과 한국에서 다를 수 없으므로, 한국은 중국 성인의 가르침을 따라야 한다. [나1] 제왕도 예의를 지켜야 한다. [다1] 예의가 신이보다 선진의 가치이다. 《삼국유사》는 말한다. [가2] 중국의 제왕도 한국의 제왕도 각기 신이해, 중국과 한국은 대등하다. [나2] 제왕은 신이하기에 숭앙되고, 예의는 예사 사람에게 소용된다. [다2] 신이가 예의보다 상위의 가치이다. [가2]는 민족의식이고, [다2]는 신이사상이며, [나2]가 그 둘을 매개한다.

다음 순서로 불교에 관한 견해를 보자. 《삼국사기》는 신라 본기 말미의 "論曰"에서 "奉浮屠之法 不知其弊 至使閭里 比其塔廟 齊民逃於緇褐 兵農侵小 而國家日衰"(부처 받드는 법의 폐해를 몰라, 마을에까지도 탑이나 절이 즐비하고, 백성들이 온통 승려 노릇을 하니 군사도 농사도 침해받아 줄어들고 나라가 날로 쇠퇴했다)고 했다. 그러면서 불교의 실상을 전연 고찰하지 않았다. 《삼국유사》는 법흥왕의 불교 공인을 다룬 〈原宗興法 厭髑滅身〉 말미의 "讚曰"에서 다음과 같이 노래했다.

聖智從來萬世謀
區區興議謾秋毫
法輪解逐金輪轉
舜日方將佛日高

聖智는 이제부터 만세의 지략이거늘,
구구한 여론 가을 터럭 흠잡는다.

法輪이 金輪을 좇아 구르게 되어,
舜日은 佛日과 더불어 높으리라.

　법흥왕이 불교를 공인한 것은 이제부터 시작되는 오랜 시간을 위한 지략이라고 했다. 불교를 반대한 구구한 여론은 모두 헛되다고 했다. "金輪"은 金輪聖王이며, 轉輪聖王과 같다. 불교의 진리가 이 세상에서 실현되게 하는 위대한 통치자를 일컫는다. "法輪"이 굴러 불교의 진리를 펴도록 한 법흥왕은 전륜성왕이라고 칭송받아 마땅하다고 했다.

　마지막 구절에서 "舜日"과 "佛日"은 서로 다른 상징적인 의미를 가진다. 舜日은 유교의 성군이 다스리는 태평성대를 뜻한다. "舜日堯年"이라고 병칭되기도 한다. 佛日은 부처의 가르침이 이어지는 시간이다. 舜日이 빛난다고 하지만 佛日은 더욱 높다고 했다. 유교만 섬기는 데서 더 나아가 이제 그 상위의 불교를 받들게 된 것이 큰 경사라고 했다.

　《삼국사기》에서 신라가 망한 것이 불교 탓이라고 했다. 망했으니 변명의 여지가 없다 하겠으나, 불교의 책임은 입증되지 않는다. 고려에서도 계속 불교를 받들었으므로 불교가 망국과 직결된다고 할 수는 없다. 너무 많이 세웠다고 나무란 탑과 절이 소중한 문화재로 남아 있어 나라를 빛낸다. 유교 쪽에서는 백성들에게서 생산물을 거두어들여 어디다 썼는지 후대에 알려주지 않는다.

　《삼국유사》는 불교의 시작을 말했다. 어떤 기대라도 걸 수 있는 시점에서 불교가 위대하다고 했다. 사회적 폐단을 말한 것과 정신적 가능성에 대한 기대를 나타낸 것은 관점의 차이이다. 폐단은 당대에 국한되지만, 가능성은 지속된다. 통상적인 역사서의 범위에서 벗어나야 지속되는 가능성을 말할 수 있다.

　글쓰기 방식의 차이 또한 주목해야 한다. 《삼국사기》에서 "論曰"로 시작되는 비평문이 말하는 바는 명백하고 단순하다. 《삼국유사》의 "讚曰"은 시여서 함축하는 바가 깊고 다양해 독자가 힘써 알아내야 한다. 史評은 닫혀 있고, 讚詩는 열려 있다. 역사서가 열린 글이 된 것은 파격이다. 역사서가 아닌 역사서이므로 '史'라고 하지 않고 '遺事'라고 일컬었다.

내용을 보면, 《삼국사기》는 중국 유교사서의 전례에 따라 불교에 관한 서술은 배제했다. 불교를 나무라기만 하고 실상은 알려주지 않았다. 佛事는 역사가 아니고, 승려는 列傳에 등장시킬 수 없다고 했다. 《삼국유사》는 高僧傳의 틀을 깨고 국가의 흥망과 君臣의 행적도 다루어, 총체적인 역사서를 이룩하는 방향으로 나아갔다.

생각의 폭이 유교는 좁고, 불교는 넓은 것을 말해준다. 유교와 불교가 본디 그런 것은 아니다. 종교 화합의 전통을 유교는 버리고, 불교는 이었다.

2

고려말에는 유교와 불교의 논란이 충돌이라고 할 정도로 심해졌다. 그럴 만한 이유가 있었다. 불교를 크게 받드는 고려를 이어나갈 것인가, 유교를 이념으로 한 새 나라를 만들 것인가 하는 싸움이 이미 시작되었기 때문이다.

불교에서 한 말을 먼저 들어보자. 승려 景閑은 《白雲和尙語錄》에서 이렇게 말했다. "大平事業無相 野老家風至淳 只知村家社舞 那知舜德堯仁 村田樂 村田樂 也無極." "大平을 이룩하는 事業"이 가장 크고 훌륭한데, 자랑하는 것도 없고 표가 나지도 않아 "無相"이다. "들에서 늙어가는 노인 野老는 家風이 지극히 순수해 至淳이라고 한다." "다만 村家社舞, 촌사람들이 모여 춤추는 것만 알고", 다른 즐거움은 모른다고도 했다. "어찌 舜德과 堯仁, 순임금의 德과 요임금의 仁을 알아야 하는가." 유교에서 크게 받드는 것이 공연한 수작이나 불필요한 간섭이라고 여겼다. "시골 늙은이들의 즐거움, 시골 들의 즐거움, 또한 끝이 없구나." 가만두면 이렇다고 했다. 어느 승려의 다음과 같은 노래를 가져와 불렀다.

悠悠世事
不如山丘
青松蔽日
碧澗長流
山雲當幕
夜月爲燈
臥藤蘿下
塊石枕頭
不朝天子
豈羨王侯
生死無慮
更復何憂

아득한 세상의 일
산 언덕만 못하구나.
푸른 소나무 해 가리고,
계곡물은 길게 흐른다.
산 구름을 장막으로,
밤에 뜬 달을 등불로 삼는다.
등나무 아래 누워
돌덩이를 베개로 삼으니,
천자에게도 굽히지 않는데,
王侯를 부러워하랴.
삶과 죽음 걱정 없는데,

다시 무엇을 근심하리오.

천자에게 굽히고 王侯를 부러워하니 유교는 가련하다. 높고 낮은 것을 가리지 않고, 더 바라는 것이 없으면 불행하지 않다. 주어진 그대로 살면, 봄이 와서 풀이 저절로 푸른 것처럼 된다. 이런 이유를 들어 불교를 옹호하고, 유교를 배격했다.

조금 뒤에 鄭道傳은 〈佛氏雜辨〉을 써서 불교를 극력 비판했다. 어조를 높이고, 이치를 철저하게 따졌다. 그 총괄론에 해당하는 〈儒釋同異之辨〉의 가장 요긴한 대목을 든다.

先儒謂儒釋之道　句句同而事事異　今且因是而推廣之　此曰虛　彼亦曰虛　此曰寂　彼亦曰寂　然此之虛　虛而有　彼之虛　虛而無　此之寂　寂而感　彼之寂　寂而滅　此曰知行　彼曰悟修　此之知　知萬物之理具於吾心也　彼之悟　悟此心本空無一物也　此之行　循萬物之理　而行之無所違失也　彼之修　絶去萬物　而不爲吾心之累也

번역하면서 고찰하자. 논의를 치밀하게 했으므로 미시적인 고찰이 필요하다. "先儒가 이르기를, 儒·釋의 道는 句句의 말은 같으나 事事의 내용은 다르다고 했다. 이제 근거로 논의를 확대해보자." 비교를 위한 적절한 시작이어서 신뢰할 수 있게 한다, "이쪽도 虛를 말하고, 저쪽도 虛를 말하며, 이쪽도 寂을 말하고, 저쪽도 寂을 말한다." 유교는 이쪽, 불교는 저쪽이라고 일컫고, 말이 같은 것을 들었다.

"그러나 이쪽의 虛는 虛하며 有하고, 저쪽의 虛는 虛하며 無하다." 유교에서는 無極이 太極이라고 하므로, 虛가 有, 없음이 있음이다. 불교의 虛는 無인 것은 아니다. 眞空妙有, 色卽是空이고 空卽是色이라고 한다. 있음과 없음을 함께 인정하는 것까지 같고, 둘의 관계에 대한 이해는 다르다. 논의를 하다가 말았다. "이쪽의 寂은 寂이며 感이고, 저쪽의 寂은 寂이며 滅이다." 寂은 無라고 하는 없음의 양상을 말하므로 滅과 연결되는 것이 당연하고, 感이라는 것은 엉뚱하다. 차이점 논의가 실상이 아닌 도식에 근거를 두고 있는 내막이 나타났다.

"이쪽에서는 知行을, 저쪽에서는 悟修를 말한다. "이쪽의 知는 萬物의 理가 吾心에 갖추어져 있는 것에 관한 知이다. 저쪽의 悟는 此心이 본디 空이고 無一物인 것에 관한 悟이다." "萬物의 理"와 "본디 空이고 無一物인 것"이 다르지 않을 수 있다. 그것이 이미 마음에 갖추어져 있는 줄 안다고 하는 쪽은 정당하고, 어떤지 깨달으려고 노력하는 쪽은 부당하다는 차등론은 수긍하기 어렵다.

"知行"은 그릇된 知의 무리한 行일 수 있다. 올바른 知를 위한 "悟修"를 나무라는 것은 잘못이다. "이쪽의 行은 萬物之理를 따르므로, 行이 違失함이 없다." 萬物之理를 따른다는 것은 타당성이 입증되지 않은 전제이다. 스스로 탐구해 타당성을 입증하는 절차 없이, 聖賢의 가르침이라는 것을 따르라고 하는 부당한 요구이다. "저쪽의 修는 萬物을 絶去해 吾心의 累가 되지 않게 하는 것이다." 吾心의 累가 되는 개별적인 物의 침해에서 벗어나 萬物의 緣起를 깨닫는 수행을 하는 것을 왜곡해 비난했다. 緣起를 깨닫는 것은 萬物의 絶去가 아니고 실상 파악이다.

이런 분석을 더하지 않아도 불교에 대한 鄭道傳의 비판이 미흡한 것이 충분히 드러났다. 미흡한 이유가 무엇인가? 비판의 강도를 높이느라고, 유교에 대한 탐구가 부족한 것을 무릅쓰고 무리한 소리를 했기 때문이다. 유교가 지닌 한계나 결함을 드러냈다고 할 것은 아니다. 鄭道傳이 말하지 못한 유교의 장점은 다음과 같다.

萬物에 대한 견해를 들어 논의를 구체화해보자. 불교는 萬物을 萬物로 논하면서 총체적인 緣起를 말하고, 色卽是空이고 空卽是色이라고 한다. 총론만 있고 각론은 없다. 유교는 氣라고 하는 萬物이 음양으로 나누어져

生克의 관계를 가진다고 모든 현상이나 변동을 이해하고 설명한다.

3

　元天錫은 고려말·조선초의 隱士이다. 낡은 왕조가 망하고 새로운 왕조가 들어서는 시기에 그 어느 쪽도 지지하지 않고 산속으로 물러나 자취를 감추고, 권력 장악을 합리화하기 위해 사실을 조작하는 정치의 행패를 엄중하게 비판하고자 했다. 진실이 무엇인가 하는 문제를 제기하고, 이해득실의 편향성에서 벗어나 진지하게 해결하고자 했다. 이런 작업은 시대 변화를 넘어서서 오늘날 더욱 절실한 의의를 가진다.

　정치의 행패를 직접 비판한 것으로 짐작되는 《野史》라는 저작이 있었는데, 滅門之禍를 염려한 후손이 불태웠다고 하니 너무나도 애석하다. 우회 방법으로 간접 비판을 한 詩는 《耘谷詩史》 또는 《耘谷行錄》에 많이 남아 있다. 그 가운데 고려와 조선의 정치는 둘 다 잘못되었다고 통렬하게 나무란 말이 있으리라고 기대하며 찾으면 실망하게 된다. 詩는 정치 하위의 일상생활에 진지한 관심을 가져 소중하고, 그 상위의 근본원리를 문제 삼고 바로잡는 더 큰 작업도 하니 높이 평가해야 한다. 이것은 예술철학을 보완해야 할 논의이다.

　〈三敎一理 幷序〉라는 것이 바로 그런 시이다. 앞에 산문 序가, 뒤에는 詩 네 수가 있다. 儒佛道 三敎의 대등한 의의를 말한 내용이다. 글 쓴 방법이 위에서 든 崔致遠에서 鄭道傳까지와 달라, 고찰하는 방법을 바꾸어야 한다.

　말을 여럿으로 나누지 않고 한데 모아 총체적인 서술을 했으므로, 조금씩 뜯어서 번역하면서 고찰하는 것은 적절하지 않다. 원문을 총체적으로 이해하기 위해 번역을 다시 한다. 한자어를 충실하게 사용하다가 버리려고 애쓴다. 고전의 현대화를 위해 당연히 필요한 과정을 거친다.

제시한 생각이 당대에 큰 의의를 가진 것만은 아니고, 계속 소중한 기여를 한다. 오늘날 전개되고 있는 종교 논란과 관련시켜 재평가할 수 있다. 알기 쉬운 말로 옮겨놓고, 모든 갈등을 포괄하고 커다랗게 해결하는 방안 발견의 지침으로 활용하고자 한다.

如如居士 三敎一理論云 三聖人 同生有周 主盟正敎 儒敎 敎以窮理盡性 釋敎 敎以明心見性 道敎敎以修眞鍊性 若曰齊家治身 致君澤民 此特儒者之餘事 若曰嗇精養神 飛仙上昇 此特道 家之祖迹 若曰越死超生 自利利人 此特釋氏之筌蹄矣 要其極處 未始不一 由此觀之 三聖人之設敎 專以治性 所謂盡之鍊之見之之道雖有小異 歸其至極廓然 瑩澈之處 皆同一性 何有所窒礙哉 但以三聖人各有門戶 門之後徒各據宗旨 皆以是己非人之心 互相訾謷 殊不知各人胸中 三敎之性 明然具在也 騎驢者笑他騎驢 良可惜哉 因寫四絶 以繼居士之志云

儒
格物修身窮理玄
盡心知性又知天
從茲可贊乾坤化
霽月光風共洒然

道
衆竗之門玄又玄
眞機神化應乎天
精修直到希夷地
水色山光共寂然

釋

一性圓融具十玄

法周沙界氣衝天

只這眞體如何說

碧海氷輪共湛然

會三歸一

三敎宗風本不差

較非爭是亂如蛙

一般是性俱無礙

何釋何儒何道耶

먼저 번역하면서 풀이하고, 나중에 이해하기 쉬운 번역을 제시한다.
"如如居士(여여거사)는 三敎一理論을 말했다." 如如는 중국 남송말·원초
사람 顔丙의 호이다. 고인이 쓴 글을 가져와 필요한 논의를 전개하는 단
서로 삼았다. "세 聖人은 같이 태어난 시기가 周나라 때이며, 正敎를 주
도했다." 세 성인은 孔子·老子·釋迦이다. 세 성인의 종교를 대등하게 지
칭하려고 正敎라고 하는 비특정의 용어를 사용했다.

"유교는 窮理를 가르쳐 盡性하게 하고, 불교는 明心을 가르쳐 見性하
게 하고, 도교는 修眞을 가르쳐 鍊性하게 한다." 이 대목에서 세 종교의
기본 교리를 치우침이 없이 공정하고 간명하게 정리했다. 窮理·明心·修眞
은 방법이고, 盡性·見性·鍊性은 목표이다. 방법은 서로 다르다. 窮理는
追窮하는 理의 범위가 한정되지 않는다. 明心은 더러워져 있는 자기의
일상적인 마음을 맑게 닦는 행위이다. 修眞은 진정하다고 여기는 무엇을
찾아 발현되도록 하는 수련 행위이다.

목표로 설정한 盡性·見性·鍊性에는 性이 다 들어 있다. 아주 넓고 훌

륭한 마음의 바탕이 있으므로 찾아내 활용해야 한다는 생각을 함께 한다. 이런 이유에서 셋이 하나이다. 그러면서 性 앞의 글자 盡·見·鍊이 각기 달라, 하나가 셋이기도 하다. 盡은 性을 위해 온갖 노력을 다한다. 見은 性을 알아본다. 鍊은 性을 가다듬는다. 세 가지 방법은 이런 차이가 있다고 했다.

"齊家治身이나 致君澤民을 말한다면, 이것은 특히 儒者의 餘事이다." 齊家治身은 집안을 가지런하게 하고 몸을 다스린다는 말이다. 致君澤民은 임금을 도우며 백성에게 혜택을 베푼다는 말이다. 餘事는 넉넉히 할 수 있는 일이다. "嗇精養神이나 飛仙上昇을 말하면, 이것은 특히 道家의 祖迹이다." 嗇精養神은 정기를 기르고 정신을 키운다는 말이다. 祖迹은 근본이 되는 행적이라는 말이다.

"越死超生이나 自利利人을 말한다면, 이것은 특히 釋氏의 筌蹄이다." 越死超生은 생사를 초월한다는 말이다. 自利利人은 자기를 이롭게 하고 남들도 이롭게 한다는 말이다. 불교도를 釋氏라고 했다. 筌蹄는 통발과 올가미이며, 의미가 확대되어 수단이나 방법이기도 하다.

"그 가장 긴요한 것을 간추리면, 시종 하나가 아님이 없다. 이로 말미암아 살피면, 성인이 設敎함은 오로지 治性에 있다." 性이라고 하는 마음의 근본을 다스리는 것이 세 종교를 이룩한 공통된 의도라고 했다, "이른바 盡한다, 鍊한다, 見한다는 방법에는 비록 작은 차이가 있다 해도, 돌아가는 곳은 아주 크고 밝다. 모두 性이 같은데, 어찌 막힘이 있으리오." 접근 방법은 각기 달라도, 도달점은 모두 같다고 했다.

"다만 세 성인에게 각기 門戶가 있어, 그 後徒는 각기 宗旨에 의거해 모두 자기는 옳고 다른 사람은 그르다는 마음으로 서로 헐뜯는다." 모든 종교는 敎祖가 아주 너그러워 훌륭해도, 그 후계의 성직자는 대를 내려가면서 점차 더 심하게 교리를 고정시키고 교단의 질서를 확립하면서 배타적인 우월성을 주장한다. 애초의 대등론은 사라지고, 차등론이 점차 굳어진다. 그래서 망하기만 하는 것은 아니다. 잘못하고 있는 후계자“그 사람들 흉중은 전연 알 수 없어도, 세 敎의 性은 분명하게 나타나 있다.” 세 敎 모두에서, 성직자의 횡포에 휘말리지 않는 성숙한 신도나 교단 밖의 진지한 탐구자는 무엇을 추구하는지 안다고 했다.

할말을 다했으나, 성직자들의 상호 비방을 한 번 더 나무랐다.“나귀 탄 사람이 나귀 탄 사람을 비웃으니 참으로 애석하다.”나귀는 말을 탈 형편이 안 되는 하위자가 탄다. 요즈음 말로 하면 똥차이다. 선두주자가 있는 줄 모르고 서푼짜리 권위를 자랑하는 모습을 더욱 화끈하게 풍자하면 좋겠다.

“네 絕句를 지어, 거사의 뜻을 잇는다.”이렇게 말하고, 다음의 시에서 자기 뜻을 분명하게 했다. 세 종교가 대등해 하나임을 형식이 같은 시 셋을 짓고 하나로 간추려 보여주었다. 이것은 누구도 하지 않은 새로운 작업이며, 그 시대에 수행한 과업이 지속적인 의의를 가지게 한다.

이제 시를 보자. 儒에서 말했다.“格物修身의 窮理가 玄妙해, 盡心知性이 또한 知天이로다. 이로써 乾坤化를 칭송할 만하고, 霽月光風이 모두 洒然(쇄연)하다.”格物은 사물의 이치 탐구이고, 修身은 자기 몸 닦기이다. 둘을 함께 한다고 했다. 乾坤化는 하늘과 땅이 만물을 생성하는 변화이다. 霽月光風은 구름 걷힌 달과 밝은 바람이다. 사람의 정신이 그 경지에 이르기를 바라고 하는 말이다. 洒然은 깨끗하다는 말이다.

道에서 말했다.”衆妙之門은 玄하고 또 玄하며, 眞機神化가 天과 호응한다. 精修는 希夷地에 바로 이르고, 水色山光이 함께 寂然하다.”衆妙之門은 여러 묘한 것들로 들어가는 입구이다. 玄은 아득하다는 말이다. 眞機神化는 참된 기틀의 신이한 변화라는 말이다. 精修는 정신의 수련이다. 希夷地는 아스라이 멀어져 아물아물한 경지이다. 寂然은 고요하다는 경지이다. 寂然은 고요하다고 하는, 근본이 되는 경지이다.

釋에서 말했다. “一性圓融이 十玄을 갖추고, 法周沙界氣 衝天한다. 이것은 다만 眞體이니 어찌 말하리오. 碧海氷輪이 함께 湛然(담연)하다."
一性圓融은 한 가지 性이 원만하고 다른 무엇과도 잘 어울린다는 것이다.
十玄은 궁극의 아득한 경지를 열 가지로 나누어 설명하는 말이다. 法周沙
界는 존재하는 것들을 말하는 法이 恒河沙, 즉 갠지스 강의 모래만큼 넓
게 퍼져 있다는 말이다. 碧海氷輪는 푸른 바다의 차가운 달이다. 湛然은
해맑다는 말이다.

會三歸一에서 말했다. "三敎宗風은 본디 차별이 없는데, 잘못 비교, 옳
음 다툼이 개구리처럼 시끄럽다. 마찬가지인 이 性은 모두 無礙이니, 어
째서 釋이니 儒니 道니 하리오. 會三歸一에 대해서는 아래에서 별도로
고찰한다. 宗風은 각기 받드는 원리이다. 無礙는 걸림이 없다는 말이다.

三敎一理를 會三歸一이라고 해서 셋이 하나가 되는 것을 더욱 분명하
게 했다. 會三歸一은 원래 불교의 용어이다. 불교의 깨달음에 이르는 길
인 乘에 말을 듣고 깨닫는 聲聞乘, 인연이 있어 깨닫는 緣覺乘, 스스로
깨닫는 菩薩乘이 있어 셋이 서로 다르지만, 가는 길은 같아 결국 一乘이
된다고 했다. 이것을 會三歸一이라고 한 말을 가져와, 儒道佛 세 종교도
가는 길이 다르지만 서로 만나 하나가 된다고 하는 데 사용했다. 나는
대등종교라는 말을 신판 會三歸一을 뜻하는 말로 사용하면서, 원천석의
생각을 이어받고자 한다.

이제 〈三敎一理 幷序〉 전문을 쉬운 말로 옮기고자 한다. 번역만 읽고
도 무슨 말인지 알 수 있게 하려고 한다. 한문과 우리말의 어법이나 어휘
가 많이 달라, 이 작업은 아주 어렵다. 미흡함을 인정하면서, 가능한 범위
안에서 시도한다.

如如居士는 세 종교가 한 이치임을 말했다. 세 성인은 함께 태어나
고 서로 통하며, 하나로 이어져 각기 바른 것을 가르쳤다. 유교는 이
치를 따져 본성을 다한다. 불교는 마음을 밝혀 본성을 알아본다. 도교

는 몸 닦기를 가르쳐 본성을 가다듬는다. 집안을 바르게 하고 몸을 다스리며 임금을 도와 백성이 잘살게 하는 것은 유학자가 능숙하게 한다. 정신을 가다듬어 신선이 되어 올라가려는 것은 도사가 대대로 한다. 생사를 초월해 자기도 남도 이롭게 하려는 것은 승려가 장기로 삼는다. 각기 추구하는 바는 애초에 하나인 적이 없지만, 이와 같이 살피면 세 성인이 베푼 가르침은 오로지 본성을 다스리고자 하는 것 이다. 이른바 '다한다', '가다듬는다'·'알아본다'고 하는 길에는 비록 작은 차이가 있어도, 그 지극히 넓고, 밝은 경지에 도달해서는 모두 동일한 본성이니, 어찌 막히고 거리끼는 바가 있으리오. 다만 세 성인 이 각기 문호를 열어, 후대의 문도들이 각기 받드는 원리에 의거해, 모두 자기는 옳고 남은 그르다는 마음을 가지고 서로 헐뜯는다. 그 사람들 저마다의 속셈은 조금도 알 수 없다고 하더라도, 세 종교의 마음 바탕이 같은 것은 분명하게 나타나 있다. 나귀 탄 사람이 나귀 탄 사람을 비웃으니, 참으로 애석하다. 그러므로 짧은 시 넷을 지어, 거사의 뜻을 더 편다.

유교
사물 탐구 몸 닦는 이치 깊고 절묘하고,
마음을 다해 아는 본성은 하늘과 같다.
건곤도 달라지게 하니 칭송할 만하고,
개인 달, 빛나는 풍경 모두 깨끗하다.

도교
많고 많은 기묘함 아득하고 아득하며,
참된 기틀 신령스러워 하늘과 호응한다.

정신 수련으로 아득한 경지에 바로 이르고,
물색과 산빛이 함께 고요하다.

불교
한 본성이 둥글고 밝아 열 가지 아득함을 갖추고,
불법이 무수한 세계 두르는 기운 하늘까지 이른다.
이것은 다만 진실한 본체이니 어찌 말하리오.
푸른 바다 둥근 얼음이 함께 담담하다.
회삼귀일, 셋이 만나서 하나로 돌아간다.
세 종교의 근본 바탕 본디 차별 없는데,
비교하고 다투어 개구리처럼 시끄럽다.
같은 본성이라 서로 걸림이 없는데,
어째서 유교니 불교니 도교니 하리오.

元天錫은 鄭夢周처럼 고려를 위해 충절을 지키다가 피살되지 않았다. 鄭道傳이 조선왕조 건국 사업을 배타적인 수월성을 자랑하며 주도하다가 제거된 것을 가엽게 여겼다. 산중에 숨어 자취를 감추고, 고려냐 조선이냐 하는 논란, 불교냐 유교냐 하는 시비를 근본적으로 해결하고, 커다란 회합을 이룩하는 방안을 제시했다.

元天錫의 이 글은 鄭道傳의 〈佛氏雜辨〉과 어떤 관련을 가지는가? 이 글은 1387년 고려 우왕 14년, 〈佛氏雜辨〉은 1397년 조선 태조 7년에 이루어졌다. 이 글이 〈佛氏雜辨〉에 대한 직접적인 반론이라고 할 수는 없다. 그러나 장차 〈佛氏雜辨〉으로 정리될 抑佛崇儒의 주장이 이미 큰 힘을 가지고 나타났으므로 이 글을 써서 반론을 제기했다고 보는 것은 무리가 없다.

둘 다 출판되어 널리 알려진 다음에는 〈佛氏雜辨〉과 이 글을, 실증사학은 이해하지 못할 의식의 차원에서 비교해 어느 쪽이 타당한가 논란하는 것이 당연한다. 이 논란은 시효가 한정된 과거형의 역사가 아닌, 지속적인 의의가 있는 철학의 영역에서 현재형으로 진행된다.

이 글은 〈佛氏雜辨〉에 대한 반론이되, 전면반론이지 않고 부분반론이다. 불교를 배격하고 유교를 옹호하는 것이 전적으로 부당하다고 하지는 않는다. 일면적 타당성을 가지는 주장을 극단으로 몰고 가서 충돌을 키우는 잘못을 저지한다. 폭력을 수반하는 차등론의 언사로 마음을 어지럽히고 세상을 불안하게 하는 횡포를 시정한다.

유교는 불교보다 나은 면도 있고 모자라는 것도 있는 것을 인정하고, 대등한 관계에서 생극해야 한다. 유교와 불교 둘만으로 부족하다. 도교도 일정한 기여를 한다. 고려의 불교, 조선의 유교가 대립하지 않고 화합하도록 하는 임무를, 계속 배격되고 있는 처지의 도교가 맡을 수도 있다. 셋이 셋이면서 하나여야 한다. 셋을 합치자고 하는 무리한 주장을 하지 말고, 대등생극의 이치를 깨닫고 실행해야 한다. 이렇게 말한 것을 이해하고 평가해야 한다.

더 나아서 셋이 하나가 되어야 한다. 이렇게 하려면 상대방을 깎아내리는 것과는 반대로 키워야 한다. 커져 관대해지라고 상대방에게 요구하지 말고, 자기가 모범을 보여야 한다. 자세히 보면 유교 쪽이 모자라, 格物修身의 이치가 음양 두 氣의 生克임을 말해 다른 쪽도 분발하게 해야 한다.

도교에서 眞機神化라고 하는 것은 그 이치가 마음속에서 작용해 오묘한 변화를 일으키는 것을 일컫는다고 할 수 있다. 불교의 一性圓融은 마음 안팎의 어느 것이든 그 性이 다르지 않아 모두 원만하게 융화한다는 말이다. 끝으로 마찬가지인 이 性이 모두 無礙, 거리낌이 없다고 말하면 셋이 하나가 된다.

4

　오늘날 종교의 갈등과 대립이 세계 전역에서 심각한 문제를 일으켜, 세계사의 위기를 조성하고 인류를 불행하게 한다. 기독교나 유태교와 이슬람의 충돌이 전쟁으로 확대된다. 이런 사태를 해결하기 위해 갖가지 방안이 제시되고 있다. 영성종교나 심층종교를 주장하는 소리가 우리 주위에서 크게 들린다.

　영성종교는 길희성이 제시한 견해이다. 책(《영적 휴머니즘》, 2021)을 쓰고, 유튜브 강의도 했다. 심층종교는 오강남이 여러 책(《종교의 심층을 보다》, 2011;《진짜 종교는 무엇이 다른가》, 2019 등)을 써서 전개한 견해이다. 이것 또한 유튜브 방송에서 거듭 풀이하고 있다. 대등종교는 내가 펴는 견해이다.

　길희성은 기독교 신자로 성장한 다음 불교를 공부하고 종교학자가 되었다. 오강남 또한 기독교 신자로 성장해 불교를 공부하고 종교학자가 된 경력이 같으며, 거기다 여러 종교에 대한 관심을 보태 종교다원론을 적극 제창하는 비교종교학자이다. 나는 유교의 기본만 실행하는 환경에서 자라난 무종교인이다. 불교는 자진해서, 기독교는 요구를 받아 가까이하고, 이슬람을 알려고 노력한다. 대등생극론 철학 각론의 하나로, 여러 종교에 대해 대등한 이해를 하고 종교끼리 대등한 화합을 하도록 하는 대등종교론을 이룩한다.

　영성종교론이나 심층종교론은 기독교가 불신되고 무종교인이 늘어나는 위기를 해결하는 방안으로 제시된다. 시대변화에 적응하지 않으면 기독교는 없어질 수 있다고 경고하면서, 독선을 버리고 다른 종교와 공통점을 찾아 화합해야 한다고 한다. 이것을 전폭적으로 지지할 수 없으며, 편향성을 지적하고 나무라지 않을 수 없다.

　길희성이나 오강남은 아주 공평한 논의를 한다고 하지만, 이슬람은 언급조차 하지 않는 데서 편향성을 드러낸다. 이슬람의 위협을 아주 심각하게 생각하고 대응하는 방법을 적극적으로 찾는다고 할 수 있다. 이슬람에게 이기려고 기독교의 변신을 꾀한다는 의심을 떨칠 수 없다. 이슬람을 포용하지 못하면 종교다원주의의 화합이 헛말이다.

나는 기독교에도 이슬람에도 진 빛이 없어 자유롭다. 기독교와는 다소 불편한 관계이지만, 이슬람은 그렇지 않다. 테러를 감행하는 극단주의가 이슬람이라고 여기지 않는다. 우선 이슬람을 기독교만큼 이해해 지식의 균형을 갖추고자 한다. 이해에서 포용으로 나아가 대등종교론이 거짓이 아니게 하려고 노력한다. 기독교와 이슬람의 충돌을 중재하고 해결하는 데 기여하는 것을 대등종교론의 실질적인 효용으로 삼고자 한다.

대등종교론은 어느 종교를 살리기 위한 혁신안이 아니다. 종교가 사라지는 것을 염려해 대책을 마련하려고 하는 것도 아니다. 종교의 충돌이 가까이서도 멀리서도 심각한 분란을 일으키고 있는 것을 염려해, 서로 인정하고 화합해 평화와 행복을 누리는 길을 찾고자 한다. 모든 종교는 서로 대등하다. 사람은 서로 대등하다. 이 둘을 시인하고 실행하도록 하는 것이 대등종교론의 둘이면서 하나인 목표이다.

유교와 불교의 대등을 인정하는 것을 근거로 삼고, 사람은 대등하다고 할 것은 아니다. 기독교와 이슬람, 불교와 이슬람도, 다른 여러 종교들끼리도 서로 대등해 사람은 서로 대등하다고 함께 말해야 한다. 이 점을 분명하게 해서 문명의 충돌을 중재하고 해결해야 하는 사명을 자각한다. 세계 어디서 누구나 해야 할 일을, 유불문명권의 전통을 가지고 다종교사회가 되고 무종교인이 늘어나는, 세 가지 자격을 가진 한국에서 남들보다 먼저 모범이 되게 실행하는 것이 마땅하다.

길희성은 기존의 기독교를 심하게 나무라며 영성론을 주장했다. 기독교의 성서를 문자 그대로 믿는 문자주의를 타파해야 한다고 거듭 강조해 말하고, 독존이나 배타에서 벗어나 다른 종교와 공유하고 있는 영성을 소중하게 여기고 힘써 찾자고 했다. 혼신의 힘을 바쳐 거대한 저작을 이룩해 감동하게 하고, 대단한 혁신을 주장한 것을 평가해야 한다.

그러나 성과가 노력을 따르지 못했다고 하지 않을 수 없다. 혁신의 의의가 아주 한정되어 있다. 의도는 더 컸겠으나, 얻은 결과는 위기에 봉착한 기독교를, 독소를 제거하는 수술을 하고 살려내고자 하는 수준에 머물렀다. 기독교라고 지칭하지 않는 사실상의 기독교가 인류 전체의 공통된 신앙이 되게 하려고 시도했다고 말하지 않을 수 없다.

내용을 살펴보면, 길희성은 두 가지 주장을 한다. 영성은 인류의 본성이다. 영성을 찾아 휴머니즘을 이룩하자. 영성은 사람의 좋은 마음을 일컫는 일반적인 용어가 아니다. 초월자인 신이 있다고 인정하고 신앙하며, 초월자와 연결되어 초월자의 특성을 일부 전해 받아 마음에 지니는 것이 영성이다. 초월자인 신이 있다고 인정하고 신앙하는 것은 기독교와 함께 이슬람도 하지만, 영성은 기독교에서만 말하는 특수하고 배타적인 개념이다.

이슬람은 사람이 초월자를 신앙해도 초월자와 연결되지 않고, 초월자의 특성을 전해 받아 마음에 지니는 것은 결코 아니라고 한다. 오직 초월자만 신성하고, 사람은 결코 신성하지 않다고 분명하게 말한다. 사람이 신성하다고 하면, 신성한 사람이 있다고 해도, 신성 모독의 죄를 짓는다고 한다. 이런 이유에서 성직자가 없으며, 聖者도 인정하지 않는다.

불교에서 말하는 佛性도 영성이라고 하고 끌어들이는데, 여러모로 적절하지 않다. 불교에는 영성을 말할 초월자가 없다. 불성은 초월자와 관련을 가지지 않고, 누구나 스스로 지니고 있는 마음의 바탕이다. 불교는 윤회를 인정하고, 그 범위를 동물까지 확대한다. 영성을 지닌 사람과 그렇지 못한 짐승 사이의 경계를 인정하지 않는다. 살생을 함부로 하지 말아야 한다는 것이 이와 관련된 계율이다. 사람만 존귀해 다른 생물을 지배하고 살생권을 가진다는 생각과는 거리가 아주 멀다.

다음에는 휴머니즘에 대해 검토한다. 휴머니즘은 사람을 존중하고 사랑하자는 주장이다. 아주 훌륭하다고 칭송하지 말고, 그 이면을 보아야 한다, 이것은 사람이 아닌 다른 생물은 저열해 사람이 지배하고 살생권을 가지는 것이 당연하다고 한다. 기독교에서는 이 권리를 초월자가 주었다고 한다. 휴머니즘은 평등론으로 위장한 차등론이다. 칭송이 아닌 청산의 대상이다. 영성을 내세워 휴머니즘 칭송을 계속하자는 것은 겹겹으로 착각이고 과오이다.

대등종교론은 불교보다 더 나아간다. 만인대등이 만생대등에 근거를 두고, 만생대등은 만물대등에 근거를 두고 생극 관계를 가진다는 것을 대등생극론의 기본 이치로 한다. 그래서 종교가 철학이고 과학이기도 하게 한다. 모두 하나로 아우른다. 대등의 범위를 아주 넓힌다.

오강남은 종교의 경전을 문자 그대로 받아들이는 문자주의는 표층종교의 특징이라고 여기고 심하게 나무랐다. 경전에서 한 말을 문자 그대로 받아들이지 않고 상징으로 이해하면 교리의 차이가 차츰 없어지고, 사람과 천지만물이 하나인 것까지 깨닫고, "아하 그렇구나" 하고 외치게 된다고 한다. 이것이 심층종교의 특징이고, 가치라고 했다. 기독교 성서를 고찰하면서 비유는 예수가 직접 한 말이고, 설명은 나중에 붙인 것이므로 본말을 가려 이해해야 한다고 한다.

적절한 논의가 이루어졌으나 아직 모자란다. 비유나 상징을 하는 언어가 어떤 언어인지, 일상어와 어떻게 다른지 집어내 말하지 못했다, 경전에서 한 말이 같다고만 하고, 다른 점은 밝히지 않은 것은 이론이 미비한 탓이다. 비교종교학을 새롭게 한다고 표방하고 표층에서는 차이점만, 심층에서는 공통점만 말하는 단순 작업에 머물렀다.

나는 경전의 언어는 달관언어라고 한다. 예술철학에서 이에 관해 고찰한 것을 간추려 옮긴다. 달관언어는 요약이면서 상징이다. 상징은 예술의 소관이다. 무엇을 나타내면서 이와 관련된 다른 모든 것을 생각하게 해서 막힌 소견이 터지고, 무언가 깨닫는 즐거움을 누리게 하는 것이 예술의 본질인 상징이다.

석가는 말했다. 내 말을 뗏목으로 여겨라. 예수는 말했다. 부자가 천국에 가는 것은 낙타가 바늘구멍으로 들어가는 것만큼 어렵다. 이런 것이 달관언어로 이루어진 예술철학이다. 누구나 다 잘 아는 뗏목이나 낙타를 들어 막힌 소견이 트이고, 무언가 깨닫는 즐거움을 누리게 한다.

뗏목은 물을 건너는 데 필요하다. 물을 건너면 뗏목을 버려야 한다. 뗏목이 소중하다고 여겨 짊어지고 길을 가는 어리석은 짓은 하지 말아야 한다. 부처님 말씀을 뗏목으로 이용하고 버려야 하는데, 계속 소중하다고 여기고 받드는 것은 뗏목을 짊어지고 길을 가는 것과 다름없다. 부처님 덕분에 물을 건넜으면, 스스로 깨달아 자기 발로 길을 가야 한다.

예수는 부자는 많은 것을 차지했다고 뽐내며 가난한 사람들을 무시하는 차등론에 사로잡혀, 둘의 차이가 낙타와 바늘구멍과 같다고 착각한다고 말했다. 착각을 시정해야 길이 열린다. 자기를 낮추는 것만큼 상대방을 높이면, 가진 것을 나누어주어 격차를 줄이면, 낙타가 바늘구멍처럼 작아지고 바늘구멍이 낙타만큼 커진다. 차등론을 버리고, 어느 누구와도 대등한 관계를 가지면 마음이 편안해지는 천국에 갈 수 있다.

이슬람의 경전 〈쿠란〉에서는 비유의 용도를 직접 설명했다. 알려지지 않았으므로 번역문의 해당 대목을 그대로 인용한다. "실로 하나님께서는 모기나 심지어 그보다 더 미세한 것으로도 비유를 드시리라 믿는 자는 그 비유가 주님으로부터 온 진리임을 믿으나 불신자들은 말하기를 하나님은 그 비유를 들어 무엇을 원하느뇨 라고 하더라"(제2장 26절, 최영길 역) 구두점이 없는 것도 원문 그대로이다.

모기가 뜻하는 진리를 아는 사람과 모기를 모기로만 아는 사람이 다르다고 했다. 뜻을 알면 신자이고, 말만 알면 불신자라고 했다. 모기를 모기로만 아는 문자주의를 배격한다는 말을 이렇게 했다. 이슬람은 그만큼 격이 높은 종교이다. 그런데도 문자주의자가 늘어나고 주도권을 잡아 이슬람을 열등한 수준의 표면종교로 만든다.

종교의 경전이나 교리를 진위는 가리지 않고, 신화나 상상, 다시 한마디로 간추리면 상징이라고 여겨 문학작품 읽듯이 이해하면 모두 흥미롭고 유익하다. 이것이 대등종교를 이룩하는 가장 손쉽고 확실한 방법이다. 이 방법은 문학의 소관이고 예술철학에서 그 이론을 제공한다. 그 총론은 대등생극론이다. 대등생극론은 예술철학과 종교철학이 대등한 관계에서 상생하게 한다.

대등은 서로 다른 것이 당연하다는 말이다. 서로 다른 것이 당연하다는 생각을 함께 한다. 차등은 우월을 가리려고 싸운다. 평등은 서로 같아야 한다는 이유로 상대방이 자기와 같아져야 한다면서 분란을 일으키고 차등론으로 되돌아간다. 이 둘의 잘못을 대등론이 일거에 해결한다.

대등종교론이 그 방법을 구체적으로 알고 실행하도록 한다. 대등생극론은 대등종교학이 되어, 철학이 공리공론이라는 혐의에서 확실하게 벗어나게 한다. 상극이 상생이게 하는 전환의 필연성을 입증한다.

5

儒道佛 三敎 가운데 불교는 아직 건재하다. 불교가 기독교나 이슬람과 함께 신판 三敎를 이루고 있는 것이 오늘날의 종교 상황이다. 불교는 단일체가 아니다. 유·도·불교가 會三歸一을 이룬 성과를 이어받고 있다. 유교와 도교를 아울러 얻은 역량을 활용해 會三歸一을 다시 시도하는 데 앞장서는 것이 마땅하다.

이 작업을 순서를 잘 가려 무리하지 않게 해야 한다. 세 종교를 처음부터 같은 자리에 놓을 수는 없다. 기독교와 이슬람의 관계는 同而不和가 심각하므로 뒤로 돌려야 한다. 불교가 들어서서 이루는 관계는 불교가 和를 가져와 和而不同일 수 있어, 먼저 살피고 시도해야 한다.

이것이 있으면 저것도 있다. 저것이 있으므로 이것도 있다. 모든 것은 서로 연관되어 있으며, 서로 영향을 끼친다. 사람이 나날이 살아가는 이 영역에는 특별한 중심도 고정불변의 원리도 없다. 공연히 집착에 사로잡혀 괴로워하지 말자. 불교에서 이렇게 하는 말에, 기독교나 이슬람이 반대할 이유가 없어 동의할 수 있다. 그러면 同에 근거를 둔 和가 확인된다. 이것이 모든 종교의 공통된 기반이라고 할 수 있다.

이것은 현상이기만 한가? 본질이 따로 있는가? 논란이 여기서 시작된다. 불교는 이런 현상이 본질이라고 한다. 누가 이렇게 되도록 한 것은 아니라고 한다. 그 자체로 저절로 이루어지고, 처음은 물론 끝도 없다고 한다.

기독교나 이슬람에서는 말이 달라진다. 이런 현상은 본질이 아니다. 현상이 이렇게 되도록 한 어느 누가 있어, 본질이 먼저이고 현상은 나중이다. 그 누구는 초월자 하나님이라고 일컫는다. 하나님은 창조자이기만 하지 않고 심판자이기도 하다. 창조한 모든 것이 소멸되게 할 수도 있다.

이렇게 말하는 것을 잘 살펴보면, 불교와 달라도 아주 다른 것은 아니다. 모든 종교의 공통된 기반을 함께 갖추고 경우에 따라 다르게 활용한다고 보는 것이 마땅하다. 표면적인 不同 때문에 불화하지 말고 내면에서 同和를 찾아야 한다. 이것을 대등종교학의 사명으로 한다.

모든 것이 서로 연관되어 영향을 끼치며 살아가는 연쇄가 대등종교학에서 말하는 同和의 근거이다. 이것을 무어라고 명명할 것인가? 새로운 이름을 지어내면 너무 번다하므로 '緣起'라고 하는 불교의 용어를 계속 사용하자. 이보다 나은 말을 찾기도 어렵다.

緣起라고 하는 것에 누구나 순응하며 동참할 수도 있고, 거역하며 대들 수도 있다. 그래서 즐겁기도 하고 괴롭기도 하다. 이 양면성을 분명하게 하려고, 불교에서는 樂과 苦, 善業과 惡業을 구분한다. 기독교나 이슬람에서 하나님을 신앙하며 순종하지 않고 불신하며 거역하면 罪惡에 빠진다고 하는 것은 같은 발상의 한쪽을 극단화한 것이다. 이 셋을 면밀하게 비교해보자.

[가] 樂과 苦: 이 둘은 자기의 느낌이고, 남들과는 연결되지 않는다.
[나] 善業과 惡業: 이 둘은 자기가 남들에게 끼친 행위가 정당한가 부당한가 구분한다.
[다] 무엇과 罪惡: 이것은 자기 행위에 대해 스스로 하지 않는 외부 심판자의 판단이다.

[가]는 스스로 감당해야 한다. 괴롭더라도 견디어야 한다. 도움을 청할 수는 있어도, 괴로움을 전가할 수는 없다. 이를 두고 길게 말할 것은 없다.

[나]는 불교에서 하는 말이다. 삶이 온통 苦라고 하면서 苦에서 벗어나려면, 惡業을 멀리하고 善業을 지으라고 한다. 善業은 시혜여서 보답을 받지 않는다고 해도 자기 자신에게 樂이 되어 돌아간다. 惡業은 가해이므로 보복을 초래하기 전에 자기를 괴롭힌다.

실제 행동인 身業뿐만 아니라 말로 하는 口業이나 생각만인 意業까지도 이렇다. 向外와 向內의 비중 차이는 부차적인 것이다. 이렇게 말하면, 다른 어느 종교에서도 결함을 지적하고 반론을 제기하기 어렵다. 용어에 편향성이 있어 불만이라도, 타당성을 인정하지 않을 수 없다. 이것이 대등종교를 가능하게 하는 공통된 기반이다.

그런데 이것만이면 설득력이 부족하다고 여기고 불교는 철학인 緣起論에서 종교인 輪廻論으로 나아간다. 善業을 쌓으면 다음 生에는 좋게 태어난다고 말한다. 緣起가 空이라는 깨달음을 얻어 널리 알려주는 부처가 되면, 輪廻의 苦에서 안전하게 벗어나는 해탈을 이룬다고 한다. 과연 그런지, 이렇게 말해도 되는지 의문이다. 대등종교의 공통된 기반을 자기 것으로 하는 편향성을 드러낸다고 할 수 있다.

[다]는 기독교나 이슬람에서 하는 말이다. '樂'이나 '善業'과 상응하는 앞의 긍정(+)항목에는 일정한 용어가 없고, '苦'나 '惡業'과 상응하는 부정(-)항목은 '罪惡'이 장악하고 있다. 절대자가 하는 罪惡 판단을 절대자를 대리한다고 자처하는 사제자가 맡아 하면서, 진심으로 참회하고 기도하지 않으면 지옥으로 간다고 한다.

기독교에서는 사람의 罪惡이 깊다고 했다. 하나님의 말을 거역한 탓에 原罪를 짓고 낙원에서 추방되었으며, 하나님의 아들이 사람으로 태어나 代贖한 것도 모르고 따르지 않는다고 한다. 지옥은 넓고 천국은 좁다고 한다. 이슬람은 原罪도, 하나님 아들의 代贖도 부정하고, 사제자도 두지 않았다. 누구나 대등한 자격을 가지고 하나님을 믿고 옹호하면 천국에 가는 즐거움을 누린다고 한다.

기독교와 이슬람의 절대자 하나님은 차등론을 이중으로 조성한다. 神人의 차등을 이유로, 사람과 다른 생물의 차등 교리를 만든다. 불교는 이렇지 않다. 緣起를 말하는 것을 근거로 만인·만생·만물대등을 이룩한다. 꼭짓점을 무리하게 높이지 않고 밑면을 타당하게 넓힌다.

그러면서 불교와 기독교는 같은 점이 있다. 부처는 높이 깨달은 경지에 오른 사람이고, 예수는 사람으로 태어난 神이어서, 예사 사람들보다 월등하게 우월한 경지에서 차등론을 구현한다. 불교의 승려, 기독교의 사제자는 부처에게 다가가거나 예수를 대리한다.

이슬람에서는 각별하게 높은 경지에 이른 사람은 없다. 教祖 무함마드도 예사 사람이며, 神性은 전연 없다. 그 뒤에도 이슬람에는 독점적인 권능을 가지고 위세를 부리는 사제자가 따로 없으며, 누구나 대등하다. 불교의 苦와 기독교의 罪惡은 사람의 삶에 대한 부정적 평가를 논의의 전제로 한다. 이슬람은 죄의식 없이 즐겁게 살아도 된다고 한다. 이런 점에서 대등종교는 이슬람과 함께 나아간다.

緣起가 空이라는 깨달음을 얻어 널리 알려주는 부처가 되면, 輪迴의 苦에서 안전하게 벗어나는 解脫을 이룬다고 하는데, 과연 그런가? 이렇게 말한 것을 재론한다. 緣起가 한계 없이 펼쳐지는 것이 당연하다고 아무 걸림 없이 담담하게 받아들이면, 無我의 경지인 空에 이르게 된다. 苦가 없어지니 樂이지만, 樂을 그 자체로 추구하는 것은 아니다. 無念無想인데 무엇이든지 다 드러난다.

이런 상태가 지속되는 것이 解脫이라고 할 수 있다. 輪迴에서 벗어나야 解脫을 이룬다는 것은 착각이다. 輪迴는 緣起에서 비롯한다. 緣起는 없어질 수 없고 無始無終으로 이어지는데, 그 일단인 輪迴에서 자기만 잠깐 벗어나는 것은 있을 수 없는 일이다.

輪迴가 사실인가 시비하면 생각이 옹졸해진다. 눈을 크게 뜨고, 緣起를 살피며 받아들이자. 緣起가 헛된 개입을 시도하지 않아, 아무 차질 없이 돌아가 의식할 필요가 없게 되는 경지를 解脫이라고 한다. 解脫은 輪迴나 緣起에서 벗어난다고 하는 것은 의식할 필요가 없게 된 해방감의 과장된 표현이다.

참선을 힘써 하면 이럴 수 있는 것은 아니다. 참선한다고 표방하고 인정받기 위해 하는 짓거리는 백해무익하다. 힘을 빼고 조용히 물러나야 한다. 주위의 환경이나 조건은 마음먹기에 따라 달라진다. 번잡한 일상생활이 칭송받는 산수자연보다 더 청정할 수 있다. 無名의 凡夫는 헛가락이 없어, 명성이 요란한 고승보다 더 높은 경지에 이를 수 있다. 종교 수련을 별도로 하지 않아야, 진정으로 깨닫는다.

불교에 큰 결함이 있는 줄 알아야 한다. 八萬大藏經이라는 경전이 너무 많고 난해해 존경하며 질리게 한다. 스스로 깨닫지 못하게 방해한다. 한문을 우리말로 옮기면 온전하지 못하고, 쉽게 이해될 수 있는 것도 아니다. 이슬람의 〈쿠란〉은 단일 경전이지만 상당한 분량이고, 말이나 뜻이 단순하지 않다. 아랍어 원문으로 외워 낭송해야 한다고 하고, 번역은 참고자료에 지나지 않는다고 한다. 접근하는 길을 찾기 어렵다. 기독교 〈성서〉는 이런 폐단이 없다.

그 핵심을 이루는 네 복음서는 얼마 되지 않은 분량이며, 중복된 내용을 확인하고 신뢰하게 한다. 우리말 번역이 잘 되어 있어, 쉽게 읽고 바로 이해할 수 있다. 달관언어를 의식하거나 표방하지 않으면서 소박하게 구사해, 친근하고 적절한 비유를 들어 생각을 깨우쳐주는 것도 큰 장점이다. 한 본보기를 들면, "곡식의 씨를 좋은 땅에 뿌려야 한다"고 한 말은 누구나 알아듣고 많은 것을 생각하게 한다. 어느 종교든지 본받아야 할 언술 방법을 제시했다. 학문에서도 지침으로 삼아야 한다.

불교에서 말하는 緣起, 사제자가 따로 없는 이슬람의 관습, 쉽게 이해할 수 있는 기독교 경전의 언술 방법, 이 셋을 함께 갖추는 것이 대등종교의 이상이다. 셋을 합친 새로운 종교를 만들자는 것은 아니다. 새로운 종교는 만드는 것은 가능하지 않고, 무익한 시도이다. 현상을 두고 당위를 실현해야 한다. 당장은 어려워도, 방향을 제시해야 한다.

불교·이슬람·기독교, 기존의 三敎가 공연히 다투지 말고, 다른 두 쪽의 장점을 서로 본받으려고 노력하는 것이 마땅하다. 이 셋뿐만 아니라 다른 여러 종교도 배타주의 독성을 배제하고 모두 한 종교인 듯이 되는 것이 바람직하다. 그것이 대등종교이다.

6

긴 논의를 마무리하면서, 대등종교의 의의를 분명하게 한다. 먼저 모두를 하나로 모아보자. 세계 평화와 인류 화합에 적극 기여하자는 목표를 세우고 이룩해야 한다는 말이 막연한 기대나 헛된 주장이 아니고, 실행 가능하게 하는 것은 대등종교 덕분이다.

대등종교는 종교이면서 종교가 아니어서, 엄청난 과업을 수행할 수 있다. 차등종교의 잘못을 밖에서 나무라지 않고 안에 들어가 바로잡고자 하므로 종교이지 않을 수 없다. 종교는 차등을 본질로 한다면, 종교가 아니다. 종교인 것과 종교 아닌 것의 경계에서, 둘의 구분을 없앤다. 기존 종교가 만든 갖가지 함정을 철폐한다.

인간이 절대자의 뜻을 거역하는 죄를 지어 심판을 받는다는 망상에서 벗어나 자유롭게 한다. 緣起를 의식하지 않아도 되는 해방감을 가져다주기도 한다. 이런 자유나 해방은 그냥 누리고 있지 않고, 적극 활용해 널리 유익한 일을 해야 온전해진다. 세계 평화와 인류 화합이 가능하게 한다.

심판과 緣起는 같지 않다. 심판은 망상일 따름이고, 연기는 對等의 근거가 된다. 무수히 많이 얽힌 연기가 모여 이루어진 대등 관계에서 현실의 문제가 다각도로 제기되는 것을 알고 해결해야 한다. 대등종교철학에서 얻는 각성을 예술·역사·법·교육대등철학에서도 구현해, 각기 각별한 노력을 해야 한다.

뒤풀이

1

앞놀이에 이어서 시작한 논의를 뒤풀이로 마무리하려고 한다. 논의를 너무 많이 해서 간추리기 어렵다. 무리하게 간추리면, 각론은 잡다한 것을 자랑으로 삼는다는 말을 스스로 부정한다.

뒤풀이로 마무리한다고 한 것은 잘못되었다. 탈춤에서 말해주듯이, 뒤풀이는 신명이 남아 있어 그대로 물러날 수 없으므로 모두 함께 춤추며 다 풀자는 집단의 몸부림이다. 아쉬움 때문에 감흥이 고조되어, 조용한 마무리에 이를 수 없게 한다. 절차에서는 끝이지만, 실제로는 새로운 시작 촉구이다.

무엇이 아쉬운가? 어떤 신명이 남아 있는가? 할 말을 다하지 못했다. 더 나아가야 한다는 신명이 약동하고 있어 여기서 끝낼 수 없다. 등산을 마치고 하산하려고 하니 나무나도 서운하다. 그러나 더 높은 봉우리가 많이 있을 것 같은데 보이지 않고, 있어도 힘이 모자라 더 오르기 어려울 것 같다. 생각을 다시 하고 조용하게 말한다.

2

사람은 오직 한평생만 살 수 있다는 사실을 군말 없이 겸허하게 받아들인다. 가능한 범위 안에서 최선을 다해 오랜 소원을 이루고자 한다. 말을 아무리 길게 늘어놓아도 모두 함량 미달의 쭉정이 같은 미흡함을 씻어내고자 한다. 책을 너무 많이 써서 독서 시간을 빼앗은 잘못을 뉘우치고, 하나만 읽어도 되는 책을 이제야 썼다고 말하며 과욕을 잠재운다.

대등생극론을 이룩해 차등론은 물론 평등론의 과오까지도 시정하는 바른 길을 제시하고자 한다. 상생과 상극이 따로 놀아 자아내는 편향성과 그 폐해를 상생이 상극이고 상극이 상생인 생극의 이치를 분명하게 해서 해결하려고 한다. 그래서 세상 사람들이 생각을 바꾸고, 새 시대를 열 수 있기를 바란다.

이런 자부심은 차등론에 근거를 둔 허영이다. 대등론을 말하면서 어기는 것은 잘못이다. 가능성이 사실이라고 말하는 과장의 혐의도 있다. 너무 많은 내용을 간략하게 다루어 성글고 모자란다. 종잡을 수 없는 소리를 늘어놓아 의혹이 생기게 한다. 이렇게 나무란다면 나도 같은 생각이라고 동의하고, 필요한 해명을 한다.

헛수고를 한 것은 아니다. 농사짓고 물건 만드는 일꾼들이 늙을수록 더

욱 지극한 정성으로 천분을 수행하는 대열에 동참해 제품 품질 향상을
위해 함께 노력한 것을 인정해주기 바란다. 슬기롭다는 사람들은 사용하
지 않는 어리석은 방법으로 누구도 하지 않는 기이한 작업을 하는 것에
우선 관심을 가져달라고 말한다.

모두가 하나이게 하려면 모두를 각기 치밀하게 고찰하려고 하지 말아
야 한다. 모두라는 총체를 불변의 단단한 물건으로 만들려고 하는 무리한
시도도 하지 말아야 한다. 모두이기도 하고 하나이기도 한 것을 달관언어
라고 하는 성긴 그물을 사용해 잡고도 잡지 않고, 잡지 않고도 잡는 것
이 마땅하다.

이것이 슬기로운 선택이고, 적절한 결과인가? 내가 판단하기 어렵다.
독자의 논란이 있기 전에 선학들과 상의한다. 《공동문어문학과 민족어문
학》(1999) 서두에서 한 말이 계속 살아 있어 조금 다듬어 옮긴다. 25년
쯤 지나고서도 사정이 달라지지 않았다.

학문의 역사를 바꾸어놓은 수많은 선각자 가운데 특히 빛나는 14세기
의 아랍인 이븐 칼둔은 "새로운 학문을 개척하는 사람이 모든 개별적인
문제를 열거해 다룰 의무를 지는 것은 아니다"라고 하고, "신의 가호를
입어 착실한 태도로 단단하게 연구할 수 있는 후대의 학자라면 내가 한
것보다 문제를 더욱 깊고 자세하게 논의할 것이다"라고 했다.

내가 하고 있는 연구의 상황을 두고 말한다면, 도서관에 필요한 책이
있고, 연구와 강의가 하나일 수 있고, 수입학이나 시비학이 창조학을 방
해하지 않고, 토론을 충분하게 할 수 있는 것이 이븐 칼둔이 "신의 가호"
라고 말한 것에 해당하는 오늘날의 조건이다. 다음 연구자들은 이런 혜택
을 제대로 누리면서, 내가 한 어설픈 작업을 거의 무효로 만드는 날이
빨리 오기를 고대한다.

그 모든 일을 내가 다 해야 하는 것은 아니다. 만인이 함께 할 일을
내가 맡겠다고 하면, 착오이고 오만이다. 만분의 일의 작업을 핵심을 찾

아서 하면 임무를 완수했으므로, 더 바라지 말아야 한다. 결과를 묻거나 평가를 기대하는 것은 부질없는 짓이다.

3

옛 스승 元天錫이 좋은 본보기를 보여주었다. 고려냐 조선이냐, 불교냐 유교냐 하는 논란이 분열을 가져오고 피를 흘리게 할 때, 산에 숨고 나오지 않으면서 세상의 다툼을 해결하는 바른 이치를 깨달아 알려주었다. 당대로 국한되지 않는 장구한 역사에 깊이 참여했다. 깨달아 밝힌 이치를 다음 시 〈會三歸一〉에서 말한 것을 든다.

세 종교의 근본 바탕 본디 차별 없는데,
비교하고 다투어 개구리처럼 시끄럽다.
같은 본성이라 서로 걸림이 없는데,
어째서 유교니 불교니 도교니 하리오.

나는 〈대등생극론이 말한다〉라는 시를 지어 마무리로 삼는다. 총론에서 글 토막마다 붙인 시를 여기서는 총괄한다. 많은 말을 몇 마디로 간략하게 줄인다.

대등생극론이 오랜 논란 끝내며,
미래를 창조하는 방향을 제시한다.
계속된 불행이 빚어낸 고통을 씻고,
後天開闢의 새로운 천지를 이룩한다.

4

학문은 물론 어느 저작까지도 혼자서 일거에 완성할 수 없다. 많은 동참자가 여러 대에 걸쳐 문명 창조라고 할 만한 거대한 작업을 총체적으로 성취해야 할 일을 다한다. 그 시발점을 마련하는 데 기여하는 것으로 내 임무는 수행했다고 여기고 만족한다.

다음의 토론은 미완의 작업을 더 유능한 일꾼들에게 넘겨주는 과정이다. 질문을 받고 변명한 말을 그대로 믿지 말아야 한다. 미비점이나 결함이 가장 소중하므로 잘 찾아 인계해야 한다.

제3부
토론

1 서설

1-1 간절한 소망

말하기보다 말듣기가 더 소중하다. 이런 다짐을 잊거나 저버리지 않았다. 총론을 간략하게 쓴 것은 말듣기에 힘쓴 덕분에 얻는 각성을 집약했기 때문이다. 길게 늘어난 각론은 여러 방면의 갖가지 말을 듣고 응답한 결과이다.

이제 토론 대목에 들어서서 말을 듣고 대답하는 현장을 공개하고, 진행과 성과를 직접 보인다. 토론은 새삼스러운 일이 아니고 항상 진행되었으나, 특별히 힘써야 성과가 크다. 총론과 각론에 이어서 토론을 갖추는 것이 학문 저작을 가장 잘 이룩하는 비결임을 알아차리고 실행한다.

대등생극론에 이르기까지의 탐색에 관한 토론이 유튜브 방송을 위한 강의에서 계속 치열하게 전개되어, 진전을 가져오고 결실을 이루었다. 그래서 이룩한 《대등생극론》 전문은 유튜브 방송을 하기에는 분량이 과다하고 내용이 난삽하다. 책으로 바로 내기로 하고, 별도의 토론장을 마련하고자 했다.

학문은 독백이 아니고, 대화이며 토론이다. 토론에서 발상을 얻고, 내용을 갖추고, 결함을 시정한다. 그 범위가 연구의 폭이고, 그 열기가 탐구의 추진력이고, 그 수준이 업적의 가치이다. 나는 이런 혜택을 각별하게 누리고 있다.

同學이나 道伴이라고 해야 할 토론자가 많은 덕분에 연구의 폭을 넓혀왔다. 뜨거운 토론이 계속 진행되어, 탐구의 추진력이 대단해진다. 토론의 수준이 높아, 업적의 가치를 기대 이상 키운다.

1-2 기대가 빗나가

《다시 개벽》은 東學을 받드는 교단에서 내는 계간지이다. 거기서 인터뷰를 하자고 해서, 나는 미발표 신작 저서에 대해 토론하는 것이 더 좋겠다고 응답했다. 이 제안이 이루어졌다. 《대등생극론》 총론 후반 전문을 제10호 2023년 봄호에 싣고, 제11호 2023년 여름호, 제12호 2023년 가을호에서 그 잡지 편집장과 지상 토론을 했다.

東學에서 밝힌 이치를 이어받으려고 하지 않고 새로운 논의를 펼 필요가 있는가 하는 요지의 반론을 전개해, 토론이 뜻한 대로 진행되지 않았다. 이 책 각론 서두에 옮겨놓은 몇몇 글을 응답으로 삼고 평행선을 달리다가, 동학에 대한 소견을 다음과 같이 밝혔다. 그쪽이 발표자, 내가 토론자가 되었다.

모든 종교는 차등론으로 이루어져 있다. 이 말이 계속 타당하다고 다시 확인한다. 절대적이고 영원한 경지가 따로 있어, 상대적이고 일시적으로 삶에 시달리는 사람들이 그쪽으로 가고 싶어 하는 것이 당연하다고 하는 기본 설정이 차등론이다.

종교에 따라 차등론의 강약이 다르다. 차등론이 강한 종교는 기독교·이슬람이고, 약한 종교는 힌두교·불교·유교·동학이다. 차등론이 강한 종교에 대해서는 더 말할 필요가 없다. 차등론이 약한 종교는 어째서 그러며, 그 대신 무엇을 갖추는지 살펴보아야 한다.

힌두교는 기독교나 이슬람처럼 절대자를 믿지만, 절대자 수가 아주 많고 서로 대등하며 만물과 일체라고 한다. 그렇게 해서 차등론을 줄이는 만큼 대등론을 더 갖춘다. 불교는 業報로 차등론을 합리화할 수 있고, 누구나 得道할 수 있다고 하는 데서는 대등론을 말해, 종교이기도 하고 철학이기도 하다. 철학인 측면은 대등생극론과 연결된다.

동아시아에서는 두 흐름이 얽혔다. 孔子 이래의 유교는 절대자가 아닌 天理를 말해 차등론의 장벽이 그리 높지 않지만 상당한 정도로 견고해, 대등론으로의 전환이 쉽게 이루어지지 않았다. 老子에서 비롯한 도가사상은 無爲自然을 소중하게 여기며 유교에 대해 반론을 제기해, 대등생극론의 원천을 마련했다. 유교 안으로 들어가 도가의 반역을 일으킨 氣學이 대등생극론의 형성을 구체화했다.

崔濟愚는 東學이라는 새로운 종교로 儒佛道를 넘어서고 西學을 막겠다면서 출현해 큰 충격을 주었다. 이런 동학도 양면이 있다. '한울님'이 밖에 있는 절대자라고 여기면 차등론을 다른 종교와 공유한다. 안에서 이루어지는 자아 각성이라고 하면 철학이 되어, 대등생극론으로 나아가는 길을 연다.

뒤의 길을 택해도, 바로 갈 수 있는 것은 아니다. 당위로 사실 입증을 대신하려고 하지 말아야 한다. 기존의 교리를 옹호하는 보수주의가 탐구의 확대를 경계한다면 더욱 어리석다. 한국에서 동아시아로, 동아시아에서 세계로 나아가는 보편적인 학문을 해서 누적된 오류를 바로잡아야, 後天開闢을 설득력 있게 말하고 더 나아가 실제로 이룩할 수 있다.

만생대등론이나 만물대등론까지 갖추어야 하는 과제가 남아 있으므로 더욱 분발해야 한다. 열띤 종교에 머물러 있지 말고 냉철한 학문으로의 전환을 분명하게 하고, 기학의 오랜 축적과 만나야 한다. 최제우와 동시대에 崔漢綺가 힘써 정립한 推氣測理의 학문을 힘써 이어받는 것이 더욱 긴요한 과제이다.

동학은 사고의 근본적 혁신이 후대에도 가능하다고 알려주어, 큰 용기를 가지도록 고무한다. 대전환 사업을 한국에서 주도하니 자랑스럽다고 한다. 그렇지만 출발 단계의 감격이 추진력일 수는 없다. 반성과 혁신이 철저하게 이루어져야 진전이 가능하다.

비교 논의를 명백하게 마무리하자. 西學에 종교로 대처하는 방안은 종교의 시대가 가면서 설득력을 상실하고 있다. 西學을 학문으로 넘어서서 편견을 시정하고 진정으로 보편적인 이치를 밝히는 데 힘써야 한다.

말은 쉽고 실행은 어렵다. 선언문을 발표하면 학문이 달라지는 것은 아니다. 바람잡이가 학자로 행세하지 말아야 한다. 자기가 하지 못하는 일을 남에게 시키지 말아야 한다.

차등론과 대등론, 변증법과 생극론의 토론을 심도 있게 전개해야 한다. 기대하는 결과를 실제로 얻어야 한다. 이렇게 해야 학문의 후천개벽이 실제로 이루어진다.

1-3 꽃과 열매

더 깊이 한 생각을 간추려 적는다.

> 최제우의 동학과 최한기의 기학을,
> 겉모습 대강 보고 딴판이라 여긴다면,
> 헤아림 아주 모자라 어리석다 하리라.

> 동시대 같은 문제 풀려고 각기 분투,
> 무엇을 이룩했나 알아보면 좋으리.
> 동학이 꽃을 피우고, 기학은 열매 맺네.

> 꽃은 갑자기 피어나다 사라지고,
> 열매는 오랫동안 조금씩 자라난다.
> 꽃 보고 놀라지만 말고, 열매를 잘 살피자.

있던 꽃이 없어졌다 한탄하지 말아라.
남은 소망 잘 받들고 열매를 크게 키워
과거가 또한 현재이고 미래이게 하자꾸나.

동학이 알려줄 땐 말뿐인 후천개벽,
기학이 생동하면 실제로 이루어지고,
마침내 사방 퍼져나가 천지를 바꾸리라.

1-4 실현이 소중하다

후천개벽 또는 다시 개벽이라고 하는 것은 막연한 기대가 아니다. 정신을 차리자고 해보는 소리는 더욱 아니다. 세계사의 전환이 실제로 거대한 규모로 이루어지는 것을 말한다. 그 가능성과 실현 방법을 분명하게 말하고 실현하는 학문을 해야 한다.

가까운 시기의 역사를 되돌아보자. 중세의 인습인 신분의 차등을 철폐하고 근대 대등사회를 이룩하는 변화가 유럽에서 먼저 일어나, 근대라고 하는 새로운 시대를 창조했다. 헤겔의 변증법이 이에 필요한 의식을 갖추고, 있는 것에서 있어야 할 것으로 나아가는 역동적인 발전의 원리를 해명했다.

이와 함께 유럽기독교문명이 세계사의 발전을 선도한다는 역사철학을 정립해, 내부의 사회 대등론이 외부로는 문명 차등론이게 했다. 한쪽의 진보가 다른 쪽에서는 반동이게 했다. 침략과 식민지통치를 옹호하고 합리화하는 작업을 철학이 맡았다. 철학은 유럽의 선물로 알도록 해서, 그 잘못을 철학으로 시정하지 못하도록 막는다.

유럽에서 근대 대등사회가 이루어지자, 사고방식이 달라졌다. 역동적인 발전은 더 필요하지 않다고 여겨 부정하고, 외부의 차등론은 관심 밖에 두는 방식으로 무시해 의식을 순수하게 하고자 했다. 진보라는 개념을 없애, 반동이라는 비난을 원천적으로 차단하려고 했다. 오직 눈앞에 나타난 현상만, 판단을 중단한 상태에서 있는 그대로 파악하자고 하는 현상학이 그 방법을 절묘하게 제시했다. 대단한 영향력을 행사하고, 갖가지 변형을 산출해 시야를 어지럽게 한다.

그래서 천하가 평정된 것은 아니다. 철학은 의식공간을 줄곧 축소하고, 과학은 탐구영역을 계속 확대했다. 둘의 불균형이 나날이 커져, 철학은 더욱 초라해졌다. 그 뒤를 따른다면 창피스럽다. 동반자살을 해야 하는 이유가 없다. 슬기로운 학문이라는 철학이 가장 어리석은 짓을 하니 우습다. 정신을 차리고 철학 혁신을 먼저 해야 한다.

이제 또 한 번, 더욱 거대한 전환이 일어나고 있다. 문명 차등론을 이유로 삼고 자행된 제국주의 침략과 식민지통치에 시달린 다수가 깨어나 세계를 뒤흔든다. 잃어버린 주권을 찾고, 자국을 근대화하는 데 그치지 않고, 더 나아가 세계사의 파행을 수정하려고 한다.

지금 내놓는 대등생극론이 선두에 나서서 중대한 임무를 맡는다. 변혁의 원리를 오랜 내력을 가진 독자적인 철학에서 가져와, 차등론의 잘못을 대등론으로 시정한다. 변증법이 상극에 치우친 편향성을 생극론으로 바로잡는다. 근대를 넘어서서 다음 시대를 창조하는 지침을 제시한다.

이렇게 해야 후천개벽이 실제로 이루어질 수 있다. 후천개벽은 공상이나 이상이 아니고, 세계사의 새로운 창조이다. 누적된 과오를 근본적으로 시정하는 학문 혁신에서 그 시발점을 찾아야 한다.

2 2024년 3월의 토론

2-1 봄

여러 토론자와 격렬하게 부딪치는 좋은 기회를 기다리고 있다가, 동양 사회사상학회 유승무 회장과 연락이 닿았다. 내 학문을 알아보는 인터뷰를 하고 싶다고 해서, 과거가 아닌 미래를 논의하자고 했다. 미간행 저작 《대등생극론》 원고 전문을 보내주니, 여러 회원이 읽어보고 토론하는 모임을 가지자고 제안했다. 그 모임이 2024년 3월 22일 학술원 내가 소속된 분과 회의실에서 열렸다. 질문서를 미리 보낸 것을 보고 답변하도록 하는 방법을 택해 효율을 높였다.

그 모임 참가자는 이영찬, 유승무, 정승안, 김보경, 박수호, 최우영, 김미경, 이재룡이다. 더 많은 회원이 화상에서 참가하고 질문도 했는데, 성명은 알지 못한다. 이 대목 1은 사회를 맡은 유승무가 여러 회원의 질문을 모아서 하는 방식으로 진행되었다. 다음의 2는 이재룡과의 문답이다. 3은 이영찬과의 문답이다. 4는 화상에서 이루어진 문답이다. 이 넷을 춘하추동이라고 일컬어, 몇 시간 동안에 한 해가 간 것으로 여긴다.

질문은 다듬어 옮기고, 응답은 보완해 적는다. 더 하고 싶은 말은 결실로 옮긴다. 대단한 결실을 얻게 해주어 깊이 감사한다.

문: 내가 보기에 '대등'의 개념화에는 두 가지 차원 즉 인식론적 차원의 待對性과 규범론적 차원의 차등 극복의 당위성이 섞여 있다. 이 두 차원 중에서 후자를 포함함으로써, 의도하지는 않았더라도 결과적으로는, 차등의 실제나 현실을 외면하거나 은폐하는 효과(결과)를 낳을 가능성을

배제할 수 없게 된다는 문제점을 지적하고 싶다. 만약 그렇다면 '대등'보다는 '대대'란 개념이 더 학문적 가치를 지니는 것은 아닐까?

답: '待對'는 원래 "鞫獄停囚待對"라고 하는 데서 볼 수 있듯이, 범죄 수사를 위해 가두어놓은 죄수가 "대질심문을 기다린다"고 하는 말이다. 국어사전에서는 "두 사람의 말이 서로 어긋날 때, 제삼자를 앞에 두고 전에 한 말을 되풀이하여 옳고 그름을 밝힘"이라고 했다. 마주 선 모든 것을 뜻한다고 전용해 쓰기 어렵다.

그뿐만 아니고, 더 심각한 결함도 있다. 용어가 부정확하고 너무 범박해, 대대에 관한 논의는 구름 잡는 것처럼 되고, 공감을 얻지 못한다. 마주 섬이 어떤가? 차등인가, 평등인가, 대등인가? 이것이 절실한 문제이므로 힘써 논의해야 한다. 개념론이나 현상론에 머무를 수 없다. 차등을 물리치고 본연의 대등을 되찾는 투쟁을 해야 한다. 차등에 대한 대안을 평등으로 하다가 빚어낸 차질도 시정해야 한다. 투쟁이 이론이고 실천이어야 한다. 차등의 실제나 현실을 외면하거나 은폐하지 않고 진지하게 부딪치려고 이 길을 택한다.

맨 처음에 했어야 할 말을 지금 하게 해주어 감사하다. '待對'가 아니고 '對等'임을 분명하게 한다. '對等'은 국어사전에서 "서로 견주어 높고 낮음이나 낫고 못함이 없이 비슷함"이라고 했다. 대체로 타당한 풀이지만, 조금 모자란다. "상대방이 자기와 다른 것이 당연하다고 여기고 용납하고, 우열을 가리려고 하지 않으며, 결점을 서로 보완해주는 관계"라고 하면 더욱 분명해진다.

문: '대등'은 존재론인가 규범(적 당위)론인가? 아니면 둘 다인가? 만약 둘 다라면 sein과 sollen을 무매개적으로 섞는 문제가 생기는 것 아닐까?

답: 본연의 마음가짐이고 상관관계인 대등의 있음(sein) 회복이 단독으

로 가능하지 않다. 차등이 저지른 폐해나 평등을 대안으로 착각해 생긴 차질을 바로잡는 해야함(sollen)이 요구된다. 이 둘은 서로 필요로 해서, 둘이 하나이다. 매개가 필요하지 않다.

문: 생극의 개념은 상생과 상극을 결합하여 만든 선생님의 독창적 개념으로 보인다. 그리고 이 개념은 선생님의 보편이론 즉 생극론을 뒷받침할 가장 핵심적인 개념이다. 그런데도 생극 개념에 대한 자세한 논의가 없다. 있는 것마저도 매우 단조롭게 처리되어 있다.

내가 보기에 상생과 상극이 결합하는 경우의 수는 매우 많고 또 복잡하게 보인다. 상생으로 끝나는 경우, 상극으로 끝나는 경우, 상극이 상생으로 바뀌는 경우, 상생이 상극으로 바뀌는 경우, 상극을 조건으로 상생이 발생하는 경우, 상생을 조건으로 상극이 발생하는 경우, 상생과 상극이 분리될 경우에 수반되는 쟁점들, 그 두 가지가 결합되었을 때 수반되는 쟁점들, 동양철학의 연결의 인식론과 서양철학의 분리의 인식론을 처리하거나 해결하는 데 필요한 논의들, 구분, 차이, 차등(차별) 등의 개념들 사이의 의미론적 차이를 처리하는 논의들 등 수많은 학문적 설명들이 상세하고 정밀하게 논의되어야 할 것이다. 이에 대해서도 선생님의 고견을 듣고 싶다.

답: 相生과 相克을 합쳐 生克이라고 하는 용어나 논의는 나의 독창이 아니다. 老子에 연원을 두고, 徐敬德이 분명하게 하기 시작해, 崔漢綺에 이르러 대단한 진전을 이룬 업적이다. 나는 이들 선인의 문화후손이라고 자임하고, 생극론의 유산을 물려받아 키우는 데 힘쓴다. 문화후손은 종손이 따로 없고, 누구나 될 수 있다.

생극론에 관한 발표를 30년 전인 1994년에 〈생극론의 역사철학 정립을 위한 기본구상〉을 제목으로 하고, 철학교수 정대현·황경식·송영배·길희성·김광수·이한구·황필호·정인재·심재룡을 상대로 처음 했다. 이것이

1996년에 낸 《한국의 문학사와 철학사》에 수록되어 있다. 더 나아가는 작업을 여러 번 하다가, 2019년의 《창조하는 학문의 길》의 결말 〈철학을 길잡이 삼아〉에서 상당한 진전을 이루었다. 생극 관계는 다양하다고 일단 말하고 필요한 것을 거론하면 되며, 가능한 모든 양상을 일시에 열거해야 할 이유는 없다. 변증법과 논란해 잘못을 시정하는 과업이 특히 긴요해 힘을 모았다. 그 성과를 대등론과 합쳐 대등생극론을 이룩하면서 더 키운다.

　이런 사실을 알리는 각주가 없고 참고문헌도 제시하지 않아, 엉뚱한 말을 갑자기 하는 것처럼 보인다. 각주와 참고문헌 범람이 역겨워 경계하려고, 아주 다른 방식으로 총론을 썼다. 각론에서는 이해를 넓히려고 조금 물러나, 어느 정도 타협을 했다.

　문: 선생님의 대등생극론은 보편적인 거대이론(혹은 초이론)을 지향하고 있다. 그렇기 때문에 우리의 매일매일 생활과 관련된 중범위이론이나 미시이론은 논의에서 배제되어 있다. 게다가 보편이론을 지향하면서 서양 철학의 성과도 배제하고 있다. 심지어 각론의 경우에도, 우리의 일상생활과 가장 밀접한 의학(의료), 각종 자연과학, 경제, 매스미디어(광고, 음악, 엔터테인먼트 포함), 스포츠 등에 대한 논의가 배제되어 있다. 이에 대한 선생님의 고견을 듣고 싶다.

　답: 크고 중요한 각론이 우선적으로 필요해, 예술·역사·법·교육·종교철학에 관한 착상을 제시했다. 유튜브 방송을 위한 강의에서는, 남녀관계, 이동과 이주, 의식주, 질병 치료 같은 것들도 고찰한다. 그래도 많이 모자란다. 각론은 능력이 다른 수많은 동참자가 각기 전개해야 한다. 총론의 一以貫之를 각론의 多多益善으로 입증하고 시정해야 한다.

　문: 거대이론으로 보이는 대등생극론에서 시간(특히 역사)의 문제가 정밀하게 나타나고 있는 것 같지 않다. 시간이 어떻게 개입 및 처리될 수

있는가?

답: 만인대등의 시간은 역사철학에서 논의하고, 만생대등이나 만물대등의 시간은 아직 다루지 못하고 있다. 몸이 여럿이 아니라고 한탄하지 말고, 많은 동참자를 찾아야 한다.

문: 근대의 데카르트 이래 가장 흔한 이론(사상)이 '주체'의 이론이라고 판단된다. 물론 이 주체 이론은 오늘날 여러 입장에서 의심 및 비판되고 있기는 하다. 그래도 주체는 역사와 사회변동에 핵심적 동력 역할을 하는 것으로 많이 말하고 있다. 선생님의 대등생극론에서 인간 주체의 (능동적 실천) 문제는 어떻게 해석될 수 있을까?

답: 주체의 소중함을 그냥 역설하면 진전이 없다. 內省에서 해답을 찾으면 빗나간다. 자폐를 주체라고 여기면 망한다. 주체는 단수가 아닌 다수여야 한다. 이것이 가장 긴요하다.

주체가 단수면 차등론의 우월감 또는 열등감에 사로잡혀 횡포와 착오를 저지른다. 구비철학이 철학에서 망가진 이유가 이것이다. 다수의 주체가 평등해야 한다는 망상은 주체가 제 기능을 못하고 사라지게 한다. 차등론 지배자의 밥이 된다.

주체는 대등의 관계를 가진 다수여야 한다. 다수가 일시에 공동작업을 하려고 해서 평등론으로 빗나가게 하지 않아야 한다. 자발적인 참여자들이 대면하지 않고서도 상이한 창조권을 서로 도움이 되지 않게 발휘해, 제기된 주장의 타당성을 검정하고, 토론에서 문제점을 해결하고 상향을 이룩해야 한다.

이와 함께 주체 구성원의 범위가 자꾸 확대되어야 한다. 내 주위의 몇 사람에서, 토론 참가자들, 우리 학계의 일각으로, 다시 국내의 대세, 동아시아의 동참자 다수, 세계를 혁신하고 새 시대를 창조하는 인류의 역군까지 나아가야 한다. 주체의 확대가 가장 긴요한 실천이다.

문: 차등론을 극복할 수 있는 대등론에 대한 구체적 예시와 비교 설명을 해주기 바란다. 박지원, 최한기, 홍대용 등의 입을 빌리지 말고 현실적 사례(예컨대 남녀의 평등)를 들어 하는 설명을 부탁한다.

답: 《창조주권론》의 부록으로 내놓은, 초청받고 강연을 한 원고 〈어떻게 살아야 하는가?〉에서 말했다. 서로 더 잘났다고 하는 부부는, 결말이 있을 수 없는 싸움을 계속해 불행해진다. 능력이 모자라는 탓에 상대방의 도움을 받아야 살 수 있다고 여기는 부부는 행복을 누리면서 없던 능력을 만들어낸다.

문: 대등생극론에는 모든 것을 차등, 평등이 아니라 대등으로 이끌려는 강력한 규범적 지향이 내포되어 있는 것 같다. 하지만 역설적이게도 모든 것을 대등으로 종합하려는 바로 이러한 지향이 구체적인 현실 상황에서는 '어떤 것도 좋다'라는 반규범적 상황을 만드는 것은 아닐까? 다른 말로, 시비의 여지나 가능성을 차단하는 것은 아닐까?

답: 사람이 서로 대등하게 살아가는 것은 본연의 자연스러운 상태이다. 만물대등을 근거로 만생대등이, 만생대등을 근거로 만인대등이 이루어져 있기 때문이다. 만인대등은 여러 겹의 행복을 함께 누리도록 한다,

이런 사실을 은폐하고 왜곡하고 변조하는 책동이 차등론의 이념을 조작해 이루어졌다. 사람은 다른 모든 생물보다, 생물은 무생물보다 우월하다고 강변하면서, 갖가지 횡포를 자행한다. 자연을 파괴하고 생태계를 황폐하게 해서, 인간의 멸망을 재촉한다.

중대한 잘못을 엄중하게 비판하고, 극력 제거해야 한다. 그 방법이 훈계나 교육은 아니다. 강제는 더욱 아니다. 누구나 대등하게 갖추고 있는 창조주권을 스스로 알아차리고 자발적으로 발현해야 한다. 이를 위해 모범을 보이는 것이, 학문과 예술이 감당해야 할 임무이다.

차등론의 지배를 받고 사는 것이 그런대로 편안하다. 구태여 다른 생각

을 하며 격동을 초래할 필요가 없다. 이렇게 여기는 사람들이 여론조사를 해보면 다수일 수 있다. 그러나 지나치면 망하는 이치에 따라, 차등론이 극단에 이르렀다가 파탄을 보이고, 지배자는 횡포가 심해 자멸의 조짐을 보인다.

세계사가 대전환의 고비에 이른 것을 알고 잠을 깨야 한다. 인류 본연의 대등한 창조주권을 되살려 불행을 청산하고 행복을 이룩하는 과업을 새로운 선진국인 우리가 앞장서서 수행하라고 요구한다. 학문이나 예술은 수입에 의존하는 후진의 작태를 그대로 두면, 잠시 선진이다가 말고 뒤로 미끄러진다.

학문과 예술을 새롭게 창조하는 과업을 남들에게 시키지 말고, 스스로 감당해야 한다. 나는 내 능력껏 임무를 수행하려고, 《대등의 길》과 《창조주권론》을 내고, 《대등생극론》을 쓴다. 부드러운 논의를 차츰 분명하게 한다. 연작서를 더 써도 많이 모자란다. 동참자가 많아 힘을 보태고 키우기를 열망한다.

문: 동양사회사상학회(우리 학회)는 동양사회사상을 바탕으로 하여 사회학의 새로운 정체성을 탐구하고, 새로운 사회학 이론을 모색하여, 현실사회를 분석하고자 창립된 학회이다. 이러한 우리학회와 관련하여 선생님의 논의 혹은 대등생극론이 우리 학회에 주는 함의는 무엇인가? 특히 수입학으로 특징지워진 한국사회학의 새로운 정체성 확립과 관련하여 선생님께 도움말을 청한다.

답: 함께 연구하는 동학을 많이 구한다. 나는 할 수 없는 작업을 다방면으로 풍성하게 하기를 기대한다. 나는 물러나 쉬어도 좋다고 하게 되기를 바란다. 이런 소원을 들어주며, 학회가 크게 성장하고 대단한 업적을 이룩하기를 바란다. 학문 혁신의 주역으로 등장해, 새 시대 창조를 선도하라고 축원한다.

2-2 여름

문: 이 책에서 사용하는 가장 중요한 개념은 對等이다. 대등은 差等이
나 平等과 다른 개념으로 사용되고 있다. 그런데 '等'이라는 한자가 담고
있는 의미는 '같음'이다. 等式 等號가 이러한 의미를 잘 보여주고 있다.
等이 지니고 있는 '같음'의 의미는 대죽(竹)변에서 잘 나타난다. 이는 밋
밋한 대나무가 마디로 구획을 설정한 모습을 형상화한 것이다. 즉 상하
마디 사이의 굵기는 비슷하므로 동일한 것으로 취급해도 무방하다는 의미
를 나타내고 있다.

이러한 의미를 잘 담고 있는 어휘가 等級이다. 상하에 구획을 설정한
특정 범위 안에서는 동일한 것으로 취급해도 무방하다는 의미이다. 等 자
체가 이러한 의미를 담고 있으므로 對等이라 함은 마주하고 있는 두 개
체가 서로 동등한 상황에서 동등한 권리와 의무를 지고 있는 관계임을
의미할 것이다. 물론 여기에는 두 개체가 놓여 있는 특정 상황의 상하
좌우의 범주가 설정되어 있음을 전제로 한다. 이러한 상황 전제가 없다면
대등이라는 가치평가 개념을 사용할 수가 없는 것이다.

그러므로 이 책에서 아주 중요한 개념어인 對等이라는 용어를 인류의
역사와 철학 문화 등등 보편적인 관점에서 모든 것에 적용 가능한 개념
으로 사용하는 것에는 많은 논리적 비약이 있게 된다. 對等은 말 그대로
특정 상황에서 목적을 위한 전제에서 당사자들이 놓여 있는 관계의 동등
한 위상을 의미하나, 그 사안이 해결되고 나면 바로 대등의 관계는 해소
되고 차등이든 평등이든 또 다른 동태적인 관계가 전개된다. 왜냐하면 자
연의 섭리에 수평적 관계란 존재하지 않기 때문이다.

이를테면 재벌 회장이 구멍가게에서 담배를 살 때 구매자와 상인은 대
등한 관계로 물건과 돈을 주고 받지만, 곧이어 가게주인의 아들이 운전하
는 차를 타고 가는 상황으로 바뀌게 되면 종전의 가게주인과 회장은 대

등한 관계가 무너지게 된다. 우리는 살아가면서 도처에서 관계의 등식이 변하고 있는 것을 경험하게 된다. 제자가 운영하는 치과병원에서 치료를 받는 의대 은사와 치과의사의 관계와 치료가 끝나고 커피숍에서 차를 마실 때의 사제 관계는 대등관계가 수시로 변함을 보여주고 있다.

또한 生尅은 상호간 일방이 타자에게 도움을 주거나 혹은 성장과 발전을 억제함을 일컫는 것인데, 이러한 상호간의 불균형은 그 양자가 처한 상황의 우열을 전제로 한다. 즉 대등한 관계에 놓여 있다면 결코 일방의 타자에 대한 相尅은 일어나지 않는다. 이처럼 대등이라는 근본개념이 어떻게 인류문화와 역사 전반을 설명할 수 있는 개념이 될 수 있는지 이해하기 어렵다.

답: '等'의 어원에서 對等의 의미가 벗어나지 않아야 한다. 차등이냐 대등이냐 하는 것은 상황에 따라 수시로 달라지므로 진지하게 논의할 것이 없다. 대등에서는 상극이 일어나지 않는다. 근본개념이 어떻게 전반을 설명할 수 있는 개념이 될 수 있는지 이해하기 어렵다.

이렇게 하는 말은 타당성이나 일관성을 갖추지 않아, 각기 단발 폭음이다. 토론이 아닌 트집이라고 하지 않을 수 없다. 구경꾼이 이따금 경기장에 들어가 선수의 진로를 방해하는 것과 다름없다고 해도 지나친 말이 아니다.

학문은 공연히 취미 삼아 하지 않는다. 학문의 경기가 현실에서 심각하게 진행되고 있다. 학자라면 구경꾼으로 착각해 트집을 잡지 말고, 선수로 나서서 진지하게 토론하며 자기 견해를 내놓는 상대역이 되어야 한다. 내 견해를 다시 요약하고, 어떤 견해로 맞서서 경기를 더 잘할 것인지 묻는다.

양쪽의 대등한 관계에서, 상극이 상생이고 상생이 상극인 생극이 손상되지 않고, 차질 없이 정상적으로 이루어진다. 양쪽이 차등의 관계에 있으면, 상극이 상극이기만 하고 상생이기 어려운 차질을 얼마든지 경험한다. 상생이라고 내세우는 것이 허위이고 기만임을 누구나 알고 있다. 양쪽이 평등한 관계에 있으면 상극은 없고 상생만 있을 것 같지만, 그렇지 않다. 같을 수 없는 것을 같게 하려고 다투는 상극이 계속된다. 희망한 대로 서로 같아져 평등이 이루어진다고 가정하면, 상극을 억눌러 상생도 손상된다.

실제 상황에서는 평등한 관계를 강압적으로 이루려는 힘이 차등의 횡포를 저지른 것이 크게 보인다. 상생의 모범이라고 선전하는 것이 사실은 허위이고 기만임이 다르지 않다. 이것이 원래의 차등보다 더 심각한 문제이다. 이에 적절하게 대처하고 바람직한 관계를 회복하는 것이 대등생극론이 당면하고 있는 난제이다.

차등이냐 대등이냐 하는 것은 상황에 따라 수시로 달라지므로 진지하게 논의할 것이 없다고 하면, 김이 새고 힘이 빠진다. 한가한 것이 부러우나, 불만이 더 크다. 방해하지 말고, 힘을 보태기를 바란다.

문: 거시적이면서 총체적이고, 전체를 일괄적으로 설명할 수 있는 방정식을 만들려 하는 것이 주된 목표이다. 만물대등생극·만생대등생극·민인대등생극으로 함축된 방정식이 그 결과물이다. 이것으로 전체를 이해하는 시야는 더 흐려지게 하고, 예술철학, 한류, 법철학 등을 설명하려고 시도하고 있다. 독자로서 납득이 안 된다.

답: 전체를 일관되게 파악하는 총론은 달관언어를 사용해 범박하게 이룩하고, 그 어느 부분을 상론하는 갖가지 각론은 치밀하게 전개해, 양쪽이 생극의 관계를 가지고 함께 나아가도록 한다. 나는 있는 힘을 다 바쳐 이 길을 찾았다. 더 좋은 길이 있으면 말하기 바란다. 구경꾼 독자로서 납득하려고 하지 말고, 연구의 당사자가 되어 할 말을 해야 한다.

문:. 제2부 각론의 〈1 출발의 점검, 2 기존 철학과의 토론, 3 논의의

다각화〉까지는 총론에 합치는 것이 좋겠다. 총론의 이야기가 아직도 계속되고 있기 때문이다.

답: 총론의 일부를 균형을 무시하고 훨씬 자세하게 전개하는 것도 각론이다. 각론은 제약 없이 마구 뻗어나게 해야 한다. 언어 사용도 이렇다.

문: 秦의 法家 통치와 漢의 儒家 통치를 대비해 법가사상의 폐해를 지적하고 있다. 여기서 간과해서는 안 될 것은 사마천이 史記에서 漢의 건국을 정당화하기 위해 의도적으로 秦의 법가통치를 가혹한 것으로 극도로 폄하시키고 있다는 점이다. 진의 법가 통치는 진 孝公 시의 商鞅에 의해 기원전 360년경부터 시작되어 이후 줄기차게 채용되어 진이 멸망한 기원전 206년까지 국가통치의 기본 원리로 채용되었던 역사를 지니고 있다.

무려 150년이 넘는 기간 동안 채용되면서 고도로 다듬어지고 정비된 법치 시스템을 자랑하고 있었다. 진의 이러한 법치는 사마천의 商鞅에 대한 평가대로 "行之十年 秦民大說 道不拾遺 山無盜賊 家給人足"이라고 했다. 중국 중원에서 150여 년간 행해졌던 법치는 漢이 건국된 이후에도 줄기차게 행해져 당시에 유행했던 黃老法家의 형태로 지속되어 한의 통치를 안정화시키는 중요한 장치로 기능하고 있음을 확인할 수 있다.

실제로 고고학적 발굴을 통해 확인된 자료를 연구한 결과 진의 법제는 매우 합리적이었고 필요 이상의 형벌이 가해지지 않았으며 수형자에 대한 처우도 매우 합리적이었음을 확인할 수 있다. 즉 "법가의 절대적 엄벌주의는 차등론의 폐해를 극대화한다."고 일방적으로 말할 수 없다는 점이다.

"법철학의 쟁점은 오래 전부터 명백하다. 법을 잘 만들고 엄정하게 집행하면 질서를 확립한다."고 한 것도 재고해야 한다. 법철학은 법의 근본원리를 다루는 학문이다. 다양한 형식의 법제도 전반에 관류하는 공통의 입법원리, 법의 효력근거, 법이 실현하고자 하는 궁극적 가치 등은 무엇인가 하는 법의 근본원리를 다룬다. 이 점에서 법철학은 법학자의 철학이 아니요, 법의 철학도 아니면서 철학 그 자체의 한 분과라고 할 수 있다. 다만 연구의 영역을 인간의 규범 생활에 한정해 다룬다는 특징이 있을 뿐 법철학은 철학의 일부분이다.

그러므로 법철학의 임무를 한마디로 요약한다면 정의를 다루는 학문이라고 하겠다. 위에서 제시한 것처럼 "엄정한 집행과 질서확립"을 우선시할 경우 법철학은 질서유지를 위해 정의구현의 궁극적 가치를 훼손시켜야 하는 모순에 처하게 된다. 인류 역사는 독재정치가 하나같이 질서확립을 기치로 내세웠음을 잘 보여주고 있다.

물론 법이 지니는 관철력은 법효력의 실질적인 징표이니 이는 포기할 수 없는 법의 중요한 가치요소라고 할 수 있으나, 이는 사회정의 구현의 결과물임을 분명히 해야 한다. 즉 정의를 구현하려는 법의 기능이 효과적으로 작동하게 되어 사회질서가 확립되게 된다는 의미이다. 이 점은 전국시대의 법가 통치자들도 한결같이 주장하던 법치의 가치이다. 商鞅이 주장한 定分이나 荀子의 正理平治도 같은 이유에서 강조되었다.

답: 법철학은 내가 감당하기 어려운 분야이다. 시험 삼아 한 말이 많이 모자라는 것이 당연하다. 자격을 갖춘 학자가 법철학을 혁신하는 중대 과업을 담당하기 바란다. 대등생극론의 법철학을 제대로 이룩해야 할 일을 한다. 나는 총론 차원에서 그 방향을 대강 말할 수 있을 따름이다.

法家에 대한 악평이 지나치다고 하니, 해명을 해야 하는 일은 지금 여기서 하지 않을 수 없다. 법과 질서의 관계를 法家·儒家·道家는 다르게 본 것을 논의의 핵심으로 한다. 법이 法家는 없는 질서를 만들어낸다고 하고, 道家는 있는 질서를 흔들어놓는다고 했다. 儒家는 그 중간에서 둘을 절충하려고 했다. 道家에서 말하는 있는 질서가 대등생극의 창조주권이다. 차등의 권력을 행사하는 자가 무리한 법을 만들어 이것을 유린하고, 지배 질서를 확립하려고 했다. 道家를 이은 대등론이 法家의 주장을 펴는 차등론을 비판하고 퇴치해야 한다. 오늘날 범죄가 늘어나니 엄벌해 막아야 한다면서 法家에 기울어지는 여론이 잘못임을 깨우쳐주어야 한다. 법을 많이 만들고 엄격하게 집행하면 범죄가 줄어드는 것은 아니다. 법조인들의 자만심이나 소득이 부당하게 늘어나 세상이 제대로 돌아가지 못하게 할 따름이다.

본래의 질서인 대등론의 창조주권을 없애는 횡포를 자행하는 것이 심각한 과오이다. 차등론의 횡포, 이에 대해 평등론으로 대응하는 착오를 대등론으로 바로잡는 원천적인 치유를 방해하는 죄를 범인인 법조인이 인정하지 않으니 징치할 수 없다고 단념할 것이 아니다. 대등생극론의 법철학을 이룩해 밖에서 쳐들어가 대혁명을 해야 한다.

문: 동양철학은 철저하게 경험적 귀납적 이론체계에 의해 정립된 학문이다. 절대적 창조자에 대한 이해가 전혀 없으니 인간에 의해 상정되는 모든 것은 인간 공통의 감각적 경험의 산물이다. 즉 인류가 경험해 보지 못하고 느껴보지 못한 그 어떤 것도 동양에서는 사유의 대상이 될 수 없었다. 동양철학은 우리가 기탁하고 살아가는 대지의 변화하는 사계절, 그에 따른 산물의 결과물들, 이를 서로 주고 받으며 안정과 평화와 번영을 누리고자 하는 삶의 터전을 결코 초월할 수 없었다.

동양적 사고는 철저하게 경험적이고 귀납적 방식에 의해 정립된 원리를 추구할 뿐이다. 역사와 문학을 중시한 까닭도 삶의 현장인 자연이 보내오는 생명의 감흥과 계속되는 시간의 흐름에서 확인되는 삶의 지혜를 중시하게 되었기 때문이다. 동양철학의 태도는 이론적인 것이 아니라 감성적이고 논리적인 것이 아니라 시적이고 예술적인 것이다. 이 때문에 조선조 학자들의 文集은 詩文賦書疏가 앞에 있고 학술논저는 뒷부분의 雜著로 처리되고 있다.

그러므로 동양철학을 二元論으로 설명하게 되면 곳곳에서 모순에 빠지게 된다. 理氣二元論(퇴계)과 理氣一元論(율곡)이라는 기이한 용어는 독일철학을 공부하고 귀국한 박종홍 교수의 잘못된 명명에서 비롯된 것이다. 퇴계는 자신의 이론을 理氣互發이라 했고 율곡은 氣發理乘一途라 했을 뿐이다. 더구나 宋의 朱熹는 北宋五子를 두루 섭렵해 성리학을 집대성하면서 굳이 理氣二元論(?)과 理氣一元論(?)으로 나눈 적도 없었으며, 더구나 그 어떤 입장을 분명하게 표방한 적도 없었다. 심지어 理先氣後를 분명히 하지도 않았다. 곳곳에서 다른 언명이 나오기 때문이다.

이러한 오해는 서양철학적 사유방식에 철저한 학자들에 의해 나타난 현상일 뿐이다. 오늘날에는 理氣二元論이라는 용어 자체를 찾아보기 힘들어졌다.

답: "동양철학은 철저하게 경험적 귀납적 이론체계에 의해 정립된 학문"이라고 하는 것은 잘못이다. 경험이나 귀납을 과대평가하는 서양철학에 감염되어 내리는 오판이다. 인도나 중국에서 시작된 동양철학은 총체적 통찰력을 근거로 한다. 거시를 갖추고 개별적인 문제를 논의한다.

박종홍이 독일철학을 공부하고 귀국해 동양철학에도 이원론이 있다고 한 말에는 세 가지 착오가 있다. 박종홍은 독일철학을 공부하고 귀국했다는 것은 국내에서만 공부한 사실과 어긋나는 작은 착오이다. 박종홍이 동양철학에도 이원원론이 있다고 했다고 한 것은 사실과 어긋날 뿐만 아니라, 동양철학에 관한 오해와 연관되어 니타나는 조금 더 큰 착오이다. 가장 큰 착오는 동양철학에는 이원론이 없다고 여기는 것이다. 이 점은 자료를 들어 고찰한다.

나는 《철학사와 문학사 둘인가 하나인가》에서 朱熹에 관한 논의를 새롭게 했다. (311-326면) 기독교문명권의 아퀴나스(Thomas Aquinas), 이슬람문명권의 가잘리(Ghazali), 힌두교문명권의 라마누자(Ramanuja)가 朱熹와 거의 같은 생각을 말해, 각기 그 문명권의 朱熹라고 할 수 있다고 했다. 여러 문명권의 朱熹를 비교해 평가하고, 기본 공통점은 이원론의

재확립을 위한 노력임을 밝혔다. (219-365면)

朱熹는 말했다. "天地之間 有理有氣 理也者 形而上之道也 生物之本也 氣也者 形而下之器也 生物之具也 是以 人物之生 必稟此理 然後有性 必 稟此氣 然後有形 其性其形 雖不外乎一身 然其道器之間 不際甚明 不可亂 也"(천지 사이에 理가 있고, 氣가 있다. 理라는 것은 形而上의 道이니, 物 을 생성하는 本이다. 氣라는 것은 形而下의 器이니, 物을 생성하는 具이다. 그러므로 人과 物이 생겨날 때 이 理를 반드시 타고난 다음에 性이 있다. 이 氣를 반드시 타고난 然後에 形이 있다. 그 性과 形은 비록 한 몸에서 벗 어나지 않는다 하더라도, 道와 器 사이의 경계가 불분명해서, 어지러워질 수 없다.)(〈朱子大全〉中, 권58 〈答黃道夫〉)

이것은 명백한 理氣이원론이다.

氣일원론은 張載가 이룩했다고 해서, 과연 그런지 《창조하는 학문의 길》에서 徐敬德과 비교해 고찰했다. (360-364면) 張載의 〈正蒙〉을 보자. "太和所謂道 中涵浮沈 昇降 動靜 相感之性 是絪縕 相盪 勝負 屈伸之 始"(太和라고 일컬어지는 道는 그 안에 뜨며 가라앉고, 오르며 내리고, 서로 느끼는 性을 간직하고 있으며, 그 絪縕이 서로 밀고, 움직이며 쉬고, 이기며 지고, 굽히며 펴는 시작이다.)(〈太和篇〉) "一物兩體 氣也 一故神[兩在故不 測] 兩故化[推行于一] 此天之所以參也"(하나가 두 몸을 가진 것이 氣이다. 하나이므로 神이고, [둘로 있어 헤아릴 수 없고] 둘이므로 달라지고, [하나로 나아가는] 이것은 天이 參하는 바이다.) (〈參兩篇〉)

太和와 氣를 각기 거론하고, 太和가 氣임을 말하지 않았다. 太和가 갖 가지 대립적인 운동을 하는 것을 道나 性과 함께 거론해 논의가 모호해 졌다. 앞에서 한 "뜨고 가라앉고" 이하의 말과 뒤에서 한 "서로 밀고" 이 하의 말이 어떻게 달라서 중간에 絪縕(인온, 음양의 조화)이라는 말을 넣 었는지 이해하기 어렵다. 이 말 저 말 덧붙여 사고가 정리되지 않은 것 을 보여준다. "天이 參하는 바이다"라는 말로 天道 또는 天理가 氣의 운동에 참견한다고 했다. 道·性·天이라는 것들은 氣와 별개인 理의 근거로 삼는 초월적인 원리인데, 氣일원론으로 나아가다가 가져다 놓고 스스로 진로 방해를 했다.

徐敬德은 "引而不發"한 "千聖이 不到한"의 경지로 나아가 논의를 분명하게 했다. 먼저 "虛則氣"라고 하고, "一便涵二 一不得不生二 二自能生克 生則克 克則生 氣之自微至鼓盪 其生克使之也"(하나인 氣가 둘을 내포하고 있다. 하나가 둘이 되고, 둘은 生하고 克하는 관계를 가진다. 氣가 미세한 데서 진동하는 데까지 이르는 것은 生克의 작용이다.)(〈原理氣〉)고 했다. 張載가 남긴 혼란과 의문을 말끔히 해결하는 대안을 제시했다. 氣일원론을 이룩해 생극론의 출발을 분명하게 했다.

철학은 논쟁이다. 논쟁이 아니면 철학이 아니다. 논쟁은 이원론인가 일원론인가 하는 것을 중심 과제로 삼는다. 여러 문명권의 朱熹가 일제히 재확립한 이원론에서 벗어나 일원론을 이룩하는 과업을 徐敬德이 맨 처음 이룩했다. 40년쯤 지나 유럽에서 스피노자(Spinoza)가 그 뒤를 따랐다.

徐敬德의 유산을 계승하고 활용해, 나는 대등생극론을 이룩한다. 모든 차등론의 근거가 되는 이원론을 물리치고자 한다. 스피노자의 일원론에서 파생한 헤겔(Hegel)의 변증법이 상극의 투쟁에 치우친 편향성 시정에도 힘쓴다.

2-3 가을

문: 대등생극론을 처음 읽었을 때 금방 음양(오행)론이 연상되었습니다. 아마 제가 유교사회학을 전개하면서 음양(오행)론을 통해 사회이론 구성을 시도해 보았기 때문일 것입니다. 일단 음양(오행)의 氣를 중심으

로 전개하였기 때문에 대등생극론과 같은 기학적 입장이고, 음양 '대대'와 오행의 '상생·상극' 원리가 '대등'과 '생극'의 이념과 유사한 점이 있습니다. 또 이론구성을 음양의 대대와 유행의 원리(총론)가 유교사회의 다양한 영역과 층위에서 어떻게 구체화, 제도화되는지를 중심으로 각론을 전개했습니다. 이른바 표준사회학에서 다루는 분야들(방법론, 인성론, 계층론, 변동론, 일탈과 통제론, 신체론, 행위론, 규범론, 구조론, 제도론)에서 음양오행 총론이 어떻게 사회이론적으로 구현될 수 있는가에 관심을 가졌습니다. 대등생극을 총론으로 삼고 각론으로 예술철학, 역사철학, 법철학, 교육철학, 종교철학을 다룬 것과 전개구조가 흡사한 점이 있습니다.

제가 유교사회학의 이론을 구성하면서 항상 우려가 되던 점이 있었습니다. 하나는 음양오행의 원리를 사회이론으로 연역해 낼 때 최한기가 말한 바와 같이 일기예보(음양오행론)에 날씨(사회이론)를 억지로 맞추려고 하지 않았나 하는 생각이 들었고, 다른 하나는 유교사회이론의 현실정합성을 주장하기 위해 사회현실을 너무 주관적으로 구성하고 있지 않았는지 의심이 들었습니다. 그리고 가장 아쉬운 것은 가설적인 이론구성임에도 규범적, 당위적 주장에 그쳤을 뿐 현실적 사태를 통해 경험적으로 검증하는 작업을 소홀히 한 점입니다. 선생님께서는 이들 문제를 어떻게 보고, 또 어떻게 극복했습니까?

달관, 총론, 대등생극 사이의 개념적 관계에 대해 설명해 주십시오. 이들 개념들이 유가의 태극, 도가의 자연, 최한기의 대기운화, 과학에서의 자연법칙 등과 같습니까? 다르다면 어떤 점에서 차이가 있습니까? 달관(총론)에 이르는 방법(수단)을 "人이나 物을 하나씩 구체적으로 살피면서 시간과 장소, 듣고 보는 것에 얽매이지 않으면, 개별적인 것에서 총체적인 것으로, 한정된 것에서 무한한 것으로 나아가는 길이 열린다"고 했는데, 주희의 格物致知와 豁然貫通, 최한기의 推氣測理와 準的과 내용적으로는 별 다름이 없어 보입니다. 어떤 차이가 있는지, 대등생극 개념의 장점을 말씀해 주시기 바랍니다. 그리고 "대등생극이 서양과학과 동양철학의 합작으로 이루어져야 한다"고 하셨는데, 물론 대등생극을 지지하는 과학적 발견도 있겠지만 대등생극과 무관하거나 상극하는 것들도 있을 수 있을 것입니다. 예컨대, 의학의 발달로 몸속에서 암을 발견했다면 몸이 암과 어떻게 대등생극을 할 수 있을까? 수술(상극)해야 살 수 있지 않을까? 몸과 암이 함께 공생할 수 있을까요? 판단하기 어렵습니다.

과학이 대등생극의 당위성을 입증해 왔는데, 그렇다면 앞으로 과학이 발달할수록 대등사회(사회적 신분에 관계없이 자기 나름대로의 창조주권을 장점으로 삼고 떳떳하게 발현해 도움을 주고받는 즐거움을 누리는 사회)가 실현될 가능성은 높아질 것입니까? 미래를 낙관해도 좋을까요? 대등사회의 실현을 위해 대등생극론을 입증하는 과학 이외에 인간주체가 대등사회 건설을 위해 어떤 능동적 역할을 해야 할까요? 고견을 듣고 싶습니다.

답: 먼저 몇 가지 원칙을 밝힌다. 물음에 대한 소견을 하나씩 말하지 않고, 주요 쟁점 중심으로 총괄해 논의한다. 얽히고설킨 고민을 해결하고, 시원스럽게 앞으로 나아가는 길을 열고자 한다. 그 방법을 몇 가지 말한다. 거슬리더라도 용서하고, 효능을 평가하기 바란다.

질문자만 상대하지 않고 만인에게 하는 말을 적으려고 존댓말을 쓰지 않는다. 새로운 생각을 단호하게 표명해 충격을 주려고, 말을 짐짓 험하게 한다. 수리언어를 추종하는 통상적인 논술을 거부하고, 달관언어을 과감하게 사용하며 비유를 애용한다.

'유교사회학'을 하기로 하고, "음양(오행)론을 통해 사회이론 구성을 시도"한다고 한 작업에 몇 가지 재고할 것이 있다. 음양과 동거하고 있는 오행은 떼어내 버려야 한다. 소종래나 발상이 아주 다른 불순물이 잘못 들어와 혼란을 일으키고 있기 때문이다. 朴趾源이 〈虎叱〉에서 "五行定位 未始相生 乃强爲子母"(오행은 위치가 정해져 있으므로 상생하지 않는데, 어거지로 아들과 어미로 만들었다)라고 한 말이 적실하다. 오행상생설에 미련을 두지 말고, 음양상생의 실상을 바로 파악해야 한다.

기존의 유학을 표준사회학 운운하는 수입품에다 덧씌워 유교사회학을 만들려고 하면, 부정확한 일기예보에다 날씨를 맞추는 차질이 생긴다. 배타적인 타당성을 주장하고 신봉하도록 하는 모든 교설은 패거리를 만든다. 유교도 예외가 아니다. 유교 패거리에 들어가도, 기독교나 이슬람 패거리에 들어가는 것과 그리 다르지 않게 학문의 자유를 상실하고 발상이 옹졸해진다. 사회 현상이나 동태라는 날씨를 다시 파악하고 예견하는 자기 학문을 기성품 틀에 매이지 않고 과감하게, 사회학과 역사학과 합치는 사회사이게, 더 넓은 통합학문으로 나아가면서 이룩하기를 바란다. 측정과 서술의 편의를 위해 조상 전래의 갖가지 연장을 사용하기로 하고, 유교를 넘어서서 불교나 도교는 물론 무속까지도 탐색할 필요가 있다.

연역이냐 귀납이냐 하는 함정에서 벗어나야 한다. 연역은 그 전제의 타당성을 입증할 수 없어 허망하다. 지금은 일제히 불신되고 있다. 귀납은 그렇지 않고, 전적으로 타당한가? 아니다. 또 하나의 착각에서도 벗어나야 한다. 찾아낸 것이 통계에 소용되는 1이라고 여긴다. 1은 아무리 많이 모아도, 무한대를 분모로 한 계산에서 0에 수렴한다. 힘써 노력해도 얻은 성과가 얼마 되지 않는다. 시쳇말로 하면, 가성비가 형편없다

연역이냐 귀납이냐 하는 함정을 만들어내고 빠져, 허우적거리고 있는 서양학문을 따르면 어리석다. 일본이 동반자살을 하는 것을 보고 부러워, 이중의 동반자살을 하면서 잘난 체하지 말아야 한다. 강단을 점거하고 있는 철학이 온통 이 꼴이다. 안에서 반란이 일어나지 않으면, 밖에서 공격해 무너뜨려야 한다. 이제 때가 왔다. 우리가 앞에 나서서 새로운 시대를 이룩해야 한다는 기대를 저버리지 않고 실현하는 학문을 해야 한다.

그러면 어떻게 해야 하는가? 망할 길을 버리고 흥할 길을 찾아, 조상 전래의 장기를 살리는 아주 다른 학문을 하면 된다. 거시-가시-미시를 오가는 연구를 하면 된다. 가난 타령을 하며 쪽박 들고 동냥 다니는 잘

못을 크게 뉘우치고, 물려받은 많은 재물을 활용해 잘 먹고 잘살자. 그 재물이 거시와 미시를 갖추는 것이다.

莊子가 한 작업을 이어받는 것을 구체적인 작업의 본보기로 한다. 눈으로 보는 가시에 머무르지 말고, 너무 커서 보이지 않는 우주로 나아가는 거시의 逍遙遊를 하고, 그쪽의 원리를 찾자. 거시를 명확하게 하려고 하는 바보짓을 그만두고, 범박한 것을 장점으로 하는 達觀언어를 사용해야 한다. 다른 한편으로는 달팽이 뿔 위 두 나라 전쟁에서 생긴 사상자를 빠짐없이 헤아린다고 한 것 같은, 너무 작아 보이지 않는 무엇을 탐색하는 미시의 작업을 하자. 그 나름대로 우주가 있는 것을 찾아내자. 거시와 미시 양쪽을 오가며 얻은 것들이 다르지 않은 줄 알고 논란을 거쳐 통합하면, 나날이 새로운 진전이 있다. 가시의 인습이 가상인 줄 알고, 숨은 진실을 발견한다.

대등생극론의 총론과 각론이, 둘을 오가면서 앞으로 나아가는 작업이 이렇게 이루어진다. 다른 어떤 연구도 이런 방법을 사용하면, 수고는 적고 성과가 큰 것만이 아니다. 거미줄처럼 얽힌 번민은 사라지고, 온갖 꽃이 만발한 즐거움이 가득해진다. 꽃은 모두 한 종류여야 하고, 줄을 잘 서서 차렷 자세를 하고 내 사열을 받아야 한다는 망상은 뿌리까지 뽑아야 한다.

이상의 대답이 너무 막연해, 구체화가 필요하다. 연구를 내가 한다면 어떻게 할 것인지 말해본다. 실현 가능한 작업을 분명하게 말한다. 이것을 보고 더 좋은 구상을 하기 바란다.

차등과 대등의 관계에 관한 거시적 통찰을 마련한다. 도를 닦는 자세로 생각을 모은다. 그 관계가 실제로 이루어지는 사례를 여기저기서 부지런하게 찾아 미시적인 분석을 한다. 多多益善이지만, 수색보다 분석이 더 소중하다. 거시적 통찰을 세분할 수 있어야 분석을 제대로 한다.

거시와 미시의 공통점을 추출해 총론을 구성한다. 거시와 미시의 차이점을 근거로 총론을 다각도로 구체화하는 각론을 구상한다. 총론은 일단 완성한다. 각론은 미완성으로 두고 계속 보완하고 확장한다. 그 성과가 예상하지 않은 방향으로 축적되면, 총론을 수정한다. 할 일을 한꺼번에 하지도 말고, 뒤로 미루지도 말아야 한다.

총론은 사회학 일반이론이다. 이것이 각론으로 구체화되어 한국사회론이 된다. 각론은 한국사회의 실상에 대한 개별적인 논의이다. 포괄하는 정도가 다른 세 작업이 대등한 의의를 지닌 것을 명심한다. 병행하는 관계를 가지게 하고, 각기 진행한다. 그 결과가 세 논저를 이루거나, 한 논저의 세 부분을 이루어 서로 구분되게 한다.

이 구상을 가지고 나는 하지 못한 작업을 할 수 있다. 대등론 또는 대등생극론을 보완하거나 수정하는 결과를 얻으리라고 기대한다. 아주 다른 작업을 하려면, 차등과 대등을 더욱 적절하다고 생각되는 대립항으로 바꾼다.

2-4 겨울

문: 기독교의 핵심인 성서는 지동설을 지지한다. 그런데 천동설이 천주교 신부들에게 뿌리박혀 있어, 지동설을 주장하면 박해했다. 이런 사실을 아는가?

답: 그런 사실을 거시의 관점에서 보고자 한다. 창시자는 대등론을 말했어도, 그분을 교조라고 지극히 받들며 정통 후계자로 행세하는 사제자는 차등론을 휘두르는 것이 어느 종교든 다르지 않다. 사제자의 횡포를, 교조의 낯을 보아 용서할 수는 없다.

문: 베르그송(Bergson)은 생명 약동이 자유 또는 창조라고 했는데, 인

간중심주의 차등론자라고 한 것이 타당한가?

답: 물질을 극도로 폄하해, 만물대등론으로 나아가는 길을 차단했다. 만생대등론의 근거인 생명의 약동을 인간이 자유 또는 창조이게 한다고 찬양하고, 다른 여러 생물이 상이한 방식으로 구현하는 것은 무시했다. 인간중심주의 차등론을 부정하는 듯이 하면서 재확립했다.

문: 陽明學은 어떤가?

답: 양명학은 순수한 마음을 누구나 지니고 있다고 해서 만인대등론을 따르면서, 外物과의 연계는 타락의 원인이라고 보고 나무라 만생·만물대등론은 제기할 수 없는 한계를 만들었다. 불교는 어떤가도 함께 말한다. 불교는 만인대등을 넘어서서 만생대등으로 나아가는 혁신을 동물까지에서만 했다. 식물을 죽이는 것은 살생이라고 하지 않는다. 사람이 바람이나 구름 같은 자연물과 다르지 않다고 하는 시인만큼 마음이 열려 있지 않다.

문: 서양 차등론 본보기의 하나로, 인종차별 철폐를 요구하는 흑인 인권운동가가 한 말 "I have a dream"을 든 것은 부당하지 않은가? 'I'의 범위가 확대되어 누구나 그 꿈을 꿀 수 있지 않은가?

답: 'I'는 'you'와 대립된다. 듣고 있는 상대방은 꾸지 않는 훌륭한 꿈을 꾸어 자기는 우월하다고 오해할 말을 했다. 그렇게 말하려면, 'I'를 'we'로 바꾸어, "We have a dream", 더 정확하게는 "We have a common dream"이라고 해야 한다. 우리말로는 "우리는 같은 꿈을 함께 꾼다"고 해야 한다. "같은 꿈을 함께 꾸는 우리"의 범위가 차츰 확대되어 백인까지 포함되어야, 인종차별이 철폐된다. 백인을 'you'로 한 투쟁을 하면, 인종차별을 철폐하겠다는 항복을 받아낸다 해도 실행이 표면에 머문다.

문: 서양을 줄곧 폄하하는데, 산업혁명을 일으킨 혜택으로 잘살게 된

것은 평가해야 하지 않는가?

답: 잘살게 한 이면에, 못살게 만든 부작용이 심각하다. 산업혁명 때문에 대다수의 인류가 침략과 지배의 고통을 당했다. 인구 폭발을 가져와 어려움을 겪게 한다. 산업혁명 이전의 상태로 돌아갈 수는 없다. 산업혁명의 혜택을 늘여, 고통이나 어려움을 줄이면서 대등하게 향유할 수 있게 대등생극론이 노력해야 한다. 평등론을 급격히 강압적으로 실현하다가 차등론의 폐해를 확대한 일탈을 시정하는 임무도 맡아야 한다.

가해자는 우월하고, 피해자는 열등하다고 착각하지 말아야 한다. 동물과 식물을 견주어보자. 식물이 광합성을 해서 만든 영양분을 강탈하려고, 동물은 살아 있는 식물을 먹이로 한다. 식물은 죽은 동물을 먹이로 하고, 받은 것을 반대가 되는 방식으로 되돌린다. 가해는 없고 시혜만 있어 반대이다. 동물의 시체에서 나는 악취의 증거를 없애, 누적된 잘못이 잊혀지게 한다. 원수를 사랑한다는 말이 거짓이 아닌 본보기를 보여준다. 그뿐만 아니다. 만물대등을 동물은 逆行하므로 수명이 짧고, 식물은 順行하므로 오래 산다. 오래 살다 죽어서는 향기로운 흙이 되어가고 있어, 옆으로 스쳐 지나가기만 해도 기분이 좋게 한다.

문: 달관언어는 철학에서 하는 말이어야 한다고 하고, 예술의 언어, 求道의 언어라고도 했다. 왜 왔다갔다 하는가? 어느 것이 맞는가?

답: 달관언어는 왔다갔다 해야 하고, 그 모두가 다 맞다.

문: 대등론과 차등론이 선악이라고 하는 흑백논리로 가치 중립의 현상학 또는 존재론을 파괴하면 학문이 후퇴하지 않는가?

답: 대등론이 현상이나 존재의 모습을 제대로 파악하는데, 차등론이 끼어들어 교란하고 있다. 이것을 인식의 측면에서부터 바로잡아 실천을 위한 설계를 하려고 한다. 학문이 가치 중립을 지켜야 한다는 이유로 이

작업을 하지 않으면 직무유기이다. 종교나 정치가 지금까지 해오듯이 중대사를 가로맡아 차등론을 교묘하게 확대하는 기만을 할 수 있도록 방치하면, 직무유기가 범행방조에까지 이른다.

3 2024년 8월의 토론

3-1 앞

설파사우회라는 모임이 있다. 雪坡는 나의 號이다. 눈 덮인 언덕이라는 뜻이면서, 雪山 등반 안내인 세르파(sherpa)의 한자 표기이기도 하다. 나와 학연을 가진 벗과 제자들이 내가 서울대학에서 정년퇴임을 한 20년 전에 그런 이름의 모임을 만들었다. 해마다 만나 저녁에는 학문 토론을 하고 다음 날에는 산을 오른다. 그 산이 속리산, 팔공산, 영인산 등 여러 곳이다가, 지금은 계룡산으로 정해져 있다.

20년 이래로 내놓은 각자의 논저는 이 모음의 토론을 거쳤다. 내 책 《한일 학문의 역전》을 위해서는 토론을 조직했다. 그 덕분에 내용이 충실해진 내역이 책에 기록되어 있다.

그런 토론을 이 책 《대등생극론》을 위해 더욱 본격적으로 하기로 하고, 김헌선이 준비와 진행을 맡았다. 토론 일자는 2024년 8월 11일이고, 장소는 계룡산 동학사 입구 동학산장이었다. 참가 인원은 19인이었다.

토론을 세 가지 방식으로 진행했다. 처음에는 10인이 사전에 보낸 토론문을 간추려 읽고, 이에 대해 준비한 응답을 했다. 다음에는 9인이 즉석에서 토론하는 말을 듣고 응답했다. 이 둘을 정리한 다음, 사회자의 소견을 첨부하고, 내가 끝으로 하고 싶은 말을 적는다. 이 네 대목을 앞·뒤·위·아래라고 일컫는다.

김헌선 曰

(김헌선의 말은 길다. 원전을 인용하고 풀이하는 방식으로 전개한 보론이나 반론이 자세하다. 전부 옮기면 지면을 너무 많이 차지한다. 이해하기 어렵다고 해야 할 대목이 적지 않아, 문제로 삼고 검토하면 말이 더 길어진다. 본격적인 논의에 들어가기 전에 서론 삼아 한 말 몇 대목만 가져온다.)

《대등생극론》은 내용이 명쾌한 반면에 다루는 범위가 호한하여 금시초문의 착상과 발상이 이어져서 참신하다. 莊子의 박진감과 같은 내용 전개가 대부분이다. 그야말로 무용한 책처럼 보이기도 한다. 누구나 할 수 있는 말을 촘촘하게 써나가는 솜씨는 달관의 경지일 것으로 보인다.

《대등생극론》은 쉽다면 매우 쉽고, 어렵다면 매우 어렵다고 생각한다. 책을 읽으면서 만감이 교차하였다. 이 글을 단박에 아는 사람도 있고, 여러 번 읽어도 이해하지 못할 수도 있다. 글에 뇌성벽력이 들어 있는데 알아차리지 못하고 비웃는 사람도 있을 것이다. 반신반의하는 사람도 있고, 부지런히 읽고 행할 사람도 있을 것이다. 그러자니 여러 경전에서 이를 두고 말한 바가 많음을 알 수가 있다. 한문 번역이나 원전 인용에 적지 않은 문제가 있는 것을 지적하고, 견해를 듣고자 한다.

이 저작은 달관의 철인이 터득한 학문의 집결이자, 세상에 無用之大用의 이치를 제시하고 있는 전인미답의 학문 이론서이다. 문장은 간결하고 이치가 오롯하게 결이 서 있어서 누구도 쉽사리 접근할 수 있다. 다만 그 뜻을 쉽사리 알아차리는 것이 가능하지 않을 뿐만 아니라, 또한 그 거대한 총론과 포괄성 때문에 이 저작의 요해가 어렵사리 이루어질 전망이다. 아이처럼 천진난만하게 보아야만 이 저작의 심층에 다가설 수 있다. 천천히 읽어야 달관의 경지를 공유할 수 있고, 그 깊은 깨달음에 이를 수 있다고 생각한다.

이 책에 개안처가 있다. 이론의 눈부신 대목이므로 이론의 눈대목이라고 할 수 있을 것이다. 각론의 첫대목에서 동서양 철학에서 문제 되는 총괄적인 논의를 정리한 것은 앞의 총론 못지않게 중요하다. 총론에서 말하는 총괄적 이론을 이 대목에서 정리하고 있다. 이러한 논의는 역사적으로 원효, 서경덕, 임성주, 홍대용, 최한기 등이 상세하게 제기하고 있으므로 이를 주목해야 한다. 기왕의 논의에서 배제된 것들을 상보적 자료로 삼고자 하며, 기존의 논의를 다시금 정리한다.

答 김헌선

논증이 치밀하지 못하고 소략하다고 길게 나무란 말을 옮겨놓지 않는다. 존중해야 하지만, 적합하지 않기 때문이다. 옮겨놓으면 응답하지 않을 수 없어, 달관이 천착으로 변질되어 거시를 상실한다. 수리언어를 추종하는 서양철학 비판이 모두 무효가 된다.

총론을 얼마 되지 않는 분량으로 써서 만인·만생·만물대등생극을 다 휘어잡은 것은 생략과 비약 덕분이다. 논리가 견고하지 못하다고 탈 잡지 말라고, 각론에서는 미시의 상론을 더러 보여주었다. 적절한 정도에서 진행을 멈추고, 완결을 무리하게 시도하다가 달관철학을 부인하는 자가당착에 빠지는 것을 경계한다.

하지 않아도 되는 말을 다시 한 것은 이 정도로 줄이고, 더 나아가기로 한다. 問이 길면 答은 짧아야 한다. 東問東答을 착실하게 하려고 하지 말고, 東問西答으로 국면전환을 해야 한다.

[가] 논거 – 가시 – 일상언어 – 뗏목

[나] 이론 - 거시 - 달관언어 - 渡江

이런 관계를 생각해보자. [가]의 작업을 자세하게 하면서 시간도 힘도 낭비하면, [나]는 하지 못하고 말 수가 있다. 뗏목을 완벽하게 만들어야 강을 잘 건너는 것은 아니다.

이론과 실천은 약과 병의 관계이다. 약이 좋은가는 병 치료에서 입증된다. 좌우 양극에서 다투어 표방하던 이상이 동시에 퇴색되어 사상의 공백이 커진 가운데 이해 충돌이 지나친 이 시대의 심각한 병을 치료하는 약이 대등생극론이라는 말인가? 이것을 토론의 핵심 과제로 삼고 可不可를 따지며, 더 좋은 약이 있으면 내놓기 바란다.

논의를 보완하거나 수정해야 할 사항은 내게 넘겨주지 말고, "이고 진저 늙은이 짐 풀어 나를 주오"라고 하는 말을 다시 하면서 자기가 가져가, 모두 후속작업을 훨씬 잘하는 데 써야 한다. 처음 시작하는 일은 불만스러워, 동참자들이 분발하는 것이 당연하다. 더 젊은이들은 한층 무거운 짐을 지는 것도 당연하다.

善書인가 惡書인가 하는 질문은 좋다. 한 가지 대답을 할 수는 없어 더 좋다. 善書 대신 良書라는 통상적인 낱말을 사용하며, 가능한 논의를 시험 삼아 전개해보자. 良書가 惡書이고, 惡書가 良書이다. 良書인 줄 알고 받들며 읽으면 惡書가 되고, 惡書라고 나무라려고 읽으면 良書가 나타난다. 좋은 주제를 잡은 것을 치하하고, 본격적인 논의를 하기 바란다. 새로운 지평이 열릴 것이다.

崔漢綺에게서 대등생극론의 원천을 찾는 작업을 나는 조금 하다가 말았다. 더 해야 하는 것이 당연하지만, 몇 가지 유의사항이 있다. 古今 합동작전을 今에서 주도해야 한다. 완벽에 집착하면 함량 미달의 졸작이 된다. 재료가 좋으면 제품이 좋아지는 것은 아니다. 아는 것보다 생각한 것이 더 많아야 실행으로 나아가는 동력이 생긴다. 생각을 많이 하고 얻은 것을 잘 가려 조금씩 써야, 동력에 낭비나 잡음이 없다.

공연한 중무장은 진격을 방해하고, 典據가 늘어나면 그만큼 행보가 어두해진다. 심사숙고하면서 시간을 끌면 작전이 실패로 돌아간다. 가능하지 않은 완벽한 논증을 기어코 하려고 하면 자충수가 된다. 숨이 막힐까 염려해 동행이 줄어들게 하기나 한다. 가벼운 걸음으로 모두 함께 나아갈 수 있게 하는 달관언어의 슬기로움을 손상하지 않아야 한다.

자세하게 그려야 좋은 그림이 되는 것은 아니다. 흐릿하고 엉성해, 보는 사람이 자기 구상을 할 수 있는 여유를 가지게 하는 것이 좋다. 못 그린 그림을 보고 잘 그리겠다는 마음이 일어나게 하면 더 좋다. 대등생극론을 이렇게도 활용하자.

류준필 曰

(각주는 생략하고, 본문만 옮긴다.) '대등생극'의 궁극적 주장과 의의는 누구나 공감하고 공유 가능하다. 여기에 대해서는 이견이 있기 어렵다. 다만 '대등생극'論'이라면 사정이 조금 달라진다. 토론과 보충의 대상이 된다.

達觀은 방편/방법인가 아니면 목표(도달된 경지 혹은 수준)인가? 달관은 '구체적/개별적 대상'을 살피는 방법이면서 동시에 도달해야 할 경지로 이해된다. 수단이면서 목적이다. 달관에 이르지 못한 각론의 상태에서 '달관'이라는 방편은 어떻게 얻는가? '총론'으로 주어진다. 그 총론이 달관임은 어떻게 아는가? 일단 총론에의 '믿음'이 요청되는 듯하다. 결국 달관을 믿으면 달관에 이른다고 하므로 '豁然貫通'론과 유사하고 중세적 학문의 계승이라 할 만하지만, 순환론 같다는 괜한 오해를 부르기 십상이다.

상생이면서 상극이라는 생극론의 원리에도 어울리지 않아 보인다. 구체적이고 개별적 대상을 깊이 천착하면 생극론이 자연스럽게 검출될 수밖에 없어야 한다. 창조주권의 실상이 그렇지 않은가. 그렇다면 '달관'은 누구나 도달해 마땅한 지향의 경지를 지시하는 용어로만 쓰고 방법을 뜻할 때는 다른 용어를 써서 시비를 줄이는 편이 적절하겠다.

총론의 達觀은 각론에서는 '直觀'(대상의 구체성을 강조하면 近觀, 주체의 즉각적 지각이라면 直觀)으로 바꿀 수는 없을까. "集散·正變·純雜·一多"의 "散·變·雜·多"에 해당하는 (구체적이고 개별적) 각론 수준에서는 대등생극에 대한 '직관'의 앎이 達觀으로의 초월적 계기를 자각함으로써 內外의 구분을 의식하게 되고, 이로부터 '通(旁)觀'을 경유하면서 조우하게 되는 경지가 達觀이라고 하면, 적어도 용어의 순환론적 활용은 피할 수 있는 것은 아닌지. 直觀의 성격과 특성은 각론의 고유한 맥락에 따라 규정되는 것으로 설명하는 편이 더 타당한 것은 아닌지. 達觀−直觀−通觀은 하나이면서 여럿이므로 대등생극론의 언어관인 '多名'에도 부합한다고 생각된다.

대등생극론은 차이와 평등의 생극적 통합론으로 이해한다. 대등론은 같고 다름을 기본 개념으로 운용하는 同異(關係)論의 사상이다. 生克도 同異(같아지려는 同과 달라지려는 異의 복합)의 하위 양태 범주로 이해할 수도 있을 듯하다. 비유컨대 상하 y축의 위계적 차이를 좌우 x축의 수평적 차이로 전복하려 한다. 만물/만생/만인의 집합적 포함 관계만 있지 위계적 억압 관계에는 비판적이고자 한다. 다만, 대등생극론의 사상에서 관건은 生克의 동시성이고 그것이 곧 同異의 동시성이라는 데 있다. 그러므로 生克은 내재적 관련에서도 生克이면서 외면적 관계에서도 生克이다.

그럼에도 궁극적 一意는 같음의 同이다. 이 대등생극론의 同은 기일원론의 同 지향성을 계승한다는 점에서 사상의 계보가 있어, 또 다른(특히 서양의) 일원론들과는 질적으로 구별되는 양질의 일원론이다. [철학] 역사철학적으로는 종교의 차등론(중세)과 정치의 평등론(근대)를 넘어선 근대 이후의 세계를 설명하고 또 미리 제시하는 탈근대론이다. 요컨대 과거를 품은 미래이다. 그래서 과거-현재-미래가 다르지만 그 다름도 기일원론의 시야 속에서 같음이 품은 다름일 뿐이다.[역사] 이런 생각으로 이런 시대를 사는 사람살이의 궁극적 형상은 막힘[局]을 거부하고 열림[通]을 지향하는 '自由(로움)'의 형상이고 그 자유의 내적 체험은 다름의 장애가 없는 無碍=無涯의 '상쾌'이다. [예술]

이것이 대동생극론의 총론이자 각론이고, 거시적 같음[大同]에 내재된 같고 다름의 생극 원리가 스스로를 실현하는 양태라고 이해한다. 여기에 '법'과 '교육'과 같은 각론은 사회 제도의 차원이라 그 양상과 범주가 다른데 각론으로 대등하게 설정되어 혼란을 초래하는 것은 아닌지. "이성적인 것은 현실적이고, 현실적인 것은 이성적"(법철학강요)이라고 믿은 헤겔의 국가(주의)적 성향과는 성격이 다른 대등생극론이 헤겔의 성취와 스스로를 견주는 것은 부적절하지 않은지.

대등생극론은 '萬物대등생극론' '萬生대등생극론' '萬人대등생극론'이라는 각기 다른 층위를 갖추고 있으면서 동시에 이 셋을 기일원론의 시각에서 파악한다. 궁극적 차원에서 이 셋이 일원론적으로 파악된다는 것과 실제 셋 사이에도 복잡한 생극 원리가 작용하는 양상을 확인하는 것은 전혀 다른 문제이다. 총론의 초거시 세계에서뿐만 아니라 각론의 초미시 세계에서도 이 셋의 연관은 그대로 관철되어야 하기 때문이다. 문학 연구라면 문학사의 거시세계와 작품(론)의 미시세계도 '같음'의 일원론이어야 한다. 여기에 대등생극론은 차등론의 도전에 맞서는 과제를 감당해야 한다는 선언을 감안할 때, 동아시아문명의 가치를 확인하는 작업을 각론의 장으로 삼을 수 있다.

'카타르시스'·'라사'·'신명풀이'가 연극의 세 가지 원리임을 해명하고 동아시아문명의 입장에서 그 의의를 확인한 것은 대단한 성과이다. 그러나 차등론의 교정에 시급한 나머지 이 셋이 다르다는 상극적 논리는 두드러진 반면에 기일원론의 '같음'에서는 무엇이 새로이 발견되는지 살피는 노력은 다소 부족하다. 신명풀이는 카타르시스와 라사를 배제하는 상극의 경쟁 관계만으로 보기보다는 이들 다른 문명권의 원리와 경쟁하는 한편으로 수용하여 흡수할 수 있는 운용 원리이기도 하다는 이론을 정립해야 대등생극론에 더 어울린다고 본다. 상극이 상생이 되고 상극이면서 상생인 생극의 원리로 그리스와 인도의 연극을 해석하거나 혹은 생극의 이치에 적합하게 변용하는 원리가 신명풀이여야 하겠다.

이런 맥락에서 대등생극론의 문학론은 '萬物대등생극론' '萬生대등생극론' '萬人대등생극론'의 세 층위를 함께 분석과 평가의 틀로 원용해야 마땅할 것이다. 대등생극론은 지향해야 할 이념이면서 분석하는 방법론일 수 있다. 이에 따라 (이황, 정철, 안민영 등) 기존의 차등/평등론적 시각에서는 왜곡되거나 배제된 문학을 새로이 발굴/평가하는 한편으로 이미 인정된 작품의 가치를 대등생극론의 방법으로 재평가해야 한다.

〈白蓮〉은 당 陸龜蒙의 유명한 칠언절구이다. "素䔩多蒙別艶欺, 此花端合在瑤池. 無情有恨何人覺, 月曉風淸欲墮時." 신운설의 청 왕사정도 따라 쓸 정도로 역대로 두루 고평받은 작품이다. 대등생극론의 문학론에서도 주목할 만하다. 이 시는 '萬物' '萬生' '萬人'의 세 층위를 고스란히 품고 있기 때문이다. 대등생극이 '같음'의 일원론이라고 하지만 실제로는 만물과 만생의 층위를 만인의 층위로 끌어들여야 하는 과정은 지난하기 이를 데 없다. 큰 깨달음이 요청될 정도다. 사람도 원자로 구성되고 기껏해야 우주 먼지(star dust)인 줄 몰라서 차등이 횡행하는 것은 아니다. 상생을 거부하고픈 상극의 욕망이 늘 작동하지 않는가.

이 시에서 "無情"은 '萬物', "欲墮"는 '萬生', 有恨은 '萬人'의 층위에 해당하거니와, 만물 즉 무정의 존재자들의 시선에서 생명의 소멸을 '萬人'의 의인화된 有恨으로 포착하고 있다. 이를 통해 '萬人' 너머 '萬物'의 초월적 층위를 강하게 환기한다. 이 장면을 포착한 시인의 시선은 '萬人'이 아니라 '萬物' 즉 풍경 자체의 시선이다. 그래서 落花의 有恨에 인간의 얼룩덜룩한 감정의 침입을 차단한다. 그렇지만 '萬物'의 시선은 그냥 얻어지는 것이 아니라 '萬人'의 복잡한 현실을 괄호로 묶는 것을 대가로 내놓는다. 달리 말해 '萬物'이 '萬人'의 층위를 밀어내어 얼마간 배제하는 생극의 작용에 따른 효과이다. 〈白蓮〉은 분명 대등생극론이 주목할 만한 작품이고 높이 평가할 측면을 갖추었지만 다른 한편으로 상생상극의 원리가 특정한 방식으로 이 작품을 구현하고 있다.

(다른 본보기를 더 든 것은 생략한다.) 동아시아문학이 이룩해 온 이런저런 다양한 성취와 가능성을 대등생극론의 미시 각론적 영역에서 재검토하는 사례 하나를 제시해 보았다. 비록 나 자신이 대등생극론의 각론보다도 낮은 차원인 '각론의 각론의 각론의…' 미시적 수준이기는 하지만 끝자락 언저리에서 미미하게나마 대등생극론의 가능성을 수행하고 있다고 믿는다. 큰 학자 문하에는 늘 左右가 있다. 星湖門下에만 左右派가 있겠는가. 雪坡門下에 우파가 있다면, (선생님처럼 진보적이지는 못해) 그중 한 구석 자리는 내가 차지할 수도 있지 않을까 믿고 싶다.

答 류준필

達觀은 직관하는 방법만이 아니고 내용도 갖추고 있다. 氣의 총체에 대한 거시적인 파악이라고 할 수 있다. 천지만물도 氣이고 나도 氣여서, 崔漢綺가 '物我互觀'이라고 한 대등의 원리에서 이루어진다. 이것은 자명해 논증이 필요하다. 내가 살고 있는 것이 사실인지 논증하지 않아도 되는 것과 같다. 무엇이든지 논증을 하려고 하면 자작 미궁에 빠진다.

"대등생극론은 차이와 평등의 생극적 통합론으로 이해한다." 이 말은 적절하지 않다. "대등생극론은 차등이나 평등이 아니고 대등한 것들의, 상생이기도 하고 상극이기도 한 생극 관계를 밝히는 이론이다." 말을 이렇게 바꾸어야 한다. 同異 문제나 時制 문제가 끼어들 이유가 없다. 여기저기서 하고 있는 이런저런 논란에 이끌려, 너무 많은 생각을 한꺼번에 하면 혼란에 빠진다. 난마와 같이 얽힌 논의에 말려들지 않으려면, 가닥을 잘 잡고 말을 잘 풀어내야 한다.

"대등생극론은 '萬物대등생극론' '萬生대등생극론' '萬人대등생극론'이라고 하는 서로 다른 층위를 갖추고 있으면서 동시에 이 셋을 기일원론의 시각에서 파악한다." 이 말도 부적절하다. 萬物·萬生·萬人대등생극이 氣 자체의 실상이다. 氣일원론의 산물이 아니고, 근거이다. 카타르시스'·'라사'·'신명풀이'의 상극·상생·생극은 萬人대등생극을 특수하게 구현하는 개별 양상이다. 논의의 차원이나 층위 파악에 혼선이 생기도록 하면 허탈해진다.

'萬物'·'萬生'·'萬人' 층위를 함께 나타낸 詩 작품 발견이 좋은 소식이다. 자료를 확대하고 논의를 심화해, 대등생극론 발전에 대폭 기여하기를 바란다. 한중 비교도 좋은 일거리이다. 盧守愼·李敏求·成大中 재론도 필요하다.

雪坡學派가 이루어지는 것을 바라지 않는다. 學派도 派이므로 배타적인 성향을 지니고, 탐구의 가능성을 제한하기 때문이다. 스승을 높이는 것도 타파해야 하는 차등론이다. 親師如友하고 尊友等師하자.

신연우 曰

국문학연구와 개인적 삶의 여정과 시대적 요구가 학문론을 거쳐 대등생극론이라는 결실을 맺게 되었다고 보인다. 그만큼 광범위한 내용을 다루기에, 가령 초창기의 《한국소설의 이론》과 같은 정치한 논리와 설득력을 갖기 어렵다. 인문학문 사회학문 자연학문을 통괄하는 달관의 언어를 내세우지만 어떻게 생각하면 모든 것에 적용되는 진리란 너무도 당연하여 상식 이상의 것이 되기 어렵기도 하다. 학문적 이론적 탐구라기보다는 대등생극의 상식을 어떻게 잘 실천할 것인가에 대한 책으로 읽을 수도 있을 것 같다.

한의와 양의가 비교된다. 한의는 두루뭉술 다 맞지만 딱 맞는 것도 없다. 양의는 다 맞지 않지만 어떤 것은 정확히 맞추어 실질적인 도움을 준다. 어떤 쪽이 지금 더 필요한가?

그래서인지 책 전체가 남을 가르치려는 소망-욕망으로 가득 차 있다. 저자의 안타까움은 이해하지만, 지금 시대에 남을 계몽하려는 시도는 반발을 불러일으킬 수 있다. 스스로 탐구하여 알아낸 과정과 결론을 제시하는 것만으로도 계몽의 역할을 할 수 있다. 저자 자신의 말대로, 남이 틀렸다고 말한다고 자기가 맞게 되지는 않는다. 남을 나무라기보다는 타당한 말을 충실히 하는 것 이상의 욕심을 보이지 않으면 어떨까 한다.

기철학 자체에 대한 탐구의 내용을 더 상세하게 보완했으면 한다. 기철학 연구서라기보다는 기철학 응용서라고 할 수 있다. 실제의 운용을 떠나서 이론이 있는 것은 아니지만 운용의 근거와 변화를 이론적으로 제시하는 것은 필요하다. 체계를 벗어난다고 하지만 글의 체계가 있어야 읽는 사람이 수월하게 수용할 것이다. 운용이 실제에 관련되는 양상을 사안별로 설득력 있게 설명해주어야 할 것 같다.

상대성 이론과 양자역학의 과학으로 해결하지 못하는 것을 철학이 해결해야 한다고 했는데, 대등생극론은 세계에 대한 구체적 탐구를 보여주었다고 할 수 있는가? 오히려 과학이 탐구한 사실에 근거하여 대등생극론을 튼튼하게 이론화하는 것이 아닌가. 대등생극론을 공부한다고 하여 양자를 발견하고 상대성이론을 발견할 수 있는가?

대등생극론은 결국 만인대등생극론에 초점을 맞추게 되는 것으로 보인다. 만물과 만생의 탐구 결과에 기대어 만인대등생극론을 정립할 수 있었다고 보인다. 만인대등생극론을 확대하여 만물과 만생의 대등생극을 탐구한 것이 아니다. 셋이 하나라고 하는 것과 동시에 이 관계를 명료히 보여야 하지 않을까?

그래서인지 2부의 만인대등생극론에서 차등—평등—대등을 논한 부분은 가장 설득력 있게 다가온다. 이것을 중심으로 만물과 만생의 대등생극론을 연결할 수 있을 것 같다.

미시·가시·거시 세계의 대등생극론을 제시했다. 이 셋이 어떻게 하나이며 셋인지 이론적으로 규명해주면 좋겠다. 가령 왕부지는 잠재와 현동으로 설명했다고 한다. 잠재와 현동은 초월적 작용을 배제하고 세계를 일원론의 내적 체계만으로 설명한다. 생사와 유무 등이 아니라 잠재와 현동으로 모든 있음을 해명한다. 이 관계의 체계가 주역을 이룬다.

이에 비해 미시·가시·거시는 사례를 많이 든 것으로 철학을 대신하려 하는 것처럼 보인다. 이런 점에서 7장을 미시·가시·거시 이론과 연결하는 것이 좋지 않을까 한다. 2부 3장에서 한 다각화 이론탐구도 1부로 옮기면 좋겠다.

2부 글의 편차가 심하다. 어떤 것은 상세하고 어떤 것은 매우 소루하다. 전체적으로 인상비평적이고 체계가 없어서 무시될 수 있다. 달관의 언어는 본래 그런 것이어서 일부러 그렇게 했다고 하지만 각 분야의 전공자가 납득할 수 있어야 할 것이다. 이 모든 논의가 기철학의 기반 위에 서 있음을 명료하게 보여야 할 것이다.

처음으로 되돌아가는 질문이지만, 사회적 약자는 대등론을 어떻게 수용할까? 잘 따져보면 납득하겠지만 그 이전에 반발이 심할 것 같다. 자기 위치에서 남을 도우면서 잘 살자는 말은 사회적 강자에 의해 형성 유지되는 착취의 수단으로 이용될 수 있다. 심하게 말하면 카스트제도가 그렇지 않은가? 강자가 선하다면 용납할 수 있지만, 강자의 선함에만 의존해야 하는가? 강자도 결국 망한다고 하지만 인생은 짧다. 강자의 선함에 의존하지 않고 만인대등생극론을 이룰 수 있는 방법은 무엇인가?

이미 춘향전 분석이며 전통의 퇴화와 계승에서부터 생극론에 기반을 둔 글을 써오셨다. 그런 글부터 보았으니 선생님께 가르침을 많이 받아 생극론을 머릿속으로는 잘 이해하는 것 같지만, 일상생활을 하거나 작품을 볼 때 효과적으로 적용이 되지는 않는다. 너무 당연한 동어반복같은 이야기나 하게 된다. 왜 그런가?

答 신연우

연구 결과를 정치하게 논술하지 않고, 틀린 것을 바로잡겠다고 설치고 있다. 이렇게 말하는 나무람을 겸허하게 받아들이면서, 그 이유를 해명한다. 작은 이유에서 큰 이유로 나아간다.

이용할 수 있는 시간이 내게 많이 남아 있지 않다고 여기고, 할 말을 마구 쏟아낸다. 지금 85세에 하는 일을 90을 넘어서까지도 할 수 있다고 여기면 망상이리라. 열 권으로 써야 할 책을 한 권으로 간추리는 요령을 찾아 실행해야 한다.

까탈스러운 학자들을 통하지 않고 마음이 열려 있는 대중과 직거래를 하려고, 학술서적을 쓰는 관례를 깬다. 개별 논거보다 총괄 이론, 이론 완성보다 실천 성과를 더 소중하게 여기고, 서둘러 앞으로 나아간다. 어느 학문 분야에도 소속되지 않은 방랑의 자유를 누리고 있어, 논문작법을 준수해야 할 이유가 없다. 무슨 글이든지 닥치는 대로 쓸 수 있는 특권을 누린다.

대전환은 거칠고 요란하게 하는 것이 당연하다. 혁명은 난동을 수반한다. 이 책이 관심을 끌고 평가를 얻어낸 소문이 요란하면, 철학계에서 맨 뒤에 마지 못해 관심을 보일 것이다.

제2부 각론은 편차가 심한 것이 당연하다. 별난 짓을 과감하게 시도해, 거시나 미시가 어디까지 나아갈 수 있는지 순서 없이 마구 보여준다. 한 곳에 머물러 잠들지 못하게 내 자신부터 먼저 방해한다. 결점 투성이인

惡書를 고의로 쓰고자 한다. 할 일을 다 했다는 착각을 부정하는 적절한 조처이다.

이런 잘못을 시정하려고 정치한 논리를 갖추어 완벽한 책을 써야 하는가? 정치한 논리는 발상을 가두는 감옥이다. 완벽한 책은 있을 수 없는 망상이다. 감옥에 들어앉아 망상을 키우며, 완벽한 타당성이 영원히 불변일 업적을 홀로 이룩한다고 착각하지 말아야 한다.

누구나 알고 할 수 있는 말을 내 나름대로 성의를 가지고 정리하고 가다듬어 내놓고 토론을 청한다. 최선을 다하고자 했으나, 많이 모자라는 것이 어쩔 수 없다. 잘못을 바로잡고, 결핍을 보완해야 하는 것이 당연하다. 이것은 내게 떠넘길 일이 아니다. 수고를 더 하지 못하는 것이 당연하다고 인정해야 한다.

차등론을 거부하는 대등론은 대등하게 작업하고 토론해, 함께 토론해 창조해야 한다. 구경꾼이 따로 없고 모두 당사자여야 한다. 누구나 자기가 나서서 한 걸음 더 나아간 논의를 해야 하는 과제를 얻고 명령을 받았다고 여기고, 분발해야 한다.

윤주필 曰

(글이 길어, 총론을 간추려 옮긴다.) 차등과 대등의 개념과 관계수직적 질서가 차등의 근거라면, 수평적 질서는 평등의 근거가 아닌가? 그에 비해 대등은 현실의 차등[禮]을 화합[樂]으로 완화시키며, 이상의 평등을 상생과 상극으로 현실화하는 과정이라고 본다면, 대등은 나날이 변화하는 실생활의 관계 질서에 근거를 둔다. 그러한 측면에서 차등과 대등의 관계에서 '평등'은 반드시 필요한 매개 개념이다.

갖가지 차등을 모두 청산하면 동등인가 평등인가? 평등은 차등을 동등하게 보자는 바람이자 관점이다. 모든 차등이 사라지면 평등의 바람이 필요 없으니 동등이며, 대등의 관점도 필요없다. 실제로 모든 차이가 없어지거나 모든 차등의 관점이 사라지는 것이야말로 환상 아닌가? 차등과 평등, 그리고 대등은 인간의 관점일 뿐이며 만물과 만생은 차이와 동등의 관계에서 대결하거나 대립함으로써 만유의 포괄성을 이룬다.

대등생극론은 기본적으로 '고금합동작전'에 입각하고 있다. 화이부동, 동이불류, 문질빈빈, 낙이불음/애이불상 등은 공자의 발언뿐만 아니라 더 근원적으로는 〈중용〉의 사상과 밀접한 관련을 맺고 있다. 또한 〈중용〉의 원래 문헌인 〈예기〉의 대동사상에 기본을 둔다. 그렇다면 '대동'과 '대등생극론'의 대등은 어떻게 같고 다른가? 모든 사물은 크게 보면 같고 작게 보면 다르다. 협동을 위해 '求同存異'하는 것과 어떻게 다른가?

"평등론은 경쟁을 부추기고, 대등론은 협동을 가져온다."고 했다. 그러나 차등론은 싸우면서 닮아서 경쟁을 가속화시키거나 경쟁 자체를 인정하지 않고 무효화시키려는 욕망을 부추킨다. 반면에 평등론은 안일을 부추켜서 정당한 경쟁까지도 억제한다. 이에 비해서 대등론은 경쟁과 협동을 동시에 추구할 수 있다고 보아야 하지 않을까?

대등종교론은 종교가 있으면 좋고 없어지면 더 좋다는 입장인가? '이기적 유전자'를 주장하는 무신론적 과학자, 인간의 본능과 윤리는 생물진화에 의한 알고리즘의 결과라고 보는 문명비평론자까지 끌어들이려는 관점인가? 아니면 이신론의 관점에서 유신론의 충돌을 완화시키고자 하는 관점인가? 있어도 되고 없어도 되는 종교는 어떠한 종교인가?

박지원이 편지를 써준 '楚幘'은 조선에 와서 살던 명나라 유민 康世爵의 호이며, '초나라 관'이라는 뜻인데, 보통명사로 보고 '가시 관'이라고 한 것은 잘못이다. '가시 관'을 쓰고 있다고 하는 가상의 인물에게 편지를 썼다고 한 것은 오류이므로 수정해야 한다.

당나라에서 기지 대결과 웃음을 겨루는 參軍戲의 〈三敎論衡〉은 유불도 삼교의 권위를 소학지희의 대상으로 삼으면서 서로 대등하게 수용하게 하는 일이 황제에서부터 민간에까지 이루어지는 전통을 만들었다.

　答　윤주필

"수직적 질서가 차등의 근거라면, 수평적 질서는 평등의 근거가 아닌가?" 이 말은 부당하다. 사람의 삶은 수직일 수도 수평일 수도 없는데, 차등론은 수직을 강요하고, 평등론은 수평을 강요한다. 둘 다 잘못하는 것을 대등론이 바로잡아, 삶의 실상을 되살린다.

'哲人'을 〈禮記〉에서도 말한 것을 대수롭지 않다고 여기고 지나쳤다. 미비점을 보완하지 않고 그대로 두어, 후속 연구의 입지를 좁히지 않는다. '達觀'에 관한 중국 옛적의 논의도 함께 고찰하면 좋겠다.

숫자는 숫자 자체이면서 상징적 의미를 가지고 있다. 〈2와 둘〉이라는 데서 이에 대한 검토를 한 차례 했으나, 많이 모자란다. 여러 숫자에 관해 말한 문헌 자료를 풍부하게 찾아내 본격적인 연구를 하면 대등생극론의 구체화에 기여할 것이다.

'相'은 작용이고, '互'는 반작용인가? '互'는 '相'의 '서로'가 쌍방에서 이루어진다고 강조하는 말일 것이다. 相生은 보편적인 이치이지만, '五行相生'은 부당하다. 이 점을 밝히려고, 朴趾源은 "五行定位 未是相生 乃今 强爲子母"라고 했다. 陰陽五行이라는 동거는 잘못되었다. 오행은 내보내고, 음양대등생극을 파악해야 한다.

楚幘이 康世爵이라는 지적을 받아들여, 그 대목을 고쳤다. 당나라 參軍戲의 〈三敎論衡〉은 아주 소중한 자료이다. 이런 것을 이용해 중국에서 전개된 대등종교론의 내력을 한국과 비교해 고찰하면 좋겠다. 좋은 논저를 기대한다.

康世爵과 三敎論衡 두 사례를 들어 고증에 관한 논의를 한다. 康世爵이 楚幘임을 알아낸 고증 성과를 대견하게 여기고 박지원 편지글의 의미를 발견한 사실에 맞게 한정한다면, 박지원이 고의로 만들어 놓은 함정에 빠져 우롱의 대상이 된다. 고증학으로 철학을 죽인 쪽의 잘못을 이어받아 연구를 망치는 것을 더욱 염려해야 한다. 三教論衡을 찾아낸 것은 고증 작업의 빛나는 성과이다. 그러나 고증을 더욱 철저하게 해서 그 유래나 변천을 밝히는 데 몰두하고 의미나 기능은 논의하지 않는다면, 학문의 주역일 수는 없고 보조원 노릇이나 한다.

이미 한 말을 다시 한다. "天網恢恢 疎而不失"(하늘 그물은 넓고 넓어 성글어도 잃는 것이 없다)이라는 달관 학문도 있다. "地筌狹狹 密而多失"(땅 통발은 좁고 좁아 빽빽해도 잃는 것이 많다)이라는 천착 학문도 있다. 앞의 길로 나아가면 성취가 커서 학문의 주역이 된다. 뒤의 작업을 택하면 보조원 노릇이나 하는 고생이 막심하다.

오양호 曰

(긴요한 대목을 옮긴다.) 고백하건대 나는 이 저술을 육할 정도 이해할까 말까다. 새삼스러운 사실은 아니지만 고금의 동서양을 지배한 학문의 정수를 이렇게 꿰뚫는 것, 그 자체를 남 먼저 읽을 수 있는 것이 즐거움이었다. 인생은 너무 짧고 한 개인의 능력은 한계가 있는데, 이 글은 한 개인의 지식 총량을 몇 배 넘어선다. 끝없이 전개되는 지혜의 전개 앞에서 나는 수시로 숨을 멈추었다.

사색의 폭이 문학, 철학, 종교학, 자연과학, 사회학, 역사학, 천문 지리학, 물리학 등 극도로 다양하고 깊다. 이런 학문이 거둔 성과를 관통하는 碑文 조의 사색이 끝없이 전개되는것이 종교 교리의 경지에 가 있다. 문장이 신기해 가독성을 자극한다.

〈대등생극론〉을 사색론의 성격을 띤다고 할 때 문제가 되는 것은 객관성이다. 인문학이나 과학으로서의 논증 문제다. 이런 논리에 대입하면

〈대등생극론〉은 문학과 철학을 아우르는 논리로서는 한계를 지닌다고 할수 있다. 그런데 이 문제를 "학문 집안 여러 형제 철학이 으뜸인데, 잘난 아우 과학이 무능자로 취급한다. 맏형이 맡은 소임은 시비종식 우애단합"이라 했다. 철학이 비과학적이면서 과학이 되는 것을 이보다 더 적절한 비유로 독자를 설득할 수는 없다.

畓 오양호

논의를 시를 지어 마무리하면서, 연구와 창작이 하나이게 하고자 한 것을 주목하고 평가해주어 고맙다. 연구와 창작은 장단점이 반대여서, 대등 생극의 관계를 가진다는 말을 하지 않은 것 같아 지금 한다. 글쓰기 방법에 관심을 가진 것을 감사한다.

이 책은 글이 잡다하다. 연구서와 창작물만이 아니고, 수양록, 교리서, 훈계서, 독서기, 경험담, 잔소리 등등 언어표현의 천태만상을 보여주고 있다. 狂生이라고 자처하는 광대의 헛소리는 들지 않아 실수라고 인정한다.

연구서의 위세를 자랑하는 차등론을 타파한다. 다른 어느 것이 그 자리를 차지하자는 것은 아니다. 어느 글도 완벽할 수 없으므로, 배타적인 우월성을 주장하지 말아야 한다. 서로 대등생극의 관계를 가지는 비빔밥을 만들어내야 한다.

김호성 曰

달관이라는 것이 깨달음(한소식)과 무엇이 같고 다른지 궁금합니다.

근대는 과학과 자본주의로 숫자와 수식(수리언어)을 중요한 언어로 사용합니다. 선생님께서는 근대를 넘어서는 달관의 언어를 사용해야 한다고 하셨습니다. 그렇다면 다시 언어의 장벽에 갇히는 것이 아닌가 생각됩니다. 숫자와 수식은 불필요한 말을 줄이고, 불통과 오해를 극복한 좋은 수단이 되었습니다. 달관언어는 간단해도, 달관언어의 요약과 상징을 해석하는 말이 다시 많아지고 오해가 생기며, 자국어와 세계공통어(영어)라는 언어의 차등을 만들지 않을까 싶습니다.

과학의 가장 중요한 기준인 '재현 가능성'은 곧, '예측 가능성'을 의미합니다. 과학이 인간에게 크든 작든 미래에 대한 무지를 해결해준 것은 큰 성과라 생각합니다. 반면, 선생님의 대등론과 생극론은 미래에 대한 무지도 해결해줄 수 있는지 궁금합니다. 역사의 선후 역전이 '재현 가능한 예측'이라 할 수 있는지, 그렇지 않다면 역사라는 경험과 지식의 추측일지 궁금합니다. 미래에 대한 질문에 생극론은 예측일지, 추측일지 궁금합니다.

答 김호성

달관은 한 소식 깨달음을 위한 마음이다. 소리를 잘 내는 북이다. 소리를 다시 낼 수 있다.

달관언어는 장벽을 최대한 줄이고자 하는 언어이다. 요약이면서 상징인 것들을 하나하나 풀어 놓으면 아주 많아 감당하기 어려운 줄 알고, 대강 수습해 없는 듯이 지닌다.

과학은 '재현 가능한 예측'을 아주 한정된 범위 안에서만 하고, 그 이상은 관심을 가지지 않는다. 달관언어로 하는 대등생극론의 철학은 '재현 가능한 예측'을 한정 없이 하는 책임을 가볍게 진다. 역사의 선후 역전은 모든 선후 역전의 하나여서 '재현 가능한 예측'인 것이 원론적으로 타당하다고 하고, 구체적인 양상은 다시 탐구해야 한다고 한다.

장지원 曰

(글이 아주 길다. 서두의 총론을 발췌해 옮긴다. 본론에 쟁점이 몇 개 있는 것은 답변에서 인용한다.)

〈대등생극론〉의 교육철학은 현대 한국교육철학의 통상적인 경향인 분석철학적 교육철학과 사상사적 교육철학 어디에도 해당하지 않는다.

분석철학적 방식은 교육의 주요 개념, 이를테면 학교, 교사, 도덕, 자유, 정의, 권위 등의 개념을 분석하는 방식으로 교육철학을 서술한다. 반면 사상사적 서술방법은 통상적인 철학사 혹은 정치사상사 서술과 유사하여 플라톤, 아리스토텔레스, 중세철학, 근대철학 등의 사상, 사조, 주의 등을 나열하는 형태로 구성되어 있다.

분석철학적 교육철학은 개념 분석에 천착한 나머지 총론이 결여되어 있는 데다 저자의 개념 분석에 객관적 전거가 부족하다는 약점이 뚜렷하고, 사상사적 교육철학은 인물이나 사조를 중심으로 진행되어 선학에 대한 존숭으로 이어져 교육철학의 학문적 의미를 제대로 파악하지 못하는 한계가 있다. 한국교육철학에 대한 담론은 퇴계, 율곡 연구와 실학자들의 교육관련 서술들을 묶어 놓은 것 정도이다. 18세기 이후 인성론의 혁신과 개화기 이후의 교육철학에 대한 서술은 누락되어 있고 다루지 않는다.

기나긴 공백 외중에 등장한 〈대등생극론〉의 교육철학은 추후 〈한국교육철학통사〉를 쓴다면 반드시 포함되어야 할 저술이다.

答 장지원

긴 논평을 요약하면, 그저 그런 말이 되고, 쟁점이 없어진다. 교육학계의 실정을 알고 개탄하는 서론에 머무르지 않아야 한다. 견해차가 뚜렷한 대목을 몇 개 들고 내 의견을 말한다.

"18세기 이후 인성론의 혁신과 개화기 이후의 교육철학에 대한 서술은 누락되어 있고 다루지 않는다. 기나긴 공백 외중에 등장한 〈대등생극론〉의 교육철학은 추후 〈한국교육철학통사〉를 쓴다면 반드시 포함되어야 할 저술이다."〈--〉 역사에 오르는 것을 바라지 않고, 당면 문제 해결에 관한 논쟁을 청한다. 이에 대해 응답하지 않아 유감이다.

"학생들의 창조주권을 존중해 초등학교에서는 마음껏 자신들의 역량을 발휘하도록 할 수 있으나, 그러한 경향은 교사의 방임과 학생들의 방치로 이어질 가능성이 크다. 초등학교에서 기초학력을 갖추지 못한 상태에서 시간만 낭비한 학생들이 중학교 진학 후 학습장애와 적응실패를 겪으며 학업에 대한 의욕을 상실하고 무기력에 빠지면 그가 지니고 있던 모든 역량 자체가 소멸될 가능성"이 있다. 〈--〉 어느 주장이 잘못 시행될 경우에 생길 수 있는 폐단을 장점을 부정하는 논거로 드는 비겁한 어법이다. 다음 것도 이와 같다. 아이들이 창조주권을 마음껏 발현하도록 교사들이 적절하게 도와주는 의무를 의식하고 좋은 방법을 찾아야 한다. 교육학자들은 이것을 도와주는 의무를 의식하고 좋은 방법을 찾아야 한다. 기초학력이나 문해력에서도 자득이 으뜸이다. 토론이 그 다음이다. 이에 관해 토론하자.

"입시제도를 대학 자율로 맡겼을 때 입시제도 전반에 대한 질 관리는 물론이고, 사교육의 대폭발로 일어날 가능성을 배제할 수 없다."〈--〉 사교육을 아주 막으려면 입시를 복권 추첨처럼 하는 수밖에 없다. 입시제도가 대학이나 전공에 따라 다르면, 사교육 시장이 대자본의 지배를 받지 않고, 소규모로 다원화된다. 응시생들의 다양한 능력을 살리는 것이 획기적인 의의를 가진다. 입시의 질 관리는 대학의 책임이고, 대학 평가의 척도이다.

"수입학의 성과가 뚜렷하고 여전히 새로운 수입의 가능성과 필요성이 남아 있는 시점에서 저자의 주장처럼 수입학 대신 창조학을 해야 할 필요성이 있는지는 다소 의문스럽다.”〈--〉 창조학은 수입학보다 성과가 더 높고, 가능성이 더 큰 것을 목표로 한다. 역사의 선후 역전으로 인류 문명을 새롭게 창조하는 방안을 교육에서도 제시하고자 한다.

백태명 曰

 수행자는 두타행으로 득도하면 중생의 질병 치유나 생활 고통을 해탈시키는 은혜를 베풉니다. 요즘 나오는 선생님 저서를 읽으면, 조동일의 학문은 종교수행을 넘어섭니다. 지식이 아니라 의식의 차원을 높입니다. 절대자를 상정하지 않고 내면의 가능성을 끌어올려 정신을 집중하게 하고, 독서를 즐겁게 하게 하고, 사고를 깊고 넓게 하게 하고, 삶의 원리를 알아 생활을 윤택하게 하도록 이끕니다. 죽으면 가능한 회귀를 살아서도 가능하게 합니다. 이것은 학문의 깨달음이 아닐까요? 종교 깨달음과 궁극적으로 같으면서 규모가 크고 수준이 높은 것 같습니다. 종교 깨달음과 학문 깨달음의 관계를 설명할 수 있을까요?
 부처님 초기 설법과 금강경 이후 설법 내용이 다르다고 합니다. 초기에는 고통의 원인과 해탈 방법에 초점을 맞추었고, 금강경 이후에는 지혜의 완성과 본질적 공성을 깨닫는 것을 목표로 했다고 합니다. 이번 저서《대등생극론》을 〈금강경〉에 견주어 해명하면 재미있겠습니다. 〈금강경〉이 大乘者, 最上乘者를 위해 설한 것인 것처럼, 《대등생극론》 또한 그런 학자들을 위한 책이라고 한다면 기존 학자는 어떻게 변신해야 할까요? 《금강경》은 大乘者나 最上乘者의 요구에 의해 나왔다면, 《대등생극론》은 그런 학자의 출현을 고대하며 쓴 것이 아닌가 생각합니다.
 혜능은 일자무식이 두타행으로 깨달음을 얻은 고승인데, 부족한 학식으로 금강경 해석을 그르게 했다고 타박하는 것은, 그의 깨달음조차 불신한다는 말인가요? 一切唯心造라고 선언한 종교인을 경전 해석에 두루 밝지 못하고 유심론에 빠져 중생을 오도한다고 심하게 나무라는 것은 종교와 학문의 차이를 인정하지 않고, 학문의 자리에서 종교를 일방적으로 두드리는 것이 아닌가요?

언어에는 철학의 달관언어, 과학의 수리언어, 보통 쓰는 일상언어가 있고, 인공지능 언어인 '생성언어'가 이제 나타났습니다. 인공지능 언어인 생성언어는 달관, 수리, 일상언어를 합친 것 이상이라고 느껴집니다. 사용자의 질문이나 요구에 따라 텍스트, 이미지, 비디오, 오디오, 소프트웨어 코드와 같은 독창적인 콘텐츠를 생성할 수 있기 때문입니다. 달관언어와 생성언어의 공통점과 차이점 그리고 수준 문제를 거론해야 하지만, 생성언어가 달관언어를 넘어서는 것은 시간문제인 것 같습니다. 이런 생각에 대하여 선생님의 의견을 어떠한가요?

일전에 문해력 향상 방법을 질문했을 때 선생님께서 선뜻 대답하지 못하겠다고 했습니다. 문해력은 기능이 아니라 사람 능력의 총체이기 때문에 그런가요? 인공지능은 기존 세상의 모든 지식을 다 학습하여 문해력이 탁월할 것 같습니다. 일반언어, 수리언어, 달관언어, 생성언어 등 다양한 언어가 작용하는 시대에 문해력 향상은 더욱 절실한 과제가 되지 않겠습니까?

答 백태명

대등생극론은 누구나 알고 실행하는 본원의 이치이다. 차등론이나 상극론이 득세해 은폐하고 부정하는 침해를 받고 없는 듯이 퇴색되었다. 이것이 잘못되었다고 지적하고, 단호하게 바로잡으려고 대등생극론이 나선다. 이것은 평등론을 위해 차등론을 고수하는 종교는 할 수 없는 일이다. 차등론을 추종하던 꿈에서 깨어나면 학문은 동참할 수 있다.

〈금강경〉은 我相·人相·衆生相·壽者相이 없어야 한다고 했다. 내가 너를, 사람이 다른 것들을, 동물이 다른 생물을, 생물이 무생물을 얕잡아보지 말아야 한다는 대등론을 적절하게 설파했다. 그런데 〈금강경〉을 받드는 불교 교단의 승려가 자기는 이미 깨달아 아직 깨닫지 못한 다른 사람들 상위에 있다고 여기고, 생물과 무생물이 대등한 밑바닥까지 내려갈 생각은 전연 하지 않는다. 좋아지다가 망쳐진 것을, 대등생극론이 되돌려야 한다.

인도에서는 깨달았다는 이들은 흔히 일자무식이라고 한다. 유식 탓에 생긴 상처를 치료하는 어려운 절차를 거치지 않고, 진실을 바로 알아차리는 행운을 누렸다. 그러나 진실을 알아차리고 하는 말을 추종자들이 유식의 지침으로 삼게 되자, 작은 행운이 큰 불운을 산출했다. 孔子는 글공부를 이미 해서 예사로운 凡人이라고 하겠는데 공연히 聖人이라고 추앙해, 시비가 생기고 공격을 받게 되었다. 요즈음 사람들은 똑똑해 이런 어리석은 짓을 하지 않는다.

인공지능이 사용하는 언어는 수리언어의 연장이라고 여겼다. 둘을 분리해야 한다면, 별도의 논의가 필요하다. 이것을 감당할 능력이 나는 없다.

글을 잘 읽으려면, 말을 알아듣는 훈련을 먼저 해야 한다. 집안이나 동네의 할머니·할아버지가 밤 깊은 줄 모르고 들려주던 만단설화를 많이 듣고 깊이 간직하고 있어야, 어느 외국어로 쓴 글이라도 절실하게 이해할 수 있다. 문해력을 길러준다고 하는 과외 학원에 다니는 것은 대금은 치르고 받아오는 물건은 없는 허망한 거래이다. 자해를 자초하는 저질의 보시이다.

저자에서 한 자리 잡고 앉아 약을 팔면, 계산이 분명한 이득을 얻는다. 언제나 그 모습이다. 千村萬落을 춤추며 돌아다니면, 헤아리지 못할 이득을 없는 듯이 나누어준다. 소문 듣고 찾아가면 行方不明이다.

이복규 曰

'달관언어'라는 선생님의 표현처럼, 그간에 제기된 문제들을 해결할 수
있는 포괄적 담론이라, 깨치는 바가 참 많았습니다. 다만, 기독교 관련
대목에서만은 의아하게 여겨지는 것들이 있었습니다. 기독교인들한테도
거부감 없이 널리 읽혔으면 하는 마음에서, 몇 말씀 드립니다.

원고의 시작부터 '기독교는 차등론'이라 단정합니다. 그 사례도 많이
들었습니다. 그런데, 마지막 부분이 갑자기 바뀝니다. '모든 종교의 경전
에 대등론의 가르침이 있다'고 했습니다. 기독교의 경우, "원수를 사랑하
라"는 예수의 가르침을 그 사례로 듭니다. 기독교는 차등론입니까, 대등론
입니까? 차등론이면서 대등론입니까? 차등론이 중심이고 대등론은 지엽
입니까?

'기독교는 차등론'이라는 선생님의 견해는 일반적인 인식과는 괴리감이
느껴지는 발언입니다. 기독교의 가르침을 일명 '福音'이라고 부르며 전도
하고 수용해 온 이유는 대등론이기 때문에 그렇다고 보는 게 자연스럽다
고 생각합니다. 차등론이라면 그러기 어렵습니다. 기독교의 대등론적인 면
모를 몇 가지 적시하면 다음과 같습니다. (이하의 사례 두드러진 의의가
있는 것만 옮겨 적는다.)

로마 시대에, 기독교 교회 안에서만은 양천 구분 없이 대등하게 서
로 입맞추라는 바울의 서신에서의 권면(주인과 노예도!)….만인대등
안식년(7년마다 땅과 식물도 쉬게 함)(레위기 25장)…만생대등
사회적 약자들(어린이, 여성, 이방인, 부정한 병자)에 대한 예수의
환대…만인대등
제자들의 발을 씻어주는 예수…만인대등(자발적 차등?)
앞서는 자가 뒤서는 자가 되고, 뒤 서는 자가 앞서리라/약한 자를

들어 강한 자를 부끄럽게 하리라는 가르침….만인대등(선후진의 역전)

조선 후기에 기독교가 우리나라에 들어와 특히 다수 하층민의 환영을 받았던 것도 대등론 때문이었지, 기존의 종교[유교]같은 또 하나의 차등론이었다면 그럴 수 없었다고 생각합니다. 대등론이 기독교의 정체성이고, 선생님께서 차등론적인 현상은, 성경의 오독에 따른 서구 기독교의 '추악한' 오류요 죄악이었다고 생각합니다.

창세기 1장의 "(모든 생물을) 다스리라."(창세기 1장 26~28절) 이 대목을, 선생님께서는 "모든 생물은 인류가 마음대로 처분하도록 창조되어 있다", "사람이 아닌 다른 생물은 저열해 사람이 지배하고 살생권을 가지는 것이 당연하다"는 말로 해석했습니다. 그렇지 않습니다. 기독교의 일반적은 해석은 다음과 같습니다.

"이것은 인간이 마음대로 자연을 지배하고 다른 피조물들에게 강압적으로 통치권을 행사하라는 것이 아니라, 하나님께서 주신 지혜와 능력을 가지고 자연을 개발하고 문화를 육성시킬 책임이 있는 것을 나타낸다."

조선시대의 수령이, 왕의 위임을 받아 그 고을 백성을 잘 먹이고 돌봐야 했듯, 인간에게 그런 책임이 주어졌다는 대목으로 이해하고들 있습니다. 잘 관리하고 돌보고 가꾸어 보존하라! 탐관오리가 이를 무시하고 백성을 도탄에 빠뜨리듯, 서구 기독교에서 이를 오용·악용해 차등론적인 만행을 저지른 것은 용서받지 못할 역천 행위였습니다.

(이하의 논의는 생략하고) 제 생각으로는, "성경에 이미 만물대등론, 만생대등론, 만인대등론 사고가 다 들어 있고, 다른 종교와 철학과 문학, 과학에도 그런 가르침과 깨달음, 발견이 있으니, 대등생극론으로 사는 게 마땅하다."는 식으로 서술하면 더 효과적이지 않을까요? 수천 년 검증된 기존 종교들의 대등생극론적 미덕들을 싸안는 것이 더 유리하지 않을까 생각합니다.

똥 이복규

기존의 종교가 배타적인 차등론을 휘두르므로, 예수가 나서서 개방적인 대등론을 주장했다. 천대받고 빈한한 사람들이 적극적으로 호응했다. 그 기록이 성서 곳곳에 남아 있는 것이 당연하다. 예수는 하느님의 아들이라 하며 절대적으로 신성하다고 섬기는 기독교의 교리와 교단이 이루어지자 타락이 시작되었다. 헐벗었으리라고 여겨지는 예수와 위의를 화려하게 갖춘 교황을 견주어보면, 잘 알 수 있는 사실이 있다. 절대자—사제자—신자—불신자의 위계가 분명해져, 대등론은 줄어들고 차등론이 늘어났다. 오늘날 우리 주변에는 초대형교회의 탐욕이 지나쳐 빈축을 산다. 차등론이 극도에 이르자 불신이 팽배해, 존립을 위태롭게 한다.

기독교뿐만 아니라 다른 여러 종교도 이와 흡사하다. 이슬람은 신자들 내부의 대등론을 훌륭하게 이룩한 과거를 뒤로하고, 지금은 남녀 차등 탓에 지탄의 대상이 된다. 신자와 불신자의 차등을 극대화해, 위협을 느끼지 않는 사람이 없게 한다. 돼지를 원수로 여기는 따위의 어이없는 불합리가 불안을 키운다. 불교조차도 대등의 경전에 차등의 해석을 넣어 변질을 자초했다. 깨달았다고 자처하는 고승을 우러러 섬기며 납작 엎드리라고 한다. 모든 집착을 버리라고 말한 석가의 뼛조각에 대한 엄청난 집착은 자가당착의 극치이다.

자기 종교만 옹호하면 우물 안 개구리이다. 남의 종교는 차등이 심하다고 비난하면 제 얼굴에 침 뱉기이다. 어느 종교든지 초심으로 돌아가 대등을 살리는 작업을, 서로 도우며 함께 해야 한다. 대등종교론을 납득하고 동의할 수 있게 이룩해, 누구나 알고 실행하도록 모든 학교에서 교육해야 한다.

윤동재 曰

《대등생극론》은 문명의 충돌, 지구의 멸망에서 인류를 구원해 낼 수 있는 유일한 학문론이라고 생각합니다. 차등론과 평등론은 끝없는 싸움과 다툼의 씨앗이 되는 이론입니다. 이 때문에 인류는 지금까지 숱한 어려움을 겪어 왔고, 마침내는 최악의 위기를 맞고 있습니다. 이를 극복하기 위해서는 생극을 통한 대등한 화합에 이르는 길만이 해결책이고 구원이라고 생각합니다. 이는 인종, 국적, 지역을 모두 넘어서서입니다. 총론에서 이 점에 대해 좀 더 강하게 논의를 펼쳐야 각론에서 인류의 자발적인 동참을 이끌어내어 인류가 함께 만드는 대등생극론이 될 수 있다고 생각합니다. 이 점에 대해서는 어떻게 생각하시는지 궁금합니다.

《우리 옛글의 놀라움》에서 보여주셨듯이, 《대등생극론》 각론에서도 동아시아의 옛글을 깊이 따져 읽고 인류의 위기를 극복할 수 있는 구체적 대안을 보여주셨습니다. 특히 〈老子〉를 논한 대목에서 그 점을 잘 알 수 있습니다. 그런데 조선시대 유학자들 가운데 〈老子〉를 배척한 사람들도 있고, 긍정적으로 해석하거나 의미를 적극적으로 이끌어낸 사람들도 있습니다. 이들의 입장 차이와 성과에 대해서는 어떻게 평가하시는지 궁금합니다. 아울러 서양에서도 초기에는 〈老子〉를 〈성경〉을 뒷받침해 주는 정도로 이해했다가, 차츰 새로운 대안이 될 수 있겠다며 더욱 열심히 연구해 오고 있는 점에 대해서는 어떻게 평가하시는지 궁금합니다.

答 윤동재

자발적인 동참을 이끌어내야 대등생극론이 될 수 있다고 한 말 타당하다. 실행은 쉽지 않으나, 가능하게 해야 한다. 철학을 그냥 말하지 않고, 詩로 옮겨 전하는 것이 좋다. 시인의 사명이 크다. 다시 시가 노래가 되게 하고, 노래하면서 춤추는 것이 훌륭한 방법이다. 지금 세계인을 감동시키고 있는 한류 공연에 대등생극론이 깊이 스며들게 하자.

대등생극론은 지금 여기서 새로 지어낸 생각이 아니고, 깊은 연원이 세계 어디에든 있으니 열심히 찾아내자. 이렇게 말하면 설득력을 높이고, 호응을 넓힐 수 있다. 그 좋은 본보기인 〈老子〉를 쉽게 풀어 알리면 발판이 커질 수 있다. 〈老子, 詩로 말한다〉는 책을 써서 누구나 읽게 하기를 바란다.

3-2 뒤

즉석에서 토론한 서영숙·안동준·최명환·정천구·오상택·박주원·강영순·이은숙·임재해의 말에는 한꺼번에 응답했다. 이어서 종합토론을 하면서 논의가 확대되었다. 토론 덕분에 얻은 특기할 만한 발상을 정리해 적는다.

대도시 도심의 주택은 가격이 계속 상승해 행복을 가져다주는 것 같지만, 그렇지 않다. 면적이 넓고 시설이 잘되어 있어도, 그 속에 감금되어 갑갑하게 살아야 한다. 문밖은 각박한 경쟁관계인 타인의 영역이다. 시골에서는 마을 전체나 주위의 산천을 내 집처럼 여기고 자유롭게 드나들면서 편안하게 산다. 가격은 알 필요가 없고, 상승을 기대하지 않는다. 無價之寶가 훨씬 크다.

지위가 높으면 구속이 심하다. 대통령은 퇴임하고도 줄곧 경호를 받으며 살아야 하니 가장 불행하다. 돈이 많으면 힘들여 지켜야 하고, 상속을 둘러싼 분란 때문에 자식들이 다투므로 죽어서도 편안하지 않다. 만백성의 처지에서 먹고살 수 있으면, 어떤 구속도 없이 자유롭다. 분쟁거리를 남기지 않는다. 자유를 헛되게 하지 말고, 만인대등생극의 가치를 입증하자.

학문을 하면서도 지위나 재산을 바라지 말아야 한다. 지위를 뽐내거나 학식을 자랑하면 반감을 산 것이 자해가 되어 돌아온다. 당대에는 자가발전으로 억지 행세를 해도, 사후에는 나쁜 선례로 지목되다가 망각된다. 이름은 부는 바람이나 흐르는 물처럼 사라지게 마련이니 집착하지 말고, 두고두고 유익한 생각을 널리 나누어주는 보시를 하는 것이 마땅하다.

두고두고 유익한 생각을 널리 나누어주려면, 명심해야 힌다. 고증학이나 수입학으로 힘이나 시간을 낭비하지 않고, 철학을 창조를 늦기 전에 알뜰하게 해야 한다. 길을 잘못 들어 철학이 망한 내력을 바로 알고, 자기 생애를 바쳐 되풀이하는 어리석은 짓을 하지 말아야 한다.

철학을 창조학으로 하려면 깨달음이 있어야 한다. 종교에서는 한 번 깨달았다고 대단한 존경을 받는데, 학문의 깨달음은 수시로 얻어 토론하도록 내놓아 검증하고 보완해야 한다. 토론 참가자들이 합심해, 어느 각론이든 새로운 총론이게 하는 것이 마땅하다.

학문의 깨달음은 어느 것이든 공유재산 확대에 이르러야 한다. 기여자는 잊혀지고 사라져야 그럴 수 있다. 대등생극론이 진정한 공유재산이 되어, 누구나 자기 것으로 여기게 되기를 간절하게 바란다. 그 시발점을 마련하기 위해 지적 소유권을 포기한다.

깨달음을 얻어야 한다. 강을 건너야 한다. 많은 동참자가 모여들어 모두 주역이 되게 해야 한다. 이렇게 역설하는 것은 보기 좋으라고 공연히 해보는 소리가 아니다. 겸양으로 평가를 얻으려고 하는 완곡 언사는 더욱 아니다. 깊고 절실한 뜻이 있다.

인류가 멸종할 수 있는 심각한 위기가 닥친 것을 염려하고 하는 말이다. 이에 대처하는 임무를 자각하고 대등생극론을 이룩하는 작업을 줄곧 진행했다. 중대 사태를 악화시키지 않고 해결하는 방향으로 선회하기 위해, 각별한 슬기로움이 있는 말을 찾아서 하고자 했다.

멸종은 환경 악화 때문에 생기고, 공룡의 전례에서 보듯이 최상위 지배자를 먼저 퇴출시킨다. 인류는 최상위 지배자의 횡포를 공룡보다 더 심하게 자행하면서, 환경 악화를 촉진하고 있다. 공룡의 지배는 일억 년 이상 지속되었으나, 인류는 몇 백만 년만에 멸종될 조짐을 보이는 것이 이런 차이가 있기 때문이다.

인류는 만생·만물보다 우월해 그 모두를 지배하는 것이 당연하다. 이렇게 주장하며 엄정한 논리와 화려한 수사를 자랑하는 수많은 언설이 차등론의 위세를 떨치며 자해를 감행해, 인류의 멸종을 촉진하고 있다. 극단에 이른 사태를 어떻게 해서든지 바로잡으려고, 대등생극론이 힘겨운 임무를 맡아 나서서 특별한 방책을 강구한다.

반드시 필요한 최소한의 말만 대강 엉성하게 하면서, 만인·만생·만물 대등생극론이 위기 타개의 방책임을 알아차리도록 한다. 엄정한 논리, 화려한 수사를 위한 경쟁에서 밀리지 않아야 한다고 주문하는 것은 무얼 모르고 하는 소리이다. 본말전도의 착각이라고 하지 않을 수 없다. 열세를 인정하고 유격전을 해야 하는 것을 모르고, 우세한 적군보다 위의를 더 잘 갖추려고 하면 어떻게 되겠는가?

말을 엉성하게 하는 작전이 기대하는 결과를 가져온다. 만인대등생극의 범위를 계속 넓히며, 동참자가 자꾸 늘어날 수 있게 한다. 만생·만물대등생극을 바람직하게 실행하는 희망을 가지게 한다.

3-3 위

사회자 임재해가 총정리한 말을 옮긴다.

어제 1박 2일간 계룡산 동학산장에서 《대등생극론》을 주제로 한 설파 사우회의 집담회에 참여하여 사회자 역할을 하고 돌아왔다.

조동일 교수의 저서 《대등생극론》 원고를 19명의 회원이 미리 읽고 와서 차례로 질문을 하고 저자가 답변을 하는 집담회를 4시간 동안 진행했다. 질의자들은 집요하게 자료의 고증 문제를 따지고 들었고, 저자는 '뗏목론'을 들어서 반론을 폈다.

강을 건너려고 뗏목을 만드는데 뗏목을 완벽하게 하는 일에 골몰하면 정작 강을 건너는 일을 잊어버리게 되는 것처럼, 고증을 자세하게 하는 작업에 빠져들면 고증학에 머물고 '대등생극론'이라는 새로운 이론을 과감하게 펼치지 못한다고 했다.

논리의 허점도 파고들었는데, 저자는 '畫論'으로 답했다. 그림이 완벽하면 보는 사람이 얻어갈 것이 없지만, 허점이 보이면 보는 사람이 더 나은 그림을 그리도록 분발하게 한다고 했다. 그림의 흠을 잡으며 완벽한 그림을 요구하지 말고, 스스로 그림의 허점을 보완할 수 있는 더 나은 그림을 그리는 것이 생산적이라는 뜻이다.

'대등생극론'은 생극 철학과 대등론을 하나의 체계로 집대성한 거대담론이다. 만인이 모두 대등하며 서로 생극의 관계에 있다는 논리로 '만인대등생극론'을 펴고, 이어서 모든 생명을 대상으로 '만생대등생극론'을, 생명에서 나아가 삼라만상을 포괄하여 '만물대등생극론'을 펼쳐서 수미일관된 3단계의 대안철학을 제시한 것이다.

현실 세계가 차등론과 평등론에 함몰되어, 공동 이념과 일치되는 사상 없이 억압과 투쟁의 갈등이 증폭되는 당면 문제를 해결하는 대안철학으로 '대등생극론'을 편 것이다. 초보적 실증주의를 벗어나서 학설 논쟁으로 이어지기를 기대하는 연구이자, 우리시대 세계문명사에 던지는 전환적 발상의 도전철학이라 할 수 있다.

저자는 원고를 더 다듬어 내년에 출판할 계획인데, 저자의 《한국문학통사》 이상으로 학계에 큰 충격을 줄 것으로 예측된다.

3-4 아래

시를 지어 내가 하고 싶은 말을 마무리한다.

대등생극론은
마구 만든 동네북인가?
누구나 기꺼이 다가와
이리저리 마구 두드리며,
갖가지로 나무란다.

모양이 엉성하다. 재료가 저질이다.
솜씨가 서투르다. 앞뒤가 어긋난다.
소리가 거칠다. 울림이 모자란다.
만들다 말았다. 다시 만들어야 한다.

이러쿵 저러쿵,
천태만상 백가쟁명 자발협동
모두들 힘 보태고 지혜 합치니,
북이 놀랍게 커지고
소리는 나날이 웅장해진다.

동네북이 나라북 되고,
나라북이 마침내 세계북 된다.
천지개벽 다시 하는 오묘한 소리
만인의 가슴속에서 깊이 울리며,
인류의 멸종을 막아낸다.

4 종교토론

4-1 왜

  학문 토론만 토론인 것은 아니다. 학문과는 무관하게 살아가는 예사 사람들이 심각한 고민에 사로잡히면, 벗어나기 위해 분투하지 않을 수 없다. 이럴 때 진지한 토론이 반드시 필요하다. 좋은 기회를 얻어, 대등생극론이 타당하고 유용한가 검증할 수 있다.

  누가 내게 말을 걸었다. 아주 가까운 사람이지만, 멀리 떨어져 살고 있어 자주 만나지 못한다. 쓴 글은 하나도 읽지 않고, 내가 어떤 생각을 하고 있는지 궁금하게 여겼다. 카톡에서 말을 주고받다가, 절실하고 심각한 종교토론을 하게 되었다. 그 덕분에 앞으로 성큼 나아갔다.

  토론을 하자고 만난 것이 아니다. 평생 만나 나란히 살도록 태어난 관계인데, 의견 대립이 생겨 토론하지 않을 수 없게 되었다. 대면하지 않고 카톡을 이용하지만, 가상이 아닌 실제상황에서, 심각한 문제에 관해 진지하게 논의했다. 이론을 위한 이론이 아닌 당장 필요한 해결책을 말했다.

  삶을 위태롭게 하고 있는 질병을 무엇으로 치료해야 하는지 말하는 것 같은 절박한 심정에서 열띠게 논의했다. 주장이 달라 다투다가 어느 정도 합의에 이르렀다. 소중한 기회가 있어, 종교대등론을 토론으로 이룩할 수 있고, 얻은 결과가 확실할 수 있는 것을 체험으로 입증했다.

  카톡에 올라 있는 글을 여기 가져오면서, 줄이기도 하고 보태기도 하는 방식으로 손질을 한다. 보충설명은 지금 추가한다. 양쪽이 한 말을 문답으로 나누어 적는다.

4-2 무엇이

문: 나는 겁이 많고 불안해 기도를 열심히 한다. 기도하면, 하나님이 열의 아홉은 들어준다. 이렇게 하지 않는 이유가 무엇인가?

답: 나는 겁을 내거나 불안해 하지 않는 편이다. 그 이유를 말할 수 있다. 겁내는 것이나 불안해 하는 것은 삶이 들떠 있어 생기는 잡념인 줄 알고, 다스리는 요령을 터득했다. 아무 일도 하지 않고 멍하게 있으면 잡념이 나타나고 커진다. 그 잡념이 일을 시작하고 일과 밀착되면, 사라지기 시작한다.

일에 몰두하는 단계로 들어가 예상 이상의 진전이 이루어지면, 기대하지 않던 희열이 온몸을 뜨겁게 한다. 잡념은 흔적도 없다. 자주 하는 체험을 지금 이 글을 쓰면서 다시 한다. 바둑의 승패는 어떻게 결정되는가? 바둑에 몰입하면 이기고, 잡념이 오락가락하면 진다. 잡념을 없애려고, 무당 굿을 부탁할 것인가?

문: 어려움이 없는가?

답: 어려움이 있고, 있는 것이 당연하다. 어려움은 자작극만 아니고 외부에도 이유가 있는 점이 불안과 다르다. 대처 방법도 달라야 한다. 모든 나쁜 일에는 좋은 측면이 있다. 어려움이 닥치면 반드시 좋은 선물을 숨겨서 가져온 것을 알아차리고, 찾아내서 감사하게 받아야 한다. 이것이 가장 슬기로운 대처 방법이다.

예를 하나 근래의 경험에서 든다. 오른쪽 무릎에 퇴행성 관절염이 왔다. 그 덕분에 운동을 열심히 하니, 온몸이 좋아지고 기분이 상쾌하다. 어려움이 온 것을 고맙게 여긴다. 권투 선수는 얻어맞는 연습을 많이 해야 한다. 곱게 보존한 몸으로 시합에 나가면 한방에 나가떨어진다.

문: 실패도 없는가?

답: 실패가 자주 있지만, 곧 회복하고 더 좋아진다. 애써 쓴 글이 컴퓨터에서 사라지는 괴변이 가끔 일어난다. 잘못 저장해 찾아내지 못해 사라졌다고 할 수 있으나, 생각을 돌려 원천적인 잘못이 있었던 것을 알아차리고 크게 반성한다. 글을 잘못 썼으니 다시 쓰라고, 보이지 않는 누가 친절하게 일러주어 감사하다. 이렇게 받아들이고, 다시 쓰면 반드시 글이 좋아진다. 불운이 행운임을 절감한다.

겁이 나며 불안해 하고, 어려움을 겪고, 실패하고 하는 등의 차질을 스스로 해결하려고 하지 않고 절대자에게 맡겨 해결해달라고 하는 것은 무례이고 무리이다. 아무리 간절하게 기구해도 만족스러운 결과를 얻을 수 없다. 방법이 잘못되었기 때문이다. 딴소리를 하지 못하도록, 분명하게 밝혀 말한다. 절대자를 쓰레기 청소부로 삼으려고 종교에 귀의하면, 이중으로 크게 잘못된다. 예상과는 반대로, 쓰레기가 늘어나니 무리이다. 절대자를 끌어내려 욕보이니 무례이다. 자기 쓰레기는 자기가 처리하는 것이 마땅하다. 애초에 쓰레기가 생겨나지 않게 하는 것이 더욱 마땅하다.

문: 상처가 없어지지 않고, 남는 있는 경우는 없는가?

답: 상처가 남아, 경거망동을 막는다. 반성이 부족한 것을 알고, 바른 길를 찾으려면 더 숙고해야 한다. 이렇게 충고한다고 이해한다. 숙고가 이어지면 좋은 책을 쓴다. 다듬고 고치면 더 좋아진다. 상처 덕분인 것을 알고 깊이 감사한다.

질병은 차등론자를 대등론자로 만드는 더 훌륭한 일을 한다.《대등의 길》이라는 책에서 李滉을 본보기로 들고 한 말을 옮긴다. 李滉은 성리학자이고, 시인이고, 환자이다. 한 사람이면서 세 사람이다. 이 셋이 어떻게 다른지, 다른 사람들과의 관계를 살피면 쉽게 알 수 있다.

성리학자 이황은 賢愚를 구분하는 차등의 최상단에서 하위자들을 가련하게 여기고 힘써 교화하고자 했다. 이황 신봉자들은 반발자가 많은 것을 개탄한다. 세월이 많이 흐르고 시대가 달라졌아도 이황의 성리학을 높이 받들어 세상을 바로잡아야 한다고 주장한다.

시인 이황은 차등의 상하를 오르내린다. 밑으로 내려와 좋은 시를 지어, 많은 사람이 감동하게 할 수 있다. 어중간한 자리에서 그저 그런 시를 지어 감동을 주지 않을 수도 있다. 시는 성리학과 달라, 납득할 수 없거나 감동을 주지 않는다고 반발할 필요는 없다. 시인 이황은 독보적인 존재가 아니어서, 국내외의 여러 시인과 대등한 자리에 놓고 비교할 수 있다.

질병을 앓는 환자 이황은 별다른 존재가 아니고 그냥 환자여서, 萬百姓이나 無限衆生의 자리에까지 내려와 있다. 위대한 사람은 질병이 범접하지 못하거나, 질병도 위대한 것만 선택한다는 망상을 단호하게 부정해, 전연 없도록 한다. 대단치 않은 질병이 만인대등의 대진리를 만천하에 선포한다.

문: 죽음을 어떻게 생각하는가?

답: 모든 것은 생겨나면 없어진다. 지구나 태양도 죽는데, 사람이 죽지 않고 영원히 살겠다는 것은 억지이다. 죽는 것이 너무나도 당연하다. 힘들여 일했으면 쉬어야 하듯이, 열심히 살았으면 죽을 권리를 누릴 자격이 있다. 편안한 마음으로 죽으려고, 내가 해야 할 일을 부지런히 한다. 다음 사람들에게 도움이 되는 무엇을 남겨, 살아 있는 동안 소비한 유형·무형물, 받은 가시·불가시 등등 여러 은혜의 대금을 일부라도 지불하려고 한다.

영생이라는 것은 생각만 해도 끔찍하다. 얼마나 지루하겠나? 할 일이 있겠는가? 외상이 무한히 늘어나는데 갚을 수 있는가? 그것은 가장 심한 형벌이 아닌가 한다. 어떻게 하든지 피하고 싶다. 망상만 거두면 되니,

길게 염려하지 않아도 된다.

유전자는 생명 복제에서 계속 이어져 영생한다고 하는 것도 타당하지 않다. 멸종하면 유전자가 없어진다. 生者必滅의 예외는 없다.

4-3 어떻게

문: 하나님이 어디든지 계시는 것을 아는가?

답: 그런 줄 알면, 왜 겁이 많고 불안해 하나? 하느님이 없는 곳으로 쫓겨날까 염려하나? 하나님이 없어질까 염려하나?

나는 하나님이 있는지, 어디 있는지 모른다. 알 수 있는 방법도 모른다. 모르는 것을 알려고 하지 않는다. 할 수 없는 일을 하려고 하지 않는다. 알 수 있는 것을 알고, 할 수 있는 일을 하는 것으로 만족하고 더 바라지 않는다. 헛된 소원이 없어 편안하다. 시간을 알뜰하게 쓰면서 즐겁게 산다.

예전의 어느 고명한 학자가 하늘만 치어다보고 가다가 우물에 빠졌다. 농부가 구해주면서, 땅부터 알아야 한다고 했다. 농부는 농사를 짓고 있어, 땅을 잘 안다. 땅에 관한 지식을 자랑하지 않고, 땅에서 길러낸 작물을 나누어준다.

문: 하나님은 전능하신 것을 아는가? 하나님의 전능을 의심하는 것이 아닌가? 그러면 가치의 기준이 없어지고 모든 것이 혼돈에 빠진다.

답: 하나님이 전능하면 속마음까지 다 들여다보고 있을 터인데, 기도는 왜 하는가? 하나님이 전능한 것을 의심하고 검사하는가? 납득할 수 없다.

나는 하나님이 전능한지 전능하지 않은지 모른다. 그 의문은 젖혀두고, 내가 알고 해야 하고, 할 수 있는 일에 노력을 집중한다. 내가 지금 여기 있고, 전능하지 못한 것은 분명하게 안다. 그래서 혼자 살지 않고, 남들과 함께 살며 서로 도와준다.

내가 할 수 있는 일을 부지런히 해서 남들에게 도움을 주고, 내가 하지 못하는 일은 남들이 해서 도와주기를 바란다. 대등한 사랑을 주고받는다. 이렇게 해서 가치 평가의 기준을 얻는다. 만약 전능과 무능 두 극단만 있다면, 대등이 사라지고 사랑도 없어진다. 가치 평가의 기준을 잃고, 혼돈에 빠진다.

문: 사람은 자기 정신을 스스로 지킬 수 있다고 자부하지 않아야 한다. 하나님 앞에서 조금도 교만하지 말아야 한다.

답: 하나님이 만들지 않아 헛소문뿐인 사탄이 실제로 있다고 여기고 하지 않아도 되는 싸움으로 공연히 마멸시키지 않으면, 사람의 정신이 자기를 스스로 지킬 수 있다. 이것은 교만이 아니고, 수고를 덜어주는 당연한 봉사이다.

문: 이 세상의 법과 하나님의 율법이 다른 것을 아는가?

답: 무한한 하나님은 모두 하나이게 하는데, 유한한 인간이 하나를 둘로 나누어 분별이 분쟁을 만들어내게 하는 것이 아닌가 의심할 것인가? 불필요한 수고를 하면서 생각을 좁히는 자기학대를 일삼으니 어리석다고 해야 할 것 같다. 타고르의 《카비르 시 백 편》의 한 대목이 생각나서 든다.

피조물은 '브라흐만' 속에 있고, '브라흐만'은 피조물 속에 있어, 언제나 둘이면서, 언제나 하나이다.
그분 자신이 나무이고, 씨앗이고, 씨눈이다.
그분 자신이 꽃이고, 열매이고, 그늘이다.
그분 자신이 해이고, 빛이고, 빛을 받은 것이다.

그분 자신이 ‘브라흐만’이고, 피조물이고, 마귀이다.

그분 자신이 여러 모습이고, 무한한 공간이다.

그분이 숨이고, 말이고, 뜻이다.

그분 자신이 유한이고, 무한이니, 유한과 무한을 넘어선 곳에 순수한 존재인 그분이 있다.

그분은 ‘브라흐만’과 피조물에게 내재되어 있는 마음이다.

무엇을 말했는가? 내가 이해한 바를 말한다. 신과 만물, 창조주과 피조물, 무한과 유한, 빛과 어둠, 원인과 결과 등, 이것들이 둘이라고 여기는 것은 인간이 좁은 소견 탓에 빚어내는 오류이다. 신의 가르침을 받아들여 이것들이 둘이 아니고 하나라고 하면, 오류를 시정하고 진실을 얻는 것이 아니다. 신은 가르치는 위치에 별도로 있는 초월자가 아니다. 만물 또는 피조물과 하나이면서 둘이고 둘이면서 하나인 대등한 관계에 있다. 무한과 유한 이하의 것들도 또한 이렇다. 둘을 구분하는 차등론도, 둘이 하나라고 하는 평등론도 부당하고, 하나가 둘이고 둘이 하나라고 하는 대등론이 타당하다. 대등론의 타당성을 신과 인간이 함께 입증하고 실행한다. 이렇게 말해 어떤 의문도 불안도 다 해소했다.

문: 하나님은 사랑을 베풀고 복을 준다.

답: 분별하고 대립하기를 일삼으면 사랑이 무엇인지 모르고, 복을 받지 못한다.

문: 아주 좋은 말이다.

답: 그렇다. 합의가 이루어지네.

문: 하나님은 까닭 없이 다투지 말라 하셨다.

답: 아주 옳은 말이다. 이슬람도 불교도 힌두교도, 동학도 증산교도 원불교도, 그 밖의 다른 여러 종교도 같은 말을 한다. 같은 말을 조금 다르게 한다는 이유로 다투면, 다투지 말라는 말이 거짓이 된다. 말을 조금 다르게 하는 차이점이 있어 평등과는 다른 대등이 이루어진다. 차이점이 크면 대등의 폭이 확대되어 인류가 누리는 행복이 더욱 다채로워진다.

4-4 얼마나

편식은 해롭다. 불로초, 불사약 따위는 있을 수 없다. 여러 음식을 가리지 않고 고루 먹어 아주 다양한 영양분을 섭취해야 건강하다.

金萬重은 "問津 東西南北"이라고 했다. "건너가는 나루를 물으니, 동서남북에 다 있다"고 한 말이다. 반드시 어느 나루로 건너가야 하는 것은 아니다. 어느 나루로 건너가도 건너가면 된다. 건너가면 나루는 잊어도 된다.

聞一知十이라는 말이 있다. 하나를 들으면 열을 안다는 뜻이다. 그것보다 훨씬 더 나아가, 問一答十이라고 할 수 있는 것이 이루어졌다. 물음 하나에 열 가지 대답을 한다고 할 만큼 할 말을 많이 하게 되었다. 예상하지 않고 있던 질문을 받은 덕분에, 마음의 문이 활짝 열린다.

대답한 말을 옮겨 적으면서 다듬다가 늘이고 보충설명을 보태도, 할 말이 자꾸 생겨 후기라고 할 수 있는 것을 적고 또 키운다. 아직 많이 남아 있다. 물꼬가 터진 것 같아 감당할 수 없다. 너무 길어지면 곤란할 것 같아, 수문을 닫으며 몇 마디 말을 덧붙인다.

하나님에 대해 이런저런 생각을 하고 이러쿵 저러쿵 말하는 것은 오해에 근거를 둔 망상일 수 있다. 이렇게 여겨지더라도 검증하고 시비하려고 하지 말고 대범하게 용인하며, 사이좋게 지내는 것이 좋다. 견해 차이가 대등을 해치지 않고 다채롭게 하도록 해야 한다. 상상은 잘못일 수 없고 축복이어서, 누구나 공유할 수 있다.

망상이 분노를 불러와 폭력을 휘두르면 곤란하다. 어떤 경우인가? 시인 윤동재가 카톡에 올려 널리 알린, 재미가 넘치는 사례를 간추려 옮긴다.

유비·관우·장비가 〈도원결의〉라는 영화를 보러 갔다. 매표소에 써 붙인 말을 보고, 장비가 크게 분노해 맨손으로 영화관을 박살 내려고 했다. 관우는 청룡도를 급히 찾았다. 무어라고 써 붙였기 때문인가? "조조 할인."

이 비슷한 사태가 여기저기 이렇게 저렇게 적지 않게 있다. 마주 분개하지 말고, 너그럽게 보아주어야 한다. 잘못을 스스로 알아차리고 미안하다고 하면, 웃긴 것이 고맙다고 하자. 반면교사가 가장 훌륭한 교사라고 칭송하자.

선비의 품격과 광대 익살이 마구 뒤섞인 말을 하고 글을 쓰면서, 깊은 생각을 즐기면서 하고 싶다. 이 소원은 혼자서 이룰 수 없고, 상대역이 있어야 한다. 상대역과 우연히 만나는 행운이 더 긴요하다.

《列子》〈天瑞篇〉에서 말했다. 옛날 중국 杞國에 하늘과 땅이 무너지면 몸 둘 곳이 있을까 걱정하느라고 침식을 전폐하는 사람이 있었다. 이 말을 들은 다른 사람이 딱하게 여기고 깨우쳐주었다. "하늘은 기운이 가득차서 이루어졌으니 어찌 무너지겠는가?" 이런 논의를 오늘날은 과학에서 분명하게 하고, 누구나 학교에서 공부해 걱정할 것이 없다.

'杞人之憂'를 줄인 '杞憂'가 '쓸데없는 걱정'이라는 뜻으로 널리 쓰인다. 하늘이 그렇다면 하나님은 어디서 어떻게 계신가 걱정하는 것은 새로운 杞憂이다. 하나님은 하늘만이 아닌 모든 곳에 계신다고 한다. 이것은 과학으로 증명할 수 없고, 증명할 필요도 없는 신앙의 소관이다. 가부나 진

위를 두고 다툴 필요가 없다. 하늘을 쳐다보고 별난 상상을 하고, 시를
짓거나 이야기를 만들어 전해주는 것과 다르지 않다.

  톨스토이(Lev Tolstoy)는 러시아의 귀족이고 기독교 신도이다. 그 둘에
결격 사유가 조금도 없다. 그런데 러시아를 침공한 몽골군의 후예 타타르
인 거주지의 카잔대학에 가서 아랍문학을 공부했다. 기독교가 권력과 결
탁해 횡포를 자행한다고 나무라다가 박해를 당했다. 이슬람의 예언자 무
함마드의 업적이 훌륭하다고 하는 책을 썼다. 몇 대목을 간추려 옮긴다.
  "예언자 무함마드는 의심할 바 없이 위대한 개혁가이다. 모든 사람을
진리로 깨우쳐주고, 조용하고 평화스럽게 살도록 했다. 겸손하도록 하고,
피를 흘리거나 사람을 희생시키지 않도록 했다. 문명을 발전시키는 문을
활짝 열었다. 이것은 존경을 온몸에 모으는 강력한 지도자라야 할 수 있
는 일이다."
  "무슬림은 겸손, 극기, 노동 사랑, 만족감으로 사람들을 이끈다. 신앙을
함께하는 형제들이 어려움을 당하면 최선을 다해 도와준다. 이런 이유에
서 깊은 존경을 받고, 동참자가 나날이 늘어난다."
  "이슬람이 널리 전파되는 것을 불교도나 기독교도는 좋아하지 않겠지
만, 이슬람의 중심을 이루는 무슬림들은 거짓된 신앙을 거부한다."
  "기독교도나 유태인의 종교를 인정하고, 무슬림과 결혼한 기독교나 유
태인이 자기 신앙을 유지하도록 한다. 높은 수준의 슬기로운 관용을 보여
준다."

  앙파르쉼양(Sarven Hamparsumyan)은 불국에서 활동하고 있는 뤼르키
예 출신의 시인이다. 너무나도 놀라운 말을 아주 쉽게 했다. 시 두 편을
불어에서 번역해 든다. 구두점이 원래 없어 찍지 않는다.

〈꿈꾸는 세계〉("Le monde dont on rêve")

나는 온 세계에 말한다
왜 증오하고 잔인한 짓을 이렇게 많이 하는가
아득한 옛적부터
우리의 정신은 잔혹하게 짓밟히고
우리의 마음은 무수한 상처를 받아왔다
금전의 이익을 노리고
우리를 마구 희생시키는 녀석들이
우리를 갈라놓으려고 금을 긋기도 했다
왜 우리가 울고 있는 것을 즐기는가
대지는 온전한 건강을 되찾으리라
평화의 노래가 울려 퍼지면
박애의 길이 열리리라
을씨년스러운 운명을 파괴하리라
우리의 아름다운 결속이 이루어지면
진리를 향해 나아가리라
걸음을 멈출 수 없으리라

〈연민〉("La compassion")

어떤 고통이라도 우리 것이고
남들의 것은 아니다
우리는 모두 같고
단일 집단의 구성원이기 때문이다
모든 사람의 손이 소중하다

불행한 넋을 위해
당겨주어야 한다
기다리지 말고
자기를 미워하는 사람들은
결코 이해하지 못하리라
적개심은 말소하고
마음을 진정하자
되살아나기를 바라는 사람들아
최악의 것을 겪고서

앞의 시는 차등의 고통을 말하고 대등으로 나아가야 한다고 한다. 뒤의 시는 대등이 얼마나 소중한지 알려준다. 폐쇄된 암흑에서 벗어나 활짝 열린 광명으로 나아가야 한다고 한다. 이것이 인류 역사의 당연한 진로이다.

어두운 골방에 들어앉아 홀로 번민하며 기도에 의지하면 불행에서 벗어나지 못한다. 문을 활짝 열고, 햇빛이 넘치고 삶이 약동하는 현장으로 나와야 한다. 어디 사는 누구든지 대등한 어려움을 겪으면서 서로 이해하고 도와주어 잘 사는 것을 알고, 행복에 동참하는 여행을 하는 것이 좋다. 발로 하는 실제여행뿐만 아니라, 눈으로 하는 독서여행도, 마음만으로 하는 상상여행도 좋은 여행이다.

나는 실제여행·독서여행·상상여행을 뒤섞어서 하면서, 80여 년 즐겁게 살아왔다. 동서고금 별별 꽃들 두루 찾아 벌이 꿀을 모으듯이 가져온 지혜를 농축시켜 《대등의 길》이라는 책을 썼다. 이 책 《대등생극론》과 짝을 이룬다.

하늘을 쳐다보고 별을 헤는 동서고금의 시인, 저마다의 초탈을 추구하는 여러 종교의 성자, 이치의 궁극에 이르려고 논란하는 철학자, 속박에서 해방되어야 한다는 곳곳의 투사, 권력의 횡포를 웃음으로 무너뜨리려는 광대, 범속한 삶이 소중한 줄 알게 하는 가깝고 먼 이웃의 갑남을녀 등등.

이 모든 사람들과 즐겁게 만나라고 안내한다. 인류 역사의 새 지표가 그 속에 있다고 한다. 종교토론을 아주 넓은 시야에서 마무리할 수 있게 한다.

5 성과

5-1 총론 재검토

토론할 때 마땅히 했어야 하는데 나중에 생각난 말이 적지 않다. 너무 산만하지 않도록 간추려 정리하고, 순서를 갖추게 한다. 총론이나 각론에서 바로 오지 않고 토론 덕분에 얻은 성과이므로 토론의 부록 자리에 두지만, 이것이 결론이기도 하다. 새로운 논의를 시작하기도 하는 별난 결론이다.

눈을 크게 뜨고, 분명하게 보자. 나라가 망할 때 망한 철학이, 나라는 살아났으나 아직 죽어 있다. 일본철학에게 잡아먹힌 것만은 아니다. 수입품으로 일관하는 일본철학을 본떠서, 동반자살을 하려고 하는 것이 더 우려할 사태이다. 일본이 경제대국이 되었어도, 철학 추진력이 없어 추락하지 않을 수 없게 되는 전례를 따르려고 한다.

잘못을 알아차리고 바로잡으려면, 시야를 확대해야 한다. 잘 나간다고 뽐내던 서양이 철학의 파탄을 보이며 몰락하고 있다. 그 뒤를 바짝 따르는 일본이 함께 몰락하려고 하며, 일본철학이 동반자살을 하겠다고 한다. 동반자살을 흉내 내, 한국철학은 이중의 동반자살을 하려고 하면 더 웃긴다. 정신을 바짝 차리고 다시 출발해야 한다.

지나치면 반전이 일어나는 것은 당연하다. 선진이 후진이 되고, 후진이 선진이 되는 대전환이 일어나고 있다. 한국이 선진으로 나서는 것이 세계사의 새로운 시대가 시작되는 증거이다. 일본의 실패를 되풀이하지 말고, 올바른 길을 찾아 당당하게 나아가야 한다. 역사 역전을 이룩하는 모범을 보여야 한다.

철학 수입에서 창조로 방향을 돌려야 한다. 학문의 대혁신을 이룩하는 결단을 내려야 한다. 가장 포괄적이고 보편적인 이치를 다시 밝혀, 세계사 진행의 그릇된 방향을 바로잡아야 한다. 중대한 국면에 들어선 것을 바로 알고, 누구나 각별한 노력을 해서 힘을 보태야 한다.

나는 무엇을 어떻게 하고 있는지 말한다. 철학이 '필로소피'의 번역어가 아닌 '哲人之學'으로 여겨 재출발하고, 한문에서 국문으로 넘어오는 달관언어를 사용하면서, 간략한 말로 넓고 깊은 뜻을 나타낸다. 하나의 氣가 둘로 나누어져 陰陽이 되고, 음양은 相生하고 相克하는 生克의 관계를 가지고 만물을 빚어내는 것을 밝혀낸다. 이런 氣學의 이치 陰陽生克論에다 대등론을 보태 對等生克論을 이룩하고, 만물·만생·만인대등생극론을 일관되게 전개한다.

이것으로 지금까지 제기된 갖가지 난문제를 해결하고자 한다. 모든 작업이나 그 성과가 서양철학의 편향성이나 과오를 시정하는 대안이다. 사분오열되어 흩어진 학문을 모으고, 연구와 창작, 이론과 실천이 하나이게 하는 문명의 전환도 함께 시도된다. 모두 근대를 넘어서 다음 시대를 바람직하게 창조하는 지침이고 설계이다.

총론을 구체화한 각론에서는 다섯 가지 작업을 하는 데 이르렀다. 예술·역사·법·교육·종교철학을 재정립하려고 한다. 그 내용이나 서술이 각기 다르다.

5-2 "나도 절로" 예술철학

옛사람은 "山 절로 水 절로 山水間의 나도 절로"라고 했다. 그 경지를 글을 짓고, 그림을 그리고, 음악으로도 나타냈다. 이것은 우리 예술의 전통만이 아니고, 인류 공통의 소망이다.

멀리 미주대륙 원주민이나 티베트의 구도자에게로 관심을 돌려보자. 다른 데서는 잃어버린 마음의 고향을 지키고 있다. 목관악기를 불어 들려주는 나지막하고 조용한 음악이 누구나 마음을 아주 편안하게 하며, 온갖 근심이나 번뇌를 없애준다. 평원이나 산악과 하나가 되는 만물대등을 근거로, 만생대등이나 만인대등을 깨닫게 한다.

일본 京都 二條城이라는 곳을 찾아가니, 긴요하게 살피고 알아야 할 것이 있었다. 칼을 휘두르며 전국을 다스리는 막강한 지배자 將軍(쇼군)이 잠시 머무는 데 쓰려고 지은 거대한 궁전의 벽화가 밖에서 안으로 들어가면서 한 단계씩 달라진다. 알현자들을 오래 기다리게 하는 외부에서는 竹林猛虎圖가 아주 선명해 권력의 두려움을 절감하라고 했다. 家臣들과 함께 노니는 중간부는 百花滿發圖로 화려하게 장식하고, 부귀영화가 얼마나 좋은지 말했다.

맨 안쪽 자기 침실에는 산수간의 漁樵問答圖를 흐릿한 수묵으로 가까스로 보이게 그려놓았다. 거기서는 긴장을 풀고 마음을 편안하게 하고 잠을 청하고자 했기 때문이다. 권력의 정상에 오른 지배자도 고기 잡고 나무하는 미천한 백성과 다름없다고 여기는 만인대등 의식을 가지고자 했다. 이것은 허위나 기만이 아니고, 누구나 공유하고 있는 본연의 상태로 돌아가고자 하는 무리하지만 간절한 소망이다.

漁樵問答圖는 대등론을 말하지만, 대부분의 인물화는 잘났다고 뽐내는 사람들을 그려 만인대등을 부정한다. 산수는 시커멓거나 흐릿한 배경으로 처리해, 만생대등도 만물대등도 부정한다. 이렇게 하는 수법을 자랑한다. 그 내력을 살펴보자.

중국이나 한국에서는 인물화는 전문직업인인 畫員이, 산수화는 모색과 창조를 각기 하는 文人이 그려 둘이 양립했다. 文人이 없는 일본도 이 전통을 따랐다. 서양은 달라, 그림을 그리는 文人뿐만 아니라 산수화도 없었다. 재능이 뛰어나다고 다투는 환쟁이들이 종교인물화를 그리다가 정치인물화 쪽으로 가서, 차등론의 주역이 교체되는 추세를 보여주었다.

시대가 변해 부유한 시민이 그림을 사는 후원자로 등장하자, 그쪽의 모습을 그리며 아첨을 떨다가 다시 생각해보니 기분이 그리 좋지 않았다. 대등한 장사꾼으로 승격하려고, 산수화와 형제처럼 보이는 풍경화를 새로운 상품으로 내놓았으나 흥미를 끌지 못했다. 무관심에 반발하면서, 상술을 놀랄 만하게 바꾸었다. 인물화를 기괴하게 그려 차등을 과장하는 방법으로 말썽을 일으켜, 광고와 상품이 하나이게 했다.

그 선두주자 피카소는 얼굴 모습을 갖가지로 우그린 별별 이상한 인물화를 지칠 줄 모르고 많이도 그려 이름을 얻고 돈도 버는 성공을 이룩했다. 후진은 한 수 더 떠서, 무엇이든 사정없이 파괴하다 못해 심하게 손상된 폐물이 최고의 작품이라고 우긴다. 이에 동조하는 골 빈 추종자들이 전 세계 대부분의 미술관을 점거하는 괴이한 사태가 벌어져 인류문명의 종말을 고한다.

物極必反이 당연한 이치이지만, 어느 누가 의병의 기치를 먼저 들 것인가? 기다리지 못하고, 내가 감히 나섰다. "山水間의 나도 절로" 산수화를 되살리고 넘어서는 그림을 그려 화집을 내고 전시회도 했다. 그림과 함께 自畫自說의 글을 써서 유튜브에 올리고 해설한다. 그 글 둘을 본보기로 든다.

山水相和 산수상화: "산과 물 서로 어울리다"는 이런 그림은 마음이 대상과 만나 둘이 하나가 되면, 마음에 간직하고 있던 기운이 솟아올라 필력이 된다고 한다. 필력이 화면에 붓을 휘두른 선으로 나타나 형체를 선명하게 보이며, 주객합일의 경지가 어떤 것인지 말해준다. 그 경이가 눈이 보고 즐거워하는 과정을 건너뛰듯 줄이고 바로 마음을 움직인다. 마음과 마음이 하나가 되는 감격을 누리도록 한다.

不見可見 불견가견: "보지 않아도 볼 수 있다"이다. 검은 산을 무색하게 하는 흰 안개가 피어올라, 검은 것과 흰 것, 보이는 것과 보이지 않는 것의 대결을 시작한다. 검고 잘 보여야 강력하다고 하는 착각을 조금씩 무너뜨리고, 그 반대가 되는 진실을 제시한다. 희고 보이지 않으면 기득권에 매이지 않아 얼마든지 변신할 수 있고, 집착하는 바가 없어 무한한 가능성을 지닌다고 일러준다. 부드러워야 강하다는 역설의 진리를 입증한다.

5-3 대등역사철학의 기본 명제

대등생극론의 역사철학은 몇 가지 명제로 간추릴 수 있다. 이 정도의 원론만 알면 된다고 여기지 말고, 갖가지 각론 작업에서 미비점을 보완해야 한다. 경험에서 더 배워야 한다.

지나치면 반대가 되는 것이 대원칙이다. 너무 크고 강성하면 탐욕을 제어하지 못해 자멸을 재촉한다. 정도 이상 잘하려고 하면, 뜻한 것과는 반대로 손상을 끼치고 만다. 적으로 지목한 대상을 박멸하려고 하면, 역경에서 생존력을 키워 번성한다.

역사는 변증법의 투쟁이 아닌, 대등생극론의 선후 역전으로 향상된다. 선진은 차등론에 근거를 둔 우월감에 사로잡혀 더 나아가지 못하고 자멸을 초래하게 된다. 후진은 열등감을 반발의 근거로 삼아 활력을 얻고 반론을 제기한다. 이렇게 이루어지는 창조주권의 새로운 발현으로 세상이 좋아지고, 인류는 더 큰 행복을 얻는다.

계급투쟁과는 다른, 차등론에 대한 대등론의 반격으로 역사가 진전된다. 지배계급의 차등론에 맞서서 피지배계급이 대안으로 내세우는 평등론은 혁명하고 집권하면 새로운 차등론이 된다. 이런 일탈을 바로잡으려면, 혁명이나 집권이 아닌 소통이나 설득의 방법으로 만인 공유 창조주권의 대등론을 자연스럽게 발현할 수 있게 해야 한다. 정치와 거리를 두는 학문이나 예술이, 아무 보상도 기대하지 않고 그 선두에 서야 한다.

시작이 훌륭하면 결과도 훌륭한 것은 아니다. 시작이 훌륭해도 결과는 잘못될 수 있고, 시작이 잘못되었어도 결과는 훌륭할 수 있다. 시작이 훌륭하면, 반성이 필요하지 않다고 여기고, 시대 변화를 알아차리지 못하며, 후진이 선진으로 전환되는 것을 인정하지 않는다. 시작이 잘못되면, 이와 반대이다. 잘못을 뉘우쳐 시작이 훌륭한 쪽을 몰래 자기 방식대로 따르고, 시대변화를 알아차려 먼저 달라지려고 노력하며, 후진이 선진이 되는 역전을 실제로 이룩한다. 시작이 훌륭해도 결과는 잘못된 쪽은 비난하고 말 것이 아니다. 반면교사 노릇을 한 공적은 확인하고 평가해야 한다.

원시를 고대가, 고대를 중세가, 중세를 근대가 부정하고 새로운 시대를 이룩한 세계사의 대전환이 재현된다. 근대를 부정하고 다음 시대를 이룩하는, 새로운 대전환이 눈앞에서 진행되고 있다. 종교가 사라지는 징후가 기독교에서 특히 뚜렷하고, 세계 도처에서 한류 열풍이 일어나는 것은 각기 그것대로 기이하게 보이지만, 연결해보면 대전환의 내막이 드러난다. 근대 제국주의의 침략을 받고 식민지의 고통을 겪은 후진이 이제 선후역전을 이룩하고, 선진으로 나선다. 유럽중심주의 차등론을 철폐하고 인류본연의 대등론을 되살리는 과업을 주도하고자 한다. 이를 위한 기본설계작성의 선결과제를 대등생극론이 담당하면서, 학문과 예술의 동지들이 먼저 깨어나라고 외치고 다닌다.

5-4 법의 축소와 확대

유럽여행을 하면 화장실 이용에서 곤경을 겪는다. 지저분한 이야기를 한다고 나무라지 말기 바란다. 누구나 회피할 수 없고 절감하는 법철학의 문제를, 화장실에서 결정적인 자료를 얻어 쉽고 명확하게 논의한다.

화장실은 배설을 위해 반드시 필요하고, 쉽게 이용할 수 있어야 한다. 섭취와 함께 배설은 삶의 기본을 이루어, 하늘과 땅의 관계이다. 유럽에서는 그 한쪽을 막아 불통이게 하는 만행을 국가가 자행한다. 유럽중심주의를 따르지 말아야 할 이면의 이유가 명백하다.

가본 사람은 잘 알겠지만, 유럽 각국에는 공중화장실이 드물고, 개방되어 있지 않는 것이 특이하다. 사람이 죽치고 앉아 돈을 받으면, 조금 아깝기나 하다. 특정의 동전을 넣어야 문이 열리는 곳이 늘어나, 꼭 맞는 것을 구하려고 찾아다녀야 한다. 불만이 커지지 않을 수 없다.

더 심한 곤경도 경험하게 한다. 공중화장실 문이 잠겨 있어, 열쇠 가진 사람을 찾아가 어려운 사정을 하소연하며 위험인물이 아님을 입증해야 한다. 휴대전화에 장착된 정보를 이용해야 문이 열리도록 한 나라도 있어, 외래자는 모두 속수무책의 무능자로 만든다. 횡포가 지나쳐, 욕을 참기 어렵다.

이것이 무슨 이유인가? 마시거나 먹는 업소를 찾아가 금전과 시간을 소비하고 고충을 해결하도록 유도한다고 생각하면, 교활한 상술이 얄밉다. 해명을 정식으로 요구하면, 다른 말을 할 것이다. 화장실을 개방하면 수상한 사람들 차지가 된다고 한다. 마약이나 범죄에 이용되고, 마구 더럽혀진다고 한다. 국정수행자가 이런 性惡說을 확신하고, 화장실 사용을 엄격하게 규제하는 법과 제도가 필요하단다.

선악을 불문하고 모든 사람에게 공동으로 필수인 화장실 이용을 가능하게 하는 것은, 다른 어느 것보다 앞서는 기본 인권이고, 으뜸가는 복지이다. 인권과 복지에서 앞선다고 자랑하는 곳에서 이런 인권을 처참하게 유린하고, 복지를 내팽개치고 있다. 그러면서 최선진국이라고 하니, 착각도 위선도 심하다고 나무라지 않을 수 없다.

한국은 어떤가? 공중화장실이나 개방화장실이 있을 만한 곳에서는 으레 나타난다. 언제나 열려 있고, 누구나 무료로 이용할 수 있다. 그래도 범죄에 이용되지 않으며, 더럽혀지지 않고 깨끗하다. 점거하는 수상한 짓을 하는 자가 전연 없다. 들어서면 기분이 좋아지고, 심신의 근심이 다 풀린다. 자랑스러운 나라임을 입증하고, 자학적 비관론을 말끔히 씻어낸다.

왜 이런가? 이 의문을 性惡說과 性善說의 차이를 들어 해결하면, 표면을 스치는 단견이다. 한국의 국정수행자가 性善說로 국민을 계도한 실적이 인정되지 않고, 도덕 수준이 평균 이하라는 힐책을 당하는 것이 예사이다. 공중화장실에 정치인의 품격이 아닌, 일반국민의 수준이 나타나 있다.

한국에서는 〈공중화장실 등에 관한 법률〉을 2004년에 잘 만들고 잘 실행한 결과가 좋게 나타난다고 할 수도 없다. 이것은 공중화장실을 만드는 법이고, 사용하는 법은 아니다. 공중화장실을 범죄에 이용하지 말고, 깨끗하게 이용해야 한다는 조문은 없으며, 있어야 한다고 생각하지도 않는다. 법이 있는 줄 모르고, 법과는 전연 무관하게, 공중화장실을 누구나 소중하게 여기고 깨끗하게 이용한다.

소문을 얼핏 듣고 멀리서 찾아와, 그 이유를 묻는 일이 종종 있다. 무어라고 말해야 하는가? 시민의식이 앞섰기 때문이라면 틀린 말이다. 시민의식 성숙은 시작이 늦어 아직 모자란다고 한다. 이것은 유럽 주도의 평등론을 두고 하는 말이다. 이제는 생각을 바꾸어야 한다. 시민의식과는 다른 대등의식이 좋은 사회를 만든다. 그 명백한 증거를 유럽과 다른 한국의 공중화장실이 제시한다.

　남들의 눈으로 세상을 보려고 하다가 시력을 손상하지 말아야 한다. 우리는 무엇을 어떻게 하고 있는지 알아차려야 한다. 조상 전래의 대등론이 짓밟히다가 살아나, 차등론은 물론 평등론의 잘못을 바로잡는다. 사람은 누구나 못나고 잘난 양면이 있어, 有無相通해 서로 돕고 살지 않을 수 없다. 이런 원리인 대등론은 평등론에서 말하는 단순한 善行이 아니며, 차등론의 권위를 수반해 반발의 대상이 되는 도덕도 아니다. 삶의 원천적이고 근본적인 방식이다.

　"법 없어도 살 사람"이라는 말을 흔히 한다. 법에서 요구하고 강제하지 않아도, 남들을 해치지 않고 도와주어 대등론을 모범이 되게 실현한다고 칭송하는 말이다. 이런 사람이 대다수여서 가능한 法縮小格下 대등사회가 최상이다. 최악은 법조인이 얻는 이득에 비례해 일반인이 받는 고통이 증대되는 法擴大格上 차등사회이다.

5-5 대등론 방식의 교육 경쟁

　차등론은 경쟁을 부추기고, 승리자와 패배자를 갈라놓는다. 승리자는 승리감에 도취되어 우쭐대며, 열등하다고 여기는 패배자를 짓밟는다. 패배자는 무력하다는 자책감과 함께, 승리자에 대한 적대감을 키운다.

　양쪽 다 사람됨이 이상하게 되어, 삶이 황폐해진다. 자살하게 하는 이유를 만들기도 한다. 어디든지 있을 수 있는 이런 사태가, 얼마 전부터 한국에서 특히 심각하다. 자살률이 세계에서 가장 높게 되었다. 그래도 아주 잘못되었다고 질타하는 말을 무시하고, 현상 옹호론이 확고한 주장을 편다.

　무어라고 하는지 들어보자. 격심한 경쟁 덕분에 얻은 수월성을 경제 발전에 이용해 선진국 대열에 가담했다. 차등의 경쟁을 없애고 평등한 화합만 하면 발전을 가능하게 하는 수월성이 없어진다. 가난하지만 인심 좋은 상태로 되돌아가 편안하게 살려고 하면 나쁘지 않으나, 엄청난 가해자가 밖에서 들이닥친다.

그러면 어떻게 해야 하는가? 차등론을 시정하는 대안이 평등론이 아니고 대등론임을 다시 분명하게 하면, 해결책이 나타난다. 평등론을 선택해 경쟁을 하지 말아야 한다고 하면 잘못되고, 차등론에 입각한 경쟁을 대등론 방식의 경쟁으로 바꾸어놓는 것이 정답이다. 이렇게 해서, 이상하게 된 사람됨이 정상으로 돌아와 누구나 창조주권 발현의 주역으로 나서도록 해야 한다. 선진국 대열에 가담하고는 더 나아가지 못하는 답보상태에서 일거에 벗어나, 선진을 재창조하는 비약을 이룩해야 한다.

차등론의 경쟁은 같아지자는 것이고, 대등론의 경쟁은 달라지자는 것이다. 누구나 지니고 있는 창조주권이 각기 다르게 발현하는 양상 가운데 어느 하나만 진품으로 여기고 부화뇌동하는 쏠림이 생기는 것은 아주 잘못되었다. 착각의 폐해가 심각한 것을 알고, 벗어나야 한다. 창조주권이 각기 다르게 발현해 대등한 가치를 가지는 것을 존중해야 한다. 각기 자기 나름대로 뻗어나 상이한 성과를 얻으려고 하는 경쟁은 재앙과는 반대인 축복이다. 그 덕분에 누구나 행복을 누리며 서로 도와, 다면적인 발전을 융통성 있게 이룩한다. 시대변화를 두려워하지 않고, 창조해나간다.

교육을 이렇게 고쳐 모든 변화를 선도해야 하는 시급한 과제가 제기되어 있다. 전반적인 논의는 그만하고, 구체적인 방안을 제시한다. 대학교육부터 바로잡아 윗물이 먼저 맑게 한다. 진학 인구가 줄어 대학이 존폐의 기로에 놓인 사태 해결도 시도한다. 이런 목적까지 지닌 대등생극론으로 대학교육을 개혁하는 방안을 당장 실시할 수 있게 내놓는다.

대학은 각기 달라 대등하고, 저마다의 수월성을 가지고 서로 도와주어야 한다. 차등론이나 평등론이 망치는 대학을 대등론으로 살려내야 한다.

대학이 각기 다르게 하려면, 먼저 입시가 천차만별이어야 한다. 지금의 주요 대학 모두 서로 다른 선택을 하도록 유도해, 다양한 능력이 빠짐없이 존중될 수 있게 한다. 입시 성적으로 대학 등급을 정하는 것이 불가능하게 한다. 차등론의 사고를 아예 없앤다.

여기서 인공지능과의 관계를 생각한다. 지금의 명문대학은 인공지능이 더 잘할 수 있는 작업에서 수월성이 남달라 선망의 대상이 된다. 이런 거품이 걷히고 잠을 깨면, 모든 것이 달라진다. 인공지능이 따를 수 없는 창조주권이 어떤 것인지 찾아내 새로운 입시에 활용하고, 다음 시대의 인재를 양성해야 한다. 경쟁을 없애 뒤로 물러나지 말고, 해롭기만 한 차등론의 경쟁을 아주 유익한 대등론의 경쟁으로 바꾸어 앞으로 성큼 나아가게 해야 한다.

대학끼리, 대학 구성원끼리 각기 다른 새로운 공부를 저마다의 방식으로 하면서, 성실하게, 열심히, 좋은 성과를 얻으려고, 기여를 크게 하려고, 치열하게 경쟁하도록 한다. 이를 위해 정부는 규제는 줄이고, 지원은 늘려야 한다. 계획서는 보지 말고, 이루어진 결과를 평가해 지원의 규모를 결정해야 한다. 필요하면 전도금을 받아가고, 나중에 정산하도록 한다.

강의 과목이나 방식도 대학이 스스로 결정해 널리 알리며 시행해야 한다. 이 모형도 제시한다. 학문론을 인문·사회·자연학문 전공 여러 교수가 동시에 개설한다. 학생은 세 분야 강의를 하나 이상 수강하도록 한다. 발표하고 토론하는 연습 강의를 제안해서 만들고 주도하며 이수하는 것도 바람직하다. 이렇게 해서 대학이 학문의 전당이 되어 창조력을 길러주면, 학문과 교육의 범위를 넘어서서 모든 일이 잘된다.

대학원 특히 박사과정에서는 학문의 선후 역전을 고찰하고 스스로 이룩하는 연구를, 교수와 학생들이 함께 강의에서 진행하도록 해야 한다. 대학의 경계를 넘어서서 다양한 전공이 협동해 이 작업을 하면, 교육과 학문을 함께 혁신한다. 창조학의 역군이 다수 박사로 배출되어 수입학이 행세하는 시대를 청산하고, 인류의 미래 설계를 선도한다. .

지금까지 한 말은 모두 한 가지 목표를 지향한다. 학업의 연계를 다양하게 복합적으로 해서, 대등한 협동을 확대하고 심화하자는 것이다. 이런 개혁을 모든 등급의 교육에서 해야 한다. 학교교육과 사회교육의 구분, 오프라인과 온라인의 거리도 없애야 한다.

사회 전체가 학교이고, 모든 국민이 평생 학생이게 해야 한다. 평생사회교육을 문화복지의 으뜸으로 하고, 그 질을 초대한 높여야 한다. 이렇게 하면 진학 인구 감소, 교수 자리 축소를 염려할 필요가 없다.

5-6 종교비빔밥

자기 종교만 긍정하고 다른 종교는 부정하는 유신론은 종교 싸움을 일으킨다. 모든 종교를 부정하는 무신론은 종교의 오류를 원천적으로 시정한다고 하다가 반발을 일으키기나 한다. 어느 쪽에 가담할까 고민하지 말고, 모든 종교를 함께 긍정하는 理神論에 입각해 대등종교학을 이룩하는 것이 합당하다. 이런 말을 되풀이해도 설득력이 모자란다. 실감이 부족하고, 대등종교학의 이점이 무엇인지 분명하지 않기 때문이다.

내 경험을 가지고 실감 나는 논의를 다시 한다. 여러 종교의 성전을 찾아가, 형언하기 어려운 감동을 받은 것을 잊을 수 없다. 이태리 아시시의 프란체스코 성당(Basilica di San Francesco d'Assisi)을 찾아가, 헌신하고 베푸는 종교의 진가를 확인했다. 쿠알라룸푸르의 말레이지아 국립 모스크(National Mosque of Malaysia)에 들어가 감격에 찬 하루를 보내면서, 심신의 정화를 체험했다. 불편한 다리로 멀게 느껴지는 길을 힘들게 걸어 가을이 가득 찬 海印寺에 이르자, 깨달음의 문이 활짝 열리는 것 같았다.

그 여러 곳에서 얻은 감동이나 각성이 다르지 않아, 교리의 차이를 넘어서서 종교는 하나라고 생각된다. 종교가 퇴색되고 있는 것을 보며, 어느 종교는 사라지는 것이 마땅하고, 어느 종교는 남아 있어야 한다고 하지 말아야 한다. 위에서 말한 것 같은 성전을 폐허로 만들지 않고 보존하기 위해서도, 모든 종교가 사라지지 않아야 한다. 인류문명의 위대한 업적이 계속 빛나야 한다.

종교는 배타적 독선을 주장하는 차등론이 결정적인 결함이어서 충돌을 일으킨다. 위에서 말한 소감이 환상이게 한다. 이런 반론이 제기될 수 있어, 응답하지 않을 수 없다. 어느 종교의 경전에도 독선과는 다른 관용, 차등론이 아닌 대등론의 가르침이 있다.

〈論語〉에서는 "和而不同"을 말했다. 화합하면서 같지 않아야 한다고 했다. 〈金剛經〉에서는 "應無所住 而生其心"이라고 했다. 머무르는 곳 없이 마음을 내라고 했다. 기독교 〈성서〉에서는 "원수를 사랑하라"고 하는 충격이 아주 큰 말을 했다. 이슬람은 이에 동참하지 않는다고 의심하고 나무란다면 무식한 탓이다. 헛소문만 듣고 비방하는 풍조를 개탄한다. 〈쿠란〉 109장 전문을 든다. 구두점을 찍지 않는 관례를 그대로 따른다.

불신자들에게 일러 가로되 너희가 숭배하는 것을 내가 숭배하지 아니하며 내가 경배하는 분을 너희가 경배하지 아니하고 너희가 숭배했던 것들을 내가 숭배하지 아니할 것이며 내가 경배한 그분을 너희가 경배하지 않을 것이니 너희에게는 너희의 종교가 있고 나에게는 나의 종교가 있을 뿐이라

여러 종교 경전에 있는 이런 대등론을 모두 모으면 분란이 없어진다. 어떻게 모아야 하나? 비빔밥을 만들자고 하는 것이 적절한 해답이다. 비빔밥은 많은 재료가 여럿이면서 하나이고 하나이면서 여럿인 관계를 가지

고, 있는 맛을 합치고 없던 맛을 만들어낸다. 여러 종교의 차등론은 버리고 대등론만 모아 만든 종교비빔밥은 만들어 즐기면 정신이 고양된다. 함께 만들어 같이 즐기면 창조주권의 대등한 가치가 크게 발현한다.

비빔밥은 만들어 보관하지 않고, 먹을 때 만든다. 종교비빔밥도 이와 같으면서, 다른 점도 있다. 만들어주는 사람이 없으며, 어디 가서 사 먹지도 못한다. 구할 수 있는 재료를 이용해 입맛대로 만들어, 두었다 먹겠다고 남기지 말고 당장 다 먹어야 한다. 종교비빔밥을 잘 만드는 도사가 되면, 여러 종교의 창시자들과 대등할 수 있다. 누구나 이럴 수 있어야 한다.

마무리

모든 것은 서로 관련된다. 그 양상을 차등론·평등론·대등론에서 각기 다르게 말한다. 이 셋은 서로 경쟁하는 관계를 가지고, 타당하고 부당한 것을 시비한다. 이런 논의를 전개한 성과를 새롭게 정리하면서 더 나아간다. 커다란 희망을 말한다.

차등론은 우파의 이념 노릇을 하고 있다. 발전하려면 우열을 가르는 경쟁을 해야 한다고 하면서, 고매한 형이상학으로 눈을 가려 험한 세상을 아름답게 여기도록 한다. 평등론은 좌파에서 내세우는 주의이다. 평등론의 이상을 실제로 이룩하려면 반드시 해야 한다는 상극의 투쟁이 폭력이 되어 차등론을 악화한다.

대등론은 중도 노선이다. 상생이 상극이고 상극이 상생임을 분명하게 하는 생극론을 실행한다. 좌우 편향의 일탈이나 과오를 한꺼번에 해결하려고 분투한다. 평화를 이룩하고 화합하면서, 서로 도와 함께 잘살자고 한다. 인류에게 희망이 있다고, 세계사의 미래는 밝다고 한다.

대등생극론이 좌우의 대립과 투쟁을 완화하고 해결하고자 하는 것이 통일의 방안이고, 지표여야 한다. 지금 우파의 이념도 좌파의 노선도 설득력을 잃고 파탄을 보여주고 있다. 심각한 논란을 하지 않아도 된다. 양쪽 다 대등생극론을 배격할 이유도 능력도 없어, 수락하지 않을 수 없다.

절망이 극도에 이르면 희망이 생긴다. 남북이 대등한 위치에서 생극하는 관계를 어떤 방식으로서든 계속 가지다가, 국가의 장벽을 무너뜨릴 정도로 확대되면 통일이 이루어진다. 정치와 거리가 먼 영역에서부터 피차 도움이 되는 선의의 경쟁을 힘써 하는 것이 마땅하다. 학문이나 예술이 주도해 대등생극론의 문명을 총체적으로 창조하는 작업을 통일 과정에서 진행하고, 통일하면 전면적으로 시행해야 한다.

절망보다 파탄이 더 큰 문제이다. 지금 온 인류는 신뢰할 만한 지표가 없어 헤매고 있는 것이 파탄이 심각한 사태이다. 신앙이니 이념이니 하는 것들에 불신이 나날이 커지면서, 모든 이상주의를 허망하게 만든다. 정치는 이권 장악을 위한 수단으로 타락해 극심한 충돌을 빚어낸다. 일상적 무관심과 저질의 극한 대결, 전혀 다른 이 둘이 공존하는 특이한 상황이 조성되어, 세계사가 동력을 잃고 뒤로 처지게 한다.

이에 대해, 좌우 다툼이나 남북 분단을 염려하는 것보다 월등하게 방대한 문제의식과 거시적인 조망을 가지고 대처해야 한다. 근대가 파탄을 보이며 종말을 고하는 것이 어쩔 수 없다고 하고 말 것은 아니다. 세상이 더욱 그릇되고, 인류는 자멸하는 것을 두고볼 수 없다. 역사의 방관자가 아닌 당사자가 되어야 한다.

지나치면 역전되는 원리에 따라, 위기를 해결하고 희망을 찾게 하는 다음 시대로 들어서는 것이 당연하다. 당위론에 해결을 맡길 수 없고, 실질적인 의의가 있는 방책을 찾아야 한다. 어디서 희망을 찾고, 장래를 낙관할 것인가? 이 절박한 물음에 직접 대답하고자 한다. 대등생극론이 해답이고 해결책이라고 분명하게 말한다. 그 이유가 무엇인지 정리해 말하며, 긴 논의를 마무리한다.

극도에 이른 절망이 대단한 희망이 되어, 마멸되고 왜곡된 본연의 창조주권을 살려내 대등생극론을 실현하도록 한다. 불운이 행운이고, 위기가 비약을 가능하게 한다. 무시당한 가능성이 샘솟아 올라, 선진과 후진, 중심과 변방의 대역전이 일어난다. 세계사의 중심축이 이동한다.

대등은 만인·만생·만인의 상호관계이고, 생극은 그 생성작용이다. 대등을 부정하는 차등론이 횡포를 자행하고, 차등론의 대안이 평등론이라는 억지가 불행을 키우는 잘못을 대등론으로 바로잡는다. 상생과 상극이 따로 노는 착오를 생극론으로 시정한다. 인류 역사의 파행을 청산하고 정상을 회복하는 철학을 대등생극론으로 이룩한다.

갈가리 찢어진 문명을 통합해, 총체적인 통찰력을 되찾는다. 과학과 철학, 학문과 예술, 이론과 실천이 다시 하나가 되게 한다. 어디서든지 상극에서 상생으로 나아가, 바람직한 미래를 함께 창조할 수 있게 한다. 근대 민족주의를 넘어서서, 중세 보편주의의 부정을 부정하고, 문명권 보편주의를 인류 보편주의로 확대해 재정립한다.

종교의 사제자와 평신도, 정당의 간부와 하급당원, 학문의 석학과 초학자를 차별하는 것 같은 차등론을 거부한다. 누구나 지닌 창조주권을 대등하게 실현해 허언을 일소하고 진실을 입증한다. 민인대등을 밑으로부터 스스로 확인하고 실행해 모든 분란과 불만을 해소한다. 사람이 으뜸이라고 뽐내는 인간중심주의의 잘못도 심각하게 여기고 철저하게 시정한다.

만물·만생·만물대등생극이 각각이지 않고 하나인, 더욱 중요한 사실을 분명하게 한다. 만물대등생극에서 만생대등생극이, 만생대등생극에서 만인대등생극이 이루어진 원리와 양상을 힘써 논구한다. 이 작업에서 모든 상극이 상생일 수 있는 이유를 찾는다. 이에 대해 불만을 가지고 나무라는 상극도 상생이게 포용한다. 학문에서 생기는 적대관계까지 합작이게 한다.

인류는 지금 환경 악화를 촉진해, 멸종의 위기를 스스로 조성하고 있다. 만생·만물을 지배하는 것이 당연하다는 착각이 파멸을 가져온다. 인류의 멸종은 자업자득이라고 하더라도, 만생·만물로의 피해 확대는 전연 부당하므로 파국을 막아야 한다. 대등생극론이 이 과업을 맡아 분투한다.

사태가 비관적인 것만은 아니다. 지금 온 세계에서 세 가지 변화가 함께 일어나고 있는 것을 알아차려야 한다. 종교의 신도가 감소한다. 강대국의 패권이 위축된다. 인간의 출산율이 저하된다. 이것은 차등이나 상극이 지나쳐, 천하대세가 일제히 대등생극으로 나아가게 하는 내밀한 관련을 가지고 있다.

저절로 이루어지는 변화를 바람직하게 촉진하는 노력을 해야 한다. 대등생극론을 온전하게 가다듬고 실행하는 동지들이 세계 어디서든지 계속 나타나기를 바란다. 공동 노력의 획기적인 확대로, 불가능이 거의 없게 하기를 기대한다. 희망을 가지고 바람직한 미래를 함께 창조하자고 말한다.